THE JOURNAL OF JOHN WESLEY

존 웨슬리의 일기

세계
기독교
고전

THE JOURNAL OF JOHN WESLEY

존 웨슬리의 일기

존 웨슬리 | 김영운 옮김

CH북스
크리스천
다이제스트

세계 기독교 고전을 발행하면서

한국에 기독교가 전해진 지 벌써 100년이 넘었습니다. 그동안 수많은 기독교 서적들이 간행되어 한국의 교회와 성도들에게 많은 공헌을 해 왔습니다. 그러나 기독교 역사 100년을 넘어선 우리의 교회와 성도들에게 더 큰 영적 성숙과 진정한 신앙을 심어주기 위해서는 가치있는 기독교 서적들이 많이 나와야 한다고 생각합니다. 그리하여 영혼의 양식이 될 수 있는 훌륭한 기독교 서적들이 모든 성도들의 가정뿐만 아니라 믿지 아니하는 가정에도 흘러 넘쳐야만 합니다.

믿는 성도들은 신앙의 성장과 영적 유익을 위해서 끊임없이 좋은 신앙 서적들을 읽고 명상해야 하며, 친구와 이웃 사람들의 구원을 위하여 신앙 서적 선물하기를 즐기고 읽도록 권해야 할 것입니다. 이것은 하나님의 백성으로서 살기 원하는 사람은 누구나 마땅히 해야 할 의무라고도 하겠습니다.

존 웨슬리는 "성도들이 책을 읽지 않는다면 은총의 사업은 한 세대도 못 가서 사라져 버릴 것이다. 책을 읽는 그리스도인만이 진리를 아는 그리스도인이다"라고 말했습니다. 우리는 이제 한국에서 최초로 세계의 기독교 고전들을 총망라하여 한국의 교회와 성도들에게 소개하고자 합니다. 전세계의 기독교 고전은 모든 기독교인들에게 영원한 보물이며, 신앙의 성숙과 영혼의 구원을 위하여 이보다 더 귀한 것은 없을 것입니다.

이러한 취지로 어언 2천여 년의 세월이 지나는 동안 세계 각국에서 저술된 가장 뛰어난 신앙의 글과 영속적 가치가 있는 위대한 신앙의 글만을 모아서 세계 기독교 고전 전집으로 편찬하고자 합니다.

우리는 이 세계 기독교 고전 전집을 알차고, 품위있게 제작하여 오늘날 한국의 교회와 성도들에게 제공하고 후손들에게도 물려줄 기획을 하고 있습니다. 우리는 다시 한번 다니엘 웹스터가 한 말을 깊이 생각해 보아야 할 것입니다.

> "만약 신앙 서적들이 우리 나라 대중들에게 광범위하게 유포되지 않고, 사람들이 신앙적으로 되지 않는다면, 우리나라가 어떤 나라가 될지 걱정스럽다 … 만약 진리가 확산되지 않는다면, 오류가 지배할 것이요, 하나님과 그의 말씀이 전파되고 인정받지 못한다면, 마귀와 그의 궤계가 우세할 것이요, 복음의 서적들이 모든 집에 들어가지 못한다면, 타락하고 음란한 서적들이 거기에 있을 것이요, 우리나라에서 복음의 능력이 나타나지 못한다면, 혼란과 무질서와 부패와 어둠이 끝없이 지배할 것이다."

독자들의 성원과 지도 편달을 바라마지 않습니다.

CH북스

발행인 박명곤

〉〉〉 차 례 〈〈〈

역자의 말

이 세상을 오고 간 수많은 사람들이 그들의 길을 지나간 흔적을 남긴다. 어떤 이는 큰 길을 가며 흔적을 남기지 못하는가 하면, 어떤 이는 비록 작은 오솔길을 가면서도 흔적을 남긴다. 처음에는 그 흔적이 남은지도 모를 것 같았으나, 세월이 지나갈수록 그 흔적이 점점 뚜렷해진 경우를 가끔 본다.

나는 바로 이와 같은 경우의 흔적을 지금부터 두 세기 전에 인생의 여로를 예수 그리스도를 따라 가며 남기고 간 존 웨슬리의 삶에서 발견한다. 그가 걸어간 오솔길의 흔적은 세월이 가면 갈수록 더욱 많은 사람들의 마음속에 감동을 불러일으키며, 더욱 많은 사람들의 삶 속에 생명력을 불러일으켜 준다.

번역하기에 앞서 존 웨슬리의 일기를 읽다가 나는 커다란 감동을 받은 대목이 수를 헤아릴 수 없이 많았다. 그러다가 막상 번역에 착수하여 우리말로 옮겨 가는 중에 감동을 받아 벅찬 가슴을 안고 눈물을 흘린 적이 한두 번이 아니었다.

그것은 존 웨슬리의 삶이 감동적인 것 그 자체일 뿐 아니라, 그가 믿고 고백하며 산 진리처럼 그의 전 생애가 진실하였기 때문이며, 성서적 진리에 대한 더할 수 없는 성실성과 열정으로 점철되었기 때문이라고 생각한다.

그의 일기를 옮긴이로서 나는 존 웨슬리가 사상적인 면에서도 시대를 앞선 스승이었음을 고백하지 않을 수 없다. 한 예를 내가 전공하는 성서공동연구 분야에서 찾는다. 20세기가 저물어 가는 이즈음에 이르러서야 비로소 신학자들이 새롭게 눈뜨고 있는 공동 학습과 공동 연구를 존 웨슬리는 이미 두 세기 전에 시작하였다. 소그룹 운동과 공동체 형성이 관심의 대상이 되고 있는 오늘의 현실 속에서 그의 일기를 읽으면서 독자들도 현대의 선각자가 가질 만한 사상과 방법론을 존 웨슬리에게서 발견할 수 있으리라 기대한다. 존 웨슬리의 일기를 번역한지 이미 오래 되었으나 늘 떠나지 않는 생생한 소리가 지금도 내 귓전에 울릴 뿐 아니라 내 생각을 지배하고 있다. 함께 사는 삶, 함께 사는 세계를 두 세기 전에 눈 뜨고, 또 눈 뜨게 해 준 존 웨슬리에게 감사하며 서문에 대신한다.

존 웨슬리(1703~1791)

감리교회의 창시자. 엡워스의 교구목사 사무엘 웨슬리와 아내 수산나의 15번째 아들로 태어나 옥스퍼드 대학에서 교육을 받았다. 1726년 그는 옥스퍼드 대학교 링컨 칼리지의 특별연구원으로 선발되었으며, 또한 부친의 교회에서 얼마동안(1727~29) 부목사로 재직했다. 옥스퍼드 대학 시절 그는 진지하고, 경건하고, 학구적인 그리스도인들을 모아 신성 구락부(Holy Club)를 조직하고 신앙 운동을 주도하였는데, 이 중에는 그의 동생 찰스 웨슬리, 친구 조지 휫필드도 포함되어 있었다. 이 기간 동안 그는 그가 직접 만나보았던 윌리엄 로(William Law, 1686~1761)와 헨리 모어(Henry More, 1614~1687), 토마스 아 켐피스, 제레미 테일러(Jeremy Taylor, 1613~1667) 등의 영향을 받고 있었다.

1735년 그는 복음 선교회의 후원으로 동생 찰스와 함께 미국 조지아 주의 선교사로 갔다. 그러나 그의 설교(특별히 그는 노예무역과 술을 금지했다)와 경험부족은 식민주의자들과 마찰을 일으키고, 그는 곧 귀국하게 된다(1737). 그는 모라비아 교회 지도자인 피터 뵐러와의 교제를 통해, "우리가 구원받을 수 있는 유일한 근거인 믿음"을 자신이 결여하고 있다는 것을 깨닫게 된다. 1738년 독일 헤른훗(Herrnhut)의 모라비아 교단을 방문하고 그의 신앙생활은 큰 영향을 받게 된다. 1738년 5월 24일, 올더스게이트 가의 한 모임에서 마르틴 루터의 로마서 주석 서론이 낭독될 때 그는 회심의 경험을 갖게 된다. 그 후부터 그가 선언한 목표는 "내가 할 수 있는 한 생동적이고 실제적인 신앙을 고양시키고, 하나님의 은혜로 사람들의 영혼 속에 하나님의 생명을 낳고, 보존하고, 성장시키는 것"이었다. 그리고 그는 남은 생애를 복음 전도사역에 바쳤다.

웨슬리는 교회들이 그에게 등을 돌리자, 1739년 킹즈우드의 광부들 앞에서 야외 설교를 시작하였다. 그것이 성공함으로써 곧 그의 전도사역을 보조하기 위하여 평신도 설교자들로 구성된 한 단체를 조직하게 되었다. 1742년 이후 웨슬리는 그의 활동 영역을 넓혀 영국 전체를 누비게 되었다. 그가 많이 간 곳은, 무어필드의 파운드리, 브리스틀, 뉴캐슬-온-타인, 그리고 맥클레스필드 등이다.

그가 매년 말 타고 여행한 거리는 평균 8,000마일(12,800㎞)이었으며, 수천 통의 편지를 쓰고, 수많은 설교를 했다. 그리고 많은 교회 지도자들의 적의에도 불구하고 그는 거의 언제나 사람들로부터 열정적인 환영을 받았다.

1744년 그는 평신도 설교자들의 회의를 열었는데, 이것은 매년 열려 결국 그것을 위한 법적 제도가 1784년에 마련되었다. 1747년 그는 아일랜드를 처음으로 방문했다. 또 1751년에는 처음으로 스코틀랜드를 방문했으며 이후 모두 22번이나 방문하게 된다.

1760년 미국에서도 감리회 조직이 소규모 형태로 시작되어 점차 발전하고 있었으며, 1768년에 감리교회가 뉴욕에 세워졌다. 이 새로운 지역에 대한 필요성 때문에 웨슬리는 옥스퍼드 대학 지저스(Jesus) 칼리지의 졸업생인 토머스 코크 박사(1747~1814)를 감독으로 임명하고, 미국에서 프랜시스 애즈베리(Francis Asbury, 1745~1816)를 동역자로 인수하도록 또한 지시했다.

웨슬리 자신은 그때까지도 감리회 조직이 영국 성공회 안에서 하나의 신앙운동이 되기를 바랐으나 점차적으로 독립적 조직으로 성장해갔다.

웨슬리가 사망할 당시, 영국에는 294명의 설교자와 71,668명의 회원이 있었으며, 선교부에는 19명의 선교사와 5,300명의 회원이 있었다. 그리고 미국에는 198명의 설교자와 43,265명의 회원이 있었다. 웨슬리는 엄격한 칼빈주의의 예정론에 반대했고, 이것이 1741년 조지 휫필드와 단절하도록 만들었다.

웨슬리는 강력한 지도력과 조직력을 지닌, 위대한 용기와 불굴의 사람이었다. 그의 인격은 마력을 지니고 있었으며, 그의 경건과 사랑은 비교할 사람이 없을 정도였다. 사무엘 존슨 박사는 그의 대화체를 찬양하였다. 마리아 바제일 여사는 매우 변덕스런 기질을 지닌 과부였는데, 웨슬리와의 결혼 생활은 불행한 것이었다.

그의 동생 찰스는 더 신사적이고 매력적인 사람이었고, 휫필드가 더 위대한 설교자이기는 했으나, 의심할 것 없이 존 웨슬리가 감리회 전도의 중심인물이었을 뿐만 아니라 그 시대의 가장 위대한 그리스도인들 중의 하나였다.

— The Oxford Dictionary of the Christian Church
(ed. by F. L. Cross)

편집자의 말

퍼시 리빙스턴 파커

존 웨슬리가 자신의 일기를 출판하려고 준비하면서 그는 서문에서 다음과 같이 그 동기를 술회하였다:

"내가 쓰는 시간을 그때그때 매 시간 기록하면서 내가 시간을 보내는 상태와 태도를 전보다 훨씬 더 자세하게 기록하기 시작한 것은 지금부터 약 15년 전에 테일러 주교(Bishop Taylor)가 그의 저서 「거룩한 삶과 죽음」에서 충고하여 준 것을 따르는 데서 비롯되었다. 나는 영국을 떠나 조지아로 갈 때까지 어디에 가서 있든지 이렇게 하기를 계속하였다. 당시에 내가 여러 곳에 다니면서 본 광경들은 때때로 그것을 기록으로 남기고 싶은 마음이 일어나게 하여 결국은 나의 마음속에 되살아나는 사소한 일들까지도 잘 살려서 나의 일기의 훌륭한 소재로 많이 삼았다. 수시로 편집이 된 이 「일기」에 관하여 말한 것 가운데 다음의 글이 짤막한 발췌의 내용이다: 내 자신을 위하여 기록하여 둔 상세한 항목들까지 연결시킬 계획은 하지 않았다. 왜냐하면 그러한 상세한 항목들이 나에게는 아무리 중요하다고 할지라도 그것이 다른 사람들에게는 그렇게 값어치 있는 해답을 줄 수는 없기 때문이다."

존 웨슬리의 전기 작가 가운데 한 사람인 존 텔포드(John Telford) 목사는 말하기를 웨슬리의 「일기」가 처음에는 순전히 감리교 자체를 위하여 출판되었는데, 그 이유는 당시에 자자하던 감리교에 대한 여러 가지 중상모략과 비방이, 감리교의 창립과 그 취지에 관한 사실들을 담담하게 이야기하여 줌으로써 모두 잠잠하여지리라고 생각되었기 때문이었다고 하였다. 아직도 26권으로 제본되어 보존되고 있는 웨슬리의 신앙일기가 완전히 인쇄되어 본 일은 없다. 다만 존 웨슬리 자신이 풍부한 발췌본을 만들어 21개의 별책으로 발간되어 수많은 독자들이 다음의 출간을 열망하기에 이르렀다.

현재 출판된 신앙일기는 4권으로 되어 있는데 각 권의 크기가 이 책과 거의 비슷하다. 그러나 실상 내가 그 분량의 4분의 3을 줄여야 하였지만 신앙일기에서 가장 주목할 만한 부분인 그의 놀라운 활동의 분위기를 그대로 남겨 놓으려는 노력을 아끼지 않았던 것 또한 사실이다. 비렐(Birrel) 선생은 그의 '평가' 에서 웨슬리의 신앙일기가 갖는 흥미와 현실성과 매력에 두드러지게 초점을 맞추었으며, 따라서 나는 그와 같은 면들을 가장 잘 묘사하는 부분들을 선별하기만 하면 되었다.

그런데 한 가지 놀라운 사실은 이런 일이 이제까지는 아무의 손에 의해서도 이루어지지를 않았던 것이다. 한번은 에드워드 피츠제럴드(Edward FitzGerald)가 노턴(Norton) 교수에게 다음과 같이 편지를 하였다. 즉"내가 출판사에 어느 정도 영향을 미칠 수만 있다면 신앙일기의 일부라도 다시 인쇄하도록 하겠습니다." 사실 그는 웨슬리의 신앙일기를 대단히 좋아하였다.

웨슬리의 신앙일기에 관하여 또 다른 친구에게 편지를 하면서 피츠제럴드는 이렇게 말하였다. "만약 당신이 웨슬리의 신앙일기를 모른다면 꼭 알아야 합니다. 웨슬리의 신앙일기가 월폴(Walpole)의 서간문(일기)과 동시대의 것으로 쌍벽을 이루는데, 몇 마일 떨어지지 않은 거리에서 태어나서 살다가 죽은 두 사람의 생애가 어쩌면 그렇게도 대조적인가를 생각하면 이상하기까지 합니다. 애디슨(Addison)과 존슨(Johnson)의 문체들은 타락하였는데도 불구하고 온 세상이 모방을 하는 판국에 순전하고 꾸밈없는 불후의 영어를 읽는다는 것은 놀라운 사실입니다."

웨슬리에 대한 매콜리(Macaulay)의 평가도 기억할 만하다. 그는 말하기를 "웨슬리는 웅변과 논리적 정확성으로 인하여 문단으로 나갔을지라도 탁월한 문필가가 되었을 사람이고, 행정에 대한 천재적 자질도 리슐리외(Richelieu)에 못지않으며, 때로는 그가 어떤 오류를 범하는 일이 있었을지라도 인간의 최고의 선으로 자신이 진정으로 생각하는 일에 대해서는 모든 욕지거리와 조소를 무릅쓰고 자신의 온 힘을 기울였던 인물이었다"고 하였다.

웨슬리는 역사상 가장 투철한 윤리적인 인물 가운데 한 사람이고, 어떤 작품도 이 책에 담겨져 있는 것과 같이 한 개인의 노력에 대하여 이렇게 기록을 남긴 것은 없다. 이 책의 목표는 그러므로 이와 같은 기록을 모든 사람들이 손쉽게 볼 수 있게 만드는 것이라 하겠다.

서론

휴 프라이스 휴스 목사(The Rev. Hugh Price Hughes)

17세기, 18세기 및 19세기에 걸쳐서 영국 민족의 참 역사를 이해하고자 하는 사람은 가장 신중히 읽어야 할 세 가지 책이 있다. 조지 폭스(George Fox)의 「일기」와 존 웨슬리의 「신앙일기」 그리고 존 헨리 뉴먼(John Henry Newman)의 「자서전」(*Apologia pro Vita Sua*)이다.

휴 세실 (Hugh Cecil) 경이 최근에 저 유명한 연설에서 말한 바와 같이 종교 문제는 무시될 수가 없다. 그것이 진정한 문제이며, 그것만이 가장 깊은 뜻에서 유일한 문제가 되는 것이다. 그것이야말로 항상 어디에서나 역사의 방향을 결정지었다. 어느 시대를 막론하고 이른바 지식계층은 마치 로마의 역사가들과 시인들과 철학자들이 기독교가 로마제국 전체를 지배하고 승리하기 전까지는 기독교를 완전히 무시하였듯이 종교 문제를 무시해왔다.

그러나 그것이 지식인들에 의해 아무리 심하게 무시를 당하거나 배척을 당하였다 할지라도 종교의 성장과 쇠퇴가 궁극적으로는 모든 문제를 해결하였다. 조지 폭스가 자신의 옷을 지어 입는 것이 우리의 역사상 가장 괄목할 만한 일이라고 칼라일(Carlyle)이 일찍이 말하지 않았던가? 조지 폭스야말로 영국의 근대화를 이루는데 커다란 역할을 과거에도 하였고 또 앞으로도 할 개인주의의 화신(化身)이었다. 만일 "개신교의 영국 국교 반대 측면과 항변의 정신(프로테스탄티즘) 사이의 불일치"를 이해하고자 한다면 조지 폭스의 일기를 읽어야 한다.

그 다음이 웨슬리와 그의 "동조자들"이다. 이들이야말로 중세의 프란체스코회의 수도사들 이후 처음으로 노동 계급을 찾아가 설교를 한 사람들이었다. 프랑스와 독일과 그 밖에 어디에서와 마찬가지로 영국에서도 종교개혁은 본질적으로 중산계급의 운동이었다. 이 운동은 결코 상류계급도 노동계급도 다 붙잡지를 못하였다. 이 점이 바로 종교개혁의 한계를 설명하여 준다.

리그(Rigg) 박사가 보여주는 것과 같이 웨슬리는 여행계획을 짤 때에도 의도적으로 귀족들이나 그들의 하인들 또는 빈민들을 만나기 위한 것이 아니라 도시나 농촌을 막론하고 자립정신이 강한 근면한 노동자들과 직접 만나기 위하여 일정을 짰다. 궁극적으로 나타난 결과는 그의 개인적인 행동과 성격이 어떤 것일지라도 그의 기독교에 대한 개념에 있어서는 "거리에 나선 사람"이 곧 감리교인이었다. 50여 년 전에 프랑스의 어느 심오한 비평가가 말하기를, 현대 영국은 감리교의 나라이며, 이와 똑같은 특징이 미국과 프랑스의 여러 식민지에도 적용된다고 하였다. 복음적 부흥의 교리는 영어를 모국어로 사용하는 세계에 파고들었다.

이때에 뉴먼이 등장함으로써 엄청난 변화가 일어나기 시작하였다. 영국교회(성공회)가 부흥되었고 또 뉴먼이 바라는 방향으로 부흥되었다. 오늘날 우리는 모든 측면에서 뉴먼 시대의 엄청난 결과들을 새삼 증언하고 있다. 이와 같은 결과들 가운데는 한 극단(極端)에서만 이로울 뿐이고 조지 폭스나 존 웨슬리의 교파에 속한 사람들에게는 환영을 받을 수 없는 것들이 많이 있다.

대영제국의 모든 장래는 이 문제 중의 문제, 곧 조지 폭스와 존 웨슬리가 한 편에, 또는 존 헨리 뉴먼이 다른 편에서 궁극적으로 어느 쪽이 우세할 것인가에 달려 있다. 그리고 이 문제의 진정한 내면성에 이룰 수 있는 최상의 길은 웨슬리의 「신앙일기」와 뉴먼의 「자서전」을 읽고 숙고하여 내면적으로 소화시키는 것이다.

파커(Parker) 씨가 어거스틴 비렐(Augustine Birrel) 씨의 "평가"를 재출판할 수 있는 허가를 얻은 것은 매우 잘된 일이다. 이 명쾌한 작가가 입증하는 바와 같이 웨슬리의 신앙일기만큼 18세기 영국을 그렇게도 정확하고 생생하게 묘사한 책은 하나도 없다. 이것은 보스웰(Boswell)의 「존슨」보다 더 영국 국민의 상태와 조건에 관하여 헤아릴 수 없을 만큼 다양하면서도 완벽하게 기술(記述)하고 있다. 비렐 씨도 말하듯이 웨슬리 자신이 "18세기 영국에 있어서 가장 위대한 세력이었다. 존 웨슬리보다 더 삶의 한 가운데서 산 사람은 없었다. 클라이브(Clive)도 피트(Pitt)도 아니고 맨스필드(Mansfield)나 존슨(Johnson)도 그렇게 살지는 못하였다. 단 한 사람의 목소리가 그렇게 많은 사람들의 가슴에 감동을 준 일이 없었다." 웨슬리야말로 하나님의 진정한 예언자 한 사람이 모든 정치가와 군대와 백만장자들을 합친 것보다 더 큰 영향력을 갖는다는 사실을 입증하였다. 웨슬리야말로 영악한 사람들의 모든 꾀와 계획들을 항상 무로 돌려 버리는 헤아릴 수도 없고 예측도 할 수 없는 요소이다.

나는 비렐 씨가 "저자로서 웨슬리는 명성을 얻은 것은 아니었다. 그는 아타나시우스(Athanasius)도 아우구스티누스(Augustine)도 아니었으며 다만 한 사람의 설교자였다"고 말하는 뜻을 잘 이해하지 못하겠다. 물론 웨슬리가 주로 한 일은 형이상학적 신학을 정리하는 것이 아니라, 모든 파에 속한 기독교인들과 우애의 관계를 형성 발전시키고, 산 사람(living men)들을 죄로부터 구하는 것이었다는 점은 사실이다. 그러나 동시에 아우구스티누스와 칼빈의 이름과는 영원히 붙어다닐 제한된 구원에 관한 파괴적인 교리에 치명타를 안겨준 것 또한 사실이다.

의심할 여지 없이 웨슬리도 올리버 크롬웰(Oliver Cromwell)과 같이 본질적으로 "행동의 인간"이었으며, 그는 의도적으로 달콤한 지식에 전념하는 고상한 일을 희생하면서 오히려 대서양의 양 편에 있는 영국 사람들이 진정한 그리스도인이 되게 하는 더 큰 과업에 전념하였던 것이다. 그럼에도 불구하고 그의 좀 더 문학적인 저술들이 담고 있는 문체는 맑고 우아한 글의 표본이 되고 있다.

그러나 내가 여기서 밝히고자 하는 점은 오히려 비렐 씨의 마지막 말을 다시 한 번 되새겨 보려는 것이다. 즉, "다른 어느 곳에서보다 우리는 웨슬리의 신앙일기에서 웨슬리가 어떤 사람이었으며, 그가 몸담아 살고 행동하였던 시대의 특성은 무엇이었는가를 보다 잘 배울 수 있다"는 말이다. 나의 신앙의 동지들과 현대 영국 생활의 가장 특징적인 면들을 사랑하는 모든 사람들은 나의 친구 파커 씨와 그의 출판사 직원들에게 감사의 빚을 지게 되었다. 왜냐하면 그들의 노고로 인하여 파란만장한 18세기 영국 역사를 그 중심과 근원에서 연구할 수 있는 기회를 얻게 되었기 때문이다.

실상 이 책이 축소판으로 나온 것이 결코 흠이 될 수는 없다. 본래 처음 출판되었던 신앙일기도 따지고 보면 웨슬리 자신이 축소시키고 압축시킨 것이었다. 일반의 취향을 위해서 파커 씨가 내어 놓은 이 책은 모든 사람들의 목적에 부합될 것으로 생각한다. 영어로 간행된 책들 가운데서 가장 중요하고 교훈적이며 즐거운 책을 간편한 체제로 만들어 내어서 독자들은 모처럼의 기회를 갖게 되었다.

물로 이 책에 나오는 일기의 모든 글들은 오로지 파커 씨의 책임 하에 선별되었음을 밝혀둔다.

존 웨슬리의 일기에 대한 평가

어거스틴 비렐(Augustine Birrel)
(왕실 고문 변호사)

1703년에 태어나서 1791년에 세상을 떠난 존 웨슬리는 유한한 수명을 가진 한 인간이 할 수 있는 범위에서는 최고로 거의 18세기 전체를 살았을 뿐 아니라, 그 중에서 가장 전형적인 인물이었고 필경은 가장 강인한 인물이었다고 하겠다.

책으로 출판되어 나온 일기를 그는 1735년 10월 14일에 시작하였으며 마지막 일기는 1790년 10월 24일 주일로 되어 있다. 바로 이날 아침에 그는 스피털필즈(Spitalfields) 교회에서 수많은 회중에게 "하나님의 전신갑주"에 관하여 설교하였고, 이날 오후에는 샤드웰(Shadwell)에 있는 성 바울 교회에서 훨씬 더 많은 청중에게 "한 가지가 필요하다"는 위대한 진리를 설파하였다. 그의 신앙일기의 마지막 말은 이렇게 되어 있다. "그렇지만 나는 많은 사람들이 더 나은 편을 선택하기를 희망합니다."

여기에 나온 두 해의 10월 사이에는 일찍이 기록으로 남았거나 실제로 어떤 사람이 실천하였던 것보다 가장 놀라운 인간의 노력이 기록되어 있다. 독자들 가운데 혹시 호주선거권(戶主選擧權)이 실시된 이래 영국이나 스코틀랜드의 선거구에서 의회의원 선거에 입후보한 일이 있었던 사람이 있는지 모르겠다. 만약 그런 사람이 있다면 바로 그 사람은 3주 동안의 긴장과 피곤이 얼마나 혹심한가를 잘 알 것이요, 더욱이 1주일이 겨우 지난 후에 앞으로 2주일을 그와 같이 계속한다는 일이 얼마나 불가능한 일로 생각된다는 것도 알 것이며, 선거운동의 마지막 날 밤이 되었을 때 그와 같은 피나는 싸움이 우연히도 1주일 더 연장된다면 그때는 길가 어디에선가 쓰러져 죽을 것이라는 생각을 금할 수 없다는 사실도 잘 알 것이다.

세 나라를 위한 운동

그런데 존 웨슬리는 그리스도를 위하여 40년이나 계속되었던 운동을 통하여 세 나라(잉글랜드, 웨일스, 스코틀랜드)를 위해 싸웠다. 그는 이 싸움을 대부분 말을 타고 다니면서 하였다. 그는 말을 타고 여행을 한 그 누구보다 유료도로 통행세를 많이 내었다. 여러 해 동안 그는 일 년에 팔천 마일의 여행기록을 세웠으며, 한 해에 설교를 일천 번 이하를 한 때는 드물었다. 뿐만 아니라 그가 유숙했던 모든 여인숙에서 지불하였던 금액을 전부 모은다면 그것 또한 역사적인 기록이 될 것이다. 이와 같은 생활 속에서도 그는 결코 의기소침이 무슨 뜻인지를 모르고 살았다. 물론 그렇다고 해서 법정에 제소가 된다든가 부인이 질투가 심해서 그럴만한 이유가 없었던 것도 아니었다.

이와 같은 전무후무한 투쟁의 과정 속에서 오늘날 진기한 풍경을 일부러 찾아다니는 사람들조차도 발길을 돌리지 않는 가장 멀리 떨어진 영국의 산간벽지들을 수없이 찾아 다녔다.

영국 지도에 철도의 측선이 석쇠같이 펼쳐져 있는 오늘에도 가장 강인한 도붓장수나 가장 결의에 찬 자전거 선수가 아니고서는 아무도 웨슬리와 그의 말이 다닌 발자취를 추적하여 마침내는 콘월(Cornwall)과 노섬벌랜드(Northumberland)와 랭커셔(Lancashire)와 버크셔(Berkshire)에 있는 수많은 바위와 천연 야외극장에서 웨슬리가 이교도들을 향하여 복음을 전파하던 곳을 다 찾아볼 수가 없다.

어느 유명한 사람이 주장하듯이 그의 노력이 그렇게도 오래 계속되었고 열심히 오랫동안 유지되었기 때문에 그가 이루어 놓은 조직과 그가 창시한 제도와 그가 주창한 생활관이 아직도 우리들 사이에 엄청난 사실로 살아 있다. 웨슬리의 이름보다 더 오래 기억에 살아 남을 이름도 없을 것이다. 그런데도 그는 유명한 인물은 아니다. 영국의 권위 있는 역사가들은 이제까지 간단하게 웨슬리를 소홀히 다루었다. 실상 평범한 역사가들이 웨슬리를 제대로 다루기는 벅찬 일이어서 자칫하면 스스로를 기만하는 결과를 낳게 된다.

브리스틀(Bristol)의 거리나 버슬렘(Burslem) 근처의 삭막한 황무지를 찾아다니며 이 나라의 살아 있는 백성들 남녀노소를 막론하고 때로는 폭력으로 아니면 무지와 때로는 관대한 마음으로 나타나는 뭇 사람들을 직접 만난 존 웨슬리의 뒤를 좇는 것보다는 호레이스 월폴(Horace Walpole)의 가십으로 책을 엮는다든가, 조지 셀윈(George Selwyn)의 실없는 농담으로 기분을 낸다든가, 폭스(Fox)의 터무

니없는 슬픈 이야기로 얼굴을 붉힌다든가, 버크(Burke)의 수사학으로 수를 놓는다든가, 존슨의 이야기로 인간미를 북돋운다든가 내각이나 정권의 흥망성쇠를 가지고 열을 올리며 토론을 하는 따위의 일이 정말 얼마나 더 쉬운 일인가 모르겠다.

줄거리와 희곡과 소설로 가득한 책

따지고 보면 위대한 조직을 창시한다고 하는 것은 곧 무덤(그것이 얼마나 웅장한 무덤이 될지는 몰라도)을 세우는 것이다. 그러나 역시 무덤은 무덤이다. 존 웨슬리의 예배당들은 약간 무겁게 존 웨슬리의 위에 자리 잡고 있다. 그렇지만 이것은 마치 우리가 로마의 숱한 영광들만 보면서 시리아에 있는 무덤은 곧잘 잊어버리는 것과 같다고 하겠다.

강력한 방부제와도 같은 웨슬리의 성격은 매력이 없다는 말들을 흔히 한다. 매력에 대한 정의를 내리기란 그리 쉬운 일은 아니다. 그것은 여러 가지 자질을 하나하나 열거하여 놓는 것이 아니라 오히려 한데 섞어 놓은 것이라고 말하는 편이 옳을 것이다. 존 웨슬리의 신앙일기를 읽어 본 자마다 거의 누구라도 그의 매력을 부인하지는 못하리라. 사우디(Southey)의 「생애」는 지루하고 또 거의 바보스런 책이라서 차라리 읽을 필요조차 느껴지지 않는 것이 다행이라고 생각한다. 그러나 존 웨슬리의 일기는 꼭 읽어야 한다. 이 책이야말로 줄거리와 희곡과 소설로 가득한 책이며, 생동감이 넘쳐흐르고 개성미가 가득한 책이기 때문이다.

웨슬리의 가문

존 웨슬리는 영국의 불행한 여러 가지 종교적 어려움 때문에 몹시 시달리고 고생을 겪은 가문의 출신이다. 영국 사람들이 흔히 세 가지 걱정거리가 있다고 말하는데 정치와 사업과 종교가 바로 그 세 가지 걱정거리들이다. 웨슬리 가(家)는 일찍이 종교의 문제를 택하였다. 존 웨슬리의 증조부와 조부는 1662년에 두 사람 다 생업에서 쫓겨났으며, 조부는 '5마일 금족령' (1665년에 제정된 법령으로서 영국 국교회에 저항하지 않는다는 선서를 하지 않은 비국교도 교사는 어느 성읍에도 5마일 이내로 접근하지 못하게 금한 법령 : 역주)으로 인하여 너무 혹심한 고생과 압박을 받은 나머지 일찍 세상을 떠나고 말았다. 이렇게 되자 이제 누구보다도 경건하고 존경을 받던 한 사람이 숨을 거두었는데도 그의 유해는 이른바 기독교식 장례로 모시는 것조차 거절당하였다. 이렇게 가련하도록 박해를 받은 분이 육신으로는 매튜(Matthew)와 사무엘(Samuel) 두 아들을 두었는데 일가를 이루었을 때 존 웨슬리와 찰스 웨슬리의 아버지가 된 사람이 바로 사무엘이었다.

사무엘 웨슬리는 비록 그것이 어렵더라도 선친들과 운명을 같이할 생각을 갖기는 했으나 결국은 온건한 사상을 가지고 살았으며 그와 같은 기독교적 보수주의가 계속하여 그 가문의 특징을 이루었다. 국교를 반대하는 대학에 들어간 사무엘 웨슬리는 거기서 독선과 맹목적인 신앙이 판을 치는 것을 보고 염증을 느끼게 되었다. 당시에 카프스 헤드 클럽(Calf's Head Club) 과 1월 29일이면 잔치를 벌이던 시대였는데 사무엘 웨슬리로서는 도저히 타락한 음식을 먹을 수가 없었다. 그가 즐겨한 것은 "조용하고 현명하고 선한" 일들이었다. 그는 국교를 반대하는 신학교를 떠나 1685년에는 그 자신이 가난한 학도로서 옥스퍼드의 엑서터(Exeter) 대학에 들어갔다. 그가 가진 돈이라고는 2파운드 6실링이 전부였으며 어디서 곧 생길 가능성도 없었다. 그러나 엑서터 대학은 그를 받아 주었다.

18세기 영국에는 두 개의 종합대학교가 있었는데 각기 여러 가지 결점이 있기는 했으나 그 나름대로 유명하였다. 이 대학교들은 보트 클럽이나 크리켓 클럽의 회원은 안 될지라도 영국 국교의 39개조의 교리(Thirty-nine Articles)에 찬동하면 가난한 학생들도 언제나 들어갈 수 있도록 개방되어 있었다. 18세기에 캔터베리의 대주교를 지낸 세 사람도 소상인의 아들들이었다. 사실상 대영제국이 형성되던 18세기 동안에는 대영제국이 화제의 대상이 되고 있던 19세기 동안보다 속물근성이나 배금사상이 훨씬 덜했다.

사무엘 웨슬리는 옥스퍼드 대학교에 계속 머물러 공부할 수 있게 되었다. 거기서 그는 그의 가족이 잘 아는 방법으로 자급자족하였고, 마침내 그가 목사 안수를 받기 위하여 대학교를 떠날 때 몇 가지 빚을 갚고 나니까 주머니에는 통틀어 10파운드 15실링이 남았다. 이렇게 해서 그는 결국 교육은 이를테면 돈 한 푼 안 들이고 다 받은 셈이 되었고 대학교에서 8파운드 9실링을 벌어 가지고 나온 셈이 되었다. 그는 곧 런던에서 부목사가 되었고 영국 국교회에서 쫓겨난 유명한 목사 안네슬리(Annesley) 박사의 딸과 결혼하였다. 안네슬리 박사에 관하여는 또 하나의 18세기 책인 「존 던턴의 생애와 오류」(*The Life and Errors of John Dunton*)에서 읽을 수 있다.

웨슬리의 어머니

웨슬리의 어머니는 오늘날 우리들의 생각에는 잘 맞지 않는 틀에 박힌 사람이기는 했으나 확실히 뛰어난 부인이었다. 자녀를 열아홉을 낳아서 한 명 한 명 자주 매를 때려가면서(독자들 생각에는 어떨지 모르겠으나) 키웠는데 매를 맞아도 소리 내어 울지 못하도록 키웠다는 데 대해서 대단한 긍지를 가졌다. 그녀에게는 교육이론과 강한 의지력이 있었을 뿐 아니라 그것을 실행할 만큼 체력도 또한 강했다.

웨슬리의 어머니는 라틴어와 헬라어를 알았고 성격적으로 비록 엄격하고 무섭고 거의 무정한 모친이었으나, 그렇게 엄청난 대가족의 존경은 물론 애정을 한 몸에 받았다. 19명 중에서 13명의 자녀는 일찍 죽었다. 유아 사망률이 높았다는 것은 18세기의 엄청난 사실 가운데 하나였다. 그래서 18세기의 「라헬」들은 그들의 죽은 아기를 안고 소리 없이 우는 법을 배우지 않으면 안 되었다. 웨슬리 형제들의 어머니는 자기 자녀들의 몸보다는 영혼을 더 생각한 사람이었다.

가정 풍파

1688년에 일어난 명예혁명은 사무엘 웨슬리 부부의 초기 결혼생활에 위협이 되었다. 남편 되는 사람은 혁명의 원칙을 수호하는 팸플릿을 썼다. 그러나 부인은 이전의 주의 주장을 그대로 따르고 있었다. 뿐만 아니라 네덜란드 출신의 윌리엄(William) 왕이 죽기까지 거의 일 년이 지나도록 사무엘 웨슬리 목사는 자기에게 순종하고 남편을 주(over-lord)로 여기기로 서약한 자기 품안의 부인이 사실은 고난받은 주님을 위하여 열심히 기도하는 남편의 기도에 아멘을 하지 않고 있다는 사실을 발견하지 못하고 살았다. 사실에 대한 설명을 요구받자 부인은 실토를 하게 되었다. 즉 부인의 생각에는 진짜 임금은 바다 건너에 살고 있다는 것이다. 사무엘 웨슬리 목사는 즉시 부인이 자신의 주장을 철회하지 않으면 같이 살지 않겠다고 하였다. 부인 역시 이를 거부하여 12개월 동안 부부는 별거하게 되었다. 윌리엄 3세가 사망하게 되자 다행히 화해가 가능하게 되었다. 존 웨슬리가 종종 고집을 세웠다면, 그 이유를 알 수 있지 않을까?

엡워스(Epworth) 목사관의 화재 사건과 갓난아기 존을 거기서 기적적으로 구출한 이야기는 한때 목동의 오막살이 속의 알프레드(Alfred)의 이야기만큼이나 잘 알려졌으며 그 그림이 아직도 수많은 탄광 광부들의 집에 걸려 있는 것을 볼 수 있다.

존 웨슬리는 차터하우스(Charterhouse) 공립학교와 그리스도 교회 대학에서 건전한 고전적 교육을 받았으며, 그는 평생을 학자로서 그리고 신사로서 살았다. 누구라도 존 웨슬리와 사귈 수는 있었으나 그를 깊이 알기란 결코 쉬운 일은 아니었다. 그가 마음만 먹었다면 그의 강력한 지성과 흠잡을 데 없는 기질과 세계의 어느 곳에라도 가서 일할 수 있는 그의 무한한 능력으로 지위와 명성과 재산을 얻을 수 있는 사람이었다는 사실을 그 자신보다도 더 잘 알 사람은 아무도 없었다는 말이다.

그러나 아버지를 성자(聖者)로, 그리고 어머니를 뛰어난 신앙의 소유자로 하여 신학적인 가문에서 태어난 웨슬리는 마치 젊은 피트(Pitt)가 영국의 하원을 장래의 활동무대로 여겼던 것과 같이 아주 어려서부터 종교를 그 자신의 평생사업으로 여기며 살도록 배웠다.

"내 아들은 링컨 대학의 강사다."

어머니와 함께 자신의 마음과 앞으로의 삶을 방향잡기 위하여 수많은 신학적 대화를 나누며 자란 웨슬리는 드디어 후일에 영국교회의 대주교가 된, 당시(1725)의 옥스퍼드의 포터(Potter) 주교에 의하여 부제가 되었다. 그 다음해에 웨슬리는 링컨대학의 강사(a Fellow of Lincoln)가 되어 그의 아버지의 기쁨을 더하여 주었다. 그 노인은 기쁨에 가득차서 이렇게 말하였다. "나야 무엇이 되었든 간에 내 아들은 링컨대학의 강사다."

웨슬리의 동기에는 우리에게 분명한 것이 있다. 청년기에 제레미 테일러(Jeremy Taylor)의 「거룩한 삶과 죽음」을 비롯하여 「그리스도를 본받아」 그리고 로(William Law)의 「진지한 부르심」과 「그리스도인의 완전」 등에 크게 영향을 받은 웨슬리는 어느 "중대한 사람"을 만난 일이 있는데 그는 웨슬리에게 다음과 같이 말하였다. "선생님, 하나님을 섬기고 천국에 가기를 원하시지요. 명심하십시오. 하나님은 결코 혼자서는 섬길 수는 없습니다. 그러니까 동지를 찾든가, 없으면 만드십시오. 혼자서만 믿는 고독한 종교(solitary religion)에 대하여 성경이 가르치는 것이라고는 아무것도 없습니다."

이 "중대한 사람"은 매우 자신을 가지고 말하였으며 웨슬리는 평생 그의 말을 잊을 수가 없었다. "동지를 찾든가, 없으면 만드십시오, 혼자서만 믿는 고독한 종교에 대하여 성경이 가르치는 것이라고는 아무것도 없습니다." 이 말은 영원토록 웨슬리의 귀에 쟁쟁하게 울렸고 그의 신학을 결정지었으며 그래서 칼빈의 엄격한 개인주의를 배격하였고 그의 교회조직 전반을 형성할 뿐 아니라 대체로 공동체적 방법을 바탕으로 한 유명한 속회를 형성하기에 이르렀다.

그러므로 이 길은 그에게 주어졌고
그와 함께 많은 사람이 구원받았다.

아놀드(Arnold) 씨가 그의 아버지를 추모하는 이 말을 계속해서 인용하여 웨슬리에게 적용할 수 있다는 것도 또한 의미 있는 일이다.

그의 마음에는 곤고함이 없었고
그의 말에는 허약함이 없었으며
그의 얼굴에는 지치는 빛이 없었다.

웨슬리의 「일기」를 읽은 독자에게 당시의 영국의 상황에 관하여 어떤 인상이 남아 있는가를 묻는다면, 그 대답은 독자의 마음이나 양심의 상태가 어떤가에 따라 다를 것이요, 또한 어느 시대나 지역을 막론하고 인류의 보편적인 행동에 관하여 그가 얼마나 잘 알고 있는가에 따라 그 인상은 천차만별인 것이다.

감상주의자는 아니다.

웨슬리 자신은 기우가 심한 사람도 아니었고 감상주의자도 아니었으며 결코 마구 지껄여대는 일도 없었으며 좀처럼 과장하는 일도 없었고 항상 평이하게 글을 썼다. 극히 소박하리만큼 그는 초자연적인 것에 집착하였으며 혼령들의 선의와 이상한 소리들이 악마에게서 유래되었다는 사실 등을 항상 믿으려고 하였다. 그러나 이와 같이 사변적(思辨的)인 영역을 제외하고는 모든 사물을 본 대로 웨슬리는 기술(記述)하였다. 그의 친구 존슨 박사가 처음 발간한 글 속에는 다음과 같은 말이 들어 있다. "그는 아무리 독기를 품은 눈초리를 가진 사람(basilisks)을 만나도 굴하는 법이 없으며, 누구를 공박할 때는 눈물도 사정도 없을 뿐만 아니라, 웅변을 할 때에는 곁에 서 있는 사람들의 귀를 먹먹하게 하지는 않으면서도 바위 꼭대기에서 쏟아지는 폭포수와도 같이 말을 잘하였다."

웨슬리는 학자풍의 유머를 가지고 살았으며 그의 생활양식과 방법은 정숙하게 일관되었다.

웨슬리의 유머

"1742년 5월 20일 목요일에 나는 길을 떠났다. 다음 날 오후에 나는 잠시 뉴포트-파그넬에 멈추었다가 다시 길을 떠나 말을 달리다가 어느 진지한 사람을 만나게 되었는데 그와 곧 대화를 나누게 되었다. 그는 즉시 그가 가지고 있는 견해가 무엇인가를 드러내었다. 그래서 나는 그와 반대되는 의견을 말하지 않고 있었다. 그러나 그는 그것으로 만족하지 않았다. 그는 그가 가지고 있는 교리에 대한 주장을 나도 똑같이 하고 있는지 그 '여부' 를 알고 싶어서 상당히 초조하였던 것이다. 그러나 나는 거듭 말하였다. '우리가 혹시 서로에게 화를 내게 될지 모르니까 그저 일상적인 이야기나 합시다.' 그래서 우리는 한 십리 정도까지는 그렇게 하였다. 그런데 불시에 그가 공격하는 바람에 나도 모르는 사이에 논쟁에 말려들었다. 그러나 그는 점점 열을 올리면서 말하기를 '당신은 심령이 썩었을 뿐 아니라 필경은 존 웨슬리의 추종자 가운데 한 사람일 것이라' 고 하였다. 그래서 나는 그를 보고 이렇게 말했다. '아니오. 내 자신이 존 웨슬리입니다.' 이 말을 듣자 곧장 나에게서 도망치려고 하였다. 그러나 우리 둘 중에는 내가 말을 더 잘 타기 때문에 나는 그의 곁으로 바짝 다가가서 우리가 노샘프턴의 시가에 들어설 때까지 그가 마음속에 품고 있는 것이 무엇인가를 밝히 보여주려고 애를 썼다."

1742년 5월의 어느 화창한 아침에 펼쳐진 얼마나 멋진 한 폭의 그림을 우리가 여기에서 볼 수 있는가 생각하여 보자. 불행한 칼빈주의자가 알미니안 웨슬리를 떨쳐 버리려고 하는 그림 말이다! 그러나 결국 그렇게 될 수는 없었다. 존 웨슬리는 두 사람 중에서 말을 더 잘 탔기 때문에 나란히 노샘프턴으로 말을 달릴 수밖에 없었다.

웨슬리의 「일기」 속에 묘사되는 영국은 바로 신학으로 가득 찬 영국이었다. 온갖 괴상한 사람들이 득실거렸고 아무데서나 별 이상한 토론들이 벌어졌다. 술주정뱅이들과 닭싸움을 붙이는 것도 물론 흔해빠진 일이었다. 그러나 동시에 이신론자(理神論者)들과 신비주의자들, 스베덴보리 추종자들, 도덕률 폐기론자들, 운명론자들, 재세례파, 퀘이커교도들이 많았을 뿐 아니라 막 생겨나는 여러 가지 이단들도 있었고, 끈질기게 살아 있는 망상들이 있었다. 마을마다 서로 다투는 사람들로 갈라져 편을 이루었고, 그들은 가장 적절한 언어를 구사하면서 그럴싸한 문제들을 가지고 맹렬히 논쟁들을 벌였다. 요즘에도 길을 거닐다 보면 예전에 검은 복장을 한 칼빈주의자를 만난 것과 같이, 회색 뱃지를 달고 다니는 사람을 만날 수 있는 것에 비교할 수 있다.

웨슬리 당시의 영국

영국 교회의 성직자들은 웨슬리가 그들의 교구에 간섭하는 것을 시기하였다. 그러나 웨슬리가 여러 교구에 개입하는 것이 결코 부자연스러운 것은 아니었다. 왜냐하면 웨슬리도 비국교도(Nonconformist)가 아니라 같은 국교도였기 때문이다. 웨슬리가 그토록 순회(전도)를 할 권리는 무엇이었는가? 그러나 웨슬리가 거칠게 성직자의 비행을 예를 들어 기록한 것은 극히 드문 일이었다. 물론 어느 술 취한 교구목사에 관하여 실제로 말한 일은 있고, 또 한 번은 어느 더운 날 낮에 한적한 맥주 집에 앉아 어느 목사가 큰 조끼로 맥주를 마시는 것을 보고 탐탁지 않게 말한 경우도 있다. 평생을 한 번도 용기를 잃지 않고 살았던 웨슬리는 군인이 기쁘고도 편한 마음을 가지고 살면서도 용감한 것 같이 어느 경우에나 불굴의 용기를 지니고 살았다. 바로 이와 같은 용기를 가지고 웨슬리가 거친 광부들이 사는 거의 무법천지가 된 난폭한 지역에 들어갔을 때 누가 보아도 경탄해마지 않고 찬사를 올릴 수 있는 것은 (물론 먼저 나오기는 했으나 같은 종류인) 조지 폭스의 「일기」에 못지않게 웨슬리의 「일기」 속에 나타나 있는 것이지만 그토록 거친 사람들이 갖는 자유에 대하여 기본적으로 적응한다는 것이었다. 그들은 거칠고 맹수같이 사납고 야만적이었다. 그러나 그렇게 먼 길을 찾아와 그들 자신에게 이야기해 주려고 찾아온 이 고귀한 사람의 고매한 인격과 숭고한 동기를 알아보지 못한 경우는 드물었다.

폭도들과 만난 웨슬리

웨슬리도 때로는 거칠게 대하는 사람들을 만났다. 한두 번 정도 그는 진흙과 돌로 맞은 적이 있다. 그러나 어떤 경우에도 그가 폭도들의 손에 고통을 당한 것이 결코 그 당시 한창 유행이었던 의회 의원 입후보들의 머리에다 퍼부은 모욕에다 비할 것은 못되었다. 폭도들도 허풍을 떠는 정치가 후보와 존 웨슬리같이 전도하는 사람의 차이는 잘 알고 식별하였다.

필자가 생각하기에 영국 사람이면 누구라도 일반 대중의 행실 때문에 크게 겁을 먹을 사람은 별로 없다고 생각한다. 소요가 일어났다고 해도 그것은 보통 쉽사리 평정되었다. 노리치에서 한번은 두 명의 군인이 교회 회중을 방해한 죄로 체포되어 그들의 지휘관 앞으로 끌려갔는데 그 지휘관은 병사들을 호되게 치라고 명령하였다. 웨슬리의 생각에 그들은 그만큼 맞아 마땅하다는 것이었다. 그는 정열가이기는 했으나 결코 감상주의자는 아니었다. 웨슬리의 「일기」를 읽는 독자가 충격을 받을 것은 그의 관심이 사회적 측면, 즉 뉴게이트 형무소나 베들레헴 형무소 같은 곳의 상태라든가, 형법 그리고 수많은 판사들의 잔인성, 치안판사들의 가혹성, 주교들의 태만, 선교 정신의 소멸 등 요컨대 인간성이 깊이 잠든 데 대하여 쏠리고 있었다는 점이다.

웨슬리는 동정심으로 가득 차 있었다. 그러나 그 동정심은 전혀 감정적인 것은 아니었고 마음에서 우러나오는 것이었다. 사회적인 일에 있어서 웨슬리가 가졌던 열정은 항상 침착성을 잃지 않는 그런 열정이었다. 사회의 어두운 측면을 파고들려는 그의 노력은 오랫동안 이루어지지를 않았다. 그는 꾸밈없이 이렇게 말한다. “그들은 내가 베들레헴 정신병원에 못 들어가게 하였는데 그 이유는 내가 환자들을 더 미치게 만든다는 것이었고, 뉴게이트 형무소에 가면 재소자들을 악하게 만든다는 이유로 들여보내지를 않았다.” 이와 같이 똑똑한 체하는 치안판사들이 무슨 의미로 그런 말을 하였는가를 안다면 웨슬리의 「일기」를 읽는 독자들이 결코 이와 같은 이야기에도 당혹하지는 않을 것이다.

웨슬리는 지독하게 격정적인 설교가였다. 그러나 그의 태도는 늘 차분했다. 그는 매사를 다룰 때 조금도 주저하지 않고 정곡을 찔렀다. 그는 사람들이 울며 고꾸라지게 만들었으나 그렇다고 결코 놀라는 일이 없었다.

영원한 설교가

웨슬리가 살던 18세기로 돌아가 그 맥박을 짚어 보려거든 호레이스 월폴(Horace Walpole)의 편지들은 덮어둔 채로 얼마동안은 참으라. 그리고 니콜스(Nichols)의 17권의 책 속에서 잠자고 있는 유식한 좁쌀친구들을 만나 보려고 시간을 낭비할 유혹도 물리쳐라. 아니, 그보다도 보즈웰(Boswell)의 글을 연중행사로 읽어보는 것도 그만두고, 한 해 걸러서 스턴(Sterne)의 책을 가지고 휴양하려는 일도 그만 두라. 다만 18세기 영국의 가장 큰 힘을 가지고 영국을 오르내리며 여행을 하라.

존 웨슬리보다 더 생의 한 가운데 깊숙이 들어가 산 사람은 아무도 없다. 클라이브(Clive)나 피트(Pitt)도 그렇지를 못하였고, 맨스필드(Mansfield)나 존슨(Johnson)도 그렇게 살지를 못하였다. 영국 국민의 삶으로부터 그를 결코 끊어낼 수는 없었다. 단 한 명의 인물이 그토록 많은 사람의 정신에 영향을 준 일이 없으며, 단 한 사람의 목소리가 그토록 많은 사람들의 심금을 울린 일이 없다. 일생을 통하여 영국을 위해 그토록 많은 일을 한 사람은 일찍이 없었다.

문필가로서 웨슬리는 명성을 떨치지는 못하였다. 그는 아타나시우스도 아우구스티누스도 아니었다. 그는 다만 영원한 설교가요 조직가요 인간을 섬기는 한 사람의 일꾼이었다. 그러나 다행히도 그의 일기는 남아 있어서, 그 일기를 통하여 그가 어떤 인물이었는지, 그리고 그가 살았고 행동했고 존재하였던 시대의 특성이 무엇이었는지를 우리는 그 어느 곳에서보다도 더 잘 배울 수 있다.

웨슬리 생애의 스케치

"그렇게 훌륭한 노인을 나는 일찍이 본 일이 없다! 그의 정신 속에 담겨진 행복감이 그의 용모에서 비친다. 그분의 얼굴을 볼 때마다 '훌륭하게 보낸 인생의 멋진 추억' 을 그분이 얼마나 만끽하였는가를 알 수 있었다."

알렉산더 녹스(Alexander Knox)의 「존 웨슬리」

엡워스(Epworth) 가문의 다른 사람들과 마찬가지로 존 웨슬리의 체구가 작았다. 키는 겨우 5피트 6인치에 체중은 겨우 122파운드밖에 안 되었으나 그는 근육형이었고 힘이 세었다. 담갈색의 밝은 눈과 준수한 용모, 그리고 매부리코에 번듯한 이마와 맑은 피부, 이 모든 것이 합쳐서 그의 얼굴은 보는 사람들을 사로잡았다. 동시대의 사람들이 말하기를 그의 밝고 꿰뚫어 보는 눈길은 말년에 이르기까지 그대로 남아 있었다는 것이었다. 자신의 용모와 습관에 대하여 아주 꼼꼼한 편인 웨슬리는 항상 단정한 옷차림으로 나타나지 않은 적이 없었다. 좁게 접은 깃 장식에 윗도리의 작은 칼라는 곧추 세웠고 세모난 모자를 쓰고 다녔다. 그는 일찍이 말하기를 "나는 감히 멋진 스타일로 글을 쓸 생각은 못하고 다만 멋진 옷을 입을 자신은 있다"고 하였다. 캐넌 오버턴(Canon Overton)은 이에 대하여 다음과 같이 말하였다. "그것은 정확히 맞는 말입니다. 그러고 보면 그분은 옷에 대하여 독특하였던 것 같습니다. 그분은 항상 조심하여 되는 대로 옷을 입지 않으려 하였고 늘 멋지게 옷을 입었습니다. 그런 것이 꼭 그분의 스타일과 같습니다. 단정하지 못한 것이 하나도 없고, 그렇다고 천박하고 야한 것도 결코 아니었습니다."

그의 말년에 웨슬리와 함께 생활을 하였던 헨리 무어(Henry Moore)는 말하기를, 웨슬리의 서재에서 책 한 권이나 종이 한 조각이라도 제자리에 놓이지 않은 것을 한 번도 본 일이 없다고 하였다. 그의 정확성과 시간을 엄수하는 것 때문에 그의 앞으로 돌아오는 그 엄청난 일을 다 해냈을 뿐 아니라 그것도 완벽하리 만큼 안정된 상태에서 다 해내었다. 그는 항상 자신에게 주어진 시간의 가치를 신중한 계산 하에 무슨 일을 하든지 정신적으로나 태도에 있어서 결코 서두르는 법이 없었다. "그는 일단 쓰거나 한 일이면 그것을 다시 손질할 시간이 없었다. 그러므로 그는 항상 무슨 일을 하든지 차분하게 하였을 뿐 아니라 느리다고 생각될 만큼 시간을 들여서 일을 하였다"(헨리 무어).

그 자신은 언제나 다른 사람들에게 기분 좋은 말벗이 되었지만 기분 나쁜 친구들과 어울리는 것은 싫어하였다. 그러나 일단 어쩔 수 없이 그런 친구들과 한 자리에 있게 되면 화가 치미는 성질을 가라앉히느라고 최선을 다하였다.

웨슬리는 어디를 가든지 자신이 가지고 있는 행복을 골고루 나누어 주었다. 처신에 있어서도 부드럽고 사귀기 편한 그는 어떤 종류의 사람들에게도 잘 어울렸으며, 최선을 다한 예의와 가장 완벽한 경건성이 한데 어우러지면 얼마나 좋은 것인가를 늘 보여주었다. 그가 대화를 나누는 것을 보다가 생각하면 그의 멋진 고전미를 칭찬해야 할지, 사람들이나 사물들에 대하여 가지고 있는 해박한 지식을 칭찬해야 할지, 아니면 끝없이 넘쳐흐르는 그의 착한 마음씨를 칭찬해야 할지를 몰라 당황하게 된다. 신중하고 진지한 사람들이 그의 지혜에 매료되는 반면에 나이가 어리고 생각이 깊지 않은 사람들까지도 그의 입에서 힘차게 터져 나오는 순수한 농담과 재미있는 이야기에 반했다 어쨌든지 모든 사람들이 그의 끊이지 않는 명랑과 쾌활 속에서 참된 종교의 극치를 보았다. 설령 젊은이들의 경박성에 대하여 냉소적인 말은 하는 경우가 있을지라도 그것이 결코 웨슬리의 말을 가혹하게 만들 수는 없었다. 뿐만 아니라 과거를 아무리 아름다운 것으로 회상하며 찬사를 올린다 하여도 그것 때문에 현재의 불만을 잊어버릴 그 또한 아니었다. 그에게 있어서는 노년기까지도 즐거운 것이었다. 마치 구름 한 점 없는 저녁 날씨와도 같이 누구를 막론하고 웨슬리를 관찰하면서 다음과 같이 간절한 소원을 갖지 않는 사람은 없을 것이다. "나의 말년이 웨슬리와 같이 되었으면!"(녹스)

한번은 웨슬리와 다른 순회전도자 한 사람이 어느 부잣집에서 점심을 함께 들고 있었는데 거기서 바로 이 위대한 사람의 기지를 보여주는 한 사건이 일어났다. 그 집에 아리따운 젊은 딸이 있었는데 그 처녀는 웨슬리 목사의 설교에 크게 감동되었다. 그 젊은 숙녀와 대화를 나누는 동안 웨슬리와 동행하는 그 순회전도자는 그 처녀가 수많은 반지를 끼고 있는 것을 보고 웨슬리 목사가 볼 수 있도록 그녀의 손을 치켜 올리면서 이렇게 말하였다. "목사님, 감리교인의 손이 이렇다니. 이걸 어떻게 생각하십니까?" (보석을 달고 다니는 것을 웨슬리가 몹시 싫어하는 것은 이미 잘 알려진 사실이었다). 그 처녀는 얼굴을 붉히고 틀림없이 불안해졌을 것이다. 그러나 웨슬리는 그의 독특한 안정된 자세로 한 번 미소만 짓더니 이윽고 이렇게 말하였다. "그 손이 매우 예쁩니다." 그 다음 집회에 나타났을 때 그 젊은 숙녀는 보석을 하나도 끼지 않았고 그로부터 그녀는 독실한 그리스도인이 되었다.

웨슬리의 전기 작가 중 한 사람인 로버트 사우디(Robert Southey)는 웨슬리가 어린이를 얼마나 사랑하는가를 우리에게 보여준다. "웨슬리가 브리스틀에 있는 우리 집을 방문하였을 때 나도 그 자리에 같이 있었다. 그 집의 꼬마인 내가 예쁜 여동생과 함께 웨슬리가 있는 앞으로 층계를 뛰어 내려왔다. 내 동생의 예쁜 곱슬머리가 어깨에 나풀거렸다. 웨슬리는 층계 위에서 우리를 내려다보면서 내 동생을 안아 올리더니 그에게 입을 맞추었다. 그는 내 작은 동생을 다시 내려놓더니 내 머리에 손을 얹고 나에게 축복을 하여 주었다. 나는 지금도 이 훌륭한 분의 축복이 나와 함께 있는 것을 느낀다."

우리는 찰스 웨슬리의 딸의 덕분으로 그의 가족관계는 어떠하였는가를 엿볼 수 있다. 그녀에게 있어서 그 유명한 숙부는 엄격하고 금욕주의적인 인물의 대표로 의식되었다. "사생활에 있어서 그분의 미덕을 공정하게 평가하고 가정생활에 있어서 모든 대소사에 존 웨슬리보다 더 충실한 사람은 없다는 사실을 경험에 입각하여 증명하는 일은 친척으로서 마땅한 일이다. 비방에 대한 그의 무관심과 자신의 의무라고 생각하는 일에 있어서는 백절불굴의 인내심을 가진 것이 바로 그와 같은 생각의 밑거름이 되었다 … ."

그의 조카는 일찍이 사랑스럽기는 하나 출신이 낮은 한 처녀에게 끌리었다. 그러나 이것은 그의 어머니와 여자의 가족들의 반대에 부딪쳤다. 그런데 그 반대의 이유인즉 존 웨슬리에게 마음을 쓴 나머지 그 처녀의 출신이 낮다는 것이었다. 이와 같은 반대 이유를 들은 웨슬리는 말하기를 "그렇다면 가문은 생각 안 해도 좋겠습니다. 제가 듣기로는 그 규수가 훌륭하다고 하더군요."

그러자 신랑의 어머니가 말하였다. "돈도 한 푼 없고요. 게다가 그 처녀가 집에서 빈둥거리기만 한답니다." 웨슬리의 조카딸은 계속하여 말한다.

"숙부께서는 아무 대답도 안하셨습니다. 그러나 후에 제 오빠에게 결혼 피로연에 보태 쓰라고 50파운드나 보내주셨어요. 제가 분명히 믿기에 숙부께서는 그 결혼이 원하는 대로 이루어지지 않은 것을 진심으로 안타깝게 생각하셨던 것 같아요(결국 그 처녀는 다른 사람과 결혼하였다). 그러나 어쨌든 그분은 항상 사랑하는 젊은이들에게 유별난 동정심을 보여주셨습니다." 1749년 4월 찰스 웨슬리가 웨일스의 치안판사의 딸 사라 과인(Sarah Gwynne) 양과 결혼한 후에 그는 이렇게 편지를 하였다. "정말 엄숙한 날이었습니다. 그리스도인 결혼의 위엄이 섰습니다."

이 당시에 존 웨슬리 자신도 행복한 결혼을 목전에 두고 기다리던 때였다. 지난해 8월에 뉴캐슬(Newcastle)에서 전도를 하는 동안 잠시 아픈 일이 있었는데 그레이스 머리(Grace Murray)라는 32세의 과부인 뛰어난 여신도 한 사람의 간호를 받았다. 그 여인은 뉴캐슬에서 태어나 거기서 자랐지만 후에 런던으로 옮겨 살았었다. 거기서 그 여인은 출중한 스코틀랜드 가문의 아들인 어느 선원과 결혼하였다. 머리 부인은 그런데 아들을 잃게 되자 그 슬픔을 이기지 못하다가 마침내 감리교 전도자들의 설교를 듣게 되었다. 처음에는 그녀의 남편이 부인의 새로운 신앙에 강력히 반대했으나 부인은 끝내 남편도 같은 신앙을 갖게 하는 데 성공하였다.

1742년 남편이 바다에서 목숨을 잃자 그레이스 머리는 뉴캐슬로 돌아와 고아원을 경영하게 되었다. 수백 명의 어린이들을 돌보며 매일 「꼬마친구」들을 만나고 부근의 어촌들을 찾아다니며 사람들과 함께 성경을 읽고 기도하며 일생을 보내려는 그녀의 의향이 존 웨슬리의 높은 찬사를 사게 되었다. 그 부인은 지칠 줄 모르는 인내와 말할 수 없는 부드러움, 그러면서도 민첩하고 깨끗하고 재간이 있고 매력 있는 행동과 상냥하고 활발하고 명랑하면서도 진지한 성격을 가졌을 뿐 아니라 무엇보다도 이 모든 것을 남을 위하여 언제나 쓰려고 하는 그녀의 은사는 그 누구의 추종을 불허하는 것이었다.

1748년 웨슬리가 그녀에게 구혼하였을 때에 그 여인은 이렇게 대답하였다.

"저에게는 너무 큰 축복입니다. 어떻게 믿어야 할지 모르겠어요. 이것이야말로 제가 이 지상에서 가장 바라고 싶은 일입니다." 그녀가 웨슬리와 떨어져 있기를 싫어했기 때문에 웨슬리는 그녀와 요크셔와 더비셔를 함께 여행하였는데 거기에서 그 여인은 웨슬리에게 뿐만 아니라 그 집회에서도 말할 수 없이 도움이 되었다. 그러나 볼턴(Bolton)에서 얼마동안 존 베넷(John Bennet)의 순회교구(circuit)에 머물렀다. 베넷도 그레이스 머리를 사랑하였다. 얼마나 사랑하였는가하면 마침내 그녀가 베넷과 결혼하는 것이 의무라고 생각한다고 웨슬리에게 편지를 할 정도였다. 그러나 후에 그녀는 웨슬리와 함께 아일랜드로 가서 여신도들 가운데서 일하는 단순한 일꾼으로서 여성들을 조직하여 병자들을 심방하고 죄를 뉘우치는 사람들과 함께 기도를 하는 일 외에 웨슬리 자신의 행동에 관한 일에 있어서는 고문 역할까지 하였다. 나날이 그녀에 대한 웨슬리의 사랑과 존경심은 커졌고 더블린(Dublin)에 왔을 때 그들은 결혼준비를 구체적으로 계획하기에 이르렀다.

영국으로 다시 돌아와서 보니 그들이 존 베넷과 그의 관심을 가볍게 저버릴 수 없다는 사실을 알게 되었다. 베넷이 엡워스로 웨슬리를 찾아와서 말하기를 그레이스 머리가 자기에게 웨슬리의 편지를 전부 보내주었다고 하였다. 그러자 웨슬리는 그녀가 베넷과 결혼해야 되겠다고 확신한 나머지 그 뜻을 전하면서 그녀에게 편지를 하였다. 그러나 그녀는 또다시 마음이 흔들려 그녀가 진정으로 사랑하는 사람은 웨슬리라고 선언하였다. 그 때에 그들이 결혼을 했어야 하는 일인지 모르겠다. 그러나 웨슬리는 먼저 베넷을 만족시키고 동생 찰스의 승인을 얻고, 또 감리교회에 자신의 계획을 알리고 싶어하였다. 찰스 웨슬리는 그의 형이 심부름을 하던 여인과 결혼을 하려고 한다는 생각 때문에 마음이 산란하여져서 그는 우선 형이 그녀와 결혼하게 되면 감리교 설교자들이 그를 떠나게 될 뿐 아니라 감리회가 흩어지게 될 것을 이유로 그 결혼을 그만 두라고 서둘러서 형을 설득하였다. 존은 그래서 자기가 그녀의 출신을 보고 결혼하려는 것이 아니라 그녀 자신의 가치를 보고 결혼하려는 것이라고 확실하게 말하였다. 형의 마음을 돌이킬 수 없다는 것을 알자 찰스는 그 부인 자신을 설득하기로 작정하였다. 하인레이 힐(Hineley Hill)에서 그녀를 만나자 그는 대뜸 이렇게 말하였다. "그레이스 머리 씨, 당신은 내 마음을 상하게 하였습니다!" 그는 그녀에게 함께 말을 타고 뉴캐슬로 가자고 종용하였다. 거기서 그녀는 베넷 앞에 무릎을 꿇고 그를 섭섭하게 대했던 것을 용서하여 달라고 간청하였다. 그로부터 1주일 후에 그녀는 베넷과 결혼하였다.

그레이스 머리를 잃은 것이 웨슬리에게 있어서는 개인적으로 가장 커다란 슬픔이었다. 다음의 편지가 그의 심정을 잘 드러낸다.

> "내 사랑하는 동생에게,
>
> 내가 여섯 살이 된 이후 오늘까지 지난 며칠 동안과 같은 괴로운 시련을 당하기는 처음이다. 지난 10여 년 동안 하나님께서는 놀라운 섭리로 나의 동역자 한 사람을 예비해 오셨다. 지난해에 나는 그 섭리를 확인하였고, 그렇기 때문에 지체하지 않고 실망의 위험을 넘어서서 모든 것을 확실하게 하리라고 생각하였던 것이다. 그러나 얼마 안가서 우리는 돌풍을 만나 산산이 흩어지고 말았다. 몇 달 후에 폭풍은 지나갔다. 그래서 나는 전보다 훨씬 더 조심을

하면서 악한 날이 다시 와서는 안 된다고 내 자신에게 속삭였다. 그러나 그것은 역시 곧 돌아오고야 말았다. 내가 런던을 떠나면서부터 폭풍은 다시 일기 시작하였다. 나는 금식기도를 하며 내가 할 수 있는 만큼 애를 썼다. 그러나 스루야(Zeruiah)의 아들들이 나에게는 너무 심하게 굴었다. 온 세상이 나를 대항하여 싸웠고 무엇보다도 내 자신의 가까운 친구가 그랬다. 그러자 이 말씀이 성취되었다. '사람의 아들아, 보라, 내가 단번에 너의 안목의 정욕을 제하였다. 그러나 슬퍼하지도 말며 눈물을 흘리지 말라.'

다시는 돌이킬 수 없는 운명의 일격이 지난 화요일에 가해졌다. 이제 나는 그 친구를 보았다. 바로 그녀가 희생의 제물이 되어준 그 친구 말이다. 나는 네가 그런 장면을 한 번도 못 보았을 것으로 믿는다. 그러나 '어찌하여 제 자신의 죄 때문에 벌을 받아야 할 사람, 산 사람이 불평을 해야 하는가?'

1749년 10월 7일, 리즈(Leeds)에서 너의 사랑하는 형 존 웨슬리로부터"

웨슬리는 1788년까지 그녀를 다시는 보지 못하였다. 베넷은 결혼하는 즉시 웨슬리와 결별하였는데 헤어지는 마당에 그는 웨슬리를 혹평하고, 심지어는 그가 교황과 같이 행세를 하였다고 비방하였다. 그는 워버튼(Warburton)에서 칼빈주의 교회의 목사가 되었는데, 그는 그곳에서 45세의 젊은 나이에 세상을 떠났다.

다시 한 번 우리는 헨리 무어를 통하여 웨슬리와 베넷 여사가 마지막으로 만난 이야기를 듣는다. "그들의 마지막 만남은 퍽 애처로웠다. 그러나 웨슬리 목사는 평소 그가 안정감이 있었던 것보다도 훨씬 더 차분하였다. 수년 간의 간격이 있었는데도 불구하고 두 사람이 다 애절한 사랑을 지니고 있을 뿐 아니라 웨슬리의 말에 표현되는 부드러운 후회 속에서 그녀는 인격적으로나 태도에 있어서 그의 말을 그대로 받아들이고 있는 모습을 찾아보기란 극히 쉬운 일이었다. 그 만남은 그리 오래 끌지는 않았다. 내가 기억하기로는 그 후에 웨슬리 목사가 평생 그녀의 이름을 언급하는 것을 들은 일이 없다."

만일 웨슬리가 그레이스 머리와 결혼을 했더라면, 후일 그가 런던의 어느 상인의 돈 많은 과부인 바제일(Vazeille) 여사와 결혼함으로써 생긴 결혼 생활의 비극을 모면하였을 것이다. 그녀의 악의에 가득 찬 무리한 행동을 그래도 가장 너그럽게 받아 줄 근거는 때때로 그녀가 정신적으로 불안정하다는 것이었다. 그녀는 남편의 책상에서 서류와 편지들을 꺼내어 편지의 문구를 바꾼 다음 그것을 웨슬리의 적수들에게나 신문사에 넘겨주어 보도하게 하였다. 알려진 바로는 웨슬리가 누구와 함께 여행하는가를 확인하기 위하여 때로는 100마일 씩이나 질투의 불길에 사로잡혀 말을 달려 쫓아가곤 하였다. 웨슬리의 설교가들 중 한 사람인 존 햄프손(John Hampson)은 그녀가 화를 내는 장면을 보고 이렇게 말하였다.

"그녀가 웨슬리 목사에게 난폭하게 손찌검을 하고 심지어는 존엄한 분의 머리를 한 줌씩이나 뽑은 것이 한두 번이 아니었다."

찰스 웨슬리의 전기 작가 중 한 사람인 잭슨(Jackson)이 설명하는 바에 의하면, "웨슬리가 자기 부인에게 보낸 편지들 속에 나타나 있는 가장 따뜻한 애정은 그것을 감당할 여자가 별로 없다고 할 정도로 큰 것이었다. 뿐만 아니라 만약 그에게 잘 어울릴 여인과 결혼하여 행복한 가정을 이룰 수 있었다면 그는 이 세상에서 누구보다도 가장 사랑이 많은 남편이 될 수 있었을 것이라는 생각도 든다. 웨슬리가 기질적으로 냉정하고 쌀쌀하다고 생각하는 사람이 있다면 그야말로 전적으로 웨슬리의 성격을 오해하는 것이다." 가정적인 시련에도 불구하고 세상에 태어난 이후 한번도 15분 이상 울적한 기분을 가져 본 기억이 없는 웨슬리는 늘 밝은 면을 보며 살았다. 그는 이러한 것이 자신에게 크게 유익했던 것으로 믿었다. 만약 웨슬리 부인이 즐거운 반려자였다면 때때로 부인을 즐겁게 하여 주기 위하여 자신의 일을 게을리하였을지도 모를 일이라고 그는 말했다. 항상 사람들의 가장 좋은 면만을 기억하며 산 웨슬리이지만 그들의 행동 때문에 실망을 당하는 슬픔을 수없이 겪었다. 그러나 다른 사람들의 악의적인 행동에도 불구하고 웨슬리는 심지어 가장 잔인한 원수까지도 쉽사리 용서하였다. 다른 사람들 중에도 알렉산더 녹스는 웨슬리의 동기에서 야심과 교만과 이기심과 자기만족 등의 빛은 조금도 찾아볼 수 없었다고 증언한다. 웨슬리가 사람들을 다스리는 능력이라고 스스로 생각하는 것은 사람을 믿어주는 신뢰였다. 그러나 웨슬리는 결코 그것을 악용하지는 않았다. 아마 웨슬리의 성격과 경력에 대하여 애즈베리 감독(Bishop Asbury)이 자신의 일기에서 적은 것보다 더 잘 평가해 놓은 것은 없을 것이다. "우리가 웨슬리의 평이하면서도 힘찬 글과 설교와 일기에 대한 그의 비범한 재능 … 관찰력이 강한데 얻어진 그의 지식과 학자로서의 그의 성취, 그리고 그리스도인으로서의 그의 경험 등을 생각할 때 한 가지 결론을 얻을 수 있는 것은서, 그가 길러낸 모든 자손 중에서도 그와 대등한 인물을 찾아볼 수 없거니와, 그 뒤에 올 아담의 모든 후손 가운데서도 그보다 뛰어난 인물은 찾기 어려울 것이다."

제1장

1735년~1736년

조지아 선교사로서의 웨슬리

웨슬리의 일기는 1735년 10월 14일자로 처음 시작된다. 그러나 웨슬리 자신이 처음 발간한 일기책에 들어있는 다음의 편지는 그 이전에 쓰여진 것임을 알 수 있는데 그 속에는 신성구락부(Holy Club)가 형성되기까지의 일들과 일기에 나타난 대로 감리교가 출현하기까지의 여러 가지 사회 활동들이 묘사되어 있다.

1732년 모건(Morgan) 씨에게 옥스퍼드에서 쓴 이 편지에는 모건 씨의 아들의 이야기가 언급되고 있다. 편지는 다음과 같다.

웨슬리 사역의 첫 출발

"제가 옥스퍼드에 있었던 1729년 11월에 선생님(모건)의 자제와 제 동생과 저 자신 그리고 또 한 친구는 1주일에 3일 내지 4일 저녁을 함께 지내기로 합의하였습니다. 우리의 계획은 각자가 이미 개인적으로 읽었던 고전들을 저녁에 함께 모여 읽고 주일에는 신학 서적을 함께 읽자는 것이었습니다. 다음 해 여름에 M군은 저에게 자신의 부인을 살해한 죄로 복역 중인 사람을 교도소로 방문하였던 이야기를 들려 주었으며, 또 채무관계로 복역 중인 다른 사람을 만나 이야기하였는데 그런 사람들과 때때로 만나 이야기를 나누려고 노력하는 것이 매우 유익한 일로 믿는다고 말해 주었습니다.

아드님은 자주 이 말을 하였기 때문에 1730년 8월 24일에 저와 제 동생은 아드님과 함께 성까지 걸어갔습니다. 우리는 거기에서 만족스러운 대화를 나눈 나머지 거기를 1주일에 한두 번 가기로 의견의 일치를 보았습니다. 그 후에 얼마 안 되어서 아드님은 저에게 시내에 살고 전염병이 걸린 불쌍한 부인을 함께 방문하자고 하였습니다. 함께 생각을 나누어 본 결과 이런 일을 위해서 1주일에 한두 시간씩 보내는 것도 가치 있는 일이라고 저희는 믿었습니다. 그러나 그런 사람이 속해 있는 교구의 목사가 우리의 일을 반대하지 않는 경우에만 가능하다고 생각하였습니다. 그렇다고 해서 그런 일을 전적으로 저희 자신의 판단에만 의존하지는 않았습니다. 저는 저의 아버님께 편지를 올리고 저희의 계획 전부를 낱낱이 알려드리고 더욱이 이 세상에서 70년이란 세월을 사셨고 삶이 할 수 있는 일이라면 거의 모든 것을 보아 오신 그분에게 저희가 지나치게 걸음을 내어디뎠는지 아니면 이제 제자리에 굳게 버티고 서야 할 것인지 또는 전진해야 할 것인지에 대하여 충고를 해 주시기를 간청하였습니다.

아버님의 지시하심을 따라 저는 곧 옥스퍼드의 주교 밑에서 일하는 제라드(Gerard) 목사를 찾아 갔습니다. 그분 역시 사형 판결이 확정된 재소자들을 돌보아 주는 분이었습니다(그 전에는 아무도 사형수들을 돌보아 주는 사람이 없었습니다). 저는 그분에게 가능한 한 우리가 사형수들을 위해 봉사할 계획을 제의하였고, 만일 주교께서 승인하신다면 저 자신이 거기에 가서 한 달에 한 번 설교를 하겠다는 저 자신의 의사도 전달하였습니다. 그분은 저희의 계획을 칭찬하면서 주교를 만나는 즉시 말씀을 드려서 인가가 나면 알려주겠다고 약속하였습니다. 얼마 안 되어 그분이 소식을 전해왔는데 주교께서는 허락을 하실 뿐 아니라 그와 같은 일을 하겠다는데 대하여 크게 기뻐하시면서 소기의 목적을 성공적으로 달성하기를 바라신다는 것이었습니다.

그 후 곧 머튼 대학(Merton College)에 있는 사람이 우리의 작은 모임에 들어오게 되어 이제 우리는 다섯 사람이 되었습니다. 그는 바로 전날 용기를 얻어 신성구락부의 일원이 되고자하였다는 사실과 아울러 그의 대학에서는 신성구락부가 신나는 이야깃거리가 되었으며. 우리의 관습을 여러 가지 알고 있다고 말해주었습니다. 그러나 실상은 저의 자신들도 그런 관습에 대해서는 전혀 모르고 있는 터였습니다. 그래서 저는 다시 저의 아버님과 그런 문제에 관하여 상의를 드리게 되었습니다.

(저의 아버님의) 격려를 받고 저희는 보통 때와 같이 계속하여 모임을 갖고 할 수 있는 대로 기회(여기서는 1주일에 한번씩)가 있을 때마다 자주 우리의 결의를 서로 확인하면서 우리의 친지나 재소자들 그리고 시내에 있는 두서넛의 불우한 가정을 위하여 우리가 할 수 있는 봉사를 계속하였습니다.”

* * * *

웨슬리 미국으로 항해하다

1735년 10월 14일 화 옥스퍼드의 퀸스 대학(Queens College)에 있는 벤자민 잉험(Benjamin Ingham) 씨와 며칠 전에 우리와 합세한 어느 상인의 아들 찰스 델라모트(Charles Delamotte) 씨와 내 동생 찰스 웨슬리와 나는 조지아로 항해하기 위하여 작은 배를 타고 그레이브샌드(Gravesend)로 갔다.

우리의 모국을 떠나는 목적이 (하나님께서 이 세상의 축복도 우리에게는 이미 내려 주셨기에) 궁핍을 모면하려는 것도 아니요, 오물이나 쓰레기 같은 재산이나 명예를 얻기 위함도 아니다. 다만 우리의 영혼을 구하는 것, 전적으로 하나님의 영광을 위해서 살기 위함이다. 오후에 그레이브샌드 해안에 머물고 있는 '심몬즈(Simmonds)호' 를 발견하고 우리는 곧 그 배를 탔다.

10월 17일 금 우리와 같은 배에 타고 있는 26명의 독일인들과 대화를 나누기 위하여 나는 독일어를 배우기 시작하였다. 일요일에는 날씨가 좋고 바람이 잔잔해서 아침예배를 뒤 갑판에서 드렸다. 나는 처음으로 준비 없이 즉석 설교를 하고 6~7명 되는 신도들에게 성만찬을 집례하였다.

10월 20일 월 지극히 작은 일에 있어서도 우리 자신을 부정하는 것이 하나님의 축복으로 우리에게 도움이 되는 것을 믿으면서 우리는 전적으로 고기와 포도주를 멀리하고 쌀밥과 빵만 먹으면서 채식만 하였다.

10월 21일 화 그레이브샌드를 떠나 출항하였다. 우리는 이제 약간 규칙적인 생활을 하기 시작하였다. 평상시의 우리의 생활은 이랬다. 새벽 4시에서 5시까지는 우리 각자의 개인기도 시간으로 했고 5시에서 7시까지는 함께 성경을 읽었는데 (우리 자신의 이해에만 의존하지 않으려고) 초대 교회의 문헌들과 세심하게 비교하면서 연구하였다. 7시에는 조반 식사를 하고 8시에는 공동기도 시간을 가졌다. 9시에서 12시까지 나는 독일어 공부를 하였고, 델라모트 씨는 희랍어 공부를 했고, 내 동생은 설교문을 썼고, 잉험 씨는 아이들을 가르쳤다. 12시에는 함께 모여 우리가 지난번 모임을 가진 이후에 우리 각자가 한 일을 서로 이야기하고 다음 모임 전에 할 것으로 계획해 놓은 것을 함께 이야기하였다. 그리고 1시쯤 해서 함께 점심식사를 하였다.

점심시간부터 오후 4시까지의 시간은 우리 각자가 맡은 사람들에게 필요에 따라 글을 읽어 주거나 이야기해주었다. 4시가 되면 늘 오후 기도회를 가졌는데(아침에 항상 기도회를 가졌기 때문에) 두 번째 공과를 설명하든가 회중 앞에서 어린이들에게 교리학습을 시키거나 그 밖의 것을 가르쳤다. 5시에서 6시 사이에 우리는 다시 개인기도 시간을 가졌다(우리가 탄 배에는 약 80명의 영국 사람들이 타고 있었다). 우리는 6시부터 7시 사이에는 그들 중 두세 명에게 내 선실에서 글을 읽어 주었으며 내 형제들도 각기 그들의 선실에서 몇 사람씩 앉혀 놓고 글을 읽어 주었다.

7시가 되면 나는 독일 사람들의 공중예배에 같이 참석하였는데 그 시간에 잉험 씨는 갑판과 갑판 사이에서 듣기를 원하는 사람들에게 글을 읽어 주었다. 8시에는 우리가 다시 만나 서로 가르치며 권면하였다. 9시에서 10시 사이에 우리는 잠자리에 들었는데 엄청나게 큰 바다 소리도, 배가 몹시 흔들리는 것도 하나님이 우리에게 주신 단잠을 빼어가지는 못하였다.

10월 31일 금 우리는 다운스(Downs)를 떠나 항해하였다. 밤 11시에 나는 몹시 큰소리에 잠을 깨었다. 곧 안 일이지만 위험은 없었다. 그러나 별것도 아닌 일에 잠시나마 두려움을 가졌다는 것 때문에 내게는 오히려 생생한 확신이 한 가지 생겼다. 그것은 매 순간 영원의 문턱(brink of eternity)에 서서 사는 사람들의 태도가 어떤 것이어야 하느냐 하는 것이다.

11월 1일 토 세인트 헬렌 항구에 도착하여 다음 날에는 카우즈 로(路)에 갔다. 바람은 괜찮게 불었다. 그러나 우리는 함께 항해할 군함을 기다렸다. 이것은 나와 함께 여행하는 친구들을 가르쳐 줄 좋은 기회였다.

11월 23일 주일 밤중에 나는 배가 몹시 흔들리고 바람이 세차게 부는 소리에 잠을 깨었다. 결국 내가 죽지 않으려고 하기 때문에 죽기에도 마땅하지 못하다는 사실을 내게 평범하게 보여준 것 같다.

12월 10일 수 카우즈에서 출항하여 오후가 되어 우리는 니들스를 통과하였다. 거기에 있는 험한 바위에 파도가 부딪혀 물거품을 일으키고 있었으며 섬의 하얀 면이 해변가에서 높이 치솟아 절벽을 이루고 있는 장관을 보니까 "하늘을 손 뼘으로 재시며 바다를 그 손에 쥐고 계시는 그분"에 대한 강렬한 생각이 치솟았다.

1736년 1월 15일 목 여객들에게 식수를 불공평하게 나누어 주는 일 때문에 오글소프(Oglethorpe) 씨에게 불평을 하자 그는 새로운 당번을 임명하였다. 그러자 먼저번 당번들과 그들의 친구들은 우리 때문에 바뀌었다고 우리에게 몹시 화를 냈다.

1월 17일 토 역풍이 불자 초조해진 사람이 많았다. 그러나 저녁 7시에는 폭풍이 불자 그들은 잠잠해졌다. 폭풍은 9시까지 계속 더 심해졌다. 9시쯤 되어서 바닷물이 우리가 탄 배 전체를 뒤덮으며 밀려닥쳤으며 우리들 서너 명이 있는 침실 유리창으로 쏟아져 들어와 흠뻑 씌웠는데 책장이 막아주는 바람에 나는 간신히 큰 충격을 모면하였다. 11시쯤 되어서 나는 큰 선실(침실)에 누워 얼마 안가서 잠이 들었다. 그러나 아침에 살아서 깨어날 수 있을까 몹시 불안해하였고 죽지 않겠다고 버둥대는 것 같아 얼마나 부끄러웠는지 모르겠다. 눈 깜짝할 사이의 경고와 더불어 하나님 앞에 나서기를 즐거워 할 사람은 마음이 얼마나 순진해야 할까! 아침이 되면서 "예수께서…바람과 바다를 꾸짖으시니 아주 잔잔하게 되거늘"(마 8:26)

1월 23일 금 저녁에 또다시 폭풍이 시작되었다. 아침에는 더욱 심해져서 배가 곤두박질치게 되었다. "나는 어찌하여 그렇게도 믿음이 없느냐?"라는 말밖에 할 수가 없었다. 왜냐하면 아직도 죽지 않으려고 안달을 했기 때문이다. 오후 1시쯤 되어서 내가 큰 선실 문밖을 거의 나서자마자 파도가 그리 심하게 친 것은 아니었으나 큰 물결이 슬그머니 뱃전을 넘어 오더니 눈 깜박할 사이에 나를 뒤덮어서 어찌나 멍멍하였던지 기를 쓰던 바닷물이 다 빠져 나갈 때까지 머리를 들 생각조차도 못하였다. 그러나 하나님께 감사해야 할 일은 나는 하나도 다친 데가 없었다는 것이다. 자정쯤 해서 폭풍은 멈추었다.

1월 25일 주일 정오쯤 되어서 우리가 세 번째 맞는 폭풍이 시작되었고, 4시가 되자 폭풍은 전보다 훨씬 더 맹렬하였다. 7시에 나는 독일 사람들을 찾아갔다. 얼마 안 있어서 나는 그들의 행동이 매우 신중함을 발견하였다. 그들은 겸손한 마음으로 다른 여객들을 위하여 봉사하는 일을 계속하여 그들의 침착함을 입증하였다. 그러나 어떤 영국 사람도 그런 일을 감히 하려고 들지를 않았다. 그들은 다만 그런 일이 그들의 자랑스러운 마음에 유익하다든가 그들의 구세주께서 그들을 위하여 더 많은 은총을 베푸셨다는 말을 하면서 어떤 보수도 바라지도 않고 받으려고 하지도 않으면서 봉사를 계속하였다. 그리고 날마다 일이 있을 때마다 그들의 온유한 마음을 보여주었는데 어떤 상처를 받아도 그 마음은 변하지 않았다. 그들이 만일 떠밀리거나 얻어맞거나 내동댕이쳐져도 그들은 다시 일어나서 계속하였다. 그러나 그들의 입에서 불평이라고는 찾아 볼 수가 없었다. 이제 그들이 정말 두려운 마음에서 뿐만 아니라 교만과 분노와 복수심으로부터 건져냄을 받았는가를 시험할 좋은 기회가 되었던 것이다.

예배가 시작되면서 시편이 한참 낭송되고 있는데 파도가 덮쳐서 큰 돛대가 산산조각이 나고 배를 뒤덮어 갑판과 갑판 사이로 쏟아져 내렸다. 마치 큰 바다 깊은 물이 우리를 다 삼켜버릴 것 같았다. 영국 사람 사이에서는 귀를 찢을 듯한 비명이 터져 나왔다. 그러나 독일 사람들은 조용히 계속하여 시편을 낭송하였다. 나는 후에 그들 중 한 사람에게 물었습니다. "당신은 두렵지 않았습니까?" 그러자 그는 "아니오, 하나님께 감사할 따름입니다" 하고 대답하는 것이었다. 나는 다시 물었다. "그렇지만 당신네의 부인들과 어린이들은 두려워하지 않았습니까?" 그는 부드럽게 대답하였습니다. "아니오, 우리네 부인들과 어린이들은 죽음을 두려워하지 않습니다."

1월 30일 금 폭풍이 또 일어났다. 그러나 앞에 있는 돛대를 부러뜨린 것 외에는 아무런 피해를 입히지는 않았다. 침대가 모두 젖어서 나는 마룻바닥에 누워서 잤다. 그래서 다시는 잠자리(흔히 말하는 대로)에 들 필요가 없을 것 같이 믿어졌다.

2월 1일 주일 우리는 캐롤라이나 배와 이야기를 나누었고 4일 수요일에는 측연(測鉛)이 닿는 곳까지 왔다. 정오쯤 되어서는 수목들이 돛대 꼭대기에서 보이더니 오후에는 큰 갑판 위에서도 보이게 되었다. 저녁 공과에는 이런 말씀이 있었다. "크고 중요한 문은 열리고야 만다!" 오, 아무도 그 문을 닫지 말지어다!

2월 5일 목 오후 2시에서 3시 사이에 하나님은 우리 모두를 사반나(Savannah) 강으로 인도하셨다. 우리가 타이비 섬(Tybee Island)에 닻을 내리고 보니 해변을 따라 펼쳐진 소나무 숲이 얼마나 보기 좋은 장관을 이루었던지 그것은 마치 깊은 한 겨울에 봄이 한창인 것과 흡사하였다.

웨슬리, 조지아에 도착하다

2월 6일 금 아침 8시쯤 되어서 우리는 미국 땅에 첫발을 내디뎠다. 타이비 섬 앞에 있는 조그만 무인도였다. 오글소프 씨가 우리를 인도하여 언덕으로 올라가 우리는 모두 무릎을 꿇고 감사를 드렸다. 그는 작은 배를 타고 사반나로 향했다. 나머지 사람들은 해변가로 돌아오자 우리의 작은 양떼를 불러 모으고 기도회를 가졌다.

2월 7일 토 오글소프 씨가 독일인 교회 목사 슈팡엔베르크 씨와 함께 사반나로부터 돌아왔다. 나는 곧 그의 심령이 얼마나 훌륭한가를 알고 내 자신의 행동에 관하여 그에게 충고를 부탁하였다. 그는 말하였다. "내 형제여, 나는 먼저 당신에게 한두 가지 물어야겠습니다. 당신 자신 속에 증언이 있었습니까? 하나님의 성령이 당신의 영과 더불어 당신이 하나님의 자녀 됨을 증언합니까?" 나는 놀랐다. 무슨 말을 해야 할지를 몰랐다. 그는 그것을 관찰하고 또 물었다. "당신은 예수 그리스도를 압니까?" 나는 잠시 멈추었다가 "나는 그분이 세상의 구세주이심을 압니다"라고 대답하였다. 그러자 그는 대답하였습니다. "옳습니다. 그러나 그분이 당신을 구원하셨다는 것을 압니까?" 나는 대답하였다. "나는 그분이 나를 구원하시기 위하여 죽으셨을 것으로 희망합니다." 그는 다만 이렇게 덧붙였다. "당신 자신을 압니까?" 나는 "압니다"라고 대답하였다. 그러나 그것은 빈 말 같아서 두려웠다.

2월 14일 토 1시쯤 해서 토모 차치와 그의 조카 틀레아누히, 그의 부인 시수아키와 그 밖의 두 여인들, 그리고 두서너 명의 꼬마 인디언들이 함께 배에 올랐다. 우리가 들어서자 그들은 전부 일어나서 우리와 악수를 하고 토모 차치는(머스그로브 씨라는 사람을 통역으로 내세우고) 다음과 같이 말하였다.

"여러분이 오셔서 참 반갑습니다. 제가 영국에 갔을 때 저는 누구인가 그 크신 하나님의 말씀을 들려주시기를 바랐고 저의 백성들도 바랐습니다. 그러나 이제 우리는 전부 혼란에 빠졌습니다. 그렇지만 여러분이 오셔서 매우 반갑습니다. 저는 이제 올라가서 저희 백성 중에 지혜가 많은 분들에게 말씀드리겠습니다. 그분들이 귀를 기울여 여러분의 말씀을 들어주기를 바랍니다. 그러나 우리는 스페인 사람들이 기독교인을 만들려는 식으로 신자가 되고 싶지는 않습니다. 우리는 먼저 가르침을 받고 그 다음에 세례를 받겠습니다."

나는 그래서 대답하였다. "하늘에 앉아 계시고 지혜를 가르치실 수 있는 분은 오로지 한 분밖에 안계십니다. 우리가 이렇게 먼 길을 오기는 하였지만 그분께서 우리를 통하여 여러분을 기꺼이 가르치실지 그 여부는 모르겠습니다. 하나님께서 여러분을 가르치신다면 여러분이 지혜를 배우실 것이고 다만 우리가 할 수 있는 일은 아무것도 없습니다." 그러고 나서 우리는 물러났다.

2월 19일 화요일 내 동생과 나는 작은 배를 몰고 사반나를 지나 미국에 있는 가련한 이방인들에게 첫 번째 방문을 하러 갔다.

3월 7일 주일 사반나에서 목회를 시작하면서 첫날 설교를 고린도전서 13장을 본문으로 하였다. 두 번째 공과(눅 18)에서는 주님 자신 그리고 결과적으로 그분을 따르는 사람들이 어떤 대우를 받을까에 대한 예고를 다루었다. "나는 분명히 말합니다. 하나님 나라를 위하여 집이나 아내나 형제나 부모나 자녀를 버린 사람은 누구나 이 세상에서 여러 갑절의 상을 받을 것이며 오는 세상에서는 영원한 생명을 얻을 것입니다."

그러나 우리 주님께서 이와 같이 선언하신 것과 내 자신의 되풀이되는 경험과 내가 만나서 이야기를 나누어 보았고 글을 읽었고 이야기를 전해들은 충실한 그리스도의 제자들의 경험, 그보다도, 빛을 사랑하지 않는 사람은 그 빛을 계속 쏟아부어 주기 위하여 애쓰시는 그분을 마땅히 미워하게 된다는 사실을 명백히 드러내는 사리에도 불구하고 내가 여기에 확실히 증언할 것이 있다. 그것은 다름 아니라 내가 교회로 모여드는 사람들을 보았을 때, 그들이 깊은 주의를 기울여 하나님의 말씀을 받아들이고 또 그들의 얼굴에 진지한 빛이 계속 남아있는 것을 보았을 때에 경험과 이성(理性)과 성경에 대하여 조금도 거짓이 섞인 이야기는 전혀 할 수가 없었다.

이렇게 주의 깊고 진지한 사람들의 대부분이 훗날 하나님의 말씀을 발로 짓밟을 것이라고는 거의 믿을 수가 없었을 뿐 아니라 하나님의 말씀을 전한 사람을 악의에 찬 태도로 욕을 할 것이라고는 말할 수 없었다.

3월 15일 월 퀸시(Quincy) 씨가 캐롤라이나로 떠났기 때문에 나는 목사관으로 이사하였다. 그 집은 우리보다 더 큰 가족이 살기에도 충분히 컸고 가재도구가 다 갖추어져 있었으며 정원 또한 훌륭하였다.

3월 30일 화 잉험 씨가 프레데리카(Frederica)에서 오면서 편지들을 가지고 왔는데 나더러 그리 오라고 성화였다. 다음 날, 델라모트 씨와 나는 음식을 한 가지만 먹고도 다른 여러 가지 음식을 먹고 사는 것 같이 목숨을 지탱할 수 있을까를 실험하기 시작하였다. 우리는 빵만 먹으면서 그 실험을 하기로 정하였는데, 그 밖의 다른 것을 먹고 살 때보다 결코 못하지 않게 힘이 나고 건강하였다.

4월 4일 주일 오후 4시쯤에 나는 페티오가(Pettiawga)라고 하는 바닥이 평평한 일종의 바지(barge)선을 타고 프레데리카로 출발하였다. 다음 날 저녁에 스키도웨이(Skidoway) 섬 근처에 닻을 내렸는데 거기의 물은 한참 불었을 때에는 깊이가 12~13피트나 되었다. 나는 모기같이 피를 빨아먹는 쇠파리를 피하기 위하여 머리에서 발끝까지 큰 외투로 몸을 감싸고 갑판 위에 누웠다. 새벽 1시에서 2시 사이에 잠을 깨었는데 어찌나 깊은 잠이 들었던지 내 입에 물이 가득 찼을 때까지 내가 어디에 있는지를 몰랐다. 외투를 벗어 여하튼 어떻게 하였는지 모르지만 갑판에 버려둔 채 저쪽으로 헤엄을 쳐가서 배를 매어둔 곳에서 밧줄을 타고 기어 올라 갔다. 다행히 옷이 젖은 것 외에는 다친 데가 하나도 없었다.

4월 17일 토 우리의 주요 계획을 추구하는 데 적합한 문이 아직도 열려 있는 것을 발견하지 못해서 결국 사반나에 있는 작은 양 떼를 위하여 우리가 어떻게 가장 유익하게 일할 수 있을까를 고려하였다. 그리고 우리는 다음과 같이 의견의 일치를 보았다. 즉,

1) 그들 중에 보다 진지한 사람들에게 충고를 하여 그들 나름대로 일종의 작은 회를 조직하게 할 것과 1주일에 한두 번씩 모여 서로 잘못을 고치고 서로 가르치며 권면하도록 할 것.

2) 그들 중에서 소수의 사람들을 보다 긴밀한 조직을 갖도록 선정하여 우리가 개별적으로 이야기를 나누든가, 그들 소수를 전부 우리 집으로 초청하도록 하는 것이었다. 따라서 이와 같은 모임은 매주 일요일 오후에 갖는 것으로 결정을 보았다.

5월 10일 월 나는 교우들을 집집마다 차례로 심방하기 시작하였다. 이를 위하여 나는 그들이 너무 더워서 일을 할 수 없는 시간, 즉 오후 12시에서 3시까지의 시간을 따로 정해 놓았다.

6월 17일 목 군함을 타고 있는 장교 한 사람이 두서너 명의 친구와 함께 바로 우리 뒤에서 따라오면서 지나치게 저주를 하고 떠들었다. 그래서 내가 꾸짖었더니 매우 감동이 되어 나에게 감사하였다.

6월 22일 화 M모 씨의 태도가 상당히 냉정한 것을 관찰하고 나는 그에게 이유를 물었더니 그는 대답하기를 "나는 목사님이 하는 것이 하나도 마음에 안 듭니다. 목사님이 하는 모든 설교는 특정 인물들을 온통 비꼬는 것이기 때문에 나는 목사님의 설교를 더 이상 듣지 않겠습니다. 모든 사람들이 나와 같은 생각입니다. 우리 자신을 욕하는 설교를 우리는 듣지 않겠습니다. 그밖에도 그들은 자신이 프로테스탄트라고 합니다. 그러나 목사님으로 말할 것 같으면 무슨 종교인지를 모르겠다고 합니다. 그들은 그와 같은 종교에 관해서는 한 번도 들어 보지 못하였습니다. 그들은 어떻게 해야 할 바를 모르고 있습니다. 그리고 목사님의 개인적인 행동도 그렇습니다. 여기 오신 후 죽 싸움과 논쟁만 있었습니다. 이제는 이 고장에서 목사님의 말씀에 한 마디도 신경 쓸 사람은, 남녀를 막론하고 한 사람도 없습니다. 그러니 설교를 아무리 길게 하셔도 괜찮을 것입니다. 어차피 아무도 듣지는 않을 것이니까요" 하는 것이었다.

그는 대답을 듣기에는 너무 열이 나 있었다. 그래서 나는 그에게 속시원하게 터놓고 얘기해 주어서 고맙다는 말 밖에는 할 것이 없어 그냥 와버렸다.

인디언들과의 대화

6월 30일 수 나는 인디언 족 가운데 가장 덜 매끄러운, 말하자면 가장 덜 썩은 촉토오(Choctows) 족에게 즉시 찾아 올라갈 수 있는 길이 열리기를 희망하였다. 그러나 내 계획을 오글소프 씨에게 전하자 그는, 거기에 있는 프랑스인들에게 내가 잡히거나 살해당할 위험성이 있다는 것뿐만 아니라 더욱이 사반나에는 목사도 없이 만들어 놓고 떠나는 것이 현명한 처사가 아니라는 이유로 반대하였다. 나는 저녁에 이 반대 이유를 내 형제들에게 전하였더니 그들도 모두 같은 의견이었다.

"우리가 아직은 가서는 안 된다"는 것이었다.

7월 1일 목 인디언들과 만날 기회가 생겼다. 토요일에 그들의 추장 치칼리가 오글소프 씨와 점심을 할 때에 또 한 번 기회가 있었다. 식사 후에 나는 그 백발노인에게 그 자신이 무엇을 위해 창조되었다고 생각하느냐고 물었다. 그는 이렇게 말하였다. "위에 계신 분이 우리를 무엇 때문에 창조하셨는지 아십니다. 우리는 아무것도 모릅니다. 우리는 어둠 속에 있습니다. 그러나 백인들은 많이 압니다. 그렇지만 백인들은 그들이 마치 영원히 살 수나 있는 것 같이 커다란 집들을 짓습니다. 조금 있으면 백인들도 나와 마찬가지로 흙이 될 것입니다." 나는 그래서 그에게 다음과 같이 말하였다. "만약 홍인종들도 성서를 배운다면 백인들 같이 많이 알 것입니다. 그러나 위에 계신 분이 우리를 가르쳐 주시지 않는다면 당신들뿐만 아니라 우리도 그 책을 이해할 수는 없습니다. 더욱이 당신들이 이미 알기에도 좋지 않다는 것을 버리지 않는다면 그분께서는 가르쳐 주시지 않을 것입니다." 그는 대답하였다. "나도 그렇게 믿습니다. 우리의 마음이 희어지지 않는 한 그분께서는 우리를 가르쳐 주시지 않을 것입니다. 우리네 남자들은 그들이 좋지 않다고 하는 짓을 하고 있습니다. 그들은 자신의 자녀를 죽입니다. 우리네의 여자들도 그들이 좋지 않다고 하는 짓을 하고 있습니다. 그들은 아기가 태어나기도 전에 죽입니다. 그렇기 때문에 위에 계신 분이 우리에게 성서를 보내 주시지 않습니다."

7월 26일 월 내 동생이 영국으로 가기 위하여 나와 함께 찰스턴으로 떠났다. 그러나 역풍이 불어서 수요일 저녁에야 겨우 사반나에서 40마일 떨어진 포트 로얄에 도착하였다. 다음 날 아침에 우리는 그곳을 떠났다. 그러나 바람이 오후가 되면서 어찌나 강했던지 세인트 헬레나 해협의 어구를 막 지날 때에 제일 나이 많은 선원이 소리쳤다. "모두들 자신을 살피시오." 나는 그에게 말하였다. "하나님이 우리 모두를 살피실 것입니다." 이 말이 떨어지자 거의 같은 순간에 돛대가 떨어져 나갔다. 나는 배가 가라앉는 순간을 포착하기 위하여 뱃전에 붙어 서 있었다(사실 배는 언제 가라앉을지 몰랐다). 그렇다고 해서 그렇게 강한 바람과 심한 파도를 헤치고 해변까지 헤엄쳐 갈 전망이 별로 있었던 것도 아니었다. 그러나 "어찌하여 믿음이 없느냐?" 하는 소리가 들렸다. 돛대가 떨어져 나가는 순간 두 사람이 그것을 붙잡아 작은 배로 끌어들였다. 다른 세 사람은 있는 힘을 다하여 노를 저었다. "하나님께서 바람과 바다를 향하여 명령하셨다." 그래서 한 시간 있다가 우리는 안전하게 육지에 닿았다.

8월 2일 월 나는 오글소프 씨의 편지를 전하기 위하여 찰스턴에서 약 30마일 떨어진 부총독 사무실로 떠났다. 그 집은 작은 언덕 위에 자리 잡고 있었는데 양쪽으로 계곡이 있었다. 한 쪽에는 우거진 숲이 있고 한편에는 벼와 옥수수를 심어 놓았다. 돌아가는 길에 나는 50여 명의 흑인 교우들이 일하고 있는 스키인(Skeen) 씨네 집에 들러 가리라 마음먹었었다. 그러나 내가 타고 온 말이 지쳐서 곧장 찰스턴으로 돌아올 수밖에 다른 도리가 없었다.

나는 불(Bull) 대령의 배로 돌아올 수 있을 것을 기대하고 우리가 타고 온 배를 이미 사반나로 돌려보냈었다. 그러나 그의 배가 곧 떠나지 않기 때문에 나는 포트로얄까지 걸어갈 생각으로 목요일에 애슐리 페리(Ashely Ferry)로 갔다. 그러나 벨링거(Belinger) 씨는 나에게 말을 한 필 내어 주었을 뿐만 아니라 나와 함께 10마일쯤 말을 타고 와서는 거기서 20마일 더 떨어진 캄비 페리(Cumbee Ferry)까지 자기 아들을 나와 함께 보내었다. 그래서, 나는 그 다음 날 말 두 필과 안내인 한 사람을 돈을 내고 얻어 가지고 그 다음 날 저녁에야 보포르(Boaufort)라고 불리는 포트 로얄로 왔다. 다음 날 아침에 우리는 작은 배를 탔으나 역풍이 강하게 불기 때문에 일요일 오후가 되어서야 겨우 사반나에 도착하였다.

오글소프 씨는 이미 떠난 뒤여서 나는 사반나에서 하루만 묵고 잉험씨와 델라모트씨를 거기에 남겨 두고 화요일 아침에 프레데리카로 출발하였다. 선더볼트(Thunderbolt)까지 걸어가는데 어찌나 심한 소나기를 만났던지 마치 강물 속을 헤엄쳐 나온 것처럼 옷이 흠뻑 젖었다. 이때에 관찰한 일이지만 아메리카의 비와 이슬이 해롭기나 한 것 같이 흔히 생각하는 것은 잘못이라는 것을 새삼스럽게 느끼지 않을 수 없었다. 이러한 비에 흠뻑 젖은 것이 한두 번이 아니었으나, 아무런 피해를 입은 것은 없었다. 그리고 여러 날 밤을 한데서 자면서 내리는 이슬을 다 맞고 자기도 하였다. 그래서 양반 교육을 부드럽게만 받아 기질이 약하게 되지만 않은 사람이라면 누구라도 그런 것쯤은 다 견디어 낼 수 있으리라고 확신하였다.

11월 23일 화 잉험 씨와 델라모트 씨와 나를 사반나에 남겨 두고 오글소프 씨가 영국으로 떠나게 되자 인디언들에게 전도할 전망은 우리가 아메리카에 발을 처음

디딘 날보다 더 적어졌다. 내가 그 말을 꺼낼 때마다 즉시 나오는 대답은 "목사 한 사람도 없이 사반나를 그냥 떠날 수는 없습니다"라는 소리였다.

여기에 대한 나의 대답은 명백하였다. "내가 여기에 한 달 머무르겠다고 약속한 일은 한 번도 없습니다. 나는 인디언들 속으로 갈 때까지만 영국 사람들을 책임을 지겠다고 하였지 그 이상은 더 하지 않겠다고 여기에 오기 전이나 왔을 때나 그 이후로도 공개적으로 선언하였습니다. 이와 반대되는 의무를 내가 져야 한다는 것은 모르겠습니다." 만약 "그렇지만 조지아의 평의원(評議員)들이 당신을 사반나의 목사로 임명하지 않았습니까?"라고 하면, 나는 이렇게 대답하였다. "그랬습니다. 그러나 내가 청했기 때문에 그렇게 된 것은 아니었습니다. 내가 바라지도 않고 알지도 못한 채 그리 되었습니다. 그렇기 때문에 그것은 이교도들을 향한 문이 열리기까지만 할 일이지 그 이상은 더 계속해야 할 의무가 있는 그런 임명이라고 생각할 수는 없습니다. 나는 그 임명을 수락할 때에 이 점을 명백히 선언하였습니다."

그러나 비록 내가 사반나를 떠나지 못할 하등의 의무는 없었을지라도 사랑의 의무는 그냥 지나칠 수가 없었다. 더욱이 "누가 와서 내 자리를 채울 때까지 조금만이라도 더 그들의 영혼을 돌보아 달라"는 교우들의 진지하고도 끈질긴 간청은 어떻게 저버릴 수가 없었다. 나는 점점 더 그렇게 할 마음만 갖게 되었다. 왜냐하면 인디언 부족들이 온통 난리가 나 있었기 때문에 그들에게 평화의 복음을 전할 시간은 오지 않을 것으로 보였기 때문이었다. 파우스토비와 밍고 바토오가 내 집에 찾아와서 이렇게까지 말을 하였다. "이제 우리의 원수들이 사면을 에워싸고 있습니다. 그래서 우리는 싸울 수밖에 없습니다. 그러나 만약 사랑하는 사람들이 우리가 평화롭게 살 수 있도록 해주기만 한다면 우리는 하나님의 크신 말씀을 듣겠습니다."

12월 23일 수 델라모트 씨와 나는 한 사람의 안내인과 함께 길을 떠나 카우펜(Cowpen)으로 걸어갔다. 두세 시간쯤 길을 걸었을 때에 우리의 안내인이 말하기를, 우리가 지금 어디까지 왔는지 모르겠다는 것이었다. 그러나 그렇게 멀리 떨어져 있지 않을 것이라고 믿고 계속 걸어 나가는 것이 상책이라고 생각하였다. 한두 시간쯤 되어 우리는 늪이 가로막고 있는 곳까지 왔다. 그러나 어둡기 전에 사반나까지 걸어서 돌아갈 시간이 없어서 그냥 그 늪을 통과하였더니 물이 가슴에까지 찼다. 그러나 그 곳을 넘어 1마일쯤 갔을 때 우리는 그곳에서 완전히 벗어났다. 이제 해가 진 뒤여서 우리는 그 곳에 불을 피우고 아침까지 머무를 생각으로 거기에 앉았다. 그러나 부싯깃이 젖은 것을 알게 되자 꼼짝도 못하게 되었다. 그래서 나는 조용히 걸어가자고 종용했으나 나의 일행은 너무 지치고 어지러워서 꼼짝 않고 누워 있었다. 어쩔 수 없이 새벽 6시까지 그대로 있었다. 우리의 옷이 젖은 만큼이나 땅바닥도 젖은 데다 서릿발이 서서 우리의 옷은 온통 얼어붙었다. 그러나 나는 아침 6시까지 잠을 잤다. 그런데 밤새 이슬은 심하게 내려서 마치 흰 눈과 같이 우리를 뒤덮었다. 해가 솟은지 한 시간쯤 되어 우리는 대(大) 농원까지 왔고 저녁이 되면서 우리는 조금도 다치지 않고 사반나로 돌아왔다.

제2장

1737년~1738년

조지아에서의 어려움 - 영국으로 돌아오다 - 피터 뵐러 - "내 마음이 이상하게 뜨거워졌다"

1737년 3월 4일 금 나는 조지아의 평의원들에게 목사관 수리비와 프레데리카까지의 왕복여비 등을 빼고 1736년 3월 1일부터 1년 간의 우리의 지출명세서를 써 보냈는데 델라모트 씨와 내가 쓴 것이 44파운드 4실링 4페니였다.

4월 4일 월 나는 우리 교구에 있는 유대인 교우들과 대화를 하기 위하여 스페인어를 배우기 시작하였다. 그런데 그들 중에는 어떤 이들은 예수 그리스도를 주님이라 부른 수많은 어떤 사람들보다도 그리스도 정신에 더 가까워 보였다.

4월 12일 화 캐롤라이나에는 전에 나의 교구의 교우 여러 사람의 결혼 예고(교회에서 결혼하기 전에 세 번 예고하여 이의가 없는가를 확인하는 것)나 결혼 허가증도 없이 주례를 하였을 뿐 아니라 그런 식으로 앞으로도 계속하겠다고 선언하였던 사람이 있는데, 가능하면 가던 길을 멈추고 그를 만나보려고 마음을 먹었으나 결국 나는 외돛단배를 타고 끝내 찰스턴으로 출발하였다. 그곳에 목요일에 닿아 그와 같은 사실을 런던 주교의 대리인 가든 씨에게 전하였더니 앞으로는 그런 불미스런 일이 생기지 않도록 주의하겠다고 확약하였다.

7월 3일 주일 성만찬을 끝낸 직후에 나는 윌리엄슨 부인(코스턴 씨의 조카며느리)에게 힐책을 할 만한 그녀의 행동에 관하여 언급하였다. 그러자 그 부인은 극도로 화가 나서 그런 말을 나에게서 들을 줄은 몰랐다고 말하였다. 그러고 나서 우리가 함께 집으로 걸어가던 길목에서 확 돌아서더니 가버렸다. 다음 날 코스턴(Causton) 씨 부인이 나를 찾아오더니 그녀를 변명하면서 말하기를 그 전날 있었던 일 때문에 그녀가 극도로 괴로워했다는 것이다. 그러면서 내가 싫어하는 것을 글로 써주기를 원했다. 결국 그 다음 날 그렇게 해주었다.

먼저 코스턴 씨에게 다음과 같은 쪽지를 써 보냈다.

"선생님

지금 이 시간까지 선생님은 저의 친구같이 보였습니다. 저는 언제나 그렇게 인정하였고 또 앞으로도 언제나 그럴 것입니다. 내가 간절히 바라기는 지금까지 저에게 이런 축복을 내려주신 주님께서 앞으로도 그대로 해주실 것으로 생각합니다.

그러나 이런 일은 선생께서 나의 청을 한 가지 들어주시지 않으면 불가능한 것입니다. 사실 그 일은 눈에 보이는 대로 그리 쉬운 것은 아닙니다. 내 임무를 수행하는데 있어서 내 자신이 의무로 생각하는 일을 하는 것 때문에 나를 나무라지는 마십시오.

내가 설령 사람들의 존경을 받지 못하는 행동을 할지라도 선생께서 나의 청을 들어 주신다면 우리 둘 사이에는 결코 오해는 없을 것이며, 있다고 할지라도 최소한 오래 가지는 않을 것을 확신합니다. 왜냐하면 혹시 우리 사이의 어떤 오해를 발견하는 사람이 있다고 할지라도 나의 하나님의 법에 관한 것을 제외하고는 나에게 불리한 경우를 찾아 낼 사람은 결코 없을 것임을 믿습니다.

1737년 7월 5일"

7월 6일 수 코스턴 씨가 집행리 파커 씨와 법원서기를 데리고 내 집에 찾아와서 부드럽게 물었다. "목사님께서 임무를 수행하시는 데 대하여 제가 어떻게 나무랄 수 있다고 생각을 하셨습니까?" 나는 간단히 말하였다. "선생님, 제가 선생님의 가족 중 한 사람을 성만찬에 참석 못하게 하는 것이 나의 임무를 수행하는 것 중의 일부라고 한다면 어떻게 생각하시겠습니까?" 그는 대답하기를 "저나 저의 집 사람이 배찬 거부를 당한다면 정당한 이유를 들어야겠습니다. 그 밖에 다른 사람이라면 더 이상 걱정은 안하겠습니다. 저희들이 알아서 하겠지요"라는 것이었다.

웨슬리의 구속영장

8월 7일 주일 나는 윌리엄슨 씨 부인에게 배찬을 거부하였다. (8월) 8일 월요일에 사반나의 법원서기가 다음과 같은 영장을 발급하였다:

"조지아 사반나의 모든 경관 및 관계자 제위에게

존 웨슬리 목사의 신병을 집행리에게 인도하여 윌리엄 윌리엄슨 씨와 그의 부인 소피아의 고소에 응하도록 하시오. 존 웨슬리 목사는 원고 소피아의 명예를 훼손하였을 뿐 아니라 회중 앞에서 정당한 사유 없이 원고에게 주의 성만찬을 베풀기를 거절하였으며 이로 인하여 윌리엄 윌리엄슨 씨에게 1,000파운드의 손해를 입혔습니다. 그러므로 이에 구속 영장을 발급하는 바 이를 집행하기 바랍니다.

주후 1737년 8월 8일

크리스티(Tho · Christie)"

8월 9일 화 경관 존스 씨가 영장을 집행하여 나를 집행리 파커 씨와 서기에게 데리고 갔다. 나는 그들에게 이렇게 대답하였다. 주의 만찬을 베푸는 일이나 거절하는 일은 순전히 성직자의 권한에 속한 일이므로 그들이 이를 조사하는 권한을 인정할 수 없다고 하였다. 그랬더니 파커 씨는 "그러나 사반나를 위하여 개정되는 다음 재판에 출두해야합니다"라고 대답하는 것이었다. 옆에 서 있던 윌리엄슨 씨는 "여러분, 나는 웨슬리 씨가 확실히 출두한다는 보증금을 미리 내기를 바랍니다"라고 말하였다. 그러나 파커 씨는 즉시 대답하였다. "선생님, 웨슬리 목사님의 말씀으로 충분합니다."

8월 11일 목 코스턴 씨가 집으로 찾아와서 날카롭게 말을 하였는데 그 중에도 이런 말을 하였다. "이 일은 끝냅시다. 당신에게도 그렇게 하는 것이 제일입니다. 내 조카딸이 이렇게까지 이용당할 수가 있겠습니까! 나는 일단 칼을 뽑았기 때문에 끝장을 볼 때까지는 칼집에 도로 넣지는 않겠습니다."

곧이어 그는 덧붙여 말하였다. "온 회중 앞에서 내 조카딸에게 배찬을 거부한 이유를 설명하십시오." 나는 그래서 "선생님, 그렇게 주장하신다면 그대로 하겠습니다. 선생님의 조카딸에게도 그렇게 전하십시오" 하고 말하였다. 그는 말하기를 "그녀에게 편지를 쓰시고 당신이 직접 말하십시오."라고 하여 "그렇게 하지요."라고 나는 말하였다. 그가 돌아간 후에 나는 다음과 같이 편지를 썼다.

"소피아 윌리엄슨 부인에게

코스턴 씨의 요청에 따라 나는 다시 한 번 편지를 씁니다. 내가 준수하는 규칙은 다음과 같습니다.

'성만찬에 참여하고자 하는 사람은 누구라도 최소한 하루 전에 부목사에게 자기의 이름을 알려 두어야 합니다.' 바로 이것을 당신은 하지 않았습니다.

'그리고 이들 중에서도 말로나 행동으로 이웃에게 잘못을 저질러 그로 인하여 회중에게 영향을 끼쳤으면 그가 진실로 회개하였다는 것을 공개적으로 알리기까지는 성만찬에 참여할 수 없음을 부목사가 광고를 합니다.'

당신이 주일에 주의 식탁에 나오면(이미 여러 차례 하였던 대로) 어떤 면에서 당신이 잘못한 것을 광고하겠습니다. 그리고 당신이 진실로 회개하였음을 공개적으로 밝히면 나는 당신에게 하나님의 신비(성만찬)를 베풀겠습니다.

존 웨슬리

1737년 8월 11일"

델라모트 씨가 이 편지를 가져가니까 코스턴 씨는 부드러운 말을 하면서도 이렇게 덧붙였다. "상처를 받은 사람은 사실 나입니다. 이제 내가 모욕을 당하는 것이지요. 이제 내 조카딸의 입장을 철저히 지키겠소. 내가 형편없는 대우를 받고 있지만, 두고 보시오. 내가 쾌재를 부르게 될 것이요."

그가 어떻게 쾌재를 부르겠다는 것인지 생각을 할 수가 없었다. 그러나 금요일과 토요일에 이르러 징조가 나타나기 시작하였다. 코스턴 씨가 수많은 사람들에게 선언을 하였다. "웨슬리 목사가 내 조카딸 소피아에게 청혼을 하였는데 거절을 하고 윌리엄슨 씨와 결혼을 하였기 때문에 순전히 복수하기 위하여 그녀에게 성만찬을 거부하였다"고 퍼뜨렸다.

8월16일 화 윌리엄슨 부인이 선서구술서(宣誓口述書)에 거짓이 없음을 선서하고 서명하였는데 실제로 주장하려는 것보다 더 많은 것을 암시하고 있었다. 그녀가 주장하는 내용인즉 웨슬리 목사가 자기에게 여러 번 구혼을 하였는데 그 때마다 거절하였다는 것이었다. 그 구술서의 사본을 얻고자 하니까 코스턴 씨가 말하기를 "목사님, 미국에서 발행되는 신문이면 어디에서도 그 사본을 구하실 수 있습니다" 하는 것이었다.

목요일과 금요일에는 22일 월요일에 모일 대배심원 26명의 명단이 전달되었다. 그러나 다음 날 이 명단이 취소되더니 24명의 이름이 더 추가되었다. 이 대배심원(실상은 44명만 모였음) 가운데는 영어를 모르는 프랑스인 1인과 천주교인 1인과 무신론자로 자처하는 사람 1인과 3명의 침례교인, 16~7명의 비국교도와 그밖에 나와 다툰 일이 있어서 복수하겠다고 공개적으로 맹세를 한 일이 있는 수많은 사람들이 끼여 있었다.

22일 월요일에는 코스턴 씨는 이 대배심원들에게 장문의 고소장을 자못 진지하게 제출하였는데 "정신적 독재를 경계하고 양심을 침해하는 새로운 불법적 권위를 반대해야 한다"고 주장하였다. 그 다음에 윌리엄슨 부인의 구술서가 낭독되었고 이어서 코스턴 씨는 다음과 같은 서류를 대배심원들에게 제출하였다.

그 제목은:

"1737년 8월 22일 사반나 대배심원들이 제출하는 불평의 일람표"

대배심원 다수가 세부 사항을 변경하여 9월 1일 목요일에 법정에 다시 제출하였는데 10개 항목을 두 개의 공소장 형식으로 제출하여 낭독되었다.

그들이 선서를 하고 주장한 바에 의하면 "존 웨슬리 목사는 우리의 왕 되시는 주님의 평화와 주님의 왕권과 위엄에 반대하는 행위로써 이 지방의 법률을 위반하였습니다" 하는 것이었다.

1. 윌리엄슨 씨의 동의없이 그의 부인에게 말을 하고 편지를 하였습니다.
2. 성만찬에 참여하지 못하도록 윌리엄슨 부인을 거부하였습니다.
3. 그 자신이 영국 국교회에 소속되어 있음을 천명하지 않았습니다.
4. 주일에 아침예배를 분리시켰습니다.
5. 파커 씨의 아이에게 세례를 베풀기를 거절하였습니다. 아이가 약하여 견딜 수가 없으니 물에 잠기지 않도록 해 달라는 것 외에는 세례를 베풀지 않을 이유가 없었습니다.
6. 윌리엄 고우 씨에게도 성만찬을 거부하였습니다.
7. 나다니엘 폴힐의 장례식 집전을 거부하였습니다.
8. 자신이 사반나의 교구장(Ordinary of Savannah)이라고 하였습니다.
9. 윌리엄 앨리온비 씨가 단순히 성찬 참예자가 아니라는 이유 때문에 그를 대부(代父)로 받아들이기를 거부하였습니다.

10. 같은 이유로 제이콥 매튜스를 거부하였으며 오직 두 사람의 보증인만 을 세우고도 인디언 장사꾼의 아이에게는 세례를 베풀었습니다(이 사실만은 내가 잘못했다는 것을 인정한다. 어떤 일이 있더라도 보증인이 세 사람이 되기까지는 세례를 거절했어야 옳은 일이었다).

9월 2일 금 P 씨와 서기 앞에 나의 신병이 인도된 이래 내가 세 번째로 출두한 재판이 열렸다.

첫 번째 항목이 유일한 민사 사건의 성격이었기 때문에 이에 대하여 즉시 심의를 하자고 주장했으나 거절당했다. 오후에 똑같은 동의를 했으나 다음 재판 일정까지 연기되었다.

다음 재판 날에 다시 출두하였고 그 다음 두 번 더 출두하였다. 그러나 (판사가 말하기를) 윌리엄슨 씨가 여행 중이어서 사실 심리가 되지를 않았다(사실상 대배심원들이 만장일치로 의견을 모을 수도 없었지만). 공소장에 대한 소수의 대배심원들 자신의 생각은 그들이 평의회에 제출한 다음과 같은 서류에서 읽을 수 있다.

> "조지아 평의회 의원 각하 제위
>
> 존 웨슬리 목사에 대한 두 개의 공소장은 각기 8월 23일과 8월 31일에 조지아 주 사반나 군의 대배심원들이 접수한 바와 같습니다.
>
> 아래 서명한 본 대배심원들은 이미 언급한 공소장을 기피하겠다는 사실을 밝혀두고자 합니다. 그 이유는 여러 가지 상황에 의하여 웨슬리 목사에 대한 고소는 전적으로 코스턴 씨의 조작으로서 그가 우리에게 제출한 고소장에서 즐겨 표현하는 것과 같이 이 지역을 종교적 독재로부터 해방시키려는 것이라기보다는 웨슬리 목사의 인격을 더럽히기 위한 목적으로 날조하였다는 것을 본인들이 확신하기 때문입니다. 그러나 이 모든 상황을 장황하게 설명을 드려 평의원 각하 제위를 괴롭히고 싶지 않기 때문에 다만 몇 가지 특정 항목에 관하여 본인들이 반대하는 이유만을 제출하려고 하는 바입니다 … ."

10월 7일 금 나는 하나님께서 나를 다시 영국으로 부르시는 것이 아닌가 생각하면서 이에 대하여 친구들과 의논하였다. 내가 영국을 떠났던 이유가 이제는 소용이 없게 되었는데, 그것은 인디언들에게 가르칠 가능성이 아직도 생기지 않았기 때문이다. 뿐만 아니라 아메리카 대륙에 있는 인디언들 가운데 도대체 가르침을 받겠다는 의사를 조금이라도 가지고 있다는 사람을 보지도 못하였을 뿐 아니라 이야기조차 듣지를 못하였기 때문이다. 그리고 사반나에 대해서 말하자면, 내가 머물러 있는 것이 더 편리하겠다고 생각되는 것보다 단 하루라도 더 머물러 있겠다고 말로나 글로 약속한 일도 없고 이교도들을 찾아가는 길에 만난 것 외에는 내가 사반나 사람들을 책임지고 돌보려고 온 것도 아니기 때문에 거기에 머물 계획을 취소하기에 이르고 보니 전적으로 해방된 느낌을 갖게 되었다. 뿐만 아니라 내가 조지아에서 할 수 있었던 것보다 훨씬 더 많은 봉사를 영국의 불행한 사람들을 위하여 할 수 있을 것 같았고, 두려움이나 사심 없이 아메리카 식민지의 실태를 평의원들에게 낱낱이 알려주는 일 또한 내가 봉사할 수 있는 기회라고 생각하였다. 이런 일들을 깊이 생각한 끝에 내가 떠나야 한다는데 만장일치로 결정을 보았으나 시간을 기다리자고 하였다. 그래서 때가 되면 하나님께서 "내 앞의 길을 평탄케 하여 주실 것"을 확신하고 당장 떠난다는 생각은 일단 보류하였다.

웨슬리가 조지아를 떠난 이유

11월 3일 목 이 날에 열린 재판에 다시 출두하였고 22일 화요일에 열린 재판에 다시 출두하였다. 그날 코스턴 씨는 나에게 말을 하고 싶어하였다. 그러고 나서 그는 9월 15일에 작성된 진술서들을 나에게 읽어주었는데 그 중 한 진술서에는 내가 언젠가 그의 집에서 코스턴 씨를 거짓말쟁이이고 악한이라고 부르면서 모욕을 하였다는 것이었다. 뿐만 아니라 여러 사람 앞에서 같은 모욕적인 언사를 되풀이 하였다는 것이었으나 나는 정말 까맣게 잊어버린 일이었다. 그러나 결국 마지막 재판에서 나는 사회 평화의 적이며 동시에 방해자라는 비난을 받았다.

나는 다시 친구들과 의논하였는데 그들 역시 우리가 기다리던 시간이 왔다는 데 의견의 일치를 보았다. 그래서 다음 날 아침 나는 코스턴 씨를 찾아가 즉시 영국으로 떠나갈 계획을 말하였다. 나는 대 광장에 같은 목적을 알리는 공고문을 내걸고 조용히 여행 준비를 서둘렀다.

12월 2일 금 나는 점심때 쯤 해서 밀물이 들면 캐롤라이나로 떠날 생각이었다. 그러나 10시 쯤 되어서 판사들이 나에게 사람을 보내어 그 고장을 떠나지 못한다고 말하는 것이었다. 이유는 고소 된 주장에 대하여 내가 답변을 마치지 않았다는 것이었다. 그래서 나는 "내가 법정에 이미 6~7회 계속하여 답변을 하려고 했으나 답변할 기회가 없었다"고 대답하였다. 그러나 그들은 하여간에 내가 떠나지 못한다고 말하였다. 법정에서 고소 된 사항들에 대하여 답변하기 위한 보증을 해야 한다는 것이다. 그래서 나는 "무슨 보증이냐?"고 물었다. 두 시간쯤 서로 의논을 하더니 서기가 나에게 채권증서를 보이면서 필요한 때에 언제든지 내가 법정에 출두한다는 조건으로 벌금 50파운드를 미리 내야 한다는 것이었다. 그는 덧붙여 말하기를 "윌리엄슨 씨도 목사님이 보석금을 내야 한다고 우리에게 요청하였습니다" 하는 것이었다. 나는 그래서 그들에게 말하였다. "선생님께서는 나를 악용하실 뿐 아니라 평의원들까지도 악용하고 계십니다. 나는 결코 채권도 보석금도 내지 않겠습니다. 당신의 일은 당신이 알아서 하겠지만 내 일은 내가 알아서 하겠습니다."

오후에 판사들은 명령을 발하여 모든 관리와 감시원들로 하여금 내가 그 고장을 떠나지 못하게 하고 어떤 사람도 내가 떠나는 것을 협조하지 못하게 금지시켰다. 하룻밤만 자고나면 내가 하지도 않은 말과 행동에 대한 증거를 계속 수집하고 꾸며내는 고장이라는 것을 경험으로 안 나는 이제 갇힌 사람이 되어버린 처지에서 떠나야 할 시간이 왔다는 것을 분명히 내다보았다. 저녁 기도시간이 끝나자 8시쯤 되어서 밀물이 들었다. 그래서 나는 1년 9개월 남짓하게(할 수 있는 만큼은 했으나 꼭 해야 할 것은 하지 못한 채) 복음을 전하고 조지아를 떠나면서 발에 묻은 먼지를 털어 버렸다.

12월 3일 토 아침 일찍 퍼리스버그에 도착하여 포트 로얄까지 안내원 한 사람을 구하려고 하였다. 그러나 안내원을 구할 수 없어서 해뜨기 1시간 전쯤 해서 그냥 길을 떠났다. 두세 시간 정도 걸어간 뒤에 어느 노인을 만났는데 우리를 작은 길로 안내해 주면서 흰 표적이 있는 나무들(즉, 나무껍질을 벗겨서 표를 한 나무들)이 줄지어 서 있었는데 그 노인 말로는 우리가 그 나무를 따라 대여섯 시간 가면 포트 로얄에 쉽게 닿을 것이라고 하였다.

우리 일행은 네 사람이었는데 한 사람은 나와 함께 영국으로 가려고 하였고 나머지 두 사람은 캐롤라이나에 정착할 사람들이었다. 11시쯤 해서 우리는 커다란 늪에 이르렀는데 거의 2시가 될 때까지 그 주위를 방황하였다. 그러고 나서 흰 표적이 있는 나무들을 또 발견하고 따라가다 보니까 두 갈래 길에 이르렀다. 그 중 한쪽 길을 택하여 한참을 갔는데 더 이상 뚫고 나갈 수 없이 빽빽한 곳에 이르렀다. 1마일 정도는 그런 상태로 뻗어 있는 것 같았다. 할 수 없이 되돌아와 다른 쪽 길을 따라 갔는데 거기서도 흰 표적 나무들이 끝나 있었다. 해가 질 무렵이었다. 지칠 대로 지쳐서 그 자리에 주저앉았다. 하루 종일 식사도 못하였다. 다만 내가 주머니 속에 넣어 가지고 온 생강이 든 과자가 있었는데, 그것도 3분의 1은 점심때에 함께 나누어 먹었고, 3분의 1은 이제 먹고, 나머지를 다음 날 아침을 위하여 남겼다. 거기다가 하루 종일 물을 만나지 못하였다. 나무 가지를 땅에서 꽂아보니까 끝에 가서 물기가 묻어 나오는 것을 보고 일행 중의 두 사람이 엎드려 손으로 흙을 파내기 시작하였는데 석자 깊이 쯤 파 들어가니까 물이 나왔다. 우리는 하나님께 감사를 드리며 물을 마시고 나니까 기분이 상쾌해졌다. 밤공기는 몹시 차가웠으나 아무도 불평을 하지 않았다. 하나님께 모든 것을 맡기고 서로 가까이 드러누워 아침 6시 가깝도록 잤다.

12월 4일 주일 하나님이 우리의 기운을 새롭게 해주셔서 피곤하지도 어지럽지도 않았다. 또 한 번의 시련을 겪더라도 포트 로얄까지 가는 길을 찾아내기로 결의를 새롭게 하였다. 동쪽을 향하여 헤치고 나갔으나 길도 없고 흰 표적이 있는 나무도 발견할 수가 없었다. 나무들만 더욱 빽빽하게 들어 서 있었다. 그래서 할 수 있는 일이라고는 우리가 온 길을 따라서 돌아나가는 것이 최상의 길이라고 판단하게 되었다. 전날 길을 오면서 숲이 제일 울창한 곳을 지날 때면 왜 그랬는지 모르겠지만 내가 작은 나무들을 많이 꺾어 놓은 일이 있었는데 결국은 길이 보이지 않을 때마다 이것이 큰 도움이 되었다. 1시와 2시 사이에 우리가 전날 헤어진 노인 벤자민 아리우 씨 집으로 하나님이 우리를 인도하셨다.

저녁에는 그 집에서 1마일쯤 떨어져 사는 많은 식구들에게 프랑스 기도문을 읽어 주었는데 그 중에 한 사람이 우리를 포트 로얄까지 안내하겠다고 나섰다. 다음 날 아침에 우리는 길을 떠났다. 해가 질 무렵에 우리가 어디쯤 와 있느냐고 안내인에게 물어보니까 그는 솔직하게 "모릅니다" 하고 대답하는 것이었다. 그러나 우리는 계속해 나갔더니 7시쯤 되어서 초목이 자란 평지로 나오게 되었다. 다음 날 저녁에 우리는 수많은 어려움 때문에 지체되기는 했으나 드디어 포트 로얄 섬에 닿았다.

12월 7일 수 우리는 보포르트까지 걸어갔다. 거기서 보포르트의 목사 존스 씨를 만나 잠시 머무는 동안이지만 그의 집에 유숙하게 되었는데 옛날의 영국식 접대를 생생하게 기억하도록 해 주었다. 목요일에 델라모트가 와서 그와 함께 9일 금요일에는 보트를 타고 찰스턴으로 떠났다. 역풍이 불 뿐만 아니라 우리가 가진 것이 거의 떨어져 추위와 배고픔과 씨름하다 보니까 항해가 늦어졌으나 결국 13일 화요일 아침 일찍 찰스턴에 닿았다.

아메리카여 안녕

12월 22일 목 (하나님이 원하신다면 영원히 떠나는 것은 아니기를 바라지만) 나는 드디어 미국을 떠났다. "사무엘"호를 타니까 선장 퍼어시와 캐롤라이나에 몇 달 살았던 젊은이 한 사람과 사반나에서 시무할 때의 교인 한 사람과 최근까지 퍼리스버그에서 살다가 겨우 거기를 빠져 나온 프랑스 사람 한 명이 함께 타고 있었다.

12월 24일 토 찰스턴 항구의 사주(砂州)를 넘어서 항해를 하였는데 정오쯤 되어서 육지가 보이지 않는 곳으로 나갔다.

다음 날은 바람이 제법 불고 물결도 높았다. 25일 일요일이었다. 아메리카를 향하여 16주 동안 항해를 했을 때보다도 더 심하게 배 멀미를 하였다. 하루 종일 거의 누워서만 지냈다. 그렇게 해야만 편안하였기 때문이다.

12월 26일 월 흑인소년 한 명에게 기독교 교리를 가르치기 시작하였다. 다음 날 나는 맛있는 음식을 먹으며 편하게 사는 생활을 깨고 과거의 소박한 음식 생활로 돌아가기로 마음먹었다. 그러고 나니까 요동을 쳐도 뱃속이나 머리가 별로 불편하지 않았다.

1738년 1월 1일 주일 선장과 키를 잡는 타수(舵手)만을 제외하고는 배에 타고 있는 사람들 모두가 아침 예배와 저녁 예배에 참석하였는데 프레데리카의 가난한 사람들이 그랬듯이 이들도 말씀을 깊이 경청하였다. 하나님의 말씀이 그들의 귀에 새롭게 들렸던 것이다. 아마 이들 중에 한 두 사람은 그야말로 인내로써 열매를 맺을 사람들이 될 것 같아 보였다.

1월 2일 월 특별한 이유를 알 수는 없었으나 마음이 슬퍼지고 몹시 무거웠다. 20여명 밖에 안되는 작은 양떼를 향하여 누구에게도 가깝게 말조차 하고 싶지 않았다. 그래서 그들을 소홀히 대하게 되는 것이 혹시 내 마음이 무거운 탓이 아닌가 의심이 되었다. 그래서 저녁에는 선실에서 심부름을 하는 소년에게 다시 가르치기 시작하였더니 마음이 훨씬 편해졌다.

그 다음 며칠 동안도 선원들에게 이야기를 할 계획으로 있었지만 결국 그렇게 할 수가 없었다. 말하자면 이야기하는 것을 몹시 꺼리게 되었는데 그 상황을 어떻게 설명을 하면 좋을지 모르겠다. 소상하게 터놓고 설명하는 것조차 애매모호하게 보였다. 이것이 흔히들 말하는 "말을 할 수가 없다"고 하는 경우가 아닐까? 이런 말이 침묵을 지키는 데 충분한 이유가 될까 아니면 그 반대일까? 이것이 성령이 말을 못하게 막으시는 것일까 아니면 자연적인 유혹이나 악한 힘으로부터 오는 유혹일까?

1월 7일 토 흑인 소년에게 다시 성경 말씀을 읽어 주고 설명하기 시작하였다. 다음 날 아침에는 같은 배에 타고 있던 다른 흑인도 함께 듣기를 원하였다. 그 다음에는 배에 탄 사람 가운데 영어를 전혀 모르기 때문에 아무하고도 이야기를 하지 못하는 가련한 프랑스 사람에게로 갔다. 이때부터 나는 매일 아침 성경 한 장씩을 그에게 읽어주고 설명을 해주었다.

1월 13일 금 굉장한 폭풍을 만났는데 파도가 계속 배를 덮쳐서 모든 것을 굳게 닫아버릴 수밖에 없었다. 처음에는 겁이 났다. 그러나 하나님을 향하여 외쳤더니 힘이 생겼다. 10시가 되기 전에 자리에 누웠다. 두려움 없이 하나님께 감사를 드렸다. 자정쯤 되어서 바다 소리와 함께 바람 소리와 사람들의 목소리가 한데 어우러져서 들려오는 큰 소리 때문에 잠을 깨었다. 전에는 한 번도 그런 소리를 들어본 기억이 없다. 파도가 덮쳐 와서 뱃전을 두드리는 소리야말로 커다란 대포 소리나 아메리카 대륙의 천둥소리 말고는 다른 데다 비교할 것이 없을 것 같다. 배가 요동치고 흔들리며 법석을 떠는 것이야말로 지진을 만난 것과 같다고 할 수 있을 것이다.

순식간에 선장이 갑판에 나타났다. 그러나 그의 부하들이 그의 말을 전혀 들을 수가 없었다. 허리케인 폭풍이 제대로 불기 시작하였다. 남서풍으로 시작을 하더니 서풍으로, 다음에는 북서풍으로 그리고 북풍으로 불더니 15분쯤 있다가 동풍으로 바뀌더니 다시 남서풍으로 방향이 바뀌었다. 동시에 뱃사람들이 말하는 대로 파도가 산더미같이 치솟아 오르는데 배가 도무지 키의 손잡이를 돌려 조종하는 대로 움직여 주지를 않았다. 실상은 폭우 때문에 키를 잡은 타수가 나침반을 볼 수가 없었다. 어쩔 수가 없어서 그 사람도 배가 제멋대로 가도록 놔둘 수밖에 없었다. 반시간쯤 지나자 폭풍의 강한 힘은 지나갔다.

1월 24일 화 외국으로 나가는 배 두 척을 만나 이야기를 나누었는데 우리가 원하는 소식을 반갑게 듣기는 하였으나 영국의 서남단 콘월주의 랜즈엔드(Land's End)까지는 아직도 약 500마일이나 떨어져 있다는 것이었다. 이제 나의 마음은 온통 생각으로 가득 찼다. 그 중 일부를 적은 것이 다음과 같다:

"나는 인디언들을 회개시키기 위하여 아메리카로 갔었다. 아! 그러나 누가 나를 회개시킬 것인가? 나를 이 악한 마음에서 건져낼 사람이 누구일까? 나는 아직도 어설픈 종교생활을 하고 있구나. 말은 잘한다. 아니, 위험이 가까이 있지 않는 동안은 나 자신을 믿고 사는구나. 그러나 죽음이 나의 얼굴을 들여다보면 나의 영(靈)은 혼란에 빠진다. '죽는 것도 이득이 된다!' 하는 말도 할 수가 없구나. 두려움에 사로잡히는 죄를 지으니 마지막을 고할 때 바닷가에서 죽으리라!

나는 생각한다. 진정으로 복음이 진실하다면 나는 안전하다. 가난한 이들을 먹이기 위하여 내 소유를 이미 다 내주었을 뿐 아니라 현재도 다 내주고 내 몸을 내주어 불사르고 물에 빠져 죽게 할 뿐 아니라 하나님이 나에게 명령하시는 일이면 무엇이라도 하고 있을 뿐 아니라 어떻게 해서라도 사랑을 이루기만 한다면 그것을 따르기 때문이다. (사랑을 해야 되기 때문에 하는 것만은 아닐지라도 아직은 사랑을 할 수 있다) 이제는 복음이 진실하다는 것이 믿어진다. 나의 모든 것을 걸고라도 '나의 행위로 믿음을 보이리라.' 그런 기회만 주어지면 수천 번이라도 그렇게 하리라.

누가 나를 보아도 내가 그리스도인이 되리라는 것을 알 것이다. 그러므로 내가 살아가는 길은 다른 사람들의 길과는 다르다. 그러므로 이제까지도 그래왔지만 앞으로도 '흔히 하는 말로 나를 꾸짖는 격언' 으로 만족하겠다. 그러나 폭풍 속에서 생각한다. '만약 복음이 진실하지 않다면 어떻게 될까? 그렇다면 너는 모든 사람들 가운데 가장 어리석은 자이다. 무엇을 위하여 너의 소유와 너의 편안한 생활과 너의 친구와 너의 명예와 너의 조국과 너의 생명을 바쳤는가? 무엇 때문에 지구를 온통 방황하고 다니는가? — 꿈이다! 교활하게 꾸민 우화이다!'

아! 누가 나를 이 죽음의 공포에서 건져낼까? 내가 어떻게 해야 할까? 이것으로부터 내가 어디로 날아가야 할까? 내가 그 생각을 함으로써 그것과 싸워야 할까? 그렇지 않으면 생각을 하지 말아야 할까? 어느 현명한 사람이 나에게 이렇게 충고를 해준 적이 있다. '잠잠하라. 그리고 계속 전진하라.' 아마 이것이 최상의 길일 것이다. 나의 십자가로 그것을 바라보자. 나에게 다가오면 나를 겸손하게 만들고 나의 모든 선한 결의를 새롭게 하고, 특히 쉬지 않고 기도할 결의를 새롭게 하고 또 다른 때에는 그것을 생각하지 말고 조용히 '주님의 일' 만 계속해 나가자."

목요일 오후까지 우리는 바람을 잘 타고 나갔다. 그러고 나서 수심을 재어 보니까 일흔 다섯 길 아래 뽀얀 모래가 깔려 있는 것을 발견하였다. 그러나 선장은 여러 날 동안 관측을 못하자 불안해하기 시작하였다. 부지중에 브리스틀 해협으로 들어가거나 실리(Scilly) 군도의 작은 섬들 사이로 빠져 들다가 밤중에 암초에나 걸리지 않을까 두려워하였다.

1월 28일 토 오늘도 구름이 끼었다. 그러나 아침 10시쯤 되어서 남풍이 일기 시작하여 바람이 부는 반대쪽으로 구름이 날아가기 시작하였다. 놀랍게도 해 아래로 구름이 가라앉았기 때문에 정오쯤 되어서 정확한 관측을 할 수가 있었다. 그래서 우리가 원하던 곳으로 와 있는 것을 발견하였다. 바로 실리 군도 남쪽 30마일 지점에 와 있었던 것이다.

1월 29일 주일 우리는 다시 한 번 영국 땅을 보게 되었다. 정오쯤 되어서 영국 최남단의 리자드 포인트(Lizard Point)가 눈에 보이기 시작하였다. 우리는 순풍을 받아 곧장 그리로 갔다. 다음 날 정오에는 와이트(Wight) 섬 서쪽 끝으로 접어들게 되었다.

여기에서 역풍이 시작하여 저녁에는 더욱 세차게 불었다. 그래서 조수까지도 거세었기 때문에 밤이 되면 수마일 뒤로 밀려 갈 줄 알았다. 그런데 아침이 되어 보니까 놀랍게도 바로 우리 앞에 비취 헤드(Beach Head)가 보였다. 그 동안에 40여 마일 쯤 앞으로 나와 있었다.

저녁이 되면서는 잔잔해졌다. 그러나 밤에는 북풍이 강하게 불어 우리를 오히려 안전하게 다운스(Downs)로 데려다 주었다. 바로 그 전날 휫필드 씨가 배를 타고 떠났는데 우리들 중에 아무도 다른 사람에 관해서는 무슨 일이 벌어지는지 알지를 못하였다. 아침 4시에 보트를 타고 배를 떠나 반시간 후에는 디일에 상륙하였다. 이날은 바로 오글소프 씨가 조지아에 상륙한 기념 축제가 벌어지는 2월 1일 수요일이었다.

내가 기독교의 본질을 조지아의 인디언들에게 가르치기 위하여 고국을 떠난지 무려 2년 4개월 만에 돌아온 것이다. 그러나 그동안에 내 자신이 배운 것은 무엇인가? 도대체 다른 사람들을 회개시켜 하나님 앞으로 인도하려고 아메리카에 갔던 내가 자신은 회개하고 하나님 앞으로 돌아서기를 못하였는가? (나는 이것이 확실치가 않다.) 내가 말은 이렇게 하지만 내가 미친 것은 아니다. 나는 진실을 말하고 정신은 말짱하다. 어쩌다가 아직도 꿈을 꾸는 사람들이 있다면 잠에서 깨어나 나를 보고 내가 정신이 또렷한 것처럼 그들도 정신이 또렷하다는 것을 보기를 바란다.

런던에 돌아오다

2월 1일 수 여관에서 수많은 사람들에게 기도문을 낭독하고 성경 본문을 설명하여 준 다음 나는 디일을 떠나 저녁에는 피버샴에 도착하였다.

여기서도 그리스도인이라고 하는 사람들에게 기도문을 읽어주고 성경 공과를 설명하여 주었으나 그들은 실상 내가 만난 어떤 거친 인디언들보다도 훨씬 더 행동이 야만적이었다.

2월 3일 금 블렌돈에 있는 델라모트 씨 집으로 갔다. 거기서 냉대를 받을 것으로 예측했으나 하나님께서는 내 앞에 길을 예비해 주셨다. 나의 이름을 대자마자 어찌나 나를 반갑게 맞아주는지 '진정으로 하나님이 이 자리에 계신 것을 나는 몰랐구나! 주님의 사람들이여 축복을 받을지어다! 당신들은 처음보다 나중에 더 큰 친절을 보이는구나!' 하고 속으로 외쳤다.

물론 내가 계획하고 갔던 일들이 뜻대로 되지는 않았지만 내가 하나님께 감사드릴 이유는 수없이 많았다. 이전의 모든 결정들을 뒤로 미루고도 낯선 고장으로 갈 수 있었던 일도 고마운 일이었다. 이로써 나는 하나님께서 어느 면에서는 "나를 낮추시며 나를 시험하사 내 마음이 어떠한지를"(신 8:2) 보여주셨다는 것을 믿는다. 이로써 나는 "사람들을 조심하라"는 가르침을 받았다. 또한 나는 "우리가 모든 길에 있어서 하나님을 인정하면" 이성이 할 수 없는 경우에도 "하나님께서는 그분이 아시는 수많은 과정을 통해 우리의 길을 지시하신다"는 사실을 알게 되었다. 그리고 나는 어릴 때부터 무서워하고 몹시도 싫어했던 바다의 공포로부터 건져냄을 받았다.

이렇게 해서 하나님께서는 나로 하여금 하나님의 종들 특히 헤른후트 교회(Church of Herrnhut) 사람들(모라비아 교도들)을 알게 해주셨다. 그래서 독일어와 스페인어와 이탈리아어로 된 성인(聖人)들의 글을 접할 수 있는 길을 찾게 되었다. 다른 많은 사람들도 이런 길을 찾게 되기를 또한 바란다. 조지아에 있는 모든 사람들도 하나님의 말씀을 들었다. 어떤 이들은 믿고 잘 달려가기 시작하였다. 아프리카와 아메리카의 이교도들에게 기쁜 소식을 전파하기 위한 조치가 취해지기 시작하였다. 수많은 하나님의 자녀들이 어떻게 하나님을 섬기고 이웃을 섬기는 삶을 살아야 하는가를 배우게 되었다. 무엇보다 관심을 끄는 일은 사람들이 그들의 나이 어린 식민지(아메리카)의 실정을 알 기회를 갖게 되어 앞으로 올 수많은 세대를 위하여 평화와 행복의 확고한 기반을 닦게 되었다는 사실이다.

2월 4일 토 나는 친구들에게 내가 영국으로 예정보다 서둘러 돌아오게 된 이유를 설명하였다. 그들은 내가 그런 모든 이유를 조지아 평의원들에게 전하는 것이 좋겠다고 의견을 모았다.

따라서 나는 다음 날 아침에 오글소프 씨를 찾아 갔으나 그 이야기를 할 시간이 없었다. 오후에는 세인트 존 이밴절리스트 교회에서 설교를 하라는 부탁을 받고 "누구든지 그리스도 안에 있으면 새로운 피조물이라"(고후 5:17)라는 말씀을 강하게 전하였다. 후에 안 일이지만 그 교회의 유력한 사람들 상당수가 그 설교를 듣고 마음이 찔렸기 때문에 다시는 거기서 설교를 못하게 되리라는 것이었다.

2월 6일 월 내 옛 친구들 뿐만 아니라 친지들을 많이 찾아보았다. 나는 아직도 내가 모든 사람들에게서 미움을 받을 때가 오지 않았다는 것을 알게 되었다. 오, 내가 그 날을 위하여 무엇을 대비하여야 할 것인가!

웨슬리, 피터 뵐러(Peter Bohler)를 만나다

2월 7일 화 (꼭 기억해야 할 날이다.) 네덜란드 상인 봐이난츠 씨 집에서 독일에서 방금 도착한 피터 뵐러와 리히터(Schulius Richter), 그리고 벤젤 나이저(Wensel Neiser)를 만났다. 그들이 영국에서 아는 사람이 아무도 없다는 것을 알고는 내가 그들의 숙소를 구해 주기로 하고, 그때에 내가 사는 허튼(Hutton) 씨 집 근처에 집을 하나 구해주었다. 그 이후로 나는 런던에 머무르는 동안 어떻게 해서든지 그들과 이야기할 기회를 놓치지 않았다.

2월 8일 수 오글소프 씨에게 다시 찾아 갔으나 생각했던 대로 이야기 할 기회를 얻지 못하였다. 후에 나는 평의회를 찾아가 식민지의 실정에 관하여 간략하지만 담담하게 설명하였다. 물론 그들이 종전에 받아온 보고의 내용과 조금도 다를 바가 없기를 바랐지만 걱정이 되는 것은 바로 그렇기 때문에 그들 중 어떤 사람들은 이 날까지도 나를 용서하지 않고 있다고 생각하게 되었다.

2월 12일 주일 홀본(Holborn)에 있는 세인트 앤드루 교회에서 "내가 내게 있는 모든 것으로 구제하고 또 내 몸을 불사르게 내어 줄지라도 사랑이 없으면 내게 아무 유익이 없느니라"(고전 13:3)에 관하여 설교하였다.

오, 얼마나 어려운 말씀인가! 누가 그 말씀을 들을 수 있겠는가! 여기서도 다시는 설교를 못하게 될 것 같다.

2월 17일 금 피터 뵐러와 옥스퍼드로 떠났다. 거기서 사아니 씨의 친절한 환영을 받았다. 아메리카로 떠나기에 앞서서 친절하게 의논을 함께 해주고 그리스도의 꾸짖음을 견디는 데 함께 기뻐한 사람들 가운데 여기에 이제 남아있는 사람은 그이뿐이었다.

2월 18일 토 스탠턴 하코트(Stanton Harcourt)로 갔다. 다음 날 옥스퍼드의 한 성에서 수많은 사람들이 모인 진지한 회중들에게 다시 한 번 설교를 하였다.

이 기간에 나는 내내 피터 뵐러와 대화를 나누었으나 그의 말을 잘 알아들을 수가 없었다. 그런데 그가 말할 때 무엇보다도 이것 하나만은 분명하였다. "나의 형제여, 나의 형제여, 당신의 바로 그 철학을 깨끗이 씻어버려야 합니다."

2월20일 월 런던으로 돌아왔다. 화요일에는 세인트 헬렌 대성당에서 "아무든지 나를 따라오려거든 자기를 부인하고 날마다 제 십자가를 지고 나를 따를 것이니라"(눅 9:23)는 말씀에 관하여 설교를 하였다.

2월 26일 주일 6시에는 세인트 로렌스 교회에서, 10시에는 세인트 캐더린 크리(St. Catherine Cree) 교회에서, 그리고 오후에는 와핑(Wapping)에 있는 세인트 존 교회에서 설교하였다. 그런데 첫 번째 설교는 하나님이 가장 축복하실 것으로 믿어졌다. 왜냐하면 사람들의 마음을 가장 강하게 찔렀기 때문이다. 사도 바울이 갈라디아 교인들을 향하여 하신 말씀을 근거로 하여 소위 세상이 "오만"이라고 부르는 부정의 비밀을 공개적으로 도전하였던 것이다.

"무릇 육체의 모양을 내려 하는 자들이 억지로 너희에게 할례를 받게 함은 그들이 그리스도의 십자가로 말미암아 박해를 면하려 함뿐이라"(갈 6:12).

2월 27일 월 마차를 타고 솔즈베리(Salisbury)로 갔는데 같이 타고 가는 사람들과 진지하게 이야기를 나눌 수 있는 기회가 많았다.

2월 28일 화 어머니를 다시 한 번 뵈었다. 다음 날에는 티버턴(Tiverton)에 있는 동생을 만나러 떠날 차비를 차렸다. 그러나 3월 2일 목요일 아침이 되자 옥스퍼드에 있는 동생 찰스가 위독하다는 전갈이 와서 즉시 그리로 가지 않을 수 없었다. 오후에는 어느 외딴 집에 들렀다가 거기서 종교에 대하여 호의를 보이는 여러 사람을 보고 알아듣기 쉽게 설명해 주었다. 저녁에도 역시 내가 유숙하는 여관에서 종업원들과 여행객들에게도 똑같이 하였다.

웨슬리의 네 가지 결의 사항

내 자신의 행동에 관하여 내가 전에 하였던 결의를 새롭게 하고 다음과 같이 적었다.

1. 절대적으로 개방성을 띠고 내가 대화해야 할 상대와는 조금도 숨김없이 허심탄회하게 이야기를 나눈다.

2. 계속해서 진지하게 노력하며 잠시라도 경박한 행동이나 웃음거리를 즐기는 일에 빠지지 않는다.

3. 하나님의 영광을 드러내지 않는 말은 전혀 하지 않는다. 특히 세상일에 관하여 말하지 않는다. 아니, 다른 사람들은 그렇게 할지라도 나는 안한다. 그것이 너

에게 무슨 관계가 있는가?

4. 하나님의 영광을 드러내지 않는 일은 결코 즐기지 않는다. 내가 하는 모든 일에 있어서 매 순간 하나님께 감사를 드리고, 그러기에 내가 하나님께 감사를 드릴 수 없는 일은 어떤 것이라도 하지 않는다.

3월 4일 토 옥스퍼드에 가서 동생을 만나보니 늑막염에서 회복되어 가고 있었다. 그 자리에는 피터 뵐러도 있었는데 그로 인하여 5일 일요일에는 하나님의 크신 능력 안에서 우리가 신앙이 없다는 것을 분명히 깨닫고 우리를 구원받게 해 줄 믿음이 부족하다는 것을 절감하였다. 즉시 이런 생각이 내 머리를 스쳤다. '설교를 그만 두어라. 너 자신이 믿음이 없으면서 누구에게 설교를 할 수 있느냐?' 나는 뵐러에게 내가 설교를 그만두어야 할지 아닌지를 물었다. 그는 대답하였다. "절대로 안 됩니다." 그래서 나는 물었다. "그러나 내가 무슨 설교를 할 수 있습니까?" 그는 대답하였다. "믿음을 갖게 되기까지 믿음에 관하여 설교를 하십시오. 그러고 나서 믿음이 생기면 그 믿음에 관하여 설교를 하십시오."

따라서 6일 월요일부터는 내 영혼이 비록 원점에서부터 시작을 하기는 하였어도 이 새로운 교리(믿음)에 관하여 설교하기 시작하였다. 내가 제일 먼저 믿음으로만 받을 수 있는 구원을 전한 사람은 사형선고를 받고 복역 중에 있는 죄수였다. 그의 이름은 클리포드였다. 피터 뵐러는 전에도 여러 번 나에게 그 사람과 이야기를 하라고 권하였었다. 그러나 내가 그렇게 할 수 없었던 이유는 아직도 그렇지만 나는 죽음 직전에 회개를 한다는 것을 불가능한 일이라고 열렬히 주장하는 사람이기 때문이다.

3월 14일 화 나는 코퍼스 크리스티(Corpus Christi : 옥스퍼드 대학의 한 단과대학으로 1516년 창립) 대학의 강사인 킨친(Kinchin) 선생과 최근까지 시립교도소에서 복역한 일이 있는 폭스 씨와 함께 맨체스터로 출발하였다. 8시에는 비가 몹시 내리고 캄캄해서 우리는 길을 잃었다. 그러나 9시 전에 어떻게 건넜는지는 모르겠으나 보행자용의 좁은 다리를 말을 탄 채 건넜다. 이 다리는 마을 가까이 있는 깊은 도랑을 건너질러 있었다. 저녁 식사 후에는 여관에 있는 사람들에게 기도문을 읽어주고 제2공과를 설명해 주었는데 결코 내 설명이 헛되지 않기를 바란다.

다음 날에는 버밍엄에서 점심을 먹었는데 우리에게 시중을 들어준 사람들에게 권면도 하지 않고 아무것도 가르치지 않고 태만하게 떠난 것이 심하게 쏟아지는 소나기 우박을 맞으면서 마음에 몹시 걸렸다.

저녁에는 스태포드로 갔다. 가정 기도회로 모일 때 그 집안 주인도 함께 참석하였다. 다음 날 아침에 종업원 한 사람이 몹시 아픈 표정으로 나타났는데 우리가 떠나기 전에 보니까 그 여관의 말구종도 그렇게 아픈 것 같이 보였다. 조반을 마치고 즉시 마구간으로 가서 거기에 있는 사람들과 몇 마디 이야기를 나누었다. 그런데 어느 낯선 사람이 내가 말하는 것을 듣고 "선생님, 저도 선생님과 함께 여행했으면 좋겠습니다"하는 것이었다. 내가 집안으로 들어갔더니 따라와서 별안간 "제 생각에 선생님은 훌륭하신 분 같습니다. 제 인생에 대해서 좀 말씀드리려고 왔습니다"라고 말하였다. 그가 말하는 동안 계속해서 그의 눈에는 눈물이 가득 고여 있었다. 우리는 그에게 해주는 말이 한 마디도 헛되지 않기를 바랐다.

10시쯤 뉴캐슬(Newcastle)에 도착하였는데 여관에 들어 거기에 있는 몇 몇 사람들에게 이야기를 하였더니 굉장히 주의 깊게 들었다. 시중드는 젊은 여인이 있었는데 발랄하게 생겼다. 그러나 아주 무관심한 채 이야기는 별로 듣지 않았다. 그래도 우리는 계속해서 말하였다. 그런데 떠날 때가 되어 일어나니까 눈길을 고정시킨 채 움직이지도 않고 한 마디 말도 안하는 폼이 마치 죽은 사람이 살아 돌아온 것을 보고 놀라는 듯 하였다.

3시경에 홈스 채플(Holms Chapel)에 도착하였는데 우리를 식탁보와 큰 접시들이 놓여있는 방으로 안내해서 놀랐다. 조금 후에 곧 두 사람이 식사하러 왔다. 그래서 킨친 선생이 그들에게 누구라도 좋으니 한 분이 식사기도를 해 주었으면 좋겠다고 말했다. 우리를 똑바로 쳐다보는데 이를테면 동의하라는 눈치였다. 그런데 내가 가만히 있으니까 그들 역시 계속 잠잠하게 있을 뿐 아니라 그 중 한 명은 모자를 쓴 채 앉아 있었다. 우리는 하나님께로 돌아오라고 계속하여 말을 하였지만 철저하게 무관심한 상태로 그들은 앉아 있었다. 그러다가 얼마 후에 그들의 얼굴이 변하더니 그 중 한 사람은 슬그머니 모자를 벗어서 뒤에다 감추고는 말하기를, 우리가 말한 것이 모두 옳다는 것이었다. 그리고 자기 자신이 지독한 죄를 지은 사람이기 때문에 당치도 않은 일이라고 생각해서 그랬는데 이제 하나님의 도우심으로 진지하게 하나님께로 돌아오기로 결심하였다는 것이었다. 그래서 우리가 그와 그의 친구를 격려하였더니 한 마디 한 마디를 빼놓지 않고 다 들었으며 "거룩한 곳으로부터 도움을 내려 달라"고 하나님께 크게 외쳤다. 밤늦은 시간에 우리는 맨체스터에 닿았다.

3월 17일 금 아침 일찍 우리는 옥스퍼드에 입학시키려고 데려온 킨친 선생의 동생과 함께 맨체스터를 떠났다. 길을 가는 도중에 만나는 사람들에게 각성을 시키거나 교훈을 주거나 격려를 할 기회가 생기면 결코 놓치지 않기로 굳은 결의에 차 있었다. 길을 떠난 후 첫 번째로 머문 너츠포드에서 권면의 말을 감사한 마음으로 받아들이는 사람들에게 말을 하였다. 그러나 우리가 점심식사를 한 토크온더힐(Talk-on-the-hill)에서는 어느 귀부인과 자리를 같이 하였는데 거의 한 시간이나 애를 썼어도 허사였다. 그래도 우리는 계속해서 말했다. 그런데 느닷없이 그 부인은 깊은 잠에서 방금 깨어난 사람같이 보였다. 그 때부터 한 마디가 그 부인의 가슴속에 깊이 들어갔다. 그렇게 짧은 시간에 누구에게 말하면서 눈이나 얼굴이나 태도에 있어서 그렇게 완전히 변화하는 모습은 일찍이 찾아보지 못하였다.

5시경에 킨친 선생이 말을 타고 지나가는데 남녀가 함께 말 한 필을 타고 가면서 그 남자가 이렇게 말하였다. "선생님, 오늘 날씨가 좋기 때문에 선생님은 하나님께 감사해야 하겠습니다. 비가 왔으면, 선생님은 작은 말을 타셨기 때문에 형편없이 더러워졌을 것이 아닙니까?" 그래서 킨친 선생이 대답하였다. "그렇습니다. 우리는 우리의 생명과 건강과 음식과 의복과 그 밖에 모든 것을 주신 하나님께 감사를 드려야 마땅하지요." 그러고 나서는 말을 달려 앞으로 갔다. 폭스 씨가 뒤따라 서니까 그 남자가 말하기를 "선생님, 저의 집 사람이 저기 가시는 저 선생님하고 이야기를 더 나누었으면 좋겠답니다" 하는 것이었다. 우리가 멈추어 서 있으니까 그들이 다가와서 서로 흉금을 털어놓고 이야기를 나누었다. 저녁에 그들은 다시 우리가 스톤에서 머물고 있는 여관으로 찾아왔기에 그들 부부와 또 함께 온 수많은 그들의 친지들에게 위대한 신앙 곧 하나님을 따라 사는 것이 이생에서는 물론 영원한 삶에 있어서도 축복의 약속을 받는 길이 된다는 것을 설명해 주었다.

3월 21일 화 9시에서 10시 사이에 우리는 헤지포드에 도착하였다. 오후에는 한 사람이 우리를 쫓아왔는데 알고 보니 그 사람은 듣는 것보다 말하기를 더 좋아하였다. 그러나 우리가 할 말은 남김없이 다 해주었다. 저녁에는 퀘이커 교도 한 사람이 우리를 쫓아왔는데 나중에 헨리에서 우리가 묵고 있는 여관으로 찾아오더니 자기 가족들을 불러오도록 사람을 보내어 우리와 함께 저녁기도를 드렸다. 그래서 나는 늘 하는 대로 성경 공과를 그들에게 가르쳐 주었다. 먼저 길에서 만났던 사람은 다음 날 아침에 약 5리 정도 우리와 함께 길을 갔는데 전날보다 말을 훨씬 적게 하였을 뿐 아니라 말을 많이 한다든가 헛소리를 할까봐 무척 조심을 하는 것이었다.

한 시간쯤 뒤에는 어느 노신사가 우리를 뒤따라왔는데 그 사람도 아들을 옥스퍼드 대학에 입학시키러 간다고 말하였다. "어느 단과 대학에 넣으시렵니까?" 하고 우리가 물었더니 거기 가면 누구의 추천을 받아야할지, 아는 사람이라곤 전혀 없어서 잘 모르겠다는 것이었다. 얼마간 이야기를 나누고 나서 그 노인은 하나님의 선하신 섭리를 깊이 느낀다면서 자신의 기도를 응답하시기 위하여 하나님께서 우리를 길에서 만나도록 인도하여 주셨다고 우리에게 말하였다. 저녁에는 옥스퍼드에 도착하였는데 "너는 범사에 그를 인정하라 그리하면 네 길을 지도하시리라"(잠 3:6)는 위대한 진리를 새롭게 깨달을 수 있는 여러 가지 경우를 체험하게 해 주신데 대하여 무척 기뻐하였다.

3월 23일 목 피터 뵐러를 다시 만났는데 그 자신이 확실히 믿고 기도하는 산 신앙의 결과 곧 성결과 행복에 관하여 설명을 하였으며 그 말을 듣고 나는 더욱 놀라움을 금치 못하였다. 다음 날 아침 나는 헬라어 성경을 다시 읽기 시작하였는데 "율법과 증언"을 따라 살기로 결의를 하였다. 그렇게 함으로써 이러한 생명의 가르침이 하나님에게서 나오는 것임을 나에게 보여주실 것을 나는 확신하였다.

3월 27일 월 킨친 선생과 함께 나는 성으로 갔는데 거기서 기도문을 읽고 "한 번 죽는 것이 사람에게는 정해진 일"이라는 것에 관하여 설교를 하였다. 그러고 나서 사형선고를 받은 죄수와 함께 기도하였는데 처음에는 여러 가지 기도문의 형식을 따라 하였고, 그 다음에는 그 시간에 우리에게 주어진 말로 기도하였다. 그는 자신의 죄로 인하여 뼛속 깊이 안정을 잃은 채 몹시 마음이 무겁고 혼란된 상태에서 무릎을 꿇었다. 한참 만에 일어나서 그는 열심히 말을 하였다. "나는 이제 죽을 준비가 되었습니다. 그리스도께서 나의 모든 죄를 씻어버리신 것을 알게 되었습니다. 이제는 더 이상 나에 대한 정죄는 없습니다." 그는 사형대로 가면서도 이와 똑같은 명랑함과 안정된 마음을 나타내 보였으며 마지막 순간에도 "하나님의 자녀의 반열에 들게 된 것"을 확신하는 가운데 완전한 평화를 누렸다.

4월 2일 주일 부활절이기 때문에 대학 교회에서 "죽은 자들이 하나님의 아들의 음성을 들을 때가 오나니 곧 이 때라 듣는 자는 살아나리라"(요 5:25)라는 말씀에 관하여 설교하였다. 오후에는 처음에 성에서, 그 다음에는 카팍스에서 같은 말씀에 관하여 설교하였다. 나에겐 약속이 보이지만 아직은 멀리 있어 보였다.

그 약속이 성취될 것을 침묵과 명상 속에서 기다리는 것이 더 좋을 것이라고 믿었기 때문에 3일 월요일에는 킨친 선생의 요구에 따라 햄프셔 주 덤머에 있는 그에게로 갔다. 그러나 며칠만이라도 더 묵었으면 하는 아쉬운 마음이 있었으나 급히 런던으로 올라와 달라는 성화에 못이겨 여기에 오래 머물러 있지를 못하고 18일 화요일에는 런던으로 돌아갔다.

뵐러와의 대화

나는 피터 뵐러에게 내가 다른 사람들을 가르치는 일을 그만 두어야 하지 않을까 하고 물었다. 그랬더니 그가 단호하게 대답하기를 "안됩니다. 하나님께서 당신에게 주신 재주를 이 세상에서 감추려고 해서는 안 됩니다"하는 것이었다. 이 말을 따라서 나는 25일 화요일에 블렌던에 사는 델라모트 씨의 가족에게 믿음의 본질과 열매에 관하여 명백히 그리고 충분히 말하였다. 브로턴(Broughton) 씨와 내 동생도 그 자리에 있었다. 브로턴 씨가 크게 반대한 것은 그와 같은 수많은 일들을 했고 또 당했던 내가 믿음이 없다는 것은 생각조차 할 수 없다는 일이었다. 내 동생은 몹시 화가 나서 내가 그런 말을 해서 저지른 잘못이 어떤 것인지를 내가 모르는 것이라고 말하였다. 그것이 결국은 하나님이 기뻐하실 불을 지른 것이 되었고 결코 그 불이 꺼지지 않으리라는 것을 나는 믿는다.

내가 옥스퍼드로 돌아가기로 확정되었던 수요일 26일에 나는 다시 한 번 조지아 평의원들을 만나기를 기다렸다. 그러나 시간에 쫓긴 나머지 그들 손에 직접 들어가도록 만든 서류를 남겨놓고 떠나지 않으면 안 되었다. 그 서류 중에 하나는 그들이 나를 사반나의 목사로 임명하는 수단으로 삼았던 것인데 내가 더 이상 가지고 있는 것이 필요 없다고 생각되었던 것이다.

피터 뵐러 씨는 나와 십 여리를 함께 걸으면서 결코 하나님의 은총에서 멀어지지 않도록 하라고 권면하였다. 제럴드 십자로에서 나는 하나님이 나에게 맡겨주신 사람들에게 예수를 믿는 믿음이 어떤 것인가를 천명하였으며, 그와 똑같은 이야기를 나는 다음 날 길을 가다가 만난 한 청년에게, 그리고 그 저녁에는 옥스퍼드에서 만난 내 친구들에게 하였다. 그것이 이상한 것은 몇 사람은 그것을 반대할 생각조차 못하는 처지인 만큼 그것에 대하여 어떻게 해야 할지를 몰랐다. 그러나 죄로 인하여 그야말로 상처를 받는 한두 사람은 열심히 듣고 기쁘게 받아들였다.

그 다음 한 이틀 동안 나는 펨브로크 대학의 허친스(Hutchins) 선생과 폭스 부인의 경험을 들으면서 "하나님을 따라 사는 진리"를 깊이 재확인하였는데 그들이야말로 하늘에서 번개가 떨어지듯이 순간적으로 구원이 생기는 믿음(하나님이 늘 그러시지 않더라도 최소한 이들의 경우 주시는 그런 믿음)에 하나님이 내려주신 두 사람의 산 증인이었다.

5월 1일 월 내 동생의 병이 다시 악화되어서 나는 런던으로 돌아가지 않을 수 없었다. 저녁에 제임스 허튼 씨 집에서 내 동생이 누워있는 것을 알았는데 생각했던 것 보다는 건강이 좋았다. 그러나 그가 이름 지은 "새로운 신앙"에 대해서는 몹시 꺼려하였다. 바로 이 날 저녁에 우리의 작은 회가 시작되었는데 후에는 페터 레인(Fetter Lane)에서 모였다.

5월 3일 수 내 동생은 장시간에 걸쳐서 피터 뵐러와 특별히 대화를 나누었다. 이제 하나님의 뜻으로 그의 눈이 열려서 오로지 "은총을 통하여 우리가 구원을 받는다"는 하나의 진실하고 살아 있는 그 믿음의 본질이 무엇인가를 분명히 보게 되었다.

5월 4일 목 피터 뵐러는 캐롤라이나로 떠나기 위하여 런던을 떠났다. 아, 그가 영국에 온 이래 하나님께서 시작하신 일은 정말 놀라운 것이라! 그런 사람은 정말 하늘과 땅이 없어지기까지 다시는 오지 않으리라!

5월 7일 주일 아침에는 세인트 로렌스 교회에서, 그리고 나서는 세인트 캐서린 크리 교회에서 설교를 하였다. 나는 양쪽에서 똑같이 강한 말로 설교를 하였다. 그래서 그 두 교회 어디에서도 다시는 설교할 수 없게 되었다는 소식을 듣고도 덜 놀랐다.

5월 14일 주일 아침에는 세인트 앤 교회에서, 그리고 오후에는 사보이 채플에서 그리스도의 피를 믿는 믿음으로 말미암아 값없이 받는 구원에 대하여 설교를 하였다. 마찬가지로 내가 다시는 세인트 앤 교회에서 설교할 수 없다는 통보를 곧 받았다.

5월 19일 금 내 동생은 두 번째로 늑막염이 재발되었다. 우리 몇 사람은 토요일 밤을 기도로 지새웠다. 다음 주일은 성령 강림절이었는데 헤일린 박사(Dr. Heylyn)의 진정으로 기독교적인 설교를 들었다. 그는 "모두 성령으로 충만함을 받았다"는 것에 관하여 설교하면서 말하기를 "그러므로 여러분의 잘못이 아니라면 여러분도 똑같이 성령으로 충만함을 받을 수 있다"고 하였다. 설교가 끝난 후에(마침 그 교회 부목사가 병중이라서) 내가 성찬식 집례를 보좌하였다. 그러고 나서 나는 내 동생이 영적인 평안을 얻었다는 놀라운 소식을 들었으며 그의 체력도 그 시간부터 정상적으로 회복되었다.

우리의 하나님보다 더 위대한 신이 누구인가?

오후 3시에는 와핑(Wapping)에 있는 세인트 존 교회에서, 그리고 저녁에는 폴스 워프(Pauls Wharf)에 있는 세인트 베넷 교회에서 설교하였다. 이 두 교회에서도 다른 곳에서와 마찬가지로 다시는 설교할 수 없게 되었다. 그 다음 목요일에 세인트 앤토린 교회에서 설교를 하였다.

나는 월요일, 화요일, 수요일 내내 마음이 무겁고 우울하였다.

5월 24일 수 "이로써 그 보배롭고 지극히 큰 약속을 우리에게 주사 이 약속으로 말미암아 너희로 정욕을 인하여 세상에서 썩어질 것을 피하여 신의 성품에 참예하는 자가 되게 하려 하셨으니"(벧후 1:4). 내가 성경을 펴서 이 말씀을 읽는 것이 오늘 아침 5시경이라고 생각된다. 내가 나오기 직전에 읽은 말씀은 "네가 하나님의 나라에서 멀지 않도다"(막 12:34)는 말씀이었다. 오후에 나는 세인트 폴 교회에 오라는 청을 받았다. 거기서 부른 찬송가는 이런 것이었다. "여호와여 내가 깊은 데서 주께 부르짖었나이다. 주여 내 소리를 들으시며 나의 간구하는 소리에 귀를 기울이소서. 여호와여 주께서 죄악을 감찰하실진대 주여 누가 서리이까. 그러나 사유하심이 주께 있음은 주를 경외케 하심이니이다. 이스라엘아 여호와를 바랄지어다. 여호와께는 인자하심과 풍성한 구속이 있음이라. 그가 이스라엘을 모든 죄악에서 구속하시리로다."

"내 마음이 이상하게 뜨거워짐을 느꼈다."

저녁에는 별로 마음이 내키지 않은 채 올더스게이트 가(Aldersgate Street)에 있는 어느 회에 갔는데 거기서 한 사람이 루터의 로마서 주석의 서문을 읽고 있었다. 9시 15분 전쯤 되어서 그가 계속하여 그리스도를 믿는 믿음을 통하여 하나님께서 마음에 변화를 일으키시는 역사를 하신다고 설명을 하고 있었는데 내 마음이 이상하게 뜨거워짐을 느꼈다. 나는 구원을 받기 위하여 그리스도를, 오로지 그리스도만을 믿는다고 나는 느꼈다. 뿐만 아니라 주께서 내 모든 죄를 씻으시고 나를 죄와 사망의 법에서 구원하셨다는 확신이 생겼다.

나는 악의적으로 나를 이용했거나 박해한 사람들을 위하여 있는 힘을 다하여 기도하기 시작하였다. 그러고 나서 나는 생전 처음 내 마음속에 느낀 것을 거기에 있는 모든 이들에게 터놓고 간증을 하였다. 그러나 얼마 안가서 원수 같은 마귀는 넌지시 이렇게 속삭였다. "이것은 믿음일 수가 없다. 그렇다면 기쁨은 어디 있냐?" 그때에 나는 배웠다. 평안과 죄에 대한 승리는 우리 구원의 대장 되시는 주님을 믿는 믿음에 있어서는 필수적인 것이다. 뿐만 아니라 보통 처음에 생기는 황홀한 기쁨, 특히 깊이 애통한 사람들에게 있어서 그 기쁨은 하나님의 뜻에 따라 때로는 주시기도 하고 주지 않으시기도 한다는 것을 배웠다.

집에 돌아온 후에 나는 여러 가지 시험으로 몹시 괴로웠다. 그러나 큰 소리로 외쳤더니 모두 사라지고 말았다. 그 시험은 자꾸 되돌아왔다. 그럴 때마다 나는 눈을 들어 주님을 향하자 주께서는 "주의 거룩한 곳으로부터 나에게 도움을 보내주셨다." 나는 여기서 이런 체험과 주로 전에 일관되었던 나의 신앙상태 사이에 커다란 차이가 있는 것을 발견하였다. 나는 싸웠다. 그렇다. 나는 율법 아래서 뿐만 아니라 은총 아래서 역시 있는 힘을 다하여 투쟁을 하고 있었다. 그러나 과거에는 자주 그런 것은 아니었지만 때때로 승리하였다. 그러나 현재에는 늘 승리하는 사람이 되었다.

5월 25일 토 잠에서 깬 순간 "예수, 나의 주님"은 나의 마음과 나의 입 속에 계셨다. 오로지 내 눈이 주님만을 지켜보고 내 영혼이 주님만을 계속하여 섬기는 곳에 내 모든 힘이 자리 잡고 있다는 것을 발견하였다. 오후에 세인트 폴 교회에 다시 갔을 때에 거기서 부르는 찬송가 속에서 하나님의 말씀을 맛볼 수 있었다. 그 가사는 이렇게 시작되었다. "내 노래로 항상 주의 자비하심을 찬송하리니, 내 입으로 주의 진리를 영원히 증거하리라." 그런데도 원수는 두려움을 넣어주었다. "네가 정말 믿는다면 더 뚜렷한 변화는 왜 없느냐?" 나는 (사실은 내가 아니지만) 대답하였다. "그것은 내가 모르겠다. 그렇지만 이것은 안다. 나는 현재 하나님 안에서 평화를 누리고 있다. 오늘은 내가 죄를 짓지 않는다. 예수 나의 주님은 내일 염려를 하지 말라고 내게 명령하셨다. 이것은 분명히 안다."

6월 7일 수 하나님께서 허락하신다면 잠시 독일에 가서 조용히 지내기로 결심을 하였다. 조지아를 떠나기 전에 내가 유럽으로 돌아가는 것을 하나님께서 허락만 하신다면 그렇게 하리라 이미 충분히 마음먹고 있었다. 그런데 그 시기가 온 것을 명확히 알 수 있었다. 나의 약한 마음이 이처럼 갈기갈기 찢기는 것을 도저히 견딜 수가 없었다. 그래서 믿음의 충만한 능력을 생활로써 증거할 뿐 아니라 그렇기 때문에 약한 자들을 또한 용납할 수 있는 독일의 성도들과 이야기를 나누며 그것을 통하여 하나님의 은총으로 내 영혼이 새 힘을 얻고 믿음에서 믿음으로 그리고 능력에서 능력으로 계속 달음질칠 수 있을 것이라는 희망을 갖게 되었다.

그 다음 석 달 동안 웨슬리는 모라비아 교도들을 찾아다니며 독일에서 지냈다.

10월 17일 주일 (런던에서) 나는 다시 고국에 돌아와서 구원의 기쁜 소식을 선포하기 시작하였는데 마이노리즈(Minories)에서 수많은 군중에게 세 번 설교를 하고 그 다음에는 성경을 해석하여 주었다. 월요일에는 우리의 작은 회의 회원들과 기쁘게 만났다. 이제 회원이 32명으로 늘었다.

다음 날 뉴게이트 교도소로 중형을 선고받은 죄수들을 찾아가서 값없이 주시는 구원을 그들에게 전하였다. 저녁에는 베어 야드(Bear Yard)에 있는 어느 모임에 가서 회개와 죄의 용서에 관하여 설교를 하였다. 그 다음 날 저녁에는 올더스게이트 가에 있는 어느 모임에 가서 사랑으로 나타나는 진리에 관하여 말을 하였다. 처음에는 다른 소리를 하는 사람이 좀 있더니 오래지 않아서 그런 말은 쏙 들어갔고 헤어질 때에는 사랑만이 나타나 보였다.

11월 3일 금 세인트 앤톨린 교회에서 설교하였다. 5일 주일에는 아침에 비숍스게이트에 있는 세인트 보톨프(Botolph) 교회에서, 오후에는 아일링턴에서, 그리고 저녁에는 스트랜드(Strand)에 있는 세인트 클레멘트 교회에서 설교를 하였는데 그런 회중을 나는 처음 보았다. 내가 여기서 설교를 한 것이 처음이자 마지막이 되리라고 생각된다.

12월 3일 주일 (옥스퍼드에서) : 보칼도(Bocardo:시립 형무소)에 가서 기도문을 읽어 주기 시작하였다. 이 일을 오랫동안 중단하고 있었다. 오후에는 편지를 한 통 받았는데 내가 조지아에서 겪었던 이야기를 출판하라고 간절히 요청하는 것이고, 또 하나는 그와 반대로 그렇게 되면 나에게 더욱 곤란한 일이 생긴다는 이유로 그것을 출판하지 말라고 간곡히 부탁하는 편지였다. 나는 하나님의 말씀 속에서 그분의 뜻을 찾으려고 하였는데 두 가지 응답을 받았다. 첫째는 에스겔 33:2-6이고, 둘째는 "그리스도 예수의 좋은 군사로 나와 함께 고난을 받을지니"(딤후 2:3)라는 말씀이었다.

12월 5일 화 글로스터 그린(Gloucester Green) 빈민원(貧民院)에서 기도와 설교를 하기 시작하였고, 목요일에는 세인트 토머스 교회가 있는 교구에 속한 빈민원에서 똑같이 하였다. 양일에 걸쳐서 나는 성에서도 설교를 하였다. 세인트 토머스 교구에는 미쳐 날뛰는 젊은 여인이 있었는데 계속해서 소리를 지르고 자신을 몹시 괴롭혔다. 나는 그 여인에게 말을 해주고 싶은 강한 욕망을 느꼈다. 내가 말을 시작하자 그 여인은 잠잠하였다. "나사렛 예수께서는 당신을 구원하실 수 있는 분이고 또 당신을 구원하실 분입니다"라고 그 여인에게 내가 말을 해주는 동안 그 여인은 눈물이 계속 뺨을 흘러내렸다.

12월 11일 월 휫필드(Whitefield) 씨가 조지아에서 돌아왔다는 소식을 듣고 나는 서둘러 옥스퍼드에서 런던으로 갔다. 그리고 12일 화요일에는 우리가 다시 한 번 즐거운 마음으로 서로 의논할 수 있도록 하나님이 허락하여 주셨다.

제3장

1739년

야외설교 - "온 세계는 나의 교구" - 휫필드 - 웨일스 -
악령들에 관한 경험

웨슬리, 야외설교를 시작하다.

1739년 3월 15일 런던에 머무는 동안 나는 성경을 해석하고 가르쳐 달라는 끝없는 요청 때문에 페터 레인(Fetter Lane)에 있는 우리의 자체 모임과 그 밖의 다른 여러 모임들 사이를 오가며 정신없이 일을 하였다. 비슷한 편지를 여러 통 받기는 했으나 휫필드 씨와 씨워드 씨로부터 지체하지 말고 브리스틀로 와 달라는 강력한 요청의 편지를 받고 다시 생각해 보았으나 막상 런던을 떠날 생각은 없었다. 전혀 그들의 요청대로 할 수가 없었다.

3월 28일 수 내 여행 문제를 우리 회에다 묻기로 하였다. 그러나 내 동생 찰스는 그것에 관한 말을 한마디도 입 밖에 내지 않고 다만 하나님의 말씀을 통하여 뜻을 찾아내려는 노력만 계속하였다. 그는 마음에 오는 어떤 말씀을 받아 혼자서 뇌까리기는 했으나 역시 대답을 하지는 않았다. "인자야 내가 네 눈에 기뻐하는 것을 한번 쳐서 빼앗으리니 너는 슬퍼하거나 울거나 눈물을 흘리거나 하지 말며"(겔 24:16). 우리의 다른 형제들도 계속해서 토론을 했으나 끝내 어떤 결론에 도달할 가능성이 없게 되자 마침내 우리는 제비를 뽑아 결정하기로 하였다. 그 결과로 내가 가야 하게 되었다.

3월 29일 목 나는 런던을 떠났다. 저녁에는 베이싱스토크(Basingstoke)에서 작은 모임의 사람들에게 성경을 가르쳤다. 31일 토요일 저녁에는 브리스틀에 도착하여 거기서 휫필드 씨를 만났다. 그런데 처음에는 이렇게 야외에서 설교를 하는 것이 이상해서 도대체 적응하기가 어려웠다. 그러나 주일에는 나도 그와 같이 야외에서 설교를 하도록 그가 만들었다. (극히 최근까지) 나는 구령사업을 하는 데는 매사를 철저하게 질서와 온당성을 살려야 한다고 고집을 해온 터였기에 그와 같은 일을 교회 밖에서 하는 것은 거의 죄가 되는 것으로 생각하였었다.

4월 1일 주일 휫필드 목사는 떠났고 나는 주님의 산상설교를 해설하기 시작하였다. (물론 그 당시에도 교회는 여러 군데 있었다고 생각되지만 이 때 한 것이 야외 설교의 좋은 본보기가 되었다). 이 때 모인 사람들은 흔히 니콜라스 가(街)에서 일주일에 한두 번씩 모이는 작은 모임이었다.

4월 2일 월 오후 4시에 나는 어쩔 수 없이 기분은 더욱 언짢았으나 노상에서 구원의 기쁜 소식을 선포하였다. 이때 나는 그 도시에 인접한 작은 언덕 위에 서서 약 삼천 명이나 되는 사람들에게 설교를 하였다. 설교 본문은 이런 것이었다. (이런 말씀이 그리스도의 모든 충실한 목자들에게서 성취된다는 사실을 모를 사람이 있을 수 있을까?) : "주의 성령이 내게 임하셨으니 이는 가난한 자에게 복음을 전하게 하시려고 내게 기름을 부으시고, 나를 보내사 포로 된 자에게 자유를, 눈먼 자에게 다시 보게 함을 전파하며, 눌린 자를 자유케 하고 주의 은혜의 해를 전파하게 하려 하심이라"(눅 4:18,19; 사 61:1, 2).

4월 8일 주일 아침 7시에 브리스틀에서 약 천명이나 되는 사람들에게 설교를 하였고 그 다음에는 킹즈우드에 있는 한남 산 (Hannam Mount) 꼭대기에서 약 천오백 명이나 되는 사람들에게 설교를 하였다. 나는 그들에게 복음적인 예언자의 말씀으로 외쳤다. "너희 목마른 자들아 물로 나아오라 … 너희는 와서 사 먹되 돈 없이, 값없이 와서 포도주와 젖을 사라"(사 55:1) (킹즈우드 건너편에 있는) 로즈 그린(Rose Green)에는 약 오천 명이 모여 있었는데 나는 그들 가운데 서서 주님의 이름으로 외쳤다. "나를 믿는 자는 성경에 이름과 같이 그 배에서 생수의 강이 흘러나리라"(요 7:38).

4월 17일 화 오후 5시에 나는 백 레인(Back Lane)에 있는 작은 모임에 갔다. 우리가 모인 방은 마루를 기둥이 아래서 받치고 있었는데 사람들의 무게 때문에 마룻바닥이 약간 주저앉았다. 그 바람에 밑에서 바치고 있던 기둥이 설교를 시작하는데 요란한 소리를 내며 쓰러졌다. 그러나 마루가 더 이상 가라앉지 않자 처음에는 약간 놀랐으나 사람들은 조용하게 설교를 경청하였다.

5월 7일 월 이제는 교회에서 설교할 수 있는 허가를 얻어서 펜즈포드(Pensford)로 떠날 준비를 하고 있었다. 그런데 다음과 같은 전갈을 받았다.

> "목사님
> 우리 목사님께서는 목사님이 정신이 나간 분이라는 소문을 듣고 목사님이 자기 교회에서 설교하는 것을 좋아하시지 않습니다."

그러나 나는 펜즈포드에서 약 반 마일 떨어진 프리스트다운(Priestdown)으로 가서 우리의 '지혜와 의와 성결과 구원' 이 되시는 그리스도를 전파하였다.

5월 8일 화 나는 바스(Bath)로 갔다. 그러나 별 어려움 없이 전에도 갔었던 일이 있는 목장에 가서 설교를 하였다. 거기에는 설교를 하기에 아주 좋은 장소가 있었는데 거기에 약 천명이나 되는 사람들에게 설교를 하였다.

5월 9일 수 우리는 브리스틀 시에 있는 호스 페어(Horse Fair)에다 성 야고보 교회 가까이 땅을 얼마 갖게 되었다. 이 땅은 니콜라스 가(街)와 볼드윈 가(街)에 있는 두 모임들이 함께 모여서 성경을 연구할 수 있도록 건물을 지을 것이었다. 12일 토요일에는 감사 찬양의 드높은 소리와 함께 머릿돌을 놓았다.

최초의 감리회 회관

나는 애당초 이 공사의 경비나 집행과정에 직접 간여할 생각이나 계획이 전혀 없었고 다만 그런 책임을 감당할 관리인 열한명을 임명하였다. 그러나 나는 얼마 안 있어서 그것이 잘못이었음을 알았다. 첫째, 경비에 관해서 보더라도 모든 인부들의 노임을 내가 곧장 지불하지 않으면 모든 공사가 중지될 판이었다. 결국은 내가 사태를 소상히 파악하기 전에 나도 모르는 사이에 일백오십 파운드 이상의 빚을 지게 되었다. 그러나 두 모임의 회비는 이 빚의 4분의 1도 채 못 되어서 결국 할 수 있는 범위 내에서 내가 갚아야 하게 생겼다.

그리고 공사를 진행하는 과정만 하더라도 런던에 있는 친구들로부터 편지들을 받았는데 그 중에는 특히 휫필드 목사에게서 온 편지도 있었다. 그들은 한결같이 내가 모든 관리인들을 즉시 해임하고 모든 일을 내가 직접 처리하지 않겠다면 돈을 내지도 않을뿐더러 그 건물에 대해서는 도대체 상관을 않겠다는 것이었다. 그들은 여러 가지 이유를 들어 주장했으나 한 가지만으로도 족하였다. 즉, "그런 관리인들은 나를 자기들 마음대로 조종할 것이다. 만약 내가 그들의 비위를 맞추어 가며 설교를 하지 않으면 내가 지어놓은 건물에서 그들은 나를 몰아낼 것이다." 나는 그래서 그들의 충고를 받아들였고 모든 관리인들을 불러들인 다음 이미 만들어 놓은 제도를 취소하였다(그런데 한 사람도 반대하는 이는 없었다). 그리고 모든 관리권을 내가 장악하였다. 물론 돈은 나에게 있지도 않았으나 그것을 확보할 어떤 인간적인 전망이나 가능성도 없었다. 그러나 나는 "땅과 거기에 충만한 것이 다 주의 것"이라는 사실을 알았다. 그래서 나는 조금도 의심하지 않고 주의 이름으로 시작하였다.

5월 13일 주일 나의 정상적인 공적 활동은 대체로 다음과 같았다 : 매일 아침 나는 기도회를 갖고 뉴게이트에 가서 설교하였다. 매일 저녁에는 한두 모임에 가서 성경을 해석하고 가르쳤다. 월요일에는 오후에 브리스틀 근처에 가서 옥외 설교를 하였다. 화요일에는 바스와 투 마일 힐 (Two Mile Hill)을 번갈아 찾아가서 설교를 하였고, 수요일에는 뱁티스트 밀스(Baptist Mills)에서, 그리고 목요일에는 2주일에 한 번씩 펜즈포드에 가서 설교를 하였고, 금요일에는 2주일에 한 번씩 킹즈우드의 다른 곳을 찾아가 설교를 하였으며, 토요일 오후와 일요일 아침에는 시내 중심가 근처에 있는 보울링 그린(Bowling Green)에 가서 설교를 하였다. 일요일에는 11시에 한남 산 근처에서, 2시에는 클리프턴(Clifton)에서, 5시에는 로즈 그린에서 설교를 하였다. 이렇게 해서 날이 갈수록 나의 힘이 더해 갔다

5월 20일 주일 클리프턴 교회에 있는 수많은 부자들을 보고 나는 마음이 괴로웠다. 그래서 나는 그들 중의 일부라도 "천국에 들어가기"를 간절히 바랐다. 이런 마음이 가득 차기는 했으나 다가올 진노로부터 피하도록 어디서부터 그들에게 경고해 주어야 할지를 몰랐다. 그러나 드디어 성경을 펴서 이 말씀을 찾게 되었다: "나는 의인을 부르러 온 것이 아니요 죄인을 부르러 왔노라"(막 2:17). 이 말씀을 적용하면서 내 영혼은 훨씬 평안을 찾았고, 그래서(가련한 알키메데스가 허망하게 외

친 말이 아니라 다른 뜻에서) 나는 이렇게 외칠 수 있을 것같이 생각이 되었다: "내가 설 땅을 달라 그러면 내가 지구를 흔들어 놓겠다." 번개가 치면서 비가 쏟아졌으나 로즈그린에 모인 천오백명의 사람들은 조금도 동요하지 않았다. 우리가 택한 본문은 "영광의 하나님이 우렛소리를 내시니 여호와의 소리가 힘 있음이여 여호와의 소리가 위엄차도다"(시 29:3,4 참조). 저녁에는 폭풍과도 같이 영혼이 불안한 세 사람에게 하나님이 말씀을 하셔서 즉시 평온함을 얻었다. 이런 일이 일어나고 있는 동안 나는 내내 사람들에게 질문을 받았다. 그 중에 어떤 사람들은 이런 이상한 일이 어떻게 일어나는지 물어보기 위하여 일부러 브리스틀까지 찾아온 사람들도 있었는데, 그 중에는 나에게 줄곧 편지를 해온 사람들도 있었고 최근부터 편지를 하는 사람들도 있었다. 그들은 대체로 이런 질문을 하였다. "이런 일들이 어떻게 일어날 수 있습니까?" 그리고 그들은 나에게 여러 가지 주의를 주었는데 (대체로 사태를 잘못 파악하거나 오해한 데 근거를 두고 있었다), 그 중에는 환상이나 꿈이나 사람들을 황홀하게 하는 것이 죄의 용서를 의미하는 것은 아니며 더욱이 그들이 울거나 눈물을 흘리며 겉으로 보기에 고백하는 그런 것 때문에 죄가 용서되는 것은 아니라는 점을 설명하려고들 하였다. 이런 문제에 관해서 나에게 여러 번 편지를 쓴 사람에게 답장을 썼는데 그 요약은 다음과 같다.

"우리 두 사람 사이의 문제는 전적으로 그런 것은 아니나 대체로 보아 사실상의 문제에 관한 것입니다. 당신은 하나님이 역사하시는 결과로 이런 일이 일어난다는 사실을 부인하십니다. 적어도 이런 식으로 하나님이 역사하시지는 않는다고 생각하시는 것이겠죠. 그러나 나는 이 두 가지를 다 확신합니다. 왜냐하면 나는 내 자신의 눈으로 보았고 귀로 들었기 때문입니다. (이런 종류의 일을 볼 수 있는 한) 나는 순식간에 두려움과 공포와 절망의 영에서 벗어나 사랑과 기쁨과 평화의 영으로 변화되는 수많은 사람들을 보았습니다. 이제까지 그들을 지배하던 죄로 가득한 욕망으로부터 벗어나 하나님의 뜻을 행하려는 순전한 욕망으로 변화하는 것을 수없이 보아 왔습니다. 이런 일들에 관해서는 바로 내가 이제까지도 그랬거니와 현재에도 눈으로 보고 귀로 들은 증인입니다."

"내가 환상이나 꿈에 관하여 말하려고 하는 것은 바로 이것입니다. 나는 이와 같은 변화를 체험한 수많은 사람들을 알고 있습니다. 그들은 꿈속에서나 그들의 마음의 눈에 강력하게 나타나시는 십자가상의 그리스도나 영광 중의 그리스도를 만난 사람들입니다. 이것은 사실입니다. 이것을 판단하고자 하는 사람들은 그들이 하고 싶은 대로 판단할 수밖에는 없습니다. 이와 같은 변화가 생기면 그 결과로 나타나는 것은(내가 판단하기로는 단순히 눈물을 흘리거나 고꾸라지거나 소리를 내어 우는 것이 그런 변화의 결과로 나타난다고 당신은 생각하시겠지만 그런 것은 아닙니다) 그들의 생활 전체를 통해 나타나는 것입니다. 이제까지는 여러 가지로 악했던 생활이 그 후로는 경건하고 의롭고 선한 생활로 변화하는 것입니다."

"나는 당신에게 그런 사람을 보여줄 수 있습니다. 전에는 사자였던 사람이 이제 어린 양이 되었고, 술주정뱅이가 이제는 누구에게라도 모범이 될 만큼 술을 끊고 사는 사람이 되었고, 오입쟁이였던 사람이 이제는 '육신으로 더럽혀진 옷'을 몹시 미워하는 사람이 되어 있습니다. 이런 사실들이 바로 내가 생생하게 논쟁을 하고 주장을 할 수 있는 것입니다. 다시 말하자면 '하나님은 전에나 지금이나 우리에게는 물론 우리 자손들에게도 죄를 용서해 주시고 성령을 선물로 주십니다. 그리고 내가 아는 범위 내에서 그런 은혜는 항상 갑자기 내려지며 흔히 꿈이나, 하나님을 보는 환상을 통해 주어집니다.' 이것이 만약 사실이 아니라면 나는 하나님 앞에서 거짓 증인이 될 것입니다. 바로 이와 같은 사실들에 대해서 내가 증언을 할 뿐 아니라 하나님의 은혜를 힘입어 증언할 것입니다."

보 내쉬(Beau Nash)와 웨슬리의 논쟁

6월 5일 화 바스에는 그 고장에서 이름난 사람이 내가 거기 가면 나에게 어떻게 할 것인가에 대하여 대단한 기대들을 하고 있었다. 나를 아끼는 수많은 사람들이 무슨 일이 일어날지 모르니까 나보고 설교를 하지 말라고 간곡히 만류하였다. 그러나 이런 소문 때문에 사람들은 더 많이 모여들었는데 그 중에는 그곳의 유지들과 부자들이 많이 섞여 있었다. 나는 그들에게 지위의 고하나 빈부를 막론하고 모든 사람들은 죄 아래 있다고 성경이 밝히 말씀하고 있다는 사실을 알아듣기 쉽게 설명하였다. 그들 중의 많은 사람들이 약간 놀란 빛이더니 어느 정도 심각해지기 시작하였다. 그때 그들의 대표격인 한 사람이 나타나 나에게 다가오더니 내가 무슨 권한으로 이런 일들을 하고 있는가 묻는 것이었다.

그래서 나는 대답하였다. "캔터베리 대주교가 나에게 안수하면서 말하기를 '그대는 복음을 전하고 설교할 권한을 받으시오' 하였을 때 부여받은 예수 그리스도의 권한으로 합니다." 그가 말하기를 "이것은 법령에 위배되는 일입니다. 이것은 (非國敎徒의) 비밀집회입니다." 나는 대답하였다.

"선생님, 그 법령에 (전문에서 보여주듯이) 언급된 비밀 집회란 치안을 방해하는 선동적인 모임을 말하는 것입니다. 이 모임은 그런 성질의 것이 아닙니다. 여기에는 선동이라고는 그림자도 없습니다. 그렇기 때문에 이 모임은 그 법령에 위배되는 것이 아닙니다." 그는 대답하였다. "내 말은 이 모임이 비밀집회라는 것입니다. 그럴 뿐 아니라 당신의 설교는 저들에게 겁을 주어서 그들의 얼을 빼고 있습니다."

"선생님, 내 설교를 한번이라도 들어보신 일이 있으십니까?" "아니오, 못 들어 보았습니다." "그렇다면 직접 들어보시지도 않은 일에 대하여 어떻게 판단을 하시는 것입니까?" "물론 들려오는 소문으로 판단을 하는 거죠." "들려오는 소문으로는 충분하지 못합니다. 실례를 무릅쓰고 한 가지 선생님에게 묻겠습니다. 선생님이 내쉬 선생님이 아니십니까?" "내가 내쉬입니다." "선생님 나는 들려오는 소문을 근거로 해서 당신을 판단하지는 않습니다. 그렇게 판단하는 것은 불충분한 일이니까요." 여기서 그는 잠시 쉬었다가 목소리를 가다듬더니 "이 사람들이 무엇하러 여기 모여들었는지 꼭 알고 싶습니다." 그랬더니 한 사람이 답변을 하는 것이었다. "목사님, 그분은 저에게 맡기십시오. 이 늙은 노파가 그 선생에게 대답해 주겠습니다. 여보세요 내쉬 선생, 당신 자신이나 걱정하세요. 우리 자신의 영혼은 우리 스스로가 걱정하겠습니다. 우리는 영혼의 양식 때문에 여기에 왔습니다." 그는 한 마디도 대꾸를 못하고 걸어 나가버렸다.

내가 집으로 돌아가려다 보니까 거리는 사람들로 가득 찼다. 여기저기서 큰 소리를 내면서 우왕좌왕하였다. 그들 중에서 한 사람이 "말씀을 한 분이 누구요?" 하고 묻기에 "나입니다" 하였더니 순식간에 물을 끼얹은 듯 조용해졌다. 머천트(Merchant)씨 댁으로 내가 들어가니 부인 몇 사람이 따라 들어왔는데 그 집 하인 말이 나에게 말하고 싶어하는 사람이 몇이 있다고 하였다. 그래서 나는 그들에게 가서 말하였다: "이 집에서 일하는 이 아가씨가 아마 잘못 생각한 것 같습니다. 여러분이 원하시는 것은 다만 저를 쳐다보고 싶을 뿐이죠." 그러고 나서 덧붙였다. "나는 유지들이나 부자들이 나와 이야기하고 싶어하거나 내 말을 듣기를 원하리라고 기대하지는 않습니다. 나는 다만 평범한 진리를 말하기 때문입니다. 여러분 같으신 분들이 별로 들어보지도 못할 뿐 아니라 듣고 싶어하지도 않을 그런 이야기를 하는 사람입니다." 몇 마디 말이 더 오고 간 후에 나는 그 자리에서 물러났다.

6월 11일 월 (전에도 종종 그러기는 한 일이지만) 이번에는 정말 급한 편지를 런던으로부터 받았다. 페터 레인(Fetter Lane)에 있는 형제들이 커다란 혼란에 빠져 있어서 내가 와서 충고를 해주어야겠기에 가능한 한 빨리 런던으로 오라는 편지였다. 그래서 오후에 나는 이 말씀에 관하여 설교를 하였다: "그러므로 오늘 너희에게 증거하노니 모든 사람의 피에 대하여 내가 깨끗하니 이는 내가 꺼리지 않고 하나님의 뜻을 다 너희에게 전하였음이라"(행 20:26,27). 설교를 마친 후에 나는 그들이 믿는 하나님께 그들을 맡기며 하나님의 은총이 임하시기를 기원하였다. 분명히 하나님이 하실 일이 이곳에 있다는 것을 느꼈다. 나는 그들의 사랑과 같은 것을 영국에서는 도대체 찾아보지를 못하였다. 그렇게 어린아이들 같고, 기교도 없고 가르칠 만한 사람들이고, 하나님이 이 사람들에게 주신 그런 성품을 다른 곳에서는 찾아볼 수가 없었던 것이다.

그럼에도 불구하고 이 모든 기간 동안에 그 사람들 사이에서 내가 목회를 하던 내 나름대로의 독특한 방법에 대해서 여러 가지 생각을 하였다. 그러나 그런 생각을 자주 주님 앞에 내어놓고 그것에 반대되는 의견을 들은 것을 조용히 따져보니까 결국 내 생각에 대하여 자주 자신의 의견을 자유롭게 편지로 말해준 한 친구에게 써 보내던 생각을 따를 수밖에 없었다. 그 편지의 내용을 요약해서 이 자리에서 밝혀두면 이런 것이었다.

온 세계는 나의 교구

"당신은 내가 행동하는 것과 내가 오랫동안 지켜왔던 성격과 조화시켜서 볼 수가 없노라고 말했습니다. 아니, 영원히 그렇게 보지 않을 것이라고 하였습니다. 그러므로 나는 이제 가능한 모든 경우에 그 성격을 버리기로 하였습니다. 배를 같이 탔던 모든 사람들에게도 그랬고, 사반나와 프레데리카에서도 모든 사람들에게 되풀이해서 명확하게 말했습니다. '나는 그리스도인이 아닙니다. 다행히 그렇게 될 수 있다면 나는 다만 그것을 따라갈 뿐입니다.'

만약 내가 어떤 원칙에서 행동을 하느냐고 물으신다면, 원칙은 이것입니다. '그리스도인이 되고자 하는 욕망과 그렇게 되는 데 도움이 되는 것이라고 판단되어지는 것은 무엇이라도 해야 한다는 확신이 있으며, 이 목적을 달성하는 데 필요하다면 어디라도 가야 한다고 판단될 때 그곳에 가야한다는 확신입니다.' 이 원칙에서 나는 미국에도 갔었고, 이 원칙에서 모라비아 교회를 방문하기도 하였고, 이제도 같은 원칙에서 아비시니아(이디오피아)나 중국 같은 곳 어디라도 하나님께서 기뻐하신다면 어디든지 부르시는 대로 갈 준비가 되어 있으며 이것이 바로 나의 확신입니다.

내가 대학에 자리를 잡아야 한다고 당신이 충고를 하여준 데 대하여 말하자면 나는 이제 대학에 자리도 없거니와 학생들도 없기 때문에 거기서는 내가 별볼일이 없습니다. 그리고 당신이 나에게 다른 제안을 한 것, 즉 '영혼들을 치유하는 일을 받아들이라고 한 것' 이 나에게 마땅한 일인가 아닌가에 대해서는 그럴 필요가 구체적으로 나에게 다가왔을 때 조금 더 시간을 충분히 두고 생각해 보아야 하겠습니다. 하지만, 그러는 동안에 당신 생각에는 내가 가만히 앉아 있어야 한다는 거겠죠. 자칫하면 내가 다른 사람의 직무를 침해하거나 다른 사람들이 하는 일에 간섭을 하거나, 나에게 속하지 않은 신도들의 영혼 문제에 참견하게 될까봐 그렇게 생각하실 것입니다. 따라서 당신은 내게 이렇게 물을 것입니다. '당신이 목회의 책임을 지지도 않은 신도들을 모아 놓고 시편을 낭송하고 기도를 하며 성경을 해석하고 가르치는 일은 도대체 무엇입니까?' 그러면서 공교회(公教會) 원칙에서, 내가 다른 사람들의 교구에서 일하는 것을 정당화하기란 어려운 일이라고 생각하시겠죠?

내가 이제 알아듣기 쉽게 말하겠습니다. 만약 여러분이 공교회 원칙이란 말을 성서적 의미 이외의 것으로 쓴다면 그런 말이 나에게는 하나도 중요하지 않습니다. 나는 신앙에 있어서나 실생활에 있어서 성경 이외의 다른 법칙은 하나도 용납하지 않습니다. 그러나 성서적인 원칙에서 내가 무엇을 하든지 그것을 정당화하는 것이 어렵다고 생각되지는 않습니다. 성서에서 하나님은 나에게 명령을 하시어 나의 능력에 따라 무지한 사람들을 가르치고 악한 사람들을 변화시키고 착한 사람들을 더욱더 착하게 만들라고 하십니다. 사람은 내가 다른 사람의 교구에서 이와 같은 일을 하지 못하게 금하고 있습니다. 다시 말하면, 결과적으로 내가 현재 교구를 가지고 있지 않을 뿐더러 앞으로도 계속해서 교구를 갖지 않을 것으로 알고 내가 그런 일을 전혀 하지 못하도록 금지하는 것입니다. 그렇다면, 내가 누구의 말을 들어야 하겠습니까? 하나님입니까? 사람입니까?

나는 온 세계를 나의 교구로 생각합니다. 이 말의 의미는 내가 세계 어느 곳에 가서 있을지라도 구원의 기쁜 소식을 기꺼이 들으려는 모든 사람들에게 선포하는 일이 온당하고 정당하며 나에게 허락된 의무라고 생각한다는 말입니다. 이 일이야말로 하나님께서 나를 부르셔서 내게 맡기신 일이라는 것을 나는 확신합니다. 그러므로 나는 하나님께서 나에게 맡기신 일을 이루는 일에 충성을 할 수 있는 커다란 용기를 계속 얻게 됩니다. 나는 하나님의 종입니다. 그러므로 나는 하나님의 말씀이 명백히 지시하시는 대로 종으로서 일할 다름입니다. '기회를 얻는 대로 모든 사람에게 선을 행할 뿐' 입니다. 하나님의 섭리는 명백하게 하나님의 말씀과 일치합니다. 나로 하여금 다른 모든 일에서 손을 떼게 하시고 오로지 이 한가지 일, 곧 '두루 다니며 선을 행하는 일' 에만 전념하도록 만드셨습니다."

스잔나 웨슬리와 아들의 이야기

6월 13일 수 슬링턴(Islington)에서 성만찬을 받은 후에, 나는 독일에서 귀국한 뒤로 한 번도 뵙지 못하였던 나의 어머니를 뵐 수 있는 기회를 갖게 되었다.

여기서 묘한 이야기 하나를 적어 둘 수밖에 없다. 지난 해 6월에 나는 어머니에게 어떤 글을 하나 읽어드렸는데, 그 속에는 그 당시 며칠 동안 내 자신의 영혼 속에 스쳐지나간 일들을 짤막하게 설명해 놓은 글이 있었다. 어머니는 그 글을 무척 좋아하신 나머지 나를 그와 같이 옳은 생각의 길로 인도하신 하나님께 진심으로 영광을 돌리며 감사하셨다. 내가 독일에 있을 동안 (나도 모르게) 그 글을 복사한 것이 한 장 내 친척 중의 한 사람에게 보내졌다. 그런데 그가 그 이야기의 줄거리를 내 어머니에게 보냈는데 지금 와서 알고 보니까 "내가 믿음에서 크게 떨어졌다는 내 자신의 글에서 따낸 이야기" 에서 확신을 얻고 어머니가 나에 관하여 이상한 두려움을 지니고 계시는 것을 느끼게 되었다. 나는 그 글이 어떤 것이었을까를 도무지 생각할 수가 없었다. 그러나 조사를 하고 보니까 그것은 내 자신이 어머니에게 읽어드린 것과 같은 글이었다. 정말 편견을 가지고 전하는 사람의 이야기를 듣고 어떤 사람이나 사물을 참되게 판단한다는 일이 얼마나 어려운 일인가! 그렇다, 이 이야기를 전한 사람은 의심할 여지 없이 항상 진실만을 말하는 사람이고 뿐만 아니라 늘 정직한 사람이었지만 일단 편견을 가지고 전하면 결과는 마찬가지다. 그럼에도 불구하고 내 앞에 놓인 글을 진지하게 설명하니까 진실 그 자체가 전적으로 뒤바뀌어서 나의 어머니는 그 글의 내용을 자신이 처음부터 끝까지 들으신 것인 줄도 모르셨고 그 글을 내 자신이 직접 쓴 것인 줄도 모르셨다.

6월 14일 목 휫필드 씨와 함께 블랙히스(Black Heath)로 갔는데 내가 믿기로는 거기에 만이천명에서 만사천명에 이르는 사람들이 모였던 것 같다. 그는 자기 대신에 설교를 하라고 말을 해서 나를 약간 놀라게 하였다. 나는 (물론 속으로는 사양하고 싶었으나) 내가 가장 좋아하는 주제, 즉 "하나님의 은총으로 우리에게 지혜와 의와 성결과 구원이 되시는 예수 그리스도"에 관하여 설교를 하였다.

나는 그 자리에 모였던 부자들에 대한 동정과 연민의 정으로 내 자신이 감동되었다. 나는 그들에게 특별히 설명을 하여 주었는데 그들 중의 어떤 이는 경청을 하는 것 같아 보였으나 어떤 이들은 몹시 거칠게 말하는 설교자가 보기 싫은 듯이 그들의 마차를 몰고 가버렸다.

6월 17일 주일 7시에 어퍼 무어필즈(Upper Moorfields)에서 약 (내가 믿기에) 6~7천명이나 되는 사람들에게 "누구든지 목마르거든 내게로 와서 마시라"고 하신 말씀에 관하여 설교하였다.

5시에는 켄닝턴 콤몬(Kennington Common)에서 약 만 오천 명이나 되는 사람들에게 "땅의 모든 끝이여 내게로 돌이켜 구원을 받으라"(사 45:22)는 말씀을 가지고 설교하였다.

6월 18일 월 아침 일찍 런던을 떠나 다음 날 저녁에 브리스틀에 도착하여 (하나님이 허락하실 것을 전제로 이미 약속해 놓은) 수많은 회중들에게 여기저기서 설교를 하였다.

이때에도 역시 설교 본문은 "땅의 모든 끝이여 내게로 돌이켜 구원을 받으라 " (사 45:22) 하는 말씀이었다.

한두 시간 후에 하우엘 해리스(Howell Harris)가 나를 찾아와서 말하기를, 그도 많은 사람들이 나에 관하여 나쁘게 말하는 것을 들었기 때문에 내가 말하는 것을 듣거나 나를 보고 싶은 마음이 없어지더라는 것이었다. "그러나 목사님이 설교하시는 것을 듣게 되자 목사님이 영적으로 어떤 분인가를 금방 알게 되었습니다. 목사님이 설교를 다 마치시기도 전에 저는 기쁨과 사랑으로 가득 차서 집에 갈 때는 신바람이 나서 갔습니다" 하고 말하였다.

6월 24일 주일 로즈 그린으로 말을 타고 갔는데 길은 평탄하고 좋았다. 그런데 갑자기 내가 탄 말이 머리를 번쩍 치켜들더니 뒹굴었다. 크게 다치지는 않았으나 한쪽 옆구리에 상처가 좀 났다. 그러나 그 당장에는 별로 아무것도 느끼지 못하였고 아무런 통증도 없이 약 6~7천명 되는 사람들에게 중요한 문제에 관하여 설교를 하였다. "그런즉 너희가 먹든지 마시든지 무엇을 하든지 다 하나님의 영광을 위하여 하라"

휫필드와의 대화

7월 6일 금 오후에는 런던에서 방금 돌아온 휫필드 씨와 함께 있다가 뱁티스트 밀스로 같이 갔는데 그는 거기서 '믿는 모든 사람들이 받아야 할 성령' 에 관하여 설교하였다. 마치 성령은 없는 것 같이 설교하는 사람들을, 비록 혹독하지만 정확하게 비판하는 일도 결코 잊지는 않았다.

7월 7일 토 하나님이 내면적으로 역사하시면 거기에 따라 자주 외적으로 그 징조가 나타나는 사람 중의 한 사람과 이야기할 수 있는 기회가 있었다. 그런데 알고 보니까 그의 반대는 주로 사실 자체를 크게 오해하는데 기인하고 있었다. 그러나 다음 날 그는 스스로 더 이해할 수 있는 기회를 얻었다. (설교를 하면서) 그가 모든 죄인들은 예수를 믿어야 한다고 권면을 하자마자 거의 같은 순간에 네 사람이 그의 곁에서 쓰러졌다. 한 사람은 정신없이 꼼짝 않고 누워 있었고, 한 사람은 몹시 떨었고, 또 한 사람은 온몸에 심한 진동을 일으키면서 신음 소리만 내었다. 네 번째 사람은 그도 역시 진동을 일으키기는 하였으나, 눈물을 흘리며 큰 소리로 하나님께 부르짖었다. 이때부터 내가 분명히 믿기는 하나님께서는 그분 자신이 기뻐하시는 대로 역사하신다는 것을 우리가 받아들여야 한다는 사실이다.

7월 13일 금 금요일 오후에 나는 휫필드 씨와 함께 비가 몹시 쏟아지는 가운데에 브리스틀을 떠났다. 그러나 얼마 안가서 구름이 다 사라지고 저녁에는 맑고 고운 날씨가 되었으며 손베리(Thornbury)에 가니까 회중이 기다리고 있었다.

7월 17일 화 나는 말을 타고 바스에서 5마일 떨어진 브래드포드(Bradford)로 갔다. 오래 전부터 초청을 받았던 곳이다. 나는 목사를 찾아가서 그의 교회에서 설교를 할 수 있도록 해주었으면 좋겠다고 말했다.

그는 말하기를 보통 평일에는 설교를 한다는 것이 좀 이상하니까 주일날 올 수 있으면 기꺼이 나를 돕겠다는 것이었다. 그래서 나는 내가 바스에서 설교할 때에 그 자리에 있었던 사람이 있는데 진실성과 사랑을 가장 강력하게 나타냈을 뿐 아니라 주님의 이름으로 나에게 축복을 빌어 주었던 사람을 찾아갔다.

그러나 그것은 이미 과거에 있었던 일로 끝났다. 이제는 그가 몹시 냉담해졌다. 그는 여러 가지 문제에 관하여 논쟁을 시작하더니 드디어는 내가 옥스퍼드 대학에 다닐 때 사람들이 항상 나를 보고 머리가 약간 돈 사람이라고 했더라는 말까지 간단하게 하였다.

어쨌든 그와 같이 생각하지 않는 사람들 몇이 있어서 그들의 (Bear Field라고도 하고 Bury Field라고도 하는) 마을에 자리 잡고 있는 언덕 꼭대기에 편리한 장소를 잡아 놓고 준비를 해주어서 나는 거기서 약 천 명이나 되는 사람들에게 우리의 '지혜와 의와 성결과 구원' 이 되시는 그리스도를 증거하였다. 그러고 나서 바스로 돌아와 그 어느 때보다도 더 많은 군중들에게 "내가 어떻게 하여야 구원을 얻겠습니까?" 하는 제목으로 설교하였다.

나는 '이 세상의 신(神)이 그렇게 잠잠할 수가 있을까' 하고 의아하게 생각하였다. 그런데 내가 설교하러 갔다가 돌아왔을 때 가련한 머천트 씨(R—d Merchant)가 이제는 더 이상 내가 자기네 터에서 설교를 하게 할 수 없노라고 내게 말하였다. 왜 그러냐고 물으니까 그의 대답이, 사람들이 자기네 나무들을 상하게 하고 물건을 훔쳐간다는 것이었다. 그는 덧붙여 말하기를 "그 뿐이 아닙니다. 목사님이 우리 터를 쓰시게 했기 때문에 이웃 사람들이 저를 몹시 싫어합니다." 아, 인간의 두려움! "영과 진리로 하나님을 예배하는" 사람 말고 누가 그대를 누를 수 있겠는가? 한 발을 무덤에 들여놓은 사람도 그럴 수가 없다! 향나무로 지은 집에 살면서 먼지같이 금을, 그리고 바다의 모래와 같이 은을 쌓아둔 사람들조차도 결코 그대를 누를 수는 없다!

7월 21일 토 우리 주님의 산상수훈을 두 번째로 해석하기 시작하였다. 일요일인 22일 아침에 약 삼천 명이나 되는 사람들에게 "마음이 가난한 사람은 복이 있다"는 말씀을 가지고 설명을 할 때에는 우리 모두의 영적인 상태가 어떤 것인가를 누구에게라도 보여주고 싶은 그런 때였다. 그런데 설교를 중간 쯤 했는데 수병(水兵) 징모원들이 들어와서 청중 가운데 한 사람을 붙잡고 늘어졌다. (법률을 배우면서 영국의 대헌장이 어떻게 되었고 영국 사람들의 자유와 특권이 어떻게 되어 있는가를 배우지 않았는가? 그러나 어떤 구실로라도 영국에서 수병징모원들이 어떤 어려움을 겪었다고 한다면 그것은 단순히 헛소리가 아니겠는가?) 다른 사람들은 모두 조용히 서 있었고 아무도 입을 열어 말하거나 손을 들어 그들을 저지하지도 않았다.

9월 3일 월 (런던) 나는 주로 어머니와 이야기를 나누었다. 그런데 어머니는 내게 말씀하시기를, 얼마 전까지는 이제 죄의 용서를 받았다든가 하나님의 영이 우리의 영(靈)으로 더불어 증언하신다는 말씀 같은 것은 별로 들어보지 못하셨다는 것이었다. 뿐만 아니라 이런 것이 진정으로 믿는 사람들의 특권이라는 것을 별로 상상조차 못하셨다는 것이었다. "그렇기 때문에 나는 그런 것을 감히 구하지도 못하였구나. 그렇지만 2, 3주 전에 나에게 잔을 건네주면서 내 아들 홀(Hall)이 '당신을 위해 주시는 우리 주 예수 그리스도의 피' 라는 말을 하였을 때 그 말이 내 마음에 뚫고 들어와 그리스도를 위하여 하나님께서 내 모든 죄를 용서하셨다는 것을 알았다" 하고 말씀하시는 것이었다.

나는 그래서 외할아버지(앤즐리 박사)께서는 그와 같은 믿음을 가지고 계시지 않으셨냐는 것과 그분이 다른 사람들에게 설교하실 때 그런 이야기를 하시는 것을 들어보신 일이 없으시냐고 여쭈었다. 어머니의 말씀이 외할아버지께서도 그 자신이 그런 믿음을 가지고 계셨을 뿐 아니라 돌아가시기 얼마 전에는 다른 사람들에게도 선포하셨다는 것이었으며 사십여 년 이상이나 그분은 자기 자신이 '하나님 안에서 용납되는 것' 에 대하여 마음속에 조금도 어둠이나 두려움이나 의심이 없으셨다는 것이었다. 그러나 그분이 그런 문제에 관하여 명백하게 설교를 하시는 것은 단 한 번도 직접 들어본 기억은 없으시다는 것이었다. 그래서 생각하다 보니까 그런 것이 하나님을 믿는 모든 사람들에게 약속된 것이 아니라 몇 사람에게만 주어지는 특별한 축복으로 보시지 않았는가 하고 생각되신다는 것이었다.

감리회라는 새 이름

9월 9일 주일 나는 무어필즈에 모인 약 일만 명의 사람들에게 그들이 어떻게 하여야 구원을 얻을까에 관하여 선포하였다. 나의 어머니도 함께 동행하여 다섯 명의 일행이 켄닝턴으로 갔는데 약 이만 명은 실하게 모였을 것이다. 나는 우리의 모든 희망의 기초에 관하여 강조하였다. "주 예수를 믿으라. 그리하면 구원을 얻으리라.” 켄닝턴에서 나는 람베스(Lambeth)에 있는 우리의 모임으로 갔다. 집안은 사람들로 가득 차서 나머지 사람들은 마당에 들어섰다. 그들은 나의 말을 얼마나 열심히 경청하였던지 나에게 큰 희망을 불어 넣어 주었을 뿐 아니라 앞으로도 잊을 수 없는 청중들로서 내 마음에 모두 남아 있을 것이다.

9월 16일 주일 무어필즈에서는 약 일만 명, 그리고 켄닝턴 콤몬에서는 아마 약 이만 명이나 되는 사람들에게 설교하였는데 본문은 차분한 유대인들이 사도 바울에게 한 말이었다. “ 이에 우리가 너의 사상이 어떠한가 듣고자 하니 이 파에 대하여는 어디서든지 반대를 받는 줄 알기 때문이라”(행 28:22). 나는 두 곳에서 똑같이 일반적으로 소위 기독교라는 것과, 이제 감리회(Methodism)라는 새 이름으로서 아무도 그것이 좋다고 말하는 이가 하나도 없는 옛날부터 살아 내려온 참된 기독교 사이의 차이를 분명히 설명하였다.

9월 23일 주일 나는 강한 영력(靈力)을 힘입어 무어필즈에 모인 약 일만 명에게 “하나님의 나라는 먹는 것과 마시는 것이 아니요 오직 성령 안에 있는 의와 평강과 희락”(롬 14:17)이라고 선포하였다. 켄닝턴에서는 “한 가지가 필요하다”는 위대한 진리를 약 이만 명에게 강조하였다. 거기서부터 나는 람베스로 가서 거기 모인 사람들에게 어떻게 해서 “하나님께로부터 난 자마다 죄를 짓지 아니하나니”(요일 3:9)라는 말씀을 알려 주었다(그랬더니 놀랍게도 거기 모인 사람들 대부분이 몹시 놀라는 기색이었다).

9월 24일 월 플레이스토우(Plaistow)서 한 번 더 설교를 하였는데 그들에게 작별 인사를 하고나서 돌아오는 길에 어떤 사람이 전속력으로 말을 달려오더니 나에게 덮쳐서 사람과 말을 한꺼번에 넘어뜨렸으나 아무도 다치지는 않았다. 사람과 말을 동시에 구하시는 하나님께 영광을 돌릴지어다!

9월 27일 목 오후에는 뎁트퍼드(Deptford)에 있는 감리회 모임에 갔다가 거기서 6시쯤 되어 터너 회관(Turner's Hall)으로 갔더니 약 이 천명이 모였다. 거기에는 지하실이 있었는데 내가 설교를 시작하는 데 마루를 밑에서 받치고 있던 큰 기둥이 부러졌다. 그 바람에 마루는 즉시 밑으로 가라앉고 큰 소리가 나며 사람들 사이에 혼란이 일어났다. 그러나 마침 2~3일전에 어떤 사람이 그 지하실에다 엽초 상자들을 가득 채워 놓았기 때문에 마루창이 한 두자 내려가더니 그 짐들 위에 머물러서 별 지장 없이 설교를 계속하였다.

10월 7일 주일 11시쯤 해서 나는 글로스터에서 약 7마일 떨어진 런위크(Runwick)에서 설교를 하였다. 교회당은 사람들도 붐벼서 천 명이나 그 이상의 사람들이 교회 앞마당에 서 있었다. 오후에는 "어떻게 하여야 구원을 얻겠습니까?"라는 똑같은 말씀을 가지고 더 자세히 설명하였다. 아침보다 더 많은 사람들이 모였던 것 같은데 아마 수천 명이 참석하였던 것 같다.

5시와 6시 사이에는 읍에서 가까운 작은 초원에 (약 삼천 명이) 스탠리(Stanley)라는 곳이 있는데 거기에 모인 모든 사람들을 찾아보았다. 그들은 그리스도를 그들의 유일한 '지혜와 의와 성결과 구원' 으로 받아들이기를 원하는 사람들이었다. 이전의 어느 때보다도 더 힘 있게 말씀을 증거할 수 있었다. 그리고 거의 두 시간이나 계속해서 말했다. 한밤의 어둠이나 불빛이 약한 것도 청중의 숫자를 줄일 수도 없었고 오히려 그들의 진지함은 더하였다. 숫자는 적지만 엘비(Elby)에 모인 작은 모임에서 주님의 산상설교를 해설하는 일로 하루의 일과를 마쳤다.

웨슬리, 웨일스에 가다

10월 15일 월 초청을 받은지가 얼마 되었지만 성화같은 독촉에 못 이겨 웨일스를 향해 떠났다. 오후 4시쯤 해서는 데보든(Devouden) 기슭에 있는 작은 초원에서 약 삼사천 명의 평범한 사람들에게 "우리의 지혜와 의와 성결과 구원이 되시는 그리스도"에 관하여 설교를 하였다. 설교가 끝난 후에 내가 그리스도의 진정한 제자라고 믿는 한 사람이 우리를 자기 집으로 초청하였는데 수많은 사람들이 쫓아왔다. 거기서 나는 그들에게 "마음이 가난한 사람은 복이 있다"라는 말씀을 통하여 구세주가 필요하다는 진리를 증거하였다. 다음 날 아침에는 구원에 이르는 길을 좀 더 완벽하게 설명하였는데 "주 예수를 믿으라 그리하면 구원을 얻으리라"는 말씀을 증거하였다. 그러고 나서 그 집주인과 작별하였는데 2시가 되기 전에 애버개브니(Abergavenny)에 도착하였다.

여기서는 정말 설교하기 싫은 마음이 속에서 우러나왔다. 그렇지만 W씨(휫필드 씨가 그의 터에서 설교한 일이 있었다)에게 가서 그 터를 사용하자고 하였다.

진심으로 그가 말하기를, 그 고장의 목사가 그 교회를 사용하지 못하게 하면 그렇게 하자는 것이었다. 목사가 거절을 한 후에(물론 내가 곧 편지를 써 보냈지만) 그가 나를 자기 집으로 초청하였다. (날이 저문 후라서 서리가 몹시 차가웠지만) 약 천여 명이나 되는 사람들이 끈질기게 서서 들었다. 나는 사도행전 28:22의 말씀을 가지고 영국교회가 지니고 있던 순수한 옛날 종교를 설명하면서 그것이 지금에는 감리교라는 새 이름으로 나타나고 있는데 어디서나 이것을 좋게 말하는 사람은 없다고 밝혔다.

10월 19일 금 오전에 나는 "어떻게 하여야 구원을 얻겠습니까?라는 말씀으로 설교를 하였는데 웨일스에서 그렇게 무감각하고 태도가 좋지 않은 사람들은 처음 보았다. 설교가 한창 진행되고 있는 시간에 어느 노인은 거의 쉬지 않고 저주를 하며, 거짓 맹세를 계속하는가 하면, 설교를 거의 마칠 때쯤 해서는 큰 돌을 집어들고 여러 번이나 그것을 던지려고 하였다. 그러나 끝내 던지지는 못하였다. 옥외에서 설교를 할 때는 그런 선수들이나 그런 무기들은 흔히 볼 수 있는 것이다!

4시에는 카디프(Cardiff)의 셔어 회관(Shire Hall)에서 설교를 하였는데 수많은 신사들이 참석하였다. 좀처럼 얻기 힘들었던 '언론의 자유'가 주어져서 나는 이 말씀을 설명하였다. "하나님의 나라는 먹는 것과 마시는 것이 아니라 의와 화평과 성령 안에서 누리는 기쁨이니라." 6시에는 온 읍내가 다 모였다(나는 그렇게 들었다). 나는 그들에게 마지막 여섯 가지 복을 설명하였다. 그러나 내 마음은 너무 벅차서 어떻게 그것을 전해야 할지를 잘 몰라서 세 시간이나 계속하였다.

10월 20일 토 브리스틀로 돌아왔다. 내가 갔었던 웨일스의 여러 고장을 포함해서 60~70마일이나 되는 넓은 지역이 영국에서 그렇게 아름다운 곳이 있는가 하는 것을 전에는 미처 몰랐었다. 그리고 여기 사는 사람들이 복음을 받아들이기에는 정말 성숙해 있다.

악령들에 대한 경험

10월 23일 화 브래드포드까지 말을 타고 가면서 신생(新生)에 관한 로(Law)의 책을 읽었다. 철학적이고 사변적이며 불안정하다. 뵈메(Böhme)이고 공허하고 허무한 내용이었다!

11시에는 자연과 노예와 양자의 영에 관하여 설교하였는데 약 삼천 명이나 베어필드(Bearfield)에 모였다. 저녁에 돌아오자 킹즈우드에 있는 한 젊은 여인을 다시 한 번 심방하도록 지나칠 만큼 독촉을 받고(사실을 있는 그대로 적나라하게 여기서는 말할 뿐이고 판단은 각자에게 맡길 것이다), 심방을 하였다. 그 여인은 열아홉 살이나 스무 살 쯤 되어 보였는데 글은 쓰지도 읽지도 못하는 것 같아 보였다. 방안에 들어서니까 그 여인은 침상에 누워 있었는데 두세 사람이 그녀를 붙들고 있었다. 그것은 정말 무서운 광경이었다. 고뇌와 공포와 절망이 그 여인의 창백한 얼굴에 나타났는데 그것은 정말 설명을 할 수가 없었다. 그녀의 온몸이 형편없이 뒤틀리는 것을 보면 그야말로 지옥의 개들이 그녀의 마음을 얼마나 심하게 짓씹으며 고통을 주는가를 볼 수 있는 것 같았다. 게다가 날카로운 비명을 간간이 지르는 것은 정말 견디기 어려웠다. 그러나 돌처럼 차가운 그녀의 눈은 이제 울지도 못하였다. 겨우 말을 다시 할 수 있게 되자 그 여인은 이렇게 소리를 쳤다. "나는 저주를 받았어요. 저주를요. 이제 영원히 망하는 거예요! 엿새 전만 해도 여러분이 나를 도와줄 수 있었을 거예요. 하지만 다 지나갔어요. 나는 이제 마귀의 자식입니다. 나는 내 자신을 마귀에게 내어 맡겼어요. 그래요. 이제 나는 마귀의 자식이예요. 나는 마귀를 섬겨야 돼요. 나는 마귀와 함께 지옥으로 가야 돼요. 나는 마귀의 것이예요. 나는 마귀를 섬길 거예요. 그와 함께 지옥으로 가겠어요. 나는 구원을 받을 수가 없어요. 구원을 못 받을 거예요. 나는 저주를 받아 마땅해요. 나는 저주를 받을 거예요. 저주를요!" 그러고 나서 그 여인은 마귀에게 기도를 하기 시작하였다. 그래서 우리는 찬송을 부르기 시작하였다: 주의 팔이여, 도우소서!

그 여인은 곧 깊은 잠에 빠졌다. 그러나 우리가 막 떠나려고 하자 말할 수 없이 격렬하게 다시 시작하였다. "돌같이 차가운 가슴들아 터져라! 나는 너희들에게 경고한다. 터져라, 터져라. 가련하고 돌같이 차가운 가슴들아! 안 터지겠니? 돌같이 차가운 가슴들아 터지지 않으면 무얼 하겠냐? 나는 저주를 받고 너희는 구원을 받을 것이다. 이제 터져라, 터져라. 가련하고 돌같이 차가운 가슴들아! 나는 비록 저주를 받아도 너희들까지는 저주를 받을 필요가 없다." 그러고 나서 그 여인은 천정 구석에다 눈길을 멈추고 이렇게 말했다: "저기 있구나, 야! 저기 있어. 이리와, 착한 마귀야, 이리 와서 나를 데려가라. 내 두뇌를 뽑아내겠다고 했지. 자, 어서 그렇게 해. 나는 네 거야. 나는 네 거가 될 거야. 자, 어서 와서 나를 데려가 줘."

우리는 하나님께 부르짖으며 기도함으로써 그녀의 말을 중단시켰다. 그랬더니 전과 같이 조용히 가라앉았다. 그런데 또 다른 여인 한 사람이 그녀와 똑같이 큰 소리를 지르기 시작하였다. 이때 내 동생이 들어왔는데 시간은 9시쯤 되었다. 우리는 11시가 넘도록 기도를 계속하였는데 드디어 하나님께서 순간적으로 그녀의 영혼을 향하여 말씀을 하시어 평화를 되찾게 하셨다. 첫 번째로 고통을 받던 여인과 그 다음의 여인이 함께 평안해졌다. 그들은 우리와 함께 "원수를 잠잠케 하시는" 하나님을 찬양을 하였다.

10월 27일 토 전에 병이 들었던 사람 때문에 킹즈우드로 다시 와 달라고 사람이 왔다. 그런데 내가 길을 막 떠나자마자 비가 어떻게 억수같이 퍼부었는지 순식간에 온 몸이 흠뻑 젖었다. 바로 그 시간에 (3마일 떨어져 있는) 그 여인이 소리쳤다. "저기 웨슬리가 전속력으로 말을 몰고 온다." 내가 거기 도착했을 때는 몹시 추워서 죽을 것 같았다. 그래서 기도를 하기보다는 잠을 자는 것이 더 좋을 것 같았다. 그런데 그 여자 환자가 갑자기 무시무시하게 음산한 웃음을 터뜨리며 소리쳤다. "힘도 없고 능력도 없구나. 믿음도 없구나. 믿음도 없어. 이 여자는 내거다. 이 여인의 영혼은 내거다. 내가 차지했으니까 놔주지 않겠다."

우리는 하나님께 믿음을 더해 달라고 간구하였다. 그러는 동안에 그 여인의 고통은 점점 더 심해져서 얼른 보기에 그녀의 온 몸이 심한 고통 때문에 산산이 부서질 것 같아 보였다. 그런데 이런 어려움이 단순히 자연발생적인 것이 아니라는 확신을 한 사람이 이렇게 말했다. "내 생각에는 사탄이 지금 멋대로 구는 것 같습니다. 사탄이 여기서 멈출 것 같지는 않습니다." 그러더니 "네가 다른 어떤 영혼을 괴롭히라는 지시를 받았거든 밝히 말해라." 그러자 즉시 대답을 하였다. "L. C와 S. J라는 사람들을 맡았다"(그런데 얼마 떨어진 곳에서 살고 있는 이 두 사람은 그 당시 아주 건강한 상태에 있었다).

우리는 얼른 기도를 다시 시작하였다. 그리고는 이 여인이 평안하고 기쁜 얼굴을 되찾아 맑은 목소리로 말하기 시작할 때까지 기도를 쉬지 않았다. 이때 시간은 6시였다.

10월 28일 주일 나는 브래드포드에 가서 오후 1시에 다시 한 번 설교를 하게 되었다. 비가 억수같이 퍼부었지만 그것 때문에 사람들이 안 보이지는 않았다. 약 만여 명이나 되는 사람들이 모여 왔는데 내가 설교를 할 때 그들은 정말 진지하게 경청을 하였다. 나는 바로 이 엄숙한 말씀을 증거하였다. "그러므로 내가 이제 이 자리에서 엄숙하게 선언하는 것은 어느 누가 어떤 심판을 받든지 나는 책임이 없습니다. 그것은 내가 당신들에게 하나님의 경륜을 내가 아는 대로는 다 전해주었기 때문입니다."

저녁에 돌아와서는 킹즈우드에 있는 J 여사 댁으로 심방을 하였다. 거기에는 S. J 씨와 L. C 씨가 와 있었다. 그런데 약 15분이 지났을까 말까 했는데 L. C 씨가 이상한 고통 속에 빠져들더니 곧 이어서 S. J 씨도 따라서 그랬다. 그 두 사람은 다 온몸에 진동이 어찌나 심했던지 말로는 설명을 할 수가 없었다. 뿐만 아니라 그들의 외치는 소리와 신음소리는 어찌나 무시무시했는지 견딜 수가 없었다. 그런데 그중의 하나가 표현하기 어려운 그런 목소리로 이렇게 말하는 것이었다. "너희의 믿음이 어디 있느냐? 자, 어서 기도나 해라. 나도 같이 하겠다. '하늘에 계신 우리 아버지.'" 우리는 그 충고가 누구에게서 나온 것이든 간에 그것을 받아들이고 온 영혼을 다 바쳐서 하나님께 기도하였다. 그랬더니 L. C의 고통이 더 심해져서 마치 그녀가 죽음의 고통 속에 빠진 것같이 보일 정도였다. 그러나 곧 하나님이 말씀을 하셨고 그 여인은 하나님의 음성을 알았다. 그녀의 몸과 영혼이 함께 치유되었다.

우리는 거의 1시가 되기까지 기도를 계속하였는데 그때서야 비로소 S. J의 목소리도 변하여 하나님께 강렬히 기도하기 시작하였다. 그 여인은 거의 철야를 하면서 이렇게 기도하였다. 아침에 우리는 다시 기도를 시작하였는데 우리가 기도를 하는 동안 그 여인은 계속해서 외쳤다. "내가 타요! 내 속에서 불이 나요! 아, 어떻게 할까? 내 속이 불에 타고 있어요. 견딜 수가 없어요. 주 예수님! 살려주세요!" 아멘, 주 예수여! 당신의 때가 이르렀습니다.

11월 27일 화 나는 D 씨에게 (그의 요청에 따라) 킹즈우드에서 있었던 일과 우리가 현재 거기서 착수하고 있는 일에 관하여 간략하게 글을 써 보냈다. 그 이야기의 내용은 다음과 같다.

"영국 서부에 오래 산 사람 치고 킹즈우드의 광부들에 관하여 이야기를 듣지 않은 사람은 별로 없을 것입니다. 지금도 그렇거니와 처음부터 그 사람들은 하나님을 두려워하거나 사람을 존중하는 것은 고사하고 도대체 하나님에 관한 어떤 일에 대해서도 너무 무지하기 때문에 멸망할 동물과 같이 보이는 사람들이고, 따라서 교훈에 대해서는 조금도 욕망이 없을 뿐더러 그들을 가르칠 가능성도 전혀 없는 그런 사람들입니다.

지난 겨울만 해도 수많은 사람들이 휫필드 목사에게 비꼬아서 이렇게 말했습니다. '그가 이교도를 개종시키려고 한다면 왜 차라리 킹즈우드의 광부들을 찾아가지 않는가?' 봄에 그는 실제로 그렇게 하였습니다. 그리고 공중 예배를 드릴 장소가 없어서 수천 명이 방황할 때 휫필드 목사는 그 사람들이 있는 광야로 찾아나가서 '잃은 양떼를 찾아 구하자' 고 하였습니다. 그가 딴 곳으로 불리어 가게 되면 그들은 '큰 길과 울타리 있는 곳으로 나가서 강제로라도 사람들을 불러 들였습니다.' 그런데 하나님의 은총으로 그들의 노력은 결코 헛되지 않았습니다. 광경은 이미 바뀌었습니다. 일 년 전과 달라서 킹즈우드가 이제는 저주와 불경한 소리 때문에 시끄럽지는 않습니다. 이제는 술 취함과 더러움과 빈둥거리며 오락이나 즐기는 일 따위는 이제는 더 이상 그리 흔하지 않습니다. 이제는 싸움과 다툼과 고함소리와 욕지거리와 분노와 시기 같은 것은 없습니다. 거기에는 사랑과 평화가 있습니다. 이제는 대다수의 사람들이 점잖고 상냥하고 이야기가 잘 통하는 사람들이 되었습니다. 그들은 '큰 소리로 떠들거나 다투지' 않으며 '길거리에서' 는 그들의 목소리를 듣기가 어려울 정도고, 아니 심지어는 그들의 일터에서 조차 그들의 큰 소리를 들을 수 없게 되었습니다. 다만 예외는 그들이 보통 저녁에 한가해질 때 하나님 구세주께 찬양을 드릴 때입니다.

그들의 자녀들도 어떻게 해서 그런 평화가 이루어졌는가를 알게 하기 위하여 킹즈우드에 회관을 건립하자는 제안이 얼마 전에 나왔습니다. 미리 생각할 수 있었던 문제와 또 전혀 예기치 못했던 그런 숱한 어려움을 다 겪으면서도 드디어 지난 6월에 기공식을 하였습니다. 대지는 숲 한가운데에다 정했는데 런던과 바스 중간이며 소위 투 마일 힐이라고 부르는데서 멀지 않습니다. 정확히 말해서 브리스틀에서 약 3 마일 떨어진 곳입니다.

여기서 큰 방 한 개는 교실로 시작되었고, 작은 방 네 개는 그 양편으로 짓는데 교사들과 하나님이 허락하신다면 가난한 어린이들이 기숙을 할 수 있도록 할 것입니다. 집이 완공되어서 시작할 수만 있게 된다면 이미 가르칠 준비가 되어 있는 사람은 두 사람이 있고, 현재로서 집의 형체는 거의 다 끝나갑니다. 그래서 봄이나 이른 여름이면 완공될 것으로 희망하고 있습니다. 비록 교사들이 무보수로 수고하겠다고는 하지만 이런 사업을 한다는 것이 돈이 상당히 많이 드는 것은 사실입니다."

제4장

1740년~1742년

설교와 난동 - 웨슬리의 실직자 구제 사업 - 휫필드와의 논쟁 - 이상한 방해 - 웨슬리 어머니

1740년 1월 3일 목 런던을 떠나 다음 날 저녁에는 옥스퍼드로 갔는데 지난 16~18년 동안 내가 받은 편지들을 살펴보기 위하여 거기서 이틀을 지냈다. 내적인 종교의 흔적은 정말 너무나 적구나! 나와 교신을 한 수많은 사람들 가운데서 (내가 분명히 기억하기로는 그 당시에 어떻게 이해하여야 할지 잘 몰랐다) 하나님께서 "그의 마음속에 사랑을 풍성하게 주셨고" 뿐만 아니라 "지각을 뛰어넘는 평화를 그에게 주셨다"고 선언한 사람은 한 사람밖에 없었다는 것을 발견하였다. 그러나 그가 말한 것을 누가 믿었던가? 내가 이 서글픈 진실을 감추어야 할까 아니면 다른 사람들의 이익을 위해서 공표를 해야 할까? 그는 결국 그의 모임에서 미친 사람으로 낙인 찍혀 쫓겨났고, 그의 친구들은 그를 버렸고, 모든 사람들이 그를 업신여기거나 버렸기 때문에 몇 달 동안을 아무에게도 알려지지 않은 채 어두운 그늘에서 살다가 그의 영혼이 진정으로 사랑하였던 하나님께로 갔다.

1월 21일 월 나는 브리스틀에서 4마일 떨어진 한남 산에서 설교를 하였다. 저녁에는 (심한 서리 때문에) 일자리도 없고 교회에서도 아무런 보조를 받지 못하는 상태에서 극히 가난하게 살아가는 로포드(Lawford) 문 밖에 사는 사람들을 위하여 우리 교회에서 모금을 하였다. 목요일에도 모금을 하였고 일요일에도 다시 모금을 하였는데 그 결과 누구보다도 가장 도움을 필요로 하는 사람들을 하루에 백 명, 어떤 때는 백오십 명씩 식사를 제공할 수 있게 되었다.

설교와 난동

4월 1일 화 (브리스틀에서) 사도행전 23장의 앞부분을 해설하고 있는데(비록

내가 골랐기 때문에 그런 것은 아니었으나 어찌나 놀랍게도 그 상황에 들어맞는 말씀이었는지 모르겠다) 요란한 소리가 일어나기 시작하였다. 어떤 자들인가는 몰라도 며칠 전 밤에도 벨리알의 자식들이 우리를 방해하려고 하였는데 이제는 우리를 반대하는 모든 자들이 합심하여 달려드는 것 같이 보였다. 마당과 좁은 골목은 물론이요 한길도 아래 위 할 것 없이 소리를 치며 저주를 하고 욕설을 퍼부으며 설치는 사람들로 가득 찼다. 그들은 곧장 땅을 삼켜버리기나 할 듯이 맹렬하게 광란을 부렸다. 시장이 해산명령을 내렸으나 그들은 눈 하나 깜짝하지 않고 그것을 무시해 버렸다. 그래서 경찰서장이 직접 나타났는데 그 사람도 그때까지는 우리에게 대하여 좋지 않은 편견을 가지고 있었다. 그런 난동을 부리는 사람들이 경찰서장까지도 지독하게 욕을 하니까 그것 때문에 그가 눈을 제대로 뜨게 된 것 같았다. 드디어 시장은 관리 몇 사람을 보내어 주동자들을 연금하고 모든 사람들이 해산할 때까지 가지 않고 있었다. 진정으로 우리들에게 대하여 시장은 '선한 하나님의 사자(使者)' 가 되었다.

4월 2일 수 난동자들은 법정으로 연행되어 그날로 재판을 받았다. 그 사람들은 나에 관한 여러 가지 이야기를 하면서 스스로 변명을 하기 시작했다. 그러나 시장은 그들의 이야기를 전부 중단시키고 이렇게 말하였다. "웨슬리 목사님이 어떤 분이든 간에 당신들에겐 상관이 없습니다. 평화는 내가 유지할 것입니다. 이 도시에서는 어떤 난동도 허용하지 않을 것입니다."

오후에 뉴게이트에 가니까 사형언도를 받은 불쌍한 죄수 몇 사람이 나와 간절히 이야기하고 싶다고 하는 것을 알았다. 그러나 비처(Beecher) 부시장이 분명한 지시를 해 놓았기 때문에 그들을 만나는 것은 불가능하였다. 그리스도의 심판 자리에서 이 불쌍한 영혼들을 위해 비처 부시장이 대신 답변을 해야 할 것이다.

9월 14일 주일 (런던에서) 저녁에 집에 돌아와서 마차에서 내리자마자 우리 집 문간에 수많은 폭도들이 몰려와서 나를 바짝 에워쌌다. 나는 이런 시간을 오랫동안 고대했던 만큼 기뻐하며 하나님께 영광을 돌렸다. 그래서 즉시 나에게 가까이 있는 사람들에게 '다가올 심판과 의' 에 관하여 말하였다. 처음에는 내 이야기를 듣는 사람이 별로 없어서 우리의 주변은 지독하게 시끄러웠다. 그러자 시간이 지나가면서 사람들이 조용해지기 시작하더니 마침내는 모든 사람들이 조용하게 듣기 시작하였다. 내가 그들을 떠날 때에 그들 모두는 나에게 깊은 사랑을 보여주었고 많은 축복으로 나와 작별하였다.

9월 28일 주일 나는 런던에서 산상설교에 대한 해설을 시작하였다. 오후에는 켄닝턴에 모인 수많은 회중들에게 영혼 속에 있는 하나님의 생명에 관하여 설명하였다. 처음에는 언덕 위에 서 있던 한 사람이 시끄럽게 굴었다. 그러나 나도 잘 모르는 어느 신사가 그에게 다가가서 아무 말도 하지 않고 그의 손을 부드럽게 잡더니 아래로 그를 내려오게 하였다. 그 시간부터 그 사람은 갈 때까지 조용했다.

내가 집에 돌아왔을 때 우리 집 문간에 헤아릴 수 없이 많은 폭도들이 모여 있었다. 그들은 나를 보는 순간 목이 터져라 하고 소리를 쳤다. 나는 내 친구들을 집으로 들어가라고 하고 나서 그들이 있는 한복판으로 걸어 들어가서 이렇게 선언하였다. "주의 이름은 은혜와 자비가 충만합니다. 그분 앞에서 죄악을 회개하십시오." 그들은 서로 쳐다보며 서 있었다. 나는 그들에게 말했다. 이렇게 위대하신 하나님의 얼굴로부터 도망할 수 있는 사람은 아무도 없다. 그러므로 우리 모두 하나님께 부르짖으며 자비를 구하여야 한다. 그러자 그들 모두는 내 이야기를 받아들였다. 나는 그들에게 하나님의 은총이 함께 하시기를 바라고 나서 아무 일 없이 집안에서 기다리고 있는 내 친구에게로 돌아갔다.

9월 30일 화 내가 사도행전 12장을 강해하고 있는데 청년 한 사람이 다른 몇 사람들과 함께 뛰어들더니 욕설과 저주를 지독하게 퍼부었다. 그는 어찌나 주변의 사람들을 방해하였던지 그들이 얼마 있다가는 그 청년을 내어 쫓았다. 나는 이 광경을 지켜보고, 주님께서 그를 얽어맨 쇠사슬을 풀어주시기를 바라며 그 청년을 들어오게 하라고 말을 했다. 설교가 끝나자 그 청년은 들어와서 우리 모두에게 말하기를, 자기는 밀수업자로서 밀수를 하러 가던 길인데 속임수를 쓰려고 했다는 것이다. 그러면서 그는 가지고 있던 큰 가방을 보여주었다. 그러나 이제 그는 하나님을 자기의 주님으로 모시기로 결심하였기 때문에 다시는 밀수를 하지 않아야겠다고 말하는 것이었다.

웨슬리의 실직자 구제 사업

11월 25일 화 (런던에서) 실직을 당한 사람들을 고용하기 위한 방법이 여러 가지 제안되었는데 그 중의 한 방법을 시도해보기로 결정을 내렸다. 우리의 목표는 가능한 한 돈은 조금 들이고 실직자들을 궁핍과 나태로부터 구하려는 것이었다. 이런 목적으로 우리는 극빈자 열두 명과 교사 한 사람이 감리회 방을 쓰게 만들어 주었다. 그래서 봄이 될 때까지 그들은 넉 달 동안 목화를 가지고 물레질을 하며 실을 뽑는 일을 하였다. 결국은 계획대로 된 것이다. 그들은 극히 적은 경비를 들여서 고용을 하였는데 그들의 노력으로 비용은 계속 충당되었다.

11월 28일 금 어느 신사가 나에게 찾아와서 진정한 호의로 권면을 하며 하는 말이 (영국) 교회를 떠나지 말라는 것이었다. 뿐만 아니라 (그의 이야기로는 결국 똑같은 일이기는 하지만) 즉흥적인 기도를 하지 말라는 것이었다. 그러면서 "그것이 기도가 아니라는 것을 입증해 보이겠습니다" 하는 것이었다. "따지고 보면 두 가지 일을 한꺼번에 할 수는 없습니다. 생각하는 일과 기도를 하는 일은 별개의 것입니다. 그러므로 생각과 기도를 한꺼번에 할 수는 없습니다." 그러니 형식을 갖춘 기도는 기도가 아니라는 증명이 똑같은 논리에 의해 나타나는 것이 아닌가? 그러므로 한꺼번에 두 가지 일은 할 수 없다. 읽는 것과 기도하는 것은 별개의 일이다. 그러므로 읽는 일과 기도하는 일을 한꺼번에 할 수는 없는 일이다.

휫필드와의 논쟁

1741년 2월 1일 주일 휫필드 목사가 나에게 보낸 편지가 그의 허락이나 내 허락도 없이 인쇄되어 파운드리(Foundry) 인근 각처에 있는 사람들에게 숱하게 뿌려졌다. 나도 한 장을 구해가지고 (설교가 끝난 후에) 회중들에게 적나라한 사실을 설명한 후에 이렇게 말했다. "휫필드 목사님이 이 자리에 계신다면 그분이 하실 것으로 생각되는 바를 내가 그대로 하겠습니다." 그러고 나서 그들 모두가 보는 앞에서 그것을 찢어버렸다. 그것을 가지고 있던 사람들도 한 사람 빼놓지 않고 똑같이 찢었다. 그래서 잠깐 사이에 그 편지의 사본은 한 장도 남지 않았다.

3월 28일 토 조지아에서 귀국한 후의 휫필드 목사의 행동이 불친절하다는 이야기를 너무 많이 들었기 때문에 어떻게 판단해야 할지를 스스로 알기 위하여 그 자신의 이야기를 들으러 갔다. 나는 그가 솔직하게 이야기하는 습관이 있는 것을 충분히 인정한다. 그런데 그는 나에게 말하기를, 그와 나는 서로 다른 두 가지 복음을 전하였다는 것이었다. 그래서 그는 어디서 설교를 하든지 나와 내 동생에 대하여 비판적으로 설교하기로 작정하였을 뿐 아니라 내가 하는 일에 협력한다든가 친교의 악수도 할 수 없다는 것이었다. (나와 함께 갔던) 홀(Mr. Hall) 씨는 바로 며칠 전에 휫필드 목사가 약속했던 것을 상기시키면서 그의 개인적인 생각이 어떻든지 간에 우리를 반대해서 설교는 하지 않기로 하지 않았느냐고 말했다. 그랬더니 그때의 약속은 단순히 인간적인 약한 마음 때문에 한 것이었지만 지금은 생각이 달라졌다는 것이었다.

4월 6일 월 나는 피터 뵐러와 장시간의 대화를 나누었다. 내가 왜 이 사람들과 함께 일하지 못하고 있는가를 생각하면서 스스로 놀람을 금치 못하였다. 나는 그들을 별로 만나지도 못하지만 내 마음은 속에 타오르고 있었다. 나는 그들과 함께 있기를 그리워하지만 실상은 그들과 떨어져 살고 있는 것이다.

5월 7일 목 나는 감리교 총회에다 다음과 같은 사실을 상기시켰다. 우리의 수많은 형제자매들이 필요한 음식을 먹지 못하고 있으며, 평상복도 없어서 남루하기 짝이 없고, 숱한 사람들이 실직 상태에 있으며, 그것도 그들이 잘못을 저질렀기 때문에 실직을 당한 것은 아니라는 사실과 또 많은 사람들이 병이 나서 죽게 되었다. 그래서 굶주린 자를 먹이고 헐벗은 자를 입히고 가난한 자를 고용하며 병자를 심방할 여력이 내게 있는 한 다했으나 나 혼자의 힘만으로는 제대로 되지도 않거니와 그 숱한 일들에 비해서는 너무나 부족하다는 이야기를 하였다. 그래서 나와 같은 마음을 가지고 있는 사람들은 함께 나서주기를 바랐다:

1. 여벌옷이 있는 사람들은 그것을 가장 필요로 하는 사람들에게 나누어 줄 수 있도록 가져올 것.
2. 매주 돈 백 원 정도나 아니면 능력껏 가난한 자들과 병자들을 위해 돈을 낼 것.

동시에 나는 그들에게 나의 계획을 말하면서 실직한 사람들의 부인들을 당장에 일을 시키는데 우선 편물을 시키는 것이 좋겠다고 하였다.

이들을 위하여 우리는 우선 그들이 하는 일에 대하여 공통적인 노임을 지불하고 그 다음에는 그들의 필요에 따라 더 지불할 것이다.

열두 사람이 임명되어 이들을 감독하고 병자들을 방문하여 그들에게 필요한 것을 공급하도록 한다.

이들은 각자가 맡은 구역에서 하루걸러 환자들을 심방하며 매주 화요일 저녁에 모여 각자가 한 일을 보고하고 앞으로 해야 할 일을 의논한다.

5월 8일 금 나는 내 자신의 혼란을 느꼈으나 기분을 전환시키고 저녁에 설교를 하였다. 그러나 토요일에는 내 체력이 극히 약해져서 여러 시간동안 머리조차도 잘 들 수가 없었다. 10일 일요일에는 거의 온종일을 누워 있을 수밖에 없었다. 그렇게 해야만 조금 편안하였기 때문이었다. 그러나 저녁에는 모든 죄인들은 회개하도록 설교를 하는 동안은 아픈 것이 멎었었으나 다음 순서로 애찬식을 할 때에는 허리와 머리에 통증이 오는 것 외에 열이 계속되는 바람에 내가 막 기도를 시작하려는 순간에는 기침이 너무 심하게 나서 거의 말을 한 마디도 못하였다. 그러나 동시에 "믿는 자들에게는 이런 표적이 따르리니"(막 16:17)라는 말씀이 강력하게 머리에 떠올랐다. 나는 그래서 예수님에게 큰 소리로 "나의 믿음을 더해 주실 것"과 "주님의 은총의 말씀을 굳게 잡게" 해달라고 기도하였다. 내가 말하는 동안에 나의 통증은 사라졌다. 열도 내리고 체력은 회복되었다. 그리고 수 주일 동안 약해진 일도 없고 통증을 느낀 일도 없다. "오, 주여, 당신께 감사를 드립니다."

6월 8일 월 나는 엔필드 체이스(Enfield Chase)에서 출발하여 레스터셔(Leicestershire)로 향하였다. 저녁에는 노샘프턴(Northhampton)에 도착하였고 다음 날 오후에는 레스터에서 5~6마일 떨어져 있는 마크필드(Markfield)의 엘리스(Ellis) 씨 집에 도착하였다.

이틀 동안 나는 그동안 자주 그리고 간절히 하고 싶으면서도 못하였던 일을 시험하였다. 그것은 내 마음이 자연스럽게 내키지 않으면 아무하고도 하나님에 관한 이야기를 하지 않는 것이었다. 이것은 무엇을 뜻하는가? (1) 나는 근 80마일이나 내내 아무하고도 말을 하지 않았다. 처음 출발할 때 몇 마디를 나눈 것을 제외하고는 함께 2인승 마차를 타고 여행하는 사람하고 조차도 말을 하지 않았다. (2) 내가 짊어지거나 취할 십자가가 없었다. 그래서 쉽사리 한두 시간 안에 깊은 잠에 빠졌다. (3) 내가 어디에 가든지 사람들은 나를 교양 있는 훌륭한 신사로 대하면서 나에게 보여준 존경을 받았다. 아, 이 모든 것이 육신과 혈기에는 얼마나 즐거운 일인가! 이러한 상태로 '개종자들'을 만들기 위하여 '땅과 바다를 누비며 다닐' 필요가 있겠는가?

6월 14일 주일 노팅엄까지 말을 타고 가서 8시에는 엄청나게 많은 사람들에게 "죽은 사람들이 하나님의 아들의 음성을 들을 때가 올 것이다. 그리고 듣는 사람은 살 것이다"라는 말씀을 가지고 설교하였다. 훼방하는 사람은 한두 사람밖에 보지 못하였다. 그래서 그들에게 즉시 말했더니 타이르는 대로 서 있었다. 그런데 조금 있더니 다른 사람이 내 등 뒤에서 딴 소리를 하며 불경한 말을 하였다. 내가 그 쪽으로 돌아서자 그는 얼른 기둥 뒤로 숨더니 얼마 안 있다가 사라졌다.

우리는 오후에 마크필드로 돌아왔다. 교회 안이 구석까지 사람들로 가득 차서 너무 숨이 막힐 만큼 더웠기 때문에 도저히 예배를 인도하기가 힘들 정도였다. 그런데 얼마 있다가 교회 안에 들어오지 못한 사람들이 밖에 많이 서 있다는 말을 듣고 그들에게 찾아 나가서 우리 주님이 해주신 큰 약속에 관하여 설교하였다. "내가 그들의 반역을 고치고 기쁘게 그들을 사랑하리니"(호 14:4). 저녁에는 교회에서 "더 많은 것을 용서 받았기 때문에 더 많이 사랑한" 여인에 관하여 설교하였다.

루터의 갈라디아서 주석에 대한 평가

6월 15일 월 런던으로 길을 떠난 후에 도중에 마르틴 루터가 쓴 유명한 갈라디아서 주석을 읽었다. 나는 몹시 부끄러움을 느꼈다. 다른 사람들이 좋다고 해서 그것을 얼마나 내가 높이 평가했던가? 아니면 가끔 그 책에서 인용되는 그 중의 제일 좋은 문장들만 보고 그 책을 그렇게 높이 평가했다니 정말 부끄럽기 짝이 없다! 그러나 이제 내가 스스로 판단하고 내 눈으로 직접 읽은 이 마당에 무엇이라고 말을 해야 할까? 저자가 아무것도 신통한 것을 쓰지 못하였다는 것만 보아도 어려운 문제를 하나도 풀어주지 못할 뿐 아니라 그가 다루고 있는 여러 본문에 관한 글 가운데서 나타나는 것만 보아도 생각이 아주 얕은 것은 물론이고 엉망진창이며 거의 모든 문제에 관하여 혼동을 일으키었다. 뿐만 아니라 그는 신비주의 냄새를 짙게 풍겼으며 그렇기 때문에 위험할 정도로 틀린 이야기를 하고 있다.

7월 10일 금 런던으로 말을 타고 가서 쇼트 가든스(Short's Gardens)에서 "나사렛 예수 그리스도의 이름"(행 3:6)에 관하여 설교하였다. 12일 주일에는 찰스 스퀘어(Charles' Square) 광장에서 "정의를 행하며 인자를 사랑하며 겸손하게 네 하나님과 함께 하는 것"(미 6:8)이 무엇인가를 자세히 설명하고 있는데 큰 소리가 일어났다. 수많은 어중이떠중이들이 소를 끌고 몰려와 몹시도 애를 쓰면서 황소를 회중들 한가운데로 몰아넣으려고 하였다. 그러나 그들의 수고는 허사였다. 그들이 그렇게 애를 썼지만 황소는 이리 왔다 저리 갔다 하면서 겉으로만 빙빙 돌더니 마침내 그들 사이를 뚫고 달아나 버렸다. 결국 우리는 조용하게 모임을 계속할 수 있게 되었다. 우리는 그래서 기쁨으로 하나님께 찬양을 하였다.

7월 25일 토 (옥스퍼드에서) (3년마다 돌아오는) 내 차례가 되어서 옥스퍼드 대학교 앞에 있는 세인트 메리(St. Mary) 교회에서 설교를 하였다. 추수할 것은 정말 많았다. (어떤 동기에서 나왔는지는 모르겠으나) 청중은 대단히 많았다. 그렇게 많은 회중이 모인 것을 옥스퍼드에서는 자주 볼 수 없는 일이다. 내가 택한 설교 본문은 불쌍한 아그립바의 고백이었다. "네가 적은 말로 나를 권하여 그리스도인이 되게 하려 하는도다"(행 26:28). "네 떡을 물 위에 던져라 여러 날 후에 도로 찾으리라"(전 11:1)는 말씀을 기억하고 그들에게 복음을 전했다.

8월 26일 수 (런던에서) 나는 놀랄 만한 이야기를 전해 들었다. 우리의 자매들 가운데 한 사람이 며칠 전에 어떤 신사가 자기 친구들한테 하는 말을 들었는데 그가 이렇게 말하였다는 것이다. 어떤 사람이 찰스 스퀘어 광장에서 웨슬리 목사 면전에서 말하는 것을 들었노라고 자신 있게 말하는 내용이, 제네바를 팔아먹으려고 하였던 죄로 웨슬리 목사가 이미 20파운드의 벌금을 물었다는 것이었다. 뿐만 아니라 웨슬리 목사가 자기 집에다 로마 가톨릭 신부 두 사람을 묵게 하고 있다는 것이었다. 이런 이야기 끝에 또 다른 사람도 비슷한 말을 하게 되었다. 그 사람도 어느 유명한 국교 반대자 선생 집에서 직접 들었다면서, 조금도 의심할 여지 없이 웨슬리 목사가 가난한 사람들을 규합하기 위하여 스페인으로부터 거액의 송금을 이미 받았으며 스페인 사람들이 상륙하는 대로 2만 명의 조직과 함께 그들에게 합세하기로 되어 있다는 것이었다.

10월 1일 목 우리는 웨일스를 향하여 출발하였으나 오전에는 세번(Severn)을 지나가는 길을 잊어버려 해가 진 뒤에야 뉴포트에 도착하였다. 거기에 카디프(Candiff)까지 안내해 줄 사람이 있겠느냐고 물었으나 구할 사람이 없었다. 그런데 얼마 후에 (자신이 말하기를) 카디프에서 2마일 떨어진 작은 마을 라니싼(Lanissan)으로 간다는 소년이 왔다. 그래서 우리는 함께 가기로 결정하였다. 7시에 출발하였다. 비는 몹시 쏟아졌다. 달도 별도 없어서 길도 보이지 않고 우리들 서로의 얼굴도 말 머리도 볼 수 없었다. 그러나 하나님의 약속은 우리를 떠나지 않았다. 하나님은 천사들을 보내어 우리를 지키셨다. 10시가 지나서 우리는 라니싼에 있는 윌리엄 씨 집에 무사히 도착하였다.

10월 2일 금 우리는 폰몬(Fonmon) 성으로 말을 달려갔다. 가서 보니까 조운즈 씨의 딸이 천연두를 앓고 있었는데, 그는 이제 자신이 믿는 하나님의 능력에 자기 딸과 그 밖의 모든 일들을 기꺼이 맡겼다. 저녁에는 크고도 편리한 카디프의 공회당에서 "하나님이 우리에게 영생을 주신 것과 이 생명이 그의 아들 안에 있는 그것"(요일 5:11)에 관하여 설교하였다. 때마침 그곳에는 축제가 벌어지고 있었기 때문에 무절제와 방종에 관하여 몇 마디 덧붙이는 것이 필요하다고 느껴졌다. 그래서 "여러분과 같은 술주정꾼들은 이와 같은 영원한 생명에 참여할 수가 없습니다. 여러분은 죽음 안에 머물고 있습니다" 하니까, 어떤 사람이 소리를 치면서 "내가 그런 사람입니다. 그 방향으로 나는 갑니다" 하고 말하였다. 그러나 내가 분명히 믿기로는 바로 그 순간에 하나님께서는 그 사람과 또 많은 다른 사람들에게 "더 훌륭한 길"을 보여주기 시작하셨다.

11월 22일 주일 (브리스틀에서) (열이 심하게 난 뒤라서) 아직은 교회에 갈 수 없었기 때문에 집에서 성만찬을 하였다. 나는 집에서 더 쉬라는 충고를 받았으나 그럴 필요가 더 없을 것 같이 생각되었다. 그래서 23일 월요일에는 새로 지은 방으로 가서 하나님의 풍성하신 자비에 대하여 감사와 찬양을 드렸다. 그리고 나는 (현기증이나 피곤함도 없이) "내게 주신 모든 은혜를 내가 여호와께 무엇으로 보답할까 내가 구원의 잔을 들고 여호와의 이름을 부르며"(시 116: 12, 13)라는 말씀을 가지고 약 1시간 동안이나 설교하였다. 이 주간에는 하루에 한 번씩 설교를 하였는데 그것 때문에 불편을 느끼지는 않았다. 29일 주일에는 좀더 일을 할 수 있을 듯했다. 그래서 킹즈우드와 브리스틀에서 설교를 하였고, 그 뒤에는 우리 자체의 모임에서 거의 한 시간을 함께 보냈고 약 두 시간 동안 애찬식에 참여하였다. 그러나 아직은 내 몸이 완쾌되지 않았다. 다음 날은 또 한 차례 열이 났다. 그러나 오래 가지는 않았다. 그리고 서서히 체력을 회복하기 시작하였다.

12월 7일 월 나는 "너희는 여호와를 영원히 신뢰하라 주 여호와는 영원한 반석이심이로다"(사 26:4) 라는 말씀을 가지고 설교하였다. 나는 우리가 구원의 대장(The Captain)을 의뢰해야 할 이유를 자세히 설명하고 있는데 방 한가운데 있던 사람이 소리를 쳤다. "요 전날 당신이 교수형을 받을 때는 누가 당신의 대장이었소? 나는 당신의 목이 잘리는 것을 보았다는 사람을 알고 있습니다." 이 묘한 이야기가 사방으로 퍼져서 브리스틀에는 그 이야기를 진짜로 믿는 사람들이 꽤 많은 것 같았다. 나는 사람들이 자리를 좀 비켜 주어서 그가 가까이 오기를 바랐다. 그러나 길이 트인 것을 보더니 그는 전속력으로 달아났는데 한 번도 뒤를 돌아보지 않고 달려 나갔다.

12월 12일 토 저녁에 어떤 사람이 나에게 이야기하고 싶어했다. 내 판단에는 그가 몹시 혼란에 빠져 있었다. 그는 얼마동안 한 마디도 말을 못하더니 마침내 그는 입을 열어 말하기 시작하였다. "사실은 제가 월요일 날 새로 지은 감리회관 방에서 목사님을 방해하였던 사람입니다. 그 뒤로 나는 밤낮 할 것 없이 쉬지도 못하였는데 그렇다고 아직까지는 목사님께 와서 말씀을 드릴 수도 없었습니다. 목사님께서 저를 용서해주시기 바랍니다. 이번 일이 평생을 두고 저에게는 교훈이 될 것입니다."

웨슬리의 청중이 받은 돌 세례

1742년 1월 25일 월 (런던에서) 롱 레인(Long Lane)에서 "죄를 짓는 사람은 악마에게 속해 있습니다"라는 말씀을 설교하고 있었는데 그 말을 듣던 악마의 종들은 정신없이 분노를 터뜨렸다 (전에도 늘 그러기를 바랐듯이 아무도 자리에서 동요되지 않았을 뿐 아니라 아무도 대꾸를 하지 않았다). 어쨌든 그들은 온갖 소리를 다 냈을 뿐 아니라 사람들을 이리저리 심하게 밀치고 때리며 집을 부수기까지 하였다. 끝내 그들은 집에다 대고 큰 돌멩이들을 던지기 시작하였는데 아무데나 마구 떨어졌다. 사람들이 있는 곳에도 부서진 타일 조각들과 함께 돌이 마구 떨어져서 앉아 있던 사람들은 생명의 위협까지 받았다. 그래서 나는 그들에게 이렇게 말하였다. "여러분이 계속해서 이러면 안됩니다. 나는 누구든지 하나님의 법이나 임금의 법을 어기는 사람이 있거든 보고하라는 명령을 치안판사에게서 받았습니다. 그는 이런 일에 있어서는 우리에게 하나님의 사자(使者)입니다. 여러분이 계속해서 여기서 이런다면 나는 보고를 해야 하겠습니다. 그렇지 않으면 결과적으로 나는 여러분과 공범자가 되는 것입니다."

내가 말을 마치자 그들은 전보다 더 격렬해졌다. 그래서 나는 이렇게 말했다. "침착한 분 서너 명이서 제일 극렬한 사람을 붙잡아 고발하십시오. 법대로 다루어야 할 것 같습니다." 그래서 한 사람을 집안으로 붙들어 왔는데 그는 정말 무서울 정도로 저주와 불경한 말을 내어 뱉었다. 나는 5~6명이 그를 데리고 코플랜드 판사(Justice Copeland)에게로 가라고 하였고, 그들이 가서 사실을 있었던 그대로 설명하였다. 판사는 길드포드(Guildford)에서 다음에 열릴 재판을 위해 그를 구속하였다. 그가 집안으로 끌려 들어올 때 보니까 그의 패거리들이 밖에서 큰 소리로 "리처드 스미스(Richard Smith)! 리처드 스미스!" 하고 외쳐댔는데(후에 알고 보니까 그는 그 중에서도 제일 지독한 사람이었다) 리처드 스미스는 아무 대답도 안했다. 그는 저희 패거리들보다 더 높으신 분의 손안에 잡힌 것이다. 하나님이 그의 마음을 치셨다. 뿐만 아니라 입에 담지 못할 말을 뱉어대면서 아무거나 손에 닥치는 대로 집어 던지던 다른 한 명의 여인도 당장에 하나님께서 붙잡으셨다. 그 여인은 리처드 스미스와 함께 들어와서는 우리 모두 앞에서 무릎을 꿇고 그에게 강력히 권고하면서, 다시는 타락하지 말고 하나님께서 그의 영혼에 보내주신 자비를 결코 잊지 말라고 말하였다. 그 뒤로는 하등의 방해나 소란이 롱레인에서는 별로 없었다. 그 사람들이 굴복을 하고 앞으로는 착하게 행동하겠다는 약속을 하였기 때문에 그들이 어려움을 당하지 않도록 우리는 고발을 취하하였다.

1월 26일 화 나는 첼시(Chelsea)에서 사랑으로 표현되는 믿음에 관하여 설교하였다. 방 안으로 처음 들어갈 때 나는 굉장히 쇠약하였는데 '야수 같은 사람들'이 광기와 분노를 더해 갈수록 나는 영육 간에 더욱 힘이 강해졌다. 그래서 사람들이 넘칠 만큼 가득 찼었는데도 아마 내가 말한 것을 한 마디도 못 들은 사람은 거의 없었을 것 같았다. 들불을 놓은 것 때문만이 아니라 그런 비슷한 것들을 계속해서 방안으로 던졌기 때문에 연기가 꽉 차서 사람들은 내 얼굴을 볼 수도 없었고 자기들끼리도 몇 미터 떨어져 있는 사람들은 서로의 얼굴도 볼 수가 없었다. 그러나 불이 일어나는 한가운데서도 하나님을 찬양할 수 있었던 그들이야말로 조금 연기가 있었다고 해서 그것 때문에 겁을 먹을 사람들은 아니었다.

2월 15일 월 많은 사람들이 모여서 어떻게 하는 것이 공채(公債)를 갚을 수 있는 적절한 방법인가를 놓고 의논하였다. 마침내 다음과 같이 합의를 보았다. 1) 가능한 모든 회원은 매주 1페니씩 헌금한다. 2) 온 감리회가 소집단이나 속(한 속에 약 열두 명씩)으로 나누고, 3) 각 속에서 한 사람이 나머지 회원들의 돈을 받아 매주 회계에게로 가져온다.

3월 10일 금 여러 사람들이 심각하게 요청하는 바람에 나는 말을 타고 한 번 더 펜즈퍼드(Pensford)로 갔다. 그들이 나보고 설교를 하라고 한 곳은 마을 가까이 있는 작은 풀밭이었다. 그런데 내가 이야기를 시작하기가 무섭게 한 떼의 폭도들이 황소를 끌고 맹렬하게 우리를 향해 돌진해 오는 것이었다. 그들은 그 황소를 못살게 굴어가지고 사람들 속으로 몰아넣으려고 하였다. 그러나 사실은 짐승이 몰이꾼들보다 더 현명해서 우리를 이리 피하고 저리 피하면서 뛰었다. 그동안에 우리는 거의 한 시간 동안 조용히 찬송을 부르며 기도하였다. 그 불쌍한 사람들은 결국 실패한 것을 알고는, 장시간 개에게 물어뜯기고 사람들에게 두들겨 맞고 해서 지치고 약해진 황소를 저희들의 있는 힘을 다하여 반은 끌고 반은 던지고 해서 사람들 한가운데로 밀어 넣었다.

내가 서 있는 작은 탁자까지 억지로 밀고 들어오더니 그들은 이제는 맥이 쭉 빠진 황소를 거기에다 밀어붙여서 그것을 넘어뜨리려고 온갖 짓을 다 했으나 나무토막 같이 되어버린 황소는 꿈쩍도 하지 않았다. 나는 한두 번 소머리를 붙잡고 옆으로 밀어 놓으려고 하였다. 내 옷에 피가 묻을까봐 걱정도 되었지만 그들이 법석을 떠는 것이 지나면 곧 이어서 이야기를 계속하고 싶었다. 그러나 결국 탁자가 넘어 갔다. 그러자 몇몇 친구들이 나를 붙잡더니 나를 어깨에 태우고 자리를 피하였다. 그러는 동안에 폭도들은 탁자에다 분풀이를 하면서 그것을 산산조각내었다. 우리는 약간 떨어진 곳으로 자리를 옮겨서 잡음도 방해도 없는 상태에서 내 이야기를 마쳤다.

3월 21일 주일 저녁에는 마시필드(Marshfield)로 말을 타고 갔고, 화요일에는 오후에 런던으로 갔다. 24일 수요일에는 와핑에 있는 프랑스인 교회에서 마지막으로 "너희가 내 말에 거하면 참으로 내 제자가 되고"(요 8:31)라는 말씀을 가지고 설교하였다.

감리교 속회(屬會)의 기원

3월 25일 목 나는 진지하면서도 예민한 몇 사람을 지정하여 함께 회의를 하면서 내가 목회자로서 돌보아주기를 바라는 사람들이 누구인지 알기가 어려운 일이라는 것 뿐 아니라 그것 때문에 오랫동안 내가 고심을 하고 있다고 설명하였다. 그랬더니 장시간의 이야기 끝에 그들의 의견을 합친 것은, 각자를 확실하게 완전히 안다는 것은 어려우니까 브리스틀에서와 마찬가지로 그들을 속(屬)으로 나누어 내가 가장 믿을 수 있는 사람들로 하여금 그들을 돌보게 하는 길밖에는 더 좋은 방도가 없다는 것이었다. 이것이 런던에서는 감리교 속회의 기원(起源)이다. 여기에 대해서 내가 하나님께 무어라 감사를 드려야 할지! 이 제도가 말할 수 없이 유용하다고 하는 것은 그 뒤로 시간이 갈수록 더욱 명백해졌다.

4월 9일 금 런던에서 첫 번째 철야 기도회를 가졌다. 우리는 이 엄숙한 예배를 위하여 보름달을 전후하여 제일 가까운 금요일을 택한다. 왜냐하면 먼데 사는 사람들이 집으로 돌아가는 길이 조금이라도 환하기를 바랐기 때문이다. 예배는 밤 8시 30분에 시작하여 자정이 조금 지날 때까지 계속한다. 이와 같은 시간을 통하여 우리는 흔히 독특한 축복을 받는다. 어느 면에서는 밤의 적막 때문에 회중들에게 일반적으로 경외감이 있었고, 특히 다음과 같은 찬송으로 끝을 내기 때문에 더욱 그랬는지도 모르겠다:

들어라 장엄한 소리
한밤이 외치는 소리를 !
기다리는 영혼들아 기뻐하라.
신랑이 가까이 다가온다.

5월 9일 주일 찰스 스퀘어 광장에서 설교를 하였는데 거기에 그렇게 많던 회중이 모인 것은 일찍이 보지 못하였던 일이다. 수많은 야비한 사람들이 무척이나 방해를 하고 싶어하였으나 시간이 얼마 지나면서 그들 자신이 그것은 헛수고라는 것을 알았다. 누구보다도 진지했던 어떤 사람은 (그녀 자신이 나중에 고백하였지만) 그 사람들에 대하여 지나칠 만큼 화가 나 있었다. 그러나 그 여인은 금방 책망을 받았다. 돌멩이 하나가 날아와서 그녀의 이마에 불이 튀게 하고는 그녀를 땅 바닥에 쓰러뜨렸던 것이다. 바로 그 순간에 그녀의 화는 끝이 나고 사랑만이 그녀의 마음을 가득 채웠다.

5월 12일 수 휫필드 목사와 함께 캔터베리의 대주교를 찾아갔다. 금요일에도 다시 갔다. 그리고 런던의 주교도 찾아갔다. 우리가 통치자들 앞에 서도록 소환된다 하더라도 우리는 부끄러움을 당해서는 안 된다고 믿는다.

5월 17일 월 오늘 아침에 브리스틀로 떠나려고 했으나 뜻밖의 일로 가지 못하였다. 오후에는 레스터셔에서 온 편지를 받았는데 한 삶의 영혼이 영원한 세계로 가기 직전에 있으니까 지체 말고 와서 마지막 임종에서 작별을 하라는 독촉이었다. 20일 목요일에야 길을 떠났다. 다음 날 오후에는 뉴포트-파그넬(Newport-Pagnel)에 잠시 멈추었다가 다시 떠났는데 얼마쯤 가다가 어떤 진지한 사람을 만나 금방 대화를 하기 시작하였다. 그는 곧 자기 생각이 어떤 것인가를 알게 해주었다. 그러므로 나는 그의 생각과 반대되는 이야기는 한 마디도 안했다. 그러나 그는 그것으로 만족하지를 않았다. 그는 내가 자기가 가지고 있는 신앙이나 교리를 똑같이 가지고 있는지를 알고 싶어서 초조해하였다. 그래서 나는 거듭 말하면서 "잘못하면 서로 화를 내게 될지 모르니까 일상적인 이야기나 하는 것이 좋겠습니다"라고 하였다. 그래서 우리는 한 2마일 정도까지는 그렇게 하였다. 그런데 불시에 그가 공격하는 바람에 나도 모르는 사이에 논쟁에 말려들었다. 그러나 그는 점점 열을 올리면서 말하기를, 나는 심령이 썩었을 뿐 아니라 필경은 존 웨슬리의 추종자 가운데 한 사람일 것이라고 하였다. 그래서 나는 그를 보고 이렇게 말했다. "아니오, 내 자신이 웨슬리입니다." 이 말을 듣자 곧장 나에게서 도망치려고 하였다. 그러나 우리 둘 중에 내가 말을 더 잘 탔기 때문에 나는 그의 곁으로 바짝 다가가서 우리가 노샘프턴의 시가에 들어설 때까지 그의 마음속에 품고 있는 것이 무엇인가를 밝히 보여주려고 애를 썼다.

5월 27일 목 6시쯤 뉴캐슬에 도착하여 잠시 기분을 전환시킨 다음 마을로 들어갔다. 그런데 어린이들의 입에서조차 저주와 욕설이 그렇게 흔하게 쏟아져 나오고 술 취한 사람들이 즐비한 것을 보고 정말 놀랐다. 내 기억으로는 그렇게 짧은 시간에 그렇게 많이 보고 들은 일이 일찍이 없었다. 진정으로 이 고장이야말로

"의인을 부르러 온 것이 아니라 죄인을 불러 회개하게" 이 세상에 오신 분에게 꼭 알맞도록 성숙된 곳이다.

5월 30일 주일 7시에 그 고장에서 가장 가난하고 보잘것없는 샌드게이트(Sandgate)로 내려갔다. 그 거리 입구에 서서 나는 존 테일러와 함께 시편 100편을 노래했다. 처음에는 서너 명이 무슨 일인가 나와 보더니 순식간에 사람들은 사오백 명으로 불어났다. 내가 설교를 마칠 때쯤 해서는 청중이 1200명에서 1500명으로 늘은 것 같았다. 나는 그들에게 "그가 찔림은 우리의 허물 때문이요 그가 상함은 우리의 죄악 때문이라 그가 징계를 받으므로 우리는 평화를 누리고 그가 채찍에 맞으므로 우리는 나음을 받았도다"(사 53:5)라는 엄숙한 말씀을 가지고 설교하였다.

내가 말을 마치고 보니까 사람들이 모두 대단히 놀라서 입을 딱 벌리고 나를 응시하고 있었다. 그래서 나는 그들에게 이렇게 말했다. "여러분이 내가 누구인지 알고 싶다면, 내가 바로 존 웨슬리입니다. 하나님께서 도우시면 나는 저녁 5시에 다시 여기에 와서 설교를 할 생각입니다."

5시에는 내가 설교를 하려고 생각했던 언덕이 꼭대기부터 아래까지 사람들로 꽉 덮었다. 무어필즈나 켄닝턴 콤몬이나를 막론하고 한꺼번에 그렇게 많이 모인 사람들은 본 일이 없었다. 비록 내 목소리가 크고 맑기는 해도 그들의 반은 내 이야기를 듣기가 불가능하다는 것을 알았다. 게다가 그들이 언덕을 꽉 메우고 있었기 때문에 나는 그들 모두를 한 눈에 볼 수 있도록 섰다. 그들 앞에서 증거한 말씀은 "내가 저희의 패역을 고치고 즐거이 저희를 사랑하리니"(호 14:4)라는 말씀이었다. 설교가 끝난 다음에 그 불쌍한 사람들은 순수한 사랑과 친절 때문에 나를 발로 밟을 정도로 모여들었다. 그래서 간신히 그들이 조여드는 틈을 피해 빠져나와서 오던 길과는 다른 쪽으로 왔다. 그런데 여관에 와보니 이미 여러 사람이 와 있었는데 그들은 나를 붙잡고 최소한 며칠이나 아니면 단 하루만이라도 더 묵었다가라고 지독하게 졸라댔다. 그러나 나는 응할 수가 없었다. 왜냐하면 하나님이 도우시면 화요일 밤에는 버스탈(Birstal)에 가기로 이미 약속을 하였기 때문이다.

아버지의 묘비 앞에서 설교한 웨슬리

6월 5일 토 내가 엡워스(Epworth)에 왔던 것이 벌써 여러 해 전이기 때문에 나를 아는 체하는 것을 부끄럽게 생각하지 않을 사람이 있을지 없을지 몰라서 일단 동네 한복판의 여관으로 갔다. 그런데 옛날 우리 아버지의 하녀였던 사람이 두세 사람의 다른 가난한 부인들과 함께 있다가 나를 곧 알아봤다. 나는 그 여인에게 물어보았다. "엡워스에 있는 사람 가운데 누가 진정으로 구원을 얻으려고 하는 사람이 있는지 압니까?" 그 여인은 대답했다. "바로 접니다. 정말이에요. 저는 믿음으로 구원을 얻는다는 것을 압니다." 나는 물었다. "그렇다면 당신 마음에 하나님의 평화가 있습니까? 하나님이 당신의 모든 죄를 용서해 주셨다는 것을 압니까?" 그 여인은 답변하였다. "잘 알고 있습니다. 하나님께 감사할 일이지요. 여기에는 저와 똑같은 말을 할 수 있는 사람이 많이 있습니다."

6월 6일 주일 예배가 시작되기 조금 전에 부목사(curate) 롬리(Romley) 씨에게 가서 내가 설교나 기도로 그를 돕겠다고 하였다. 그러나 그는 내가 돕겠다는 것을 달갑게 받아들이지 않았다. 그런데 소문은 내가 설교를 하게 되어 있다고 퍼져서 오후에 교회는 대단히 가득 찼다. 그러나 "성령을 소멸하지 말며"(살전 5:19)라는 설교는 듣는 이들의 기대에 잘 맞지 않았다. 롬리 씨는 성령의 불을 끄는 가장 위험한 길은 광신주의라고 말하면서 광신주의자의 특성을 아주 굉장히 웅변조로 설명하였다. 설교가 끝난 후에 존 테일러는 교회 마당에 서서 밖으로 나오는 사람들에게 광고를 하였다. "웨슬리 목사님은 교회에서 설교하지 못하도록 되어서 6시에 여기서 설교하실 것입니다."

6시에 가서 보니까 굉장히 많은 회중이 모여 있었는데 아마 엡워스에 그렇게 많은 회중이 모였던 일은 없었을 것이다. 나는 교회 동쪽 끝에 있는 묘비 앞에서 이렇게 외쳤다. "하나님의 나라는 먹는 것과 마시는 것이 아니요 오직 성령 안에 있는 의와 평강과 희락이라"(롬 14:17).

6월 9일 수 말을 타고 옆 마을로 치안판사 한 사람과, 또 솔직하고 이해심이 많은 한 사람을 만나러 갔다. 그런데 (알고 보니까) 그들의 화난 이웃사람들이 새로운 이단자들을 한 마차 가득 실어다 그들 앞에 내려놓았다. 그런데 판사가 그것이 무슨 짓이냐고 묻자 아무도 대답을 하지 않았다. 그 일을 저지른 주동자들은 그런 질문에 답변할 것 같은 문제는 생각도 못했었던 것이다. 드디어 한 사람이 말을 하였다. "아니, 저 사람들이 말입니다. 저 사람들이 다른 사람들보다 더 잘난 체를 하지 않겠어요. 그뿐이 아닙니다. 저 사람들은 아침부터 밤까지 기도를 합니다요." S 씨가 물었다. "그런 것 말고는 아무것도 안 했지요?" "아닙니다. 또 있습니다. 판사님과 같이 예배를 드리는 사람들이 아닙니다. 저 자들이 제 아내를 회심시켰어요. 저 자들 틈에 끼기까지는 제 아내가 굉장히 잔소리가 많았습니다. 그런데 지금은 조용하기가 꼭 어린 양 같습니다" 하고 어느 노인이 대답하였다. 그랬더니 판사가 하는 말이 "저 사람들을 돌려보내요. 어서 돌려보내세요. 그래서 이 마을에 있는 모든 잔소리꾼들을 회심시키게 하시오" 하는 것이었다.

6월 12일 토 나는 율법의 의(義)와 믿음의 의에 관하여 설교하였다. 내가 말을 하고 있는 동안에 여러 사람이 죽은 것 같이 쓰러졌으며, 나머지 사람들 사이에서는 믿음의 의를 위하여 탄식하는 죄인들의 울부짖는 소리가 들려왔는데, 그 소리 때문에 내 목소리는 거의 눌려서 들리지가 않을 정도였다. 그러나 그들 중에서 많은 사람들이 곧 머리를 쳐들고 기쁨이 가득 차서 감사를 드렸다. 그들은 영혼의 소원 곧 죄의 용서를 확신하게 되었던 것이다.

내가 보니까 아무 종교도 믿지 않는 것 같이 두드러지게 보이는 신사 한 사람이 있었다. 이야기를 들어보니까 그는 삼십여 년 동안 공중 예배에는 참석해 본 일이 없는 사람이었다. 동상과도 같이 꼼짝 않고 서 있는 것을 보고 나는 느닷없이 그에게 질문은 던졌다. "선생님, 당신은 죄인입니까?" 무겁고 갈라진 목소리로 그는 대답하였다. "죄인이 되고도 남습니다." 그러고 나서 계속 위를 향하여 바라보고 있었다. 그때 그의 부인과 한두 명의 하인이 와서 그를 마차에 태우고 집으로 갔다.

6월 13일 주일 7시에 핵시(Haxey)에서 "내가 어떻게 하여야 구원을 얻겠습니까?"라는 말씀을 가지고 설교하였다. 그러고 나서 루트(Wroote)로 갔는데 (Epworth와 마찬가지로) 이곳은 우리 아버지가 다년간 목회를 하시던 곳이었다. 화이트램(Whitelamb) 씨가 교회를 내어주어서 오전에는 "구하라, 그러면 주실 것이오"라는 말씀을 가지고 설교하였고, 오후에는 율법의 의와 믿음의 의가 지닌 차이에 관하여 설교하였다. 그러나 온 사람들이 교회 안으로 다 들어올 수가 없었다. 그중에는 멀리서 온 사람들도 많았는데 헛걸음을 하지 않았기를 바랄 뿐이다.

(다음 날 아침에는 길을 떠날 계획이었으므로) 엡워스 교회 마당에서 마지막으

로 6시에 설교하였다. 각처에서 대단히 많은 사람들이 몰려 왔는데 그들에게 주님의 산상설교의 첫 부분에 관하여 설교하였다. 그들 사이에서 나는 근 세 시간이나 계속하였다. 그런데도 우리는 떠날 줄을 몰랐다. 아무도 결과가 즉시 나타나지 않는다고 해서 그가 하는 사랑의 노력이 허사가 된다고는 생각하지 말 것이다! 우리 아버지는 바로 이곳에서 거의 40여 년 동안 수고를 하셨으나 그분의 노력의 결과는 별로 못 보셨다. 나도 이 사람들 사이에서 고통을 겪었고 나의 힘도 헛되이 쓰여진 것 같이 보였다. 그러나 그 결과가 나타났다. 이 마을에 전에는 우리 아버지나 내가 어떤 사람들 때문에 고통을 겪었다고 할 만한 사람들이 거의 없는 것 같더니, 이제 와서는 오래 전에 뿌린 씨앗이 싹이 나고 죄의 용서와 회개의 열매를 맺었다.

웨슬리 어머니의 서거

7월 18일 주일 저녁에 나는 브리스틀을 떠나 화요일에는 런던에 도착하였다. 우리 어머니가 영원히 문턱에서 헤매시는 것을 알게 되었다. 그러나 어머니는 아무런 의심이나 두려움도 없으시고 하나님께서 부르시기만 하면 '세상을 떠나서 그리스도와 함께' 계실 소원밖에는 없으셨다.

7월 23일 금 오후 3 시쯤에 어머니께 갔는데 어머니의 변화가 가까운 것을 알았다. 나는 어머니의 침대 옆에 앉았다. 어머니는 마지막 고통을 겪으시는 것 같았다. 말씀도 못하셨으나 정신은 아주 맑으셨다. 우리가 어머니의 영혼을 하나님께 부탁드릴 때 어머니의 표정은 고요하고 평온하였으며 눈은 위를 향해 뜨고 계셨다. 3시에서 4시 사이에 (생명의) 은 줄(전 12:6—역주)은 느슨해지고 운명의 끝이 다가왔다. 그러나 아무런 몸부림도 한숨도 신음도 없이 마침내 영혼은 해방되었다. 우리는 침대에 둘러서서 말씀을 못하시게 되기 조금 전에 하셨던 마지막 부탁대로 하였다. "얘들아, 내가 떠나거든 즉시 하나님께 찬미의 시를 노래해라."

8월 1일 주일 헤아릴 수 없이 많은 사람들이 모였다. 오후 5시경에 어머니의 시신을 조상들과 함께 주무시도록 땅 속에 모셨다. 그 후에 나는 이런 성경 말씀에 의거하여 설교하였다. "내가 크고 흰 보좌와 그 위에 앉으신 자를 보니 땅과 하늘이 그 앞에서 피하여 간데 없더라 또 내가 보니 죽은 자들이 큰 자나 작은 자나 그

보좌 앞에 서 있는데 책들이 펴 있고 또 다른 책이 펴졌으니 곧 생명책이라 죽은 자들이 자기 행위를 따라 책들에 기록된 대로 심판을 받으니"(계 20:11,12). 이 장례식은 내가 이제까지 본 것 중에 가장 엄숙하고 장엄한 모임이었으며 이 세상에서 영원히 그렇게 장엄한 모임을 보리라고 기대할 수도 없을 것만 같았다.

우리는 어머니의 묘 앞에 평범한 돌을 하나 세우고 거기에 다음과 같은 말을 새겨 넣었다:

사무엘 앤즐리 박사의
막내딸이며
마지막까지 살아 있던
딸 스잔나 웨슬리 여사가
여기에 잠들다

부활의 확실한 희망과
천국에 마련된 집을 믿으며
여기 한 여신도의 육체가 잠들어
십자가는 면류관으로 바뀌었네

참된 고난의 딸이
고통과 참혹을 안고
고뇌와 눈물의 긴긴 밤을 통곡했네
칠십 평생의 마지막 긴 밤에

하늘 아버지는 아들을 계시하셨다.
떼어 놓은 떡으로 나타난 아들,
여신도는 알았다. 모든 죄의 용서를.
그리고 발견하였다. 천국의 진실을.

하늘의 사귐으로 만나
부르는 소리를 들었다.

"일어나라 내 딸아!"
"이제 갑니다!" 이 딸의 운명하는 표정은 대답했다.
이 딸은 주님과 똑같이 어린 양처럼 돌아가셨다.

나는 어머니께서 (자신의 아버지와 할아버지와 남편과 그리고 세 아들만큼이나) 그 나름대로 의(義)의 설교자였다는 것을 더 자세히 살펴볼 수밖에 없다. 이것은 이미 오래 전에 아버지에게 보내진 편지에서 안 사실인데 그 일부를 여기에 덧붙이면 다음과 같다.

"나는 한 사람의 여자인 것 같이 동시에 대가족의 주부이기도 합니다. 그리고 비록 그 대가족에 속한 모든 영혼들을 돌보는 더 큰 책임이 당신 어깨에 지워진 것은 사실이지만 당신이 안 계실 때는 땅과 하늘에 있는 모든 가족들의 주님이신 예수 그리스도께서 나에게 맡겨주신 은사를 힘입어 당신이 나에게 맡기시는 각자의 영혼을 내가 돌볼 수밖에 없습니다. 만약 내게 주신 이와 같은 은사를 향상시키는 일을 게을리 하고 그리스도와 당신에게 불충실하다면 주께서 내게 맡기셨던 청지기 직분에 대하여 계산을 하라고 명령하실 때 내가 어떻게 대답하겠습니까?

이런 일들 뿐만 아니라 이와 비슷한 다른 생각들 때문에 우리 자녀들과 하인들의 영혼을 처음에는 보통으로 돌보게 되었습니다. 결국 우리가 믿는 종교를 안다고 하면 주의 날을 엄수해야 할 것입니다. 그러나 단순히 주일날 교회에 가는 것만으로 다 되는 것이 아니라 주간 중에도 틈틈이 경건과 기도의 행위로써 시간을 보내는 것이 의무라고 생각되며, 이렇게 해야만 주의 날을 만들어 놓은 목적을 충실히 이루는 것이라 생각됩니다. 그래서 나는 매일 얼마큼씩 시간을 내어 가족들에게 성경을 가르치고 기도를 하였습니다. 결국 이렇게 시간을 보내는 것이 나 혼자서 기도하며 경건한 시간을 보내는 것보다 훨씬 더 하나님께서 기뻐 받으셨을 것이라고 생각했습니다.

이것이 현재 내가 실천하고 있는 것의 시초였습니다. 다른 사람들이 와서 함께 자리를 같이 한 것은 단순히 우연한 일이었습니다. 그런데 한 소년이 이런 이야기를 저희 부모에게 하였더니 처음에는 그들이 참석하기를 바랐고, 그 다음에는 그 이야기를 들은 다른 사람들이 또 가입시켜 달라고 하더니 약 30여명으로 늘어났고, 지난 겨울에는 가끔 40여명이 되기도 하였습니다.

그러나 당신이 떠나가신 직후에 나는 덴마크 선교사들의 이야기를 생각하기 시작하였습니다. 나는 다른 어떤 것으로도 그렇게 큰 영향을 받았던 기억은 없습니다. 하나님께서 그들을 그토록 감화하셔서 하나님의 영광을 위한 대단한 열정을 가지고 살도록 만드신 하나님의 선하심을 찬미하고 감사하는 생각으로 그날 저녁 시간을 지낼 수밖에 없었습니다. 여러 날 동안 나는 그 밖에 다른 일에 관해서는 별로 생각도 말도 할 수가 없었습니다. 드디어 내 머릿속에 이런 생각이 들었습니다. 내가 비록 남자도 아니고 목사도 아니지만 내 마음을 진실하게 하나님께 바치고 그분의 영광을 위해 살려는 진정한 열정으로 가득 찬다면 내가 현재 하고 있는 것보다는 더 많은 일을 할 수 있을 것입니다. 내가 그들을 위하여 더 많이 기도할 수 있을 것 같았고, 내가 대화를 나누는 사람들에게 더 따뜻한 애정을 가지고 말할 수 있을 것 같았습니다. 나는 우선 우리 집 아이들에게 이런 일을 시작하기로 작정하였습니다. 방법은 다음과 같이 했습니다. 매일 저녁에 시간을 내어서 아이들하고 하루에 한 명씩 따로 데리고 이야기를 나눕니다. 월요일에는 몰리(Molly)하고 이야기를 나누고, 화요일에는 헤티(Hetty), 수요일에는 낸시(Nancy), 목요일에는 재키(Jacky), 금요일에는 패티(Patty), 토요일에는 찰스(Charles), 그리고 일요일에는 에밀리(Emily)와 수키(Suky)와 함께 이야기합니다.

그때 나를 찾아오는 몇 명 안 되는 이웃 사람들과 나는 기꺼이 애정을 가지고 대화를 나누었습니다. 나는 우리에게 있는 가장 감동적이고 훌륭한 설교를 택하였습니다. 나는 내가 하는 일의 성공 여부에는 크게 마음을 쓰지 않고 다만 그와 같은 일을 하는데 좀 더 많은 시간을 보냈습니다. 이렇게 설교를 하면서부터는 누구든지 참석하겠다는 사람은 막지를 않았기 때문에 매일 밤 사람들은 늘었습니다.

지난 주일에는 아마 이백 명도 넘게 왔었던 것 같습니다. 그렇지만 설 자리조차 없어서 그냥 돌아간 사람들도 상당히 많았습니다.

우리의 모임에서는 이 세상에 대한 모든 관심은 일단 뽑아버립니다. 그런 문제에 대한 이야기를 우리의 기도와 찬미를 부르는 일과 혼합을 시키려는 사람은 아무도 없습니다. 주일날 할 일만을 최선을 다해서 하고, 그것이 끝나면 모두가 집으로 돌아갑니다.

당신의 아내인 내가 사람들을 교회로 이끌고 그들에게 기도를 해주고, 다른 여러 가지에 대해서 설득을 해주며, 그들이 주의 날을 욕되게 하지 않도록 하느라고 노력을 하는데도 사람들이 왜 당신 생각을 하는지 그 이유를 생각할 수가 없습니다. 나로서는 이런 일을 내가 하는 것을 비판하는 사람들은 대수롭지 않게 봅니다. 내가 세상과 손을 잡았던 것은 이미 옛날의 일입니다. 내가 진심으로 바라는 것은 세상이 나를 모략할 만한 이유를 내가 만들지 않기를 바랄 뿐입니다.

특별히 그렇게 보인다면, 어쩔 수 없이 나도 인정할 도리밖에 없습니다. 심각한 일은 거의 어떤 것이나 그런 것 같습니다. 특히 하나님의 영광을 드러내는 일이나 영혼들을 구원하는 일에 있어서는 더욱 그렇습니다.

다른 사람이 대신 기도회를 인도하도록 하는 것이 어떻겠느냐고 당신이 제안을 하십니다만, 정말 안타깝습니다. 이 사람들이 어떤 사람들인지를 생각하시지 않는군요. 이 사람들 중에 누가 설교문을 제대로 읽을 사람이 있습니까? 그것을 옳게 읽어낼 사람은 한 사람도 없습니다. 우리 가족 가운데서도 그렇게 많은 사람들이 모인 데서 그들이 다 들을 만한 큰 소리를 지닌 사람이 없습니다.

그런데 내가 몹시 불만스러운 것이 하나 있습니다. 그것은 다름 아니라 그들이 가정 기도회에 참석하는 것입니다. 나는 그렇게 많은 사람들이 참석한다고 하는 단순한 이유 때문에 내가 걱정하고 있는 것을 말하는 것은 아닙니다. 위대하시고 거룩하신 하나님을 향하여 말할 특권을 갖는 사람이면 누구를 막론하고 온 세상 앞에서 말하는데 부끄러움을 느껴야 할 하등의 필요가 없기 때문입니다. 특히 내가 여성이라는 것 때문에 그럴 필요는 더욱 없는 것 아니겠습니까? 그러나 내가 사람들을 대표해서 하나님께 기도하는 것이 합당한 것인가를 의심하지 않을 수 없게 되었습니다. 지난 주일에도 나는 기도를 하기 전에 부득이 사람들을 보내려고 하였습니다. 그러나 사람들이 계속 남아 있도록 해달라고 간청을 하는 것이었습니다. 그래서 나는 감히 거절을 할 수가 없었습니다."

1711(~12)년 2월 6일

웨슬리 형제들의 성장과 가정교육

우리 어머니와 같이 대가족의 살림을 맡은 사람에게 도움이 될 것 같아서 내가 수년 전에 받았던 편지 하나를 여기에 덧붙이지 않으면 안되겠다.

사랑하는 아들에게

"네가 원하는 대로 내가 가정교육을 하는 데 지켰던 원칙들을 생각나는 대로 모아서 여기 보낸다. (네 생각에 이것이 누구에게라도 소용이 닿는다면) 네가 원하는 대로 처리하기를 바란다.

아이들은 나면서부터 그들이 할 수 있는 모든 일에 있어서 규칙적인 생활을 하도록 하였다. 예를 들면, 옷을 입는 것과 갈아입는 것, 그리고 내복을 갈아입는 것 등이 그렇다. 밤에는 우선 잠을 잘 재운다. 그러고 나서는 할 수 있으면 깨운 채로 요람에 뉘어 놓고 흔들어 주어서 잠을 자게 만든다. 잠이 깰 시간이 될 때까지 계속해서 요람을 흔들어 준다. 이렇게 해서 아이들은 규칙적으로 잠을 자는 습관을 키우게 되는데 처음에는 오전 오후에 각각 3시간씩 자게하고, 그 후에는 2시간씩, 그리고 차차 그렇게 재울 필요가 없을 때까지 계속 줄인다.

한 살쯤 되면(어떤 경우에는 그전에) 회초리를 무서워하고 울 때는 소리를 죽이고 울도록 가르친다. 이렇게 해서 자칫하면 야단맞느라고 볼 일 못 보게 될 위험을 미리 피할 수 있다. 뿐만 아니라 집안에서 밉살스럽게 우는 아이의 울음소리는 거의 들리지 않게 되었고, 그래서 집 안에는 어린 아이가 하나도 없는 것 같이 아주 조용하게 살았다.

아이들이 자라서 제법 몸이 튼튼해지면 하루에 세끼 식사만 하게 만들었다. 식사 시간이 되면 아이들의 작은 식탁을 어른들 식탁 옆에 붙여 놓고, 어른들이 지켜보는 옆에서 식사하게 하였다. 그래서 저희들끼리 먹고, 마시고 싶은 대로 하게 하였지만 다른 것을 더 찾는 것은 허락하지 않았다. 혹시 아이들이 무엇을 원하는 것이 있으면 옆에서 보아주는 식모에게 조그만 소리로 말을 한다. 그러면 식모는 나에게 와서 묻는다. 아이들이 나이프와 포크를 쓸 줄 알게 되면 그 때에는 어른들 식탁에 같이 앉아서 먹게 한다.

아이들이 결코 저희들이 먹고 싶은 대로 식사를 골라 먹게 하지는 않았고 온 가족이 먹도록 해주는 음식만을 같이 먹게 하였다.

아침에는 항상 부드러운 식사를 하였고 때로는 밤에도 유동식(流動食)을 하였다. 그러나 무엇을 먹든지 식사 때는 한 가지만 먹게 하였고 그것으로 배를 채우게 하였다. 병이 났을 때가 아니고는 절대로 간식은 허용되지 않았다. 물론 아이들이 그렇게 병을 자주 앓지도 않았다. 뿐만 아니라 식사를 하는 도중에 누구라도 주방에 들어가서 식모에게 무엇을 달라고 한다든가 하는 일은 허용되지 않았다. 어쩌다가 그렇게 한 것을 알면 그 아이는 틀림없이 매를 맞았고 식모도 몹시 꾸중을 들었다.

6시에 가정예배가 끝나면 저녁 식사를 하였고, 7시에는 식모가 제일 작은 아이로부터 시작해서 한 명씩 씻겨서 옷을 갈아입힌 다음 8시가 되면 모두 잠자리에 들게 하였다. 식모는 아이들이 각기 여러 방에 들어가 눕도록 하기만 하면 되었다. 우리 집에서는 아이들이 잠이 들 때까지 누가 곁에 서 있는다든가 하는 일은 결코 허락하지를 않았다.

아이들은 항상 해주는 음식만 먹도록 훈련이 되어 있었기 때문에 혹시 아이들 중에서 누가 병이 나더라도 별로 먹기 좋지 않은 약을 먹이는 데 큰 곤란을 겪지 않아도 되었다. 어떤 아이는 때로 약을 집어던지는 경우도 없지는 않았으나 대부분의 경우 감히 약을 안 먹겠다고 한 일은 별로 없었다. 내가 이런 이야기를 하는 이유는 누구라도 속에서 별로 받아들이지 못하는 것만 아니라면, 가르치기만 하면 무엇이라도 다 먹을 수 있게 된다는 것을 보여주려고 하는 것이다."

아이의 고집을 꺾어라

"아이들의 정신을 바로 잡아주기 위해서 우선적으로 해야 할 일은 아이들의 고집을 꺾어서 순종하는 성격을 길러 주는 것이다. 이해심을 키워 주는 일은 시간이 걸리는 일이기 때문에 아이들이 그것을 터득하기까지는 서서히 노력을 계속하여야 한다. 그러나 고집을 꺾어주는 일이란 일시에 해야만 할 뿐 아니라 그런 일은 빠르면 빠를수록 더 좋다. 왜냐하면 때를 맞추어서 고쳐야 할 것을 게을리하였다가는 아이들의 고집만 세어지고 마음이 아주 강퍅해져서 나중에는 거의 바로 잡을 수 없게 되고 만다. 그래서 아이에게 고통스러울 뿐만 아니라 나에게까지도 고통스러울 만큼 심하게 다루지 않으면 결코 바로잡을 수 없기 때문이다. 보편적으로 생각하는 것을 보면, 아이들은 나중에 가서 어떻게 되든 간에 저희들이 하고 싶은 대로 버릇을 기르게 허용하는 부모들을 친절하고 이해심이 많은 부모라고 한다마는 나는 그런 부모는 잔인한 사람들이라 본다. 아니, 이보다는 어떤 부모들은 자기들이 좋다고 아이들에게 가르쳐 놓고서는 후에 아이들이 그런 짓을 한다고 몹시 두들겨주는 일까지 생기는 것을 볼 수 있다.

아이의 버릇을 고칠 때는 철저하게 해야 한다. 다만 너무 멋대로 하도록 내버려 두어서 버릇이 마냥 나빠지기 전에 고치기만 한다면 그렇게 힘든 일만은 아니다. 아이의 고집을 전적으로 꺾으면 아이들이 흔히 저지를 숱한 어리석은 짓이나 실수 같은 것은 굉장히 많이 피할 수 있다. 이것은 특히 아이들이 부모를 존경하고 무서워하면 그렇다. 아이들이 잘못을 저질렀을 때는 가끔 그냥 넘어갈 수도 있고 모른 척할 수도 있고 때로는 가볍게 타일러 줄 수도 있으나, 일부러 잘못을 저지른 것이 확실할 때는 그 잘못의 정도나 성질에 따라서 마땅히 벌을 주지 않고 넘어가거나 용서해 주어서는 안된다.

나는 아이들의 고집은 때맞추어 꺾어야 한다고 주장한다. 왜냐하면 이야말로 오로지 기독교 교육의 강력한 합리적 기초가 되기 때문이다. 이것이 없이는 교훈도 모범도 헛된 것이 되기 때문이다. 그러나 이것이 철저히 되면 아이는 이성(理性)과 부모에 대한 경외심(敬畏心)에 의해 다듬어지고, 드디어 그 자신의 이해심이 성숙해져서 기독교의 원리가 마음속에 뿌리를 내리게 된다.

아직도 이 이야기는 더 해야 하겠다. 제멋대로 억지를 쓰는 것은 모든 죄와 비참한 짓의 뿌리가 된다. 그러니까 아이들 마음속에서 무엇이 이런 억지를 부리게 만드는지는 몰라도 그런 것이 계속 된다면 끝내 그 아이의 삶이 후에 형편없이 되고 비종교적으로 된다는 것은 틀림없는 사실이다. 이와 반대로 그런 억지를 막고 또 없애는 노력이 있다면 그로 인하여 미래의 행복과 경건은 보장되는 것이다. 이것은 특히 종교가, 다름 아니라 자기 자신의 뜻대로 사는 것이 아니고 바로 하나님의 뜻대로 사는 것이라는 점을 더 깊이 있게 생각하면 더욱 자명한 일이다. 결국 이 세상에서 뿐만 아니라 영원한 세계에서 얻을 영원한 행복에 대한 커다란 장애가 바로 이와 같이 멋대로 하는 억지라는 것을 생각할 때, 억지를 쓰면서 제멋대로 내버려 두는 일은 결코 사소한 일이 아니요, 이런 사실을 부정하는 일은 결코 유익하지 못한 것이다. 천국도 지옥도 결국 이것에 의해서만 좌우된다. 그러므로 자녀의 마음속에 이와 같은 억지를 꺾도록 애쓰는 부모는 결국 한 영혼을 갱신하시며 구원하시는 하나님과 함께 일하는 것이다. 자녀들이 멋대로 억지를 부리게 내버려 두는 부모야말로 악마의 일을 하는 것이요, 종교를 불필요하게 만드는 것이요, 구원을 얻지 못하게 만드는 것이다. 뿐만 아니라 그 자신의 영혼과 육체를 영원히 저주할 일을 모조리 하는 셈이다."

울면 아무것도 없다

"우리 집 아이들은 말을 시작하면서부터 주기도문을 가르쳐 배우게 했는데 항상 잠자리에 들 때와 일어날 때 주기도문을 하도록 하였다. 점점 자라면서는 부모들을 위한 기도와 그 밖의 몇 가지 기도를 덧붙여 하게 하였다. 그리고 그들이 기억할 수 있을 정도로 짤막한 교리와 성경 구절들도 배우게 하였다.

우리 아이들은 아주 어려서부터 말을 하거나 걷는 것을 제대로 하기 전에 이미 안식일을 다른 날과 구별하도록 가르쳤다. 그리고 곧이어서 가정예배를 드릴 때는 조용히 하도록 가르쳤고, 그 다음에는 무릎을 꿇거나 말을 하지 못해도 몸짓으로 표현해서라도 축복을 원하는 기도를 하도록 가르쳤다.

아이들은 울면 아무것도 없다는 것을 빨리 깨우치도록 가르쳤으며, 무엇을 원할 때는 예쁘게 똑똑히 말을 해야 된다고 가르쳤다. 아이들은 가장 낮은 하인에게라도 무엇을 달라고 할 때 "그것을 주시면 고맙겠어요"라는 말을 하지 않으면 안되게 하였다. 따라서 그런 말을 안 하였는데도 무엇을 주면 그 하인까지 야단을 쳤다. 하나님의 이름을 망령되게 부르는 소리나 저주나 욕설이나 불경스런 말이나 추잡한 말이나 거칠고 고약한 욕지거리는 우리 아이들한테서는 들어볼 수가 없었다. 뿐만 아니라 저희들 사이에서도 형이나 누나 같은 말을 빼고 이름만 부르는 것도 허용되지 않았다.

다섯 살이 되면 글을 익는 법을 가르쳤는데 다만 케찌(Kezzy)가 예외였다. 그 아이의 경우는 달리 할 수밖에 없었는데 다른 아이들이 몇 달이면 할 것을 그 아이는 여러 해를 더 하였다. 가르치는 방법은 이렇게 하였다. 한 아이가 글을 배우기 시작하면 하루 전 날 집안을 전부 정리하고 각자가 할 일을 정해준 다음 9시부터 12시 또는 2시부터 5시까지는 너도 알다시피 우리의 공부 시간이기 때문에, 아무도 방에 들어오지 못하게 하였다. 하루 시간을 주고 글자를 익히게 하는데 그동안에 대문자와 소문자 전부를 알았다. 그런데 몰리(Molly)와 낸시(Nancy)는 예외였는데 그 아이들은 하루 반이 걸려서야 다 깨우쳤다. 그래서 나는 그 당시에는 그 아이들이 머리가 아주 둔하구나 하고 생각을 하였다. 그러나 수많은 다른 아이들이 얼마나 오래 걸려서 글씨를 배우는가를 관찰한 뒤로는 생각을 달리 하였다.

그러나 처음에 내가 그렇게 생각할 수밖에 없었던 이유는 다른 아이들이 제대로 시간을 맞추어 다 배웠었기 때문이었다. 특히 네 동생 사무엘(Samuel)은 내가 처음 가르치기 시작한 아이이기도 하지만 그 아이는 알파벳을 몇 시간 동안에 다 배웠다. 사무엘은 2월 10일에 만 다섯 살이 되었는데 그 다음 날부터 글을 배우기 시작하였다. 글자를 알기 시작하면서부터 창세기 1장을 시작하였다. 1절을 철자법을 따라 읽게 가르치고 나서는 그것을 자꾸 반복해 읽어서 조금도 막힘 없이 읽을 수 있을 때까지 하였고, 그 다음에는 2절, 이렇게 해서 10절을 1과로 공부하게 되었다. 그런데 사무엘은 이것을 아주 빨리 하였다. 그 해 부활절이 되기까지는 못했으나 성령강림절이 되면서부터는 창세기 1장 전체를 잘 읽었다. 사무엘은 꾸준히 읽기도 하였지만 워낙 비상한 기억력을 가지고 있었기 때문에 그 아이에게는 똑같은 말을 내가 두 번 해주었던 기억은 없다."

질서를 따라 산 웨슬리의 형제들

"아주 이상한 것은 사무엘은 공부하면서 배운 말이면 어디서 보아도 잘 알았다. 성경에서 보든가 다른 책에서 보아도 마찬가지였다. 이렇게 해서 그 아이는 영문학 책을 곧 읽게 되었다.

아이들을 가르치는 데 이와 똑같은 방법을 적용하였다. 글자를 알게 되면 곧 철자법을 익히게 하고, 그 다음에는 한 줄을, 그 다음에는 한 절을 읽게 해서 한 과가 길든 짧든 그것을 완전히 알 때까지 계속하도록 하였다. 그래서 아이들은 모두 공부 시간이 되면 어떤 아이든지 쉬지 않고 책을 읽었는데, 그 날 공부가 끝나기 전에 그 날 아침에 배운 것을 낭독하고, 그 날 공부를 끝내면서 오후에는 공부방을 나왔다.

공부 시간에는 아무도 큰 소리로 떠들거나 장난 같은 것은 못하게 하였다. 누구든지 그 시간에는 각자 공부에만 6시간씩 전념하게 하였다. 아이들이 참을성과 건강만 좋다면 열심히 가르칠 때 단 석 달 동안에 거의 믿을 수 없을 만큼 배우는 것이다. 케찌만 빼놓고 아이들은 모두 석 달 동안에 보통 여자들이 평생을 두고 배워서 읽는 것보다 더 잘 읽었다.

충분한 이유 말고는 자리에서 일어나거나 공부방을 중간에 나가는 것은 허용되지 않았다. 허락을 받지 않고 마당이나 정원이나 거리로 나가는 것을 큰 잘못으로 생각하게끔 되었다.

몇 년간 우리는 계속 잘 하였다. 이때보다 더 아이들이 질서 있게 산 적은 없었다. 불이 난 후에 아이들이 여러 가정으로 흩어질 때까지, 그 치명적인 사건이 있기까지는 그렇게 아이들이 진실하고 부모에게도 잘 복종할 수가 없었다. 그 후 에는 아이들이 정말 하인들하고도 아주 자유스럽게 이야기를 나눌 수 있도록 하였다. 그 전에는 어림도 없었던 일이었다. 뿐만 아니라 밖에 나가서 마음 놓고 어떤 아이들 하고도 놀 수 있도록 허용하였다. 그러자 얼마 안가서 아이들은 철저하게 안식일을 지키는 일을 게을리하게 되었고, 전에는 생각도 못하던 노래들을 알게 되었고 나쁜 일들도 배우게 되었다. 아이들이 집에서 살 때는 정말 칭찬을 받을 정도로 착실하게 행동하던 모습이 형편없이 사라졌고, 바보같이 말하는 습관과 그 밖에 거칠어진 태도가 많이 생겨서 무척 고생을 하고서야 고칠 수 있었다.

집을 다시 지은 다음에 아이들을 전부 집으로 다시 데려오고 철저하게 아이들을 바로잡기 시작하였다. 아침저녁으로 공부를 시작하는 시간과 마치는 시간에 시편 노래하는 습관을 시작하였다. 역시 보통 때 5시면 쉬던 습관을 다시 살렸는데 그 시간이 되면 제일 큰 아이에서 시작하여 말을 할 줄 아는 제일 작은 꼬마에게 차례로 내려가면서 그 날의 시편과 신약 가운데 한 장을 읽어 주었다. 아침에도 역시 각자가 시편과 구약 가운데 한 장을 읽게 하였다. 그 다음에는 각자가 기도를 하게 하였고 아침 식사를 할 때에야 온 가족이 다시 한 자리에 모였다. 나는 이런 습관이 아직도 지켜지는 것에 대하여 하나님께 감사를 드린다."

스잔나 웨슬리 여사의 '규칙'

"내 기억을 스치고 지나가는 것 가운데 우리 집에서 지킨 규칙들이 여러 가지 있었다. 그 중에는 그때그때 새로 만들었던 것도 있다. 여기서 그것들을 이야기하는 것이 도움이 될까 해서 적어 놓았다.

1. 비겁한 마음을 먹거나 벌을 두려워하는 것 때문에 나중에 가서는 고치기 어려운 거짓말 하는 버릇이 생길까봐 늘 살폈다. 그래서 이것을 방지하기 위하여 누구든지 잘못하였다고 생각될 때 그것을 솔직하게 고백하고 다시는 안하기로 약속하면 때려주지 않는다는 법을 세워 놓았다. 이 규칙 때문에 많은 거짓말을 방지할 수 있었다. 식구들이 이 규칙에 충실했던 만큼은 거짓말을 방지한 것으로 생각된다. 그러나 한 아이가 그렇게 하지를 못하였다. 그래서 이야기를 슬쩍 둘러대거나 얼버무리거나 하였다. 그러나 (한 명을 제외하고는) 친절하게 대해주면 모두 그런 일은 없었다. 어쨌든 대부분이 솔직하게 사실을 이야기하였다.

2. 거짓말이나 훔치는 일이나 교회 안에서 장난치는 일이나 주일날 장난치는 일이나 복종을 안 하는 일이나 싸우거나 하는 등등의 죄가 되는 일을 했을 때는 절대로 벌을 주지 않고 지나치는 법은 없다.

3. 똑같은 잘못 때문에 두 번 야단을 치거나 매를 때리는 법은 없다. 그리고 일단 고치고 난 다음에 다시 그것을 책망해서는 안 된다.

4. 특히 스스로 생각해서 순종하는 모습을 보였을 때는 항상 칭찬을 해주고 결과에 따라서 자주 상도 준다.

5. 어떤 아이든지 순종하는 행동을 하거나 남을 기쁘게 해주기 위하여 마음먹고 행동했을 때는 그것이 비록 제대로 되지는 않았어도 그것을 잘 받아들여 주고 다음에는 더욱 잘 하도록 사랑으로 가르쳐주어야 한다.

6. 예의범절을 바르게 하고 남의 물건이면 비록 그 값어치가 일전짜리 핀 하나라도 침해하지 말고 주인의 허락이나 동의 없이는 만지지도 말아야 한다. 이 법칙은 아이들에게는 아무리 가르쳐도 모자람이 없다. 선생이나 부모들이 마땅히 이렇게 해야 할 텐데 막상 실천을 하지 않기 때문에 우리가 이 세상에서 보는 것 같이 부끄럽게도 정의를 무시하는 일들이 생겨난다.

7. 약속을 하면 엄격히 지켜야 한다. 선물은 일단 주었으면 준 사람으로부터 권리는 옮겨 간다. 그러므로 그것을 주었을 때는 받은 사람이 마음대로 하도록 할 것이며 거기에 대한 권리를 다시 주장해서는 안 된다. 이것은 다만 조건부로 주었는데 그 조건이 이행되지 않았을 때에만 가능한 것이다.

8. 글을 잘 읽게 될 때까지는 여자에게 일을 가르쳐서는 안 된다. 그 다음에는 같은 원리로 일을 가르친다. 그러면 일을 하면서 계속하여 책을 읽을 수 있게 된다. 이런 규칙은 철저하게 지켜야 하다. 글을 완전히 읽게 되기 전에 바느질을 아이들에게 가르쳐 놓으니까 바로 이런 이유 때문에 여자들이 글을 겨우 읽기는 읽어도 무슨 뜻인지를 모르고 읽게 된다."

12월 1일 수 (뉴캐슬에서) 우리의 감리회를 위하여 집을 짓도록 땅을 여러 곳에서 내어놓았는데 우리가 원하는 것은 하나도 없었다. 아마 마땅한 것을 구하지 못하게 된 것이 섭리였는지 모르겠다. 그렇기 때문에 내가 여기 더 있을까 말까 망설이기도 했으나 결국은 뉴캐슬에 더 머물게 되었으니 말이다.

12월 4일 토 나는 광신주의의 진짜 본보기를 보고 정말 놀라고 슬펐다. 턴필드 레이(Tunfield Leigh)에 사는 J. B 씨는 며칠 전만 해도 하나님의 사랑을 진정으로 느꼈던 사람인데 갑자기 말을 타고 동네 한가운데로 고함을 치고 괴성을 발하면서 달려 들어와 모든 사람들을 자기 앞으로 모아 놓고는 하는 말이, 하나님이 자기에게 임금이 되라고 명령하셨다면서 모든 원수들을 발로 짓밟으라고 하셨다는 것이었다. 나는 즉시 그를 보고 집으로 돌아가서 일을 하라고 말하였다. 동시에 집으로 돌아가면서 마음속에 겸손이 가득하기까지 밤낮으로 하나님께 기도하여 사탄이 다시는 그를 사로잡지 못하도록 하라고 충고하였다.

오늘 어느 신사가 찾아와 나에게 땅을 한 필지 제공하였다. 월요일에 계약서를 썼는데 목요일에 가서 30파운드를 내면 그 땅의 소유권을 나에게 넘겨주기로 하였다.

12월 7일 화 나는 아침에 너무 아파서 윌리엄슨 씨를 사무실로 보낼 수밖에 없었다. 그는 얼마 있다가 그 고장에서 장사를 하고 있는 스티븐슨 씨에게 갔다. 그는 우리가 사려고 하는 땅 한가운데로 길을 내어 가지고 있었다. 나는 그것을 사려고 하였다. 스티븐슨 씨는 그에게 말하였다. "선생님, 저는 돈 같은 건 원치 않습니다. 다만 웨슬리 목사님이 땅을 원하신다면 선생님이 지금 말씀하시는 그 땅에 붙은 우리 땅이 있는데 그것을 가지시면 되지 않겠습니까. 한마디로 말씀드리죠. 40파운드만 내시면 폭이 16야드에 길이 30야드의 땅을 드립니다."

12월 8일 수 스티븐슨 씨와 나는 계약을 체결하고 그 땅을 가졌다. 그러나 나는 리델(Riddel) 씨와 계약한 것을 어떻게 취소할 수가 없었다. 그래서 동시에 그 땅도 사기로 하였다. 그 땅의 전체 길이가 약 40야드가 되었다. 그 한가운데 집을 짓기로 하고 앞마당을 조금 내어놓고 건물 뒤에 작은 정원을 두기로 하였다.

12월 13일 월 우리가 건물을 짓기로 준비를 하고 있는 땅 옆에 집으로 숙소를 옮겼다. 그러나 서리가 너무 심해서 공사를 늦출 수밖에 없었다. 전에 그렇게 심한 추위를 느껴본 적이 없었다. 방 안에 불을 계속 피워 놓고 내 책상을 굴뚝에서 1야드 밖에 안되는 거리에다 놓았는데도 15분만 계속해서 글을 쓰면 손이 곱아서 더 이상 글을 쓸 수가 없을 정도였다.

12월 20일 월 우리는 머릿돌을 놓았다. 각처에서 그것을 보려고 사람들이 많이 모여 왔다. 그러나 우리가 찬양을 하고 하나님이 우리에게 축복하셔서 우리가 하는 일이 번창하게 도와 달라고 기도를 하는 동안 아무도 조소하거나 방해하는 사람은 없었다. 저녁에 서너 번이나 설교를 중단할 수밖에 없었던 것은 하나님께 기도를 하고 감사를 드리는 마음들이 대단히 강렬하였기 때문이다.

12월 23일 목 계획하였던 건물이 완공되려면 최소한 700파운드 이하로는 불가능하다는 계산이 나오는데 그래도 그것이 완공될 가능성은 희박하다고 보는 사람들이 많았다. 뿐만 아니라 어떤 사람들은 내 평생에 그 돈을 어떻게 다 갚을 수 있겠느냐고 걱정을 하기도 하였다. 나는 생각이 좀 달랐다. 아무것도 의심하지 않았다. 하나님을 위하여 시작한 일이기 때문에 그것을 완성하는 데 필요한 만큼은 하나님께서 마련해 주실 것이기 때문이다.

제5장

1743년

엡워스에서 성찬 참여를 거절당한 웨슬리 - 콘월과 실리 제도 - 웨슬리의 침착성 - 무대에 올려진 감리교

1743년 1월 1일 토 돈카스터(Doncaster)와 엡워스 사이에서 어떤 사람과 만나 나란히 가게 되었는데 그는 곧바로 나에게 바짝 다가와서 아주 주제넘은 질문을 어찌나 많이 퍼붓는지 정말 놀랬다. 그 숱한 질문들 가운데 나의 여행에 관한 이야기가 나오기에 내가 그의 말을 가로막고 이렇게 물었다. "우리가 영원을 향하여 여행을 하고 있다는 점에서 볼 때 우리가 더 긴 여로에 올라 있다는 사실을 알고 있습니까?" 그는 즉시 대답을 하였다. "아, 알았어요. 이제 알았습니다. 당신이 어떤 사람인지 알았습니다. 당신의 이름이 바로 웨슬리가 아닙니까? 불쌍하군요! 정말 불쌍해요! 왜 당신의 아버지가 믿던 종교로는 만족하지 못합니까? 왜 당신은 신흥 종교를 믿어야 합니까?" 내가 대답을 하려고 했으나 그는 내 이야기를 가로막고 승리감에 도취되어 이렇게 외치는 것이었다. "나는 그리스도인입니다! 나는 그리스도인입니다! 나는 그리스도인입니다! 나는 교인입니다. 나는 당신들과 같은 신흥종교를 믿는 이단이 아닙니다." 이런 말을 아주 쉽게 내어 뱉었다. 그는 너무 취해 있어서 말을 타고 겨우 타고 갈 정도였다. 그 날은 제 날이라고 느꼈는지 아니면 그 자신의 말과 같이 '모든 것을 다 털어 놓아서' 그런지 말 옆구리를 힘껏 차더니 속력을 내서 달아나기 시작하였다. 저녁에 나는 엡워스에 닿았다.

엡워스에서 성찬 참여를 거절당함

1월 2일 수 (주일) 새벽 5시에 "성령으로 난 사람은 다 이와 같다"는 말씀에 관하여 설교하였다. 8시쯤 해서는 아버지 묘가 있는 곳에서 히브리서 8:11에 관하여 설교하였다. 여러 마을에서 온 수많은 사람들이 "오늘은 성만찬 주일이니까 성찬을 받는 것이 좋지 않겠느냐"고 묻기에 나는 이렇게 대답하였다. "물론 좋고말고요. 그렇지만 먼저 롬리 교구목사의 허락을 받는 것이 더 좋을 것 같습니다." 그래서

그 중의 한 사람이 전체를 대표해서 찾아가 말을 하니까 교구목사 말이 "가서 웨슬리 선생에게 말하시오. 그에게는 성찬을 베풀지 않겠습니다. 그는 적합한 사람이 아닙니다."

우리의 하나님이 얼마나 지혜로운 하나님이신가! 이런 일이 나에게 처음 일어나기로 말하면 여기보다 더 적합한 곳이 하늘 아래 어디 또 있겠는가! 여기로 말할 것 같으면 우리 아버지 집이 있었던 곳이요, 내가 태어난 고장이고 '바로 우리가 속한 가장 엄격한 종파에 의해서' 나는 오랫동안 '바리새인으로 살았던' 곳이 아닌가! 이는 또한 최고로 적합한 곳이 될 수밖에 없는 이유는 여기야말로 내 자신이 생명의 떡을 자주 배찬하였던 곳일 뿐 아니라 나에게 성찬을 거부한 그 사람으로 말할 것 같으면 우리 아버지가 이곳의 교인들에게는 물론 바로 그 사람에게까지 따뜻한 사랑을 보여주신 것 때문에 은덕을 입은 장본인이니 내가 성찬을 거부받는다면 바로 여기가 제일 적합한 곳이라 생각되었다.

1월 22일 화 뉴캐슬에서 동남쪽으로 7마일 떨어진 탄광촌인 사우스 비딕(South Biddick)으로 갔다. 내가 서 있었던 곳은 반원형의 언덕 바로 밑이었는데 수백 명이 언덕바지에 서 있었고 그보다 훨씬 더 많은 사람들이 그 아래 평지에 서 있었다. 나는 예언자의 말씀으로 그들에게 외쳤다. "너희 마른 뼈들아 여호와의 말씀을 들을지어다"(겔 37:4) 각 사람의 얼굴에 경청하는 빛이 역력했다. 그래서 나는 거기서 매주일 설교하는 것이 좋겠다고 생각하였다.

1월 23일 수 길에서 어떤 신사를 한 사람 만났는데 어찌나 끔찍하게 저주와 욕지거리를 심하게 하던지 그를 제지하지 않을 수 없었다. 그는 곧 잠잠해졌다. 그러더니 나에게 포도주 한 잔을 대접하겠다면서 닭싸움을 반대하는 이야기만 아니라면 나를 좇아와서 내 이야기를 듣겠다고 말 하였다.

4월 1일 (聖 금) 뉴캐슬에서 북쪽으로 10마일 떨어진 플레이시(Placey)라고 하는 작은 마을을 꼭 방문하고 싶었다. 그 곳은 탄광 광부들만 사는 곳이었는데 여기야말로 야만적인 무지와 악독한 모든 짓거리에 있어서는 단연 일급이었다. 그들의 큰 모임은 보통 주일에 있었는데 남녀노소를 막론하고 함께 모여서는 춤추고 싸우고 저주와 욕지거리를 퍼붓고 공치기와 돈 따먹기와 그 밖에 손에 닥치는 대로 장난을 하며 시간을 보냈다. 나는 이 불쌍한 사람들에 대해서 처음 이야기를 들었을 때부터 큰 동정심을 느꼈는데 막상 와서 보니까 그들은 모두 절망 가운데서 사는 것같이 보여 한층 더 그랬다.

7시와 8시 사이에 나는 안내인 존 힐리(John Heally)와 함께 길을 떠났다. 평소와 달리 북풍이 강해서 진눈깨비가 우리 얼굴을 때리면서 떨어지는 족족 금방 우리를 덮어 쌌다. 플레이시에 닿았을 때 우리는 거의 서 있을 기운조차 없었다. 정신을 조금 차리고 나서 곧바로 광장으로 들어가 '우리의 허물을 인하여 찔리시고 우리의 죄악을 인하여 상함을 받으신' 그 분에 관하여 선포하였다. 그 불쌍한 죄인들이 재빨리 몰려와 진지하고 조심스럽게 말씀을 들었다. 오후에도 눈보라가 치는데도 불구하고 모두 열심히 들었다. 나는 그들에게 예수 그리스도를 그들의 임금으로 모셔 들이라고 간곡히 말하면서 '회개하고 복음을 믿으라' 고 하였다.

세븐 다이얼즈에서의 웨슬리

5월 29일 주일 세븐 다이얼즈(Seven Dials) 근처에 있는 웨스트 스트리트(West Street)의 채플에서 예배를 드리기 시작하였는데 (기이한 섭리 가운데서) 지난 수년간 이 채플을 우리가 빌려 썼던 것이다. 나는 그날의 복음을 요한복음 3장에서 택하여 설교하였고 수백 명의 신도들에게 주의 만찬을 집례하였다. 처음에는 내 힘이 그날 일을 다 견뎌낼 수 있을까 몹시 걱정이 되었다. 더욱이(10시부터 3시까지 계속되었기 때문에) 정상적인 일과 외에 5시간 동안이나 예배를 드렸기 때문에 걱정이 된 것이다. 그러나 하나님께서는 이 점을 아시고 돌보아 주셨다. 최소한 그렇게 생각할 수밖에 없다. 사람들은 아마 광신주의가 그렇게 만들었다고 할지도 모르겠다. 5시에는 그레이트 가든즈(Great Gardens)에서 굉장히 많은 청중에게 "거듭나야 한다"(요 3:3)는 말씀에 관하여 설교하였다. 그 다음에는 지도자들이 모였는데 (내가 회중에게 설교하는 이외의 시간은 이렇게 메웠다) 그 다음에는 찬양 악대들이 모였다. 밤 10시에는 오히려 아침 6시 보다도 덜 피곤을 느꼈다.

7월 10일 주일 (뉴캐슬에서) 8시에 초우든 펠(Chowden Fell)에서 "이스라엘 족속아 … 어찌 죽고자 하느냐"(겔 33:11) 하는 말씀에 관하여 설교하였다. 처음 내가 뉴캐슬에 온 이후 나의 영과 마음이 움직여 이 불쌍한 죄인들의 군상을 불쌍히 생각하게 되었다. 이 사람들은 주일이면 할 일 없이 빈둥거리며 샌드힐 (Sandhill)

까지 왔다 갔다 하였다. 나는 가능하면 이들에게 좋은 일을 찾아주기로 작정하고 올 세인츠(All Saints)에서 예배가 끝나는 대로 교회에서 샌드힐로 곧장 달려가 시편 한 구절을 전해주었다. 순식간에 사람들이 모여왔는데 금방 수천 명이 되었다. 그러나 이 세상의 왕자는 제 왕국이 무너질까봐 겁이 나서 온 힘을 다해 싸웠다. 정말 뉴캐슬의 진짜 폭도들이 최고로 거칠게 굴었는데 대체로 인간성을 다 잃어버린 사람들 같았다. 언뜻 보니까 그들은 아무거나 닥치는 대로 집어던졌다. 그러나 나는 별로 다친 데는 없었다. 그러나 그들은 저희들끼리 계속해서 밀치고 큰 소리를 내고 해서 내 목소리는 거의 들리지 않게 되었다. 그래서 거의 한 시간을 찬송과 기도로 보낸 다음 우리 회관으로 가서 모임을 갖는 것이 제일 좋겠다고 생각하였다.

7월 18일 월 호슬리(Horsley)에 사는 존 다운즈(John Downes)와 함께 뉴캐슬을 떠났다. 우리는 약 20마일 떨어진 페리 힐(Ferry Hill)까지 네 시간 동안이나 말을 달려갔다. 거기서 한 시간 쯤 쉬고 나서 살살 말을 타고 갔다. 그래서 2시에는 달링턴(Darlington)에 닿았다. 내가 타고 간 말이 시원치 않은 것 같았다. 그도 역시 자기 말에 대해서 똑같은 생각을 했다. 그런데 그 두 마리가 다 하루 전만 해도 싱싱했었다. 우리는 여관 주인 보고 수의사를 데려오라고 하였더니 즉시 달려가서 데려왔다. 그러나 진찰도 채 끝나기 전에 두 마리가 다 누워버리더니 죽었다.

나는 샌드허턴까지 말을 빌려서 타고 갔다. 존 다운즈도 나를 뒤쫓아 오기를 바라면서 계속 말을 몰았다. 그리고 화요일 아침에는 브루브리지(Broughbridge)까지 말을 타고 갔고 그 다음에는 리즈(Leeds)까지 걸어갔다.

8월 22일 월(런던에서) 우리 일행 몇 사람이 기도회에 함께 참석한 다음 4시경에 출발하여 스노 힐(Snow Hill)까지 살살 말을 타고 갔다. 그런데 거기서 내 말 안장이 목덜미로 미끄러져 떨어지는 바람에 나는 말머리 쪽으로 곤두박질했다. 그랬더니 내가 타고 가던 암말이 스미스필드(Smithfield) 쪽으로 되돌아 달아났다. 어떤 소년들이 그 말을 붙잡아 나에게로 끌고 왔는데 내내 욕지거리를 숱하게 퍼부으면서 왔다. 나는 그들에게 알아듣기 쉽게 타일렀더니 다시는 안 그러겠다고 약속을 하였다. 앞으로 달려가는데 누군가 소리쳤다. "선생님, 안장 방석이 빠졌어요." 그것을 올려놓는데 몇 사람의 도움이 필요했다. 그런데 이 사람들 역시 말

끝마다 욕지거리였다. 나는 그들을 번갈아 보면서 사랑으로 충고하였다. 그들은 내말을 좋게 받아들이고 나에게 대단히 감사하다고 하였다. 나는 그들에게 작은 책 두세 권을 주었더니 잘 읽어 보겠다고 약속들을 하였다.

켄싱턴(Kensington)에 닿기 전에 알고 보니까 내가 타고 가던 암말이 말발굽을 잃어 버렸다. 이것이 계기가 되어 나는 거의 반시간 동안이나 대장간 주인과 그의 하인과 더불어 자상하게 이야기 할 수 있게 되었다. 나는 이와 같은 사소한 경우들을 예를 들어 설명하면서 그리스도께서 영혼들을 구하기 위하여 돌아가신 사람들에게 우리가 사랑을 느끼게 될 때 (이를테면) 잠간 동안의 시간이라도 유효적절하게 쓴다는 것이 얼마나 쉬운 일인가를 말하였다.

콘월로 간 웨슬리

8월 26일 금 나는 콘월(Cornwall)을 향해 출발했다. 저녁에 나는 톤턴(Taunton)에 있는 네거리에서 "하나님의 나라는 먹는 것과 마시는 것이 아니라 의와 화평과 성령 안에서 누리는 기쁨"이라는 말씀에 관하여 설교하였다. 어떤 사람이 뒤에 붙어 서서 훼방을 놓으려고 하였다. 그러나 때가 맞지를 않았다. '그들은 사신 주님을 부인하는' 맹렬한 악한들도 아직은 사람들을 선동할 수는 없었다. 여러 사람이 소리쳤다. "저기 저놈을 끌어 내려라. 두들겨 주어서 골통을 깨야 한다." 나는 그래서 그에게 두어 번 타일렀다. 가만히 있지 않으면 곤욕을 치르게 될지도 모른다고 말해주었다.

8월 27일 토 오후에 엑서터(Exeter)에 도착하였다. 그러나 내가 오는 것을 알고 있는 사람이 아무도 없었기 때문에 그날 밤에 설교는 하지 않고 다만 여관에서 불쌍한 죄인 한 사람과 이야기를 나누었다. 한동안 우리 이야기를 듣더니 우리를 진지하게 쳐다보면서 이렇게 물었다. 어느 만큼은 '내세의 능력(히 6:5)'을 맛보았다가 '타락했던 사람'(자신의 경우가 그렇다면서)이 '새롭게 되어 회개하는 것'이 가능한 일이냐는 것이었다. 우리는 그 여인을 위하여 기도한 후 슬픔에 잠긴 여인을 두고 그대로 떠났으나 희망이 그래도 없는 것은 아니었다.

8월 28일 주일 7시에 소수의 사람들에게 설교하였다. 교회에서 들었던 설교는 정말 무의미했다. 그날 오후에 그것이 무엇인지를 모르겠다. 도무지 나는 한 문장도 들을 수가 없었다.

교회에서 성채로 갔는데 (누가 상상했던 대로) 그 도시의 어른들의 반수는 거기에 모였다. 정말 굉장한 광경이었다. 그 장엄한 천연 야외극장에 그렇게 엄청난 회중이 모였다. 내가 설명을 하면서 영광스러운 진리 "허물의 사함을 받고 자신의 죄가 가려진 자는 복이 있도다."(시 32:1)하는 말씀을 강력히 전하는 동안 모든 사람들은 조용하고 정숙하였다.

8월 29일 월 말을 타고 계속 앞으로 나갔다. 해가 질 무렵에 우리는 론스턴(Launceston) 너머에 있는 길도 없는 첫 번째 큰 황무지 한 가운데 있었다. 8시경에 아주 길에서 벗어났다. 그러나 멀리 가지 않아서 보드민(Bodmin)종소리를 들었다. 이 소리를 따라 왼쪽으로 돌아서 9시 전에 마을로 돌아왔다.

8월 30일 화 저녁에 우리는 세인트 아이브스(St. Ives)에 도착하였다. 7시에 나는 값없이 주시는 죄 사함을 받기 위하여 "아무것도 내어놓을 것이 없다"고 하는 사실을 깨닫고 있는 죄인들을 모두 초청하였다. 그들은 모두 죄를 느끼고 있을 뿐 아니라 자신들은 어쩔 도리가 없다고 생각하였다. 방 안팎으로 사람들이 가득하였는데 모두 조용히 경청하였다.

8월 31일 수 우리 회원들이 120여명 있었는데 그 중에서 여러 사람씩 만나 이야기 하였다. 이들 중의 거의 백여 명은 하나님과의 화평을 찾은 사람들이었다. 의를 위하여 고난을 받는 것은 정말 축복이다! 11시에 교회에 가는 길에 장터에 모여 있던 많은 사람들이 환호성을 지르면서 우리를 환영하였다. 내 창밑에서는 아주 재미있는 노래들을 불렀다. (누가 나에게 말해주었는데 그 마을의 어느 숙녀가 지었다는 것이었다.)

교회를 개혁하러 이 마을에
찰스 웨슬리가 나타났다.

저녁에는 '하나님 아버지의 약속' 에 관하여 설명하였다. 설교가 끝난 뒤에 많은 사람이 소란을 피우기 시작하였다. 그러나 존 넬슨(John Nelson)이 그들 가운데로 들어가 제일 시끄러운 사람에게 몇 마디 하니까 다시는 대꾸를 하지 않고 조용히 가버렸다.

9월 3일 토 나는 (이른바) 쓰리 코너드 다운(Three-cornered Down)으로 말을 타고 갔는데 세인트 아이브즈에서 동쪽으로 약 10마일 떨어진 곳이었다. 거기서 우리를 얼마동안 기다리고 있었던 2~3백 명의 생철공들을 만났다. 그들은 모두 기분은 좋은 것 같았으나 태연하게 있었다. 그들 중의 수많은 사람들이 (동쪽으로 2마일 떨어진 그웬납까지 뜀박질하여 우리를 쫓아왔는데 사람들은 급히 늘어서 사오백 명이 금방 되었다. 여기서 나는 말씀을 전하면서 큰 위안을 얻었다. "가난한 자에게 복음을 전하게 하시려고 내게 기름을 부으시고"(눅 4:18). 그 근처에 사는 어떤 사람이 자기 집에 유숙하도록 우리를 청했다. 그는 다음 날 아침에 우리를 그린(Green)까지 안내해 주었다. 우리가 거기에 닿자 막 날이 밝았다. 힘 있게 나는 이 은혜로운 말씀을 전하였다. 즉, "내가 저희의 패역을 고치고 즐거이 저희를 사랑하리라"하는 말씀을 5~6백 명의 진지한 사람들에게 전했다. 세인트 아이브즈 쪽으로 5마일 더 가까이 있는 트레즈탄 다운(Trezuthan Down)에 가니까 7~8백 명 가까운 사람들이 있었는데 나는 그들에게 큰 소리로 외쳤다. "이스라엘 족속아 너희 악한 길에서 떠나라. 어찌 죽고자 하느냐?" 저녁식사 후에 나는 "하나님이 높이어서 임금과 구세주로 삼으신" 그분에 관하여 약 천명 가까운 사람들에게 또 다시 설교하였다. 바로 여기서 처음에는 청중 가운데 두세 사람이 약간 어떤 느낌을 갖는 것 같이 보였다. 나머지 사람들은 보통 때와 같이 다 알아듣는 것 같기는 했으나 아주 태연하였다.

9월 9일 금 나는 말을 타고 세인트 힐러리 다운즈(St. Hilary Downs)를 물어서 찾아갔는데 세인트 아이브즈 동남쪽으로 10~12마일 떨어진 곳이었다. 그런데 다운스를 겨우 찾아가니까 회중은 남녀노소 할 것 없이 아무도 없었다. 그래도 내가 목사 가운을 입고 서니까 백여 명이 모여 왔는데 나는 그들을 향하여 진지하게 권면 하였다. "회개하고 복음을 믿으시오." 만약 한 사람만이라도 이 말을 들었다면 내 수고는 값어치가 있는 것이다.

9월 10일 토 오후에 세인트 저스트(St. Just)에서 기도회가 있었는데 4시까지 끝이 나지 않았다. 그 다음에 나는 크로스(Cross)에서 약 천명에 가까운 사람들에게 설교하였는데 그들은 모두 조용하고 진지한 태도로 들었다.

6시에 랜즈 엔드(Land's End) 가까이 있는 센난(Sennan)에서 설교를 하고(주로 백발이 성성한 노인들로 구성된) 작은 회중들에게 다음 날 새벽 5시에 다시 만나자고 약속하였다. 그러나 11일 주일에는 그들 중의 대부분이 3시와 4시 사이에 모였다. 그래서 4시와 5시 사이에 우리는 찬송을 부르기 시작하였고 나는 대체로 "내가 저희의 패역을 고치고 즐거이 저희를 사랑하리라"는 말씀을 중심으로 설교하였다.

그 뒤에 우리는 랜즈 엔드에 널려 있는 바위들의 끝까지 안전하게 갈 수 있는 만큼 아래까지 내려갔다. 정말 굉장한 광경이었다. 그러나 하나님이 심판하러 오실 때 이 바위들이 어떻게 녹을까! 그 바위들 사이를 넘나드는 바다는 그야말로 '가마솥같이' 끓었다. "사람이 이르기를 깊은 것은 회색빛과 같도다." 그러나 "물이 산들 위에 섰으나 넘치지는 못한다. 주의 정하신 처소에 이르러 넘치지 못하게 하셨다"(시 104:8 참조)

8시와 9시 사이에 세인트 저스트에서 설교하였는데 마을 가까이 있는 푸른 초원에서 하였다. (내가 듣기로는) 이 고장에서는 일찍이 볼 수 없었던 가장 큰 청중이 모였었다. 나는 사랑의 맘으로 있는 힘을 다하여 외쳤다. "이스라엘 족속아 어찌 죽고자 하느냐?" 사람들은 떨면서도 잠잠하였다. 내가 알기에는 콘월에서 전에 이와 같은 시간을 가져본 적이 없었다.

실리 제도(諸島)에서

9월 12일 월 나는 얼마동안 하루만이라도 가능하다면 실리 제도 (Scilly Isles)에 가서 우리의 구세주 하나님의 사랑에 대하여 복음을 증거하고 싶은 간절한 생각이 들었다. 그리고 때때로 이 생각을 몇 사람에게 말하였다. 이날 저녁에는 우리의 형제 가운데 세 사람이 내게 와서 하는 말이 그 고장에서는 시장의 배가 제일 좋으니까 그것을 얻을 수만 있다면 자기들이 나를 그 섬으로 데려다 주겠다고 제안하는 것이었다. 내가 사람을 보냈더니 즉시 그 돛단배를 빌려주었다. 그래서 다음 날인 13일 화요일 아침에 존 넬슨과 셰퍼드(Shepherd) 씨와 나 그리고 세 사람과 항해사는 함께 세인트 아이브즈에서 출범하였다. 특히 파도가 거세어서 머리 위로 덮칠 만큼 심한 때 낚시 배를 타고 바다 한가운데로 40~50마일을 가려고 한

다는 것이 나에게는 이상하게 보였다. 그러나 나는 친구들을 불러서 용기를 내어 마음껏 함께 찬송을 불렀다:

깊은 바다 속을 지날 때
믿음으로 주의 도우심을 구하네.
파도는 멀리 멀리 사라져
우리의 머리를 피하네.
두려움 없이 파도를 보니
하나님이 계시므로 해(害)가 없네.

1시 반이 좀 지나서 우리는 무인도 가운데 제일 우뚝한 세인트 매리 섬에 상륙하였다.

우리는 즉시 총독을 찾아갔는데 흔히 그렇게들 하는 것과 같이 우리는 신문을 선물로 가져갔다. 나는 동시에 그에게 '진실한 호소' (Earnest Appeal)를 받아들이라고 하였다. 그곳 목사가 내가 교회에서 설교하는 것을 달갑지 않게 생각하기 때문에 나는 6시에 거리에서 설교하였는데 온 마을 사람들과 수많은 군인들과 선원들과 노무자들이 함께 들었다. 나는 "이스라엘 족속아 어찌 죽고자 하느냐?"라는 말씀에 관하여 설교하였다. 정말 축복의 시간이었다. 그래서 나는 어떻게 끝을 맺어야 할지를 몰랐다. 설교가 끝난 후에 나는 그들에게 작은 책자와 찬송가책을 나누어 주었는데 그 사람들은 그것들을 받으려고 어찌나 극성이었는지 책은 물론 나도 한꺼번에 찢어질 뻔하였다.

어떤 정치적 이유 때문에 그렇게 많은 노무자들이 한 곳에 모여서 별 쓸모가 없어 보이는 바윗돌 때문에 요새를 만드는지 더욱이 그렇게 엄청난 대가를 치루며 또 그 많은 사람들이 고생을 해야 하는지 이해할 수가 없었다. 그러나 하나님의 섭리와 관련된 이유는 쉽게 발견할 수 있었다. 하나님이 그 사람들을 이리로 한데 불러 모으셔서 복음을 듣게 하셨다. 아마 이런 곳이 아니었으면 그들은 복음을 듣는다는 것은 꿈도 못 꿀 사람들이었을 것이다.

새벽 5시에 나는 또 다시 "내가 저희의 패역을 고치고 즐거이 저희를 사랑하리라"는 말씀에 관하여 설교하였다. 9시와 10시 사이에는 많은 사람들과 개인적으로 이야기하고 그들에게 이삼백 권의 찬송가책과 다른 소책자들을 나누어 준 다음 이 을씨년스런 불모의 섬을 떠나 세인트 아이브즈를 향하여 출범하였다. 그런데 강풍이 똑바로 우리 쪽을 향해 불어와 이빨이 다 시렸다. 항해사 말이 운이 좋아야 육지에 닿을 수 있겠다는 것이었다. 그러나 그야말로 바람과 바다도 복종하는 하나님을 모르는 사람의 말이었다. 3시가 지나자 우리는 랜즈 엔드를 멀리 보게 되었고 9시경에는 세인트 아이브즈에 닿았다.

9월 20일 화 트레즈탄 다운스에서 이삼천 명 가까운 사람들에게 성결에 이르는 길, 곧 주님의 '국도' (highway)에 관하여 설교하였다. 6시 조금 전에 그웬납에 도착해서 보니까 평원이 끝에서 끝까지 사람들로 덮여 있었다. 아마 만 명은 모였을 것으로 생각되는데 그들에게 우리의 '지혜와 의와 성결과 구원' 이 되시는 그리스도에 관하여 설교하였다. 어두워진 뒤에야 겨우 끝을 맺었는데 그 때는 서로 옆 사람의 얼굴을 겨우 알아볼 정도였다. 온 사방에서 깊이 경청하는 빛이 역력하였고 아무도 말을 하거나 소란을 피우거나 옆을 보는 사람도 없었다. 진정으로, 손으로 만든 성전은 아니지만, 여기에서 하나님께 '경건의 아름다움' 으로 예배를 드렸다.

9월 21일 수 시간에 너무 늦을까봐 미리 모여온 생철공들이 집을 둘러싸고 하나님께 찬송을 하는 바람에 나는 3시와 4시 사이에 잠에서 깨어났다. 5시에 나는 다시 한 번 "주 예수 그리스도를 믿으라. 그리하면 구원을 받으리라,"는 말씀에 관하여 설교하였다. 그들은 모두 하나님의 말씀에 갈급하였다. 진정으로 그 말씀이 그들의 영혼을 튼튼하게 하고 심령골수에 이르기를 바란다!

우리는 그날 론스턴으로 말을 타고 갔다. 우리가 스티클파스(Sticklepath)라고 하는 작은 마을을 통과하는데 어떤 사람이 길에서 나를 멈추게 하더니 느닷없이 물었다. "선생님 존함이 존 웨슬리 씨입니까?" 그러더니 순식간에 두세 사람이 더 달려 나와 나에게 거기에 들렀다 가라고 하는 것이었다. 나는 그대로 하였다. 우리가 많은 말들을 나누기 전에 우리들의 영혼은 서로 알게 되었다. 알고 보니 그들은 퀘이커 교도들이었다. 그러나 그것 때문에 마음이 상하지는 않았다. 왜냐하면 그들의 마음속에 하나님의 사랑이 있는 것을 보았기 때문이다.

10월 20일 목 (버밍엄에서) 작은 수의 진지한 회중들에게 설교를 한 다음 웬즈베리로 갔다. 12시에 마을 중앙 가까이 있는 운동장에서 기대했던 것보다 훨씬 많은 사람들에게 "예수 그리스도는 어제나 오늘이나 영원토록 동일하시니라"(히 13:8)라는 말씀에 관하여 설교하였다. 내가 믿기에는 거기에 참석했던 모든 사람들이 하나님의 권능을 느낀 것 같았고 한 사람도 왔다 갔다 하는 일도 없었으며 우리를 성가시게 구는 사람도 없었다. 우리 주님께서 우리를 위하여 싸우셨기 때문에 우리는 평화를 누릴 수가 있었다.

오후에 프란시스 워드(Francis Ward) 씨 집에서 글을 쓰고 있었는데 폭도들이 집을 에워싸 소란을 일으켰다. 우리는 하나님께서 그들을 흩어주시기를 기도하였더니 그대로 되었다. 하나는 이리 가고, 하나는 저리 가고 하더니 반시간쯤 지나니까 한 사람도 남지 않았다. 나는 우리 형제들에게 "이제는 우리가 갈 때가 되었다" 하고 말하였더니 한결같이 모두들 나를 말렸다. 그래서 나는 그들의 마음을 상하지나 않을까하여 주저앉았다. 그러나 어떤 일이 일어날지 나는 내다보고 있었다. 5시가 채 안되어서 그들은 아까보다 더 많이 몰려와서 집을 에워쌓다. 그들은 하나같이 소리를 질러댔다. "목사를 끌어내시오. 목사를 만나겠소."

나는 누가 나가서 그들의 대장을 붙잡고 들어오라고 하였다. 우리가 서로 몇 마디 말을 주고받자 사자가 어린 양이 되었다. 나는 그 사람을 보고 밖에 나가서 그들 중에서 제일 극렬한 사람 두어 명을 데려오라고 하였더니 들어왔는데 보니까 어찌나 홍분하였던지 땅덩어리라도 삼켜버릴 듯하였다. 그러나 한 2분을 지나자 먼저 사람같이 잠잠해졌다. 나는 그들에게 말해서 사람들한테로 나갈 테니까 길을 내라고 하였다.

사람들이 있는 한 복판에 나가자마자 나는 의자를 갖다 달라고 하고서는 그 위에 서서 이렇게 물었다. "도대체 여러분이 나에게 원하시는 것이 무엇입니까?" 그랬더니 어떤 사람이 말했다. "우리와 함께 판사에게 가기를 원합니다." 내가 대답하였다. "그거야 그렇게 하지요. 물론 그렇게 하겠습니다." 나는 그러고 나서 하나님의 도우심을 따라 몇 마디 말을 하였다. 그러자 그들은 있는 힘을 다하여 소리쳤다: "저 분은 정직한 신사이니까 우리가 그를 위해 피를 흘려서라도 변호하겠소." 내가 물었다: "판사에게 오늘 밤에 갈까요? 내일 아침에 갈까요?" 그랬더니 그들 대부분이 "오늘밤이오, 오늘 밤!" 하고 소리를 치기에 내가 앞장서서 가니까 이삼백 명이 따라왔고 나머지 사람은 오다가 돌아갔다.

우리가 채 1마일도 못가서 어두워지기 시작한데다가 비가 억수같이 쏟아졌다.

그래도 우리는 웬즈베리에서 2마일 떨어진 벤틀리 홀(Bentley Hall)까지 계속해 갔다. 한 두 사람이 앞질러 가서 레인 판사에게 웨슬리 목사를 각하(Worship) 앞으로 데려오는 중이라고 말했다. 레인 씨는 대답하였다: "웨슬리 목사와 내가 무슨 상관이 있소? 얼른 가서 그 분을 모시고 돌아가시오." 이런 이야기가 진행되고 있을 때 모두가 거기에 닿아서 문을 두드렸다. 하인이 나와서 하는 말이 레인 판사께서는 잠자리에 드셨다는 것이었다. 그의 아들이 뒤따라 나와서 무슨 일이냐고 물었다. 한 사람이 대답하였다. "아니, 이 사람들이 말입니다. 하루 종일 시편을 노래하고요, 아니 그 뿐인가요? 사람들을 새벽 5시면 일어나게 만듭니다. 각하께서는 우리에게 어떻게 말씀하실까요?" 그러자 레인 씨가 말했다. "집으로 돌아들 가시오. 그리고 조용히 하시오."

여기서 그들은 멍해 있더니 한 사람이 드디어 왈살(Walsal)에 있는 퍼스하우스(Persehouse) 재판장에게로 가자고 제안하였다. 모두 이에 찬동하고 서둘러 갔는데 7시 경에 그 집에 도착하였다. 그러나 P 씨 역시 잠자리에 들었다는 똑같은 말이었다. 그러자 그들은 우두커니 서 있다가 마침내 집으로 돌아가는 것이 제일 좋겠다고 모두들 생각했다. 약 50명이 나를 호위하며 갔다. 그런데 백 야드도 못가서 왈살의 폭도들이 물밀듯이 밀어닥쳐 앞을 가로 막았다. 달라스턴(Darlaston) 폭도들은 우선 할 수 있는 대로 방어 태세를 취했다. 그러나 워낙 지친데다 수적으로도 열세였다. 그래서 잠깐 사이에 여러 명이 두들겨 맞아 쓰러졌고 나머지는 도망을 가서 혼자만 그들의 손에 남겨 놓았다.

말을 붙여보려고 해도 허사였다. 사방에서 마치 바다소리가 들끓듯이 시끄러웠다. 그러자 그들은 나를 끌고 동리로 들어갔는데 거기서 큰 집의 문이 열려 있는 것을 보고 들어가려고 하니까 그 중 한 명이 내 머리를 잡아끌더니 폭도들 한 가운데로 밀어 넣었다. 그들은 잠시도 쉬지 않고 나를 끌고 큰 길의 이쪽 끝에서 저쪽 끝까지 갔다. 나는 옆에 이야기를 들을 만한 사람들한테는 계속 말했다. 고통도 피곤도 느끼지 못했다. 동리의 서쪽 끝으로 갔을 때 문이 반쯤 열려 있는 것을 보고 그리로 달려가서 거의 문 안으로 들어서려는 찰나에 그 가게에 있던 사람이 나를 막고 못 들어오게 하였다. 그러면서 하는 말이 내가 들어오면 폭도들이 집을 부술 것이라는 이야기였다. 그러나 나는 문간에 서서 그들에게 물었다. "여러분이 내 이야기를 들으시겠습니까?" 수많은 사람들이 외쳤다. "아니다. 아니야. 골통을 부셔라. 밟아 놔. 당장에 죽여 없애라." 다른 사람들은 말했다. "아니다. 먼저 그 친구 얘기나 들어보자." 나는 그래서 묻기 시작하였다. "내가 무슨 악한 짓을 했습니까? 여러분들 가운데서 누구에게 내가 말이나 행동으로 잘못했습니까?" 그리고 약 15분 이상 계속 이야기를 하였는데 갑자기 내 목소리가 나오지 않았다. 그러자 홍수처럼 그들의 목소리가 커지기 시작하였다. 그리고 "그 자를 없애버려라. 없애버려!" 하고 떠드는 사람들도 많이 있었다.

그러는 동안에 다시 힘이 솟아나고 목소리가 회복되었다. 그래서 나는 큰 소리로 기도를 시작하였다. 그런데 바로 전까지만 해도 폭도들을 지휘하던 사람이 나에게 돌아서서 이렇게 말하는 것이었다. "선생님, 내가 목숨을 걸고 돕겠습니다. 나를 따라 오십시오. 여기서 어떤 놈도 선생님 머리카락 하나도 못 건드릴 겁니다." 그의 친구 서너 명도 그렇다고 하더니 즉시 나에게 바짝 붙어 섰다. 동시에 그 가게에 있던 사람이 나와서 소리쳤다. "야 창피하다, 창피해! 어서 그분을 보내드려라."

조금 멀찌감치 서 있던 정직한 푸줏간 주인도 그 사람들이 하는 짓이 부끄럽다고 말을 하면서 제일 심하게 구는 너댓 사람을 한명씩 끌어 당겼다. 그러나 그들은 마치 약속이나 한 듯이 좌우로 비켜섰다. 그 사이에 나를 붙잡고 있던 서너 명이서 나를 데리고 그들 사이로 빠져나갔다. 그러나 다리에 이르자 폭도들은 다시 몰렸다. 그래서 우리는 물방앗간 둑을 넘어서 한 쪽으로 빠져나가서 목장들을 거쳐 10시가 조금 못되어 하나님의 도우심으로 웬즈베리에 무사히 돌아왔다. 다만 조끼 한쪽 자락을 잃어버렸고 손에 약간 상처가 났을 뿐이었다.

웨슬리의 침착성

나는 하나님의 섭리가 이토록 계속해서 연결되는 것을 전에는 본 일이 없었다. 하나님의 손이 모든 사람과 사물 위에 계셔서 하나님이 선하시다는 것을 드러내고 모든 것을 확신할 수 있게 입증해 주셨다.

달라스턴의 그 가련한 여인은 폭도들의 앞장을 서서 누구라도 나에게 손을 대면 안된다고 큰소리치더니 저를 따르던 자들이 길을 비켜주는 것을 보고는 사람들이 몰려 있는 가운데로 뛰어들어서 한 명씩 서너 사람을 때려 눕혔다. 그러나 여럿이서 그녀에게 달려들어 치는 바람에 기운이 빠져서 그때 한 사람이 소리를 쳐서 부르지 않았더라면 그대로 맞아 죽었을 것이었다(남자 세 명이 그녀를 눕혀 놓고 있는 힘을 다해 그녀를 두들겼다). "그만 둬, 톰, 그만해." "거기 누구야?" 톰이 말했다. "뭐, 진짜 먼친(Munchin)이야? 아니, 그렇다면 보내야지." 그리고는 때리던 손을 멈추고 그녀를 일으켜 세웠다. 그 여인은 겨우 정신이 들자 집으로 기어가다시피 하였다.

처음부터 끝까지 나는 마치 내가 우리 집 서재에 앉아 있기나 한 것 같이 침착성을 잃지 않았다. 잠시도 걱정은 하지 않았는데 다만 이런 생각은 약간 들었다. 만약 그들이 나를 강물에 처 넣는다면 내 주머니 속에 있는 서류들이 망가질 것이다. 나야 얇은 외투를 입고 장화도 가벼운 것을 신었으니까 의심할 것 없이 헤엄을 쳐서 건널 수 있을 것이다. 이렇게 생각을 했었다.

그 다음에 생긴 일들은 내가 생각해도 특히 놀랄만한 것이었다: 1) 동리로 내려가는 미끄러운 길에서 그들은 나를 꿇어 박으려고 하였다. 그래서 내가 일단 넘어지는 날이면 다시는 일어나지 못하리라는 판단에서 그들의 손에서 완전히 벗어날 때까지 넘어지지도 않고 조금도 미끄러지지 않았다. 2) 그 여러 사람이 내 칼라나 옷을 잡고 나를 잡아채려고 했으나 그들은 꼭 조일 수가 없었다. 다만 내 조끼 한쪽 자락을 부여잡고 낚아채어서 떨어져 나갔다. 그러나 남은 자락에 달린 주머니에는 돈이 있었는데 찢어지기는 했으나 그대로 남았다. 3) 바로 내 뒤에 있던 고약한 사람은 굵은 떡갈나무 방망이로 나를 여러 번 쳤는데 그것으로 한 번은 내 뒤통수를 쳤다. 그러나 그 뒤로는 웬일인지 헛치기만 하였다. 그러나 그 사람이 매번 헛칠 때마다 나는 무슨 영문인지를 몰랐다. 왜냐하면 좌로나 우로 마음대로 움직일 수도 없는 형편에 있었기 때문이다. 4) 또 한사람은 폭도들 틈으로 쑤시고 들어오더니 나를 치려고 팔을 번쩍 치켜들었다가 갑자기 팔을 내리면서 다만 머리를 만지면서 하는 말이 "머리털 한번 부드럽다!"하는 것이었다. 5) 마치 내가 알고 있었던 것처럼 (물론 폭도들은 내가 그랬으리라고 생각했다.) 시장 네 집 앞에 정확하게 섰다. 안에서 있던 그가 (내다 본 것이) 미쳐서 날뛰는 그 사람들을 처음으로 주춤하게 만들었다. 6) 제일 먼저 마음이 돌아섰던 사람들은 바로 어떤 경우에도 깡패 대장 노릇을 했던 사람들이었고 특히 그 중의 한 사람은 곰 사육장에서 직업적으로 싸우던 사람이었다. 7) 처음부터 끝까지 나에게 욕을 하거나 악담을 하는 소리는 하나도 못 들었다. 다만 그들이 소리친 것은 "전도자 ! 전도자! 목사! 목사!"하는 것이었다. 8) 최소한 내가 들을 수 있는 범위 내에서는 어떤 자도 사실이든 아니든 나한테 대한 비방을 하는 사람은 없었다. 하도 서둘렀기 때문에 나를 무슨 말로 공격하거나 헐뜯어야 할지 생각을 잊어버렸다. 드디어 그들은 나에게 무엇을 어떻게 해야 할지 전혀 몰라서 당황하는 눈치였다. 아무도 결정적으로 무엇을 어떻게 하자는 제안을 못하고 다만 "없애버려! 당장 죽여버려!" 하고 외치는 것이 고작이었다.

하나님께서는 당신의 뜻을 우리가 알 수 있도록 얼마나 여러 가지로 골고루 준비를 하시는가! 2년 전에는 벽돌장이 날아와서 내 어깨를 스치고 지나갔다. 그로부터 1년 후에는 돌이 날아와 내 양미간을 때렸다. 지난달에는 주먹으로 한 대 맞았고 오늘 저녁에는 두 대를 맞았다. 한 대는 동리에 들어오기 전에 맞았고 한 대는 나온 다음에 맞았다. 그러나 둘 다 대수롭지 않았다. 한 사람이 있는 힘을 다해서 내 가슴팍을 쳤고 또 한 사람은 금방 피가 튀어 나오게 힘껏 내 입을 쳤지만 그들이 나를 밀짚으로 때린 것보다 더 심한 아픔을 느끼지 않았기 때문이다.

잊어서는 안 될 일이 있다. 감리회의 모든 회원들이 살려고 모두 서둘러서 도망갔을 때 네 사람만 동요되지 않았다. 윌리엄 싯치(William Sitch), 에드워드 슬레이터(Edward Slater), 존 그리피즈(John Griffiths), 조앤 파크스(Joan Parks)였는데 이들은 살아도 같이 살고 죽어도 같이 죽겠다는 결의와 함께 나와 내내 같이 있었다. 윌리엄 싯치를 빼놓고는 한 대도 맞지를 않았다. 그는 동리 이쪽 끝에서 저쪽 끝까지 내 팔을 잡고 다니다가 끌려가서 맞고는 쓰러졌다. 그러나 곧 일어나서 내게로 다시 왔다. 나중에 물어본 일이지만 폭도들이 몰려올 때 무슨 생각을 하였느냐고 했더니 하는 말이 "우리를 위해 죽으신 그 분을 위해 죽는다는 것을 생각했습니다." 그래서 그는 급할 것도 없었고 두려울 것도 없었고 다만 하나님이 자기의 영혼을 부르실 때를 차분히 기다렸다는 것이었다.

나는 파크스에게 폭도들이 나하고 그녀를 떼어 놓았을 때 무섭지 않더냐고 물었다. 그랬더니 "아니요, 지금보다 더 무섭지는 않았어요. 저는 제 자신을 위해서뿐만 아니라 목사님을 위해서도 하나님을 의지할 수 있어요. 처음부터 저는 하나님께서 목사님을 구하실 것을 확실히 믿었어요. 어떻게 구하실 줄은 몰랐지만 하나님께 맡겼지요. 뿐만 아니라 하나님께서 이미 목사님을 구하신 것만큼이나 확신하고 있었어요." 나는 그래서 그녀가 나를 위해 싸웠다는 이야기가 들리던데 사실이었냐고 물었다. 그녀가 대답하였다. "아니오, 저는 하나님께서 당신의 자녀들을 위해 싸우실 줄 알았어요." 이런 사람들이 끝날에 멸망을 당한다는 것이 어떻게 있을 수 있는 일이겠는가?

프란시스 워드 씨 댁에 와보니까 수많은 우리 형제들이 하나님께 기도하고 있었다. 전에 한 번도 보지 못했던 사람들까지 와서 우리와 함께 기뻐했다. 그리고 다음 날 아침에 노팅엄(Nothingham)으로 가는 길에 말을 타고 그 동네 한 가운데로 지나가는데 보는 사람마다 내가 도무지 믿지 못할 만큼 진정으로 사랑을 표시해 주었다.

내 생각에는 정말 영국에서 일찍이 구경하기 어려웠던 해괴한 일이 하나 일어났는데 그것을 빼놓고는 이 글을 끝낼 수 없으므로 여기에 적어 놓는다. 그것은 다름 아니라 왕실에서 있었던 그 놀랄 만한 사건이 있은 지 며칠 안 되어 생겨났던 것이다.

> "해당 지역 내의 각급 경찰관 및 기타 치안관리, 특히 (왈살 근방의) 팁턴(Tipton) 지역 경찰관에게;
>
> "스태포드(Stafford) 지역 내의 우리 치안판사들은 스스로 감리교 설교자들로 자칭하는 질서 파괴분자들이 각처에 돌아다니며 불온집회와 선동을 하여 폐하의 충실한 백성들에게 피해를 크게 입혔을 뿐 아니라 우리의 임금이신 권능의 주님이 주시는 평화를 해치고 있다는 정보를 입수하게 되었다:
>
> "그러므로 폐하의 어명으로 권한다. 귀관들은 각기 관할 지역에서 감리교 설교자들을 색출하여 판사 및 폐하의 치안 재판장에게 연행하여 그들의 불법 행위를 심문케 할 것."
>
> 1743년 10월 일
>
> J. 레인,
>
> W. 퍼스하우스
>
> **주** : 바로 이 판사들은 내가 끌려갔을 때 여러 번이나 거절을 하고 나를 만나지 않았던 장본인들이다.

10월 22일 토 나는 말을 타고 노팅엄에서 엡워스로 갔다가 월요일에는 그림스비(Grimsby)로 출발하였다. 그러나 트렌트(Trent)를 통과할 수 없다고 선원들이 말하는 바람에 우리는 페리(Ferry)에서 완전히 발이 묶였다. 폭풍이 가라앉기 전에 배로 떠난다고 하는 것은 그야말로 목숨을 내던지는 것이나 다름이 없었다. 우리는 1시간을 기다렸다. 그러나 그림스비에 있는 회중을 실망시킨다는 것이 더욱 큰 피해가 될 것 같아서 혹시 무리를 해서라도 건너가는 것이 가능하겠느냐고 물었더니 그들의 말이 자신이 없다는 것이었다. 그러나 우리가 목숨을 걸고라도 모험을 하겠다면 자기들도 모험을 할 용의가 있다고 하는 것이었다. 그래서 남자 여섯 명, 여자 두 명 그리고 말 세 필을 태운 채 배는 떠났다.

수많은 사람들이 강변에 서서 우리가 떠나는 것을 지켜보고 있었다. 강 한 복판에 이르렀을 때 배 한쪽이 물에 잠겼다. 그래서 말과 사람이 함께 뒹굴었다. 배가 언제 가라앉을지 모를 지경이었다. 그러나 나는 헤엄을 쳐서라도 건너갈 수 있다는 생각을 하고 있었다. 배 사람들뿐만 아니라 타고 있던 모든 사람이 몹시 놀랐다. 그러나 그들은 곧 정신을 차리고 온힘을 다하여 노를 저었다. 그런데 곧 이어서 말들이 배에서 뛰어 내렸다. 그러자 배는 가벼워졌고 우리는 다치지 않고 강 건너편에 닿았다. 사람들은 내가 왜 안 일어나는지 어리둥절했다(나만 배 밑바닥에 혼자 누워 있었기 때문이다). 나도 어리둥절했다. 사실 나중에 안 일이지만 뱃사람들이 가끔 쓰는 쇠지레가 (어떻게 해서 그랬는지는 모르겠으나) 내 장화 끈을 꿰고 지나가 나를 꼼짝도 못하게 해놓았던 것이다. 만약 배가 가라앉았더라면 헤엄치는 것은 정말 어림도 없었을 것이었다.

같은 날, 그리고 우리 판단에는 거의 같은 시간에 뉴우 패시지(New Passage)에서 세번(Severn) 강을 건너던 내 동생이 탔던 배도 강풍에 밀려 바위에 부딪혀 깨질 뻔 했다. 그러나 인간의 모든 희망이 끝날 것 같은 시간에 하나님이 우리는 물론 그들을 구원하셨다.

무대에 올려진 감리교

10월 31일 월 우리는 아침 일찍이 출발하여 저녁에 뉴캐슬에 도착하였다.

11월 2일 수 다음과 같은 광고가 나붙었다.

에스트(Este) 씨를 위한 공연

에든버러 희극단 출연 :

11월 4일 금요일

희극 : 어설픈 여인들(The Conscious Lovers)

2부 순서는 소극(笑劇)으로서 속임수의 대결(TRICK UPON TRICK)

[일명, 감리교 진풍경(METHODISM DISPLAYED)이 공연됨]

금요일에는 이 연극을 보기 위하여 굉장히 많은 관객이 무우트 홀 (Moot Hall)로 몰려들었다. 아마 못되어도 천오백 명은 넘었을 것 같은데 그 중의 수백 명은 무대 위에 가설해 놓은 의자에 앉았다. 희극의 제1막이 시작하자 갑자기 그 의자들이 무너졌는데 받침 기둥이 마치 썩은 나무토막같이 부러졌다. 사람들이 서로 포개지며 대 여섯 걸음 앞으로 쓰러지며 나뒹굴었다. 그러나 다친 사람은 하나도 없었다. 잠시 후에 나머지 관객들은 다시 조용해졌고 배우들은 계속했다. 제 2막이 한참 진행 되는데 이번에는 6실링짜리 객석이 삐걱거리더니 여러 인치 가라앉았다. 큰 소리가 나고 비명 소리도 들리더니 많은 사람이 문 쪽으로 곧장 달려가 밖으로 나가더니 다시는 돌아오지 않았다. 이런 일이 있었지만 잡음이 가라앉자 배우들은 연극을 계속하였다.

제3막이 시작될 때 전체 무대가 갑자기 6인치쯤 가라앉았다. 배우들은 곤두박질을 쳐서 물러나갔으나 얼마 후에 다시 시작하였다. 제3막이 끝나갈 무렵 6페니짜리 좌석이 모두 아무 소리도 없이 갑자기 주저앉았다. 이번에는 사방에서 소리를 질렀다. 아마 상당수의 사람들이 큰 부상을 입었을 것 같았다. 그러나 조사를 하고 보니까 한 사람도 죽거나 위험하게 다친 사람은 없었다(이것이 바로 하나님의 자비다). 2~3백 명이 아직도 홀에 남아 있었다. (감리교인의 역을 맡았던)에스트 씨가 무대에 올라와 이런 소동이 일어나기는 했어도 연극은 끝까지 해야 되겠다고 결의를 표명하였다. 그가 말하고 있는 동안에 무대가 6인치 더 가라앉자 그는 몹시도 당황하여 뒤로 뛰어 들어갔다. 그러자 사람들은 문 밖으로 나가기가 무섭게 뒤도 돌아다보지 않고 가버렸다.

이 배우들이 이 희극을 다음 주에 공연을 했다는 사실과 그것을 보러 수백 명이 다시 왔었다는 사실 중에 정말 어느 것이 더욱 놀라운 일인가?

제6장

1744년~1745년

제1차 감리교인 대회 - 무법자와 폭도들의 폭행 - 불경건에 대한 웨슬리의 항의

첫 번째의 대회

1744년 6월 18일 월 엡워스를 떠나 20일 수요일 오후에는 런던에서 내 동생을 만났다. 25일 월요일부터 닷새 동안 우리는 (각처에서 모여 온) 우리의 형제들과 대회로 모였다. 그들은 자신들의 영혼은 물론 자신들이 전하는 말씀을 듣는 모든 사람들을 구원하는 것 밖에는 다른 것을 원치 않는 사람들이다. 그 사람들이 계속해서 그런 생각을 가지고 사는 한 그들의 노력이 주 안에서 헛되지 않을 것은 확실한 일이다.

다음 날 우리는 감리회가 복음에 따라 행하지 못한 것을 모임에서 깨끗이 청산하기 위하여 노력을 하였다. 이로 인하여 우리는 회원 수를 천구백 명 이하로 줄였다. 그러나 숫자는 그리 대단한 일은 아니다. 하나님께서 사랑과 믿음으로 그들의 수를 늘리실 것을 믿는다.

8월 24일 금 (성 바돌로매 축일) 설교를 하였다. 이것이 옥스퍼드 성 메리 교회에서 하는 마지막 설교가 되리라고 생각하였는데 사실 그렇게 되었다. 나는 이 사람들의 피에 대해서는 깨끗하다. 내 영혼은 충분히 구원을 얻었다.

대학에서 하급관리 한 사람이 얼마 후에 와서 하는 말이 부총장이 내 공책을 가져 오라고 자기를 보냈다는 것이었다. 나는 지체하지 않고 보냈다. 물론 하나님의 지혜로우신 섭리를 찬송하기를 잊지 않았다. 내 설교를 손에 쥐어 주어도 아마 내 설교를 가지고 낭독할 사람이 저명인사 가운데는 별로 없을 것이지만 이제는 내 설교 원고가 한 번이 아니라 여러 번 그것도 대학의 저명한 인사들에 의해서 낭독되게 되었다.

웨슬리에 대한 기소장

12월 27일 목 고등법원에서 최근에 시작된 재판 때문에 내가 의뢰하였던 변호사를 방문하였다. 여기서 나는 그 괴물딱지 같은 기소장을 처음 보았다. 2절지 42페이지로 된 커다란 두루마리에는 40줄도 안 되는 글로 설명하고도 남는 이야기를 써 놓았다. 멍청하고 무의미하고 당치도 않은 거짓말들(그 중의 대부분이 질문과는 동떨어진 것들)로 가득했는데 그리스나 로마 같은 이교도들의 국가에서도 그런 거짓말을 기소장에 써놓은 사람이면 사형을 당하리라고 생각될 것들이었다. 그런데 이것이 기독교 국가에서 볼 수 있는 형평법상의 권리라니! 이것이 다른 불평들을 시정하는 영국적인 방법이라니!

1745년 1월 5일 토 나는 혼자서 자주 그렇게 생각했을 뿐 아니라(때로는 다른 사람들에게도 이야기했지만) 별별 만 가지 걱정이 있다 해도 그것이 내 머리에 있는 만 가닥의 머리털보다 더 무겁거나 짐이 되지 않는다는 생각을 하였다. 아마 이런 것이 내 자신의 힘 때문에 가능한 것으로 생각하기 시작하였던 것 같다. 그런데 그 다음부터는 특히 13일 주일에 힘이 빠졌고 여러 가지가 복잡해지는 것을 느꼈다. 이일 저일이 꼬리를 물고 밀려들어 내 영을 완전히 짓눌렀다. 그래서 나는 어디로 곧장 날아가기라도 해야 살 것 같았다. 그래서 다음 날인 14일 월요일에는 말을 끌어내서 타고는 브리스틀로 가버렸다.

바스와 브리스틀 중간에서 나는 말머리를 돌려 윌리엄 샬우드(William Shalwood)라는 가난한 사람의 집을 꼭 방문하고 싶은 간절한 생각이 났다. 막상 가서 보니까 그들 부부가 병이 나서 같은 침대에 누워 있었는데 어느 쪽도 회복할 가능성이 희박하였다. 그러나 (기도를 한 후에) 나는 그들이 '죽지 않고 살아서 주님의 사랑과 자비를 선포하게 될 것'을 믿었다. 다음번에 내가 그들을 방문했을 때 남편은 아래층에 앉아 있었고 부인은 바깥출입을 하게 되었다.

우리가 브리스틀 집에 가자마자 내 영혼의 짐은 가벼워졌고 지난 며칠 동안 견디기 어려웠던 무거운 짐이 벗겨졌다. 주일에는 웨일스와 그 밖의 다른 지방에서 온 우리의 친구들 여럿이서 우리와 함께 감사예배를 드렸다. 그리고 우리는 날마다 하나님께 감사할 이유를 더 발견하게 되었고 계속해서 우리에게 유익을 더해 주시는 그분께 감사할 이유를 더 많이 찾게 되었다.

2월 18일 월 런던에서 뉴캐슬로 리처드 모스(Richard Moss)와 함께 떠났다.

3월 3일 주일 필그림 가(街)를 걸어가고 있는데 누가 뒤에서 나를 부르는 소리를 듣고 걸음을 멈추었다. 그는 다가오더니 나에게 욕설을 퍼붓고 저주를 하며 맹세를 하고 야단이었다. 여러 사람이 무슨 일인가 하고 몰려들었다. 그러자 그 사람은 나를 두세 번 밀치더니 가버렸다.

알고 보니까 그는 벌써 오랫동안 우리 가족 가운데 누구라도 그 쪽으로 지나가기만 하면 그렇게 욕지거리를 하고 돌을 던지곤 하였다는 것이었다. 그래서 나는 기회를 놓칠세라 4일 월요일에는 다음과 같은 편지를 그에게 보냈다.

> "로버트 영(Robert Young)에게,
>
> 나는 오늘과 금요일 사이에 당신을 만나서 당신이 잘못 했다는 이야기를 직접 들어야 하겠습니다. 만약 그렇지 않으면 당신의 영혼이 불쌍해서라도 당신이 어제 길에서 나를 모욕한 것을 치안판사에게 부득이 알리지 않을 수 없겠습니다.
>
> 당신의 진실한 친구
> 존 웨슬리"

두세 시간 안에 로버트 영이 찾아와서 전혀 다른 태도로 조심하겠노라고 약속하였다. 이렇게 점잖게 꾸짖은 것이 한 영혼을 죽음으로부터 구하지는 못했다고 할지라도 숱한 죄는 짓지 못하게 방지는 했을 것이다.

4월 6일 토 우리 회관을 짓기 위하여 땅을 샀던 임자인 스티븐슨 씨가 계약 이행을 2년 이상이나 미룬 끝에 드디어 찾아왔다. 그래서 한 가지 걱정은 덜었다. 무엇이든지 내가 구하는 것을 하나님께서 다 알아주신다면 얼마나 좋을까!

6월 19일 수 (레드루스에서) : 맥스필드(Maxfield) 씨에게 무슨 일이 생겼다는 소식을 듣고 우리는 방향을 돌려 크라우넌(Crownan) 교회가 있는 마을로 들어갔다. 그러나 그리로 가던 도중에 그가 바로 전날 밤 거기서 다른 곳으로 옮겼다는 소식을 들었다. 아마 오백여 명의 감리교도들이 떼를 지어 와서는 강제로 그를 데려갈 것이라는 정보를 제 때에 듣고 그를 지키고 있던 용감한 경찰들이 기겁을 해서 그를 약 2마일 더 멀리 떨어진 헨리 톰킨스(Henry Tomkins)네로 옮겨갔다.

여기서 그를 찾았는데 그를 억류하고 있는 사람들 때문에 겁을 먹지도 않았다. 나는 헨리 톰킨스에게 영장을 보여 달라고 하였다. 보라스(Borlase)박사와 그의 부친과 유스틱(Eustick) 씨가 경찰관들과 여러 교구의 하급 역원(役員)들에게 명령하여 '신체 건강한 사람들로써 정당한 직업이나 충분한 생계 유지비가 없는 자들을 모두 붙들어서' 그들이 육군에서 폐하에게 봉사할 수 있겠는가 여부를 조사할 수 있도록 21일 금요일까지 마라치온(Marazion)으로 자기들에게 데려오라고 하였던 것이다.

영장은 세인트 오빈(St. Aubyn)의 존(Sir John) 경의 사무장이 이서(裏書)를 하였고 그 밖의 7~8명의 이름도 보였는데 그들이야말로 잘 알려진 사람들로써 정당한 직업도, 충분한 생계 유지비도 있는 그런 사람들이었다. 그러나 결국 그들은 "감리교도"들이라고 불리었고 그렇다면 군인들도 마찬가지 일 텐데 결국은 같은 것이었다. 그 아래 덧붙여진 말을 이랬다. '성명은 미상이나 한 사람은 교구의 평화를 방해하는 설교자' 이다.

똑똑한 말이었다. 어떤 선량한 사람도 그 말이 다름 아니라 감리교 설교자라는 것을 쉽게 알 수 있었다. 왜냐하면 모든 술주정꾼들과 뚜쟁이들과 욕쟁이들에게 "당신들은 지옥으로 향한 고속도로에 올라 있는 사람들"이라고 말하는 사람같이 '교구의 평화를 방해하는 사람' 이 누구냐 하는 것은 뻔한 일이기 때문이다.

우리가 그 집에서 나왔을 때는 그들의 하수인 사오십 명이 우리를 잡으려고 대기하고 있었다. 그러나 내가 당당하게 그들 앞으로 나서니까 그들의 기세가 꺾였다. 그들은 우리가 얼마쯤 멀리 갔을 때까지 얼이 빠져 있다가 그제야 정신을 차리고 고함을 치며 돌을 던지기 시작하였는데 그 중 한 개가 톰슨(Thompson) 씨의 하인에게 맞았다.

6월 21일 금 우리는 마라치온으로 말을 타고 갔다. (속된 이름으로는 '마켓' — 풀이하면 장돌뱅이 유대인이라는 뜻) 판사들이 모이지 않은 것을 알고 우리는 세인트 마이클(St. Michael) 산으로 걸어 올라갔다. 그 산꼭대기에 있는 집은 놀라우리 만큼 크고 기분이 좋았다. 세인트 오빈의 존 경이 고생도 많이 하고 돈도 무척 많이 들여서 그 집을 수리도 하고, 단장을 하였는데 그 저택이 완공되었을 때 주인은 세상을 떠나고 말았다. 2시경에 나와 톰슨 씨는 판사들과 판무관들이 있는 방안으로 들어갔다. 몇 분 후에 볼라스 박사가 일어나서 우리에게 무슨 용무로 왔느냐고 물었다. 내가 "용무가 있어 왔습니다." 하고 대답하였다. 최근에 크라우언에서 체포된 사람에 관하여 증언을 하러 왔다고 말하였다. 그가 말했다. "여러분, 크라우언 문제는 아직 차례가 안 되었습니다. 차례가 되면 연락해서 오시도록 하겠습니다." 그래서 우리는 물러나 다른 방에서 9시가 지나도록 기다렸다.

(그렇게 하리라고 생각을 한 일이지만) 그들은 맥스필드 씨의 사건을 제일 끝으로 미루었다. 9시경에 그가 불려 나왔다. 내가 그 때 들어가려고 하였으나 톰슨 씨가 조금 더 기다려 보자고 충고를 하는 것이었다. 그 다음 우리가 들은 소식은 그들이 그에게 입대 명령을 선고 하였다는 것이었다. 이 말을 듣고 우리는 곧바로 판무관실로 들어갔으나 그 고명하신 분들은 다 가고 없었다.

그들은 맥스필드 씨를 즉시 승선시켜 펜잰스(Penzance)로 보내도록 명령하였다. 우리가 전해 듣기로는 그들이 맥스필드 씨를 처음에는 곧 항구로 들어오기로 되어 있던 군함의 함장에서 보내기로 하였다는 것이다. 그러나 그는 대답하였다. "그 사람이 매주 상당한 시간을 내 부하들에게 설교를 하고 기도를 해주도록 내가 그에게 허가해 주는 것을 여러분이 양해하시지 않는다면 나는 그런 사람을 받아들일 권한이 없습니다."

6월 22일 토 새벽 2시경에 세인트 아이브스에 도착하였다. 5시에 나는 "원수를 사랑하라"는 말씀에 관하여 설교하였고 그웬납에서는 저녁에 "그리스도 예수 안에서 경건하게 살려고 하는 사람들은 모두 박해를 받을 것입니다"라는 말씀에 관하여 설교하였다. 맥스필드가 펜잰스에 오자마자 그를 지하 감옥에다 가두었다는 이야기와 시장이 그를 풀어놓으려고 하고 있기 때문에 볼라스 박사가 일부러 거기에 가서 자기 자신이 법정에서 군율(Articles of War)을 낭독하고는 장교로서 근무하게 될 사람에게 그를 인계했다는 이야기를 오늘 들었다.

6월 29일 토 세인트 저스트에서 다시 한 번 설교를 하였고 30일 일요일에는 모르바(Morva)와 젠노어(Zennor)에서 설교하였다. 저녁 6시경에는 세인트 아이브스에서 존 낸스(John Nance)씨네 근처 큰길에서 설교를 하기 시작하였는데 빈부귀천을 막론하고 큰 군중이 삽시간에 모여들었다. 자세히 보니까 웃거나 손발을 움직이는 사람이 한 명도 없었다. 그 날에 맞는 복음을 설교하기 시작하였다. "모든 세리와 죄인들이 말씀을 들으러 가까이 나아오니"(눅 15:1)를 가지고 시작하였다. 7시가 조금 못되어 시장실에서 에드워즈(Edwards) 씨가 와서 어떤 사람에게 소요 취제령(Riot Act: 1715년 영국에서 공포된 법령으로써 12명 이상이 불법 집회를 개최하였을 때, 혹은 그렇게 판단되었을 때, 관헌이 이 취제령을 읽고 해산 명령을 하는 데도 응하지 않는 자는 엄벌에 처하기로 한 법령- 역주) 을 읽도록 명령하였다. 나는 빨리 내 이야기를 끝맺었다. 그러나 대부분의 사람들은 아주 불만스러워서 갈 줄을 몰랐다. 그 중의 사오십 명은 감리회 모임에 참석하게 해달라고 애원을 하였다. 그래서 우리는 1시간 가량을 그렇게 보내면서 함께 기쁨을 나누었다. 그런 모임을 콘월에서 경험해본 적이 일찍이 없었다.

7월 2일 화 나는 저녁에 세인트 저스트에서 설교하였다. 전에는 온 적이 없었던 것으로 생각되는 신사들이 여럿 있었고 뿐만 아니라 멀찌감치 서 있었던 생철공들도 상당히 많이 와 있었으며 그 옆으로는 거기에 왜 와 있는지도 잘 모르는 것처럼 보이는 남자와 여자와 어린 아이들이 굉장히 많이 보였다. 우리가 거의 찬송을 끝내자마자 어떤 부인 한 사람이 소란을 일으켰다. 도대체 사람이 그렇게 난동을 부리는 것은 거의 본 적이 없었다. 그 여자는 상스런 욕을 하고 비명을 지르고 침을 뱉고 손을 비틀고 얼굴과 몸을 온통 찡그리고 뒤틀고 야단이었다. 나는 그 여자를 좋고 나쁘고 간에 눈여겨보지 않았고 거의 누구도 거들떠보지 않았다. 나중에 들은 이야기이지만 그 여자는 로마 가톨릭 교인으로 자랐는데 우리도 그렇다는 말을 듣고 대단히 기뻐했다는 것이다. 그러니 자기의 희망이 실망으로 바뀌었을 때 분노도 그만큼 정비례했을 것은 뻔한 일이었다.

이웃에 사는 유스틱 씨가 막 내가 설교를 끝내고 있을 때 왔다. 사람들이 양쪽으로 길을 비켜주니까 나에게 다가와서 "목사님, 볼라스 박사에게서 영장을 가지고 왔습니다. 저와 함께 가셔야 하겠습니다" 하는 것이었다. 그러고 나서 돌아서며 하는 말이 "선생님이 셰퍼드 씨입니까? 그러시다면 선생님 이름도 영장에 들어 있습니다. 선생님도 저와 함께 가시면 좋겠습니다" 하는 것이었다. 우리는 그와 함께 마을 끝에 있는 공회당으로 함께 갔다. 여기서 그는 내가 자기와 함께 박사에게 갈 용의가 있느냐고 물었다. 그가 가겠다면 나도 용의가 있다고 말했다. 그러자 "목사님, 제가 목사님을 여관으로 모시고 가야 하겠습니다. 아침에 저와 함께 가셔도 좋으시다면 그때 안내하겠습니다" 하고 말하더니 나를 여관까지 데려다 주고는 물러갔다.

붙잡혀서 군인이 될 뻔한 웨슬리

7월 3일 수 나는 9시까지 기다렸다. 그러나 유스틱 씨는 나타나지 않았다. 나는 그래서 셰퍼드 씨 보고 그가 묵고 있는 집에 가서 물어보라고 하였다. 그를 만났는데 우리가 있는 집으로 올 생각이었다는 것이었다. 그러나 한참을 기다렸는데도 오지 않아 다시 알아보니까 그 동리에 있는 다른 집으로 갔다는 것이었다. 나는 그리로 가서 물었다. "유스틱 선생이 여기 계십니까?" 한참 있다가 "네 목사님, 박사님 댁으로 가셔도 좋겠습니까?" 하고 말하였다. "선생님, 그러기 위해서 온 겁니다" 하고 내가 대답하였다. "네 목사님, 저는 채 준비가 안 되었습니다. 잠깐이면 됩니다. 목사님, 약 15분 후에 모시겠습니다. 윌리엄 첸홀(William Chenhall) 씨 댁으로 가겠습니다."

약 45분 있다가 오더니 타고 갈 것이 하나도 없는 것을 보고는 말을 가져오라고 해서 볼라스 박사네로 향해 갔다. 그러나 그는 서두르지를 않았다. 그래서 우리는 다만 3마일을 가는데 1시간 15분 동안이나 말을 탔다. 그 집 마당에 이르자 하인에게 "박사님 댁에 계신가?" 하고 그가 물으니까 "아닙니다. 선생님, 교회에 가셨습니다" 하고 대답하는 것이었다. 그러자 그는 즉시, "그럼, 목사님, 저는 위임사항을 완수했습니다. 목사님 저는 할 일을 다 해서 이제는 다 할 말은 없습니다" 하고 말하였다.

정오 경에 나와 셰퍼드 씨는 세인트 아이브즈에 도착하였다. 몇 시간을 쉰 다음에 우리는 그웬납으로 갔다. 집이 좁아서 거기 모인 사람들의 4분의 1도 못 들어갈 것 같아서 나는 문간에 섰다. 내가 성경 본문을 읽고 있는데 한 사람이 무덤에서 막 나와 미쳐 날뛰듯이 다가오더니 사람들 한 가운데로 말을 몰고 들어와 한 명씩 서너 사람을 붙잡았다. 그러나 아무도 손을 들어 그를 붙잡지도 않았다. 두 번째(소위 신사)가 곧이어 나타나더니 어찌 보면 첫 번째보다 더 광포하였는데, 다른 사람들을, 특히 셰퍼드 씨를 붙잡으라고 명령하였다. 사람들은 대부분이 전과 다름없이 꼼짝 않고 서서 찬송을 부르기 시작하였다. 일이 이쯤 되자 B 씨는 인내심을 몽땅 잊어버리고 있는 힘을 다하여 소리쳤다. "저 사람을 붙잡아. 저 사람을 붙잡으란 말야. 저 설교자를 폐하의 군인으로 끌고 가게 붙잡아" 그러나 아무도 꼼짝을 안했다. 그러자 그는 말을 타고 이리 저리 뛰면서 그의 부하들 여럿을 때리며 명령대로 하지 않는다고 욕을 퍼부었다. 그래도 그들이 움직이지 않을 것을 알아채고는 자기가 직접 하겠다고 큰소리치면서 말에서 뛰어 내리더니 나의 목사 가운을 붙잡고 소리를 쳤다. "나는 폐하의 군인으로 당신을 데려갑니다." 하인 한 사람이 그의 말을 끌고 그는 내 팔을 붙잡고 갔는데 우리는 팔을 끼고 약 1킬로 정도를 그렇게 갔다. 그는 길을 가면서 내내 '감리회에 속한 친구들의 나쁜 점들' 을 들려주느라고 애를 쓰며 갔다. 그가 숨을 돌릴 때 내가 말을 했다. "선생님, 일을 할 것은 해야 하겠지만 당신 말씀대로 폐하의 군인이 되라고 나를 데려간다지만 나를 이런 식으로 붙잡아서 폭력으로 끌고 가는 것을 정당화할 수는 없을 것입니다." 그러니까 그가 대답하기를 "내가 목사님을 붙잡아요. 폭력으로 끌고 가요. 아닙니다 목사님, 아닙니다. 절대로 그런 건 없습니다. 저는 목사님에게 우리 집으로 가시자고 하는 겁니다. 목사님도 그렇게 하시겠다고 하시지 않았습니까? 그렇다면 목사님을 환영합니다. 그렇지 않으시다면 목사님이 가시고 싶은 대로 가셔도 좋습니다" 하는 것이었다. 그래서 나는 대답하였다. "선생님, 이런 상황에서 난동을 부리는 사람들 사이로 내가 무사히 돌아갈 수 있을지 모르겠습니다." 그가 말하였다. "목사님, 제가 직접 모시고 가겠습니다." 그리고는 자기 말을 가져오라고 하고 또 한 필을 나에게 가져오라고 한 후에 우리는 그가 나를 붙잡았던 곳으로 말을 타고 함께 돌아왔다.

7월 4일 목 팔무스(Falmouth)로 말을 타고 갔다. 오후 3시경에 나는 오랫동안 몸이 불편해 있던 부인을 한 사람 보러 갔다. 내가 자리에 앉자마자 수를 헤아릴 수 없는 많은 사람들이 사방에서 그 집을 에워쌌다. 엄청나게 크고 어지러운 소리가 일어났는데 폭풍이 그 도시를 뒤덮어도 그보다 요란할 수는 없었을 것이다. 처음에는 B여사와 그녀의 딸이 그 사람들을 조용하게 하느라고 애를 썼다. 그러나 그것은 허사였다. 차라리 노한 바다를 잔잔하게 하는 편이 더 쉬웠을 것이다. 그들은 곧 우리에게 해보라면서 물러났다. K. E. 와 내가 그들을 진정시켜 보라는 것이었다. 그 난동꾼들은 목청을 있는 대로 돋우어 "카노룸(Canorum)을 끌어내라! 카노룸은 어디 있냐!" (카노룸이란 특별한 뜻이 없는 말인데 콘월 지방의 사람들은 감리교인을 보통 그렇게 불렀다)

아무 대답이 없자 그들은 재빨리 바깥문을 강제로 열고 들어와 복도를 메웠다.

이제 우리들 사이에는 판자벽이 하나 남았을 뿐이었다. 그것도 오래 견디지는 못할 것 같았다. 그 벽전체가 한꺼번에 쓰러질 것 같이 생각 되어서 거기에 걸려 있던 커다란 거울을 얼른 떼어 놓았다. 그들이 지독하게 저주와 악담을 퍼붓기 시작하니까 가련한 킷티(Kitty) 양은 몹시 놀라서 소리쳤다. “아, 목사님, 우리는 어떻게 해야 되지요?” 나는 “기도해야 됩니다” 하고 말했다. 그 순간에 정말 우리는 어떻게 보더라도 우리의 생명이 경각에 달려있다고 볼 수밖에 없었다. 그녀가 물었다. “그렇지만 목사님, 몸을 숨기시는게 더 낫지 않겠어요? 벽장이라도 숨으세요.” “아니오, 바로 내가 지금 있는 곳에 그대로 서 있는 것이 제일 좋습니다.” 나는 대답했다. 바깥에 있는 사람들 가운데는 최근에 입항한 사략선(私掠船 전시에 적의 상선을 나포할 수 있는 허가를 받은 민간 무장선 — 역주)의 승무원들도 끼어 있었다.

그 중의 어떤 자들은 나머지 사람들이 느리게 구는 게 화가 나서 그들을 밀어 제치고 함께 다가 와서는 안쪽 문에다 어깨들을 대고 소리쳤다. “영차, 영차!” 경첩들이 단번에 물러나더니 문이 방 안쪽으로 쾅하고 떨어졌다.

나는 즉시 그들 가운데로 나서며 말했다. “자, 내가 여기 있습니다. 여러분 중에 누가 나에게 할 말이 있습니까? 여러분 가운데 누구에게 내가 잘못한 일이 있습니까? 당신에게요? 아니요 당신요? 그러면 당신요?” 나는 계속해서 말을 하면서 (그들이 내 얼굴을 똑똑히 보도록 하기 위해서 일부러 모자를 놔두고) 한길 복판까지 모자를 쓰지 않고 나가서 음성을 높여서 말했다. “이웃 사람들이여, 동포들이여! 내가 말하는 것을 들으시겠습니까?” 그들은 열렬하게 소리쳤다. “네. 물론이죠. 말씀하십시오. 말씀하셔요, 아무도 방해 안 할 겁니다.” 그러나 올라 설 것도 없고 땅바닥이 어디 올라온 데도 없어서 내 말이 몇 사람에게 밖에는 잘 안 들렸다. 그렇지만 나는 쉬지 않고 내 목소리가 될수록 멀리 들리도록 이야기 하였다. 사람들은 잠잠했다. 그러더니 그들의 대장격인 사람 한두 명이 돌아서서 소리쳤다. 아무도 나에게 손가락 하나 못 댄다는 것이었다. 이때에 토머스(Thomas) 목사가 와서 말했다. “여러분! 낯선 손님을 이렇게 대하다니 부끄럽지도 않습니까?” 그의 말에 동조하는 동리 사람들이 여럿 나섰는데 그 중에는 시의원도 끼여 있었다. 나는 그와 함께 길을 걸으면서 내내 이야기를 나누었고 매던(Maddern) 여사 댁에까지 갔다. 그 신사들은 내 말을 거기까지 끌어오도록 하고 그 사이에 잠시 들려서 쉬어가라고 제안하였다. 그러나 다시 생각해 보더니 내가 그 사람들 속으로 다시 가도록 하는 것이 그리 좋을 것 같지 않다고 판단을 하고는 내 말은 먼저 펜린(Penryn)으로 보내고 나는 거기서 배편으로 보내는 것이 좋겠다고 결정을 하였다. 마침 그 집 뒷문 가까이 바다가 있었다.

하나님의 손길이 여기서 이렇게 쉽게 나타나는 것은 왈살에서도 못 보았고 전에도 보지 못했던 일이었다. 거기서는 나와 함께 죽기까지도 하겠다던 동지들이 많이 있었지만, 여기서는 B여사네 집 문밖을 나오기가 무섭게 얼른 나에게서 달아날 만큼 순박한 소녀 한 명 외에는 친구조차 한 명 없었다. 거기서는 몇 대 맞기도 하고 옷자락 한쪽을 찢기기도 하고 흙을 덮어 쓰기도 하였으나 여기서는 모르기는 하지만 수백 명이 손을 들어 나를 치거나 돌을 던지려고 하였다. 그러나 한결같이 도중에 막혔고 그 결과 한 사람도 손가락조차 하나도 나에게 대지를 못했고 처음부터 끝까지 아무것도 던지지 못했다. 그래서 내 옷에는 흙먼지 하나 안 묻었다. 하나님께서 기도를 들으시고 하늘과 땅 어디서나 권능을 가시고 계신 분이시라는 것을 누가 부인할 수 있는가?

5시 반경에 나는 배를 탔다. 깡패들이 많이 동리 끝에서 기다리고 있다가 내가 저희들 손에서 빠져나가는 것을 보고는 입으로만 분풀이를 하였다. 그러나 극렬분자 몇몇은 내가 배에서 내리면 붙잡을 생각으로 바닷가를 따라 뛰어왔다. 바다에서부터 나는 가파른 좁은 길을 걸어 올라갔는데 그 꼭대기에는 제일 앞장 선 사람이 서있었다. 나는 그의 얼굴을 들여다보면서 말했다. "편히 주무시길 바랍니다." 그러자 그는 "지옥에나 가시길 바랍니다" 하고 말하고는 저희 친구들이 있는 곳으로 돌아갔다.

내가 저녁에 설교하기로 되어 있었던 웬드런(Wendron) 교구 안에 있는 톨칸(Tolcarn)이 보이는 곳에 들어서자 목숨을 걸기나 한 듯이 많은 사람들이 내게 달려와서 하는 말이 더 이상 가지 말라는 것이었다. "왜 못갑니까?" 그들이 말했다: "교회위원들(church-wardens)과 경찰관들과 교구의 모든 책임자들이 언덕 꼭대기에서 목사님을 붙잡겠다고 기다리고 있습니다. 그들은 헬스토운(Helstone)에서 모인 판사들이 발부한 특별 영장을 가지고 있습니다. 그 판사들은 목사님을 연행해 올 때까지 거기서 기다린답니다." 나는 똑바로 언덕 위로 올라가서 보니까 정장을 하고 말을 탄 사람들이 너댓명이 있기에 곧장 그들에게 다가가서 말했다. "여러분, 나에게 할 말이 있습니까? 내가 존 웨슬리입니다."

그 중의 한 사람은 이 말을 듣고 매우 화를 냈다. 내가 "미스터 존 웨슬리입니다" 하고 점잖게 말을 하지 않아서 그랬던 모양이다. 내가 그토록 대담하게 말을 하지 않았더라면 일이 어떻게 되었을지 모르겠다. 그러나 그때 (우연히 그렇게 되었다고 자신이 말을 하였지만) 레드루스의 콜린스 목사가 지나가게 되었다. 그가 나에게 달려와서 인사를 하더니 옥스퍼드 시절부터 나를 알았다고 하였다. 처음에 나와 맞섰던 사람은 이제 조용해졌고 또 하나의 다른 논쟁이 시작되었다. 이런 식의 설교가 무슨 유익이 되었느냐 하는 것이었다. 나는 사실 자체를 직시해야 할 것을 역설하였다. (여러 말을 한 끝에) 그는 "사람들이 현재로서는 나아졌습니다" 하고 인정하였다. 그러나 이렇게 덧붙였다. "확실히 말해서 사람들이 어느 때보다 더 나빠지지 않을지는 몰라도 차차 도로 나빠질 것입니다."

그가 말을 타고 사라진 후에 말을 타고 있던 사람 가운데 한 명이 말하였다. "목사님, 잠깐 말씀 드릴게 있습니다. 성문까지 같이 가시지요." 그래서 그렇게 했다. 그런데 그가 이렇게 말했다. "목사님, 일이 이렇게 된 근거를 말씀드리겠습니다. 지금 여기 사는 모든 사람들은 말하기를 목사님이 오랫동안 프랑스와 스페인에 가 계셨는데 참주(僭主 스튜어드 왕가의 회복을 도모한 찰스 에드워드 — 역주)에 의해서 이곳으로 파견되었고 뿐만 아니라 모든 감리회가 거기에 동조하도록 되어 있다는 것입니다." 아니, '여기 사는 모든 사람들' 이 자신의 양심을 속이며 거짓말은 분명히 안하겠지!

나는 여기서 수마일 떨어진 곳에 있는 친구네 집으로 갔는데 일하는 사람이 얼마나 단잠을 자는 가를 알았다. 소식을 듣자니 여기에도 '이런 식의 설교를 듣기를 간절히 원하는 사람들이 많이 있으나 두려워 감히 들으려고 할 사람이 없다는 것이었다. 유력한 모인사는 안 된다고 선언을 하였을 뿐 아니라 사람들이 교회에서 나올 때 모든 회중 앞에서 "이 교구에서 누구를 막론하고 감히 이 사람의 설교를 들으면 그 사람은 크리스마스 축제를 우리 집에서 가질 때 못 옵니다!" 하고 말하였다는 것이다.

7월 6일 토 나는 셰퍼드 씨와 함께 말을 타고 그웬납으로 갔다. 여기도 와서 보니까 사람들이 지독하게 놀라고 당황하고 있었다. 한 떼의 생철공들이 일부러 술이 잔뜩 취해서 무서운 일을 벌일 것이라는 전갈이 왔다. 나는 그들의 마음을 안정시키려고 무척 애를 썼으나 두려움에는 귀가 달려 있지 않아 내 말이 먹히지를 않았다. 그래서 상당수의 사람들이 가버렸다. 나는 나머지 사람들에게 "원수를 사랑하라"는 말씀을 가지고 설교를 하였다. 나중에 알고 보니까 이것은 허위 경고였다는 것이 드러났다. 사람들이 하나님의 말씀을 듣지 못하게 하려는 악마의 술책이었다.

7월 7일 주일 새벽 5시에 조용한 회중 앞에서 설교를 하였고 8시경에는 스티시언즈(Stithians)에서 설교하였다. 저녁 6시와 7시 사이에 우리는 톨칸으로 갔다. 폭도들이 또 몰려 올 것이라는 이야기를 듣고 나는 즉시 설교를 시작하였다. 채 15분도 못 되었는데 그들이 눈에 나타나기 시작하였다. 트로운스(Trounce)라는 사람이 말을 타고 먼저 와서 말을 하기 시작하였는데 그의 동료들이 그를 거칠게 가로막았다. 그러나 나는 높은 담에 서서 그들을 응시하고 있었는데 많은 사람들이 부드러워졌을 뿐 아니라 점점 조용해졌다. 그런데 그들의 대장격인 사람들이 슬슬 돌아가다가 갑자기 나를 밀어냈다. 그러나 떨어지면서 오뚝 내려서서 다친 데는 없었다. 가만히 보니까 말을 타고 있는 사람들 가운데 제일 유순한 사람이 곁에 있기에 그의 손을 꽉 잡고 충고를 하였다. 설득을 당한 정도 이상이었다. 그 사람 뿐 아니라 그의 친구들도 점점 부드러워지더니 마침내 우리는 서로 점잖게 헤어졌다.

7월 8일 월 5시에 "깨어서 기도하라"는 말씀에 관하여 설교하였다. 회중은 조용한 가운데 진지하게 들었다. 그 다음에 우리는 말을 타고 세인트 아이브즈로 갔다. (세월도 물론 변했지만) 여기가 이제는 콘월에서 가장 조용하고 품위 있는 구역이 되었다.

7월 9일 화 세인트 저스트에서 내가 설교를 시작하자마자 E 선생이 다시 와서 내 손을 잡고는 자기와 같이 가야겠다는 것이었다. 소란이 일어나는 것을 피하기 위하여 함께 갔다. 그의 말이 내가 앞으로 한 달 동안은 세인트 저스트에 다시 오지 않기로 지난 주에 약속을 하였다는 것이었다. 내가 그런 약속을 한 일이 절대로 없었다고 강력히 부인하였다. 약 반 시간 후에 그는 나를 내가 묵는 여관으로 도로 데려다 주었다.

7월 10일 수 (모르바의 트레보난에서) 나는 저녁에 "목마른 자는 다 물에 나오라"는 말씀을 가지고 설교를 하였다. 그런데 15분도 채 못 되어서 경찰관 한 명이 자기 동료들과 함께 와서는 소요 취제령을 읽었다. 다 읽기를 기다려서 나는 그에게 말했다. "우리는 당신의 요구대로 하겠습니다. 한 시간 내에 해산하겠습니다." 이 말을 하고 나서 나는 설교를 계속 하였다. 설교를 끝낸 후에 나는 우리 감리회 사람들끼리만 모일 생각이었다. 그러나 다른 사람들 역시 상당수가 열심히 따라왔기 때문에 도저히 돌려보낼 수가 없었다. 나는 그들에게 그리스도께서 우리를 사랑하신 것 같이 원수를 사랑하라고 권면하였다. 그들 모두는 큰 감동을 받았다.

7월 25일 목 나는 무사히 브리스틀로 돌아왔다. 하나님께 감사한다. 이 평화스런 곳에 오자 내 육신과 영혼이 모두 상쾌해졌다. 8월 1일 목요일부터 며칠간 우리는 제 2차 대회를 가졌다. 우리의 많은 형제들이 우리 가운데 살아서 역사하시는 말씀을 열심히 연구하였다.

9월 9일 월 런던을 떠나서 다음 날 아침에는 노샘프턴으로 도드리지(Dodridge) 박사를 찾아갔다. 그 시간은 보통 그가 가르치는 젊은 사람들에게 성경을 가르치는 시간이었다. 그는 자기 대신 내가 그 시간을 맡아주기를 바랐다. 이것은 씨가 전혀 헛되게 뿌려지지는 않았다는 의미도 될 것 같다.

9월 12일 목 리즈(Leeds)에 가서 5시에는 설교를 하였고 8시에는 감리회의 모임을 가졌다. 끝난 다음에 집에 돌아가는 길에 군중들이 흙덩어리와 돌을 굉장히 많이 우리에게 던졌다. 다음 날 저녁에는 회중들도 훨씬 더 많았지만 돌아오는 길에 군중들 역시 그만큼 더 많았는데 기승을 부리면서 투스카니(Tuscany)의 공작(Duke)이 황제가 되었다는 기쁨으로 들떠서 우리의 머리를 깰 것 같이 달려들었다. 이 얼마나 암담한 생각인가! 하나님이 복을 주시려고 하셔도 수많은 영국 사람들이 그것을 받아들이지 못하는 이유는 그들이 축복을 오히려 저주가 되게 하기 때문이다. 예를 들면, 하나님이 그들을 도우셔서 원수들을 누르고 이기게 하시려고 해도 할 수 없는 것이 그들 스스로가 동족을 찢으려고 하기 때문이다. 그들이 제 나라에서 조용히 사는 사람들을 죽임으로써 하나님께 감사하는 일을 대신할까봐 하나님은 그들에게 승리를 안겨 줄래야 주실 수가 없는 것이다.

9월 18일 수 5시에 뉴캐슬에 도착하였는데 마침 알맞은 시간이었다. 그곳 주민들 대부분이 극도로 놀라 있었다. 바로 전날 새벽 2시에 참주(僭主)가 에든버러에 들어왔다는 뉴스가 막 들어와 있었다. 저녁에는 큰 군중이 우리와 함께 있었는데 나는 요나서 3장을 해설하면서 특히 "하나님이 혹시 뜻을 돌이키시고 그 진노를 그치사 우리로 멸망치 않게 하시리라"는 말씀을 강조하였다.

9월 19일 목 시장 리들리 씨가 모든 세대주를 다 소집하고 그들의 재산과 생명이 위협을 받고 있기 때문에 공동의 적에 대항하여 그 고장을 지킨다는 서약을 하는 문서를 내어 놓고 동조하기를 구했다. 공포와 어두운 그늘이 꽉 덮였다. 그러나 하나님의 얼굴에 광채를 본 사람들만은 예외였다. 우리는 저녁에 함께 큰 기쁨을 나누었다. 하나님이 내 마음에는 물론 많은 사람들의 마음속에 이 말씀을 주셨다. "무서워하지 말라 십자가에 못 박히신 예수를 너희가 찾는 줄을 내가 아노라" (마 28:5)

9월 20일 금 시장은 경비병 몇 중대가 이미 투입되어 있는데도 모든 주민이 무장을 하고 교대로 경비를 하도록 명령을 내렸다. 그리고 필그림스트리트 대문도 폐쇄하도록 명령을 하였다. 우리들의 집이 문밖에 있었기 때문에 많은 사람들이 우리 때문에 걱정을 하기 시작하였다. 그러나 천만의 말씀이다. 주님을 믿는 모든 사람에게 주님은 불 담이 되신다.

나는 우리의 모든 형제들에게 이런 때에 금식과 기도로 하나님께 매어달리자고 하였다. 1시경에 함께 모여서 우리의 온 영혼을 주님 앞에 내어놓고 기도하였고 주님이 우리에게 평화의 응답을 해주실 것을 믿었다.

시장에게 보낸 웨슬리의 편지

9월 21일 토 이 날 일어났던 일에 관한 뉴스가 들어왔다. 코프(Cope)장군의 패배였다. 경비병을 배가하고 팬던(Pandon) 대문과 샐리포트(Sallyport)대문을 폐쇄하라는 명령이 내려졌다. 오후에 나는 다음과 같은 편지를 보냈다:

"뉴캐슬 시장 각하에게

본인이 시청으로 각하를 방문하지 않은 것은 각하를 존경하는 마음이 없어서가 아닙니다. 나는 각하의 직무와 그 직무를 수행하기 위한 각하의 열정에 상당한 존경심을 가지고 있습니다. 정말 모든 치안 판사들이 각하의 모범을 따를 수 있다면 얼마나 좋겠습니까? 뿐만 아니라 조지 왕 폐하에 대한 충성심만 갖는다고 해도 사태는 좀 다를 것입니다. 이런 상황에서 내가 나타나는 것이 얼마나 필요한지 또 타당한 일인지를 잘 모르겠습니다. 본인은 뉴캐슬에 아무 재산도 가지고 있는 것이 없습니다. 내게 있는 것은 다만 그때그때 내가 먹을 수 있는 양식과 일 년에 단 몇 주일 쓰는 조그만 방 하나 밖에는 없습니다.

내가 존경을 하고 내 친아버지 못지않게 사랑하는 폐하를 위해서 할 수 있는 것은 다만 날마다 사람들이 모였을 때나 혹은 개인적으로나 왕 폐하의 원수를 모두 무찔러 주시기를 하나님께 기도할 뿐입니다. 나는 내 설교를 듣는 사람들에게도 나와 꼭 같이 하기를 권합니다. 나는 가는 곳마다 그들에게 그들이 충성심을 발휘하도록 권면합니다. 그들이 하나님을 두려워하는 한 왕 폐하를 존경할 수밖에 없다는 것을 강조합니다.

본인은 이 자리로 빌어서 진심으로 각하에게 몇 마디를 덧붙이고자 합니다. 본인은 각하께서 하나님의 나라가 만유를 통치하고 계신다고 하는 깊은 신앙을 가지고 계신 것을 알고 또 각하께서 하나님을 두려워하는 것을 확신합니다. 그렇다면 (한 가지 묻겠습니다) 우리가 비록 우리의 죄로 하나님을 슬프시게 해드리기는 했지마는 그분에게로 피하지 않고는 우리가 누구의 도움을 받으리라고 생각하십니까? 각하, 이와 같이 불경스런 일들과 죄악이 넘쳐 흐르는 것들을 제지할 수는 없겠습니까? 여러 가지 극심한 죄악과 술 취함과 불경스런 것들이 아무런 제재도 없이 우리의 시가지에서 판을 치고 있는 것을 어떻게 생각하시겠습니까? 본인은 그래서 이와 같은 것들을 각하에게 제안하고자 합니다. 이번 일에서 뿐만 아니라 모든 일에 있어서 각하께서 섬기는 하나님이 각하를 인도해 주시기를 기도하십시오. 이를 위해서 본인은 매일 기도합니다.

그리스도의 충실한 종

J. W."

무수한 난관 속에서의 설교

9월 22일 주일 성벽 위에는 대포가 세워졌고 공격에 대비할 수 있는 만반의 태세를 갖추었다. 한편 우리의 가련한 이웃들은 어느 편에서나 그들의 물건을 대피시키느라고 무척 바빴다. 그 시가지에 있는 대부분의 집들은 가구나 사람이나 하나도 남기지 않고 텅텅 비었다. 성내에 사는 사람들은 너나 할 것 없이 그들의 돈과 재산을 옮기느라고 분주히 돌아갔다. 시간마다 점점 더 많은 사람들이 할 수 있는 대로 빨리 남쪽으로 말을 몰았다. 8시에 나는 가톨릭 성당 근처 광장에 있는 게이츠 헤드(Gates' Head)에서 세계를 다스리시는 하나님의 지혜에 관하여 설교하였다. 이 세상 모든 일들이 복음을 더 널리 전파하는데 함께 도움을 주고 있는 것을 느낄 수 있다.

이 주간 내내 북쪽으로부터의 위험은 더 계속되었고 날이 갈수록 폭풍은 더 가까이 다가오고 있는 것 같이 보였다. 일이 이쯤 되니까 우리가 성 밖에서 계속해서 머물 수 있다는 것은 거의 불가능할 것으로 생각하는 사람들이 많았고 그래서 우리에게 빨리 피난을 가라고 말해주는 사람들이 있었다. 왜냐하면 성문 꼭대기에 세워 놓은 대포들이 불을 뿜기 시작하면 우리 주변에 있는 모든 집들을 박살을 낼 것이라고 생각했기 때문이다. 이 말을 듣고 나는 하나님의 섭리에 감탄하지 않을 수 없었다. 왜냐하면 대포를 모두 쏘아대도 우리 집은 다치지 않게 만들어졌고, 둘째 뉴게이트(Newgate)에 세워놓은 대포는 바로 우리 쪽에 있기 때문에 우리에게는 안전했다. 그 뿐만 아니라 필그림 가에 세워놓은 대포들도 우리 집은 하나도 다치지 않게 되어 있기 때문이다. 금요일과 토요일에는 거짓말을 잘하는 사람들이 있어서 온 마을 사람들은 겁을 먹었다. 그들은 마치 반란군들이 곧장 그들을 삼킬 듯이 달려들고 있다고 이야기를 전했기 때문이다. 이런 뉴스를 접하고 경비병들은 점점 증가되었다. 동시에 수많은 지방민들이 그들의 하인과 말을 타고 무기들을 가지고 몰려들었다. 북쪽에서 온 많은 사람들 가운데 한 사람이 간첩의 혐의가 있다고 해서 시장의 명령으로 체포되었다. 그 사람은 혼자 있게 되자마자 자기 스스로 칼로 목을 베었다. 그러나 의사가 곧 와서 상처를 수술해서 목숨은 건졌다. 그래서 그 사람으로부터 반란군의 모든 계획을 알 수 있었기 때문에 아주 효과적으로 방지책을 마련할 수 있었다.

9월 29일 주일 반란군이 대대적으로 남진을 하고 있다는 소식이 들어왔다. 그래서 늦어도 월요일 저녁쯤이면 뉴캐슬에 도착할 것이라고 생각되었다. 8시에 나는 게이츠헤드에서 여호와를 만날만한 때에 주님을 찾으라고 수많은 죄인들에게 역설하였다. 엘리슨(Ellison)씨는 그 나름대로 아주 진지한 설교를 했고 그래서 모든 사람들은 주님 앞에 고개를 숙인 것같이 보였다. 오후에 나는 그날의 성경 공과를 해설하였는데 야곱이 천사와 씨름을 한 이야기를 하였다. 모든 회중이 어찌나 감동 하였던지 나는 계속해서 새로운 이야기를 시작했고 그 이야기를 어떻게 끝을 내야할지 몰랐다. 우리는 힘차게 하나님께 기도하면서 그의 거룩한 곳으로부터 조지 왕 폐하에게 도움을 내려 달라고 간구하였다. 뿐만 아니라 죄가 많은 땅이기는 하지만 백성들이 다시 고향을 찾을 수 있도록 조금 더 오래 하나님께서 보존해 주시기를 기도하였다.

10월 8일 화 나는 허스크(Husk) 장군에게 다음과 같은 글을 썼다. 장군이 보내서 왔다고 하면서 어떤 무뚝뚝한 사람이 저녁에 나를 찾아왔습니다. 그는 2층에 올라오려고도 하지 않았고 심지어는 집안에 들어오는 것조차 거부하면서 내가 나갈 때까지 마당에 서 있었습니다. 그러고 나서 나에게 함께 시가지로 나가자고 요청하였습니다. 거기 가서 나에게 말하기를 "목사님 댁에 만들어 놓은 저 총구멍 있는 흉벽들을 다 헐어내십시오. 그렇잖으면 내일 장군께서 오셔서 그것들을 다 부셔버릴 것입니다."

장군님 이것이 나에게는 아무것도 아닙니다. 솔직히 말씀드려서 그 사람이 누구이던지 간에 그가 이런 식으로 하고, 같은 왕 폐하의 백성의 한사람인 나에게 이와 같은 위급한 시기에 그렇게 행동하는 것은 정말 온당한 일은 아닙니다.

만약 왕 폐하를 섬기는 데 도움이 된다면 총을 쏠 수 있는 그 흉벽을 허물어 내는 것뿐만 아니라 집을 다 헐어내고 그 집의 일부나 또는 전부를 각하의 손에 맡기는 것쯤은 이미 준비가 되어있습니다.

10월 26일 토 나는 다음과 같은 편지를 리들리(Ridley) 시평위원에게 보냈다:

"시평의원님, 하나님을 두려워하고 조국을 사랑하고 조지 왕 폐하를 아끼는 마음에서 이와 같은 행동 원리에 어느 정도 익숙한 귀하에게 다만 몇 마디 간단하게 써 보내지 않을 수 없습니다.

뉴캐슬 거리를 걸어 다니면서도 실로 우리의 생명을 내어 맡긴 그 가련한 사람들의 몰상식하고 파렴치한 짓거리나 무지하기 짝이 없는 그런 타락한 태도를 보고 날마다 내 영혼은 고통을 받아 왔습니다. 일반적으로 군인들이 계속해서 퍼부어 대는 욕지거리와 저주와 하나님을 모독하는 그러한 말들은 그리스도인들이나 아니면 하나님을 믿지 않지만 정직한 시민들에게 말짱한 정신을 들을 때는 그 모든 욕지거리가 고문으로 들릴 수밖에 없습니다. 누구를 막론하고 하나님을 사랑하는 사람이든지 아니면 그들의 이웃을 사랑하는 사람들이 아무 걱정 없이 무관심하게 이런 이야기를 어떻게 감히 들을 수 있겠습니까? 특히 조국의 이익을 생각하던지 아니면 불행한 그 사람들 자신들을 생각할지라도 어떻게 무관심하게 그런 소리를 들을 수 있겠습니까? 왜냐하면 하나님을 면전에서 날마다 모욕하는 그런 사람들 편에 하나님이 서 주시기를 어떻게 기대할 수 있겠습니까? 뿐만 아니라 하나님이 그들 편에 서시지 않는다면 그들이 수적으로나 용기로나 힘으로 어떻든 간에 그들이 어떻게 이길 수 있겠습니까?

도대체 이런 사람들의 영혼을 걱정해 줄 사람이 아무도 없단 말입니까? 의심할 것 없이 그런 사람들을 위해서 걱정하는 사람이 있을 것입니다. 그러나 내가 정확하게 들은 대로 말씀드리자면 그들을 위해서 염려할 사람들이 많이 있을 뿐만 아니라 그들은 봉급도 많이 받지만 실제로 아무것도 하지 않는다는 사실입니다. 그들이 잘못하는 일을 내가 조금이라도 어쩔 수 있는 능력이 있다면 얼마나 좋겠습니까? 나는 다만 (내가 이곳에 머무는 동안) 하루에 한두 번 어느 시간, 어느 장소에서라도 이 가련한 죄인들을 불러서 회개하도록 할 수 있는 그런 마음의 준비를 하고 있습니다. 뿐만 아니라 나는 이 일을 위해서 아무 보수도 바라지 않습니다. 다만 우리 주님께서 나타나실 때 그 분이 갚아주실 것을 믿기 때문입니다.

본인을 개인적으로 장군을 아는 것이 아무것도 없습니다. 그러나 감히 이런 제안을 합니다. 나는 이곳에 관계되는 아무 이해가 없습니다. 그러나 내가 할 수 있는 한 우리 임금님과 조국을 위해서 기꺼이 봉사하겠습니다. 내가 할 수 있는 봉사가 아무 도움이 되지 않는다고 판단하시면 묵살하시고 잊어버리셔도 좋습니다. 그러나 귀하께서 진심으로 열정을 가지고 하실 수 있는 그 일에 대해서 나도 똑같은 영광스러운 의의를 발견하고 있다는 것은 믿어주시기 바랍니다.

당신의 충실한 종으로부터"

10월 27일 주일 나는 리들리 씨에게서 전갈을 받았다. 그는 내 제안을 장군에게 보내서 가능한 한 속히 그의 회답을 얻어서 나에게 보내겠다고 하였다. 내 자신의 영혼을 구하고 나는 11월 4일 월요일에 뉴캐슬을 떠났다. 9시가 채 못 되어서 여러 명의 전령을 만났다. 그들은 스코틀랜드로 진군하도록 되어 있는 그 명령을 철회하기 위해서 보내졌을 뿐만 아니라 반란군이 트위드(Tweed)를 지나 남쪽으로 계속 진군하고 있다는 것을 그들에게 알리기 위해서 보냄을 받은 사람들이다.

곳곳에 피운 모닥불

11월 5일 화 저녁에 리즈(Leeds)에 도착해 보니까 마을이 온통 모닥불로 뒤덮인 것 같았다. 사람들은 소리를 치고 총을 쏘아대고 욕지거리들을 늘어놓았다. 이것은 영국 사람이 축제를 하는 방식이기도 하다. 나는 즉시 내가 길에 오면서 들었던 이야기를 몇몇 치안 판사들에게 전갈을 해 보냈다. 이 소식은 순식간에 온 마을에 퍼졌고 그 결과는 상당히 좋았던 것 같다. 거리마다 법석을 떨고 있던 사람들은 일시에 사라졌고 모닥불이 몇몇 남아 있기는 하였지만 조그만 어린이들이 그 주위를 둘러서서 손을 쬐는 것 이외에는 별로 사람들이 눈에 띄지 않았다.

11월 7일 목 나는 체셔(Cheshire)에 있는 스테일리 홀(Stayley Hall)로 말을 타고 갔다. 여기까지 오는 길에 거의 마을 어귀마다 엄격하게 지켜 서 있는 수많은 경비원들에게 의해서 제지를 여러 번 당했다. 나는 마가복음 1장 15절에 관하여 거기서 설교를 했고 그 다음에는 브래드베리 그린(Bradbury Green)으로 말을 타고 갔다.

11월 8일 금 이웃에 사는 C박사가 웨슬리 목사는 이제 에든버러 근처에 있는 참주와 한편이 되었다는 소문을 퍼뜨렸기 때문에 그런 말을 듣고 나는 그에게 몇 줄 적어 보냈다. 앞으로 그는 진실에 대해서 좀 더 관심을 갖게 되든가 아니면 부끄러움을 당하게 될 것이다.

제7장

1746년~1748년

혹독한 기후 - 아일랜드 - 무법에 대한 웨슬리의 항의

1746년 3월 17일 월 나는 뉴캐슬을 떠나면서 다운스 씨와 셰퍼드 씨와 함께 출발하였다. 그러나 우리가 스네튼(Sneton)에 왔을 때 다운스 씨는 너무 아파서 더 이상 갈 수가 없었다. 셰퍼드 씨와 내가 스네튼을 떠났을 때 내 말이 지나치게 다리를 절어서 나도 꼼짝없이 발이 묶이지나 않나 하고 염려가 되었다. 우리는 무엇이 잘못되어서 그랬는지 알 수가 없었다. 어쨌든 그는 발을 땅에 잘 대지를 못했다. 그렇게 해서 7마일이나 갔을 때 나는 완전히 지쳤다. 최근 몇 달 동안 가끔 아팠던 것보다도 훨씬 더 머리가 아팠다(내가 여기서 말하는 것은 사실 그대로이다. 누구라도 믿는 사람은 유익을 얻을 것이다). 나는 그래서 이렇게 생각했다. "하나님이 사람이나 짐승을 어떤 방법으로라도 아니 아무것도 없이도 고칠 수 없을까?" 그와 동시에 내 피곤은 사라졌고 두통은 멈추었다. 그와 같은 순간에 내 말이 저는 것도 없어졌다. 그날뿐만 아니라 그 다음 날도 내 말은 잠시도 쉬지 않고 걸었다. 이거야말로 정말 기묘한 사건이었다.

5월 30일 금 (브리스틀에서) 나는 우연히 한 귀여운 여인을 만났다. 그는 가련하게도 안절부절 못했다. 그녀는 최근에 아일랜드에서 왔는데 극장에서 배우가 되려고 하였다. 그 여인은 저녁에 교회에 들어와서 철야 기도까지 하였다. 그리고 거의 설득이 되어서 그리스도인이 되려고 하였다. 그녀의 확신은 며칠 동안 강하게 계속되었다. 그러나 그때 그녀의 친지들이 그녀를 찾았고 그 이후로 우리는 그 여인을 볼 수가 없게 되었다.

7월 6일 주일 (런던에서) 남녀 지도자들과 대체로 의견을 나눈 후에 우리는 감리회에 속한 아주 가난한 사람들이 차를 마시는 것을 끊기로 한다면 생활비를 상당히 많이 줄일 수 있을 뿐만 아니라 시간이나 돈이나 건강을 해치지 않으리라는

데에 합의를 보고 우리가 먼저 솔선수범하기로 결의하였다. 수십 년간 계속되어 온 습관을 끊어버린다는 것이 얼마나 어려운가도 생각을 했다. 따라서 처음 3일 동안은 온종일 머리가 아팠다. 그래서 아침부터 밤늦게까지 반은 잠이 들어있는 상태였다. 사흘째 되는 날 수요일 오후에 내 기억력은 거의 완전히 마비가 된 것 같았다. 저녁에 나는 이것을 고쳐달라고 기도하였다. 목요일 아침에 내 두통은 사라졌다. 내 기억력은 어느 때 못지않게 왕성해졌다. 뿐만 아니라 조금도 불편한 것이 없었고 바로 그날부터 오늘에 이르기까지 유익한 많은 것을 얻게 되었다.

7월 17일 목 나는 내 친구들 사이에서 대출 기금 조성을 위한 모금을 종결지었다. 30파운드도 채 못 되었으나 후에 몇 사람들이 더 보태서 50파운드가 되었다. 이 금액은 대수롭지 않았지만 1년 동안 250명의 사람들이 혜택을 입었다.

웨슬리, 혹독한 날씨를 만나다

1747년 2월 10일 화 (런던에서) 내 동생이 북부로부터 돌아왔기 때문에 나는 그가 있을 곳을 마련하느라고 준비를 하였다. 15일 주일에는 내가 몹시 약했고 현기증이 났다. 그러나 16일 월요일에는 3시가 조금 지나서 일어났는데 기운이 나고 생생하였다. 내 모든 불평은 꿈과 같이 다 사라져 버렸다. 바로 전날 날씨가 너무 따뜻해서 나는 놀랐다. 내가 여행하는 중에 그런 날씨는 별로 없었다. 그러나 내 놀람은 금방 사라졌다. 강한 폭풍이 불어치기 시작해서 어찌나 세고 따가웠는지 우리가 하트필드(Hathfield)에 왔을 때는 나나 내 동행들이 도대체 손발을 쓰지 못할 지경이 되었다. 한 시간쯤 거기서 쉰 다음에 우리는 눈보라를 헤치고 다시 갔는데 눈보라는 온통 우리의 얼굴로 휘몰아쳤다. 그러나 이것은 한 번 지나가는 일진광풍에 지나지 않았다. 우리가 발도크 필드(Baldock Field)에 있었을 때 진짜 폭풍이 시작되었다. 커다란 우박이 어찌나 지독하게 우리 얼굴을 때렸는지 우리는 볼 수도 없었고 거의 숨을 쉴 수조차 없었다. 그러나 2시가 조금 못되어서 우리는 발도크에 도착했는데 거기서 한 사람이 마중을 나와 우리를 무사히 포텐(Potten)까지 안내하였다.

이어서 6시경에 나는 아주 진지한 회중 앞에서 설교를 하였다. 17일 화요일에 날이 밝자 우리는 곧 길을 떠났다. 그러나 앞으로 나간다는 일은 무척 어려운 일이었다. 서리가 너무 두텁게 깔렸을 뿐만 아니라 온통 길이 눈으로 뒤덮여서 말이 겨우 서 있도록 하는 것만도 무척 고생스러웠다. 한편 바람은 점점 더 거세게 일어나서 사람과 말을 한꺼번에 뒤덮을 만큼 강해졌다. 그러나 바그덴(Bugden)에서 잠시 휴식을 취한 다음에 우리는 계속해서 길을 갔다. 그런데 들판 한복판에서 우리는 비와 우박이 북풍과 함께 쏟아지는 것을 그대로 맞았다. 전혀 구경도 못해본 것이었다. 크고 작은 우박들 그리고 비가 우리의 코트와 장화 그리고 온통 안 스며드는 데가 없이 휘몰아쳤다. 그리고 떨어지는 즉시 얼어버렸다. 심지어는 눈썹에 떨어진 것까지 즉시 얼어붙었다. 그래서 우리가 스틸턴(Stilton)에 있는 여관에 도착했을 때는 기운이 하나도 없었고 움직일 힘조차 없었다.

눈이 점점 더 세차게 내려서 우리는 그란트햄(Grantham)까지 갈 수 있는 희망을 이제 포기하게 되었다. 그러나 우리는 강풍을 등지고 가는 여정 때문에 최선을 다해서 스탠포드 히드(Stanford Heath)까지 갈 수 있었다. 그러나 여기서는 바람에 불려 쌓여진 많은 눈 때문에 새로운 어려움이 생겼다. 때때로 말과 사람이 거의 눈에 파묻힐 뻔하였다. 그러나 한 시간이 채 못 되어서 우리는 무사히 스탠포드(Stanford)까지 갈 수 있었다. 조금이라도 할 수 있는 대로 더 멀리까지 가지 위해서 우리는 여기서 잠시 밖에는 쉬지 않았다. 그래서 해질 무렵에 우리는 몹시 춥고 지쳤지만 그러나 건강하게 브릭카스터톤(Brigcasterton)이라고 불리는 작은 마을에 도착하였다.

2월 18일 수 하인이 올라와서 말을 하였다. "목사님 오늘은 여행을 못하십니다. 지난 밤에 눈이 어찌나 많이 왔는지 온통 길이 다 막혀 버렸습니다." 나는 그에게 말했다. "우리가 가지고 있는 말을 타고 최소한 하루에 20마일만 갈 수 있으면 됩니다." 그래서 하나님의 이름으로 우리는 출발하였다. 북동풍이 칼로 저미듯이 날카롭게 불었을 뿐만 아니라 눈을 지독하게 몰아붙여서 큰 길로도 갈 수가 없게 되었다. 그러나 우리는 때로는 걸어서 때로는 말을 타고 갔다. 드디어 우리는 그란트햄에 있는 화이트 라이언(White Lion)까지 갔다. 그린스비(Grinsby)에서 온 몇 사람들이 여기서 우리를 만나기로 되었으나 그들이 와 있다는 소식을 하나도 듣지 못하였다. (실수로 그 사람들은 다른 집에 머무르고 있었다.) 한 시간쯤 휴식을 취한 다음에 우리는 곧장 엡워스를 향하여 길을 떠났다. 길에서 우리는 목사 한 사람과 그의 하인을 만났으나 나는 치통 때문에 입을 열 수가 없었다. 우리는 5시경 뉴아크(Newark)에 도착하였다.

연광(鉛鑛) 광부들 앞에서 행한 설교

3월 24일 화 나는 뉴캐슬에서 약 20마일 떨어진 블란치랜드(Blanchland)로 갔다. 사방을 둘러싼 산맥은 아직도 흰 눈으로 덮여 있었다. 그 가운데 꼬불꼬불한 작은 계곡이 있고 그 사이로 더웬트(Derwent) 강이 흐르고 있었다. 강기슭에 작은 마을이 있었는데 그것은 폐허와 다름이 없었다. 아직도 남아있는 성 옆에 굉장히 큰 대성당이 있었던 것 같다. 건물 한편에 있는 교회 마당에 나는 섰다. 내가 선 곳은 커다란 묘비가 있는 자리였는데 내가 기도하고 있는 동안에 모든 회중은 그 주변 잔디 위에 무릎을 꿇고 둘러 앉았다. 이들은 각처에 흩어져 있는 연광에서 모인 사람들로서 그 중에는 6마일 떨어진 알렌데일(Allandale)로부터 온 사람들도 많이 있었다. 그 반대편 벽에는 작은 어린이들이 줄을 지어 앉아 있었는데 모두들 아주 조용했다. 모든 회중은 그들의 진지한 표현으로 봐서 내가 하는 말 한 마디 한 마디를 들여 마시는 것 같이 보였다. 그것은 마치 하나님께서 이 광야로 하여금 기쁨에 넘쳐 노래하도록 하는 것같이 생각할 수밖에 없었다.

6월 24일 수 우리는 (브리스틀에서) 비어크로콤(Beercrocomb)으로 말을 타고 갔는데 그 다음 날 타비스토크(Tavistock)에 도착하기를 바랐다. 그래서 우리는 3시에 출발하였다. 4시에는 비가 내리기 시작했다. 우리는 7시가 조금 못되어서 코울스토크(Colestock)에 도착했는데 온몸이 흠뻑 젖었다. 우리가 집안에서 쉬는 동안에 비가 그쳤으나 우리가 말을 타고 길을 떠나면서부터 다시 비가 쏟아지기 시작했고 우리가 엑서터에 갈 때까지 내내 비가 왔다. 우리가 여기서 옷을 말리기 위해서 머무르는 동안에 나는 기회를 얻어서 "자유 소유권 보유자에게 부치는 글"(A word to a Freeholder)을 썼다. 3시가 지나서 우리는 즉시 출발 하였다. 그러나 8시가 거의 되어서야 겨우 오크햄프턴(Oakhampton)에 도착할 수 있었다.

6월 26일 금 우리는 정오가 조금 못되어서 타비스토크에 도착하였다. 그러나 그날은 마침 장날이어서 저녁 5시가 지나서야 설교를 하였다. 우리가 막 노래를 부르기 시작할 때 비가 쏟아지기 시작했는데 그것 때문에 많은 사람들이 흩어져 갔다. 설교를 마친 뒤에 스윈델스(Swindels) 씨를 거기에 남겨놓고 나는 플리머스 도크(Plymouth Dock)로 길을 떠났다.

플리머스까지 가는 길에 약 2마일을 남겨놓고 어떤 사람이 우리를 따라와서 바로 그 전날 밤에 그 곳에서 소동이 일어났는데 평화를 유지하기 위해서 거기에 왔던 순경이 매를 맞고 몹시 다쳤다는 소식을 전해 주었다. 우리가 그 곳으로 들어가는데 한 사람이 우리를 가로막고 오던 길로 도로 가라고 하였다. 그가 이유를 말했다. "하이드(Hide) 씨네 문간에서 수천 명이나 되는 사람들이 기다리고 있습니다." 우리는 곧장 그들이 있는 한 가운데로 말을 타고 갔다. 그들은 세 번씩이나 환호성을 지르면서 우리를 맞이하였다. 나는 즉시 말에서 내려서 그들 가운데 여러 사람들과 악수를 하고 이야기를 하기 시작하였다. 나는 한 시간만 그들하고 이야기를 하면 모든 것이 다 해결되리라고 생각하였다. 그러나 시간이 너무 많이 지나서 (그때는 이미 9시가 지났었다) 나를 안으로 들어가도록 설득했다. 그러자 폭도들은 다시 기운을 차리고 문과 창문을 두들기고 걷어차면서 야단법석을 떨었다. 그러나 10시쯤 되어서 그들은 지쳐서 각자 집으로 돌아갔다.

6월 27일 토 나는 4시에 설교를 하였고 그 다음에는 감리회에 속한 사람들을 여러 명씩 짝을 지어서 이야기를 하였다. 그들과 이야기하면서도 나는 그 중에서 하나님의 사랑을 아는 사람은 단 한 사람밖에 발견하지 못하였다. 그런데 조금 후에 내 동생이 왔다. 악마가 그렇게도 조용할 수 있었다는 것은 그리 놀랄 일이 못되었다. 왜냐하면 그가 소유한 것은 다 그대로 유지되고 있었기 때문이다.

저녁 6시경에 나는 지난해에 내가 설교하였던 곳으로 갔다. 우리의 찬송가 부르기가 채 끝나기도 전에 유명한 중위 한 사람이 수하의 병사들과 북을 치는 고수들과 깡패들을 이끌고 나타났다. 북소리가 그쳤을 때 이발사 한 사람이 말을 하기 시작했다. 그러나 그의 목소리는 군중이 지르는 고함소리에 금방 빨려들어 갔다. 그들의 숫자가 늘어남에 따라서 그들은 점점 더 맹렬해지기 시작하였다. 약 15분간을 기다린 후에 그들의 소동이 점점 더 맹렬해지는 것을 알아차리고 나는 그들 한 가운데로 걸어 들어가서 그 폭도들의 두목격인 사람을 만나서 악수하였다. 그는 즉시 나에게 이렇게 말했다. "목사님 제가 댁에까지 무사히 모셔 드리겠습니다. 아무도 목사님한테 손을 못 댈 것입니다. 여러분 물러서시오. 길을 비켜 드리십시오. 누구든지 이 목사님에게 손을 대기만 하면 나는 그를 때려눕히겠습니다." 우리는 아주 평온하게 걸어갔다. 나를 안내하던 사람은 (키가 몹시 큰 사람이었는데) 목을 쭉 빼서 사방을 둘러보면서 누가 혹시 거칠게 행동하지 않나 살폈다. 그래서 우리는 무사히 하이드 씨네 문간까지 왔다. 우리는 서로 호의를 느끼면서 헤어졌다. 나는 그가 간 후에도 약 반시간 가량 길거리에 서 있었다. 이제는 자신들의 분노도 잊어버린 그 사람들하고 이야기를 하고 있었는데 그들은 결국 기분이 몹시 좋아서 사라졌다.

6월 28일 주일 나는 5시에 컴먼(Common)에서 설교하였다. 회중은 태도가 아주 진지했다. 여덟시에 "너희는 여호와를 만날만한 때에 찾으라 "(사 55:6)에 관하여 설교하였다. 회중은 전에 어느 때 보다도 많았고 역시 진지하게 경청하였다. 나는 10시에 교회에 갔다. 바로우(Barlow) 목사는 유익한 설교를 하였다. "하나님이여 불쌍히 여기소서 나는 죄인이로소이다"(눅 18:13) 그리고 오후에는 사람들의 마음을 뒤흔드는 설교를 하였다. "꺼지지 않는 불속"에 관하여 설교하였다.

6월 29일 월 나는 3시에서 4시 사이에 말을 타고 길을 떠나서 6시경에는 트루로(Truro)에 도착 하였다. 나는 7시에 굉장히 많은 회중에게 설교하였다. 마치 그 말씀은 부드러운 풀밭에 떨어지는 빗방울 같았다.

6월 30일 화 우리는 아침 기도회가 있기 전에 세인트 아이브즈에 도착하였다. 우리가 교회로 걸어 들어갈 때 아무도 큰 소리를 치는 사람은 없었다. 1년 동안에 이 콘월이 이렇게 변했다니 참 놀라운 일이다. 이제는 그야말로 평화로운 아니 존경할 만한 고장이 되었다. 우리가 가는 곳마다 그들은 정말 좋은 말들만 했다. 이렇게 사람들이 점잖아졌다니 그들을 위해서 우리가 정말 무엇을 했단 말인가!

8월 1일 수 나는 앞으로 다가오는 선거에서 투표할 사람들을 여럿 만나서 이야기하였다. 그들은 정말 내가 바라는 대로 되어 있었다. 단 한 사람도 입후보자의 돈으로 음식을 먹거나 술을 마실 사람은 없었다. W. C. 라는 사람에게 5기니의 돈이 주어졌으나 그는 곧장 그것을 돌려보냈다. T. M. 이라는 사람은 아무것도 받지 않겠다고 단호히 거절하였다. 그리고 우리가 이야기를 듣고 보니 그의 어머니는 남모르게 돈을 받았었는데 그에게 3기니를 돌려줄 때까지 성화를 하여 결국 그 돈을 즉시 돌려보냈다.

2일 목요일은 의회 의원을 선출하는 선거 날이었다. 아무 소동 없이 시작이 되어서 조용히 끝났다. 저녁에 나는 상당히 많은 회중에게 설교하였는데 그중에 두

세 사람은 마음이 불안해서 울부짖었다. 그다음 모임에서도 여러 사람이 그렇게 했다. 특히 자신들의 처음 사랑을 잃어버린 사람들이 더욱 그러했다.

8월 13일 목(더블린에서) 오후에 우리는 피닉스 공원(Phoenix Park)근처에 있는 환자 두 사람을 심방하러 갔다. 그곳은 더블린 시에 붙어있는 곳으로서 온통 나무로 뒤덮여 있었다. 정말 하이드 공원(Hyde Park)과 별로 다를 바가 없었다. 마을에서 약 1마일 떨어진 곳에는 오래된 큰 떡갈나무들이 숲을 이루고 있었는데 그 한가운데는 넓은 풀밭이 있었다. 그 풀밭에서는 탁 트인 네 갈래 길이 있었고, 그 한가운데는 큰 돌기둥이 있었는데 그 꼭대기에는 봉황새가 조각이 되어 있었다.

나는 아침저녁으로 계속해서 설교를 하였다. 사람들은 그 집안에 들어 올 수 있는 정도가 훨씬 넘었다. 그들이야말로 열매를 맺는 청중이 되리라는 희망을 더욱 갖게 되었다.

9월 27일 주일(런던에서) 아침저녁으로 무어필즈(Moorfields)에서 설교하였고 이렇게 하기를 11월까지 계속하였다. 웨스트 스트리트에 있는 교회를 제외하고는) 이렇게 진지한 청중이 있는 교회를 런던에서는 찾아 볼 수가 없다.

9월 28일 월 얼마 전만 해도 너무 마음이 괴로워서 밤중에 집을 뛰쳐나가서 뉴강(New River)에 투신자살을 하려고 했던 한 사람과 이야기했다. 그 여자가 주물공장을 지나가고 있을 때(그 날은 철야 기도가 있는 날이었다) 그 여인은 사람들이 노래 부르는 소리를 들었다. 그 여인은 걸음을 멈추고 들어갔다. 얼마동안 이야기를 듣고 있는 가운데 하나님이 그녀의 마음을 향해서 말씀하셨다. 이제 그 여인은 자살할 생각이 없었고 오히려 죄에 대해서는 죽고 하나님에 대해서는 살기로 결심하였다.

11월 2일 월 나는 정오에 윈저 성(Windsor)에서 설교하였고 오후에는 리딩(Reading)으로 말을 타고 갔다. J. R. 씨는 자기 동생에게 전갈을 해 보내면서 그가 군중들을 매수해서 그날 밤에 내가 설교하는 집을 부수기로 하였다고 전했다. 저녁에 리챠드(S.Richards) 씨가 그 집을 향해서 가는 상당수의 사공들을 만났다. 그래서 그는 그들에게 즉시 다가가서 자기와 함께 가서 아주 좋은 설교를 듣지 않겠느냐고 물었다. 그는 이렇게 말했다. "여러분들이 아무리 수가 많아도 여러분을 위해서 내가 자리를 마련하겠습니다." 그들은 진심으로 같이 가기를 원한다고 말했다. 그는 말하였다. "그렇지만 여러분, 여러분의 몽둥이는 버리고 가는 것이 좋지 않겠습니까? 만약 부인네들이 그 몽둥이를 보면 질겁할 테니까요." 그들은 몽둥이를 모두 집어 던지고 조용히 그를 따라와서 교회 의자에 나란히 앉았다.

내가 설교를 끝맺을 때쯤 해서 그들의 대장격인 사람이 그의 친구들보다는 머리 하나가 더 컸는데 그가 일어나서 회중을 둘러보며 이렇게 말했다. "이 분이 하시는 말씀은 좋은 말씀 밖에는 없습니다. 적어도 나는 그렇게 생각합니다. 여기서 아무도 감히 다른 말을 할 사람은 없을 줄로 압니다."

웨슬리에게 일어난 사고

1748년 1월 28일 목 나는 데브렐 롱브리지(Deverel Longbridge)를 향하여 길을 떠났다. 10시경에 우리는 깊게 움푹 꺼진 길에서 짐을 잔뜩 실은 마차와 마주쳤다. 그 큰길과 둑 사이에는 아주 좁은 길이 하나 있었는데 나는 그리로 들어섰다. 그리고 존 트렌배스(John Trenbath) 씨는 내 뒤를 따랐다. 그 마차가 가까이 다가왔을 때 내 말은 뒷걸음질을 치면서 둑 위로 기어 올라가려고 하였다. 이 때문에 바짝 뒤에 있던 그 말이 놀라서 껑충껑충 뛰며 그의 머리를 이리저리 흔들어댔다. 이 바람에 내 코트자락이 그 재갈에 걸려서 나는 말에 끌려서 떨어졌다. 나는 바로 그 마차와 둑 사이에 있는 좁은 길에 떨어졌는데 마치 누가 나를 안아서 그곳에 뉘인 것 같이 되었다. 우리 말들 중 한 마리는 바로 내 앞에 그리고 한 마리는 내 바로 뒤에 우뚝 서 있었다. 하나님의 축복으로 나는 다치지 않고 일어나서 말을 다시 집어타고 길을 계속 갔다.

2월 6일 토 나는 배스에서 아침 8시에 설교를 하였고 저녁에는 코울포드(Coleford)에서 설교하였다. 이 고장의 광부들이야말로 문자 그대로 "어둠"이었으나 이제는 정말 "주님 안에서의 빛"이 되었다.

2월 9일 화 나는 브리스틀에서 우리 감리회에 속한 형제들 한 60명과 함께 만나 회관을 확장하는 것에 대하여 의논하였다. 그것은 반드시 이루어야만 할 일이었는데 언제 그것이 우리 머리 위로 무너질지 모르는 그런 적지 않은 위험이 있기 때문이었다. 2, 3일 후에 130파운드가 모금이 되었다. 우리는 즉시 경험이 많은 건축업자들에게 부탁을 해서 견적을 내도록 하였고(감리회에 속한 형제들 이외에) 다섯 사람의 감독을 임명해서 그 공사를 맡도록 하였다.

2월 12일 금 정오쯤 해서 오크힐(Oakhill)에서 설교를 마친 후에 나는 셉턴(Shepton)으로 말을 타고 갔는데 거기 가서 보니까 모든 사람들이 몹시 놀라 있었다. 그들의 말에 의하면 폭도들이 매수되어 가지고 술을 흠뻑 마시고 온갖 못된 짓을 다 할 만반의 태세를 갖추고 있다는 것이었다. 나는 4시에서 5시 사이에 설교를 하기 시작하였는데 아무도 방해를 하거나 중단시키지는 않았다. 우리는 정말 복된 시간을 가졌다. 수많은 사람들의 마음이 큰 위로를 받았다. 나는 그래서 그 폭도들에게 무슨 일이 일어났는가 하고 생각했다. 곧 들은 이야기지만 그들은 내가(흔히 그러했듯이) 윌리엄 스톤(William Stone) 씨네 집에서 하리라고 추측을 하고 장소를 잘못 찾아갔었다. 거기서 그들은 북을 쳐서 모든 폭도들을 불러 모아서 내가 오는 것을 기다렸다는 것이다. 그러나 스윈델스(Swindells) 씨가 나를 동네 한쪽 끝으로 무사히 데리고 감으로 그들은 내가 설교를 다 마칠 때까지도 저희들이 장소를 잘못 잡았는지조차 몰랐다. 그래서 내 설교를 방해하려는 그들의 계획은 완전히 수포로 돌아갔다.

그러나 그들은 설교하던 장소에서부터 윌리엄 스톤 씨 네까지 우리를 따라오면서 흙덩어리와 돌멩이를 굉장히 많이 던졌다. 그러나 그것 때문에 우리는 조금도 다치지는 않았다. 다만 스윈델스 씨 코트에 흙이 좀 묻었고 내 모자에 흙먼지가 조금 묻었을 정도였다.

우리가 집안으로 들어간 다음에 그들은 문을 부수려고 큰 돌멩이들을 던지기 시작하였다. 그러나 이렇게 하는 것은 시간이 걸린다는 것을 알고 그들은 그 계획을 포기하였다. 그들은 처음에는 대문 너머로 집에 붙여서 지은 건물의 타일들을 다 부수었고 그 다음에는 창문을 향해서 큰 돌멩이를 마구 퍼부었다. 그들의 대장격인 한 사람은 아주 맹렬한 사람이었는데 그는 우리를 따라서 집안으로 들어와서 이제는 우리와 함께 갇혀 버렸다. 그 사람 역시 이렇게 돌 던지는 것을 몹시 싫어했다. 그래서 그는 어떻게 하든지 밖으로 나가려고 하였으나 그것은 불가능하였다. 그래서 그는 내 옆에 있으면 안전하리라고 생각을 해서, 될 수 있는 대로 내 곁에 바싹 붙어 서 있었다. 나는 층계 위로 몇 발짝 올라갔다. 거기는 조금 안전하였다. 그런데 그때 마침 큰 돌멩이가 하나 날아와서 그의 이마를 때렸다. 즉시 그의 이마에서는 피가 콸콸 쏟아졌다. 그는 소리쳤다. "아이고! 목사님 오늘밤에 우리가 다 죽는 것 아닙니까? 내가 어떻게 해야죠? 내가 어떻게 해야 됩니까?" 나는 말하였다. "하나님께 기도하십시오. 모든 위험에서 하나님이 당신을 구원하실 수 있으십니다." 그는 내 충고를 받아들여서 그가 난생 처음으로 그렇게 열심히 기도를 하기 시작하였다.

스윈델스 씨와 나도 기도를 하였다. 기도를 마친 후에 나는 그에게 이렇게 말하였다. "우리가 여기 이렇게 머물러 있어서는 안되겠습니다. 즉시 내려가야겠습니다." 그가 말했다. "목사님 우린 지금 꼼짝할 수가 없습니다. 이 돌이 얼마나 날아오는지 보십시오." 나는 곧장 방을 가로질러서 아래로 내려갔다. 돌멩이 하나도 날아 들어오지를 않았다. 드디어 나는 아래층까지 왔다. 내가 아랫방에 내려오자마자 폭도들은 문을 부수었다. 그리고 즉시 문안으로 쏟아져 들어왔다. 그래서 우리는 다른 문으로 나갔다. 우리는 불과 4~5m 거리에 있었는데도 아무도 우리를 본 사람이 없었다.

그들은 즉시 집안에 들어와서 불을 지르자고 제안하였다. 그러나 그 중의 한 사람은 자기 집이 바로 옆에 있는 것을 생각하고는 애를 써서 그들에게 불을 놓지 말라고 설득을 하였다. 그들 중의 한 사람이 "그 사람들이 정원으로 빠져 나갔다" 하면서 소리를 치는 것을 듣고 나는 그것이 참 좋은 충고라고 생각이 되었다. 그래서 우리는 정원을 빠져나가서 그 마을 끝까지 갔는데 거기서 아브라함 젠킨스(Abraham Jenkins) 씨는 기다리고 있다가 우리를 데리고 오크힐까지 안내하였다.

나는 셉턴 레인(Shepton Lane)을 따라 말을 타고 갔는데 굉장히 어두웠다. 그때 그는 소리를 쳤다. "내려오세요, 그 뚝에서 내려오세요." 나는 그래서 그가 하라는 대로 하였다. 그러나 그 둑이 굉장히 높아서 거의 절벽과 같았다. 나는 즉시 내려왔는데 내 말과 나는 뒤엉켜서 나뒹그러졌다. 그러나 우리는 둘 다 다치지 않고 일어났다.

4월 9일 토 나는 애슬로운(Athlone)에서 몇 마일 떨어진 콘노트(Connaught)에서 설교하였다. 많은 사람들이 내 설교를 듣기는 하였으나 별로 느낌은 없었던 것 같이 생각이 되었다. 내가 설교를 하던 곳에서 약 1마일 떨어진 곳에 샨논(Shannon)강이 있었다. 유럽에 이와 같은 강이 또 있을 것 같지는 생각되지 않는다. 불과 수원(水源)에서 약 30마일 밖에는 떨어지지 않았지만 여기에서 강폭은 12마일 정도가 넘는 것 같았다. 그 강 한복판에는 섬이 많이 있었는데 한때는 전부 사람들이 많이 살았던 것 같다. 그러나 이제는 거의 다 폐허가 되다시피 하였다. 그 섬마다 교회가 있었던 흔적이 있어 거의 폐허가 되어 있었다. 그중 한 섬에는 71개의 폐허가 된 교회의 흔적이 있었다. 아직도 하나님이 이 섬에 대해서는 역사를 하실 것이 남아 있을 것 같다. 왜냐하면 이 섬은 피로 더럽혀졌기 때문이다.

아일랜드에서 일어난 사건들

4월 10일 주일(부활절) 애슬로운에서 성찬을 할 때 이런 회중이 모였던 것을 본 적이 없었다. 나는 3시에 설교하였다. 굉장히 많은 로마 가톨릭 신자들이 설교를 듣기 위해 몰려 들었다. 자기의 명령이 허사가 된 것을 알고 신부 한 사람이 직접 6시에 와서 그 모든 가톨릭 신도들을 마치 양떼를 몰아세우는 것 같이 거기서 쫓아버렸다.

4월 12일 화 나는 클라라(Clara)로 말을 타고 갔다. 거기서 들은 이야기지만 1시간 내에 유명한 닭싸움이 시작되리라는 것이었다. 이것을 구경하려고 각처에서 많은 사람들이 몰려들었다. 나는 그 닭싸움을 구경하러 오는 많은 사람들을 끌어들이기 위해서 될 수 있는 대로 곧 큰 거리에서 설교를 시작하였다. 1~2백 명이 걸음을 멈추어서 얼마동안 내 이야기를 들었는데 그들은 모자를 벗고 닭싸움을 보러 가던 길인 것도 잊어버렸다.

저녁 때 툴라모어(Tullamore)에 모였던 회중은 그 어느 때보다도 많은 사람들이었다. 각자의 얼굴에 경청하는 빛이 역력했다. 설교가 거의 끝나갈 무렵 심한 폭풍과 함께 우박이 쏟아지기 시작하였다. 나는 그래서 사람들이 전부 머리를 덮어쓰거나 가리기를 바랐다. 그러나 대부분은 그렇게 하려고 하지를 않았고 내가 이야기를 다 마칠 때까지 한 사람도 자리를 떠나지 않았다.

4월 15일 금 나는 에딘데리(Edinderry)로 말을 타고 갔다. 굉장히 많은 사람들이 삽시간에 모여들었다. 밤새도록 나는 스윈델스 씨 때문에 잠을 잘 못 잤다. 그는 나와 함께 누워서 잤는데 일종의 풍증 때문에 몹시 괴로워해서 잠을 잘 못 잤다. 그래서 내가 정오쯤 되어서 설교를 시작할 때 나는 몸이 몹시 불편하였다. 마을 한 쪽의 큰 길에서 설교를 하였는데 해는 내 머리 위에 상당히 따갑게 비췄다. 하루 종일 내 머리에 비친 그 햇볕이 내 머리를 아프게 하였다. 그러나 오랫동안 설교를 하고 나서야 아프다는 것도 처음 느꼈다. 내가 설교를 다 마쳤을 때에는 피곤도 통증도 다 잊어버리고 아주 건강하게 다시 말을 타고 더블린으로 갔다.

4월 23일 토 나는 몇 시간 동안 책을 읽었는데 지독하게도 재미없는 책이었다. 제임스 웨어(James Ware) 경의 저서 「아일랜드의 고대 문화」(*Antiquities of Ireland*)이었다. 도처에서 볼 수 있는 수많은 폐허로 보아서 그가 설명하는 것이 퍽 의심스러웠다. 그가 말하는 것을 보면 옛날에는 아일랜드에 굉장히 많은 사람들이 살았는데 현재보다도 10배는 더 되었다는 것이다. 뿐만 아니라 그 당시 큰 도시라고 그가 말했던 곳은 지금 단순한 폐허더미가 되고 말았다. 대부분의 마을들은 아주 보잘것없는 지극히 작은 촌락으로 줄어들었다.

오후에 나는 열병으로 앓아누운 사람을 심방하였는데 가서 보니까 아주 답답한 방에 누워 있었다. 그와 가까이 있는 동안 나도 몸이 불편한 것 같이 느껴졌다. 집에 돌아오고 나서 배가 몹시 아팠다. 그러나 대단치 않은 것으로 생각을 했다. 아침이 되기 전에 나으리라고 생각하였다.

4월 24일 주일 나는 5시에 스킨너스 엘리(Skinner's Alley)에서 설교를 하였고 8시에는 옥스먼타운 그린(Oxmantown Green)에서 설교하였다. 나는 몸이 몹시 쇠약해져 있었지만 회중들이 워낙 진지하고 진실되었기 때문에 크게 힘을 다시 얻었다. 나는 이 기회를 최대한 살리기 위해서 오후에 그 자리에 와서 다시 설교를 하겠다는 광고를 하였고 실제로 수많은 사람들이 또 와서 경청을 하였다. 집에 돌아왔을 때는 자리에 눕는 것이 무척 반가웠다. 후두염 때문에 열이 몹시 났기 때문이다. 그러나 감리회의 형제들이 모였을 때 나는 기운을 차려서 엉금엉금 기다시피 그들에게로 갔다. 그러나 내 목소리는 즉시 되살아났다. 그래서 아무 통증 없이 거의 한 시간 동안이나 그들에게 말하였다. 그래서 우리는 서로 대단히 기뻐하였다.

4월 25일 월 열이 점점 심해지는 것을 알고 자리에 누워서 얼마동안은 사과와 사과차로 연명하는 것이 현명한 일이겠다 하고 판단하였다. 화요일에 나는 기분이 퍽 상쾌해져서 설교를 하려고 하였지만 러티(Rutty. 나와 두 번 만난 일이 있었다) 박사는 얼마동안 집에서 쉬는 것이 좋겠다고 나에게 강권하였다.

나는 오늘날 남아 있는 기록 가운데 성 패트릭(St. Patrick)에 관한 가장 정확한 역사라고 생각되는 것을 읽었다. 깊이 생각하면 할수록 성 패트릭과 성 조지(St. George)는 한 집안 출신이라고 믿게 된다. 그 이야기 전체가 로맨스를 물씬 풍긴다.

28일 목요일은 내가 시골로 가기로 되어 있던 날이었다. 그러나 내 주위에 있는 모든 사람들이 소리치기 시작하였다. “정말 오늘 가시겠다는 겁니까? 비가 얼마나 쏟아지는지 보십시오”라고 나는 그들에게 말했다. “가능하면 약속을 지켜야 합니다.” 그러나 5시가 채 안되어서 내가 말을 부탁했던 사람이 내게 전갈을 해 왔는데 그런 날 자기의 말을 밖에 내어 보낼 수 없다는 것이었다. 나는 한 사람을 보내서 그의 마음을 돌리도록 하였다. 그래서 6시경에 나는 말을 타고 갈 수가 있었다. 9시경에 나는 킬코크(Killcock)에 갔다.

1시에서 2시 사이에 우리는 킨네가드(Kinnegad)에 도착하였다. 이제 나는 아주 기운이 빠졌다. 그래서 한 시간쯤 쉬고 난 후에 나는 말을 겨우 탈 수가 있었다. 우리는 아일랜드 사람들이 계산하는대로 근 11마일을 말을 타고 갔다. 그것은 영국 사람들이 계산하는 식으로 하면 14마일쯤 되었다. 우리는 약 3시간에 걸쳐서 갈 수 있었다. 그래서 6시경에는 티렐스 패스(Tyrrel's Pass)에 도착하였다.

7시에는 내가 상당히 기운을 회복해서 설교도 하고 우리 감리회 회원들을 만날 수가 있었다. 그들은 이제 수적으로는 더 어쩔 도리가 없었지만 하나님의 은혜에 대해서는 그대로 열심이었다.

4월 29일 금 나는 템플 마켓티어(Temple Maqueteer)로 말을 타고 가서 거기서 다시 애슬로운으로 갔다. 우리는 사람들이 기대했던 것보다 한 시간 전에 도착하였다. 그렇지만 수많은 형제들이 우리를 마중하였다. 마을에서 약 2마일 떨어진 곳에서 내가 제일 먼저 본 것은 대략 열 두어 명의 소년들이 모자도 쓰지 않고 어떤 아이들은 맨발로 어떤 아이들은 양말도 신지 않고 있는 힘을 다해서 뛰어오는 것이었다. 그들은 다른 아이들을 제쳐 놓고 먼저 와서 나에게 이야기하고 싶어 했었다.

5월 3일 화 나는 애슬로운에서 20마일 떨어진 버르(Birr)로 말을 타고 갔는데 우리가 모임을 가질 장소의 열쇠를 찾을 길이 없어서 길에서 "우리 주 예수의 은혜"를 선포하였다. 그런데 청중은 멍청하고 거칠고 몰상식한 사람들이었다. 수많은 사람들이 처음부터 웃어댔다. 어떤 사람은 한 문장을 말하는 도중에 일어나서 나가는 사람도 있었다. 그러나 이때 한 사람이 외쳤다(그는 보좌신부로서 갈멜 수도원의 수사였다). "당신 말은 거짓말입니다. 당신은 지금 거짓말을 하고 있습니다." 열정적인 프로테스탄트들은 "저 사람을 때려 눕혀라." 그 사람들은 소리를 지르는 것과 동시에 그를 실제로 때려 눕혔다. 소동이 일어나는 것을 보기는 했으나 나는 어찌된 영문인지를 몰랐다. 모든 사태가 끝이 난 다음에야 알았다.

저녁에 우리는 발리보이(Balliboy)로 말을 타고 갔다. 거기도 회중이 다 들어갈 수 있는 집이 없어서 거리에서 나는 설교하였다. 낯선 곳에서 그것도 더구나 아침에 하다 보니까 사람이 별로 없을 것으로 생각이 되었으나 막상 시작하니까 상당히 많은 사람들이 몰려들었다. 내가 아일랜드에 도착한 이후에 이런 큰 축복을 경험한 것은 처음이었다.

5월 15일 주일 (더블린에서) 내 기력이 상당히 회복된 것을 알고 나는 5시와 8시에 옥스먼타운 그리인에서 설교하였다. 나는 여기서 설교를 마치자마자 곧 배를 타고 떠날 생각이었으나 선장이 연기를 하는 바람에(그들의 태도가 늘 그렇기도 하지만) 저녁에는 아주 많은 회중에게 평화의 복음을 선포할 수 있는 기회를 갖게 되었다. 그 중의 한 사람은 얼마 동안 설교를 들은 다음에 머리를 흔들면서 이렇게 소리쳤다. "야! 저 사람은 가톨릭 예수회에 속한 사람이다. 그건 분명하다." 이 마을 듣고 우연히 옆에 있던 가톨릭 신부 한 사람이 크게 대답했다. "아니다. 저 사람은 예수회에 속한 사람이 아니다. 나는 차라리 저 사람이 예수회에 속한 사람이었으면 좋겠다."

5월 16일 월 저녁에 많은 청중이 모였는데 그 중에 낯선 사람들이 많이 있는 것을 보고 나는 더블린에서 설교한 어느 때 보다도 강하게 이렇게 설교하였다. "사람이 만일 온 천하를 얻고도 자기 목숨을 잃으면 무엇이 유익하리요!"(막 8:36) 무서운 말씀이었다.

5월 18일 수 우리는 배를 탔다. 오후에는 바람이 별로 없었다. 그러나 밤이 되면서부터 바람이 강해지기 시작하였다. 8시경에 나는 갑판 뒷쪽에 누웠다. 나는 곧 머리에서 발끝까지 물에 흠뻑 젖었으나 감기는 걸리지 않았다. 새벽 4시경에 우리는 홀리헤드(Holyhead)에 상륙했고 저녁에는 카나본(Carnarvon)에 도착하였다.

8월 12일 금 뉴캐슬까지 말을 타고 가는 길에 나는 호머의 일리아드 제10장을 다 읽었다. 정말 이 사람은 대단한 천재였다. 그야말로 그보다 앞서 태어난 어떤 누구도, 굉장히 강력한 사상과 풍부한 아름다움을 가지고 글을 쓸 수는 없었을 것이다. 그의 이교도적인 편견에도 불구하고 그의 전 작품을 통해서 도도히 흐르는 그 경건은 대단하였다. 그렇지만 결국 그렇게 부도덕성이 그 이야기 속에 섞여 있다는 것은 충격적인 것이 아닐 수 없다.

무법에 대한 웨슬리의 항의

8월 25일 목 나는 그림쇼(Grimshaw) 씨와 러플리(Roughlee)로 말을 타고 갔다. 12시 반에 나는 설교를 시작하였다. 내가 설교를 반쯤 했을 때 폭도들이 마치 급류가 몰려들듯이 우리에게로 달려왔다. 그들의 두목과 몇 마디 말을 나누고 나는 더 이상 실랑이를 하지 않기 위해서 그가 하자는 대로 그와 함께 갔다. 거기서 2마일 떨어진 배로퍼드(Barrowford)로 갔을 때 그 폭도들은 전부 전쟁을 하기 위해서 줄을 서있는 것 같이 나와 내 친구 두세 명이 함께 들어간 그 집 앞에 전열을 가다듬고 섰다. 내가 한 시간 이상 거기에 갇혀 있은 다음에 그들의 두목이 밖으로 나가기에 나는 그를 따라 나가서 우리가 처음 떠났던 곳으로 나를 안내해 달라고 말하였다. 그랬더니 그는 그렇게 하겠다고 대답하였다. 그러나 폭도들이 곧 우리를 뒤따랐다. 그러자 폭도 두목은 화가 나서 그들과 싸워야만 되겠다고 나를 남겨 놓고 자기 혼자 돌아갔다.

더 자세한 이야기는 내가 다음 날 아침에 쓴 이 편지에 들어 있다.

"1748년 8월 26일 위도프(Widdop)에서

귀하 — 어제 12시에서 1시 사이에 내가 아무런 소리도 내지 않고 소동도 부리지 않는 조용한 청중에게 이야기하고 있을 때 술이 잔뜩 취한 폭도들이 몽둥이와 작대기를 들고 난동을 부리면서 왔습니다. 그들의 두목 이름은 리처드 비(Richard B.)라는 사람이었는데 그는 경찰관보라고 스스로 말하면서 나를 당신에게로 연행하기 위해서 왔다고 하였습니다. 그래서 나는 그와 함께 갔습니다. 그러나 10야드도 채 못가서 그와 함께 있었던 한 사람이 있는 힘을 다해서 주먹으로 내 얼굴을 쳤습니다. 얼마 안가서 또 다른 사람은 그의 막대기로 내 머리를 쳤습니다. 나는 그래도 어느 정도 버티고 섰습니다. 그러자 또 한사람은 지독하게 저주를 하고 욕을 하면서 몽둥이를 그의 머리 위로 휘두르면서 아주 충격적으로 소리를 쳤습니다. "이 친구를 없애버리자!"

나는 그런 식으로 호송을 받으면서 당신이 있다고 하는 곳으로 베로포드까지 갔습니다. 그런데 북을 치는 사람이 앞장을 서서 가면서 사방에서 폭도들을 더 불러 모았습니다.

당신의 부하가 나를 집으로 데리고 들어갔을 대 그는 호어스(Haworth)의 그림쇼 목사와 케일리(Keighley)의 목사 콜벡(Colbeck) 씨를 나와 함께 있으라고 하면서 아무도 해치지 못하게 하겠다는 약속을 하였습니다. 그 때 한 사람 더 우리와 함께 있었습니다. 그 후 얼마 안 있어서 당신과 당신의 친구들이 들어와서 내가 다시는 러플리로 오지 않겠다고 약속하라고 말했습니다. 나는 당신에게 분명히 말했습니다. 그런 약속을 하느니 보다는 차라리 내 손을 끊어버리는 것이 낫겠다고 하였습니다. 물론 내 친구 가운데 어떤 사람도 오지 않겠다는 약속은 할 수 없었습니다. 1시경부터 서너 시까지 복잡한 이야기를 한참 나눈 다음에(물론 나는 당신들 가운데 어떤 사람하고도 제대로 이야기를 나눌 수가 없었습니다마는) 당신들 가운데 한 사람이 솔직히 이렇게 말했죠. '아니오. 우리는 가말리엘(Gamaliel) 같이 할 수는 없습니다. 우리는 유대인들 같이 처리를 하겠습니다.' 당신은 내가 '이 시간에는 내가 러플리에서 설교를 하지 않겠습니다' 라고 말하는 것에 어느 정도 만족하는 것 같이 보였습니다. 그러고 나서 당신은 폭도들에게 몇 마디를 하니까 그들은 즉시 조용해졌습니다. 나는 그래서 당신과 함께 뒷문으로 걸어 나갔습니다.

나는 이 말을 분명히 해두어야 하겠습니다. 여러 번이나 나를 보내달라고 당신에게 요청을 했지만 허사였습니다. 뿐만 아니라 내가 리처드비 씨와 함께 가려고 했을 때 폭도들은 즉시 따라서서 저주와 욕지거리를 퍼부으면서 돌멩이를 집어 던졌습니다. 그리고 그 중의 한 사람은 나를 때려 눕혔습니다. 그래서 내가 땅에서 일어서는 순간 폭도들이 온통 나에게 사자와 같이 달려들어서 강제로 집안에 다시 처넣었습니다.

당신과 내가 한쪽 문으로 나갈 때 그림쇼 목사와 콜벡 목사는 다른 문으로 나갔습니다. 그러자 폭도들은 즉시 그들을 안으로 가두어 넣고 이리저리 밀치면서 몹시 난폭하게 굴었는데 그림쇼 목사를 바닥에 던지고 나서 온갖 더러운 흙과 진흙 덩어리를 덮어 씌었습니다. 당신과 함께 왔던 친구들 가운데 그 누구도 피에 굶주린 늑대와 같은 이 사람들을 제지하려고 생각지 않았습니다.

어떻게 끝장이 나나 보려고 멀찌감치 서서 조용히 나를 따라오던 선량한 사람들에게도 가혹한 행동이 이어졌습니다. 그것은 당신의 부하가 묵인을 한 정도가 아니라 분명한 명령을 했기 때문이었습니다. 그들은 목숨을 건지려면 빨리 달아나라고 하였습니다. 그러면서도 그들은 남녀노소 할 것 없이 그들에게 흙덩어리와 돌멩이를 마구 퍼부었습니다. 그들 중의 몇 사람은 진흙 구덩이에 처넣고 짓밟고 머리를 잡아당기고 하였습니다. 특히 뉴캐슬에서 나와 함께 왔던 맥포드(Mackford) 씨도 그렇게 당했습니다. 사정없이 몽둥이로 매를 맞은 사람도 많이 있었습니다. 한 사람은 그들이 약 12피트나 되는 높은 바위 꼭대기에서 강물로 뛰어 내리라고 했습니다(그렇지 않으면 거꾸로 처넣겠다고 했습니다). 그가 겨우 기어 나왔을 때 흠뻑 젖고 상처가 났습니다. 그런데 깡패들은 그를 다시 물에 처넣겠다고 했습니다. 그러나 그들을 겨우 설득을 해서 그것만은 피했습니다. 이런 일이 온통 일어나고 있는 동안에도 현장에 가까이 있으면서 극히 만족스럽게 지켜보고 있었던 당신은 조금도 그들을 제지하려고 생각조차 하지 않는 것 같았습니다.

이런 일이 온통 일어나고 있는 동안에도 당신은 그저 정의와 법률을 떠들어대고 있었습니다! 이것은 정말 슬픈 일입니다. 우리가 만약 국교 반대자(Dissenters)라고 합시다(사실 나는 이것을 부인합니다마는). 또 우리가 유대인이나 야만인이라고 합시다. 우리가 우리 자신의 나라에서 법률의 혜택을 받을 수가 없다는 말입니까? 당신이 정말 할 수 있다면 법률에 의해 우리를 고발하십시오, 그러나 불법적인 폭력은 쓰지 마십시오. 술에 취해서 저주를 하고 욕을 퍼붓고 난동을 부리는 폭도들이 판사가 되고 배심원이 되고 집행관이 되도록 하지 마십시오. 이것은 하나님과 임금님에 대한 명백한 반역입니다. 귀하께서는 분명히 대가를 치르고서라도 이 사실을 알게 될 것입니다."

4시에서 5시 사이에 우리는 러플리에서 출발하였다. 그러나 언덕 위에 서서 우리를 노리고 있는 수많은 사람들을 보고 우리는 오히려 그들이 왔던 길을 택하여 갔다. 그러나 우리 형제 가운데 한 사람은 말을 빨리 타지 못해서 그들에게 붙잡혔다. 폭도들은 그를 즉시 때려 눕혔는데 어찌나 심했던지 그는 거기서 어떻게 헤어났는지도 몰랐다.

7시가 되기 전에 우리는 위도프에 도착하였다. 베로포드에서 일어났던 그 사건은 우리 모두를 더욱 가까이 느끼게 만들었다. 비(B) 씨가 설교했던 집 주인은 사람을 보내서 내가 거기에서 설교를 해달라고 요청하였다. 그래서 나는 8시에 그곳에 가서 설교를 하였는데 갑자기 연락을 받고도 그렇게 많은 회중이 모였다는 것이 도무지 믿어지지 않았다. 그는 또 우리를 자기 집에서 유숙하라고 하였다. 이제 모든 시기와 질투는 사라졌다.

8월 28일 주일 나는 굿쇼(Goodshaw)의 유(U) 목사에게 자기 교회에서 설교를 하도록 초청을 받았다. 나는 7시에 기도를 시작하였다. 그러나 회중의 반도 교회에 들어올 수 없다는 것을 알고 나서 나는 기도를 마친 뒤에 밖으로 나갔다. 나는 그늘진 쪽을 택하여 교회 담장 위에 서서 두 번째 공과에 있는 말씀을 설명하면서 역설하였다. "나를 권하여 그리스도인이 되게 하려고 하는가!"(행 26:28). 나는 아직도 야외 설교를 부당하게 떠들어대는 사람들을 잘 이해할 수가 없다. 부당한 예로 말하자면 세인트 폴 교회에 있는 것이 최대의 본보기다. 회중 가운데 대부분은 잠을 자거나 떠들거나 두리번거리거나 설교자가 말하는 것은 한 마디도 들을 생각도 않는 그런 사람들이다. 그러나 이와 반대로 교회 마당에서나 들에서 설교를 할 때 최고의 온당한 모습이 나타난다. 그들은 마치 하늘의 심판주가 나타나서 하늘로부터 하나님이 말씀하시는 것을 듣는 것 같이 행동을 하기 때문이다.

한 시에 나는 볼턴(Bolton)에 있는 크로스(Cross)에 갔다. 그곳에는 굉장히 많은 사람들이 있었으나 아주 거친 사람들이었다. 내가 설교를 시작하자 그들은 서로 이리저리 밀고 당기면서 내가 서서 이야기하고 있던 층계에서 나를 밀어내려고 하였다. 그들은 한두 번 그렇게 했으나 나는 다시 위로 올라가서 내 이야기를 계속 하였다. 그러자 그들은 돌을 던지기 시작하였다. 동시에 내가 서서 이야기하는 곳으로 올라와서 어떤 사람들은 내 뒤에서 나를 밀어내려고 하였다. 그러나 나는 가장 사소한 일에 있어서도 하나님이 어떻게 섭리하시는가 하는 것을 볼 수밖에 없었다. 한 사람이 내 귀에 대고 목청을 돋우어서 소리를 치는데 바로 그때 돌멩이 하나가 날아와서 그의 뺨을 때렸다. 그러자 그는 조용해졌다. 둘째 사람 역시 나를 힘을 다해서 밀어내려고 하였는데 그때 돌멩이가 또 하나 날아와서 그의 이마를 때렸다. 그는 뒤로 물러섰는데 그의 이마에서는 피가 쏟아졌다. 그러자 그는 더 이상 가까이 오지 않았다. 세 번째 사람은 나에게 가까이 다가서서 손을 뻗치는 순간 날카로운 돌이 날아와서 그의 손가락을 때렸다. 그는 손을 흔들면서 아주 조용해졌는데 내가 이야기를 마칠 때까지 조용히 있다가 갔다.

10월 22일 토 나는 첼시(Chelsea)에 있는 식물원(Physic Garden)에서 하나님이 만들어 놓으신 여러 가지 작품을 보면서 한 시간을 지냈다. 만약 어떤 유능하고 근면한 사람이 있어서 이런 모든 식물이 갖는 용도와 그 아름다움을 거의 완벽하게 자세히 조사를 한다면 그것은 대단히 고귀한 업적이 될 것이다. 그렇지 않다면 이런 것을 전부 한 곳에 모아 놓는 것이 단순히 한가한 사람들의 호기심을 만족시키는 일 이외에 무슨 소용이 있겠는가!

11월 21일 월 나는 에섹스(Essex)에 있는 레이(Leigh)를 향하여 출발하였다. 초저녁에는 비가 심하게 내리고 그 다음에는 아주 심한 서리가 내려서 길은 마치 유리알같이 미끄러웠다. 게다가 북동풍은 우리를 정면으로 휘몰아쳤다. 그렇지만 우리는 오후 4시쯤 레이에 도착하였다. 한때 이곳에는 물이 깊고 넓은 항구가 있었으나 오랫동안 모래가 쌓이고 쌓여서 이제는 이 고장을 폐허가 다 된 작은 마을로 바꾸어 놓았다. 나는 이곳 사람들에게 저녁에 설교하였다. 그리고 아침에도 많은 사람들에게 설교를 하고 나서 말을 타고 런던으로 돌아갔다.

제8장

1749년~1750년

아일랜드와 웨일스로 떠나다 - 웨슬리와 군인들 - 웨슬리의 형상을 화형에 처하다 - 편집자로서의 웨슬리

웨슬리, 웨일스에 가다

1749년 4월 3일 월 나는 아일랜드로 출발하였다. 우리는 배를 타는 곳에서 네 시간 이상이나 기다렸다. 이렇게 지체되는 바람에 나는 어쩔 수 없이 뉴포트에서 많은 회중이 나를 기다리는 데도 실망을 시킬 수밖에 없었다. 3시경에 나는 카아필리(Carphilly) 근처에 있는 페드라스(Pedras)에 갔다. 거기서 회중은 꽤 여러 시간 기다렸다. 나는 온몸이 젖고 몹시 피곤했으나 즉시 설교를 시작하였다. 거기까지 가느라고 고생은 많이 하였지만 우리 모두가 기뻐하였다.

저녁과 그 다음 날 아침 (4일 화요일)에 카디프(Cardiff)에서 설교하였다. 아! 몇 년 전만 해도 여기가 얼마나 아름다운 곳이었는가! 사람들이 "말씀과 간증" 대신에 자기들 자신의 지식에만 의존하지 않았더라면 크고 작은 사람 할 것 없이 온 마을이 하나님을 얼마나 더 잘 알았을까?

열두 시에 나는 란마이스(Lanmais)에서 설교하였다. 그곳 사람들은 사랑스럽고 진지하고 무엇보다도 하나님만 갈망하는 사람들이었다. 저녁에 나는 폰몬(Fonmon)에서 설교하였고 다음 날 아침에는 카우브리지(Cowbridge)에서 설교하였다. 지난번에 내가 여기 왔을 때보다 이곳이 얼마나 바뀌었는지 모르겠다. 그때는 사람들이 미친듯이 날뛰었고 사방에서 돌이 날아오곤 하였다. 이제는 모든 것이 조용하였다. 온 마을의 분위기가 상쾌하였고 사람들은 구원의 기쁜 소식을 들으려고 모여 들었다. 저녁에 나는 란트리센트(Lantrissent)에서 설교하였다.

4월 6일 목 우리는 말을 타고 산꼭대기에 올라갔다. 그런데 그 산의 이름은 부르기가 어려웠다. 나는 그 근처에 집이 별로 없는 것을 알았다. 그러나 솔직하고

순박한 사람들이 상당히 많이 몰려 왔다. 그러나 내 말을 잘 알아듣지 못한 사람들이 몇 있었던 것같았다. 그래서 내가 설교를 마치고 나서 헨리 로이드(Henry Lloyd)가 웨일스 방언으로 내가 하였던 설교의 내용을 되풀이하였다. 이 곳 사람들의 태도는 너무 좋았기 때문에 여기까지 올라오느라고 수고한 우리들에게 큰 격려가 되었다.

정오쯤 해서 우리는 에버데어(Aberdare)에 갔는데 그 때 마침 장례식을 위한 종이 울렸다. 이 소리를 듣고 굉장히 많은 사람들이 모여 왔는데 장례식이 끝난 후에 교회에서 나는 그들에게 설교하였다. 에버데어에서 이 높고 험한 산에 이르기까지 거의 비가 계속되었는데 이 산은 브레크녹(Brecknock) 계곡을 끼고 있었다. 그러나 우리가 산꼭대기에 도착하자 구름은 사라졌다. 그래서 우리가 돌아오는 길에는 내내 따뜻하고 상쾌하며 햇빛이 비취는 그러한 일기 가운데 저녁을 맞았다.

4월 7일 금 우리는 가스(Garth)에 도착하였다.

4월 8일 토 나는, 내 동생과 사라 과인(Sarah Gwynne)의 결혼식 주례를 맡았다. 그리스도인의 결혼 예식이 갖는 엄숙함에 걸맞게 날씨도 장엄하였다.

4월 12일 수 우리는 1시에서 2시 사이에 홀리헤드에 갔다. 그러나 배라는 배는 모두 아일랜드 쪽에 가 있었다. 그 다음 날 배 한척이 들어 왔는데 역풍이 심해서 출항을 할 수가 없었다. 이 여행 중에 나는 스타티우스(Statius)의 서사시 테베(Thebais)를 읽었다. 나는 한 사람이 이렇게 글을 잘 쓰면서도 이렇게 잘못 쓸 수도 있을까 생각을 하였다. 어떤 때는 베르길리우스(Virgil)에 뒤떨어지지 않을 만큼 글을 쓰는가 하면 때로는 오비디우스(Ovid)의 글 가운데서 가장 재미없는 부분 못지않게 수준이 낮은 글을 쓴다.

저녁에 나는 "너희도 준비하고 있으라."(마 24:44)에 관하여 설교하였다. 이곳에 그 가련한 사람들은 상당히 은혜를 받은 것 같았고 그 다음 날 저녁에도 역시 마찬가지였다. 그래서 나는 역풍이 분 것에 대해서 조금도 유감스럽게 생각하지 않았다.

4월 15일 토 우리는 6시에 배를 탔다. 마침 바람은 동쪽으로 불고 있었다. 그러나 항구를 막 벗어나자마자 바람은 남서풍으로 바뀌더니 폭풍이 불기 시작했다. 그래도 우리는 전진을 하였고 1시경에는 육지에서 약 10마일 떨어진 곳에 이르렀다. 이 때 바람은 완전히 가라앉았다. 폭풍이 분 후에 갑자기 그렇게 잔잔해지는 것을 나는 일찌기 본 일이 없었다.

그러나 오래지 않아서 서풍이 불기 시작하였는데 이것 때문에 우리는 스케리즈(Skerries)에서 떨어져 있을 수밖에 없었다. 약 3마일만 더 가면 육지에 이를 수 있는 그 지점에 이르렀을 때 바람은 다시 가라앉았다. 그래서 우리는 해가 질 때까지 거기서 떠 있었다.

그러나 밤에 우리는 더블린 만(Dublin Bay)으로 돌아가서 3시가 조금 지나서 던레리(Dunleary)에 상륙하였는데 더블린 시에서 약 7마일 떨어진 곳이었다. 윌리엄 터커(William Tucker) 씨는 마차를 타고 나를 따라 오기로 하고 나는 먼저 걸어서 설교하기로 약속된 시간 직전에 스킨너스 엘리(Skinner's Alley)에 갔다. 나는 "사랑하는 자들아 하나님이 이같이 우리를 사랑하셨은즉 우리도 서로 사랑하는 것이 마땅하도다"(요일 4:11)에 관하여 설교하였다. 오후와 저녁에 다시 (우리 정원에서) 나는 "그러므로 자기를 힘입어 하나님께 나아가는 자들을 온전히 구원하실 수 있으니 이는 그가 항상 살아 계셔서 그들을 위하여 간구하심이라"(히 7:25)에 관하여 설교하였다.

목요일과 금요일에 나는 속회들을 살펴보고 상당히 큰 위안을 얻었다. 내가 전에 왔을 때는 감리회에 속한 회원들이 약 400명이었으나 그동안 숫한 걸림돌이 있었는데도 불구하고 이제는 449명이나 되었다.

4월 24일 월 내가 며칠 전에 걸렸던 감기가 점점 더 심해지고 한 쪽 뺨이 몹시 붓기 시작해서 굉장히 아팠다. 그래서 나는 러티 박사를 모셔 오도록 사람을 보냈다. 그러나 그 동안에 쐐기풀로 찜질을 하였더니 얼마동안 통증은 가셨다. 그 다음에 나는 당밀을 해독제로 썼는데 분 것이 상당히 많이 가라앉았다. 그래서 의사가 도착하기 전에 나는 거의 다 나았다. 그러나 의사가 와서 그 날은 밖에 나가지 말라고 나에게 충고하였다. 그러나 나는 저녁에 서간문을 사람들에게 읽어주기로 약속을 하였기 때문에 갔다가 될 수 있는 대로 집으로 일찍 돌아왔는데 별로 불편하지는 않았다.

5월 12일 금 9시가 채 못 되어서 우리는 네나(Nenagh)로 갔다. 나는 설교할 생각은 없었다. 그러나 그곳에 모인 기병들 가운데 한 사람이 너무 극성이어서 설교를 안 할 수가 없었다. 그래서 나는 의자를 밖으로 내다 놓으라고 하고 장터로 나갔다. 내가 애슬로운을 떠난 이후 이렇게 많은 회중이 모인 것은 처음이었다. 나는 내가 할 수 있는 대로 이들에게 하나님의 모든 섭리에 관해서 이야기를 하였고 그 다음에 기쁜 마음으로 리메리크(Limerick)로 말을 타고 갔다.

나는 6시와 7시 사이에 마르다이크(Mardyke)란 곳에서 설교를 하였는데 약 2000명이 모였다. 그 곳은 성벽이 없이 탁 트인 곳이었다. 거기 모인 사람들 가운데는 한 사람도 웃거나 두리번거리거나 다른 것에 마음을 쓰지 않고 오직 설교만을 열심히 들었다.

언제부터인지 이곳에는 오래된 수도원이 있었는데 사람들이 예배드릴 목적으로 이곳을 재건키로 하였다. 그러나 계획대로 달성을 하지 못하였고 외부공사만 마쳤다. (쓸모없이 여기 서 있는) 이 수도원을 감리회가 세를 내고 빌렸다. 나는 여기서 13일 토요일 아침에 6~7백 명 되는 사람들에게 설교를 하였다.

그 다음에 우리는 대성당에 들어가서 기도를 하였다. 이곳은 오래된 건물로 대단히 웅장한 구조였다. 오후에 나는 그 마을의 성벽을 따라서 산책을 하였는데 거의 뉴캐슬 어펀 타인(Newcastle Upon Tyne)만큼이나 컸다. 모든 요새는 전과 같이 수리를 하였는데 거친 아일랜드 사람들을 얼씬도 못하게 하기에는 충분하였다.

5월 14일 성령강림절 아침에는 우리 교회가 사람들로 가득 찬 정도를 넘어서서 많은 사람들이 밖에 서 있을 수밖에 없었다. 나는 시간이 어떻게 갔는지조차 잘 몰랐다. 그래서 거의 7시가 될 때까지 이야기를 계속했고 11시에 대성당으로 갔다. 이미 들은 이야기지만 이 곳에서는 특히 남자들이 예배를 드리는 동안에 웃고 떠들고 하는 것이 습관처럼 되어 있다는 것이었다. 그러나 나는 아무도 그런 짓을 하는 것을 못 보았다. 빈부귀천을 막론하고 모든 회중이 예배에 온당하게 행동을 하였다.

저녁에 나는 수많은 회중에게 "누구든지 목마르거든 내게로 와서 마시라"(요 7:37)에 관하여 설교하였다. 그 다음에 우리는 감리회원들끼리 모였다. 이날 기다리고 있던 6~7명의 죄수들이 석방되었다.

5월 15일 월 내가 설교를 해오던 장소를 잔치를 벌이면서 춤을 추는 사람들이 오후에 이미 차지하고 있었다. 어떤 사람은 나에게 다른 곳으로 가자고 하였지만 나는 그럴 필요가 없다는 것을 알았다. 내가 나타나서 그들 눈에 띄자 그 축제를 즐기던 패거리들은 전부 사라졌다.

5월 17일 수 나는 병사들의 속회를 만났는데 그들 중의 여덟 명은 스코틀랜드 고원지대에서 온 사람들이었다. 그들은 대부분 유복하게 자랐다. 그러나 나쁜 친구들과 사귀면서 그들의 태도가 몹시 나빠졌었다. 그들 자신이 말하기를 그들이 군대에 들어오면서부터 점점 더 나빠졌다는 것이었다. 그러나 이제 하나님은 그들에게 또 다른 사명을 주셨기 때문에 그들은 그들의 구원의 날을 알고 있었다.

5월 22일 월 내가 이 사람들과 이야기를 하면 할수록 나는 더욱 더 놀랐다. 하나님이 그들 가운데 이루어 놓으신 일은 정말 명백하였다. 그럼에도 불구하고 믿는 사람이든 안믿는 사람이든 그들 군인들의 대부분은 종교의 가장 기본적인 원리도 합리적으로 설명할 수 없는 그런 사람들이었다. 그러나 하나님이 그들 속에 역사하기 시작한 것은 명백한 사실이다. 그리고 "성령께서 그들의 이해를 도와주신다."

5월 24일 수 8시경에 우리들 여러 사람은 리메리크에서 6마일 떨어진 뉴타운을 향하여 배를 타고 떠났다. 점심을 먹은 후에 우리는 돌아오기 위해서 배를 탔다. 그런데 몹시 바람이 세차게 불었다. 우리는 바람이 부는 쪽을 따라 강을 건너려고 했으나 불가능하였다. 배는 작은데다가 너무 많은 짐을 실어서 곧 물에 깊이 잠기기 시작하였다. 배는 새는 데가 많았기 때문에 점점 더 잠기게 되었고 파도는 자주 뱃전을 넘어 들어왔다. 뿐만 아니라 배에 들어온 물을 퍼낼 것도 없었다. 그래서 모든 사람들은 있는 힘을 다해서 노를 저어 가는 수밖에 없었다. 약 1시간 정도 그렇게 애를 썼는데 결국 수면 가까이 올라와 있는 뾰족한 바위에 가서 배는 부딪쳤다. 너 댓 번 충격을 받았으나 우리가 거기서 헤어나려고 노력을 하기 전에 바람이 우리를 앞으로 몰아쳤다. 그러나 뱃사공들은 있는 힘을 다해서 노를 저었기 때문에 6시 경에는 하나님의 도우심으로 우리가 무사히 리메리크에 도착하였다.

6월 5일 월 나는 콜크(Cork)에서 3마일 떨어진 블라아니(Blarney)로 말을 타고 갔다. 그곳에서 감리회에 속한 많은 형제들이 나를 마중하였다. 나는 그들과 같이 있으면서 권면과 기도로 시간을 보낸 후에 다시 라스콜무크(Rathcormuck)로 갔다.

나는 여기서 최근에 일어난 일들에 대해서 배리 대령(Colonel Barry)과 대화를 나누는 어떤 신사가 날카롭게 말하는 것을 듣고 약간 놀랐다. 그는 말하기를 자기가 들은 바에 의하면 최근에 어떤 사람들이 일어나서 종교를 시작하였는데 그들은 모두 수염을 기른다는 것이었다. 그러면서 그는 묻기를 이 사람들이 바로 감리교도라고 불리는 사람들과 같은 사람들이 아니냐는 것이었다.

6월 13일 화 우리는 글로스터(Gloster)까지 말을 타고 갔는데 이곳에 있는 아름다운 저택 하나는 어떤 영국 사람이 세운 것이었다. 그러나 그는 불행히도 그의 집을 세우고 정원을 완공하자마자 곧 영원한 집으로 부름을 받았다. L. D. 경과 그의 부인은 우리와 함께 식사를 하였는데 나는 그들이 우연히 그곳에 왔는지 어떤 계획이 있어서 왔는지를 몰랐다. 5시 경에 나는 대단히 큰 살롱에서 설교를 하였는데 그 곳에 모여 있는 사람들 가운데는 평범하면서도 진지한 사람들이 있었다. 그 중에 세련된 사람들은 아주 경청을 하였고 또 어떤 사람은 약간 감명을 받은 것 같이 보였다. 나는 7시에 버어에서 내가 할 수 있는 한 아주 강력하게 설교를 하였는데 부자와 나사로의 이야기를 하였다.

6월 14일 수 우리는 버어에서 약 12마일 떨어진 퍼베인(Ferbane)에서 점심을 먹을 계획이었다. 우리는 그곳 마을에 들어가서 첫 번째 여관에 머물렀다. 그러나 그들은 일종의 이단을 자기 집에 들여 놓을 수 없다고 하였고 결국 두 번째 여관에서도 사람들은 똑같은 말을 하였다. 나는 세 번째 여관으로 가서 아무 말도 묻지 않고 그대로 들어갔다. 7시에 나는 애슬로운에서 설교를 하였다. 그때는 마침 총검열을 받는 시기여서 사병들과 장교들이 상당히 많이 참석하였다. 그들은 모두 점잖게 행동하였다. 그러나 바로 그 고장의 한 신사는 그렇지를 않았다. 그는 정말 대단한 대가를 치를 뻔하였다. 많은 군인들이 칼을 뽑아 들었다. 그러나 장교들이 일어나서 말리는 바람에 더 악화되지는 않았다.

7월 19일 수 나는 '마르틴 루터의 생애'라는 작품의 번역을 마쳤다. 의심할 여지없이 그는 하나님의 귀하신 은총을 받은 사람이었고 또한 하나님께 붙잡힌 복된 도구였다. 그러나 아! 얼마나 애석한 일인가. 그는 충실한 친구가 한 명도 없었다. 어떤 위험을 무릅쓰고라도 하나님의 일에 크게 방해가 되는 그의 거칠고 다루기 힘든 성품과 자신의 의견들에 강한 집착을 갖는 그런 것을 명백하고도 날카롭게 꾸짖어 줄 친구가 없었다는 것이 정말 애석하였다.

7월 20일 목 밤 10시경에 우리는 (더블린에서) 작은 배를 타고 브리스틀로 떠났다. 나는 곧 잠이 들었다. 아침에 잠에서 깨어보니 육지에서 상당히 떨어져 있었는데 바다는 거칠고 파도가 몹시 쳤다. 저녁이 되면서 바람은 점점 강하게 역풍으로 바뀌었다. 그래서 우리가 앞으로 나갈 수가 없었다. 10시경에 우리는 주교와 그의 신부들이라고 불리는 바위와 웨일스 해안 사이에 끼어 있었다. 바람은 남쪽에서 세차게 불어왔기 때문에 선장은 우리가 바위 돌로 가득 찬 해안에 부딪칠까봐 겁이 나서 다시 바다로 배를 몰고 나갔다. 토요일 아침에 우리는 주교와 그들 신부들이라고 불리는 바위로 다시 오게 되었다. 그러나 하루 종일 이리 저리 밀려다녔다. 저녁 8시경에 바람은 더욱 세차게 불었고 그리고 바다는 요동을 쳤다. 이런 속에서도 일요일 아침 새벽 4시쯤 되어서 우리는 마인헤드(Minehead)가 보이는 곳에 이르렀다. 저녁에는 다시 바람이 일어나서 우리는 킹로드(Kingroad)로 몰려갔다가 월요일 아침에 우리는 브리스틀에 있는 부두에 상륙하였다.—

7월 25일 화 나는 킹즈우드(Kingswood)로 말을 타고 가서 특히 거기에 있는 우리 학교의 상태를 알아보았다. 나는 우리가 세워 논 규칙이 상당히 많이 습관적으로 무시되고 있다는 것을 염려하였다. 나는 그래서 그곳 식구들을 줄이고 거기에 있는 것을 만족하지 않는 사람들은 아무도 거기 더 남아있지 않도록 하는 것이 필요하다고 판단을 했을 뿐만 아니라 그것이 실천되도록 지켜보기로 결심을 하였다.

9월 6일 수 나는 뉴캐슬에 도착하였다. 거기서 하루를 쉰 다음에 이틀 저녁과 이틀 아침을 설교를 했는데 그런 축복을 흔히 받아 본 적이 없었다. 금요일에는 북부에 있는 여러 곳에 감리회를 방문하기 위해서 떠났다. 우선 모르페스(Morpeth)

에서부터 시작하였는데 시장 한쪽에서 12시에 설교를 하였다. 장이 서고 있기 때문에 사람들이 설교를 듣지 않고 갈까 염려를 했으나 사실은 그와 반대였다. 그들은 전부 상점을 닫고 사고파는 일을 내가 설교를 마칠 때까지 중단하였다. 앨른위크(Alnwick)에서도 마찬가지로 저녁에 시장 한 쪽에서 많은 사람들에게 설교를 하였다. 나는 그들에게 항상 죽음과 심판과 천국을 맞이할 준비를 하면서 살라고 권면하였다. 나는 확신을 가지고 말을 하였을 뿐만 아니라 내 말을 듣는 사람들도 확신을 가지고 들은 것 같았다. 그래서 그 날 저녁과 그 다음 날 아침에 나는 사람들에게 그들 자신을 "하나님이 받으실만한 거룩한 산제사로 드리라"고 권면하였다.

9월 9일 토 나는 천천히 말을 타고 버위크(Berwick)로 갔다. 나는 몸이 고장이 난 것 같았다. 그러나 "내가 너희를 쉬게 하리라"고 말씀하신 그분에게로 "수고하고 무거운 짐 진 자들"을 그날 저녁에 불러 모으는 기회를 잃고 싶지는 않았다.

9월 26일 화 나는 케스위크(Keswick)까지 정말 멋지게 말을 타고 갔는데 가는 동안 내 마음은 하나님을 생각하였다.

9월 27일 수 나는 3시 반에 말을 탔다. 달도 없고 별도 없고 다만 짙은 안개만 끼어서 길도 아무것도 볼 수가 없었다. 그러나 나는 마치 대낮에 길을 가듯이 곧장 갔다. 내가 펜루도크 무어(Penruddock Moor)에 가까이 갔을 때 안개는 걷혔고 별이 나타났다. 곧 아침이 밝아왔다. 나는 그래서 모든 위험이 다 사라진 것으로 생각하였다. 그러나 내가 그 황무지 한복판에 이르렀을 때 안개가 다시 상방에서 짙게 내려 길을 잃었다. 나는 마음을 단단히 먹었다. 안개는 곧 걷히었고 그래서 큰 길로 나올 수 있었다. 앨스톤 무어(Alstone Moor)에서 나는 다시 길을 잃었다. 내가 분명히 믿기로는 그곳 길을 잘 모르는 사람이 이런 짓을 최근에 했으리라고는 생각되지 않는다. 수많은 수렁을 사이에 두고 잠시도 쉬지 않고 계속해서 계곡까지 나갈 수 있었고 그 다음에는 하인리 힐(Hinely Hill)까지 갈 수 있었다. 대단히 많은 회중이 저녁에 나를 마중하였다. 나는 요한계시록 20장의 한 부분을 가지고 설교하였다. 아, 얼마나 복된 시간이었던가! 마치 우리가「크고 흰 보좌」앞에 이미 우리가 서 있는 것 같이 생각되었다. 우리가 기도를 하는 가운데도 하나님은 우리와 함께 계셨고 이 기도를 하는 가운데 내 옆에 있는 한 사람은 큰 목소리로 비명을 질렀다. 나는 모든 일이 합동하여 선을 이루는 증표를 우리에게 보여 달라고 하나님께 간구하였다. 하나님은 그것을 실제로 보여 주셨다. 하나님은 그녀의 마음속에 용서의 확신을 주셨고 우리는 모두 경건한 마음으로 하나님께 감사를 드리며 기뻐하였다.

10월 18일 수 나는 존 베네트(John Bennet)의 요청에 따라 랭커셔(Lancashire)에 있는 로치데일(Rochdale)까지 말을 타고 갔다. 우리가 마을에 들어가자 마자 길 양 쪽으로 수많은 사람들이 줄을 서서 소리를 치면서 저주를 하고 신을 모독하는 소리를 하고 우리를 향해 이를 갈았다. 그래서 나는 집 밖에서 설교를 하는 것이 거의 불가능할 것이라고 판단을 하고 길 쪽으로 탁 트여 있는 큰 방으로 들어가서 큰 소리로 외쳤다. "악인은 그 길을, 불의한 자는 그 생각을 버리라." 하나님의 말씀은 이 맹렬한 사람들을 굴복시켰다. 아무도 반대를 하거나 방해를 하지 않았다. 눈에 두드러지게 사람들의 태도가 변하였다. 그래서 우리는 설교를 마친 뒤에 그 마을을 통과하였다.

우리는 저녁 5시경에 볼턴(Bolton)에 갔다. 큰 거리로 들어서면서 곧 안 사실이지만 로치데일에서 우리가 만났던 사자는 이곳 사자들에 비하면 어린 양이었다. 나는 사람의 탈을 쓰고 이렇게 지독하게 구는 사람들은 처음 보았다. 그들은 우리가 들어가는 집까지 따라왔다. 우리가 집안으로 들어가자마자 그들은 그 집으로 통과하는 모든 길을 에워싸고 철통같이 우리를 둘러쌌다.

시간이 얼마 지난 다음에 그들이 소동을 일으키는 소리가 그리 크지는 않았다. 피 씨는 한 번 모험을 해서라도 밖으로 나갈 생각이었다. 그러나 그가 나가려고 하자 사람들은 곧 둘러싸서 그를 땅에다 메어치고 진흙 구덩이에다가 뒹굴렸다. 그래서 그가 겨우 그들 틈에서 기어 나와서 집으로 들어왔을 때는 아무도 그가 무엇인지 어떤 사람인지를 알 수가 없을 정도였다. 돌멩이 하나가 창문을 깨고 안으로 들어왔을 때 나는 연달아서 우박같이 돌멩이가 날아 들어오리라고 생각하였다. 그들은 어디서 종을 하나 구해 가지고 그들이 불러 모을 수 있는 모든 사람들을 다 불러 모았기 때문이다. 그러나 그들은 멀찌감치 떨어져서 공격을 할 계획은 없었던 것 같았다. 그들 중 한 사람이 곧 나에게 달려와서 나에게 말하기를 그 깡패들이 집안으로 몰려들어 왔다는 것이다. 그러면서 그는 덧붙여 말하기를 그들이 J.

B. 라는 사람을 붙잡았는데 그는 그들에게 붙잡힌 것을 계기로 해서 "우리 주님의 두려움"에 관하여 이야기하였다.

한편 D. T.라는 사람은 폭도들 가운데 다른 사람들에게 접근해서 아주 부드러운 말로 이야기하였다. 나도 이제 때가 되었다고 생각하고 사람들이 많이 모여 있는 그들 한가운데로 걸어 들어갔다. 그들은 아래층 방을 모두 꽉 메웠다. 그들의 마음은 누그러져서 내 말 한마디 한마디를 열심히 받아들였다. 이 얼마나 놀라운 변화인가! 하나님이 옛날에 아히도벨의 지혜를 어리석음으로 바꾸시고 모든 술주정꾼들과 저주하는 사람들과 안식일을 범하는 사람들과 그 밖의 모든 죄인들을 불러 모으셔서 하나님의 풍성한 구속의 은총을 듣게 하시니 이 얼마나 놀라운 일인가!

10월 19일 목 새벽 5시에 설교를 하는데 태반이 집안에 들어오지 못할 만큼 많은 사람들이 모였다. 나는 그래서 그 사람들에게 보통 때보다는 훨씬 더 길게 이야기 할 수밖에 없었다. 아직도 그 사람들이 더 이야기를 듣고 싶어 하는 것을 알고서 나는 9시에 마을 아래 있는 넓은 풀밭에서 다시 설교하기로 약속하였다. 사방에서 거기로 모여들었다. 나는 그들에게 "모든 것을 갖추었으니 혼인 잔치에 오소서"(마 22:4)하고 큰 소리로 외쳤다. 몇 시간 동안에 이렇게 상황이 바뀌다니 얼마나 놀라운 일인가. 이제 우리는 마을 어느 곳엘 가도 아무도 우리에게 감사나 축복의 인사를 하는 것 외에는 짓궂게 굴거나 우리에게 입을 여는 사람이 없었다.

10월 24일 화 정오경에 우리는 더들리(Dudley)에 갔다. 1시에 나는 장터로 나가서 주의 이름을 선포하였는데 그 곳에는 굉장히 많은 사람들이 모여 있었다. 그들은 다루기가 힘들었을 뿐만 아니라 몹시 떠들었다. 특히 그들의 대부분은 무엇 때문에 거기 모여들었는지 조차 모르는 것 같아 보였다. 약 반시간 동안 내가 이야기를 계속하였는데 많은 사람들이 점점 진지하게 경청을 하였다. 그런데 그 때 사탄의 종들이 분노에 가득차서 저주를 하며 손에 닥치는 대로 집어 던지면서 달려들었다. 나는 그래서 내가 머물던 집으로 물러났다. 수많은 군중이 뒤따라서면서 내 주위에 있는 많은 사람들에게 흙을 덮어 씌웠다. 그러나 나는 흙먼지가 조금 묻었을 정도였다. 나는 4시에 웬즈베리(Wednesbury)에서 아주 고상한 사람들에게 설교를 하였는데 나는 그들에게서 큰 위안을 얻었다. 기도하는 회중이 설교자의 힘을 얼마나 북돋아 주는가! 놀라운 일이다. 1시에 다시 설교를 한 다음에 나는 말을 타고 버밍엄(Birmingham)으로 갔다. 이곳은 오랫동안 삭막하고 재미없는 곳이었다. 그래서 나는 여기서는 별로 기대를 걸지 않았다. 그러나 행복한 실망을 할 수밖에 없었다. 나는 전에 여기서 이렇게 훌륭한 회중을 본 일이 없었다. 비웃거나 실없는 소리를 하거나 경청을 하지 않는 사람은(내가 분별 할 수 있는 범위 내에서는) 아무도 없었다. 나는 하나님의 능력과 하나님의 임재와 하나님의 사랑에 대해서 그렇게 깊고 장엄하게 느낀 적이 별로 없었다. 우리는 똑같은 축복을 감리회원들끼리 모였을 때도 느꼈고 그리고 그 다음 날 아침 설교 때도 느꼈다. 하나님이 드디어 이 황무지를 장미꽃 같이 피어나게 만드실 것인가.

1750년 1월 28일 주일 나는 (런던에서) 기도를 하였고 휫필드(Whitefield) 목사가 설교를 하였다. 각각 다른 설교자에게 다른 재능을 주시는 하나님의 지혜가 얼마나 놀라우신가! 조용하고 틀에 잡힌 화법에는 별로 감동을 받지 않을 사람들까지도 그가 약간씩 말이나 태도에 있어서 틀리는 것이 오히려 다른 사람들에게 유익한 면도 되는 것 같다.

3월 6일 화 (브리스틀에서) 나는 짤막한 프랑스어 문법서를 쓰기 시작하였다. 우리는 7일 수요일을 금식 기도의 날로 지켰다.

3월 11일 주일 나는 하나님 자신이 자신의 일을 홍왕케 하신다는 그 증거를 더 많이 얻기 위해서 브리스틀에서 더 많은 시간을 보내기를 원했지만 아일랜드에서 온 소식을 듣고 보니까 가능한 한 그 곳에 빨리 가는 것이 나의 의무라고 생각하게 되었다. 그래서 19일 월요일에 나는 크리스토퍼 호퍼와 함께 뉴 패시지(New Passage)로 출발하였다. 우리가 그 곳에 갔을 때 바람은 굉장히 세차게 불었다. 거의 완전히 우리를 막아 세우는 역풍이었다. 그럼에도 불구하고 우리는 거의 두 시간 동안 항해를 하여 저녁 전에 카디프에 도착하였다. 나는 거기서 7시에 설교를 하였는데 몹시 상쾌하였다.

3월 20일 화 웨일스 식으로 계산하면 카디프에서 16마일 떨어진 에버데어에서 설교할 기대를 가지고 나는 말을 타고 산을 넘어 거기로 갔다. 그러나 가서 보니까 광고가 되어 있지 않았다. 그래서 한 시간쯤 쉰 다음에 우리는 브레크녹을 향하여 떠났다. 그곳이 우리 눈에 들어 올 때까지 우리는 비를 맞으면서도 계속 나어갔다. 두 번이나 내 말이 넘어지는 바람에 그 머리 위로 나는 팽개쳐졌다. 그러나 나도 말도 다치지는 않고 다시 일어났다.

3월 21일 수 우리는 말을 타고 빌스(Builth)로 갔는데 거기 가서 보니까 하우얼 해리스(Howell Harris)가 정오에 설교하기로 되어 있다고 광고가 되어 있었다. 이 때문에 많은 사람들이 모였으나 하우얼 씨가 나타나지 않자 결국 그들의 요청에 따라서 내가 설교하였다. 4시에서 5시 사이에 필립스(Phillips)씨가 우리와 함께 로이더(Royader)를 향하여 출발하였다. 나는 아침에 몸이 몹시 불편하였다. 그러나 나는 겨우 레니로즈(Llanidloes)까지 가서 누웠다. 한 시간쯤 자고나서 나는 기분이 훨씬 좋아져서 말을 타고 매킨레스(Machynlleth)로 계속해 갔다.

우리가 돌젤리(Dolgelly)에 도착하기 약 한 시간 반 전에 폭우가 쏟아지기 시작하였다. 우리는 그때 산등성이에 있었기 때문에 쏟아지는 비를 모두 맞을 수밖에 없었다. 우리가 타고 가는 말들이 걸음을 걸을 수는 있었지마는 보통 때보다도 반 정도 늦게 걸을 수밖에 없었다. 그러나 우리가 여관에 들었을 때는 얼마만큼 회복을 할 수가 있었다. 그래서 존 루이스(John Lewis)와 그의 온 집안이 기꺼이 우리와 함께 기도회에 참석하였다. 그리고 우리가 이야기하는 모든 사람들은 사랑으로 나타나는 진리를 받아들이고 듣기를 원하는 것같이 보였다.

3월 23일 금 우리는 밖을 내다보지 않고도 바람이 휘몰아치는 소리와 비가 들이치는 소리를 들었다. 우리는 5시에 말을 탔다. 우리가 말을 타고 가는 동안 계속해서 비가 쏟아졌다. 우리가 마을에서 약 4마일 떨어진 높은 산에 올라 왔을 때쯤에는 나는 이미 목에서 허리까지 흠뻑 젖어 있었다. 바람이 우리 모두를 한꺼번에 날아가게 만들 것같이 강하게 불었기 때문에 나는 말 머리 위로 떨어지지 않으려고 무척 애를 써야만 했다. 그렇지만 10시쯤에서 우리는 단나불(Dannabull)에 무사히 도착해서 사람과 말을 구해주신 하나님께 찬양을 드렸다.

우리가 타고 가는 말들이 너무 지쳐 있었고 우리는 너무 흠뻑 젖어 있었기 때문에 그날은 하루 종일 쉬었다. 뿐만 아니라 이 고장에서는 드문 일이지만 그 집에 사는 많은 사람들이 영어를 알아들었기 때문에도 그랬다. 우리는 이들에게 친절히 말하였다. 그리고 그들은 특히 우리가 함께 기도를 할 때 상당히 많은 감명을 받은 것 같았다.

3월 24일 토 우리는 5시에 길을 떠나서 6시에 모래사장에 도착하였다. 그러나 밀물이 들어와서 지나갈 수가 없었다. 나는 작은 초막에 서너 시간 앉아서 그동안 올드리치(Aldrich)의 논리학을 번역하였다. 10시 경에 우리는 그곳을 통과하였고 5시 전에 볼돈 페리(Baldon Ferry)에 갔다. 그 곳에서는 배가 한 척 기다리고 있었다. 뱃사공들은 바람이 너무 강하고 밀물이 세기 때문에 얼마동안 기다려야겠다고 말하였다. 그러나 알고 본즉 그들은 손님이 더 많이 오기를 기다리고 있었던 것이다. 어찌 보면 그렇게 한 것은 잘한 것이었다. 왜냐하면 우리가 서성거리고 있는 동안에 젠킨모건(Jenkinmorgan) 씨가 왔다. 그 집은 이 부두와 홀리해드 중간쯤에 있는데 3년 전에 내가 그 집에서 유숙한 일이 있었다. 곧 밤이 다가왔다. 그러나 우리 안내자는 그 곳 지리를 잘 알기 때문에 자기 집까지 무사히 우리를 안내하였다.

3월 25일 주일 나는 트레폴윈(Trefollwin)교구에 있는 하우얼 토머스(Howell Thomas) 씨 집에서 설교하였다. 사람들의 숫자는 적었지만 진지한 회중들이었다.

역풍이 불어서 나는 정직한 세리 홀로웨이 씨의 청을 따라 바람이 잘 때까지 그의 집에 머물기로 하였다. 이곳이야말로 그 집안 식구를 빼놓고는 아무도 사람의 소리를 들을 수 없는 작고 조용하고 한적한 곳이었다. 화요일에 나는 호퍼 씨에게 말을 타고 홀리해드에 가서 우리가 배를 타고 갈 수 있는지 알아보라고 하였다. 그는 우리가 하루나 이틀 있으면 배를 탈 수 있겠다고 와서 전갈하였다. 그래서 우리는 모두 수요일에 거기로 갔다. 여기서 우리는 존 제인(John Jane)을 만났는데 그는 주머니에 3실링을 넣고 브리스틀에서 도보로 출발하였다. 그가 길을 떠난 지 일주일 동안에 며칠 밤은 전혀 알지 못하는 사람들의 대접을 받았다. 그가 어떻게 해서 우리 곁을 지나게 되었는지는 알 수 없으나 주일에 홀리해드에 같이 도착하였는데 그때 그의 주머니에는 1페니 밖에는 남지 않았다.

우리는 그 사람 편에 우리의 말을 모건 씨에게 되돌려 보냈다. 나는 저녁에 굉장히 많은 회중에게 설교하였다. 그들은 더 많은 설교를 듣기를 원했지만 내가 그 사람들에게 설교를 단 한번 밖에 할 수 없다는 것이 나의 마음을 아프게 하였다. 11시 경에 우리는 모두 배를 타라는 말을 들었다. 바람은 이제 잔잔하였다. 뿐만 아니라 우리가 항구를 거의 벗어날 때까지 계속 그랬다. 그러나 우리가 항구를 벗어나자마자 서풍이 불기 시작하더니 그것은 곧 폭풍으로 바뀌었다. 하늘에는 달도 별도 없었고 비와 바람만 세차게 몰아쳤다. 그래서 나는 갑판에 더 이상 머물러 있을 수가 없었다. 그러나 갑판 아래로 내려갔을 때 나는 또 하나의 다른 폭풍을 만났다. 왜냐하면 거기에는 카나본쇼오에서 유명한 G 씨가 있었다. 볼꼴 사납고 물색없이 몸은 크고 얼굴은 굳어 있어서(마치 내가 30년 전에 두루레인 극장에서 본 것과 같은) 맥베스에 나오는 악한 가운데 한 사람의 얼굴과 비교할 수 있는 그런 사람이었다. 내가 막 자리에 누우려고 하는데 그는 쿵쾅거리고 뛰어들면서 갖은 못된 소리와 음담패설과 신을 모독하는 이야기들을 퍼부었고 두세 마디마다 욕을 퍼부으면서 떠들어댔는데 그런 말은 정말 빌링스게이트(Billingsgate) 어시장에서조차도 들어보기 힘든 그런 말들이었다. 도대체 내가 말할 틈이 없는 것을 알고 나는 내 자신의 선실로 돌아갔다. 그리고 그 사람은 호퍼 씨에게 맡기었다 그러나 얼마 안 있다가 한 패거리 가운데 한 두 사람이 그를 겨우 뜯어 말려서 그 사람 자신의 선실로 그를 데리고 들어갔다.

3월 29일 목 우리는 아일랜드를 향해서 10여 마일 나갔으나 오후에는 다시 항구 어구까지 되돌아 올 수밖에 없었다. 그렇지만 바람의 차도가 조금만 있으면 우리는 다시 항해를 계속하였다. 그래서 밤 12시쯤 해서 우리는 바다 한복판에 가서 있었다. 그러나 그때 다시 역풍이 세차게 불어서 우리는 다시 되돌아 왔는데 9시 경에는 반갑게도 다시 만 안으로 들어오게 되었다. 저녁에 나는 가난하고 평범한 사람들 대신에 금은보석으로 더덕더덕 치장한 사람들로 방안이 가득 찬 것을 보고 놀랐다. 나는 그들의 눈높이에 맞추어 부자와 나사로의 이야기를 하였다. 기대보다 그 이야기가 더 잘 들어맞았다. 나중에 내가 안 일이지만 그들 가운데 여러 사람은 지독하게 악독한 사람들이었다. 나는 내 자신의 영혼을 구하였다. 그러나 그들은 그 말을 견디지를 못한 것 같았다. 한 사람 그리고 또 한 사람이 중얼거리면서 걸어 나갔다. 내가 이야기를 거의 끝낼 때까지 네 사람은 남아 있었다. 그런데 그들도 역시 모자를 쓰고 서로 이야기를 하기 시작하였다. 그래서 내가 가볍게 그들을 꾸짖었더니 그들은 일어나서 투덜대고 하나님을 저주하면서 나갔다. 그 사람들이 다 나간 다음에 나는 평범하고 정직한 웨일스 사람들과 편안한 시간을 갖게 되었다.

밤에는 심한 폭풍이 불었다. 우리가 바닷가에 안전히 있게 해주셨으니 하나님께 얼마나 감사한가! 31일 토요일 나는 1주일 더 기다리기로 결심을 하였다. 그리고 만약 그 때 가서도 배를 떠날 수 없게 된다면 브리스틀로 가서 거기서 배를 기다리기로 하였다. 저녁 7시에 내가 막 설교를 하러 내려가려고 할 때 굉장히 커다란 소리를 들었는데 폭도들의 오합지졸이라는 것을 알았다. 그들은 이제 술기운에다가 사람들의 숫자가 늘어서 힘을 얻었고 (그들이 부르는 대로) G 두목을 앞장 세웠다. 그들은 곧 바깥문과 안쪽의 문을 열어 제치고 우리가 들어있는 집 주인인 늙은 로버트 그리피스(Robert Griffith) 씨를 여러 번 때리고 그의 부인을 걷어찼으며 입에 담지 못할 모든 욕지거리와 저주를 내뱉으면서 이렇게 물었다. "목사는 어디 있나?" 로버트 그리피스 씨는 2층으로 올라와서 나를 다른 방으로 가라고 하고서는 잠가버렸다. 폭도 두목이 그를 곧 뒤따라 올라와서 한두 개를 부수고 열었다. 그리고 의자 하나를 가져다가 침대 꼭대기를 보았는데(그 사람은 어디엔가 올라가게 생기지는 않은 사람이었다) 발이 미끄러져서 뒤로 벌렁 넘어졌는데 큰 대자로 쓰러졌다. 그는 천천히 일어나서 한 번 둘러보더니 그의 부하들을 데리고 사라졌다.

나는 그 다음에 아래로 내려가서 거기에 모여 있는 가련한 몇 사람들과 약 반시간 동안 함께 기도하였다. 9시경에 우리가 잠자리에 들려고 할 때 그 집은 또 한 번 포위를 당했다. 폭도 두목이 먼저 뛰어 들어왔다. 로버트 그리피스 씨의 딸이 물통을 들고 복도에 서 있었는데 (계획적으로 그랬는지 아니면 놀라서 그랬는지 알 수 없지만) 그 폭도 두목에게 머리에서 발끝까지 물을 끼얹었다. 그랬더니 그는 소리를 쳤다. "사람 죽여! 사람 죽여!" 그리고 얼마 동안은 꼼짝 않고 서 있었다. 그러는 동안에 로버트 그리피스는 그 옆으로 다가가서 문을 잠가버렸다. 그가 혼자 갇힌 것을 알게 되자 그는 목소리를 바꾸어서 "나를 내보내 주세요. 나를 내보내 주세요." 하고 소리쳤다. 그래서 그가 명예를 걸고 아무도 들어오지 않게 한다는 약속을 받고 문을 열어 주어서 내보냈더니 모두 데리고 갔다.

필킹턴 부인과 웨슬리의 면담

4월 12일 목 (더블린에서) 나는 감리회원 가운데 한 사람과 아침 식사를 하였는데 내가 생각지도 않았던 손님이 그 집에 묵고 있었다. 그 사람은 바로 유명한 필킹턴 부인(Pilkington)이었는데 그 여인은 곧 나를 뒤따라서 2층으로 올라왔다. 나는 그 부인과 함께 한 시간 동안 진지하게 이야기하였는데 그 다음에 우리는 "행복한 막달라 마리아"라는 노래를 불렀다. 그 여인은 상당히 감명을 받은 것 같았다. 그러나 실제로 이런 감동이 얼마나 오래 갈지는 하나님만 아실 것이다.

5월 20일 주일 (콜크에서) 보통 때 설교를 하던 장소를 가지고는 설교를 듣고 싶어 하는 사람들이 다 들어올 수 없다는 것을 알고 8시 경에 나는 한논드(Hannond)의 큰 풀밭으로 갔다. 굉장히 많은 회중들이 모였는데 깊이 경청하였다. 몇몇 폭도들이 멀찌감치 모여 섰는데 그들은 점점 가까이 오더니 회중 속에 섞여 버렸다. 나는 영국이나 아일랜드에서 교회에 모인 모임 가운데 이렇게 조용하고 질서 있는 모임은 별로 본적이 없었다. 오후에 소문이 널리 퍼졌는데 내가 저녁에 큰 풀밭에서 설교하기로 되어 있었던 것을 시장이 못하게 막으라는 것이었다. 나는 그래서 스켈턴(Skelton) 씨와 존스(Jones) 씨에게 시장을 찾아가서 그것에 관해 알아보라고 하였다. 스켈턴 씨는 내가 거기서 설교하는 것이 시장에게 무슨 불쾌감이라도 주는지를 물으면서 이렇게 덧붙였다. "시장님, 그것이 만약 시장님의 기분을 상하게 하는 것이라면 웨슬리 목사님은 설교를 하시지 않을 것입니다." 시장은 진지하게 대답하였다. "목사님, 저는 난동을 부리는 것은 허용할 수가 없습니다." 스켈턴 씨가 대답했다. "시장님, 오늘 아침에도 난동을 부리는 사람은 없었습니다." 시장이 대답하였다. "있었습니다. 어째서 교회와 집회 장소들이 충분하지 않습니까? 나는 난동을 부리거나 행패를 부리는 것은 허용할 수가 없습니다." 스켈턴 씨가 대답하였다. "시장님, 웨슬리 목사님이나 그의 말을 듣는 사람들까지도 난동을 부리거나 행패를 부릴 일은 없습니다." 시장이 간단하게 대답하였다. "어쨌든 설교는 더 못합니다. 만약 웨슬리 목사님이 설교를 할 생각이라면 나도 준비는 되어 있습니다."

나는 5시가 지나서 곧 우리 집에서 설교를 시작하였다. 한편 시장은 증권 거래소에 머물면서 그 마을의 북치는 사람들과 경관들을 모두 불러서 명령을 하였다. 물론 내려가서 평화를 유지하라는 것이었다. 그들은 따라서 우리 집으로 내려왔는데 수를 헤아릴 수 없는 많은 군중들이 그들을 따라왔다. 그들은 계속해서 북을 쳤고 나는 계속해서 설교를 하여 결국 내가 할 이야기를 다 마쳤다. 내가 밖으로 나왔을 때 군중들은 즉시 나를 에워쌌다. 나는 그 중에 경사 한 사람을 붙잡고 임금님을 위한 평화를 유지하라고 하였다. 그러나 그는 대답하였다. “목사님, 저는 그런 명령은 받지 못했습니다.” 내가 큰 거리로 나오자마자 군중들은 손에 닥치는 대로 마구 집어 던졌다. 그러나 모두 내 옆으로 스치고 지나가든가 내 머리 위로 날아갔다. 한 개라도 나를 맞췄다는 기억은 없다. 나는 군중들 사이를 뚫고 지나가면서 한사람 한 사람 얼굴을 똑바로 들여다보았다. 그랬더니 그들은 좌우로 갈라지면서 길을 터 주었다. 나는 드디어 단트 교(Dants Bridge)까지 갔다. 상당히 많은 사람들이 그 다리를 건너가고 있었는데 그들 가운데 한 사람이 이렇게 외쳤다. “야, 가톨릭 신자들 잘한다.” 내가 다가갔을 때 그들은 역시 뒤로 물러났다. 나는 그래서 그들 사이로 해서 젠킨스 씨네 집으로 들어갔다. 그러나 가톨릭 신자 한 사람이 바로 문간에 서 있다가 내가 들어가지 못하게 방해를 하였다. 그런데 마침(사실은 나를 겨냥하였지만 실수로) 군중 한 사람이 그 여인을 때려 눕혔다. 나는 그래서 안으로 들어갔다. 사실 하나님께서 이 야수 같은 사람들을 억제하셨기 때문에 아무도 나를 따라올 생각을 못 하였다. 그러나 군중 가운데 많은 사람들은 한층 더 거칠어졌다. 특히 존스 씨는 흙으로 뒤덮였는데 그는 기적적으로 겨우 목숨을 건질 수 있었다. 군중들 가운데 극렬분자들은 집 안으로 들어가서 의자와 벤치 이런 것들을 온통 끌어내고 그 중에 어떤 사람들은 저희들이 쓰려고 집으로 끌고 간 사람도 있고 그 나머지는 큰 길에 끌고 나와서 불을 놓았다.

나는 이 사람들이 흩어질 가능성이 거의 없다는 것을 알고 나는 사람을 보내어 펨브록(Pembrock) 시의원에게 말해서 그는 즉시 자기의 조카 윈스롭(Windthrop) 시의원이 젠킨스 씨네로 같이 내려오도록 하였다. 나는 그와 함께 거리를 지나갔는데 아무도 불친절하거나 불경스러운 말을 한 사람은 없었다.

웨슬리의 형상을 화형에 처하다

5월 21일 월 나는 말을 타고 밴던(Bandon)으로 갔다. 오후 3시에서 7시까지 콜크의 군중들은 행진을 하여 단트교 근처에서 내 형상을 만들어 화형에 처했다.

5월 23일 수 군중들은 아직도 길을 돌면서 감리교도라고 불리는 모든 사람들에게 욕을 하며 그들이 감리교를 떠나지 않으면 다 죽여 버리고 그들의 집을 다 부수겠다고 협박을 하였다.

5월 24일 목 군중들은 또 다시 스톡데일(Stockdale) 씨 집을 습격해서 그가 창문에 못을 박아 놓은 모든 판자들을 떼어내고 창문틀과 덧문들을 모조리 부쉈다. 그뿐만 아니라 그의 재산의 상당한 부분을 부쉈다.

5월25일 금 로저 오페랄(Roger O'Ferrall)이라고 하는 어떤 사람은 광고를 내어 걸고 어떤 집에서든지 강보 장사꾼을 숨겨주는 날이면 그 집을 부수기 위해서 깡패들을 동원해서 앞장서겠다고 하였다(그런데 이 강보 장사꾼이라는 별명은 어느 가톨릭 신부가 켄니크(Cennick) 씨에게 붙였는데 그는 워낙 성경을 잘 읽지 않는 사람이라서 강보라는 말이 나오는 것조차도 아마 모르는 것 같았다. 그런데 켄니크 씨가 강보에 싸인 아기에 대해서 이야기 하는 것을 듣고는 그런 별명을 붙였던 것이다).

선량한 B박사가 공적으로나 개인적으로 민중을 선동하기 위해서 지칠 줄 모르고 수고를 하기는 했지만 우리는 하나님의 은총으로 밴던에서 큰 평화를 누릴 수 있었다. 그러나 26일 토요일 저녁에 어떤 일이 벌어질까에 대해서 크게 불안해하고 있었다. 나는 보통 설교하는 그 시간이 되어서 설교를 시작하였는데 사람은 보통 때보다도 배가 넘게 모였다. 내가 한 15분쯤 이야기를 했을 때 내 옆에 바싹 다가와서 있었던 한 목사는 커다란 몽둥이를 손에 들고 약속에 따라서 그들이 계획한 장면을 시작하였다(그의 친구들이 나에게 이야기 해 주었는데 그는 그 때 술에 취해 있었다. 그렇지 않았다면 그런 짓은 안 했을 것이라는 말이었다). 그러나 그가 몇 마디를 제대로 하기도 전에 그 자리에 있던 두세 명의 부인이 그를 꼭 붙잡고 집안으로 들어갔다. 약간 그를 타이른 다음에 정원을 거쳐서 보내버렸다.

그 다음에 나타난 사람은 그 동네 청년 M이라는 사람이다. 그는 손에 권총을 든 다른 두 사람과 동행하였다. 그러나 그의 승리도 너무 짧았다. 어떤 사람들이 그를 곧장 내몰았다. 물론 아주 부드럽고 점잖게 그를 대하기는 하였지만, 세 번째 사람은 다른 누구보다도 훨씬 더 분노에 가득 차서 나타났다. 그러나 그를 맞이해 준 사람은 그 동네 푸줏간 주인이었다(그는 물론 감리교인은 아니었다). 그런데 그는 마치 황소를 다루듯이 그의 머리를 세차게 주먹으로 한두 차례 때렸다. 이 바람에 그의 용기는 식었고 뿐만 아니라 아무도 그 대신 나서려고 할 사람도 없었다. 그래서 나는 조용한 가운데 설교를 마칠 수 있었다.

5월 28일 월 나는 말을 타고 킨세일(Kinsale)로 갔는데 아일랜드에서 볼 수 있는 아주 살기 좋은 마을 가운데 하나였다. 7시에 나는 거래소에서 설교를 하였는데 몇몇 점잖은 사람과 수많은 가난한 사람들과 그리고 굉장히 많은 군인에게 설교를 하였다. 그들은 모두 하나님을 두려워하는 사람과 같이 처신하였다. 설교가 끝나자 콜크에서 어떤 사람이 와서 우리에게 이런 말을 전해 주었다. 즉, W라는 사람이 아침과 오후에 군대 막사 아래서 설교를 하였는데 그 동네 북치는 사람들이 왔다. 그러나 그들이 거기서 북을 치기만 하면 모두 박살을 내겠다고 군인들이 말을 하였다. 그러고 나서 시장 자신이 군중들을 앞장세우고 나타났는데 그도 어찌할 도리가 없었다. 그러자 그는 들어가서 지휘관에게 말을 했으나 별 성공을 거두지 못하였다. 대령이 나와서 그 군중들에게 일체 그 곳에서는 난동을 부리면 안된다고 말하였기 때문이다. 여기서 하나님의 역사는 나타날 것이다. 그분이 하늘에서 뿐만 아니라 땅에서도 다스리시지 않는가.

5월 30일 수 나는 콜크(Corck)로 말을 타고 갔다. 나는 대위 한 사람과 이야기하고 나서 그 곳에서는 대령의 직권에 별로 의존할 수가 없다는 것을 알았다. 그는 그 대위에게 아주 터놓고 이렇게 말했다. "만약 웨슬리 목사가 군대 막사 안에서 설교를 한다면 군중들이 들어와서 창문을 부술테고 그렇게 되면 나는 굉장히 많은 청구서를 받게 될 것이다." 창문을 부수다니. 천만에, 모든 군인들의 뼈마디를 부수지 않으면 다행이지.

5시 직전에 나는 군대 막사를 향해서 걸어갔다. 군인들이 삽시간에 모여 들었다. 그리고 점점 더 소란스러워졌다. 그러나 한 순간에 모두 조용해졌다. 내가 나중에 안 일이지만 이것은 순전히 W씨의 덕택이었다. 그는 어떤 사람의 손에서 막대기를 빼앗아 가지고 위로 휘두르자 모든 군인들이 부리나케 달아나 버렸다.

우리가 남쪽 지역에 이르렀을 때 상당히 많은 수의 폭도들이 거기 모여들었다. 그러나 그들이 전부 전열을 가다듬기 전에 우리는 막사 문 앞에 이르렀다. 어느 정도 거리를 떼어놓고 나는 그들에게 소리쳤다. "악인은 그 길을 버리라" 하니 진지하게 듣는 회중은 굉장히 많았고 폭도들은 그들에게서 약 일백 야드 정도 떨어진 곳에서 있었다. 나는 거의 모든 군인들이 한 무리가 돼서 막사 정문 앞에 몰려 있는 것을 보고 놀랐다. 무르기는 하지만 이미 들은 소문이 맞는가 보다. 신호만 떨어지면 그들은 모두 막사 안으로 들어가게 되어 있었다는 것이었다. 그러나 그들은 막상 내가 설교를 마칠 때까지 조금도 움직이지를 않았다. 우리가 걸어가기 시작하자 한 두 사람이 우리를 따라왔다. 그들의 숫자는 점점 늘어나서 7~8명이 우리 앞으로 갔고 그 다음에 군인들 모두가 우리 뒤로 따라왔다. 그래서 그들 사이에 끼어서 나는 굉장히 많은 폭도들 사이를 뚫고 펨브록 시의원 집까지 갔다.

5월 31일 목 나는 라스코마크(Rathcormuck)로 말을 타고 갔다. 그 날 오후에는 대단한 장례식이 있기 때문에 각 처에서 사람들이 모여들었다. 로이드(Lloyd) 목사가 교회에서 장례식의 일부를 집전했고 그 후에 나는 "만물의 마지막 때가 가까왔다"라는 말씀에 관하여 설교하였다. (나는 전에 다만 듣기만 한 일이지만) 그 뒤에 이어서 아일랜드 사람들이 통곡을 하는 소리에 몹시 충격을 받았다. 그것은 내가 생각한대로 노래가 아니었고 다만 음침하고 무슨 소린지 알 수 없는 고함 소리였다. 날카로운 목소리를 가진 여인 4명이 (우리가 이해하기로는) 그 목적으로 고용된 것으로 알지만 무덤 옆에 서서 울었다. 그러나 그 중의 한 사람도 눈물은 흘리지 않았다. 아마 그것은 흥정하면서 빼 놓았던 것 같다.

6월 13일 수 나는 말을 타고 슈로닐(Shronill)로 갔다. 다음 날 아침 14일 목요일에는 클론넬(Clonnell)로 갔다. 한 시간쯤 쉰 다음에 우리는 다시 앞으로 길을 향해 떠났다. 그런데 오후에는 우리가 계획했던 것보다 훨씬 더 일찍 멈출 수밖에 없었는데 내 말이 말굽을 잃어버렸기 때문이었다. 우리가 머물렀던 집주인은 우리가 권면을 해주는 것에 대해서 아주 진지하게 들었을 뿐만 아니라 몹시 감사하였다. 그 밖에 우리는 길을 잃었기 때문에 8시가 넘어서야 겨우 부둣가에 도착하였다. 거기서부터 워터포드(Waterford)까지는 약 1마일이나 남아 있었다.

부둣가에서 어느 소년이 내 이름을 물어 보았다. 그는 내 이름을 듣더니 이렇게 소리쳤다. "아이고 목사님, 목사님이 여기서는 아무 일도 못하십니다. 워터포드에서 하실 일이란 아무것도 없습니다. 관리인 한 사람이 일주일 내내 폭도들을 불러모아서 우리 같은 사람은 지금 큰 길로 걸어다닐 수도 없습니다. 그렇지만 목사님이 저 조그만 집에서 기다리시면 제가 가서 맥칼로크(B. McCullock) 씨를 목사님께로 모셔 오겠습니다."

우리는 얼마동안 머물러 있다가 그래도 포탈링톤(Portarlington)쪽으로 조금이라도 더 가는 것이 좋겠다고 생각을 했다. 그러나 뱃사람이 오지를 않았다. 그래서 우리는 지칠 때까지 기다렸다가 결국 포기하고 다시 길을 나서서 얼마쯤을 가다가 산을 넘어서 캐리크(Carrick)국도로 접어들었다. 그리고 한 5마일쯤 갔더니 마을이 하나 나왔는데 거기서 조용한 집을 하나 발견했다. 이날의 수고는 그것으로 족했다. 우리가 물론 말을 타기는 하였지만 새벽 5시부터 밤 11시 15분 전이 되기까지 한 두 시간 쉰 것 이외에는 계속 갔기 때문이다.

6월 15일 금 새벽 2시쯤 나는 사람들이 소란을 피우면서 내 이름을 불러대는 것을 들었다. 그들은 워터포드에서 온 내 친구들 가운데 몇 사람인데 그 소년이 와서 나를 안내하려고 준비하고 있었다는 것이었다. 그들은 나를 찾지 못하고 돌아가다가 폭도들을 중간에서 만났는데 흙을 온통 뒤집어씌우고 돌멩이를 그들의 집에 마구 던졌다는 것이다.

우리는 4시에 출발해서 옛날 아일랜드 사람들이 계산하는 식으로 하면 약 25마일 떨어진 킬켄니(Killkenny)에 정오쯤 도착했다. 여기야말로 내가 아일랜드에서 본 곳 중에 가장 살기 좋은 곳일 뿐만 아니라 땅이 비옥한 곳이었다. 점심을 먹고 나서 우리는 길을 떠났는데 작고한 올몬드 공작(Duke of Ormond)의 저택인 단모어(Donmore)옆으로 길이 나 있었다. 우리는 그 공원을 가로 질러서 약 2마일 말을 타고 갔는데 그 옆으로 강이 흐르고 있었다. 나는 영국이나 네덜란드나 독일에서도 이렇게 아름다운 곳을 본 일이 없었다. 사람들이 다닐 수 있는 길에는 6미터의 나무가 네 줄씩 서 있고 나무 덤불들이 아래위로 널려 있고, 아주 부드럽고 푸른 잔디밭이 사방으로 퍼져 있었다. 그 아름다움이야말로 정말 설명할 수가 없다. 이곳의 주인인 아란 백작(Earl of Arran)이 여기 가지고 있는 이런 것이 도대체 무슨 소용이 있는가. 그는 자기의 눈으로 그것을 보지도 못하고 있지 않은가.

오후에 내 말이 너무 지쳤기 때문에 나는 그 말을 놔두고 내 친구의 말을 빌렸다. 11시경에 아이모(Aimo)에 도착 하였는데 거기서 밤을 지낼 생각이 간절하였다. 그러나 그 여관집 주인이 내가 거기서 머무는 것을 별로 탐탁하게 생각하지 않았다. 얼마동안 그는 대답을 않더니 마침내 문을 활짝 열어놓고 개 4마리가 나에게 달려들도록 하였다. 그래서 나는 말을 타고 계속해서 발리브리타스로 갔는데 전에 여기도 큰 개가 있었기 때문에 여기 가서도 역시 비슷한 대접을 받지 않을까 생각하였다. 그러나 그 개는 여관집 주인이 잠을 깨고 밖에 나올 때까지 꼼짝하지 않았다. 12시쯤 되어서야 나는 자리에 누웠다. 아마 이것이 내가 하루에 말을 타고 여행한 것 가운데는 가장 긴 여행인 것 같다. 아일랜드 사람들이 옛날에 계산하던 식으로 하면 50마일이니까 영국 사람들 계산으로는 90마일이었다.

6월 21일 목 나는 크로스랜드(Closeland)로 돌아와서 저녁에 설교를 하였는데 사람들의 숫자는 적었지만 진지하였다. 또 다른 세계가 있다는 것을 내가 알지 못했다면 누가 나를 이곳으로 끌어낼 수 있겠는가. 내 바쁜 인생의 나머지를 고적하게 은퇴해서 살 수 있다면 얼마나 기쁠까!

9월 6일 목 나는 말을 타고 샐리스베리(Salisbury)로 가서 저녁에는 윈터번(Winterburn)에서 설교하였다. 다음에는 리딩에서 설교하고 8일 토요일에는 런던으로 갔다. 여기서 나는 우리의 설교자 가운데 한 사람이 적어 보낸 다음과 같은 글을 읽었다.

> "존 제인이 몹시 더운 날 엡워스에서 헤인턴(Hainton)까지 걸어가고 나서 너무 심하게 열이 나기 때문에 몹시 불편합니다. 그러나 그는 커다란 평화와 사랑을 느끼고 있으며 심지어는 그를 미워하는 사람들까지도 매우 사랑하고 있습니다. 그는 얼마동안 엘리스 새드포스(Alice Shadforth)의 집에서 머물렀는데 그녀와 함께 날마다 하나님에 관한 이야기들을 나누었습니다. 그는 항상 하나님의 사랑을 느꼈고 많은 시간을 혼자서 기도를 하면서 보냈습니다. 그리고 하루에 여러 차례씩 그녀와 함께 기도를 하기로 하였습니다. 8월 24일 금요일에는 그녀 생각에 그가 건강이 좀 괜찮아진 것 같아서 저녁때 벽난로 옆에 그를 앉혀 놓았습니다. 그런데 6시경에 그는 깊은 한숨을 쉬더니 그 다음에 다시는 말을 하지 않았습니다. 그는 토요일 날 같은 시간이 될 때까지 살아 있었습니다. 그러나 결코 아무 고통도 없이, 괴로움도 없이 얼굴에 미소를 띠고 세상을 떠났습니다. '나는 그리스도 예수 안에서 하나님의 사랑을 발견합니다.' 그의 속내의와 털옷과 양말과 모자 그리고 가발 등을 포함한 그의 모든 의복은 다 팔아도 그의 장례비용이 되지를 않았습니다. 장례비용은 1파운드 17실링 3펜스가 되었습니다. 그가 가지고 있는 돈은 모두 1실링 4펜스 뿐 이었습니다."

독신으로 살면서 복음을 전파한 설교자가 자기의 뒷일을 맡아서 처리해 줄 사람에게 남긴 돈 치고는 충분한 것이었다.

9월 17일 월 내 동생은 북쪽을 향해서 떠났으나 그 다음 날 몸이 몹시 불편해 가지고 돌아왔다. 우리가 하나님의 지혜에 관해서 아는 것이란 정말 보잘것없는 것이다. 그러나 하나님의 섭리는 지혜와 은총으로 가득 찼다는 것을 우리는 안다.

9월 19일 수 내가 저녁에 집에 왔을 때 내 동생은 몹시 더 쇠약해져 있었다. 그는 여러 날 동안 잠을 못 잤고 아편 기운이 아니면 잠을 전혀 잘 수가 없게 되었다. 나는 아래층에 있는 우리 형제들에게로 내려가서 우리는 함께 하나님에게 간구하였다. 내가 이층으로 올라갔을 때 내 동생은 깊이 잠이 들어 있었는데 그는 아침까지 계속해서 잘 잤다.

9월 21일 금 우리는 스피탈필즈(Spitalfields)에서 철야 기도회를 가졌다. 나는 요즘 우리가 당하고 있는 여러 가지 일에 대해서 하나님의 독특한 섭리가 무엇인지 자주 의아하게 생각을 한다. 나는 도대체 한 사람이 그렇게 여러 해 동안 런던과 브리스틀과 더블린에서 밤늦게까지 이 마을 저 마을 여기저기로 밤늦게까지 다니면서 그렇게 많은 상처를 입었던 사람을 알지를 못한다.

9월 23일 주일 내 동생이 아직도 나를 도와줄 수 없기 때문에 나는 오늘 생각했던 것보다도 더 많은 일을 하였다. 아침에 나는 기도를 하였고 설교하였고 그리고 스피탈필즈에서 굉장히 많은 회중에게 성만찬을 베풀었다. 웨스트 스트리트에서 드린 예배는 9시에서 1시까지 계속되었다. 5시에 나는 무어필즈에서 죄인들에게 회개하라고 권면하였다. 그 날 내가 하루의 일을 마쳤을 때 새벽 6시보다 훨씬 더 생기가 나고 기운이 솟았다.

편집자로서의 웨슬리

9월 24일 월 나는 런던을 떠나서 다음 날 아침에는 주막집같이 지어 놓은 곳에 가게 되었다. 곧 뒤따라서 한 젊은 청년이 말을 타고 왔는데 문 있는 데를 지나가다가 말과 사람이 함께 넘어졌다. 그는 일어나자마자 말에게 욕설을 퍼부었다. 내가 그에게 몇 마디 말을 하였더니 그는 조용해졌다. 그는 나에게 말하기를 그가 전에는 하나님을 두려워하면서 살았는데 그 뒤로 얼마동안은 아무것도 생각하지 않고 산다는 것이다. 그는 이제 굳은 결심을 가지고 길을 떠나게 되었다. 그가 결심대로 충실하게 살 수 있기를 하나님께 기원한다.

나는 저녁에 킹즈우드에 도착하였다. 거기서 다음 날 나는 소년들을 위해서 밀턴의 서사시 몇 편을 골라 주었고 그들은 그것들을 베껴서 매주일 반복하도록 하였다.

9월 27일 목 나는 학교에 가서 학생들 가운데 반수 정도를 시켜서 그들의 복습을 지도하였고 그 다음에는 도덕적인 시와 종교시를 몇 편 골라 주었다. 28일 금요일에 나는 나머지 반수 정도의 학생들에게서 그들의 복습을 지도하였다. 29일 토요일 나는 아침 4시에서 5시까지 그들과 함께 있었다. 나는 그날 거의 하루 종일 그들과 함께 있으면서 켄니트의 '고대의 풍습'을 손질해 주면서 학교에서 읽을 만한 가치가 있다고 생각하는 것을 그들에게 표해 주었다.

10월 3일 수 나는 어린 학생들을 위하여 포터 대주교(Archbishop Potter)의 「희랍의 고대 풍습」이라는 책을 수정해 주었다. 그것은 상당히 삭막하고 지루하고 힘든 책이었다. 4일 목요일에 나는 루이스(Lewis)의 「히브리의 고대 풍습」을 수정하였다. 다른 책보다도 이것은 훨씬 더 재미있을 뿐만 아니라 교훈적이다.

10월 6일 토 나는 케이브(Cave) 박사가 쓴 「원시 기독교」라는 책을 요약하는 것을 거의 마쳤다. 이 책은 내가 전 생애를 통해서 읽은 것 가운데 학식은 대단하지만 판단은 극히 빈약한 것이라고 느껴졌다. 이것은 마치 크세노폰(Xenophon)이 소크라테스에게 그렇게 하였듯이 마치 옛날 기독교인들에게만 소용이 닿는 그런 것 같았다. 이를테면 그들의 언행 가운데 제일 약한 것만을 엮어서 연결시키는 그런 책 같다.

10월 11일 목 나는 어린이들을 위해서 짤막한 영국 역사를 책으로 출판하기 위하여 준비하였다. 금요일과 토요일에는 짤막한 로마 역사를 쓰면서 이것이 곧 라틴 역사가들에 대한 서론이 되도록 만들었다.

10월 15일 월 나는 호움즈의 라틴어 문법을 읽고 우리 자신의 문법을 완전하게 만드는데 필요한 것을 그 중에서 뽑아냈다.

12월 3일 월 나는 말을 타고 캔터베리로 가서 요한계시록 20장에 관하여 설교하였다. 몇몇 소란스러운 사람이 약간 잡음을 내기는 하였으나 그것은 그 사람들의 습관인 것 같았다. 그 다음 날 밤에는 그런 사람들이 더 많이 모인 것을 알고 나는 대체로 그들을 향해서 이야기하였다. 그들은 적잖이 당황하는 것 같으나 결국 어린 양과 같이 조용히 떠나갔다.

12월 5일 수 나는 대성당으로 가서 옛날의 유명한 사람들의 비문을 샅샅이 읽었다. 누가 이런 장면을 보면 정말 인간의 허무에 찬물을 끼얹는다고 생각할 것이다. 위대한 사람들과 아름다운 사람들과 용감한 사람들이 이제는 무슨 소용 있는가! 무적의 투사는 어떠하며 권세가 등등하던 군주는 어디 갔는가!

그대에게 남은 것은 먼지더미뿐, 이것이 그대의 전부이며, 또한 모든 교만한 자들이 이렇게 될 것이다.

12월 10일 월 나는 에섹스 주의 레이(Laigh)로 말을 타고 갔는데 거기서 몇 사람이 모여서 하나님을 찾는 것을 보았다. 그래서 나는 그들을 격려하면서 "서로 사랑하라" 며 그들에게 권면하였다.

12월 17일 월 나는 다부지게 마음을 먹고 아우게이아스(Augeas) 왕의 외양간을 청소하였다. 즉, 폭스(Fox)의 작품 「역사와 증거」(*Acts and Monuments*)라는 거대한 작품을 손질하면서 정리하였는데 이 솔직하고도 지각없는 작가는 영원토록 기억에 남을 만한 숭고한 기록들을 온통 쓰레기 같은 이야깃거리와 함께 뒤섞어 놓았기 때문에 그것을 정리하였다.

제9장

1751년~1753년

웨슬리의 결혼 - 콘월의 밀수꾼들 - 웨슬리의 발병과 회복

1751년 1월 30일 수 우리 모교의 학장 아이샴(Isham) 박사로부터 긴급한 편지를 받았다. 내일 실시될 의원 선거에 꼭 투표를 해달라는 것이었다. 그래서 나는 일찍 출발하였는데 서리는 심하게 내리고 서북풍은 정면으로 내 얼굴에 세차게 불었다. 길은 너무 미끄러워서 말들이 간신히 설 정도였는데 그 중 한 마리는 머리를 박고 넘어져서 몹시 큰 상처가 날 수밖에 없었다. 그런 속에서도 우리는 하나님의 도우심으로 저녁 7시에 무사히 옥스퍼드에 도착하였다. 회중들이 에반스(Evans) 씨 집에서 나를 기다리고 있었는데 나는 즉시 그들에게 이 말씀을 증거 하였다: "사람이 온 세계를 얻고도 자기를 잃거나 망치면 무엇이 유익하겠느냐?"

1월 31일 목 나는 평의회가 모이고 있는 학교로 갔으나 내가 기대하였던 온당성과 질서는 찾아볼 수가 없었다. 내가 투표해 주기 위하여 왔던 사람이 당선되지는 않았으나 그렇다고 해서 내가 투표하러 왔던 것을 후회하지는 않았다. 이런 정도 가지고는 갚은 길이 없는, 보다 많은 것을 나는 그 관대하고 친절하신 선생님께 빚을 지고 있다. 이제야 비로소 그 분은 쉴 수 있게 되었다.

내가 어느 곳에 가든지 신사 숙녀나 그 밖에 어떤 사람들이 나에게 점잖게 처신하는 것을 보면 상당히 놀라게 된다. 전과 같이 손가락질이나 이름을 불러가며 욕지거리를 하는 일도 없고 비웃지도 않는다. 이것이 무엇을 의미할까? 내가 사람들의 종이 되었단 말인가? 아니면 십자가의 걸림돌이 없어졌다는 것일까?

웨슬리, 결혼하기로 결심하다

2월 1일 금 날씨가 몹시 고약한 날 아침에 우리는 런던으로 출발하였는데 바람은 동풍으로 바뀌어 정면으로 우리 얼굴에 심하게 몰아쳤는데 그렇게 강한 바람

을 맞기는 처음인듯하다. 그러나 저녁 5시가 되어서야 우리는 파운드리에서 몸을 피할 수 있는 곳으로 들어 갈 수 있었다. 그 날은 철야 기도회를 갖기로 된 날 밤이었기 때문에 우리는 보통 때와 마찬가지로 거의 자정이 되기까지 기도와 찬송을 계속하는데 있어서 별로 불편하지는 않았고 다만 현기증은 약간 났는데 몇 시간 자고 나니까 깨끗이 가셨다.

2월 2일 토 P 씨로부터 자세한 편지를 받고 나서 나는 결혼해야 되겠다는 확신을 분명히 갖게 되었다. 수년간 나는 결혼하는 것보다는 독신으로 지내는 것이 하나님이 나를 쓰시기가 좋을 것이라고 믿었기 때문에 독신 생활을 해왔다. 그리고 내가 그렇게 독신 생활을 계속할 수 있도록 만들어 주신 하나님께 찬양을 돌린다. 이에 못지않게 내가 믿기는 결혼 생활을 함으로써 하나님이 나를 더 잘 쓰실 수 있게 되신다는 것이었다. 그래서 이러한 내 자신의 분명한 확신과 친구들의 충고를 따라 며칠 만에 결단을 내렸다.

2월 6일 수 나는 독신 남성들을 만나 여러 가지로 설명을 하면서 '하늘나라를 위하여 독신' 으로 남아 있는 것이 얼마나 유익한가를 보여 주었다. 그러나 일반적인 법칙 외에도 특수한 경우는 예외가 된다는 것도 동시에 생각하였다.

2월 10일 주일 5시에 설교를 마친 뒤에 나는 다음 날 아침에 북쪽으로 떠날 생각 때문에 스노우필즈(Snowfields)에 있는 회중들과 서둘러서 작별을 하였다. 그런데 런던 대교(London Bridge) 위에서 두 발이 동시에 얼음에 미끄러지면서 발목뼈가 돌멩이 끝을 때려 굉장히 세게 넘어졌다. 그러나 사람들의 부축을 받으며 일어나기는 하였고 많은 사람들을 실망시키지 않기 위하여 교회까지 간신히 갔다. 설교를 마친 뒤에 의사가 내 발을 싸매주고 응급조치를 해주어서 세븐 다이얼즈까지 걸어갔다. 굉장히 어려움을 겪으면서 억지로 강단에 올라갔다. 그러나 이 때 하나님께서는 우리들의 마음을 많이 위로해 주셨다.

B 씨 집으로 마차를 타고 가서 거기서부터는 의자에 앉아 파운드리로 갔다. 그러나 접질린 다리가 더 아파서 설교는 할 수 없었다. 나는 스레드니들 스트리트(Threadneedle Street)로 옮겨서 그 주간 내내 거기 머물면서 기도도 하고 독서를 하며 때로는 대화를 나누며 지냈고 히브리어 문법을 쓰고 어린이 공과책을 쓰기

도 하면서 소일하였다.

2월 17일 주일 나는 파운드리로 옮겨져(일어설 수가 없어서) 무릎을 꿇고 시편 23편에 관하여 설교하였다. 내 마음은 담대하여졌으며 또한 나는 입을 열어 놀라운 하나님의 사랑을 선포하였다.

2월 18일 월 내가 여행하기로 정해 놓았던 2일째였다. 그러나 나는 아직도 발을 땅에 디딜 수가 없어서 또 다시 실망을 하였다. 그러나 (무릎을 꿇은 채) 화요일 저녁과 수요일 아침에 설교하였다.

2월 24일 주일 스피탈필즈에서 아침 저녁으로 설교하였다.

3월 4일 월 비록 걸을 수는 없지만 간신히 말을 탈 수 있겠기에 브리스틀을 향하여 출발하였다. 수요일에 거기 닿았을 때는 완전히 지쳤다. 그러나 어떤 면에서는 내가 떠날 때보다 훨씬 나아졌다.

3월 19일 화 브리스틀에서 볼 일을 마치고 나는 다시 런던을 향하여 출발 하였다. 내가 북부 여행을 시작하기 전에 며칠만이라도 거기 머물렀다 가라고 사람들이 간청을 했기 때문에 그리로 부득이 가지 않을 수 없었다. 목요일에 런던에 도착하여 모든 일을 해결하고 다시 27일 수요일에 거기를 떠났다. 독신 상태에서 보다도 결혼 생활을 하게 되면 감리교 설교자로서 하루에 설교를 한 번 하는 일이나 여행을 하는데 덜 하게 된다는 점을 두고 아무리 생각을 하여도 이해할 수가 없다. 이런 점에서는 확실히 "아내가 있는 사람도 없는 자 같이 살아야" 할 것이다.

4월 11일 목 (볼턴에서) 면도를 해준 이발사가 나에게 이렇게 말하였다. "목사님, 저는 목사님만 생각하면 하나님께 감사를 드립니다. 지난번에 목사님이 볼턴에 오셨을 때만 해도 저는 마을에서 유명한 술주정꾼이었습니다. 그런데 목사님이 말씀하시는 것을 창가에 다가가서 듣고 있던 중에 하나님이 제 마음을 치셨습니다. 저는 그때 술을 끊을 수 있는 능력을 달라고 열심히 기도했습니다. 하나님은 제가 구한 것보다 더 큰 것을 주셨습니다. 바로 그 술을 원하는 마음까지도 없애주셨습니다. 그런데도 나는 내 자신이 점점 악해지는 것을 느꼈습니다. 지난 4

월 5일에는 더 이상 견딜 수 없게 되었습니다. 바로 그때 하나님이 나타나주시지 않았다면 나는 지옥으로 빠진다는 것을 스스로 알았습니다. 하나님께서는 정말 나타나 주셨습니다. 하나님이 나를 사랑하신다는 것을 알고 푸근한 평화를 느꼈습니다. 그러나 어제가 꼭 열두 달입니다만 그 전에는 나에게 믿음이 있다고는 감히 말할 수 없는 형편이었습니다. 그런데 1년 전 어제 하나님이 나에게 믿음을 주셨습니다. 그때부터 하나님의 사랑이 나의 마음을 가득히 채웠습니다."

4월 22일 월 내가 모르페스(Morpeth)의 장터에서 설교를 하고 있는 동안에 비가 그쳤다. 거기서부터 우리는 말을 타고 앨른위크(Alnwick)로 갔는데(너무 축축해서 크로스에서는 설교를 할 수가 없어서) 우리 친구들 몇 사람이 공회당을 얻었다. 이 장소는 굉장히 크기 때문에 상당히 많은 사람을 수용하였으며 여기 모인 사람들의 숫자만으로도 열기가 생겼다.

4월 23일 화 우리는 말을 타고 계속해서 버위크-어폰-트위드(Berwick-upon-Tweed)로 갔다.

4월 24일 수 호퍼 씨와 나는 3시에서 4시 사이에 말을 타고 7시경에는 올드 카머스(Old Camus)에 도착하였다. 내내 짙은 안개가 끼어 있어서 시골 풍경이 좋은지 나쁜지 모르고 갔다. 스코틀랜드의 마을들은 내가 잉글랜드나 웨일스나 아일랜드 그 어디서 본 것과도 틀렸다. 어디를 가나 고풍이 강하게 풍겼고 건축 양식에도 독특성이 역력했다. 그러나 무엇보다 우리가 가장 놀란 것은 어디를 가나 우리가 흔히 듣던 이야기와는 달리 사람들이 우리를 대해 주는 태도가 퍽 좋았던 점이다. 모든 것이 좋고 값도 싸고 풍성했으며 모두들 옷도 눈에 띄게 잘 입었다. 오후에 우리는 프레스턴 필드(Preston Field)를 끼고 그 옆으로 말을 타고 가면서 옛날의 싸움터와 가아디너 대령(Colonel Gardiner)의 집도 보았다. 스코틀랜드 사람들이 자랑스럽게 하는 이야기는 가아디너 대령이 말에서 떨어진 다음에도 억지로 살려주겠다는 것을 마다하고 계속 싸웠다는 것이다. 사실이 어떻든 간에 그는 현재 "악인들의 고통이 멈추고 피곤한 자들이 쉬는 곳"(욥 3:17)에 가 있다.

우리는 4시에서 5시 사이에 머셀버러(Musselburgh)에 도착하였다. 내가 스코틀랜드에서 설교할 생각도 없었지만 누가 나더러 설교를 하라고 할 사람이 있으리라고도 생각하지 않았다. 그러나 내가 잘못 생각하였던 것이다. (만약 다른 이유가 아니라면) 호기심 때문에 대단히 많은 사람들이 저녁에 모여 들었다. (G 여사가 내게 전해준 이야기이지만) 스코틀랜드 교회에서는 흔히들 웃고 떠들고 주의를 집중하지 않기 때문에 온갖 일이 다 생기지만 여기서는 전혀 그렇지 않았다. 그들은 설교가 시작될 때부터 끝날 때까지 모두들 동상들같이 꼼짝 않고 있었다.

4월 25일 목 우리는 말을 타고 에든버러에 갔다. 독일에서 쾰른(Cologne)을 본 것을 제하면 이렇게 더러운 도시는 처음이다.

우리는 머쎌버러에 돌아와 점심을 먹었는데 거기서부터 오후에는 에든버러에서 몇 명의 신사들이 우리를 뒤쫓았다. 나는 스코틀랜드 사람들이 처음 보는 사람 앞에서 수줍어한다고 왜들 불평을 하는지 모르겠다. 내가 만나서 이야기한 사람들은 누구나 다 내가 뉴캐슬이나 브리스틀에서 만났던 사람들만큼이나 개방적이고 자유스럽게 이야기하였다. 뿐만 아니라 아무도 논쟁을 일으킨다든가 내 자신의 견해가 어떤 것이냐고 따지고 든 사람도 없었다.

나는 6시에 "여호와를 만날 만한 때에 찾으라"는 말씀을 가지고 설교를 또 하였다. 나는 그들에게 말을 아주 알아듣기 쉽게 하였더니 그들은 모두 사랑으로 내 이야기를 받아들였다. 그래서 악마가 수년간 심어 놓았던 편견의 뿌리는 한 시간에 몽땅 뽑혀 버렸다. 설교가 끝난 뒤에 시의 참사회원 한 사람이 장로 한 사람과 함께 와서 요청하는 말이 얼마 동안, 최소한 이삼일이라도 자기들과 함께 머물러 달라는 것이었다. 그들은 학교보다 더 큰 장소를 마련하고 회중들이 앉을 수 있는 의자도 다 준비하겠다는 것이었다. 내 시간이 미리 정해져 있지만 않았다면 기꺼이 응했을텐데 참으로 유감스러웠다.

1752년 3월 15일 주일 (런던에서) 오후에 웨스트 스트리트에서 설교를 하고 있는 동안에 일찍이 보지 못했던 폭풍이 불었다. 설교를 중간쯤 했을 때 교회당 맞은편에 있는 집이 대파되어 거의 납작해졌다. 우리는 큰 소리를 듣기는 하였지만 무슨 영문인지 몰랐다. 그럴수록 하나님은 우리의 마음 속에 더욱 말씀해 주셨고 많은 사람들은 하나님이 보호해 주시는 데 대한 확신 때문에 크게 기뻐하였다. 4시에서 5시 사이에 나는 말을 타고 아내와 딸을 데리고 길을 떠났다. 길 양쪽에서 있는 집들의 타일이 덜거덕 소리를 내고 흔들렸지만 우리는 조금도 다치지 않았다.

저녁 7시에 헤이즈(Hayes)에 도착하였고 다음 날 옥스퍼드에 도착하였다.

4월 16일 목 나는 걸어서 번엄(Burnham)까지 갔다. 이브셤(Evesham)을 떠나온 이후 줄곧 그렇게 하였지만 계속해서 하루에 세 번씩 설교를 하면 내 기운이 당할까 하는 생각이 나서 여기서는 별로 설교할 계획이 없었다. 그러나 막상 집안에 사람들이 가득히 모인 것을 보니까 안 할 수가 없었다. 뿐만 아니라 기운은 쓰면 쓸수록 더 기운이 났다. 나는 보통 하루에 설교를 여러 번 하지만 첫 번 설교를 끝내면 상당히 피곤을 느끼고 두 번째를 끝내고는 약간 피곤을 느끼고 세 번째나 네 번째 설교를 끝내고 나면 피곤이나 기운이 없는 것을 별로 느끼지 않는다.

4월 22일 수 말을 타고 그림즈비로 갔다. 저녁에는 어찌나 많은 회중들이 모였던지 방안은 마치 가마솥 같았다. 다음 날 밤에는 마을 끝에서 설교를 하였는데 빈부귀천을 막론하고 모든 사람들이 거기까지 나를 따라왔다. 나는 이 막중한 질문을 그들에게 밀접하게 적용할 좋은 기회를 얻었다. "주여 구원을 받는 자가 적으니이까"(눅 13:23)

4월 24일 금 우리는 좋은 자리에 앉아서 갔다. 그 마차 주인은 (나이가 80세를 넘긴 것 같았지만) 앞으로 30년은 더 살겠다고 말하였다. 그러면서 하는 말이 10년은 사냥을 하고 10년은 돈을 더 벌고 (현재에도 일 년에 2만 파운드 정도씩 벌고 있지만) 그리고 나머지 10년을 회개를 하면서 살겠다는 것이다. 아, 하나님이 그 사람에게 이렇게 말씀하시지 않겠는가. "어리석은 자여 오늘 밤에 네 영혼을 도로 찾으리니"(눅 12:20).

내가 헐(Hull) 부두에 내렸을 때 "저 사람이 누구냐, 저 사람이 누구야?" 하고 묻는 사람들로 가득 찼다. 그러나 그 사람들은 우리를 쳐다보고 웃기만 하였다. 그래서 우리는 아무도 우리를 성가시게 굴지 않는 상태에서 A씨의 집으로 갔다. 나는 그 요새가 형편없이 되어 있는 것을 보고 깜짝 놀랐다. 반란 사건이 있기 훨씬 이전에 뉴캐슬에 있는 요새보다도 훨씬 더 무너졌고 폐허가 되어 있었다. 정말 근처에 적이 없다는 것이 다행한 일이었다.

나는 3시에 오래된 교회에서 열리는 기도회에 갔다. 그 교회당 건물은 크고 장엄하였다. 5시에서 6시 사이에 마차가 와서 나는 마을에서 약 반 마일 떨어진 마이

턴카(Mighton Car)로 함께 갔다. 빈부귀천을 막론하고 수많은 사람들이 몰려왔었는데 말을 타고 오거나 걸어서 오거나 마차를 타고 굉장히 많은 사람들이 곧 모여들었다. 그래서 나는 그들에게 큰 목소리로 그러나 차분한 마음으로 이렇게 외쳤다. "사람이 만일 온 천하를 얻고도 자기를 잃든지 빼앗기든지 하면 무엇이 유익하리요(눅 9:25)" 수천 명이나 되는 사람들이 진지하게 경청하였다. 그러나 많은 사람들이 몰록(Moloch) 신이 들린 사람들같이 행동했다. 흙덩어리와 돌이 사방에서 날아왔다. 그러나 그 중에 하나도 나를 맞추거나 나를 방해하지는 못했다.

내가 설교를 마치고 마차를 타러 갔을 때 마부는 사라지고 없었다. 우리는 당황했다. 그런데 어느 숙녀 한 분이 나와 내 아내를 자기의 마차로 모시겠다고 하였다. 결국 이렇게 되어서 그 부인은 몹시 불편하지만 그대로 참을 수밖에 없었다. 마차는 아홉 사람이 함께 탔다. 세 명씩 양쪽에 타고 가운데 세 사람이 탔다. 뿐만 아니라, 폭도들이 바짝 따라오면서 창문 안으로 손에 닥치는 대로 던져 넣었다(물론 우리는 그 창문을 닫는 것이 그렇게 현명한 일이라고 생각하지는 않았다). 그러나 체구가 큰 부인 한 사람이 내 앞에 앉아서 나를 막아주었기 때문에 아무것도 나에게 날아온 것은 없었다.

5월 25일 월 우리는 말을 타고 더럼(Durham)으로 가서 거기서 다시 바너드 성채(Barnard Castle)로 갔는데, 길이 몹시 험했을 뿐만 아니라 날씨도 나빴다. 우리가 거기 도착했을 때 나는 몹시 현기증이 났다. 그러나 시간이 되어서 나는 큰 길로 나아가 설교를 해야만 했다. 그러나 난동을 부리는 사람들이 너무나 수가 많았고 또 너무 떠들었기 때문에 많은 사람들이 내 이야기를 듣기는 불가능했다. 그렇지만 나는 계속해서 설교를 하였고 가까이 있는 사람들은 몹시 신경을 써서 내 이야기를 경청했다. 그런데 이것을 방해하기 위해서 폭도들 몇 사람이 발동기를 끌어다가 회중에게 물을 굉장히 많이 퍼부었다. 그러나 나에게는 한 방울도 떨어지지 않았다. 약 45분 후에 나는 집으로 돌아왔다.

6월 9일 화 내 숙소는 그렇게 마음에 들지 않았다. 내가 고른다면 이런 것을 고르지는 않았을 것이다. 그러나 하나님이 골라 주시는 것은 항상 선하다. 내 침대는 상당히 지하에 있었고 그 방은 침실과 동시에 지하실로 쓰였던 것이다. 아늑하기는 하였지만 시원한 것 보다는 더 견디기가 고통스러웠다. 그래서 나는 그 창문에 (유리 대신에 발라놓은) 종이를 약간 뚫어서 신선한 공기가 들어오게 했다. 그래서 나는 아침까지 잘 잤다.

6월 15일 월 나는 이번 여행에서 전에 알지 못했던 여러 가지 시련을 겪었다. 나는 맨체스터(Manchester)에서 출발할 때 힘이 센 말을 한 필 빌려 탔다. 그러나 그 말은 내가 그림스비에 도착하기 전에 발을 절기 시작하였다. 그래서 다시 말을 구했는데 뉴캐슬과 버위크(Berwick) 중간쯤에서 말에서 내릴 수밖에 없었다. 맨체스터로 돌아오는 길에는 내 말을 탔다. 그러나 내 말도 초원을 지나가는 도중에 발을 절기 시작하였다. 그렇지만 나는 오늘 4~5마일 정도는 더 타고 갈 수 있으리라고 생각을 하였는데 결국은 쓰러지고 말았다. 숨소리가 들리지 않기에 보니까 죽었다. 그러나 나는 내가 최근에 사놓은 말이 또 한 필 맨체스터에 있다는 생각을 하면서 스스로 위안을 얻었다. 그러나 내가 그곳에 도착해 보니까 어떤 사람이 내 말을 빌려가서는 그 말을 타고 체스터로 가 버렸다.

6월 20일 토 나는 체스터로 말을 타고 가서 6시에 내가 잘 아는 장소에서 설교를 하였다. 그곳은 센트 존 교회 근처 성문 밖에서 약간 떨어져 있는 곳이었다. 독신의 어떤 맥주집 주인이 몹시 기분이 언짢은 것 같이 보였는데 그는 한 마디를 내뱉고 있는 힘을 다해서 달아났다. 그러나 그 밖에 다른 모든 사람들은 아주 진지하게 행동을 했고 나는 그들에게 "주 예수 그리스도의 은총"을 선포하였다.

6월 22일 월 우리는 걸어서 이 도시의 성벽을 돌았는데 그 둘레가 약 2마일 정도 되었다. 그러나 성 안에는 공터가 굉장히 많이 있었고 정원도 많고 큰 풀밭도 많이 있었다. 내 생각에는 뉴캐슬 성내에 집이 체스터보다 약 삼분의 일은 더 있는 것 같이 보였다.

이곳에서 가장 편리한 것은 그들이 더 로우스(The Rows)라고 부르는 것인데 이것은 큰 길 양쪽으로 하늘이 덮여 복도와 같이 되어 있는 길이다. 이런 회랑이 동서남북으로 연결이 되어 있어서 어떤 날씨에도 옷이 젖지 않고 깨끗하게 도시 이쪽에서 저쪽 끝까지 걸어 다닐 수 있는 것이다.

나는 저녁 6시에 광장에서 굉장히 많은 사람들에게 설교를 하였는데 빈부귀천을 막론하고 수많은 사람들이 모였다. 그들 중 대부분의 사람들은 아주 점잖은 사람들로서 진지하게 경청을 하였다. 그렇지만 그 중에는 깡패 몇 사람이 끼어 있어서 그들 대부분은 술이 취했고 몹시 훼방을 놓으려고 하였다. 그러나 청중의 대부분이 얼마나 점점 더 진지해지는가를 쉽게 알 수 있었을 것이다.

8월 25일 화 나는 킨세일(Kinsale)의 장터에서 설교하였다. 다음 날 아침 8시에 나는 성채로 갔다. 그 위에 있는 언덕에 가 보니까 굉장히 큰 계곡이 있었는데 거기에는 2~3천명이 충분히 들어갈 수 있을 것 같았다. 그 한쪽에다 병사들이 칼을 가지고 나무를 잘라서 내가 설교를 하는 동안 바람과 해를 막아주도록 만들었다. 그리고 회중들은 내 앞의 풀밭에 앉았다. 하나님이 보시기에 뚜렷한 죄인들이 특히 군인들 가운데 많이 그 자리에 와 있었다. 내가 믿기로 하나님께서는 회개를 하도록 그들에게 큰 소리로 부르시는 것 같았다.

9월 23일 토 우리는 콜크에 도착하였다. 24일 일요일 저녁에 나는 우리 감리회 회원들에게 설교할 장소로서 건물을 세우자고 제안하였다. 그 다음 날 열 사람이 백 파운드를 기부하였고 3~4일 후에 백 파운드가 더 모금이 되었다. 그래서 땅을 샀다. 나는 지난주에 우리가 출발하지 않은 것을 통해서 두 가지 섭리가 나타난 것을 보았다. 만약 우리가 떠났다면 이 집은 영원히 세워질 수 없을 것이었고 우리는 영영 여기에 설 자리를 갖지 못하게 될 뻔하였다. 나중에 들은 이야기지만 지난번 폭풍에 이쪽 해안에 있는 배가 30척 이상이나 없어졌다고 한다.

아직도 역풍이 강하게 불어서 10월 2일 월요일에 나는 말을 타고 런던으로 갔다. 그러나 내가 예고 없이 갔기 때문에 집이 너무 작아서 청중의 반도 채 들어오지 못 하였다. 그래서 나는 큰 길에 나가서 설교를 하였는데 이날 저녁과 화요일 새벽 5시에 설교를 하였다. 그러나 달빛이 워낙 환해서 아침에 해가 뜰 때까지 조금도 불편하지 않았다. 그 다음에 나는 콜크로 돌아왔다. 6일 금요일에는 항해를 할 수가 있어서 우리는 배를 타고 저녁에 코우브(Cove)로 갔다. 여관마다 만원이어서 우리는 민박을 하였다. 그러나 여기 한 가지 불편한 일이 생겼다. 우리는 먹을 것이 하나도 없었다. 우리가 가져 온 것은 전부 배에 두었기 때문이고 더군다나 이 동네에서는 아무것도 살 수가 없었다. 고기도 생선도 버터도 치즈도 살 수가 없었다. 그러나 우리는 계란과 빵을 구해서 배불리 먹었다.

10월 8일 주일 아침 일찍 선장이 와서 우리를 부르더니 우리는 곧 배를 타야 한다는 것이었다. 그래서 배를 타고 보니까 굉장히 많은 여객들이 있었다. 그러나 바람이 세게 불기 시작하자 그들의 대부분은 배에서 내렸다. 11시에 나는 남아있는 사람들에게 설교하였다. 6시경에 폭풍이 불기 시작하였다. 그러나 우리는 안전하게 항구에 정박하고 있었기 때문에 폭풍으로 해를 당하거나 다치지 않았다.

10월 9일 월 곧 항해를 할 가능성이 거의 없다는 것을 알고 우리는 패시지 Passage) 근처에 있는 P 씨네 집으로 갔다. 나는 4시경에 그 마을 사람들 거의가 다 모인 큰 길에서 설교하였다. 그들은 아주 조용하기는 하였으나 확신을 얻거나 감동을 받은 사람은 거의 없는 것 같았다.

10월 10일 화 또 한 차례 세찬 폭풍이 불었다. 그런데 그 집은 새로 지은 튼튼한 집 일 뿐만 아니라 사방에 언덕이 둘러 서 있고 나무가 가득 들어서 있는데도 불구하고 P 씨네 집이 마구 흔들렸다. 나중에 들은 이야기지만 해변가에 두었던 수 많은 배를 이 폭풍으로 잃었다. 항구에 남아있는 배는 한 척밖에 없었으나 그것도 형편없이 부서지고 돛과 모든 장비가 산산조각이 나고 돛대도 부러졌다.

10월 11일 수 나는 다시 한 번 콜크로 말을 타고 가서 온종일 거기서 일을 하였다. 다음 날 아침 우리는 코브로 돌아와서 정오경에 항구를 벗어났다. 우리는 지난 번 폭풍이 얼마나 심했는가를 알게 되었는데 아직도 바다는 가마솥 같이 들끓었다. 8시경에 달이 졌으나 북쪽에 별빛들이 그 대신 우리에게 비쳤는데 그 빛은 충분하였다. 얼마 안 있어서 하나님은 깊은 바다의 물결을 잔잔하게 하셨고 우리에게 아주 알맞은 바람을 보내 주셨다.

10월 13일 금 나는 파스칼의 명상록을 읽었다. 볼테르(Voltaire)가 일찍이 풍자문학을 하지 않았다면 한 작가에게 이와 같이 좋은 말을 어떻게 줄 수 있겠는가. 그리고 보면 풍자 시인이 되었다는 것이 곧 그로 하여금 그리스도인이 되도록 만들어준 것이다.

10월 14일 토 7시경에 우리는 킹로드(Kingroad)로 배를 타고 들어가서 마침내 항해를 끝마쳤다. 나는 이제 브리스틀과 킹스우드에서 1주일을 쉬었고 다만 아침과 저녁에 설교를 하는 정도로 그쳤다.

웨슬리의 용서

11월 29일 주일 내 영혼에게는 유익한 날이었다. 걱정과 슬픔이 몇 번이나 나를 엄습하였다. 그러나 내가 주의 이름을 부르자 주님은 나에게 그분의 길을 밝고 명확하게 알도록 만들어 주셨고 그리고 감사한 마음으로 고요히 그 분의 뜻을 묵묵히 따르게 만들어 주셨다. 나는 하나님의 선하심에 대해서 그저 놀랄 수밖에 없다. 다른 사람들은 대부분 그들의 영혼의 약한 면 때문에 어려움을 당하지만 나는 그와 정반대다. 나에게 조금이라도 어떤 강한 힘이 있다면 (나는 내가 이미 받은 것 이외에는 아무것도 없지만) 그것은 남의 잘못을 용서하는 데 있다.

그런데 나는 다른 어떤 면에서 보다도 바로 이런 면에서 자주 그러나 나를 이런 상태 속에 한 시간만 혼자 내버려 두면 내 자신을 배반하거나 주님을 배반할 수밖에 없게 될 것이다.

이달 내내 그리고 그 다음 달에도 나는 「그리스도인 문고」(*Christian Library*)의 책들을 마지막 정리하였다. 나는 이 작업 도중에 2백 파운드 손해를 보았으나 아마 다음 세대가 그 진가를 알게 되리라.

1753년 1월 20일 토 나는 여러 해 동안 난치의 중풍 병으로 고생하는 한 사람에게 새로운 치료법을 써보라고 충고했다. 따라서 그 여인은 전기치료를 받았는데 즉시 도움을 얻었다. 이와 똑같은 방법으로 해서 아주 고질적인 위병을 고친 두 사람을 내가 알고 있고 또한 어려서부터 요통을 앓았던 사람도 같은 방법으로 병을 고친 것을 나는 알았다. 그런데도 의사들과 의학교수들과 약제사들이 마치 수은과 타르를 못 쓴다고 하는 것같이 이렇게 놀랄 만큼 싸고도 쉬운 치료법을 비방하는 것을 어떻게 이해할 수 있단 말인가.

2월 3일 토 나는 마샬시(Marshalsea) 형무소로 한 사람을 찾아 갔다. 그곳은 모든 악의 온상이었다. 지구상에 이런 지옥의 모습이 이렇게 생생하게 있다니 정말 부끄러운 일이다. 그리고 특히 기독교 국가에 이런 형무소가 있어야 한다니 정말 그리스도의 이름을 붙이고 다니는 사람들에게 부끄러운 일이 아닐 수 없다.

2월 8일 목 일상적인 모든 일과, 문서 그 밖의 다른 모든 것을 집사들의 손에 맡기자는 제안이 있었다. 그렇게 하면 (최소한도 내가 런던에서만은) 나에게 맡겨진 사람들의 영혼문제를 제외하고는 내가 아무 걱정을 안 해도 될 것이다. 아, 그러나 언제 그대로 될 것인가! 오늘부터 그렇게 될 수 있을까?

오후에 나는 많은 병자들을 심방하였다. 그러나 그런 결론을 보고 마음이 움직이지 않을 사람이 누가 있을까. 이교도 국가에서는 오히려 그런 사람들을 한 사람도 찾아 볼 수 없다. 조지아에 있는 인디언들은 누가 병이 나면(그리스도인에게서 술 취한 것과 대식을 배우기 전에는 그 사람들이 병이 난다는 것은 극히 드문 일이었지만) 그 병자 주위에 있는 사람이면 누구든지 그가 원하는 것을 다 주었다. 아 ! 누가 영국 사람들을 회개시켜서 그와 같은 이교도들이 갖는 정직성을 갖게 할 수 있을까. 금요일과 토요일에는 내가 할 수 있는 만큼 많은 사람들을 심방하였다. 어떤 사람들은 골방에 있었는데 추위와 배고픔 때문에 거의 죽어가고 있었다. 거기다가 그들은 몹시 쇠약한데다가 통증도 아주 심했다. 그러나 그들 가운데는 방안에서 기어 다닐 정도로 힘이 있는 사람이면 일을 안 하는 사람은 한 사람도 없었다. "그들은 게으르기 때문에 다만 가난할 뿐이다"라고 일반에서 그들을 비방하는 것은 얼마나 악하고 무섭게 악마적인가. 누구라도 이러한 사태를 직접 본다면 어떻게 장식품이나 사치품을 사느라고 돈을 쓸 수 있을까.

2월 15일 목 S 씨를 방문하였는데 심한 병에서 서서히 회복되어 가고 있었다. 그는 사랑을 나타냈고 내가 많이 나았다고 말을 하자 그는 의심하지 않고 내 말을 받아들인다고 말했다. 그러나 동시에 그는 나에게 말하기를 사람들이 성경 이외의 다른 책을 읽어서는 안된다는 이유 때문에 내가 많은 책을 쓰는 것이 큰 죄라고 생각해야 된다고 말하였다. 나는 75세나 된 이 늙은 선생과 논쟁하는 것이 불필요하다고 생각되었다.

3월 16일 금 나는 브리스틀로 돌아왔고 19일 월요일에는 내 아내와 북쪽으로 길을 떠났다.

3월 31일 토 나는 부스던크(Boothdank)에서 설교 하였는데 그 곳에서 C 씨를 만났다. 그는 최근까지 W 백작의 정원사로 일을 하였던 사람이다. 그런데 정말 그런 일이 있을 수 있단 말인가. 자기 집에서 50년 이상이나 정직하고 부지런하고 충실하게 일했던 사람을 다른 실수가 아니라 다만 감리교인들의 설교를 들었다는 이유 때문에 해고를 하다니 어떻게 백작이 그런 일을 할 수 있을까?

4월 15일 월 나는 오후에 콕커머스(Cockermouth)에서 설교하였는데 그 마을 사람들이 거의 다 모였다. 여기서 직접 스코틀랜드로 갈 생각으로 도로 사정이 어떤가를 물었는데 이야기를 듣고 보니까 콕커머스에서 약 30마일 떨어진 보나스(Bonas)까지 가기 전에는 이 두 나라를 갈라놓고 있는 그 바다를 건널 수가 없다는 것이었다. 그것도 새벽 5시까지는 그곳에 가있어야 한다는 것이었다. 그래서 나는 처음에 한두 시간쯤 자고 밤 11시나 12시쯤 길을 떠날 생각을 하였다. 그러나 더 생각을 해 보니까 먼저 길을 가고 그 다음에 쉬는 것이 좋을 것으로 생각되었다. 그래서 7시경에 말을 타고 길을 떠났는데 아주 고요한 달밤이었다. 우리는 1시가 조금 못되어서 보나스에 도착하였다. 두세 시간쯤 잠을 잔 뒤에 다시 길을 떠났는데 조금도 어지럽거나 졸리지 않았다.

프리스(Frith)로 넘어가는 길을 안내하던 여관 주인은 내가 이렇게 설교를 하면서 다니면 1년에 얼마를 버느냐고 아주 순진하게 물었다. 이 질문이 계기가 되어서 나는 내가 얻는 소득이 어떤 것인가를 그에게 설명하게 되었는데 그에게는 전혀 생소한 것처럼 들렸던 모양이다. 그는 퍽 놀란 표정이었는데 그는 어쨌든 도착할 때까지 좋다 나쁘다 말 한마디도 하지 않았다.

그가 떠나고 나서 금방 내가 타고 가던 말이 진창에 빠져 꼼짝을 못하게 되었는데 그것도 국도 한 복판에서 그 지경이 되었다. 그러나 여기를 지나고 나서 50마일 정도는 길이 내내 얼마나 좋았는지 모른다. 영국이나 아일랜드를 막론하고 천연도로 치고 이렇게 좋은 도로를 일찍이 본 일이 없다. 비가 계속 왔었는데도 불구하고 런던과 캔터베리 사이의 유료 도로보다도 훨씬 더 길이 좋았다.

우리는 덤프리즈(Dumfries)에서 식사를 하였는데 그곳은 깨끗하게 잘 세워진 도시였다. 도시 양쪽 끝에 교회가 둘 있었는데 내가 본 중에서는 가장 우아한 교회당이었다. 우리는 저녁때가 되어서 쏘니 힐(Thorny Hill)에 닿았다. 스코틀랜드에 있는 여관에 대해서 얼마나 나쁜 소문들이 영국에서 돌고 있는지 모른다. 그러나 이곳에서는 물론 우리가 여행했던 어디서나 우리가 원하는 것이면 무엇이든지 다 구할 수 있었을 뿐 아니라 모든 것이 다 제대로 준비되어 있었고 또 우리가 원하는 만큼 깨끗하였다.

4월 17일 화 4시쯤 말을 타고 출발하여 리드 힐(Lead Hill)까지 높지만 아주 멋있는 산을 여러 개 넘어서 갔다. 이곳은 광부들이 사는 마을로서 뉴캐슬 근처에 있는 플레이시(Placey)를 닮은 곳이었다.

우리는 레스마하기(Lesmahaggy)라는 마을에서 식사를 하고 저녁 8시경 글래스고(Glasgow)에 도착하였다. 도중에 우리를 따라 온 어느 신사가 사람을 보내서 우리를 질리스(Gillies) 씨 네로 안내하였다.

4월 18일 수 걸어서 도시를 살펴보았는데 내 짐작에 뉴캐슬-어펀-타인 만큼이나 컸다. 대학교는 (더블린 대학교 같이) 단과 대학이 하나 밖에 없는데 조그만 건물 두 개로 되어 있었다. 옥스퍼드에 있는 링컨 칼리지(Lincoln College)보다 더 크지도 않을뿐더러 그보다 더 멋있는 학교는 물론 아니었다고 생각되었다. 그런데 학생들의 풍속을 보고 나는 놀랐다. 그들은 겨우 무릎까지 닿는 자주빛 가운들을 입었는데 내가 본 학생들은 대부분이 더럽고 어떤 학생은 누더기 옷을 입었고 그들이 입은 옷은 거의 다 조잡한 천으로 만든 것이었다. 높이 솟은 교회당은 훌륭한 건물이었는데 밖에서 보면 영국에 있는 대성당들과 맞먹었지만 내부를 보면 멋도 아름다움도 어떤 조화미(調和美)도 모두 다 볼품없게 되어 있었다.

저녁 7시에 G 목사가 그 자신의 (대학)교회에서 예배를 시작하였다. 내가 거기 도착했을 때는 사람들이 초만원이라 겨우 들어갈 수 있었다.

4월 19일 목 7시에 나는 동네에서 약 500미터 떨어진 곳에서 설교하였다. 그러나 그날 아침은 날씨가 매우 나쁘고 바람이 불어서 내가 설교하는 곳에 시간을 맞춰 온 사람은 몇 안 되었다. 결과적으로 작은 수의 회중이 모인 것은 당연하였다. 오후 4시에는 그들의 말대로 천막이 준비되었다. 일종의 이동 강단이 준비되었고 위와 뒤와 양 옆을 천막으로 가렸다. 아침에 설교했던 곳에서 가까웠다. 그런데 여기서 설교를 하니까 아침보다도 거의 여섯 배나 되는 사람들이 와서 들었다. 그들에게 전한 말씀이 '단순히 말씀으로만 아니라 능력으로' 그들의 마음을 감동시킨 것을 확신하게 되었다.

4월 20일 금 나는 같은 장소에서 설교를 할 생각이 있으나 비가 와서 도저히 그것은 불가능하였다. G. 목사가 자기 교회에서 설교를 하라고 하여 나는 7시와 8시 사이에 설교를 시작하였다. 진정으로 하나님이 함께 하시면 불가능이란 없다! 25년 전만 하여도 스코틀랜드 교회에서 어느 목사가 요청을 하거나 또 내가 거기에 동의를 하고 설교를 하리라고 감히 생각이나 할 수 있었겠는가?

4월 25일 수 우리가 앨른위크(Alnwick)에 간 날은 마침 회사에서 견습공으로 일하던 사람들이 도제 기간이 끝나서 자유를 얻는 날이었다. 우리가 들은 이야기로는 이날 16명이 자유를 얻게 되어 있었다. 그런데 이렇게 자유를 얻기 위해서 그들은 작은 늪을 통과해야 하였다. (이거야말로 현재 회사를 경영하는 사람들은 물론 그들의 조상들이 지닌 비할 데 없는 지혜다. 이런 목적으로 일부러 간수해 두었기에 그만이지 그렇지 않으면 벌써 물이 다 빠져서 마른 땅이 되었을 곳이었다.) 어떤 사람은 가슴까지 그리고 어떤 사람들은 목까지 빠졌다.

5월 8일 화 (스톡턴에서) 말을 타고 떠나 휘트비(Whitby) 근처에 있는 로빈훗 해변으로 갔다. 그 곳은 눈에 띄게 좋은 데 자리 잡고 있었다. 바다에 접해 있으면서 대부분이 가파른 바위 위에 세워졌다. 어떤 바위들은 바다에서 곧게 하늘로 솟아 있었다. 그럼에도 불구하고 남쪽과 북쪽과 서쪽의 땅은 비옥하고 잘 가꾸어져 있었다. 나는 선창가에 약간 솟아오른 곳에 서서 설교하였다. 아주 고요하고 따뜻한 저녁이었다. 나는 각처에서 모여든 수많은 사람들에게 "여호와를 만날만한 때에 찾으라"고 권면하였다. 그들은 한결같이 경청하였다. 그들의 대부분은 새벽 4시 반에 다시 나와 만났다. 나는 이들과 며칠이라도 더 기꺼이 지낼 수 있었겠지만 일정이 미리 짜여 있었기 때문에 9일 수요일에는 말을 타고 요크로 갔다.

7월 8일 주일 (런던에서) 아침과 저녁에 교회에서 설교를 하고 나는 P 씨와 함께 말을 타고 길을 떠났다. 우리는 다음 날 여행을 조금 수월하게 하기 위하여 두세 시간 정도만 말을 달리리라 생각하였다. 그러나 킹스턴(Kingston)에서 우리의 뒤를 따라온 젊은이 때문에 우리의 계획을 바꿀 수밖에 없었다. 그래서 우리는 코범(Cobham)에서 반시간 밖에 쉬지 않고 9시와 10시 사이에 그 곳을 떠나 고요한 달밤을 계속 달려가 12시쯤에는 고달밍(Godalming)에 닿았다. 우리는 4시 반에 다시 말을 타고 길을 떠나 1시경에 포츠머스(Portsmouth)에 도착하였다.

얼마동안 쉰 다음에 시내로 산보를 나갔는데 상당히 튼튼한 요새가 있었다. 내 생각으로는 영국과 아일랜드를 통틀어 보아도 여기가 유일한 요새일 것 같았다. 고스포오트(Gosport)와 포츠머스와 컴먼(Common)(이제는 전부 시가지로 바뀌었음)의 인구는 브리스틀의 반 정도 밖에 안 되겠지만 영국의 어느 항구 도시에서도 이렇게 예의바른 사람들을 일찍이 한 번도 보지 못하였다. 나는 6시 반에 새 교회당 옆에 있는 컴먼의 공터에서 설교하였다. 많은 사람들이 참석하였는데 태도들도 썩 좋았다. 비웃거나 손장난을 하는 사람은 한 명도 못 보았다.

10일 화요일 아침에는 작은 배를 탔는데 3시간 후에 카우즈(Cowes)에 상륙하였다. 이곳은 와이트 섬(Isle of Wight)이다. 이 섬이야말로 비옥하면서도 즐거운 앵글시(Anglesey)섬을 지나가야 할 뿐 아니라 실리 섬의 수많은 바위를 지나쳐 가게 되어 있다. 우리는 말을 타고 곧장 뉴포트로 갔는데 이곳은 이 섬의 제일 큰 도시이다. 여기 사는 사람들 가운데 여러 사람이 하나님의 평화를 발견하면서 살았다.

6시 반에 나는 장터에서 수많은 사람들에게 설교하였는데 포츠머스 사람들같이 진지하지는 못하였다. 수많은 어린이들이 큰 소리로 떠들었고 어른들도 내가 설교하는 동안 내내 큰 소리로 이야기를 계속하였다. 그러나 새벽 5시가 되어서는 전혀 상황이 달랐다. 또 다시 수많은 회중이 모여들었는데 여기서 들려지는 말씀 한 마디 한 마디가 하나님이 마지막 날에 사람들을 심판하실 말씀으로 모든 사람이 받아들이는 것 같아 보였다.

나는 오후에 카리스브룩(Carisbrook)성으로 갔는데 형편없이 폐허가 되어 있었다. 이 성채는 언덕 꼭대기에 있는 단단한 바위 위에 자리 잡고 있었는데 그 아래로 기막히게 좋은 경치가 펼쳐져 있었다. 그 안에는 바위를 뚫어서 만든 우물이 있었는데 깊이가 거의 72야드나 된다고 하였고, 우물이 또 하나 요새 안에 있는데 이것도 깊이가 거의 100야드가 된다고 하였다. 그들은 당나귀를 시켜서 물을 끌어올렸는데 나이가 거의 예순 살이나 된다고 하였다. 그러나 이 안에 있는 건물들은 폐허나 다름없었다. 그래도 거기에 남아 있는 것 가운데 방이라고 할 만한 것은 가련한 찰스 왕이 창문을 통하여 도망을 치려고 하였던 곳 밖에는 없었다.

콘월의 밀수꾼들

25일 수요일에는 콘월 서부 지역의 집사들이 세인트 아이브즈에서 나와 함께 만났다. 다음 날은 감리회의 감사를 시작하였는데 곧 중단하지 않을 수 없었다. 왜냐하면 그들 사이에 끔찍한 일이 벌어지고 있다는 사실을 알게 되었다. 거의 한결같이 그들은 밀수품을 사고팔았다. 나는 그래서 그들을 모두 한 자리에 불러 모아놓고 이야기할 수 있을 때까지 일단 중단하였던 것이다. 하루는 저녁에 이들을 한 자리에 불러놓고 이런 구역질나는 일을 모두 그만두든지 그렇지 않으면 내 얼굴을 더 이상 볼 생각을 하지 말라고 하였다.

27일 금요일에는 그들 중에 여러 사람이 그렇게 하기로 약속하였다. 나는 그래서 이런 병폐가 가라앉은 것으로 믿었다.

11월 12일 월 작은 마차를 타고 길을 떠났는데 될 수 있는 대로 여행길을 늦추었다. 7시에 설교를 하였는데 설교를 하는 동안 계속해서 지독하게 추웠다. 뒤쪽에 있는 문과 옆에 있는 문에서 어찌나 바람이 세차게 불어 들어오는지 마치 차가운 물 속에 발을 담그고 서 있는 것같이 느껴졌다.

11월 13일 화 내가 앉아 있던 방은 상당히 불을 많이 피워 놓았는데 마당보다 더 추웠다. 내가 벽난로 가까이 있었는데도 견딜 수 없을 만큼 추웠다. 14일 수요일에는 말을 타고 집으로 오는데 바람은 강하게 불고 날씨는 살을 에일듯이 추웠다. 맞바람이 어찌나 세든지 덮개가 없는 마차를 타고 오자니까 추위를 조금도 막을 수가 없어서 발이 꽁꽁 얼었다. 집에 돌아오자 왼쪽 가슴에 심한 통증을 느끼게 되었고 기침을 몹시 했으며 미열이 났다. 그래서 그 다음 한 이틀 동안 포더질(Fothregill) 박사의 처방대로 섭생을 하였더니 훨씬 좋아졌다. 그래서 18일에는 스피탈필즈(Spitalfields)에서 설교도 하고 또 많은 회중에게 성찬을 베풀었다.

웨슬리의 발병과 회복

11월 19일 월 나는 쇼럼(Shoreham)에 가서 요양을 하였는데 점점 기운을 차리게 되었다. 그런데 21일 수요일에는 밤 11시가 다 되도록 발에 쥐가 나서 날씨가 몹시 추웠지만 침대에서 뛰어나와 방안에서 얼마동안 계속해서 걸었다. 기침이 다시 도져서 어제는 밤낮없이 심한 기침을 하였다.

11월 24일 토 말을 타고 집으로 왔다. 밤이 되기까지는 상당히 괜찮았는데 기침이 다시 나기 시작하더니 어느 때 보다도 심했다. 때를 같이하여 열도 나기 시작하였는데 왼쪽 가슴도 몹시 아팠다. 그래서 내가 교회에서 자선기금을 위하여 아침과 저녁 두 차례에 걸쳐 설교를 하기로 되어 있다고 신문에 광고만 되어 있지 않았다면 25일 주일에는 필경 집에서 쉬어야만 하였을 것이다.

아침에 설교를 할 때 기침이 나기는 하였지만 그것 때문에 중단하지는 않았다. 그러나 성찬을 집례 할 때 가서는 극도로 고통스러웠다. 그래서 오후에 나는 친구들과 의논을 하면서 저녁에 설교를 또 해야 할지 안해야 할지를 물었다. 그들 생각에는 이미 광고가 되어 있기 때문에 설교를 해야 한다는 것이었다. 그러나 내 말을 들을 수 있는 사람은 거의 없었다. 설교를 하는 동안 열이 계속해서 더 났다. 그러나 무리를 해가면서도 감리회 회원들과 함께 만났는데 거의 한 시간 안에 목소리와 함께 기운이 회복되어서, 통증도 쇠약해진 것도 전혀 느끼지 못하게 되었다.

11월 26일 월 F. 박사가 나에게 분명히 말하기를 하루라도 더 도시에 머물러 있어서는 안 된다는 것이었다. 그러면서 하는 말이 "목사님에게 조금이라도 도움이 될 것이 있다면 그것은 시골의 맑은 공기입니다. 가서 쉬시면서 당나귀 젖도 마시고 날마다 승마를 하십시오"하는 것이었다. 그러나 나는 (말을 탈 수가 없어서) 마차를 타고 정오에 루이셤(Lewisham)을 향해 떠났다.

저녁에 나는 (나의 죽음이 얼마나 하나님을 기쁘시게 할진 모르나) 혹시 누가 천박하게 과찬의 말을 쓰는 것을 막기 위하여 다음과 같이 썼다:

> 이곳에 존 웨슬리 잠들다.
> 활활 타는 불 속에서 꺼낸 아직도 불붙은 나무인 그는
> 결핵으로 51세를 일기로 사망하다.
> 모든 부채를 청산하고 10파운드도 재산으로 남기지 못하고 가다.
> 나 같은 무익한 종에게 하나님이여, 자비를 베푸소서!
> 기도를 드리며, 자신의 묘비에 이 비문을 새기도록 그는 명하였다.

11월 28일 수 조금도 차도가 없었다. 전에는 잘 듣던 약도 이제는 효과가 없다. 정오쯤 되어서 (런던에 있는 형제들 가운데 몇몇이 기도 시간으로 정해 놓은 시간에) 한 가지 시험 삼아 해보아야 하겠다는 생각이 머리에 떠올랐다. 그래서 나는

유황을 가루로 만들어 계란 흰자위와 섞어서 누런 종이에 붙여 오라고 하여 그것을 내 옆구리에 붙였다. 그러니까 5분 내에 통증이 사라지고 반시간 후에는 열이 내렸다. 그리고 이 시간부터 기운을 회복하기 시작하였다. 다음 날에는 말을 탈 수 있게 되어 그래서 1월 1일까지 날마다 계속해서 승마를 하였다. 날씨 때문에 한 번 쉬어 본 일도 없었다(전에는 날씨가 어떠했는지 모르지만) 12시에서 1시 사이에 날씨가 항상 견딜 만큼은 상쾌하였다.

12월 14일 금 글을 쓰지 말라고 의사가 명령한 것을 어기고 「기독교 문고」에 포함시킬 모든 책들을 끝내고 출판을 위해서 일기를 옮겨 적었다. 저녁에는 가족들과 함께 기도회에 갔는데 조금도 불편을 느끼지 않았다.

12월 20일 목 나무껍질을 달인 약을 마시기 전까지는 점점 기운을 차리게 되었었다. 그런데 내 체질이 독특한 탓으로 그런 약이 나에게는 결코 맞지 않는다는 것을 알게 되었다. 이것 때문에 즉시 심한 설사를 하게 되었고 그래서 다시 여러 날 몸져눕게 되었다. 그래서 크리스마스 날 외출할 계획은 완전히 수포로 돌아가게 되었다.

제10장

1754년~1756년

패딩턴에 은거한 웨슬리 - 웨슬리에 대한 비방 - 놀라운 예감 - 한 꿈

1754년 1월 1일 화 나는 다시 한 번 런던으로 돌아왔다. 2일 수요일에는 차를 타고 길을 떠나 다음 날 오후에 치펜엄(Chippenham)에 도착하였다. 여기서 나는 역마차를 타고 다시 길을 떠났는데 저녁 8시경에 브리스틀에 도착하였다.

1월 4일 금 나는 핫 웰(Hot Well)에 가서 거기서 얼마 떨어지지 않은 곳에 숙소를 정하고 약수를 마시기 시작했다. 6일 주일에는 신약 주석을 쓰기 시작했다. 내가 병이 나서 여행도 설교도 하지 못하게 되지 않았더라면 거의 생각조차 할 수 없었던 일이다. 그러나 글을 읽고 쓰는 일은 할 수 있기 때문에 그것이 가능하게 되었다.

1월 7일 월 나는 이제 규칙적인 생활을 하게 되었다. 내가 정한 시간에 일어나서 5시부터 밤 9시까지 글을 계속해서 썼는데 식사 때마다 30분씩 그리고 저녁 5시와 6시 사이에 한 시간 승마를 하는 것을 제외하고는 계속해서 글을 썼다.

1월 31일 목 내 아내는 불쌍하게도 죽어가는 우리 아이를 마지막으로 돌보아 주기를 원해서 런던으로 떠났다. 그래서 그가 죽기 전 며칠 동안은 같이 지냈는데 결국 세상을 떠났다. 그러나 우리는 기쁨으로 하나님께 찬양을 드린다.

3월 19일 화 (브리스틀에서) 초고를 다 마쳤기 때문에 복음서 주석을 옮겨 쓰기 시작했다.

3월 26일 화 나는 4개월의 공백이 있은 뒤 처음으로 설교하였다. 내 입에서 하

나님의 말씀을 전적으로 거두어 가시지 않는데 대해서 내가 하나님께 찬양을 할 이유는 얼마나 큰 것인가!

패딩턴에 은거한 웨슬리

4월 1일 월 우리는 차를 타고 길을 떠나 다음 날 저녁에 파운드리(Foundry)에 도착하였다.

4월 3일 수 나는 가능한 모든 일을 처리하고 다음 날 아침에 패딩턴으로 들어갔다. 나는 매주 토요일 날 저녁에 시내로 들어가서 월요일 아침에 다시 나온 것을 제외하고는 몇 주일을 여기서 계속 글 쓰는 일에만 전념하고 있었다.

나는 산책하는 시간에 칼라미(Calamy) 박사가 쓴 「백스터의 생애」(*Baxter's Life*)를 읽었다. 여기에 나타난 광경이야말로 얼마나 놀라운 것인가! 교육이 지닌 모든 편견에도 불구하고 나는 이런 사실을 분명히 볼 수밖에 없었다. 즉 불쌍한 비국교도들이 얼마나 무자비하게 사정없이 다루어졌는가 하는 것이고 뿐만 아니라 찰스(Charles) 왕의 프로테스탄트 주교들이 메리(Mary) 여왕의 가톨릭 주교들보다도 더 종교적이거나 인간적이지 못하였다는 사실이다.

4월 29일 월 나는 새들러스 웰스(Sadler's Wells)에서 설교하였는데 그 곳은 전에 극장으로 쓰였던 곳이다. 나는 사탄이 제 놀이터로 생각했던 곳을 차지하게 된 것이 정말 하나님을 기쁘시게 했을 것을 생각하니 정말 기분이 좋다. 이 장소는 매우 컸지만 사람들로 아주 꽉 찼다. 그리고 그들이 경청하는 빛이 모든 사람의 얼굴에 역력했다.

5월 22일 수 감리교 총회가 시작되었다. 평화와 사랑의 정신이 우리들 가운데 충만하였다. 우리는 폐회하기 전에 서로가 독립적으로 행동하진 않기로 하는 합의서에 기꺼이 서명을 했다. 결과적으로 최근에 우리 사이에 분열이 있었던 것은 오히려 우리를 그 어느 때보다도 더욱 밀접하게 일치시켰다.

6월 2일(성령 강림절) 나는 파운드리에서 설교하였는데 전에는 저녁에 하지 않았던 일이다. 나는 아직도 내 온전한 목소리나 기운을 회복하지 못하였을 뿐 아니라 아마 앞으로 다시 회복하지 못할지도 모르겠다. 그러나 내가 가지고 있는 기운 만큼은 다 써야겠다.

감리회원들이 받은 박해

9월 9일 월 나는 톤턴(Taunton)에서 6마일 떨어진 마을인 찰턴(Charlton)에서 설교하였다. 수마일 떨어진 시골과 여러 도시에서 많은 회중이 모여들었다. 여기서 모든 농부들은 얼마 안 있다가 일제히 합세해서 예배를 거부하고 감리교 설교자의 말을 들으려는 사람들을 방해하였다. 그러나 주님을 대적할 수는 없는 일이다. 그들 중의 대장격인 G.씨는 얼마 안 있다가 진리의 말씀에 감동이 되어서 바로 자기 집에서 설교를 듣기를 원했다. 그래서 그의 동료들 가운데 많은 사람들이 설교를 들으려고 함께 왔고 그의 하인들과 다른 일꾼들도 기꺼이 따라왔다. 그래서 사탄의 모든 계획은 수포로 돌아갔고 하나님의 말씀은 왕성하게 퍼졌다.

10월 2일 수 나는 올드 사룸(Old Sarum)으로 걸어갔는데 이것은 상식에도 맞지 않는 일이지만 이곳은 집도 주민도 없는데 두 사람이나 의원을 선출해서 의회로 보냈다. 이곳은 크고 둥근 언덕으로 되어 있는데 그 둘레에는 상당히 깊어 보이는 도랑으로 둘려 있었다. 그 꼭대기에는 옥수수 밭이 있었는데 그 가운데 또 하나의 둥근 언덕이 있었고 그 직경은 약 200야드가 되었다. 이것 역시 강과 깊은 도랑으로 둘려 있었다. 모르기는 해도 대포가 발명되기 전에는 이곳은 정말 난공불락의 도시였을 것이다. 트로이가 바로 그랬다. 그러나 이제 그것은 사라지고 "빈 돌 무더기" 밖에는 남지 않았다.

10월 3일 목 나는 리딩(Reading)으로 말을 타고 가서 저녁에 설교하였다. 다정하게 생긴 사람이 문간에 서있는 것을 보았는데(그는 전에 감리회에 속했던 사람이다.) 나는 의식적으로 그에게 절을 하였다. 그러나 그는 답례를 하지 않았다. 첫 번째 기도를 하는 동안 그는 서 있었다. 그리고 우리가 찬송을 하는 동안에는 앉았다. 내가 설교를 하는 동안에 그의 얼굴 모습이 변하더니 조금 있다가는 얼굴을 벽 쪽으로 돌렸다. 두 번째 찬송을 할 때 그는 일어섰다가 그 다음에는 무릎을 꿇었다. 내가 밖으로 나올 때 그는 내 손을 잡고 나에게 진심으로 축복을 하면서 작별 인사를 하였다.

10월 4일 금 나는 런던으로 왔다. 7일 월요일에 나는 해크니(Hackney) 근처에 있는 작은 곳으로 가서 쉬었다. 이곳은 전에 본너(Bonner) 주교 좌가 있었는데(세월은 무척 변했지만) 그의 이름은 아직도 쓰이고 있다. 여기서 나는 대학에 다니던 시절과 같은 기분으로 있었다.

나는 하루에 두 번 기도회에 참석했다. 그리고 그 나머지 시간은 조용히 내 서재에서 시간을 보냈다 (그 사이의 시간은 세끼 식사만 위해서 한 시간 정도 점심과 저녁식사 전에 산보를 하기 위해 한 시간 정도 밖에는 쓰지를 않았다).

1755년 4월 7일 월 (웬즈베리에서) 나는 맨체스터로 가려면 더비셔(Derbyshire) 국도로 가는 것이 좋다는 이야기를 들었다. 우리는 리치필드(Lichfield)에 가기 전에 6마일 남겨 놓고 휴식을 취했다. 주방에 앉아 있는 어떤 부인을 보고 내가 물었다. "어디 불편하십니까?" 그런데 알고 보니까(그녀도 여행 중이었는데) 늑막염 증세로 몹시 아파하고 있었다. 그 부인은 손쉽고 값싸고 (거의) 백발백중인 처방에 대한 이야기를 듣고 몹시 기뻐하였다. 그것은 쐐기풀 한 줌을 몇 분 동안 끓여서 그것을 옆구리에 갖다 붙이는 것이다. 내가 그 부인에게 이야기하고 있는 동안 아주 옷을 잘 차려입은 노신사 한 사람이 들어왔다. 이야기를 해 보니까 그는 하운슬로우(Hounslow) 근처에 있는 자기 집을 향해 여행 중인데 자기의 모든 것을 다 내놓기로 한 그 채권자들과 원만한 해결을 바라고 있었다. 그러나 구체적으로 어떻게 해야 할지를 그는 모르고 있었다. 현재 돈도 없는데다 심한 학질에 걸려 있었다. 나는 하나님의 섭리가 이 방황하는 사람을 인도해 주시기를 희망하였다. 그가 앓고 있는 두 가지 병에 잘 듣는 처방을 그는 필요로 했다.

4월 14일 월 나는 워링턴(Warrington) 으로 가는 길에 맨체스터에 들렀는데 거기서 열두시쯤에 설교하였다. 15일 화요일 새벽 6시경에 나는 굉장히 많은 회중에게 설교하였는데 그들은 모두 진지하였다. 여기서 설교를 마치고 나서 나는 리버풀(Liverpool)로 갔다. 이곳은 내가 영국에서 본 가장 깨끗하고 가장 잘 지은 도시 가운데 하나이다. 여기는 아마 체스터보다도 곱은 될 것 같이 생각되었다. 시가지마다 쭉쭉 뻗어 있었다. 내가 들은 이야기지만 이 도시의 3분의 2는 지난 40년 동안에 더 확장된 것이었다. 이런 비율로 계속해서 발전한다면 앞으로 40년 후에는 틀림없이 브리스틀에 맞먹는 도시가 될 것이다. 사람들은 대부분 부드럽고 예의바른 사람들이었는데 어떤 항구 도시에서도 그런 사람들을 만나기는 쉽지 않다. 그야말로 그들은 태도나 행동에 있어서 친절하였는데 그 곳에 살고 있는 유대인이나 가톨릭 교인들에게 뿐만 아니라 심지어는 감리교인들 에게까지도 친절했다. 설교 할 수 있는 집회 장소의 크기는 뉴캐슬에 있는 것보다 약간 컸다. 저녁 7시에는 이 장소가 꽉 찼다. 온 회중이 주님과 그리고 그분의 능력 앞에서 감동을 받은 것 같았다.

4월 24일 목 우리는 볼턴에서 뉴웰 헤이(Newell Hey)까지 8마일을 말을 달려갔는데 거의 4시간이나 걸렸다. 내가 설교를 막 시작했을 때 햇빛이 내 옆머리에 어찌나 뜨겁게 비치던지 이렇게 계속되면 설교를 오래 할 수 없을 것 같았다. 그래서 나는 내 마음을 하나님을 향하여 기도했다. 그랬더니 조금 후에 구름으로 가려지더니 예배가 끝날 때까지 계속 해는 구름 속에 있었다. 다른 사람들은 이것이 우연이라고 말할지 모르겠지만 나는 이것을 기도에 대한 응답이라고 생각한다.

4월 25일 금 나는 10시경에 터드몰덴(Todmorden) 근처에서 설교하였다. 사람들은 산등성이에 줄줄이 서 있었다. 그들은 외모로 보아서는 굉장히 거친 사람들이었지만 그들의 마음은 촛농이 녹아내리는 것과 같이 부드러웠다.

우리가 말을 타고 지나간 이 계곡이야말로 누구도 상상할 수 없을 만큼 아름답고 즐거운 곳이었다. 오른쪽으로는 푸른 풀밭 한 가운데로 강물이 흐르고 있었다. 그리고 양편으로는 비옥한 언덕과 무성한 숲이 있었다.

헵턴 스토올(Hepton Stall)에 가서 나는 오후 3시에 산등성이에서 설교하였다. 그런데 내가 설교를 시작하자마자 비가 내리기 시작하였다. 나는 그래서 하나님의 뜻이라면 내가 설교를 하는 동언 비가 오지 않기를 기도하였다. 그랬더니 실제로 비가 멎었다. 그리고 내가 설교를 마친 다음에 다시 비가 오기 시작하였다. 이제 이우드(Ewood)까지는 여행길이 얼마 남지 않았다.

5월 6일 화 감리교 총회가 리이즈(Leeds)에서 시작되었다. 우리가 중요한 문제로 생각했던 것은 교회로부터 분리한 것인지 아닌지에 대해 모든 설교자들이 그들의 생각을 대체로 이야기하기를 바랐던 것이다. 가부간에 어떤 이야기를 하던지 상당히 진지하고 그리고 냉정하게 생각들을 하였다. 사흘째 되던 날 우리는 대체로 어떤 결론에 도달하였는데(합법성 여부를 따지기 전에) 교회에서 분리되는 것은 적절한 조치가 아니라는 것이었다.

5월 12일 월 우리(내 아내와 나)는 노스얼러턴(Northallerton)으로 말을 타고 갔다.

5월 21일 수 나는 호슬리(Horsley) 근처에 있는 나퍼턴(Nafferton)에서 설교하였는데 이곳은 뉴캐슬에서 13마일 정도 떨어져 있었다. 우리는 서쪽으로 새로 낸 국도를 따라 말을 달려갔는데 이것은 옛날 로마사람들이 세워 놓은 성벽 위에 낸 길이다. 망대의 흔적들이 여기저기 흩어져 있고 성벽도 어느 만큼 아직도 남아 있었다. 이것들은 양 옆에 약 1마일씩 떨어져서 세워졌었는데 그 사이에 바다를 두고 있는 것들도 많이 있었다. 그러나 이제 이런 것들을 세웠던 유명한 사람들 그리고 이 땅을 흔들었던 유명한 사람들은 다 어디 가 있는가? 모두 흙으로 돌아갔다. 그들은 이제 마지막 날 땅이 모든 죽은 자들을 토해낼 때까지는 더 이상 우리가 볼 수 없도록 사라진 것이다.

6월 2일 월 우리는 더스크(Thirsk)로 말을 타고 갔는데 거기서 규모가 작은 감리회의 식구들을 만났다. 그리고 계속해서 요크로 갔다. 이곳 사람들은 얼마 동안 우리를 기다리고 있었다. 그래서 나는 지체 없이 설교를 하기 시작하였는데 조금도 기운이 없거나 지친 것을 느끼지 못하였다. 그런데 그 방안은 사람들이 가득 차 있어서 마치 화덕과 같았다.

6월 7일 토 윌리엄슨(Williamson) 목사가 나에게 자기 교회에 와서 설교해 달라고 청하였는데 주재 목사 한 사람이 그에게 사람을 보내서 이렇게 말을 전하였다. "목사님 나는 박해가 죽기보다 싫습니다. 그러나 만약 목사님이 웨슬리 목사에게 설교를 시킨다면 그것은 박해보다도 더 심한 결과가 될 겁니다." 그래도 그는 나에게 설교를 하라고 요청하였다. 그러나 나는 거절하였다. 아마 이런 일 가운데도 어떤 섭리는 있을 것이다. 착실하게 내 설교를 듣는 사람들이 아니면 어떤 사람에게도 나의 마지막 기운을 쓰도록 하나님께서는 허락하시지 않을 것이다.

6월 8일 일 우리가 오전에는 목사관에 있었고 오후에는 교회에 있었다. 같은 사람이 두 번 다 설교를 하였다. 그러나 내가 교회에서 그를 보았을 때에는 내가 그 사람을 전에 본 일이 있었는가 기억이 없을 정도였다. 아침에 그는 생생하게 열심히 설교를 하였는데 오후에는 마치 기둥 토막과 같이 조용했다. 저녁 5시에 비가 몹시 쏟아져서 나는 또다시 화덕과 같은 방안에서 설교를 할 수밖에 없었다. 그런데 나는 회중들의 인내심에 정말 놀랐다. 그들은 지독하게 더운 것도 느끼지 않는 것 같이 보였을 뿐만 아니라 "네가 하나님의 나라에서 멀지 않도다"(막 12:34)는 말씀을 아주 자세히 설명하였는데도 이 말을 듣고도 어떤 감동도 받지 않은 것 같았다.

6월 16일 목 나는 저녁에 노팅엄(Nottingham)에서 설교를 하고 목요일 오후에는 런던에 도착하였다. 하나님께서 최근 몇 년 동안 영국에서 역사하신 놀라운 일을 깊이 느끼면서 나는 저녁에 이런 말씀에 대해서 설교하였다. "어느 민족에게도 이와 같이 행하지 아니하셨나니"(시 147:20) 아니 스코틀랜드나 뉴잉글랜드에서조차도 이와 같이 행치 아니하셨다. 물론 이 두 곳에서도 하나님께서는 하나님의 능력의 팔을 드러내셨다. 그러나 우리들 사이에서와 같이 그렇게 놀라운 모습으로 드러내신 것은 아니었다. 이것은 조금이라도 어느 쪽에 치우치지 않고 생각하는 사람들이라면 잘 알 수 있는 일이다. 첫째, 하나님이 역사하신 사람들의 숫자와 둘째, 며칠 사이에 확신을 얻고 진정으로 회개를 한 수많은 사람들 속에서 하나님이 빠르게 역사하신 것과 셋째, 사람들의 마음뿐만 아니라 그들의 말하는 것까지도 변화시키신 이 모든 사람들 속에서 역사하신 그 깊이와 넷째, "당신께서 나를 사랑하시고 나를 위해서 당신의 생명을 내어 주셨습니다"라고 담대하게 말할 수 있도록 하나님이 분명하게 역사하신 것과 다섯째, 이와 같은 역사를 계속하시는 것을 우리는 분명하게 느껴야 할 것이다.

6월 24일 화 (런던에서) 질리스(Gillies) 씨의 「역사의 교훈」(*Historical Collections*)이라는 귀중한 책을 읽었는데 이 책을 보니까 그리스도인 회중은 어느 시대를 막론하고 따로 시간을 정해서 엄숙하게 하나님께 감사를 드렸던 풍속이 있었다. 우리도 결국은 많은 축복을 받았는데도 이와 같이 하지 않은 것을 생각할 때 놀랍기도 하고 부끄럽기도 하다. 내가 이런 이야기를 했더니 그 말을 들은 수많은 사람들이 따로 하루를 정해서 그와 같은 목적으로 하나님께 감사를 드리기로 합의를 하였다.

8월 31일 일 5시에 나는 그웬납(Gwennap)에서 수천 명에게 설교를 하였는데 한 사람도 가볍게 굴거나 경청을 안 하는 사람은 없었다. 내가 설교를 마치자 폭풍이 일어나서 새벽 4시까지 비가 쏟아졌다. 그 다음에는 하늘이 맑게 개었다. 그래서 하나님을 두려워하는 수많은 사람들이 하나님 앞에 기꺼이 모여 들었다.

9월 1일 월 나는 펜린(Penryn)에서 설교하였는데 사람들이 너무 많이 와서 집 안에 다 들어올 수가 없었다.

9월 2일 화 우리는 팔머스(Falmouth)로 갔다. 이 고장이 이제 10년 전과는 딴판이었다. 도시 한쪽 끝에서 다른 쪽 끝까지 모두가 고요하였다. 나는 교회 근처에 있는 언덕에서 설교할 생각을 가졌었다. 그러나 바람이 너무 세차게 불어서 그것은 불가능하였다. 그래서 나는 우리 방에 머물러 있을 수밖에 없었다. 따라서 사람들은 마당에서나 옆에 붙은 집안에 들어서서 설교를 들을 수밖에 없었다. 그러나 모두가 신중하게 경청하였다.

9월 3일 수 내가 다시 설교를 하였는데 이때 회중은 내 말을 한 마디도 놓치지 않고 들었다. 설교를 마친 후에 나는 펜데니스(Pendennis) 성으로 산보를 하였는데 이 성채는 고지 위에 아름답게 자리 잡고 있었다. 이 고지는 바다와 항구 사이에 솟아 있었는데 그 양쪽을 잘 내려다 볼 수 있었다. 그렇기 때문에 자연 조건만으로도 충분히 강한 성채가 될 수 있었지만 나무로 지은 그 성채도 튼튼하였다.

오후에 우리는 헬스토운(Helstone)으로 말을 타고 갔는데 한때는 대단히 소란한 곳이었지만 이제는 펜린만큼이나 조용하였다. 나는 6시에 이 도시에서 한 마장쯤 떨어진 곳에서 설교하였다. 그런데 술 취한 두 사람이 들어서서 방해를 하였지만 한 사람은 곧 나가버렸고 또 한 사람은 자기 말에 기대서서 깊이 잠들어버렸다.

9월 5일 금 정오쯤 해서 뉴린(Newlyn)으로 가는 길에 브리즈(Breage)에 사는 로우(W. Row) 씨를 방문하였다. 그는 이렇게 말했다. "12년 전에 내가 걸벌 다운스(Gulval Downs)로 가는 길에 많은 사람들이 모인 것을 보았습니다. 나는 그래서 무슨 일이냐고 물었더니 그들 대답이 어떤 사람이 설교를 하게 되어 있다는 것이었습니다. 나는 그래서 말했습니다. '분명히 이 사람은 돈 사람이다.' 그러나 내가 목사님을 실상 만났을 때 나는 말했습니다. '아니, 이 사람은 돌지 않았다.' 그때 목사님은 하나님께서 마른 뼈다귀들을 살리신 것에 대해서 설교하였습니다. 그때부터 나는 하나님이 내 속에 영을 불어 넣으셔서 내 죽은 영혼을 살리시기까지는 한 번도 편한 날이 없었습니다."

웨슬리에 대한 비방

나는 여기서 설교할 생각은 조금도 없었다. 그러나 불쌍한 사람들이 사방에서 모이는 것을 보고 그들을 그냥 돌려보낼 수는 없었다. 그래서 나는 집에서 얼마 떨어진 곳에서 설교를 하였고 그들에게 "승천하신 큰 대제사장"을 깊이 생각하라고 권면하였다(히 4:14). 그런데 입을 열어 떠드는 사람은 한 사람도 없었다. 그야말로 브리즈의 사자같은 사람들도 이제는 어린 양으로 변했다. 10년 전만 하더라도 이들이 난폭하게 행동했을 것은 의심할 여지가 없는 사실이었다. 왜냐하면 그때 특히 그들의 고약한 목사가 강단에서 설교를 하면서 (내가 이곳에서 사임하기 7년 전 일이지만) 이렇게 말했던 것이다. "존 웨슬리는 야비한 학생이라는 낙인이 찍혀서 대학교에서 퇴학을 당했습니다. 그래서 그때부터 그는 정신이 돌았습니다. 뿐만 아니라 모든 감리교인들은 그들의 사사로운 모임에서 항상 불을 끕니다" 등등 이런 식으로 했을 뿐만 아니라 그 비슷한 비방을 무수히 했다. 그러나 그로부터 1~2년이 지난 후에 그는 눈에 띌 정도로 고민에 빠졌고 그리고 우울해졌다. 그러더니 아홉 달 전에 그는 적절한 장소를 찾아서 목을 매어 자살하고 말았다.

9월 6일 토 저녁에 나는 세인트 저스트(St. Just)에서 설교하였다. 그웬납을 제외하고는 콘월에서 이런 회중을 만나본 일은 없는 것 같다. (우리가 달리 어떻게 할 수도 없었지만) 내가 찬송을 시작했을 때 내 얼굴에 해가 따갑게 비췄다. 그러나 찬송을 마치자마자 구름이 몰려와서 내가 설교를 마칠 때까지 해를 가리고 있었다. 우리의 머리카락까지 헤아리시는 그 분의 섭리 앞에서야 아무리 작은 일이라도 그 분이 보살피지 않는 일이 어디 있겠는가?

9월 7일 주일 지난해에 펜젠스(Penzence)에서 쓰여진 이상한 편지 하나가 신문에 실렸다. 오늘 나는 그 편지의 장본인들이 두 사람을 만나서 이야기하였다. 그들은 세인트 저스트 교구에 사는 사람들인데 감리교인들은 아니지만 아주 똑똑한 사람들이었다. 그 중 한 사람의 이름은 제임스 트래거(James Tregeer)이고 또 한 사람은 토머스 새컬리(Thomas Sackerly)였다. 나는 토머스가 오기 전에 두세 시간 동안 제임스에게서 그 이야기를 들었다. 그러나 두 사람의 이야기가 아무런 차이도 없었다. 7월이 되면 만 1년이 되는데 그 사람들이 똑같이 하는 말은 이런 것이었다. 그들이 하루는 세인트 저스트 교회에서 샌크리트(Sancreet)로 가는 길이었는데 하늘을 쳐다보던 토머스가 소리를 쳤다. "제임스, 저것 봐. 하늘에 저게 뭐지?" 제임스가 표현 하는 대로 보면 첫 눈에 보니까 하늘에 말 탄 사람 셋이 나타났는데 마치 전쟁할 때와 같이 급히 달려 내려오면서 남서쪽에서 동북쪽으로 향하였다. 그리고 그 사이에 하늘이 길게 뻗어 있었다. 때로는 그 하늘이 짙게 보이기도 하고 때로는 엷게 보이기도 하였다. 그 다음에는 돛을 세 개씩 단 배들이 큰 함대를 이루고 리자드 포인트(Lizard Point)를 향해서 전속력으로 달려가는 것을 보았다. 이런 광경이 한 15분 동안 계속되다가 마침내 다 사라졌다. 이것이 만약 사실이라면 (나로서는 확인할 길은 없지만) 그것이 지닌 의미는 시간만이 밝혀줄 수 있을 것이다.

엄청난 사건

9월 13일 토 나는 세인트 저스트에서 감리회관 정초식을 위하여 설교하였다. 저녁에 우리가 캠본(Camborne)으로 말을 타고 가는데 레드루스(Redruth)에 사는 존 피어스(John Pearce)가 깜짝 놀랄만한 이야기를 하였다. 그가 헬스토운에 살고 있을 때의 일인데 어느 날 저녁에 속회로 모이고 있었는데 그 중의 한 사람이 이상한 목소리로 갑자기 외쳤다. "우리는 여기 있으면 안됩니다. 빨리 가야 합니다." 그러면서 아주 거기서 멀리 떨어진 곳으로 가야 한다고 말하는 것이었다. 그들은 모두 갑자기 일어나서 무슨 영문인지 말한 사람도 거기 모였던 사람들도 알지 못하면서 급히 나갔다. 그들이 모두 집에서 멀리 나오자 그 옆방에 있던 화약통에 불똥이 떨어져 폭발하면서 그 집이 온통 날아갔다. 이렇게 해서 하나님은 당신을 믿는 사람들을 지켜 주셨을 뿐만 아니라 수많은 사람들이 하나님을 모독할 위험을 미리 막아주셨다.

9월 15일 월 우리는 (커버트에서) 한 시간 가량 바닷가를 거닐었다. 거기에는 기묘한 동굴들이 많이 있었는데 풀스 홀(Pool's Hole) 동굴이나 더비셔(Derbyshire)의 픽크(Peak)산에 있는 동굴 못지않게 놀라운 것이었다. 이와 같이 천연 지하실 같은 동굴에 있는 바위들은 어떤 것은 황금과 같이 빛나고 붉은 색마저 띤 것이 있었고 어떤 것은 고운 하늘색처럼 푸르게 보이는 것도 있고 어떤 것은 초록색, 어떤 것은 에나멜을 입힌 것같이 되어 있고 마치 자개를 박아 놓은 것 같이 보이는 것이었다. 그리고 특히 홀리 웰(Holy Well)근처에 있는 아주 큰 바위는 물이 흐를 때마다 딱딱하고 흰 것이 바위로 덮였는데 그것은 마치 설화석고(Alabaster) 같은 것이었다. 그런데 이 홀리 웰이라는 샘물은 바위 위로 솟아 나오는 것이었는데 열병이나 연주창을 고치는데 좋다고 소문난 유명한 샘물이었다.

9월 23일 화 우리는 글래스톤베리 타워(Glastonbury Tower)까지 걸어갔는데 어떤 사람이 수리를 하고 있었다. 그것은 교회 종탑이었는데 그 기초는 아직도 우리가 알아 볼 수 있을 만큼 남아 있다. 그 종탑 서쪽으로는 조각들을 집어넣을 수 있는 벽감(niches)이 있었고 그중의 하나는 실물 크기로 되어 있는데 아직도 온전히 보존되어 있다. 그 종탑이 서 있는 언덕은 굉장히 가파를 뿐 아니라 그 높이도 굉장했다. 그래서 여기서 내려다보면 사방이 다 한눈에 들어왔을 뿐 아니라 브리스틀 해협까지도 잘 보였다. 우리가 브리스틀에 왔을 때는 나는 상당히 지쳐 있었다. 그러나 내 자신 마음속에 일어나는 모든 불안이 사라질 때까지 나는 설교를 하였다. 이제 조용하게 앉아 있을 수 있는 얼마만큼의 여유를 얻어서 신약주석 원고를 마쳤다.

11월 5일 수 휫필드 목사가 나를 찾아 왔다. 이제는 우리들 사이에 싸울 것도 없다. 우리는 서로를 사랑할 뿐 아니라 이제 정말 손을 맞잡고 우리의 공동의 주님이신 그 분의 일을 펴나가는 일에만 합심한다.

11월 17일 월 우리가 워핑(Wapping)을 향하여 걸어가고 있었는데 비가 맹렬하게 퍼부었다. 그래서 우리는 그 비가 누그러질 때까지 어디 들어가서 피할 수밖에 없었다. 그 다음에 우리는 계속해서 그래블 레인(Gravel Lane)을 따라서 갔는데 그 길은 마치 강같이 물이 고여 있는 곳이 무수하였다. 그래도 우리는 제법 잘 갔는데 얼마 가다보니까 비 때문에 호롱불 속에 있는 촛불이 꺼졌다. 그래서 우리는 애를 써서 길을 헤치며 나갈 수밖에 없었다. 드디어 우리는 교회 마당까지 왔다. 우리가 막 그리 들어가려고 하는데 남서쪽에서 번개가 비쳤다. 따라서 천둥소리도 한 번 들리더니 폭우가 쏟아지기 시작했다. 그런데 깨진 기와 사이로 빗물이 얼마나 많이 들어왔든지 제의방(祭衣房) 안에 있는 모든 것이 물에 둥둥 떴다. 그래서 나는 곧 기도문을 낭독하기 시작하였는데 번개가 사방을 환하게 비췄다. 그리고 천둥이 마치 우리 머리 위에서 치는 것 같이 요란했다. 그런데 천둥소리가 점점 더 커져서 수많은 사람들이 겁을 먹고 있으리라고 생각을 해서 축도를 한 다음에 기도회를 얼른 끝냈다. "여호와여 우리가 간구하오니 우리의 어둠 가운데 빛을 비추소서." 그리고 나는 이런 말씀을 설명하기 시작하였다. "여호와께서 홍수 때에 좌정하셨음이여 여호와께서 영원하도록 왕으로 좌정하시도다"(시 29:10). 번개와 천둥과 비가 곧 멎었다. 어느 때보다도 유난히 고요한 저녁시간이 되었다.

알고 보니까 바로 이 시간에 드루어리 레인(Drury Lane)에서는 맥베드 연극 공연이 있었다. 바로 연극을 하는 사람들이 가짜 천둥소리를 내기 시작하는 그 시간에 주께서는 하늘에서 정말 천둥을 시작하셨다. 그래서 얼마 동안은 그들이 멈추었다가 곧바로 용기를 내서 계속했다. 그렇게 하지 않으면 아마 하나님을 두려워하는 마음이 그 극장 안을 가득히 메우리라고 염려를 했을 것이다.

12월 12일 금 조아(Zoar)로부터 돌아오는 길에 나는 보통 때와 같이 무어필즈(Moorfields)로 해서 왔다. 그런데 내 기운이 완전히 빠지고 어찌나 현기증이 심하게 나고 지쳤던지 간신히 집에 왔다. (우리가 만약 신랑 되신 그 분을 맞이할 준비가 되어 있기만 하다면) 고스란히 주저앉아서 서두를 것 없고 거창하게 장례식을 할 것도 없이 깨끗하게 사라진다면 얼마나 행복할까하고 생각하였다. 그러나 우리가 살아있을 때뿐 아니라 오히려 죽음 가운데서도 하나님을 영화롭게 할 수 있다면 그것은 한층 더 행복한 일이다.

12월 23일 화 나는 왕이 예복을 갈아입는 시간에 상원에 붙어 있는 예복실에 서 있었다. 왕의 이마는 나이 때문에 깊은 주름이 잡혔고 근심으로 뒤덮였다. 도대체 이런 것이 세상이 임금에게 줄 수 있는 것인가? 이런 것이 도대체 임금에게 줄 수 있는 위대함이란 말인가? 담비모피를 양 어깨에 둘렀는데 어찌나 무겁고 거추장

스럽던지 임금은 잘 걷지도 못했다. 엄청나게 큰 가발을 쓰고 거기에다가 황금과 보석들을 주렁주렁 달았다. 정말 인간이 만드는 위대함이란 얼마나 시시한 것인가? 게다가 이것조차도 오래 가지는 못한다.

도버 성에서

1756년 1월 26일 월 나는 말을 타고 캔터베리(Canterbury)에 가서 저녁에 설교하였는데 굉장히 많은 사람들이 모였다. 나는 전에 그런 회중을 여기서 본 일이 없다. 군인들이 굉장히 많이 왔을 뿐 아니라 장교들도 적잖이 왔다.

1월 28일 수 나는 정오경에 도버(Dover)에서 설교하였는데 회중의 숫자는 적었지만 매우 진지하였다. 설교를 마친 다음에 우리는 산꼭대기에 있는 성채로 산보를 하였다. 기가 막히게 좋은 곳에 자리를 잡고 있었다. 여기 서서 보면 절벽이 한눈에 들어왔는데 바로 며칠 전에 큰 바위 조각이 해변가로 떨어져 나갔다.

1월 30일 금 런던으로 돌아오는 길에 나는 러시아 황제 피터 대제(Peter the Great)의 생애에 관한 책을 읽었다. 의심할 여지도 없이 그는 군인이었고 장군이었고 그리고 정치인으로서도 누구에게도 떨어지지 않는 그런 사람이었다. 그러나 왜 그가 그리스도인으로 불리었을까? 대체 기독교가 위선이나 야만적인 잔인성과 무슨 상관이 있단 말인가?

2월 6일 금 금식일은 영광스러운 날이었다. 왕정복고(The Restoration) 이래 런던에서 이런 광경을 본 일은 아마 별로 많지 않았을 것이다. 런던 시내의 교회마다 사람들로 가득 찼고 모인 사람들의 얼굴이 모두 장엄하리만큼 진지하였다. 분명히 하나님께서는 우리의 기도를 들어주실 것이며 우리의 평온한 마음은 오래도록 계속될 것이다.

2월 23일 월 나는 다시 캔터베리를 찾아 갔다. 그러나 도착한 시간이 너무 늦어서 설교는 할 수 없었다.

2월 24일 화 굉장히 많은 군인들과 장교들이 내가 설교하는 곳에 왔다. 하나님에 대한 그들의 두려움과 사랑이 진정 그들의 마음을 무장시켜서 어떤 죽음이나 어떤 섭리도 맞아들일 태세를 갖추어 줄 것이다.

2월 25일 수 나는 어떤 대령 한 사람과 식사를 하였는데 그는 이렇게 말했다. "아무도 하나님을 두려워하는 사람들 같이 잘 싸우는 사람은 없습니다. 나는 영국 군대 중에서 어떤 여단을 지휘하는 것보다 바로 그런 사람들 500명을 지휘하기를 원합니다."

3월 11일 목 나는 필(Pill)로 말을 타고 가서 설교를 하였는데 굉장히 많은 회중이 모여서 경청하였다. 그들 중의 대부분은 뱃사람이었다. 내가 설교를 하는 도중에 수병 징모원들이 군함을 타고 우리가 있는 곳으로 다가왔다. 그러나 그들은 얼마동안 설교를 듣더니 아무도 성가시게 굴지 않고 조용히 갔다.

3월 15일 월 나는 올드 패시지(Old Passage) 선창가로 말을 타고 갔다. 그러나 거기서 배를 탈 수가 없었기 때문에 우리는 퍼턴(Purton)까지 갔다. 우리가 거기 도착한 시간은 오후 4시쯤이었다. 그러나 거기서도 그렇게 쉽지는 않았다. 뱃사람들이 건너편에 살고 있는데다가 바람이 어찌나 세차게 부는지 우리가 고함을 쳐도 그들이 들을 수가 없었다. 그래서 결국 우리는 얼마동안 기다리기로 하였다. 그런데 한 15분쯤 있다가 그들이 스스로 왔다. 우리는 7시 전에 코울포드(Coleford)에 도착하였는데 하나님의 말씀을 정말 기쁨으로 받아들이는 아주 순박하고 사랑이 넘치는 사람들을 만났다.

3월 19일 금 나는 트레베카(Trevecka)에 사는 하우얼 해리스(Howell Harris)에게로 말을 타고 갔다. 그러나 거기서부터 어떻게 더 가야 할지를 알 수가 없었다. 그러나 그는 내가 곤란을 겪는 것을 보고 사람을 하나 딸려 보내면서 길을 안내하도록 하고 나중에 말을 도로 데려 가도록 하였다. 그래서 나는 거기서 홀리 헤드(Holy Head)로 가기로 작정하였다. 물론 브레크녹(Brecknock)에서 하루 이틀쯤 머문 후에 떠날 생각이었다.

3월 20일 토 이날은 마침 판사들과 판무관들이 모이기로 정해진 날이기 때문에 온통 사람들로 들끓었다. (올바른 동기가 아니라도) 최소한의 호기심 때문에 많은 사람들이 설교를 들으러 왔다. 도대체 그 고장의 빈부귀천을 막론하고 모든 사람들에게 설교할 수 있는 기회란 달리 없을 것 같았다. 그들 모두 진지하게 경청 하는 듯이 보였다. 그러나 아마 설교 내용을 마음속에 간직할 사람은 한두 명 밖에는 없을 것이다.

3월 22일 월 우리가 빌스(Builth)에 도착할 때까지는 날씨가 계속 좋았다. 거기서 나는 보통 때와 같이 회중에게 설교하였다. 필립스 씨는 그 다음에 우리를 로야더(Royader)까지 안내하였는데 그 거리는 약 14마일 정도였다. 그런데 우리 뒤에서도 눈이 오고 우리의 양 옆에서도 눈이 왔지만 우리가 있는 곳에는 눈이 하나도 내리지를 않았다.

3월 23일 화 우리가 말을 타고 길을 떠날 때 보니까 온통 하얀 것으로 덮인 것 밖에는 다른 것이 보이지를 않았다. 눈 때문에 언덕과 계곡이 온통 하얗게 덮여 있었다. 그래서 우리가 길을 알아 볼 수가 없었기 때문에 계속해서 가자니까 많은 어려움 뿐 아니라 위험도 없지 않았다. 그러나 7시와 8시 사이에 해가 나서 눈이 녹기 시작하였다. 그래서 이제 어려움은 더 이상 없으리라고 생각하였다. 그런데 9시부터는 눈이 더 세차게 내렸다. 1시간 있다가 눈은 싸락눈으로 바뀌어서 우리가 말을 타고 산을 넘어갈 때쯤 해서는 정면으로 우리의 얼굴에 세차게 퍼부었다. 12시쯤 되어서 싸락눈은 이제 폭우로 바뀌더니 맹렬하게 바람까지 불었다. 그러나 우리는 이 모든 것을 뚫고 나가서 해가 지기 전에 돌젤리(Dolgelly)에 도착하였다.

여기서 우리는 잠자는 것을 빼놓고는 무엇이든지 원하는 것은 다 얻었다. 그런데 우리가 든 방 바로 밑에 한 떼의 술 취한 선장들이 들었는데 그들은 새벽 두세 시까지 계속 떠들어대는 바람에 우리는 도무지 잠을 잘 수가 없었다. 우리는 6시가 지나서 말을 타고 길을 떠났으나 서리가 몹시 차갑고 길에는 얼음이 많아서 별로 속력을 낼 수가 없었다. 우리는 12시가 다 되어서야 겨우 탄나불(Tannabull)에 도착하였다. 우리는 여기서 어떤 정직한 웨일스 사람을 만났는데 그는 (비록 영어는 못했지만) 자기가 백사장을 가로질러 가노라고 우리에게 알려 주었다. 그래서 우리는 서둘러서 그와 함께 길을 떠나서 그 백사장을 거쳐서 우리는 제 시간에 카나본(Carnarvon)에 도착하였다.

우리는 여기서 아주 편안하게 조용히 밤을 지낼 수 있었다. 그리고 새벽 6시에 말을 타고 길을 떠났다. 한 시간쯤 말을 달려간 후에 건너편에 있는 조그마한 집이 페리 사무실일 것으로 짐작을 하고 물가로 내려가서 힘껏 목청을 돋우어 불렀다. 그러나 아무 대답도 없었다. 그런데 비가 몹시 쏟아지기 시작했고 바람도 몹시 강하게 불었다. 그래서 우리는 어쩔 도리가 없어서 근처에 있는 작은 교회당으로 가서 비를 피했다. 우리가 한 시간쯤 기다리고 있노라니까 어떤 부인과 소녀가 교회마당 안으로 들어 왔다(그런데 나는 그들이 영어를 못하리라고 생각을 해서 그들에게 별 신경을 쓰지 않았다). 그들은 양 한 마리를 쫓아 왔는데 그 양이 우리가 있는 데로 가까이 왔다. 그래서 나는 이렇게 물었다.

"여기가 볼돈 페리(Baldon Ferry)가 아닙니까?" 그 소녀가 대답하였다. "볼돈 페리요? 아닙니다. 페리는 여기서 2마일 정도 더 가야 됩니다." 정말 우리가 소리쳐서 부르기에는 너무 먼 곳이었다. 우리가 볼돈에 도착했을 때 바람은 멎었고 하늘은 맑게 개었다. 그리고 지체 없이 배가 와서 우리는 앵글시(Anglesey)에 도착 할 수 있었다. 홀리헤드로 가는 길에 한 사람을 만났는데 그는 전날 밤에 정기선이 이미 떠났다고 말을 해 주는 것이었다. 나는 그래서 이렇게 말했다. "아마 우리가 그 배를 탈 수 있을 겁니다." 그래서 우리는 서둘러서 그곳에 오후에 도착하였다. 정말 그 배는 전날 밤에 떠나서 이미 바다 한 복판에 가서 있었다. 그러나 역풍이 불기 시작해서 바람이 세차게 부니까 그들은 오늘 오후에 항구로 돌아올 수밖에 없었다. 나는 밤새도록 그렇게 심하게 부는 폭풍우는 전에 본 일이 없었다. 그다음날도 역풍이 계속해서 불었다.

아일랜드인의 정직성

3월 29일 월 우리는 12시경에 항구를 떠났는데 6,7명의 장교와 그 밖의 많은 여객들이 승선하였다. 서풍이 강하게 불었는데 필경 밤에는 폭풍이 불 것 같았다. 그래서 항구로 되돌아가려는 것이 제일이라고 판단하게 되었다. 그러나 어떤 신사 한 사람이 몸짓을 해가면서 조금 더 나가보자고 주장을 하더니 순식간에 모든 사람들이 그의 의견을 따르게 만들었다. 그래서 그들은 모두 더 나가서 한 번 "바람을 기다려보자"고 동의하기에 이르렀다.

밤새도록 서풍이 계속해서 불어댔다. 그런데도 아침이 되자 우리는 아일랜드에서 불과 6마일 떨어진 곳에까지 와 있었다. 9시에서 10시 사이에 나는 하우스

(Howth)에 상륙하여 더블린으로 걸어갔다. 저녁에 회중들을 만났는데 여기서 그렇게 훌륭한 회중을 전에는 보지를 못했다. 나는 이것이 그들에게 좋은 징조가 되기를 희망한다.

3월 31일 수 여러 사람과 이야기를 나누는 중에 전(全) 아일랜드가 완전할 만큼 안전하다는 사실을 발견하고 적이 놀랐다. 혹시 바다에 나갔다가 물에 빠져 죽을까봐 걱정하는 사람은 있을지언정 외부로부터의 침략에 대해서 걱정하는 사람은 한 명도 없었다. 그들은 한결같이 프랑스가 감히 침략 같은 것을 감행하지 못할 것이라고 확신하고 있었다.

4월 1일 목 블라인드 퀘이(Blind Quay)에 있는 스미스(Smith) 씨네 서점에서 책 한두 권을 샀다. 나는 1 기니짜리로 잔돈을 바꾸려고 하였는데 바꿔 줄 것이 없다고 하였다. 그래서 나는 나하고 같이 가던 일행한테서 은전을 얼마 빌렸다. 다음 날 저녁에 스미스 씨한테서 청년 한 사람이 찾아와서 내게 하는 말이 내가 자기네 카운터에 1기니를 떨어뜨리고 왔다는 것이었다. 그렇게 정직한 사람을 브리스틀이나 런던에서도 좀처럼 만나기 쉽지 않다는 것을 나는 잘 안다.

놀라운 예감이 들어맞았다

4월 28일 수 툴라모어(Tullamore)로 말을 타고 갔는데 그곳 감리회의 한 회원인 에드워드 윌리스(Edward Willis)가 나에게 자신의 놀라운 체험을 이야기해 주었다:

> "제가 스무 살쯤 되었을 때 저는 사업차 워터포드(Waterford)에 갔었습니다. 몇 주일이 지난 뒤에 저는 그곳을 떠나려고 결심을 하고 다음 날 아침에 떠나기 위해서 짐을 다 꾸렸습니다. 그 날은 주일이어서 하숙집 주인이 저보고 하루 더 묵었다가 다음 날 떠나라고 말렸습니다. 오후에 우리는 함께 밖으로 산책을 나가서 강으로 갔습니다. 얼마 후에 나는 그를 강가에 남겨두고 깊은 데로 들어갔습니다. 곧 고함을 치는 소리에 내가 돌아다보니까 강물의 깊은 곳에서 그가 가라앉았다 솟았다 하는 것이 보였습니다. 나는 전속력으로 그에게로 헤엄쳐 갔는데 다시 그가 가라앉는 것을 보고

나는 그를 뒤따라 잠수하였습니다. 밑바닥에 거의 다달았을 때 그가 내 목에 다 팔을 감고 어찌나 꽉 잡았던지 나는 솟아나올 수가 없었습니다.

죽음이 목전에 다가온 것을 알고 나니까 나의 모든 죄가 머리에 떠올랐습니다. 그래서 나는 희미한 정신 속에서도 하나님의 자비를 구했습니다. 얼마 안 있어서 나의 모든 감각은 사라졌는데 나는 내가 사람들이 굉장히 많은 어떤 곳에 가 있는 것 같은 생각이 들었습니다. 그곳은 빛과 영광이 가득한 곳이었습니다. 내가 이런 상태로 있는 동안에 나를 붙잡고 있던 사람은 죽었고 나는 물 위로 떠올랐습니다. 나는 즉시 정신이 들어서 강가로 헤엄쳐 나왔는데 거기에는 많은 사람들이 서 있었습니다. 그들은 우리가 물에 가라앉는 것을 보았는데 이렇게 살아나오는 것을 본 일이 없다는 것이었습니다. 그도 그럴 것이 내가 물속에 잠겨 있었던 시간이 만 20분이 지났었기 때문이었습니다. 이런 일이 있은 후로 두세 달 동안은 내가 아주 진지하게 살았습니다. 그런 후에는 다시 죄를 짓는 생활로 여전히 돌아갔습니다.

그러나 이런 중에도 나는 어디를 가든지 나를 따라 다니는 목소리를 들었습니다. '복음을 전하는 유능한 목사가 한 사람 오면 너에게는 참 좋은 계기가 될 것이다.' 라는 목소리였습니다. 몇 년 후에 나는 군대에 들어갔습니다. 우리 부대는 필립스타운(Phillipstown)에 주둔하고 있었는데 W. 목사님이 거기에 오셨습니다. 나는 그분의 설교에 감화가 되었었습니다만 나의 죄를 떠날 만큼 큰 감동을 받지는 못하였습니다. 그 목소리는 계속해서 나를 따라 다녔습니다. 그런데 웨슬리 목사님이 오셨는데 그 분을 만나기도 전에 나는 그 분이 내가 찾던 분이라는 것을 말할 수는 없지만 확신하게 되었습니다. 그 직후에 나는 하나님이 주시는 평화를 얻었고 정말 그것이 나에게는 좋은 계기가 되었습니다."

5월 10일 월 클론멜(Clonmell)로 갔는데 아일랜드에서 본 중에는 어디에도 비교할 수 없을 만큼 가장 상쾌한 도시였다. 쭉쭉 뻗은 넓은 거리가 네 개나 있었는데 그 양 옆으로는 잘 지은 집들이 들어서 있었다. 도심지에는 이 거리들이 아름답게 서로 교차되어 있었다. 남쪽 성벽 가까이에는 넓고 맑은 강이 흐르고 있었다. 이 강 너머에는 푸르고 비옥한 산이 있었는데 그 도시를 내려다보고 있었다. 동서 양쪽으로 계곡이 수마일이나 뻗어 있었는데 전체가 잘 경작되어 있었다.

5시에 나는 5,6백 명이나 들어갈 수 있는 다락방에서 설교하였다. 그런데 사람들이 너무 꽉 들어차서 전과 같이 그것이 무너질까봐 겁을 내는 사람들이 많이 있었다. 몇 년 전에 한번은 그런 다락방이 내려앉아서 청중들이 여럿이나 다쳤는데 그 중에서 한 사람은 심한 상처로 그 후 며칠 있다가 사망하였던 일이 있었다.

5월 11일 화 다락방 주인이 나에게 거기서 설교할 수 없다고 거절한데다가 그 아래 마당에서 조차도 못한다고 하는 바람에 나는 어디서 설교를 할지 몰라서 당황하였다. 군대 막사 앞마당에서 설교를 하도록 허락해 달라고 요청을 하였더니 지휘관의 대답이 그 곳은 적당한 곳이 못 된다는 것이었다. 그 사람 하는 말이 "내가 웨슬리 목사님을 반대해서가 아닙니다. 그 분이 교수대 아래에서 설교를 하신다면 나도 그분의 설교를 듣겠습니다."라는 것이었다. 할 수 없이 길거리에서 설교를 하였는데 결국 이 덕분에 회중은 배나 더 많았다. 장교들과 병사들이 아주 경청을 잘 하였는데 그때 어느 가련한 사람이 술이 많이 취해 가지고 성당에 나가는 폭도들과 떼를 지어 한 손에는 몽둥이를 들고 또 한 손에는 큰 식칼을 들고 와서 갖은 욕설과 저주를 퍼부으면서 설교하는 사람의 목을 베겠다고 소리를 쳤다. 나는 사람들을 진정시키느라고 땀을 뺐는데 특히 감리회에 속하지 않은 청중들을 그대로 그 자리에 앉아 있게 만드느라고 무척 어려움을 겪었다.

그 사람이 가까이 왔을 때 시장이 회중 가운데서 일어나 나와서 그를 조용하게 하느라고 좋은 말로 타이르면서 애를 썼는데 끝내 그는 말을 듣지 않았다. 시장은 자기 집으로 가서 자기의 흰 관장(官杖)을 들고 나왔다. 동시에 그는 순경 두 명을 오라고 불렀는데 곤봉을 들고 즉시 달려 왔다. 시장은 그 사람이 먼저 치기 전에는 그를 때리지 말라고 순경들에게 명하였다. 그러나 순경들이 가까이 다가가자 그가 역시 먼저 순경들을 때려서 그 중 한 사람은 팔목에 상처를 입었다. 이에 화가 난 다른 순경이 그를 내리쳤는데 세 차례나 얻어맞고 나서야 항복하였다. 시장은 앞장서서 가고 순경들이 양 옆에 서서 그를 데리고 가서 유치장에 넣었다.

무시무시한 꿈

6월 3일 목 전에 내가 하루 이틀 같이 지냈던 일이 있는 목사 한 사람으로부터 놀랄만한 편지를 받았다. 그 내용의 일부는 다음과 같다:

"저는 경건하고 진실한 어느 부인에게서 다음과 같은 이야기를 들었습니다. 그녀는 콜크에 사는 은세공(銀細工)하는 J. B. 씨의 아내입니다:

"30년 전에 당시 의용군이었던 리처드 머시어(Richard Mercier) 씨가 저에게 청혼을 하였습니다. 그 사람은 그때 저의 아버지가 살고 계셨던 찰빌(Charleville)에 주둔하고 있었는데 아버지는 그의 청혼을 허락하시고 저에게 그를 장차 내 남편이 될 사람으로 생각하라고 말씀하셨습니다. 그런데 그의 부대가 떠나자 그는 두 달 후에 돌아와서 나와 결혼을 하겠다고 약속을 하였습니다. 찰빌에서 그는 더블린으로 갔고 거기서 또 자기 아버지가 사시던 곳으로 갔다가 다시 영국으로 왔습니다. 거기서 그의 아버지는 그에게 기병대 말을 한 필 사주었습니다. 그는 수많은 결혼 예물을 사가지고 아일랜드에 돌아와서 며칠 있다가 찰빌에 있는 우리 집으로 오겠다고 전갈을 했습니다.

이 소식을 듣고 우리 집안에서는 온통 그를 맞아서 결혼을 시킨 준비를 하느라고 무척 바빴습니다. 그런데 어느 날 밤에 제 여동생 몰리(Molly)와 제가 침대에서 자고 있었는데 갑자기 커튼이 열리는 소리에 깨었는데 일어나서 보니까 머시어 씨가 침대 곁에 가까이 와 있었습니다. 그는 허술한 천으로 몸을 두르고 있었는데 마치 밤에 잘 때 쓰는 모자와 같이 냅킨을 접어서 머리에 쓰고 있었습니다. 그는 나를 아주 진실한 눈초리로 쳐다보더니 그 냅킨을 벗었습니다. 그런데 그 냅킨은 그의 머리를 가리고 있었는데 그것을 벗고 나니까 그의 머리 왼쪽을 볼 수 있었습니다. 그런데 온통 피투성이가 되어 있었습니다. 그때 방안은 굉장히 밝았습니다. 그래서 내가 놀랐던 것은 말로 다 할 수가 없습니다. 그런데다 그가 침대 곁에서 허리를 굽히더니 저를 품에 안았습니다. 내가 고함을 쳤는데 그 소리 때문에 온 집안 식구들이 놀라서 다 제 방으로 몰려들었습니다.

집안 식구들이 방 안에 들어오자 그는 점잖게 물러서서 이를테면 천정을 뚫고 위로 사라졌습니다. 나는 한참동안이나 겁에 질려 있었습니다. 그런데 내가 겨우 말을 할 수 있게 되어서 내가 보았던 것을 그대로 식구들에게 말했습니다. 그런데 한 이틀 후에 우리 식구 가운데 누가 우체국에 가서 편지를 찾아오는 길에 우체국장이 신문을 읽고 있는 것을 보았는데 거기 이런 기사가 났었습니다. 머시어 씨가 더블린에 있는 그리스도 교회 종각에 갔었습니다. 종을 막 친 다음에 그는 종 밑에 서 있었는데 그 중의 종 하나가 갑자기 밑으로 내려가면서 그의 머리를 쳤습니다. 그래서 그는 현장에서 숨졌는데 자세히 조사해 보니까 그는 바로 머리 왼쪽을 맞고 쓰러졌던 것입니다."

7월 4일 주일 아침에 우리는 말을 타고 아주 작고 깨끗한 도시 투암(Tuam)을 통과했는데 그것은 아일링톤(Islington)의 반 정도밖에는 되지 않았다. 거기 있는 성당도 물론 아일링톤에 있는 교회에 비하면 반 정도 밖에는 되지 않았다. 아그림(Aghrim)에서 2마일 떨어진 킬코넬(Kilconnel)에 있는 오래된 교회는 훨씬 더 컸다. 현재 남아 있는 거창한 폐허를 보고 판단을 한다면 (우리는 오후에 그 곳을 산책하였지만) 현재 아일랜드에 있는 어떤 것보다도 더 크고 웅장한 건물이었으리라고 생각된다. 거기 연이어 있는 것이 큰 수도원의 폐허인데 그 중의 수많은 골방과 아파트들은 상당히 온전한 모습으로 남아 있었다. 교회 서쪽 끝에는 굉장히 많은 해골들이 쌓여 있었는데 그 주위에는 굉장히 많은 뼈들이 여기저기 흩어져 있었다. 아! 죄악, 너는 얼마나 끔찍한 짓을 하였는가!

8월 6일 금 오늘과 내일 나는 아일랜드에서의 모든 일을 마치고 한 시간만 여유를 주면 언제라도 떠날 수 있는 준비를 하기로 하였다.

8월 8일 주일 바람이 잔잔하기 때문에 우리는 항해를 하려고 하였다. 그러나 우리가 막 배를 타려고 하자 동풍이 강하게 불기 시작하였다. 나는 그래서 떠나는 것을 연기하는 것이 좋겠다고 생각하였다. 결국 우리의 계획을 바꾸는 좋은 계기가 되었다. 현재로서는 여기에 더 오래 머물든지 아니면 배를 타고 갈 수밖에 없는 그런 경우였다.

화요일 저녁에 나는 고별 설교를 하였다. 아침에는 월쉬(Walsh) 목사도 똑같이 그렇게 했다. 그러고 나서 우리는 부두가로 걸어갔다. 그러나 우리는 아직도 배를 타고 떠나야 할지 아닐지 확정을 지을 수가 없었다. 게다가 T. P. 경이 정기선 선장에게 전갈을 해 왔는데 바람이 잔잔하다면 그 배를 타고 떠나겠다는 것이었다. 그런데 그 사람은 배를 탄 경우에 자기 혼자서 배를 전세 내는 것이 습관이었다. 그러나 동풍이 계속해서 불자 그는 떠나지 않겠다고 하였다. 그래서 우리는 정오경에 배를 탔다. 두세 시간 후에 우리는 항구를 벗어났다. 이때쯤 해서 바람은 잔잔해졌다. 우리가 탄 배에는 월쉬 목사와 호턴(Haughton) 목사와 모건(Morgan) 목사와 나 이외에 여객이 다섯 명이 더 있었다. 그들은 모두 점잖고 아주 진지한 사람들이었다. 마찬가지로 선원들도 보기 드물게 점잖았다.

8월 12일 목 8시경에 우리는 갑판에서 찬송을 부르기 시작하였는데 얼마 안 있어서 우리와 함께 타고 있던 여객 모두와 선장과 그리고 그의 부하들 대부분이 우리가 있는 곳으로 왔다. 나는 그래서 그들에게 권면하였다. 말을 마치고 나서 우리는 얼마동안 기도하였다. 그들은 모두 우리와 함께 무릎을 꿇고 기도하였는데 그날 하루 종일 그들의 얼굴에서 진지한 표정이 사라지지를 않았다. 9시경에 우리는 홀리헤드에 상륙해서 드디어 23시간의 즐거운 항해를 마쳤다.

8월 13일 금 우리는 체스터로 가기 위해서 말 여러 필을 세내서 7시에 출발하였다. 1시가 채 못 되어서 우리는 방골(Bangor)에 도착하였는데 이곳은 정말 표현할 수 없으리만큼 즐거운 곳이었다. 여기서 우리는 크고 아름다운 성당을 보았는데 수많은 수도사들이 잔인성과 복수심 때문에 희생되었던 이전의 흔적은 전혀 찾아 볼 수가 없었다. 여기서부터 펜마인 모어(Penmaen-Mawr)까지 가는 시골길은 어떤 동산보다도 훨씬 더 상쾌한 곳이었다. 각양각색의 모양과 크기를 이루고 있는 산들이 있을 뿐 아니라 풀과 옥수수와 숲과 그리고 작은 관목들로 뒤덮힌 계곡들이 한쪽으로 줄이어 있고 그 반대편으로는 바다가 아름답게 펼쳐져 있었다. 펜마인 모어는 거의 절벽과 같이 바다에서 상당히 높이 솟아오른 가파른 곳이었다. 그 가장자리로 길이 쭉 나 있었는데 거기 세워놓은 넉자 높이의 벽을 붙들고 내려다보지 않는다면 그 아래 해변가를 겁이 나서 도저히 내려다 볼 수가 없었다.

한편 그 길 위로는 아주 거친 절벽들이 솟아 있었는데 언제라도 그것이 머리 위에 떨어질듯이 보였다. 이 무시무시한 곳을 떠난 지 한 시간이 지나서 우리는 콘웨이(Conway)의 옛날 도읍지로 들어왔다. 그것은 사방에 성벽으로 둘러싸였는데 그 성벽들은 아주 견고하게 보수되어 있었다. 이 성채야말로 내가 본 것 중에서 가장 우아한 폐허이다. 이 성채는 정방형으로 되어 있는데 모퉁이마다 하나씩 네 개의 둥근 탑이 있었다. 그런데 그 탑 안은 아주 웅장한 아파트로 되어 있었다. 그 성채 한쪽에는 큰 교회가 있는데 그 창문과 아치들은 아주 정교하게 만들어졌다. 이 성채가 서 있는 언덕의 양 옆은 바다에 둘러싸여 있는데 한 때는 임금들이 여기서 얼마나 즐거웠을지 모르겠지만 이제는 가시밭으로 뒤덮였고 여기 사는 것이라고는 외로운 새들 밖에 없다.

8월 25일 수 우리는 브리스틀로 말을 타고 갔다.

8월 26일 목 우리의 동지들 약 50명이 모였는데 우리는 감리회 회칙을 낭독하고 신중하게 축조심의를 하였다. 그러나 별로 잘못된 것을 발견하지 못하였다. 그래서 우리 모두는 이 회칙을 그대로 준수하기로 합의를 하고 있는 힘을 다해서 그것을 지켜나가면서 사람들에게 권장하기로 합의를 보았다.

우리는 대체로 교회에 그대로 머물러 있어야 할 필요성과 (성공회의) 성직자들을 따뜻하게 대할 것을 대체로 논의했는데 아무도 반대하는 사람이 없었다. 하나님이 우리 모두를, 한 마음으로 가지고 바르게 판단을 하도록 만들어 주셨다.

8월 27일 금 우리는 성직자 수칙을 낭독하고 하나씩 축조심의하였다. 어느 정도 자구 수정만 하고 그것을 그대로 준수하며 시행하기로 모두 합의하였다.

8월 28일 토 내 동생과 나는 우리가 교회로부터 결코 분리되지 않는다는 사실을 엄숙하게 선언함으로써 총회를 마쳤다. 우리의 모든 형제들은 거기에 동의하였다.

9월 6일 목 나는 차를 타고 길을 떠나서 화요일 저녁에 런던에 도착하였다.

수요일과 목요일에 나는 세상일을 처리하였다. 내가 글을 쓰고 책을 출판하기 시작한지 거의 18년이나 되었다. 그 동안에 내가 얼마나 벌었을까? 아니, 계산을 전부 해보니까 (내가 지난번 런던을 떠났던 1756년 3월 1일 현재) 내가 책을 출판하고 설교를 하고 해서 번 것이라고는 1,236파운드의 빚 밖에는 없었다.

10월10일 주일 나는 무어필즈에서 "아! 이스라엘의 족속아! 어찌하여 죽으려고 하느냐?" 에 관하여 굉장히 많은 회중들에게 설교하였다. 아직도 야외 설교는 할 만한 값어치가 있다. 야외 설교가 갖는 효력에 대해서는 아무것도 비교될 것이 없다.

전기치료와 웨슬리

11월 9일 화 나는 일부러 전지 장치를 사가지고 여러 가지 병으로 고생하고 있는 사람들에게 전기 치료를 받도록 하였다. 그들 중의 어떤 사람은 즉시 나았고 어떤 사람은 서서히 나았다. 이때부터 나는 처음에는 매주 몇 시간씩 그리고 그 다음에는 매일 한 시간씩을 정해서 누구든지 이 놀라운 의술의 덕을 입으려는 사람은 와서 치료를 받도록 시간을 정하였다. 2,3년 후에 우리의 환자들은 얼마나 많이 늘어났는지 우리는 그들을 나누어서 치료할 수밖에 없었다. 그래서 일부는 사우스왁(Southwark)에서 전기 치료를 받게 하고, 일부는 파운드리(Foundry)에서, 그리고 다른 사람들은 센트포올 교회에서 그리고 나머지 다른 사람들은 세븐 다이얼즈(Seven Dials)에서 치료받게 하였다. 우리는 같은 치료 방법을 그 후로도 계속해서 썼다. 오늘 현재까지 수백 명 아니 수천 명이나 되는 사람들이 말로 표현할 수 없는 좋은 효과를 얻었다. 이 전기 치료 때문에 피해를 입은 사람은 남녀노소를 막론하고 내가 아는 바로는 아직 한 사람도 없다. 그래서 나는 누구든지 전기치료의 위험성을 이야기하는 것을 들을 때 (특히 그런 사람들이 의사들이라고 한다면) 나는 그런 이야기가 정말 상식이나 정직성이 크게 모자라기 때문에 그런 것이라고 밖에는 볼 수가 없다.

제11장

1757년~1759년

"진정 나는 설교를 위해 산다"- 여행자들에 대한 충고 - 체험 - 웨슬리와 프랑스 죄수들

1757년 5월 31일 화 덤프리스(Dumfries) 씨 댁에서 조반을 들고 그곳에 몇 년 동안 묶고 있던 가련한 런던의 파산자와 한 시간 가량 얘기하며 지냈다.

그러고 나서 아름다운 시골을 지나 토오니 힐(Thorny Hill)로 갔다. 그 곳에서 2~3마일 떨어진 곳에 퀸즈버러(Queens Borough) 공작 저택이 있었다. 고풍스럽고 우아한 건물로 아름답고 풍성한 언덕을 따라 세워진 저택이었다. 그러나 그것을 소유하고 있는 자는 아무 즐거움도 얻지 못하였다. 그는 이 아름다움을 거들떠 보지도 못하고 살았기 때문이다. 모든 것을 소유하고 있으면서도 거기에서 아무런 기쁨도 얻지 못하는 것은 태양 아래 이루어지는 안타까운 비극임에 틀림없다.

그리고 우리는 유럽에서 가장 멋있는 산으로 꼽힐 만한 산들을 넘고 돌아 여행하였다. 잉글랜드에 있는 어느 산에도 뒤지지 않는 높은 산들이 꼭대기까지 푸르게 덮여 있었다. 4시가 지나서야 광부들만 사는 조그만 산악 마을 리드 힐(Lead Hill)에 도착하였다.

글래스고 성당에서

6월 1일 수 우리는 글래스고(Glasgow)로 갔다. 길리스(Gillies) 씨가 우리를 마중하러 1마일이나 나와 있었다.

저녁엔 초라한 집 마당에 천막을 쳐 (그들은 덮은 강단이라 불렀다) 널찍하고 충분한 설교 장소를 마련하였다. 강단 앞에 임시진료소가 설치되었다.

환자들은 대부분 창가에 붙어 서 있거나 창문 근처에 모여 있었다. 이곳에서 인접한 곳에 정신병자를 위한 병원이 있었다. 그 중 몇이 지대한 관심을 보였다. 하나님께서 그들에게 건강한 정신을 주실 수 없으실까? 설교가 끝난 뒤 네 명의 아이를 데리고 와서 세례를 받고자 했다. 아침에 설교가 끝나고 목사는 바로 몇몇 신

자들에게 세례를 베푸는 동안 나는 교회에 있었다.

그 덕분에 세례 방식으로 인해 당황하지 않아도 되었다. 이런 식으로 하면 많은 편견이 사라지리라 믿는다.

6월 3일 금 7시가 되니 사람들이 모여들어 늘어나기 시작했고, 그들 표정엔 진지함이 엿보였다. 오후에 우리는 대학교로 산책을 나가 미술품들이 진열된 박물관을 구경하였다. 대부분 라파엘로, 루벤스, 반다이크와 그외 유명한 화가들의 작품들이 전시되어 있었다. 그러나 이 모든 작품들을 효율적으로 정리하기엔 방이 부족했다. 전체적으로 건물이 작았다.

6월 4일 토 한때는 웅장하고 대단히 아름다웠던 낡은 성당을 구석구석 돌아보았다. 내가 보기엔 캔터베리(Canterbury) 성당보다 더 우아할 뿐 아니라 그 크기에 있어서도 뒤지지 않았다. 중앙 종탑에 올라가 보니 사방으로 시내와 들판이 한눈에 내려다 보였다. 이처럼 풍요하고 잘 개간된 들판을 잉글랜드에선 좀체 볼 수 없다. 스코틀랜드가 잉글랜드의 어느 도시에도 뒤떨어지지 않게 되려면 단지 무역을 늘이는 것 (따라서 인구도 느는 것) 뿐이다.

저녁때 청중들이 진지하게 들어주어 마음이 흡족하였다. 그러나 나는 아직도 잉글랜드에서의 집회가 마음에 더 든다.

앉아서 기도하거나 하나님을 찬양하는 노래를 부르며 얼굴을 가리고 있는 자들을 아직도 이해할 수 없다.

6월 9일 목 상당한 파문을 일으키고 있는 「더글러스」(Douglas)란 희곡을 오늘에야 읽었다. 그것은 놀랍게도 전에 읽은 적이 있던 걸작 비극 중의 하나였다.

그것을 한 줄도 빼지 않고 그대로 에든버러에서 공연하였다니 어찌된 일인가!

6월 10일 금 약을 먹지 않고는 정상적인 생활을 할 수 없을 만큼 내 건강이 나빠졌다. 이 약한 몸으로 태양이 뜨겁게 내려쬐는 켈소(Kelso)까지 갈 수 있을까 걱정되었다. 그러나 쓸데없는 걱정이었다. 이번에도 하나님께서 보살펴 주셨다.

일주일 동안 강하게 몰아치던 동풍이 우리 얼굴을 스치며 서풍으로 바뀌었다. 10시쯤엔 구름까지 끼어 켈소에 도착하기까지 시원하게 해주었다.

6시에 윌리엄 카워드(William Coward)와 함께 시장터로 나갔다. 몇 시간을 서 있었지만 아무도 우리 가까이 오지 않았다. 마지막 수단으로 나는 스코틀랜드의 시편을 노래하였다. 그러자 열댓 명 정도가 어떤 일이 일어날까 호기심을 가지고 일정한 거리를 두고 모여들었다. 기도하는 중에 그 수가 더 늘었다. 그래서 몇 분 후엔 상당히 많은 사람들이 모여들었다. 그곳 행정직에 있는 자들도 섞여 있었다. 부자들에게도 가난한 자에게도 공평하게 말하였다.

나답지 않게 날카롭게 말하고 있는 자신을 발견하고 놀랐다. 그들은 모든 면에서 아직도 이방인이라고 스스로 생각하고 있는 것이 틀림없었다.

6월 13일 월 모오펫(Morpeth) 시장터에서 죄인들에게 그리스도의 사랑을 선포하였다. 그리고 플레이시(Placey)로 갔다. 이곳 광부를 중심으로 한 조합도 다른 곳의 조합과 같은 형태를 유지할 수 있을 것이다. 누구도 자기 동료와 소속된 조합을 떠나지 않을 것이며 그들 사이에는 어떤 불화도 있어서는 안 될 것이다. 다만 "서로 사랑하고 선행을 베풀려는" 한 마음 한 뜻을 가져야 한다. 설교를 마치고 조지아의 무더운 방 같은 사무실에서 회원들과 모였다. 말을 타고 오면서 내려 쬔 태양열과 이곳 방안의 열기로 녹초가 되었다. 그러나 뉴캐슬에 온 후 건강을 회복하여 아침과 같은 기운으로 설교할 수 있었다.

6월 16일 목 저녁에 선덜런드(Sunderland)에서 설교하였다. 그리고 조합 회원들을 만나 그들이 모든 죄에서 떠나지 않고는 우리와 함께 일할 수 없다고 강경하게 경고하였다. 특히 회장 자리를 찬탈하거나 밀수입한 물건들을 사고파는 것은 노상강도보다 더 무서운 죄악이라고 말해 주었다. 그 다음 날에도 회원들에게 똑같은 얘기를 했다. 그러나 몇몇 회원들이 잘못에서 돌아서기를 거부하였다. 결국 우리로선 어쩔 수 없었다. 남은 250명가량이 새롭게 다짐하고 출발하였다.

6월 22일 수 저녁과 다음 날 아침에 체스터 온 더 스트레이트(Chester on the Strate)에서 설교하였다. 차를 마시면서 둘러보니 거실은 화려하지만 그다지 깨끗하지 못한 그림들이 걸려 있는 것을 보고 손님들이 모두 간 뒤 친구에게 그 그림들을 안 보이는 곳으로 옮기는 것이 어떻겠느냐고 말하였다. 그러자 그는 그 그림들을 떼어 방구석에 있는 선반 위에 쌓아 놓고 그 뒤로는 다시 걸어놓지 않았다.

진정 나는 설교로 산다

7월 28일 목 (셰필드) 에드워드 베넷(Edward Bennet)의 큰딸로부터 이상한 편지를 받았다: "이달 12일, 목요일에 아침식사를 하며 남편에게 '오늘은 물속에 들어가지 마세요. 적어도 마을에서 멀리 떨어져 있는 깊은 물엔 들어가지 마세요. 꿈에 당신이 물 한가운데 빠져 머리만 내놓고 있는 것을 보았어요.' 남편은 약속하고 일하러 나갔습니다.

오후엔 네 시 좀 넘어 남편 친구인 존 핸슨(John Hanson) 씨 집에 있었는데 갑자기 심한 통증이 일어나면서 곧 죽을 것 같이 견디기 힘들었습니다. 바로 그 시간 교회 강가에선 수영에 남다른 재능을 지닌 존 핸슨 씨가 남편에게 물에 들어가자고 조르고 있었습니다.

남편은 거절했습니다. 물은 깊었고 그는 수영을 전혀 할 줄 몰랐습니다.

물에 들어가자는 집요한 강요를 뿌리치지 못하고 옷을 벗고 잠시 서 있었습니다. 남편은 무릎을 꿇고 큰 소리로 기도를 하였습니다. 기도를 마치니 존 핸슨 씨는 헤엄을 치면서 남편을 불렀습니다. 그리고는 물 위로 몸을 세우곤 '이봐, 가슴밖에 안차' 하였습니다.

남편은 물속으로 들어가 빠지고 말았습니다. 그때 강가에서 풀을 뜯고 있던 사람이 남편을 지켜보고 있다가 둑으로 달려왔을 때는 머리만 물 위로 떠오르고 손을 허우적거리며 큰 소리로 '주 예수여! 내 영혼을 받아 주소서!' 하고 외치더니 순식간에 물속으로 사라져 다시는 떠오르지 않았답니다."

그렇다면 존 핸슨은 무엇을 하였는가? 그는 친구가 빠진 것을 보자마자 다른 쪽으로 헤엄쳐 나와 옷을 입고 곧장 집으로 돌아왔다.

점심때 우드씨츠(Woodseats)에서 설교하였으며 저녁엔 세피일드에서 설교하였다. 나는 진정 설교로 살아간다!

악랄한 박해자들이 사라지니 이 마을이 얼마나 고요해졌는가! 얼마나 많은 사람들이 이 고요함을 구하지 않고 소란을 떨었던가! 어떤 때는 토오프(Thorpe)의 한 여인은 다음에 오는 설교자는 누구든지 그의 가슴에서 피를 내어 거기에 자기 손을 씻겠다고 으르렁대기도 하였다. 그러나 다음 설교자가 오기 전에 그녀는 다시 돌아올 수 없는 먼 집으로 가고 말았다.

존 존슨(John Johnson)이 웬트워어스에 자리 잡기 전 그곳에 살고 있던 덩치 좋은 사내가 존의 친구에게 "5월 축제 후로는 보나마나 기도와 설교만 할거요. 난 그

짓을 못하게 온갖 소란을 떨 겁니다" 했으나, 5월 축제가 시작되기도 전에 그는 무덤 속에 잠잠히 누워 있게 되었다.

R이란 사람에게는 하인이 하나 있었는데 그는 무슨 꿍꿍이속이 있었는지 거짓 소문을 퍼뜨리고 다녔다. 그러나 그 꿍꿍이속이 채 이루어지기도 전에 입을 다물 수밖에 없었다. 그는 양어장에 빠져 죽었던 것이다.

8월 8일 월 런던에서 차터하우스로 산책 나갔다. 모든 건물, 특히 학생들이 너무 작게 보여 놀랐다. 그러나 답이 쉽게 풀렸다. 내가 학교 다닐 때는 나 자신이 너무도 작았고 내 주위의 모든 것을 나와 견주어 판단할 수밖에 없었다. 따라서 당시 나보다 높은 학년 학생들은 굉장히 크게 느껴졌고 지금은 반대로 그들보다 내가 더 크게 느껴지고 있다. 1,800여 년 전 유행했던 생각, 즉 우리의 조상 또는 과거 시대에 살았던 사람들이 현재의 우리보다 더 컸을 것이라는 생각이 이런 데서 나온 것이 아닐까 하고 생각해 보았다. 그러나 실제로는 홍수 직후의 사람들이나 지금 우리나 그 외형과 생각하는 것에는 별다른 차이가 없다.

9월 2일 금 세인트 아그네스(St. Agnes)로 갔다.

9월 4일 주일 I. T. 가 5시에 설교하였다. 배우지 못한 양철공으로서 이렇게 훌륭한 설교를 할 수 있나 놀라면서 어느 학식 있는 자가 이처럼 놀랍게 즉석 설교를 할 수 있을까 생각해 보았다. V 씨도 최근 20여 년 간 들어보지 못했던 열렬한 설교를 두 번이나 하였다.

9월 5일 월 일로간(Illogan)에 올라갔다. 그러나 늘 설교하던 집으로 갈 수 없었다. P 씨의 아내가 P 씨가 살아 있을 때는 언제든 어떤 설교자든 자기 집에 맞아들인다고 하고서도 곧 마음을 고쳐먹었기 때문이다. 하나님께선 그녀의 하나뿐인 아들을 구덩이에 빠져 죽게 하였고 아들의 상여를 인도하던 젊고 건장한 남자가 갑자기 말에서 떨어져 뻣뻣이 굳어 죽었다. 일련의 무서운 섭리를 보고 사람들이 점점 우리에게 모여 들었다.

9월 10일 토 랜즈 앤드(Land's End)로 갔다. 이처럼 자연스럽고 기묘한 곳은 보지 못했다. 예술 작품같이 부드럽기도 하고 평평한 잔디밭이 있는 곳에 이르면 여기저기 바위 덩어리가 널려 있는 것을 볼 수 있다. 해안을 따라 모여 있는 바위 덩어리들은 파도에 씻겨 마치 거대한 괴물 덩어리처럼 보였다.

9월 11일 주일 9시에 세인트 저스트(St. Just)에서 설교하였다. 오후 1시엔 모호바에서 집회를 가졌는데 지형이 경사진 탓으로 마치 극장처럼 사람들이 층층이 서서 들었다. 많은 사람들이 하나님을 갈구하였고 탄식하며 얼마나 그가 은혜스러운 분인가 체험하였다.

5시에 뉴린(Newlyn)에서 많은 무리에게 설교하였다. 그들 중 한 여자만 유독 반감을 가지고 있는 것 같았다. 그녀는 괜찮은 집안 여자처럼 보였는데 버려야 할 고통의 짐을 지고 있었다. 그녀는 "그럴 수 없어요. 교회에 가는 것과 성례를 치르는 것만으로는 천당에 갈 수 없다면 무엇을 더 하란 말인가요?" 하고 말했다.

9월 21일 수 트루로(Truro)에서 몇몇 친구들과 한 시간 가량 지내고 그램파운드(Grampound)라는 초라하고 지저분하고 보잘것없는 마을로 갔다. 그런 곳이 자치 마을이라니! 한 시가 못되어 풀밭에서 많지 않은 무리에게 설교를 시작하였다. 찬송을 부르면서 보니 풀밭 끝 쪽에 검은 옷을 입은 한 사내가 서 있었다. 그는 "내려와! 거기서 당신네들이 할 일이라곤 아무것도 없어!" 하였다. 담 위에 있던 소년들은 그 말을 듣고 허겁지겁 내려갔다. 그러나 나는 계속했고 그는 멀리 사라졌다. 그가 그램파운드의 시장이며 대의원임은 후에 알게 되었다. 얼마 안 있어 치안관 두 명이 오더니 "보시오. 시장이 자기 자치구역 안에서 설교하지 말라는군요"하였다. 나는 "시장이라고 나를 방해할 권한은 없습니다만 이것 가지고 왈가왈부할 것은 못 됩니다"라고 대답한 뒤 시장 마음대로 자기 구역을 요리하게 버려두고 떠났다.

9월 22일 목 북부 아이작(Isaac) 항 맞은 편 남쪽 해안에 자리 잡고 있는 메바기세이(Mevagissey)로 갔다. 전에 여기에 왔을 때 마을 안으로 들어갈 수가 없어 마을로부터 반 마일 떨어진 곳에서 설교할 수밖에 없었다. 그러나 이번은 달랐다. 마을에 사는 주민 전체에게 설교할 수 있었다. 그들은 대단히 조용했다. 다음 날 저녁엔 술 취한 사람 하나가 뒤에서 소란을 피웠다. 그러나 그에게 몇 마디 말을 해주자 그도 조용히 설교를 끝까지 듣고 있었다.

9월 24일 토 12시 반 경 다시 설교할 기회가 있었다. 그리고 그들과 작별 하였다. 그 곳에 머무르는 동안 해풍이 사납게 몰아쳐 모든 선박이 항구에 묶여 있었기 때문에 (그 마을 대부분을 차지하고 있는) 선원들이 모두 설교를 들을 수 있었다. 6시엔 아름다운 언덕 위의 마을, 세인트 오슬(St. Austle)에서 설교하였다.

9월 25일 주일 2시에 불모의 산기슭에 세워진 세인트 스티븐(St. Stephen) 교회에서 설교하였다. 건물 안팎으로 사람들이 꽉 차 할 수 없이 들로 나갔다. 주민들은 (콘월에서도 보통 그렇게 하지만) 무릎을 꿇거나 서서 들어야 했다. 그들은 설교를 듣고, 찬송하고, 기도하며 살아가고 있었다. 그들 중에 무관심하거나 무감각한 자는 찾아 볼 수 없었다.

킹즈우드(Kingswood) 학교 화재 사건

10월 24일 월 점심때 바스(Bath)에서 설교 하고 저녁에는 래빙턴에서 가까운 에스코트(Escot)란 곳에서 설교하였다.

10월 25일 주일 돌아오는 길에 한남(Hannam) 근처에서 킹즈우드 학교에서 일어난 화재 사건에 관한 이야기를 듣게 되었다. 하나님께서 모든 것을 잘 해결해 주실 것을 믿고 한 순간이나마 안타깝게 여기던 마음을 풀었다. 돌아와서 자세한 얘기를 듣게 되었다. 월요일 저녁 8시 경 두세 학생이 양쪽 계단을 통해 강당 안으로 들어갔다. 그 중 한 학생이 위층에서 툭탁거리는 소리를 듣고 복도로 통하는 문을 열었다가 갑자기 몰아닥치는 연기에 뒤로 넘어지며 "불이야" 하고 외쳤다. 베인즈(Baynes) 씨가 그 소리를 듣고 아래로 뛰어 내려가 물을 떠 왔으나 교실로 들어서니 불길이 사정없이 그에게로 닥치는 바람에 뛰어들 엄두도 못 내고 물통을 불길 위에 던져 버리고 도망쳐 나왔다.

그 사이에 한 학생이 종을 치고 다른 학생을 학교 옆에 사는 존 매던(John Maddern) 씨를 부르러 뛰어갔다. 존 매던 씨가 뛰어나오고 뒤를 이어 제임스 버그스 씨가 뛰어 나왔을 때는 교실이 이미 불길 속에 잠겨 있었다. 즉시 불길을 잡으려 했으나 이미 불은 지붕 위로 번지고 있었다. 물은 충분했으나 불길을 잡을 만큼 가까이 접근해 물을 뿌릴 수는 없었다. 교실은 연기와 불길로 가득 차 누구도 들어갈 수 없었다. 마침 정원에 있던 긴 사다리를 가져 와 교실 벽에 기대 세웠으나 사다리 한 쪽 다리는 부러져 있었고 다른 한쪽은 썩어 있었다. 그럼에도 존 하우(John How)가 도끼를 들고 사다리로 올라갔다. 그러나 사다리가 짧았다.

그는 사다리 꼭대기에 서서 겨우 한 손으로 작업할 수밖에 없었다.

그가 어떻게 양철 지붕을 건너갔는지 알 수 없었다. 그러나 그는 양철 지붕을 건너 지붕 위에 재빨리 구멍을 내었다. 그러나 그 구멍으로 마치 화산이 터져 나오듯 연기와 불꽃이 솟구쳐 올랐다. 그때까지 사다리 밑에서 물을 들고 기다리고 있던 사람들이 그제야 연기를 뚫고 올라가 뚫어진 구멍으로 물을 부울 수 있었다. 그러자 불길이 죽고 교실 한 쪽과 옷 한 상자 그리고 지붕과 마룻바닥에 피해를 입었을 뿐 학교를 불에서 구할 수 있었다.

노포크(Norfolk)와 서포크(suffolk)에서

11월 23일 수 노리치(Norwich)에서 테일러(Taylor) 박사의 새로 지은 응접실(아마도 유럽에서 가장 우아한 응접실이 아닌가 느껴졌다)을 둘러보았다. 최고급 벽돌을 8각형으로 둘러쌓고 아래위로 16개의 내리닫이 창문이 있고 천정에는 순전히 장식용으로 8개의 채광장이 있었다. 최고급 향기가 실내에 가득하고 어느 귀족의 거실에 못지않게 청결하였다. 우아한 마호가니 탁자가 놓여 있고 문고리는 모두 구리로 도금해 반짝반짝 빛났다. 도대체 이런 곳에 어떻게 해서 오래된 진부한 복음이 받아들여졌는지 의아했다.

11월 24일 목 지난주 뎃포드(Thetford)를 지나는데 한 사람이 찾아와 서포크 밀덴홀 근처에 있는 레이컨히스(Lakenheath)에 와서 설교해 주길 요청하였다. 승낙하고 그 곳으로 떠났다. 에반스(Evans) 씨 혼자서 자기 경비를 들여가며 크고 널찍한 집회소를 마련해 놓았다. 6시가 되자 실내엔 사람들이 꽉 차 더 이상 들어 올 수 없어 창가에 서서 듣는 사람들도 수없이 많았다. 다음 날 새벽 5시에도 열렬하고 갈망하는 순한 사람들로 거의 가득 메웠다(이 시간에 이렇게 많은 사람들이 모이는 것은 흔히 없는 일이었다).

그들 중 몇은 설교가 끝나고 나를 따라 에반스 씨 댁까지 따라오더니 잠시 서서 갑자기 눈물을 쏟기도 하였다. 나는 그들을 다시 찾아오리라 약속하고 위로의 말을 해서 돌려보냈다.

1758년 1월 4일 수 킹즈우드로 돌아와 학교를 보고 기뻤다. 이것이야말로 오랫동안 바라던 학교로서 거기 있는 모든 이에게 내려진 축복일 뿐 아니라 감리교 전체의 영광이었다.

3월 6일 월 (런던) 7시경 말을 타고 떠났다. 동풍이 불었으나 등으로 바람을 막을 수 있어 다행이었다. 그러나 15분도 채 못가 북서풍으로 바뀌더니 비가 내리기 시작했다. 갈수록 비가 심하게 쏟아지고 핀츨리 컴먼(Finchley Common)에 왔을 땐 더 이상 말을 타고 갈 수가 없었다. 던스테이블(Dunstable)에 이르기까지 비는 계속 내렸다. 거기서부터는 할 수 없이 발이 푹푹 빠지는 진흙탕을 돌아 들판 바깥쪽으로 방향을 돌려야 했다. 그런데도 선든(Sundon)에 3시 전에 도착할 수 있었다.

9일엔 베드퍼드(Bedford)로 올라갔다. 그런데 10일까진 설교를 할 수 없다는 이야기를 들었다. 진작 알았더라면 설교할 생각조차 안하고 엡워스(Epworth)로 11일까지 갈 수 있었을 텐데!

3월 10일 금 세인트 폴(St. Paul)에서 진지하게 듣는 사람에게 설교하였다. 설교가 끝나고 판사가 자기 집 식사에 초대한다는 전갈을 보내왔으나 시간이 없어 사양하겠다는 말을 전할 수밖에 없었다. 그리고는 1시에서 2시 사이에 길을 떠났다. 북서풍이 사납게 얼굴 위를 때렸다. 얼마 안 있어 눈보라가 날리고 진눈개비가 내리더니 우박이 쏟아지고 급기야 폭풍으로 변하였다. 그런데도 베드퍼드에서 30마일이나 떨어진 스틸턴(Stilton)에 7시엔 도착할 수 있었다.

남은 길은 더 느리게 갈 수밖에 없었다. 우리의 말들이 모두 발을 절고 있었다. 그러나 약속한 시간까지 도착해야 했기 때문에 5시가 못되어 우편마차를 탔다. 그러나 안개가 잔뜩 끼어 말이 달릴 수 없었고 결국 절뚝거리는 말을 끌고 뒤에 따라온 동료들과 거의 같은 시간에 스탬퍼드(Stamford)에 도착하였다. 다음 역에서 다시 말을 탔으나 결국 불쌍한 말에서 내려올 수밖에 없었다. 6시가 돼서야 보오트리(Bawtry)에 도착하였다. 앱워스에서 나를 맞으러 몇이 나왔지만 도착하기 30분 전에 돌아가고 없었다. 떠나는 마차가 없어 말과 안내자를 고용하였다.

7시경 출발했으나 안내자라는 사람은 나보다 길을 더 잘 알지도 못하는 처지에 있다는 것을 곧 알았다. 그러나 우리는 보오트리에서 4마일쯤 떨어진 아이들스톱(Idlestop)에 무난히 도착하였다. 그곳에서부터는 불을 켜 들고 강과 늪을 구별하며 가야 했다. 그곳에 리처드 라이트(Richard Wright)라는 사람이 살고 있는데 그만이 늪을 무사히 건너는 길을 알고 있다고 들은 적이 있었다. 마침 누가 부르는 소리가 들렸다(우리는 전혀 볼 수 없었다). 우리가 "거기 누구요?" 하고 물으니 저쪽에서 "리처드 라이트요" 하는 대답이 들렸다. 반갑게 그를 맞이했다. 그는 당당하게 말을 타고 앞서 갔다. 북동풍이 사납게 불어 닥쳤다. "굉장히 추운데!" 하고 떠드는 소리가 들렸다.

그러자 엡워스에 도착하기까지는 얼굴에도, 발에도, 손에도 추위를 전혀 느끼지 않았다. 90마일 이상 여행하였는데도 여행 떠나던 아침 같은 기분이었다.

여행자들에 대한 충고

8월 1일 화 우리가 타고 가려는 배의 선장이 우리 짐을 실으려고 서둘렀다. 그러나 역풍이 불고 있었으므로 짐을 싣지 못하게 했다. 이튿날에 선장이 준비가 다 되었다고 연락하여 저녁에 배로 내려갔다. 그러나 준비는커녕 떠날 생각조차 하지 않고 있었다.

그래서 잉글랜드와 아일랜드 사이를 여행하려는 사람들은 다음 세 가지 점을 필히 염두에 두어야 한다는 사실을 깨달았다. 1) 배 떠나기 전 요금을 지불하지 말라. 2) 선장이 배에 오르기 전엔 배에 먼저 오르지 말라. 3) 짐은 자신이 타면서 같이 실으라.

8월 17일 목 헨델의 메시야를 들으러 브리스틀 성당에 갔다. 이들이 설교를 들을 때도 이처럼 진지할 수 있을까 생각해 보았다. 여러 차례, 특히 합창에서 놀라운 연주를 해 주었다.

10월 16일 월 캔터베리로 갔다. 시내로 들어가면서 도로에 튀어나온 돌에 말이 다리를 다쳐 고꾸라지고 말았다. 말안장을 꼭 쥐고 있었는데 말이 일어나려고 발버둥치다 또 다시 내 위로 넘어졌다. 말이 일어서면서 나도 같이 일어나려고 했으나 오른쪽 허벅지와 허리를 쓸 수 없었다. 마침 선량한 이발사가 나를 일으켜 자기

가게로 업고 갔다. 심한 고통을 느꼈다. 냉수 한 컵을 먹으니 정신이 맑아졌다.

10월 27일 금 아름답고 풍요한 시골을 지나 콜체스터(Colchester)로 갔다. 잉글랜드에선 보기 드문 아름다운 마을이었다. 능선을 따라 마을 양쪽으로 두 산맥이 평행을 이루고 있으며 넓이는 칩사이드(Cheapside)와 맞먹으며, 동서남북으로 뻗는 두 개의 길로 마을이 나뉘어져 있었다. 새벽 4시에 높고 오래된 성벽(무언가 목적이 있는 건축물 같았다) 옆에 있는 세인트 존(St. John) 평원에서 대단히 진지한 태도를 보인 청중들에게 설교하였다. 이튿날 아침 8시와 저녁 4시에도 설교하였다. 사이에 감리회 회원들과 얘기 나눌 기회가 있었다. 이곳에서 3달가량 묵으며 120명의 신자를 얻었다. 이들 중 얼마는 자기가 믿는 대상이 무엇인지 알고 있었으며 많은 사람이 자신의 부족함을 절실히 느끼고 있었다.

노리치(Norwich)와 콜체스터(Colchester)에서

11월 5일 주일 (노리치) 우리는 성 베드로 교회로 갔다. 그곳에서 주의 만찬에 참여하였다. 이보다 더 아름다운 교회를 본 일이 없는 것 같았다. 외국에서 들여온 장식품 때문이 아니라 건물 자체의 형태와 구조 속에서 아름다움이 풍겨 나왔다. 사방이 유리창으로 만들어진 넓고 높은 거물이었다.

그래서 좀 두렵기도 하며 장엄한 기분이 들게 하면서 동시에 최상의 경쾌함도 느끼게 하였다.

12월 4일 월 일반적으로 성 스티븐 교회라 불리는 왈부룩(Walbrock) 교회에 들렀다. 별로 크지는 않았으나 아담하고 우아한 모습은 표현할 수 없었다. 이탈리아에서 어느 이탈리아 건축기사가 벌링턴(Burlington) 경에게 “각하, 돌아가시면 런던에 있는 성 스티븐 교회를 꼭 보시기 바랍니다. 로마에서도 그처럼 아름다운 건물을 찾아 볼 수 없습니다”고 경탄했다는 사실에 수긍이 갔다.

12월 29일 금 오늘 아마도 잉글랜드에서 가장 오래된 건물일지도 모르는 유명한 콜체스터 성곽을 돌아보았다. 그 건물 대부분이 1,400~1,500년은 되었다는 것은 분명히 알 수 있었다. 대부분 로마 벽돌로 지어졌는데 벽돌 하나의 두께는 2인치, 폭이 7인치, 길이가 13~14인치 정도였다. 고대 왕국시절 로마의 왕들과 영국

왕들이 앉아 있던 왕좌가 있었다. 한때는 가까이 있는 자나 멀리 있는 자나 모두 두렵기만 했던 자리였다. 그러나 지금은 "죽은 사자보다 살아 있는 강아지"가 아닌가? 그들이 그렇게도 자랑스럽게 여기던 것들은 지금 다 어디로 갔을까? 오늘날 남아 있는 지구 위 어떤 강대국가도 마찬가지 운명이리라.

약간의 허세와 약간의 세력과
겨울날의 햇살을
모든 지배자와 정복자가 소유하나
그것은 요람에서 무덤 사이 뿐!

1759년 5월 6일 주일 아침엔 리버풀(Liverpool)의 역사 깊은 교회에서 오후에는 성 토머스(St. Thomas) 교회에서 큰 위로의 설교를 들었다.

두 설교 모두 나를 위해 행해진 것 같이 느껴졌다. 교회에서 아무 위로도 받지 못하는 자들은 참으로 불행하다. 그러나 하나님의 은혜를 결정적으로 느끼게 될 때 어떻게 변할까?

5월 12일 토 일찍 서둘러 떠났기 때문에 밀램(Millam) 모래톱을 지나 플룩버러(Fluckborough)에서 24마일 가량 떨어진 바틀(Bottle)까지 안내자 없이도 큰 곤란을 겪지 않고 8시 조금 넘어서 도착할 수 있었다. 그 곳에서 오후 2시가 지나야 레이븐 글래스로 갈 수 있을 것이라는 말을 들었으나 시간이 없었으므로 그대로 강행군하였다. 11시경 맨체스터 홀(Manchester Hall) 근처에 있는 여울에 도착했으나 정오가 되어야 건널 수 있다는 말을 들었다. 여울을 건너려 하니 그들이 못 건너게 말렸다. 그래서 1시까지 앉아 기다릴 수밖에 없었다. 그리고서야 비로소 정오에 건널 수도 있었다는 사실을 깨닫게 되었다.

그런데도 어둡기 전에 화이트 헤븐(White Heaven)에 도착할 수 있었다. 어쨌든 사막 길을 다 지났다 싶었다. 다른 길로 오는 것보다 10마일 가량은 단축되었으리라 생각되었다. 그러나 앞으로 우리가 건너야 할 모래톱이 네 개나 있었으며 더군다나 띄엄띄엄 흩어져 있어 하루에 모두 지나기란 불가능했다. 더구나 모래톱 여행 중에는 욕심을 채우기 위해 여행자들을 꼬여 붙들어 놓으려는 거짓말쟁이들을 만나는 것도 염두에 두어야 한다.

여행자들에게 이 길로는 가지 말라고 말해주고 싶다. 켄달(Kendal)이나 케즈윅(Keswick)으로 돌아가는 편이 시간도 절약되고 비용도 줄일 수 있을 뿐만 아니라 더욱 좋은 것은 치밀어 오르는 화를 참을 필요가 생기지 않는 것이다.

위(胃)에 주기적인 통증을 느끼는 가난한 여인의 사정을 들어보고 이런 경우 모든 의사들의 태만을 비난할 수밖에 없다고 느꼈다. 그들은 질병의 근원을 찾아 처방하는 것이 아니라 무조건 약에 약을 더할 뿐이다. 병의 근원을 모르기 때문에 환자를 죽일 수는 있어도 고칠 수는 없다. 이 여인의 고통의 원인은 무엇일까? (그 여인은 말한 적이 없다. 한 번도 질문 받은 적이 없었으니 말이다) 원인은 그녀의 아들이 죽은데 대한 안타까움 때문이다. 계속 애타는 여인에게 필요한 약은 무엇일까? 이럴 때 의사들은 육체적인 질병이 정신적 고통에 기인하거나 영향 받는다는 사실을 깨닫고 그럴 때에는 그들 능력 밖의 것이라는 것을 안다면 왜 그들은 목사에게 도움을 청하지 못하는 것일까? 또 목사들은 육체에 의해 정신이 비정상이 되었을 경우 의사에게 도움을 청하지 않는 것일까? 또 이런 경우 의사들은 두 손을 들고 마는 이유는 무엇인가?

그들이 하나님을 모르기 때문이다. 그러므로 경험 많은 기독교인이 되지 않고서는 완벽한 의사가 될 수 없다.

5월 17일 목 섭리의 표적에 대해 깊이 생각해 보았다. 탄갱을 지하로 파 내려갈 때 공기를 순환시키기 위해 입구로부터 3, 4야드 정도까지 간막이 벽을 세우는 것이 보통이다. 그것은 한쪽 벽을 따라 내려가다가 끝에 와서 방향을 바꾸어 다른 쪽 벽을 따라 올라가게 되어 있다. 마을에서 2마일 떨어진 곳에 탄광이 하나 있었는데 지하 4백 야드까지 내려갔다. 그 탄갱 속의 간막이 벽이 무너졌다.

광부 셋이 수리하려고 굴속으로 들어갔다. 그들이 지하 3백 야드 가량 내려갔을 때 압축된 공기로 인해 화재가 발생하였다. 순식간에 벽이 허물어지기 시작하였다. 불길이 입구까지 미치고 마치 거대한 용광로처럼 뜨거운 불꽃이 솟구쳐 나왔다. 들어갔던 광부들은 재빨리 엎드렸다. 안 그랬다면 순식간에 타 죽었을 것이다. 그들 중에 앤드루(Andrew)라는 사람이 있었는데 그는 하나님의 사랑을 믿고 있었다. 그는 큰 소리로 자비를 구했다. 그러나 순식간에 숨이 막혔다. 다른 세 사람은 네 발로 기어 입구까지 나왔으나 그 중 한 사람은 죽고 말았다. 존 맥콤(John McCombe)이 다음으로 구출되었다. 머리부터 발끝까지 타 버렸으나 기뻐하며 하나님께 감사드렸다. 다른 사람들이 앤드루를 구하러 내려갔다. 그는 의식을 잃고 누워 있었는데 그 바람에 살 수 있었다. 누워 있는 그의 위로 연기와 불길이 몰아치고 있었다. 그가 만일 기어나가려 했다면 의심할 여지 없이 타 죽었을 것이다. 그러나 죽음도 삶도 어쩔 수 없었을 것이다. 하나님께선 자신의 섭리대로 이루셨기 때문이다.

5월 21일 월 10시경 윅턴(Wigton) 시장터에서 설교하고 6시 전에 덤프리스(Damfries) 댁에 도착하였다. 시간이 좀 있어 교회 뜰을 거닐었다. 참으로 아름다운 곳이었다. 그 곳에 130년쯤 되었을 낡고 오래된 외로운 묘지를 보았는데 비석 글씨는 읽어 볼 수 조차 없었다. 우리들의 무덤이라한들 얼마나 오래 보존될 수 있을까? 그런데도 사람들은 이런 것으로 그다지 고심하다니! 또한 많은 사람들이 이런 문제로 양심에 가책을 받고 있기도 하다. 그들은 고심하면서도 그 고심의 어리석음을 동시에 알고 있다. 그래서 프라이어(Prior) 씨는 자신의 무덤에 대해 언급하면서 "인간이 하는 마지막 쓸모없는 이 짓을 위해 5백 파운드를 남기노라"란 처량한 말을 남겼다.

5월 22일 화 상쾌한 초원을 지나 소오니 힐로 갔다. 그 근처엔 퀸즈버러(Queensborough) 공작의 웅장한 저택이 있었다. 이 공작은 자기 아들이 그의 정원을 갈아 엎고 집을 부수어 이처럼 폐허로 만들 줄은 전혀 몰랐을 것이다. 그러나 머지않아 지구 전체가 그 모든 업적들과 함께 어차피 무너지고 말 것이다.

또다시 꼭대기까지 푸른 숲으로 쌓인 산을 넘어 리드 힐스(Lead Hills) 로 갔다. 그곳 5백여 세대는 최근 4년 동안 한 번도 목사를 만나지 못하고 있었다. 그러니 스코틀랜드의 가난한 사람들은 설교로 들려지는 복음을 전혀 맛보지 못했다는 말이 된다. 이들의 피 값을 누가 갚을 것인가?

여름 휴양지 뉴캐슬(Newcastle)

6월 4일 월 올른윅(Alnwick)에서 설교한 후 뉴캐슬로 갔다. 이처럼 별천지가 있는 줄 전혀 몰랐다. 여름 내내 이곳에 머무르고 싶었다. 영국 내에서 여기에 비교될 만한 휴양지가 또 있을까 싶었다. 그러나 나는 여러 마을을 찾아다니며 지구 위를 방랑하는데 만족해야 했다.

6월 21일 목 1시에 네퍼턴(Nafferton)에서 설교하였다. 말을 타고 떠나려는데 한 여인이 길을 막았다. "실례합니다. 2년전 프랏호우에 계실 때 토머스 뉴턴(Thomas Newton) 씨 댁에서 조반 식사를 하신 적이 계시지요. 제가 그의 누이동생이랍니다. 목사님이 그때 떠나시며 제게 '최선을 다 하시오'라고 말씀하셨지요. 그때엔 그 말씀이 무슨 뜻인지 몰랐고 알려고도 안했습니다. 그런데도 그 말씀이 내 마음 속으로 파고들어 예수 그리스도를 만나 그리스도 안에서 쉼을 얻을 수 있게 되었습니다."

6월 22일 금 S-K로 갔다. 거기서 전부터 잘 알고 있던 광부들 모임에서 "왜 죽으려느냐 오, 이스라엘의 족속아!"라는 말씀을 전해 주었다. 설교가 끝난 뒤 모(某) 씨의 하인이 찾아와 "실례합니다. 저의 주인께선 목사님이 우리 뜰에서 설교 하는 것을 원하고 계시지 않으신답니다. 목사님을 싫어하는 것이 아닙니다. 오히려 그 분은 교회 편에 서 계십니다." 세익스피어의 말대로 "보잘것없는 것이 천박한 일을 이루도다!" 그에게 그렇게 충고한 교구 목사야말로 현명하고 현명한 자로구나.

6월 23일 토 선덜런드(Sunderland)에서 감리회 회원마다 돌아가며 상담하였다. 밀수자들로 불리던 도둑 무리가 우리를 떠났다. 그러나 두 배가 넘는 순진한 사람들이 자리 잡고 일하고 있었다. 회원이 하나도 남지않지더라도 도둑들은 용납하지 않을 것이다. 월요일(25일)과 화요일 저녁에 클리만(Kleman) 병원 근처에 있는 선창가에서 설교하였다. 방안에서 모이는 수보다 배가 넘는 수가 모였다. 사탄은 야외 설교를 싫어한다니 놀라운 일이 아닌가? 나도 사실 그렇다! 널찍한 방, 푹신한 방석, 잘 꾸며진 강단이 좋다. 그러나 한 영혼이라도 더 구원하려면 이 모든 것에 얽매여선 안될 것이다.

7월 4일 수 하틀풀(Hartlepool): 존스(Jones) 씨가 5시에, 내가 8시에 설교하였다. 설교가 끝날 때쯤 지저분하고 난잡하게 생긴 이 동네 망나니가 집회를 방해하려고 고래고래 소리 지르기 시작했다. 설교를 마친 뒤 그가 주위에 있는 사람들을 해칠까 두려워 우리 형제들 중 몇 명을 차례로 보내 먼저 얘기를 하지 말고 혼자 떠들게 버려두어 스스로 지치도록 만들었다. 그러나 아무 효과도 얻지 못했다. 그는 좀처럼 지칠 것 같지 않았다. W. A가 다른 방법을 썼다. 그는 그를 둘러선 무리

가운데 끼어들어 그가 떠들어대는 얘기를 듣고 "야 굉장한데, 다시 한 번 얘기 해 봐요." "뭐라구요? 당신이 귀머거리라구요?" "그럴리는 없지요. 모든 사람들을 즐겁게 하기 위하여 그랬겠지요. 봐요. 우린 모두 호기심에 가득 차 있어요" 하고 맞장구쳤다. 이런 식으로 두세 번 반복하자, 망나니는 더 이상 버틸 수 없었는지 두세 마디 지껄이더니 일어나 가버렸다.

저녁엔 평상시처럼 스톡턴(Stockton) 근처 시장터에서 집회를 시작하였다. 찬송이 채 끝나기도 전에 무리들이 갑자기 소요를 일으키기 시작했다. 전쟁을 좋아하는 장교는 바로 그 시간에 징병관을 시켜 조셉 존스(Joseph Jones)와 윌리엄 알우드(William Alwood)를 데리고 가려 했기 때문이다. 조셉 존스는 "여보세요 난 웨슬리 씨를 따르고 있습니다"고 말하였다. 몇 마디 말을 건넨 뒤 그를 보내 주었다. 윌리엄 알우드도 자격을 갖춘 목사임이 밝혀져 얼마 안 있어 돌려보냈다. 징병관은 마을에 사는 청년 한 명을 붙잡았으나 여자들이 달려들어 강제로 구해 내었다. 그들은 다시 장교와 부하들에게 달려들어 그들은 혼이나 줄행랑치고 말았다.

8월 3일 금 게인스버러(Gainsborough)의 네빌 힉크맨(Navil Hickman) 경 댁에서 설교하였다.

브리스틀에 있는 위버(Weaver) 씨 저택만큼 큰 방이었다. 2시경 약간의 선량한 영혼을 제외하곤 거칠은 무리들로 방안이 가득 찼다. "사람이 온 천하를 얻고도 자기의 영혼을 잃으면 무슨 유익이 있겠느냐?"란 주님의 말씀을 전하는 동안 몇몇 점잖은 신사들만 주의 깊게 듣는 것 같았다. 설교가 끝나고 네빌(Nevil) 경이 들어와 내게 감사의 인사를 하자 모여 있던 사람들이 멍하니 쳐다보고 있었다. 네빌 경의 예기치 않은 인사에 적잖은 충격을 받았는지 모두들 귀신이라도 본 양 움츠리고 있었다.

비상한 입신의 체험[Trances]

8월 6일 월 에버턴(Everton)에서 앤 소온 (Ann Thorn)과 서너 차례 신비 체험을 한 적이 있는 다른 두 사람과 이야기를 나누었다. 그들은 모두 1) 그들의 표현대로 하자면 하나님의 사랑으로 충만할 때는 항상 몸에서 떠나 있을 때이며, 2) 그 체험은 순간적으로 전혀 예기치 않는 때에 이루어지며 모든 감각과 기력을 빼앗아 버리고 만다. 3) 약간의 예외가 있기는 하지만 일반적으로 그런 체험을 하는 순간부터는 전혀 다른 세계에 있게 되며 그들 주위에 있는 세상에 대해서는 아무것도 알지 못한다는 사실 등에 의견을 모았다.

오후 5시 경 그들이 찬송 부르는 소리가 들렸다. 얼마 안 있어 B 씨가 찾아오더니 앨리스 밀러(Alice Miller) (15세)가 황홀경에 들어갔다고 알려 주었다. 즉시 내려가 보니 그녀는 걸상에 앉아 벽에 기대고 눈은 떴으나 하늘만 쳐다보며 가만히 앉아 있었다. 눈앞에 몇 가지 동작을 취해 보였지만 눈동자는 움직이지 않았다. 그녀의 얼굴엔 표현할 수 없는 감사와 사랑의 표정이 가득 차 있었고 눈물이 조용히 그녀의 뺨 위로 흘러내렸다. 입술이 움직이며 무언가 얘기하려 했지만 무슨 말인지 전혀 들을 수 없었다.

이처럼 아름다운 인간의 얼굴을 본 적이 없었다. 기쁜 듯 미소를 머금고 감사와 사랑이 얼굴에 가득하였고 눈물방울이 조용히 흘러내리고 있었다. 그녀의 호흡은 규칙적이었다. 반 시간 쯤 지나자 그녀의 표정이 갑자기 공포와 비애와 실망의 빛으로 바뀌더니 눈물이 쏟아지며 외치기 시작했다. "오, 주여 그들은 모두 벌 받을 것입니다. 모두 벌 받게 될 거예요!" 그리고 5분 정도 지나자 다시 미소를 띠며 얼굴엔 다시 사랑과 기쁨이 가득 찼다. 6시 반 경 다시 절망의 빛이 감돌더니 비통하게 울면서 "오, 주여 그들은 지옥으로 가게 되겠지요. 온 세상이 지옥으로!" 하며 외쳤다. 조금 있다 다시 "큰 소리로 통곡하라! 용서하지 않으시리라!"고 외쳤다. 다시 조금 지나자 얼굴엔 감사와 기쁨과 사랑이 피어나더니 큰 소리로 "하나님께 영광 돌리자!"고 외쳤다. 7시쯤에야 의식이 돌아왔다. 내가 "어디 갔다 왔느냐?" 하자 "내 주님과 함께 있었어요" 하였다. "하늘이었니? 땅 위였니?" — "알 수 없었어요. 그러나 영광 중에 있었어요." "왜 울었지?" — "나 때문이 아니고 세상 때문에 울었어요. 지옥으로 들어가기 바로 직전에 있었어요." "하나님께 영광 돌려야 할 자들은 누구라고 생각하니?" — "세상을 향해 외치는 목사님들이죠. 그렇지 않게 되면 자만에 빠져 하나님께선 그들을 떠나게 되고 그들은 영혼을 잃게 되고 말거예요."

7개월 동안 2천 4백 마일을 여행하다

8월 7일 화 (추수 때문에) 4시에 설교하고 말을 타고 런던으로 갔다. 7개월 동안 2천 4백 마일을 여행하고 나니 약간의 휴식이라도 취하고 싶었다.

8월 13일 월 캔터베리 대주교좌(大主教座)가 있는 크로이든으로 갔다. 몇 년 전까지만 해도 성만찬 상 위에 무시무시한 글씨를 써 붙이도록 이 주교들이 명령을 하지 않았던가? (이들의 지위는 이미 구시대에 속한다).

"너희 제사장들아 이제 너희에게 이같이 명령하노라 만군의 여호와가 이르노라 너희가 만일 듣지 아니하며 마음에 두지 아니하여 내 이름을 영화롭게 하지 아니하면 내가 너희에게 저주를 내려 너희의 복을 저주하리라 내가 이미 저주하였나니 이는 너희가 그것을 마음에 두지 아니 하였음이니라 보라 내가 너희의 자손을 꾸짖을 것이요 똥 곧 너희 절기의 희생의 똥을 너희 얼굴에 바를 것이라 너희가 그것과 함께 제하여 버림을 당하리라"(말 2:1-3).

대주교의 저택은 낡았으나 유서 깊은 건물이었고 특히 정원이 아름다웠다. 최근 대주교가 막대한 비용을 들여 보수했으나 계속 병에 시달려 그 아름다움을 즐길 틈조차 없었다. 급기야 4년 동안 병에 시달리다 불리어 가고 말았다. 사람들은 하나님의 정원으로 불리어 갔기를 바라고 있을 것이다.

저녁에 엡섬(Epsom)의 B 씨 댁에서 식사하였다. 그이 저택과 정원은 옛날 유명한 극장 터에 있었는데 실제 내 눈으로 본 건물 중 가장 우아한 건물이었다. 안팎이 최고급으로 장식되어 있었다. 실로 이보다 더 화려한 곳이 어디에 또 있을까 싶었다. 그런데 주인이 다음과 같은 말을 할 때의 심정은 어떠했을까?

"낙원이여, 그대를 떠나야만 하나? 신들에게 어울리는 안락한 그늘과 궁전을 떠나야만 하나?"

8월 30일 목 교회에서 설교하였는데 많이는 모였으나 대단히 소란하고 난폭한 사람들 뿐이었다. 그들을 달래려고 조용히 만들기 위해선 어떤 태도를 가져야 하나 깨달았다. 그래서 다음 날 저녁 설교가 끝나고 그들에게 두 가지 사항을 주의시켰다. 첫째는 설교가 끝난 후 마치 곰이 우리 안에서 하는 것처럼 이리저리 쏘다니며 큰 소리로 떠들어 대는 것은 별로 신사다운 행동이 아니라는 것, 둘째로 설교가 끝나자마자 무리를 지어 예배당을 찻집으로 바꿔버리는 것도 별로 좋지 않은 예절이라는 것을 일러 주었다. 물론 나는 그들이 교회 안에서 소란을 피우지 말고 빠르고 조용하게 돌아갈 것을 바라고 있었다. 9월 2일 일요일에 그들은 마치 수년 동안 해왔던 것처럼 조용히 돌아가는 것을 보고 기뻤다.

9월 9일 주일 7시에 감리회 회원들을 만났다. 그들에게, 그들은 내가 전 영국을 통해 알고 있는 감리회 회원 중 가장 무성의하고, 고집불통이고, 자기 욕심만 차리고, 간사하고, 질서가 없고, 골치 덩어리며 단결이 안 되는 감리회라고 노골적으로 말하였다.

야외 설교 방법

9월 14일 금 런던으로 돌아왔다.

9월 15일 토 전에 웨스트 스트리트(West Street) 예배당을 수리하라고 일러두었기에 얼마나 되었나 보러 갔다. 여기서도 하나님께 찬양드릴 일이 있었다. 기둥들이 썩어 손가락으로 눌러도 들어갈 지경이었다. 만약 봄까지 그냥 두었다면 건물 전체가 무너지고 말았을 것이다.

9월 17일 월 캔터베리로 갔다. 어림잡아 200명 쯤 되는 사병들과 장교 전체가 참석하였다. 다음 날 저녁엔 그 수가 더 늘어났고 그들은 하나님을 두려워하는 사람처럼 행동하였다. 19일 수요일에는 도버에 새로 완성된 집에서 설교하였다. 여기서도 청중들이 날로 불어났고 많은 사람들이 확신을 얻었으며 나머지 사람들도 매일같이 위로를 받고 있었다. 20일엔 캔터베리에서 군인들을 개별적으로 접촉하였다. "아들(그리스도)이 있는 자에게는 생명이 있고 하나님의 아들(그리스도)이 없는 자에게는 생명이 없느니라"(요일 5:12).

다음 날 런던으로 돌아오면서 호이헨스(Huygens) 씨의 「우주 세계에 대한 가상(*Conjectures on the Planetary World*)」이란 글을 읽었다.

충격적인 글이었다. 내가 생각하기에 그는 달이란 인간이 살 수 없는 곳이며 그것(달)의 곰보투성이 땅 위엔 강도 산도 없으며 바다도, 지표에 습기도, 공기도 없다는 사실을 증명한 것 같았다. 그러므로 그는 "다른 제 2차원적인 위성에도 생명체는 거주하고 있지 않다"는 합리적 결론에 도달할 수 있었다. 그러면 제 1차적인 위성(달)에 생명체가 살고 있다는 것을 누가 증명할 수 있겠는가? 나는 지구밖에 모른다. 그밖엔 아무것도 모른다.

9월 23일 주일 무어필즈(Moorfields)에서 집회를 가졌는데 상당히 많은 사람들이 모여 곤란을 겪었다. 형편만 좋다면 야외에서 한 시간 정도면 아무리 무심한 자라도 확신을 얻게 할 수 있을 것이다. 성 바울 교회 말고 이렇게 많은 사람들을 수용할 만한 교회는 없다. 여러 번 경험한 결과 실내에서 모일 수 있는 사람의 3배는 야외에서 모아 설교할 수 있다는 결론을 얻었다. 더구나 야외에서 설교하면 1) 청중이 계속 불어날 수 있고, 2) 하나님의 능력을 확신할 뿐 아니라 회개하는 자들과 함께 있으면 시간 가는 것을 잊을 수도 있지 않은가?

프랑스 죄수들에게 옷을 만들어 주다

10월 1일 월 브리스틀에서 쉬는 동안 「설교집」 넷째 권을 마무리 지었다. 아마도 내 손으로 출판할 수 있는 마지막 책이 될 것 같다.

10월 15일 월 브리스틀로부터 1마일 떨어진 노울로 걸어가 죄수들을 만나 보았다. 1,100 명가량 죄수들이 좁은 감옥에 모여 있었다. 누울만한 곳은 전혀 없었고 더러운 짚더미 위에 앉아 더럽고 닳아빠진 넝마조각을 밤이나 낮이나 덮고 있어 그들은 마치 병든 양 새끼처럼 죽어갔다. 마음에 느끼는 바가 많았다. 그들에게 "너는 이방 나그네를 압제하지 말라 너희가 애굽 땅에서 나그네 되었었은즉 나그네의 사정을 아느니라"(출 23:9)라는 말씀으로 설교하였다.

다음 날부터 24일 동안 18파운드를 모금하였다. 그 돈으로 옷감을 사서 내의와 외투, 바지 등을 만들었다. 양말도 한 타스 준비하였다. 그리고 이것들을 가장 부족한 사람들로부터 배급하였다. 브리스틀 자치회에서도 요와 담요를 많이 보내주었다.

얼마 안 있어 런던을 비롯하여 영국 각처에서 성금을 보내왔다. 이런 일을 경험한 후 생활이 궁핍할 때는 언제나 필요에 대한 충분한 공급이 준비되어 있다는 것을 믿게 되었다.

입신(入神)에 대한 진리

11월 17일 토 런던에서 G. H. 부인, C. H. 경과 함께 즐겁고 유익한 시간을 가졌다. 귀족과 부자 몇이 초대되어 더욱 좋았다. 정말 그런 사람들의 수가 자꾸 늘어야 할텐데! 그러나 그들이 다른 사람에 의해 교회에 들어오게 된다 해도 (그것이 하나님의 뜻이리라) 나는 기뻐할 것이다. 내게 선택하라면 (지금까지 그래왔지만)

앞으로도 가난한 자들에게 복음을 전할 것이다.

11월 23일 금 길이 대단히 미끄러워 갖은 고생을 한 후 베드퍼드에 도착하였다. 꽤 많은 사람들이 모였다. 그러나 방 아래 있는 돼지우리에서 심한 악취가 풍겨 나오고 있었다. 이렇게 냄새가 지독한 곳에서 설교하기는 처음이었다. 실로 이런 곳에 들어오는 자들이야 말로 복음을 사랑하는 사람들일 것이다.

11월 25일 주일 오후 집회에서 하나님의 임재를 피부로 경험하였다. 확신 보다는 위로의 역사가 강하게 일어났다. 그러나 전에 이곳 에버턴에 있으며 살펴 본 대로 역사하시는 방법에 있어 상당한 차이가 있음을 알 수 있었다.

이번에는 황홀경에 들어가거나 큰 소리로 외쳐대거나 고꾸라져 경련을 일으키거나 하는 사람은 없었다. 다만 몇몇이 가볍게 떨더니 작은 소리로 중얼댈 뿐 많은 사람들은 넘치는 평화 속에서 새 힘을 얻었다.

고함이나, 경련, 환상, 신비체험 등 초자연적인 현상들을 너무 과신하여 그것이 내적인 역사의 전부인양 생각하고 이런 것들이 없으면 모두 헛된 것이라고 주장하는 데에 위험이 있다. 반대로 이런 현상들을 너무 소홀히 취급하여 무시해 버리거나 이런 현상들 속에는 하나님이 계시지 않을 뿐 아니라 오히려 하나님의 역사를 반대할 뿐이라고 주장하는 데에도 또한 위험이 따른다. 반면에 진리는 다음과 같이 정리될 수 있다. 1) 하나님께서는 타락된 죄인들에게 급작스럽고 강하게 역사하신다. 이런 사람들은 자연히 급작스레 고함을 지르거나 육체적인 경련을 일으키게 된다. 2) 믿는 사람들에겐 그들을 고무하고 북돋아 주기 위해서 하나님께서 자신의 역사를 더 뚜렷이 보여 주시려고 신비한 꿈이나 입신 또는 환상을 보도록 은혜를 베풀어 주신다. 3) 시간이 지나면서 이런 경험들은 자연의 은총과 일치하게 된다. 4) 사탄은 하나님의 역사를 방해하려고 이런 현상들을 모방하여 유혹한다. 그렇다고 이런 유혹을 물리치기 위해 전체 현상들을 포기해 버리는 것은 현명한 일이 못된다. 처음에는 이런 것은 의심할 여지없이 하나님의 은총이었다. 아직도 어느 정도는 그렇다. 그리고 하나님께서는 어떤 현상이든 그것이 진실 된 것인가 아니면 잘못되거나 왜곡된 것인가 분별할 수 있는 능력을 주신 것이다.

11월 28일 수 런던으로 돌아왔다. 29일은 일반적으로 감사절로 제정된 날인데 세븐 다이얼즈(Seven Dials) 근처에 있는 예배당에서 아침 저녁으로 설교하였다. 전에 잉글랜드에선 볼 수 없던 감사절 축제를 볼 수 있었다. 특별히 모두들 탄식하였다. 모든 상점은 문을 닫고 거리엔 진지한 표정을 한 무리들이 하나 둘 보였고 기도회와 강연회, 모든 공중예배의 분위기는 참으로 좋았다. 특히 우리의 적을 위해 기도하는 것이 가장 충격적인 감동을 주었다. 아마도 유럽에서 그런 기도는 여기서 처음 하였을 것이다. 아무 소란이나 사고도 없었고 저녁에 모닥불을 피우거나 폭죽을 터뜨리는 일도 없었고 대중오락도 없었다. 이것이야말로 기독교의 성일 "주님께 기쁨을 드리는" 날이었다. 그 다음 날 에드워드 호크(Edward Hawke) 경이 프랑스 도망병을 석방해 주었다는 소식을 들었다.

12월 9일 주일 처음으로 전 감리회 회원들과 애찬식을 가졌다. 수요일(12일)부터 동생과 몇몇 사람이 희랍어 성경을 읽기 시작하였다. 번역판과 원본을 대조해 가며 차이점들을 발견하면서 읽어 나갔다.

그날(12일) 오후엔 대영 박물관에서 시간을 보냈다. 많은 서적들, 엄청난 분량의 기본 자료들, 귀중한 고대 비석들과 조개, 나비, 풍뎅이, 메뚜기 등 지칠 줄 모르는 정력의 사나이 한스 슬론(Hans Sloane) 경이 80년의 생애를 바치며 막대한 경비와 정력을 기울여 수집한 곤충 표본도 보았다.

제12장

1760년~1762년

한 편집자에게 보낸 편지 - 사기와 증언 - 말하는 동상 - 웨슬리의 오순절

웨슬리와 아일랜드 문제

1760년 1월 16일 수 한 여인이 찾아와서 하나님으로부터 받은 말씀이라고 하며 나도 땅위의 제물에 매여 요행을 꾀하며 오로지 먹고 마시는데만 정력을 쏟고 있다고 비난하였다. 하나님께서는 그녀보다는 나를 더 잘 아실 것이며, 또 하나님께서 보낸 것이 사실이라면 좀 더 공손한 말씀을 들려주셨을 것이라고 그녀에게 대꾸하였다.

4월 21일 월 로스미드(Rosmead)로 여행하는 길에 존 데이비스(John Davis) 경이 쓴 「아일랜드에 관한 역사적 진술」(*Historical Relations concerning Ireland*)이란 글을 읽었다. 이 글을 읽으면 아일랜드에 (지금은 인구가 많지만) 옛날에 왜 그렇게 인구가 적었는가 하는 의심이 풀리게 된다. 필자는 그 이유를 쉽게 서술하고 있다. 1) 원래 아일랜드 원주민 사이에선 살인이 사형을 시킬만한 죄가 되지는 않았었다. 씨족장에게 약간의 벌금을 낼 뿐이었다. 2) 잉글랜드인이 이곳으로 이주해 오면서 원주민들은 영국 헌법의 보호를 받지 못하고 있었다. 그들은 잉글랜드인들을 상대로 고소할 수도 없었다. 그래서 잉글랜드인들은 장난삼아 그들을 치고 빼앗고 죽이기까지 하였다. 그렇게 되어 3) 두 민족 사이엔 350년 가량 긴 전쟁이 일어나게 되었다. 그 결과 잉글랜드인이나 아일랜드인이나 그 수가 줄어들게 되었고 가난에 쪼들리게 되었다. 4) 1600년 - 1641년 사이 약 40년간 계속된 평화 시기에 인구가 약간 늘어났다가 다시 대학살이 일어나면서 전쟁으로 변해 인구는 다시 격감하게 되었다. 4년이란 기간 동안 적어도 백만 명이나 되는 사람이 죽었다. 5) 그 후로 매년 많은 사람이 일자리를 찾아 이곳을 떠났다. 6) 그런 중에도 침입자들은 남아 있는 아일랜드인들을 수백 수천씩 죽였고 경작할 수 있는 광활한

땅을 그저 풀밭으로 버려 두어 사람들에게 일자리도 식량도 얻지 못하게 만들었다. 이런 이유 때문에 아일랜드 거의 모든 지방에선 인구가 줄어들게 되었고, 그 중에도 특히 콘노트에선 80여 년 전보다 반 이상 줄어들었다.

6월 10일 화 드러머스네이브(Drumersnave)란 아담한 마을로 갔다. 점심때 윌리엄 레이(William Ley), 제임스 글래스브룩(James Glasbrook)등과 함께 캐릭 어폰 샤논(Carrick upon Shannon)으로 갔다. 한 시간도 채 못 되어 향사(鄕士)이며 동시에 보완관인 사내가 북을 들고 자기가 모을 수 있는 사람들은 모두 데리고 왔다. 그가 거리에서 부하들에게 지시하는 동안 나는 청중을 이끌고 뜰 안으로 들어갔다. 그러자 그는 도끼와 창을 들고 (문에 서 있던) 윌리엄 레이에게 덤벼들었다. 창이 빗나가자 도끼를 던져 레이는 손목을 다쳤다. 이런 식으로 집안을 뒤지며 다니다 지쳐 쉬고 있었고 제임스 글래스브룩도 그 반대편에 지쳐 쉬고 있었다.

강제로 문을 열려고 애쓰는데 부하 중 하나가 내가 정원에서 설교하고 있다고 일러바쳤다. 그러자 그는 문을 열기를 포기하고 돌아가더니 몇몇 부하들을 데리고 담을 넘어 정원 안으로 들이닥치며 "여기서 설교하지 말라!"고 고함을 질렀다. 나는 "걱정하지 마시오. 설교할 생각이 없소. 이미 설교를 끝마쳤소." 하였다. 이 말에 그는 미칠 듯 야단법석 떨었다. 더 이상 상대해 줄 가치가 없다고 생각하고 집안으로 들어갔다. 그러자 그는 제임스 글래스브룩에게 분풀이 하고 (도끼 자루가 부러질 정도로 그의 손목을 쳤다) 내 모자를 차고 밟으며 분풀이 하였다. 한 신사가 내 모자를 빼앗아 내게 돌려줘 그 길로 우린 조용히 마을을 빠져 나갔다.

9월 10일 수 세인트 아이브스(St. Ives)에 도착하여 배 위에서 설교할 생각이었으나, 바람이 사납게 불었기 때문에 뜻대로 하지 못하였다. 그러나 다른 곳에 설교할 수 있는 좋은 장소를 발견하였다. 한쪽 끝으로는 수직으로 10~12피트 높이 되는 바위가 막아 서 있고 거기서부터 지면은 오목렌즈처럼 서서히 휘어져 있었다. 또한 4피트 가량 솟아오른 바위도 있어 강단으로는 안성맞춤이었다. 이곳으로 가난한 자도, 부자도, 모든 마을 사람들이 모여 들었다. 전혀 잡음이 들리지 않았으며 이쪽 끝에서 저쪽 끝까지 평화만 잔잔히 흐를 뿐이었다. 사흘 저녁을 계속하는 동안 한결 같았다. 토요일엔 북풍이 불어 닥치며 파도가 사납게 쳐 그들이 설교를 못 듣지나 않나 걱정했으나 하나님께서 강하고 깨끗한 음성을 허락하시어 모든 사람들이 똑똑히 들을 수 있었다.

9월 14일 주일 8시에 넓은 공터에서 설교하였는데 완만한 경사를 이룬 풀밭이었기 때문에 사람들은 층층이 서서 내 얼굴을 보면서 설교를 들을 수 있었다. 참으로 아름다운 장면이었다. 모두 내가 하는 말에 응답하는 듯하였다. 마을에 있던 타락자들은 거기에 다 모인 것 같았고 하나님께서도 거기에 함께 하시어 그들의 잘못을 바로 잡아 주시고 계셨다. 젠너(Zennor)에서 예배가 끝난 후 설교를 시작하였는데 여섯 명 정도만 돌아가고 나머지는 모두 그냥 남아서 들었다. 5시에 세인트 아이브스 설교 장소로 다시 갔다. 이곳에서 (그웬납 [Gwennap]을 빼고) 이처럼 많은 사람들이 모인 것은 처음이다. 마을 지도자들도 가장 자리를 차지하는 것이 아니라 무리 한 가운데 끼어들고 있었다. 맑은 하늘, 빛나는 태양, 잔잔한 파도, 모든 것이 모인 사람들의 기분에 적합하였다.

9월 17일 수 세인트 저스트(St. Just)에서 집회를 가졌는데 5시가 되니 방안이 가득 찼고 하나님께선 넘치는 은혜를 부어 주셨다. 점심때 펜잰스(Penzance) 가까운 곳에 있는 벼랑에서 설교하였는데 야비한 말은 한 마디도 들려오지 않았다. 거기서 지난 27일 일어났던 일에 대해 목격자의 말을 들을 수 있었다. 마우스홀(Mousehole) 근처 바다 가운데서 밑 부분이 아주 좁은 둥근 물기둥이 솟아오르더니 구름까지 미쳤다 한다. 그때 마르치온(Marzion)에서 펜잰스로 가던 여인이 있었는데 그 물기둥이 좁은 구역 안에 머물러 있다가 갑자기 그녀를 향해 돌진하더니 그 기둥 가장자리가 그녀에 닿자마자 말이 놀라 날뛰는 바람에 그녀는 말에서 떨어지고 말은 도망쳤다 한다. 지독한 황 냄새가 나고 해변가 모래와 자갈을 쓸어갈 뿐 아니라 육지까지 올라와 옥수수든 잡초든 닥치는 대로 쓸어 가버렸다 한다. 그것은 의심할 여지없이 물기둥의 일종이었다. 그러나 육지에서 그런 물기둥을 보는 일은 흔하지 않았다.

9월 19일 금 일로간(Ilogan)으로 갔다. 설교하기 전까지 폭우가 심하게 쏟아지더니 설교하는 중에 말끔히 개었다. 여기에서 물기둥에 대해 자세히 알 수 있었다. 해가 지기 한 시간쯤 전에 마우스홀 근처에서 보였다. 해가 질 무렵 육지 위로 옮겨지면서 잡초든 관목이든 닥치는 대로 쓸어버렸다. 해가 지고 한 시간 후엔

(시속 4~5마일 가량의 속도로) 해리스(Hirris) 씨의 농장을 지나 캠보른(Camborne)까지 닥치는 대로 쓸어버리며 몰아쳤다. 밑 부분 직경은 약 20야드 정도였으며 위로 올라가면 갈수록 넓어졌다.

마치 천둥치는 소리를 내며 옥수수 낟가리 18개와 큰 건초더미와 그 밑에 받쳐 놓았던 돌 더미를 사방으로 흩어놓고 (그런데도 이것들은 조금도 젖지 않았다) 벼랑을 지나 바다 속으로 사라졌다.

9월 20일 토 저녁때 옛날에 늘 서서 설교하던 레드루스(Redruth) 거리에서 설교하였다. 빈부를 막론하고 많은 사람들이 모였다.

이렇게 되어 가장 소란했던 마을이 영국에서 가장 조용한 마을의 하나가 되었다.

어느 생철공의 간증

9월 21일 주일 8시에 같은 곳에서도 설교하였다. 세인트 쿠버트(St. Cubert)에서 온 C 씨가 아침 저녁으로 교회에서 설교하였다. 내가 한 설교와 연결되는 설교를 해 주었다.

1시가 되자 날씨가 포근하고 잔잔해지며 가장 많은 사람들이 모여 들었다. 그런데 그웬납(Gwennap)에서 설교하는 동안 줄곧 비가 쏟아졌다. 저녁엔 애찬식을 가졌는데 세인트 아이브스에 사는 생철공 제임스 로버츠(James Roberts) 씨는 하나님께서 자기 영혼을 어떻게 다루셨는가 간증하였다. 그는 세인트 아이브스 감리회 지도자였는데 다시 옛날같이 죄를 지으며 술에 취해 2년 동안 방탕하게 살고 있었다. 그 기간 동안 그는 사람들을 선동해 설교자들을 쫓아다니며 훼방 놓았다.

그러던 어느 날 자기 친구와 에드워드 메이(Edward May)의 가게 앞에 앉아 있을 때 마침 전도자가 지나갔다. 그의 친구가 "그에게 가서 나도 감리교인이요 하고 말 해 봐야지" 하였다. 그러나 에드워드 씨는 "안돼요 그것은 당신 스스로를 속이는 말입니다"하며 말렸다. 제임스에게 이 말이 칼날같이 찔러왔다. 혼자 생각하기를 "나도 또한 스스로 속이고 있구나!" 하였다. 그는 집으로 급히 서둘러 돌아갔다. 마치 뒤에서 악마가 따라오는 것 같았다. 40여 시간 동안 잠 한잠 못자고 음식도 술도 먹지 않았다. 그는 어찌할 바를 모르고 창문으로 다가갔다. 금방 지옥으로 떨어질 것 같은 느낌이 들었다. 그때 "내가 그들의 불의를 긍휼히 여기고 그들의 죄를 다시 기억하지 아니하리라"(히 8:12) 는 음성이 들려왔다. 그 후 그의 모든 짐이 벗겨지고 그 후로 수년 동안 복음을 따라 살고 있었다.

10월 22일 수 근처에 사는 몇몇 귀족들이 다른 전도자가 펜스퍼드(Pensford)에 오면 자기들도 집회에 참석하겠다는 약속을 듣고 건너갔으나 아무도 나오지 않았다. 방 안에는 갈구하는 사람들로 가득 찼다. 마침내 하나님의 말씀이 이곳에도 뿌리를 내릴 때가 온 것 같다.

10월 24일 금 노울에 있는 프랑스 죄수들을 방문하여 보니 그전처럼 다시 헐벗고 있었다. 다른 사람에게 자극을 주기 위해 또다시 모금 운동을 벌여 모은 돈을 옷감과 외투를 사서 가장 필요로 하는 죄수부터 배급해 주도록 당부하였다.

10월 25일 토 조지(George) 왕이 죽었다. 언제나 영국에 좀 똑똑한 왕자가 나타날까?

10월 31일 금 오늘은 금식하며 하나님의 축복이 우리나라에 임하도록 특히 하나님의 살아 있는 영광을 바라는 기도의 날로 정하였다. 우리는 5시, 9시, 오후 1시와 8시 30분에 집회를 가졌다. 갈수록 피곤해질 줄 알았는데 오히려 밤 12시가 지나고 새벽 6시가 되어도 새로운 힘이 솟아났다.

런던 크로니클(London Chronicle)지에 기고하다

1761년 1월 2일 금 아래와 같은 편지를 보냈다.

> "런던 크로니클 편집장 귀하
>
> 안녕하십니까? 제가 생각하기엔 뉴게이트만큼 공포의 지옥 같은 곳이 다시없었습니다. 최근 몇 년 동안의 뉴게이트만큼 불안과 공포로 싸여 있던 곳은 없었을 것입니다. 한 가닥이라도 인간성이 남아 있는 사람이라면 너무나 엄청난 더러움, 악취 비참함과 그 사악함에 충격을 받곤 했었습니다. 몇 주일 전에 그 곳에 가 보았는데 나는 그곳의 변화에 너무나 놀랐습니다:

1) 계단 위아래, 밤마다 죄수들을 가두는 감방까지도 구석구석 신사의 방처럼 깨끗했습니다. 모든 죄수들은 일주일에 두 번씩 자기들 감방을 깨끗이 청소해야만 된답니다. 2) 여기에선 서로 다투거나 으르렁거리는 일도 없었습니다. 누구든 자기가 부당한 처우를 받고 있다고 생각되면 즉시 간수에게 진정하여 관계된 사람들끼리 만나 그 해결책을 찾게 됩니다. 3) 일반적인 분쟁 요소는 사라졌습니다. 전과 같이 서로 욕하거나 해를 끼치는 일은 없어졌기 때문입니다. 만약 이러한 사건이 일어나면 죄수는 좁은 독방에 갇히게 됩니다. 4) 여기에선 술에 만취되는 것이 금지되어 있습니다. 그래서 술집 심부름꾼이나 간수들에게도 별 고충이 없습니다. 5) 매춘도 허용되지 않습니다. 여죄수 감방은 한층 세심한 감시를 받고 있으며, 남 죄수 감방과 떨어져 있습니다. 아무리 돈을 많이 주더라도 마을에서 창녀를 불러 올 수 없습니다. 6) 게으름을 방지하기 위해 모든 대책이 강구되고 있습니다. 각자 희망에 따라 일하려는 죄수들에겐 도구와 재료를 제공해주고 간수들은 그 이익을 수표로 때어주며 때로는 기탁된 의연금을 공평하게 나누어 주기도 합니다. 따라서 구두 제조공, 재단사, 대장장이, 마차바퀴 제조공 등은 다른 죄수들과 달리 자기들 나름대로의 판로를 가지고 제조에 열중하고 있습니다. 7) 주일날엔 일도 안하고 운동도 없고 죄수들은 가장 깨끗한 옷으로 갈아입고 예배당에 모여 공중 집회를 가지게 됩니다. 그 집회엔 감옥에 있는 죄수들이 모두 모이지요. 아프지 않는 한 모두 모입니다. 환자가 생길 경우엔 무료로 약을 주고 치료도 해 줍니다(매주 일요일과 목요일에 하는 설교 외에) 그들에게 가장 중대한 문제의 해결을 돕기 위해 예배당 한 구석에 큰 성경을 달아 두어 누구나 찾아 읽도록 하여 놓았습니다. 이러한 운영에 하나님의 은혜가 함께 하여 감옥은 이제 새로운 면모를 갖추게 되었습니다. 눈이나 귀에 거슬리는 것은 아무것도 없이 모두 한 식구처럼 조용하고 단란했습니다. 로스(Ross)의 기사 못지않게 이곳 간수들도 기억될만합니다. 그날에 하나님께서 그들을 기억하실 것입니다. 그날까지 그의 뒤를 누가 따를 것인가? 제가 따르겠습니다. 편집장님!

당신의 보잘것없는 종으로부터,

존 웨슬리”

3월 14일 토 (버밍엄으로부터) 웬즈베리(Wendnesbury)로 갔다. 15일 아침 8시에 설교하기로 되어 있어 서둘렀다. 그런데 오후에 옆구리가 결리고 목이 쉬어 당황하였다. 말할 수 있을 때까지 설교하기로 마음먹었다. 주택 한 구석에 서서 설교하였는데 (약 8천~1만 명 정도의) 많은 사람들이 뜰에 모였다. "또한 모든 것을 해로 여김은 내 주 그리스도 예수를 아는 지식이 가장 고상하기 때문이라"(빌 3:8) 설교를 마치니 통증도 사라져 버렸다.

3월 16일 월 2,3일 쉬려 했으나 슈루즈버리(Shrewsbury)로 가기로 되어 있어 다른 때 시간이 없을 것 같아 몸이 엉망인데도 서둘러 떠났다. 도착하니 옆구리 뿐 아니라 머리까지 쑤셨다. 설교하는 동안 사람들이 입구에 몰려 서성대고 있는 것이 보였다. 마치 굶어 죽을 것 같은 몰골이었다. 그들 중 몇이 들어 왔다. 그렇게 들어온 자들은 (상당수가 되었다) 조용하고 진지하게 행동하였다.

3월 17일 화 5시에 많은 사람들이 모였다. 모두 적잖은 감동을 받은 듯하였다. 그런데 문제는 내가 어떻게 돌아가느냐 하는데 있었다. 타고 온 말은 다시 탈 수 없게 되었기 때문이다. 그러나 이 문제도 은혜 중에 해결되었다. 가는 길에 한 사람을 만났는데 그가 자기 말을 빌려 주어 그 말을 타고 울버햄프턴(Wolverhampton)에 도착하기 전에 몸도 차차 회복되었다. 이렇게 사나운 마을에서 그 누구도 설교한 적이 없었다. 그러나 하나님의 도우심을 믿고 설교하기로 작정하고 여관 마당에 탁자 하나를 설치하도록 하였다. 그처럼 거친 사람들은 본 적이 없었다. 그러나 설교하는 동안이나 설교를 마치고 그들 사이로 걸어가는 동안 그들은 아무런 훼방도 놓지 않았다.

5시 경 더들리(Dudley)에서 더욱 많은 사람들을 모아 놓고 설교하였는데 런던 시민들처럼 조용히 듣고 있다가 사방에서 돌멩이와 쓰레기가 날아오면서 사정이 뒤바뀌었다.

5월 2일 토 (애버딘) 오후에 클로즈(Close) 대학 학장과 평의원들에게 대학에서 설교하길 원한다고 전하니 기꺼이 승낙하였다. 비가 오기 시작해 강당 안으로 들어갔다. 강당 길이는 1백 피트는 족히 되었으며 모두 둘러앉았다. 비가 오는데도 많은 사람들이 모였다. 새벽 5시엔 더 많은 사람들이 모여 강당 안으로 다 들어올 수 없을 정도였다.

5월 4일 월 점심 때 구 애버딘에 있는 킹스(Kings) 대학으로 산책 나갔다. ㄷ자 형으로 지어진 우아한 건물이었는데 옥스퍼드의 퀸즈 대학에 뒤지지 않았다. 강당을 둘러보러 올라가는 중에 부인들과 신사 몇이 모여 나를 보더니 수군대었다. 그중 한 명이 용기를 내어 내게 다가와 "우리는 어제 저녁에 클로즈 대학에서 왔습니다만 설교를 듣지 못하였습니다. 이곳에서 간단하게라도 말씀해 주신다면 더 없이 감사 하겠습니다"고 말하였다. 하나님께선 이런 경우 어떻게 하셨을까 알 수 없었지만 나는 지체 않고 "하나님께서 그리스도 안에 계시사 세상을 자기와 화목하게 하시며"(고후 5:19)라는 말씀으로 설교하기 시작하였다. 말씀이 헛되이 버려지지는 않았으리라. 그것은 마치 부드러운 잔디 위에 맺힌 이슬방울 같았다.

오후엔 매리샬(Marishal) 대학 도서관에 들러 살펴보았다. 그곳에서 교장과 신학교수를 만났다. 신학교수는 나를 자기 집으로 초대해 1 시간 가량 즐거운 시간을 보냈다. 저녁엔 극성스런 사람들이 모여들어 서로 발등을 밟을 정도로 붐볐다. 그들이 조용히 들을 수 있을 정도로 정리하는데 상당한 시간이 걸렸다. 그들은 한 마디도 빼지 않고 신중하게 듣고 있었다. 설교를 마치니 아르키발드 그랜트(Archibald Grant) 경이 나를 만나고 싶다는 전갈을 보내왔다. 그러나 사정이 허락지 않아 거절할 수밖에 없었다. 하나님께서 다시 애버딘에 올 기회를 주시기만을 기다릴 수밖에 없다는 말을 전하였다.

5월 5일 화 교장의 초대를 받아 그의 집에서 1 시간 가량 보냈다. 그에게서 어떠한 완고한 태도도 찾아볼 수는 없었고, 오히려 학식과 예절을 갖춘 자로서의 품위가 엿보였다. 저녁엔 그와 교수들 모두와 몇몇 치안판사들도 집회에 참석하였다. 모든 창문을 열어 놓았지만 그래도 방안은 터키탕만큼이나 뜨거웠다.

5월 6일 수 6시 반 클로즈 대학에서 십자가에 달린 그리스도를 증거 하였다. 내 목소리에 힘이 있어 모두 잘 듣고 깊은 반응을 보였다.

에든버러(Edinburgh)를 비판한 웨슬리

5월 11일 월 현재로선 에든버러를 떠날 수밖에 없었다. 서쪽으로 깎아 세운 듯한 암벽 위에 세워진 성벽과 동쪽에서 양쪽으로 완만한 경사를 이루는 언덕 위에 세워진 마을 풍경은 더할 나위 없이 아름다웠다. 특히 넓고 잘 표장된 도로 양편으로(대부분 7, 8층 되는) 집들이 세워져 있어 영국 어떤 도시에도 뒤떨어지지 않는 마을이었다. 그런데 이 도로 위에 아직도 비열한 행동과 욕설이 판을 치고 있었는데 이런 것 때문에 고통을 받을 수는 없어야 할 것이다. 이곳 치안판사는 어디 있으며 귀족이나 나리들은 어디 갔는가? 그들은 도대체 자기 나라의 명예에 대해 관심도 없는가?

언제까지 스코틀랜드의 수도, 게다가 수도의 가장 번화한 거리에서 하수구보다 더 지독한 악취가 내뿜도록 버려 둘 것인가? 이 나라를 사랑하여 예절과 양심을 지키며 이러한 추태를 개선해 나갈만한 지도자가 전혀 없단 말인가?

에든버러로 들어가는 입구에 고대 스코틀랜드 왕들의 궁전이었던 우아한 건물 홀리루드 하우스(Holyrood House)가 있다. 그 건물은 찰스(Charles) 2세가 중건하였다. 건물 한쪽엔 미술박물관이 있는데 그곳엔 역대 스코틀랜드 왕들의 초상화와 추앙받았던 메리 여왕의 초상화도 있다. 이 그림을 보면 다른 화가들이 표현한 것처럼 그녀가 지독한 악녀였다는 것을 전혀 느낄 수 없다.

그녀가 죽을 때의 상황(그것은 순교자의 죽음 같았다)을 아는 사람들도 마찬가지로 느낄 것이다.

6월 15일 월 점심때 설교 약속이 있어 더럼(Durham)으로 떠났다. 강가에 풀밭이 있어 아주 좋았다. 비가 조금 뿌렸으나 설교자도 듣는 자들도 아무런 동요도 없었다. 오후엔 하틀풀(Hartlepool)로 갔다. 그런데 설교하는데 애를 먹었다. 목소리도 쉬었고 기력도 없었다. 설교할 힘이 도무지 나지 않았다. 1주일에 사흘을 그것도 하루에 세 번씩 설교하여도 괜찮았는데, 이번엔 감리회 회원들을 권면하고 각계각층 사람들을 만나는 등 과로를 했나 보다. 16일엔 종일 누워 있어야 했다. 그러나 오후엔 체링턴에서 저녁에는 다시 하틀풀에서 설교하였는데 약간 고통을 느꼈다. 17일(수요일)에 스톡턴(Stockton)에 갔는데 설교하기 얼마 전에 목소리와 원기를 되찾게 되었다. 다음 날 저녁 설교를 시작하려는데 비가 오기 시작하더니 예배가 끝날 때에는 그치고 다시 다음 날 아침 8시까지 계속 퍼부었다.

6월 19일 금 2시간 반 동안 대략 8마일이나 그것도 비가 퍼붓는 속에 상당한 곤란을 겪으며 질퍽거리는 길을 갔다. 그러나 그레인지(Grange)에 도착하여 하나님이 그의 백성들과 함께 하심을 보고 피로를 잊었다. 그곳을 떠나 달링턴(Darlington)으로 갔다. 여기에서도 큰 곤란을 겪었다. 비가 퍼부어 야외 설교를 할 수 없어 반 정도만 방안으로 들어와 설교를 들을 수밖에 없었다. 그러나 설교를 시작하려는 1시가 되자 비가 그치더니 2시가 되도록 비가 오지 않았다. 덕분에 사람들은 마당으로 나가 편하게 서서들을 수 있었다. 설교가 끝났는데도 돌아가려는 사람은 찾아 볼 수 없었다. 내가 방 안으로 들어오니 모두 창문과 문으로 몰려들었다. 그들은 우리가 말 타고 떠날 때까지 서 있었다.

7시에 얌에서 설교하고 한 형제에게 아침 설교를 부탁하였다.

6월 21일 주일 오스마더레이 (Osmotherley)로 말을 타고 갔다. 목사가 감명 깊게 기도문을 읽고 나서 설교하였다. 예배를 마치고 교회 마당에서 집회를 시작하였다. 많은 사람들이 깨닫기도 하고 위로의 기쁨을 얻은 것 같았다.

저녁 식사 후 나를 이곳으로 처음 초대한 아담스(Adams) 씨 댁을 방문하였다. 그는 최근 상당한 물의를 일으켰던 두 선교사에 대한 색다른 기사를 신문에서 읽고 있었다. 그들이 사람들을 모아놓고 병 나팔을 불면서 "보시오, 7백년 묵은거요!" 하고 떠들어댄 것은 또 한 번 대중을 기만한 것이라 생각한다. 왜 병 크기가 7야드는 안되었는가? 그 말(7백년 묵었다는)을 믿으라면 믿으라지!

6월 22일 월 휴턴 루비드(Hutton Rudby)에서 감리회 회원들을 개별적으로 만나보았다. 몸이 아주 좋지 않았지만 11시에 다시 설교하였다. 그리고 각 감리회 책임자들을 만났다.

스톡스레이(Stocksley)로 가서 규모가 작은 감리회를 방문한 뒤 기스버러(Guisborough)로 갔다. 햇볕이 쨍쨍 내려쪼이다가 15분쯤 지나니 구름이 해를 가려 더위를 감해 주었다. 그곳 신사 한 사람이 찾아와 시장터에서 설교해주길 부탁하였다. 그곳에 탁자 하나를 가져다 놓았으나 사람들이 훼방 놓았다. 처음부터 방해할 심산으로 썩은 고기를 쌓아 놓아 악취를 풍겼고 사람들은 모여 파도처럼 술렁대며 시끄럽게 굴었다. 그러나 주님의 목소리가 더 강했다. 얼마 안지나 사람들은 조용해지고 설교에 귀를 기울이게 되었다. "너희는 하나님으로부터 나서 그리스도 예수 안에 있고 예수는 하나님으로부터 나와서 우리에게 지혜와 의로움과 거룩함과 구원함이 되셨으니"(고전 1:30)라는 말씀을 증거 하였다.

6월 23일 화 5시에 같은 장소에서 어제 모였던 그 사람들에게 설교를 시작하였다. 그러나 어제와는 딴판이었다. 그들의 태도에서 큰 변화를 발견할 수 있었다. 불같이 내려 쬐는 태양 아래 말을 타니 사람도 짐승도 고역이었다. 다행히 8시 경부터 바람이 불어 윗트비(Whitby)까지 가는 동안 시원하게 해 주었다.

저녁엔 191계단으로 이루어진 언덕 위에서 설교하였다. 상당히 많은 사람들이 모였는데 100명중 99명은 내 말에 귀를 기울이고 들었다. 설교를 시작하기 전까진 햇볕이 내려 쬐더니 조금 지나자 구름이 끼어 설교가 끝날 때까지 서늘하게 해 주었다.

6월 24일 수 허물어진 애비(Abbey) 성을 둘러보았다. 가장 화려했던 성은 아니었더라도 그 규모(100야드는 될 것 같았다)나 건축 기법으로 보아 영국의 유명한 성에서 빠지지 않는 아름다운 성이었다. 그곳에서 로빈훗(Robin Hood) 만(灣)으로 가 6시경 부두에서 가까운 로우어 거리에서 설교하였다. 설교 도중 큰 고양이 한 마리가 놀라 집 밖으로 뛰쳐나와 여인들의 머리 위로 뛰어 오르더니 모인 사람들의 어깨와 머리 위로 뛰어 다녔으나 그들은 나비가 다니는 양 조금도 개의치 않고 듣고 있었다.

6월 25일 목 뜨거운 열기를 식혀주는 바람이 불어오는 중에 스카버러(Scarborough)까지 유쾌한 여행을 하였다. 저녁에 배 위에서 설교할 작정이었는데 천둥과 번개가 치고 비까지 오는 바람에 포기하고 말았다. 그러나 발코니에 서서 설교하는 동안 2,3백 명이 모여 비가 심하게 쏟아지는데도 움직이지 않고 끝까지 설교를 들었다.

7월 3일 금 요크(York)로 돌아왔다. 감옥 안의 가련한 죄수를 방문하고 싶었다. 전에는 법관의 판결이 제일 무서운 것으로 생각하고 있었으나 이제 증인의 증언이 그에 못지않게 무섭다는 사실을 알게 되었다. 사건 자체는 별 것이 아니었다. 얼마 전 얍 근처에 사는 한 사람이 브랜디 밀수에 손을 대고 있었다. 그의 몫은 4파운드였다. 그러나 그는 그 일에서 손을 떼고 옷감 짜는 일에 전념하였다. 그런데 그가 체포되어 요크 감옥에 갇히게 되었다. 얼마 후 "그는 런던 항구에서 배에 실린 브랜디와 제네바(술 이름)를 빼내 즉석에서 팔아치워 자기 주인에게 577파운드 이상의 손해를 입혔음"이란 증언이 제시되었다. 이 사실을 증명하기 위해 검사는 13, 4장이나 되는 자료들을 제출하였다.

증언이란 괴물

오! 영국이여, 언제나 이런 치욕이 그대에게서 없어지리? 가톨릭 국가에서도, 터키 민족에게서도, 이교도들에게서도 이런 수치는 찾아볼 수 없도다. 진리와 정의와 자비와 양심의 이름으로 묻노니 1) 어찌하여 거짓을 위한 거짓말을 하는가? 습관성인가? 그 술이 내려진 곳이 런던 항구에서 적어도 300마일 이상 떨어진 곳이라는 것은 누구나 알고 있는데도 구태여 런던 항구에서 빼냈다고 증언한 이유는 무엇인가? 이것을 보더라도 그들이 얼마나 진실을 왜곡하고 있으며, 오히려 진실을 증오하고 있다는 사실이 드러나지 않았는가! 2) 무슨 증거로 4파운드를 577파운드로 늘였는가? 3) 전부해서 열 줄도 채 못 되는 범죄 사실을 14장씩이나 늘여놨다고 누가 긍정할 것인가? 4) 가난한 자들을 업신여기고 불쌍하고 헐벗은 죄수의 피를 빨아 먹는 자에게서 자비를 찾을 수 있을까? 쓰는 값까지 합쳐 한 장에 6펜스 밖에 들지 않는 종잇조각 몇 장이 세상에서 최후에 가지고 있던 은화 몇 푼을 모조리 빼앗아 가고 그나마 남아 있던 모든 것을 송두리째 앗아갔으니 이처럼 저주받을 일이 또 있을까?

7월 5일 주일 요크에서 하나님의 사업이 잘 진척되지 않는 이유는 야외 설교를 이용하지 못한데 있다고 생각하고 8시에 성벽 가까운 곳에서 설교하였다. 많은 사람들이 모여 대부분 진지하게 듣고 있었다. 한두 명이 화를 내며 돌을 던졌으나 아무도 그들을 거들떠보지도 않았다.

7월 12일 주일 하워스(Haworth)에서 설교하려 했는데 각지에서 몰려 온 사람들을 수용하기에는 너무나 교회가 비좁았다. 그런데 그림쇼우(Grimshaw) 씨가 교회 창문에 발판을 만들어 주어 기도를 마치고 그곳으로 해서 교회 밖으로 나가 섰고 교인들도 마당으로 모여 그 상태로 설교하였다. 오후 집회엔 더 많은 사람들이 모였다. 이 험한 산 속에 하나님께서 이루어 놓으신 일의 아름다움이란!

7월 13일 월 5시 경 또 다른 극성스런 사람들이 사는 패디엄(Paddiham)에서 설교하였다. 내가 서서 설교하는 동안 많은 사람들이 빙 둘러싸고 있었다. 조금 떨어진 곳에서는 너무나 염치없는 여인 몇이 내려다보고 있었다. 하나님도 그들의 가슴 속까지 미치지 못하리라.

그들은 고함을 질렀네.
창피를 조금이라도 알았다면
빗질이라도 하였을 것을

7월 24일 금 1시 경 브램리(Bramley)에서 설교하였다. 조나스 러시퍼드(Jonas Rushford)가 다음과 같은 글을 보냈다.

"작년 이맘때 이웃에 사는 두 분의 부탁을 받고 그들과 함께 스킵턴(Skipton)에 사는 크라우더(Crowther) 씨 댁에 가게 되었습니다.

크라우더 씨는 20일 전에 실종된 사람에 대해 알려면 12, 3살 된 아이를 데려오라고 했던 것입니다. 우리가 방에 들어서니 그는 서서 책을 읽고 있었습니다.

그는 내게 거울 하나를 들려주더니 침대에 눕히고 몸 전체를 덮어 씌웠습니다. 그리곤 "누가 보고 싶으냐"고 물었습니다. "어머니예요" 하고 대답하자 뜨개질하는 어머니 모습이 보였습니다.

후에 물어보니 내가 본 바로 그 시각에 거울 속에 본 그 장소에서 똑같은 옷을 입고 앉아계셨다고 하였습니다. 그러고 나서 그는 실종된 사람을 보도록 하였습니다. 술에 만취되어 아이들(Idle)쪽으로 말 타고 가는 그의 모습이 보였습니다. 그는 주막에 들려 두 잔을 더 마시고 계산하려고 금화를 꺼냈습니다. 그 옆에 두 사람이 있었는데 하나는 몸이 크고 뚱뚱했으며 다른 하나는 작았습니다. 그들은 그보다 먼저 언덕 위에 올라가 기다리고 있었습니다. 그가 언덕 위로 올라오자 윈들 코먼(Windle Comon)에서 그들은 그를 말에서 끌어내려 죽인 다음 석탄더미 속에 파묻어 버렸습니다. 마치 가까운 곳에서 보는 것처럼 자세하게 보였습니다. 그들을 다시 본다면 곧 알아 볼 수 있을 것입니다.

그날 밤 브래드퍼드(Bradford)로 다시 돌아왔습니다. 이튿날 사람들과 함께 그가 살해되었던 곳과 석탄더미로 찾아갔습니다. 과연 그 속에서 그를 끄집어내었습니다. 내가 본 그대로였습니다. 손수건으로 입이 틀어 막힌 채 목이 졸려 숨져 있었습니다."

주위 상황을 모두 얘기 했다 해서 이것이 순전히 꾸며낸 이야기는 아니라고 할 수 있을까? 이것을 믿는 자는 사람이 병 속으로 들어간다 해도 믿을 것이다.

7월 27일 월 11시 경에 스테인크로스(Staincross)에서 5시 경엔 발리(Barley) 강당에서 그리고 이튿날 아침엔 셰피일드에서 설교하였다. 오후엔 온천도시 매트록(Matlock)으로 갔다. 마을로부터 온천에 이르는 계곡은 감히 말로 표현할 수 없을 정도로 아름다웠다. 계곡을 따라 작은 강물이 이르고 강줄기에 이어지며 거의 수직으로 깎아지른 절벽과 산들이 푸른 숲과 부서지고 노출된 바위들로 이루어져 있었다. 계곡 다른 쪽으로 완만한 경사를 이루며 여기 저기 나무숲을 이루고 있었다. 양쪽 벼랑에 자라는 나무들은 마치 서로 대화하는 것 같았다.

우리를 찾아 온 친구들은 사방에서 모여든 사람들이었다. 6시엔 움푹 파인 바위 아래서 설교하였는데 한 쪽은 조그만 평지를 이루고 다른 한쪽은 깎아 세운 듯한 절벽이었다. 휴양하러 온 사람들인듯 화려하게 차려 입은 사람들이 많았다. 그들은 예의바른 행동을 취했다. 그러나 설교를 마치고 돌아나가는데 점잖게 생긴 남자가 오더니 "어쩌자고 이따위 신앙을 얘기하는게요? 쓸데없는 얘기들뿐이요." 하고 대들었다. 자세히 살펴보니 그는 열렬한 자연신론자(自然神論者)였다. 그의 말대로라면 더비셔(Derbyshire) 산악을 휩쓴 가뭄은 어떻게 된 것인가?

8월 13일 목 보스턴 곳곳을 둘러보았다. 리이즈보다 그렇게 작지는 않았으나 훨씬 아름다운 곳이었다. 교회는 참으로 아름다운 건물이었다. 노리치에 있는 성 베드로 교회보다도 크고 우아할 뿐 아니라 더욱 찬란하였다. 교회 탑만 하더라도 내가 보기엔 영국에서 가장 높은 것 같았고 건축 양식도 훌륭하였다.

11월 14일 토 그로브너(Grosvenor) 광장에서 몇몇 동료와 한 시간 가량 보냈다. 최근 몇 해 동안 이곳은 런던 및 런던 근교에서 가장 거칠던 곳이었다. 그러나 하나님께서 이러한 황무지에 비를 내려 이제는 풍요한 들판이 되었다.

뎁포오드(Deptford) 웰링(Welling)과 세븐오크스(Sevenoaks)에서 설교하고 계획에 따라 12월 3일에 쇼어햄(Shoreham)으로 갔다. 그 곳에서 「제노아의 성 캐더린의 생애」(*Life of St. Katherine, of Genoa*)를 읽었다. 레슬리(Lesley) 씨는 이 책을 "성자 중의 악마"라고 평하였다. 내가 봐도 이것은 성자 중에 바보인 것만은 사실이다. 그녀를 시시한 바보로 확대시킨 역사가의 고의적인 과오만 없다면 말이다. 또한 로마 교황이 성자로 부른 사람들 중에 하나님의 뜻에 맞는 성자를 찾아보기란 흔한 일이 아니다.

11월 25일 금 (런던) 평소와 같이 4시에 설교를 시작하였다. 며칠 후 사람들이 다 아는 죄에 빠져 살던 여인이 죄책감에 사로 잡혀 모든 것을 포기하고 집을 뛰쳐나왔으나 막상 갈 곳이 없었다. 그때 한 부인이 자기 아이들을 돌봐주면 1주일에 1실링씩 주겠노라 제의해 그녀는 기꺼이 따라갔다. 그 부인의 남편은 그녀가 4시도 안되어 일어나 소란피우는 것이 싫어 짜증을 내고 부인에게 불만을 털어 놓았다. 그의 아내는 "당신도 그녀와 함께 가 보시구려. 당신에게 좋은 일이 일어날지 누가 알우?" 하고 권하여서 그는 따라갔다.

첫 찬송을 부를 때 하나님께서 그의 마음을 쪼개놓으셨고 또 그녀도 예배가 끝날 때까지 계속 눈물만 흘리고 있었다. 이방인을 회개시킴으로 그녀의 죄는 이처럼 빨리 보상되었다.

달빛에서 행한 설교

1762년 1월 4일 월 레슬링워어드(Wrestlingworth)에서 많은 무리에게 설교하고 하스턴(Harston)으로 갔다. 달빛 아래서 설교하기는 처음이었다. 그러나 은혜스러운 밤이었다. 어떤 사람에게는 거룩한 통곡의 밤이었고 어떤 사람에게는 말로 표현할 수 없는 기쁨의 밤이었다.

3월 29일 월 12시경 쳅스토우(Chepstow)에서 새로 지은 방에서 설교하였다. 모인 사람들 속엔 그리스도 교회에서 나와 같은 제단을 쓰고 있던 성직자도 끼어 있었는데 그들이 나보다 더욱 열렬하였다.

끝까지 나를 지켜주신 하나님께 영광이 있을지어다. 이제는 시간을 절약하게 하소서!

오후에 생애 처음 겪는 듯한 심한 폭풍을 겪었다. 길이 엉망이 되어 8시가 넘도록 히어퍼드(Hereford)까지 갈 수 없었다. 태풍과 폭우에 시달려 도착하자마자 잠자리에 들었으나 커튼이 펄럭거려 몇 번인가 잠을 깨었다. 아침에 일어나 보니 창틀이 떨어져 나갔으나 내 몸에는 이상이 없었다. 6시에 윌리엄 크레인(William Crane), 프란시스 워커(Francis Waker)와 함께 말을 타고 떠났다. 살을 에는 추운 바람이 불어 닥치고 도중에 눈과 비를 수시로 맞으면서도 계속 갔다. 그러나 길이 무너지고 거기다가 스트레튼(Stretton) 교회 근처에서 말 한 마리가 넘어지는 바람에 더 이상 갈 수 없었다. 윌리엄 크레인과 내가 말을 일으켜 세워 7시 전에 슈루즈버리에 도착할 수 있었다. 사람들이 순식간에 많이 모였다. 난폭한 사람도 몇 끼어 있었으나 대체로 조용하고 진지한 분위기였다. 아침 5시에 다시 집회를 가졌다.

3월 31일 수 웸(Wem)에서 설교를 부탁받아 글린(Glynne) 부인의 주선으로 우편 마차를 타고 떠났다. 그러나 1시간도 채 못가 내릴 수밖에 없었다. 말을 너무 급히 몰아 고삐가 끊어지고 말았기 때문이었다. 혼자라면 푹푹 빠지는 진흙탕이건, 사납게 눈보라가 몰아치건 걸어서라도 가겠는데 동지들을 두고 그냥 갈 수가 없었다.

그래서 고삐를 고치는 동안 꾸준히 앉아 기다렸다. 마차가 빨리 달려 약속 시간에 조금 늦어서 큰 소란을 일으키며 웸(Wem)으로 들어섰다.

도착은 했으나 우리를 초대한 사람이 안보였다. 그는 새벽 4시에 마을 밖으로 나가고 없었다. 우리가 올 것을 미리 알고 있던 사람도 없었고 맞아주는 사람들도 없었다. 매더(Mather) 씨가 설교했던 곳으로 찾아가 보았으나 대마가 가득 쌓여 있었다. 결국 시장터로 갈 수 밖에 없었다. 그러나 우리를 따라오려는 자는 아무도 없었다. 북풍이 사납게 몰아치고 있었기 때문이었다. 찬송을 끝마치니 두 셋이 끼어들었다. 그리고 그 후로 2, 3백 명이 모여 들었다.

하나님의 능력이 그들 가운데 있어 그들은 폭풍조차 잊고 있었다. 오후가 되자 바람이 더욱 사납게 불어 말 위에 앉아있기도 힘들었고 얼굴 위로 사정없이 불어 닥쳤지만 저녁 전에 체스터에 무사히 도착하였다. 미리 예고도 하지 않았으나 방안에 가득 찼다. 그들은 심각하고 진지한 표정으로 하나님의 전적인 구원을 바라고 있었다. 4월 초하루에도 그곳에서 머물렀다.

4월 2일 금 파크게이트(Parkgate)로가 배를 몇 척 알아보았지만 바람이 심하게 불고 있었다. 5시에 새로 지은 작은 집에서 설교하였는데 진지하게 듣고 있었다.

새벽 5시에 설교한다고 예고하였는데 4시 반 쯤 한 사람이 쫓아와 바람이 잔잔해졌으므로 조던(Jordan) 선장이 1시간 내에 배를 띄우겠다는 말을 전해 주었다. 우리는 곧 배에 탔다. 60여 명의 승객들이 타고 있었다. 태양은 빛나고 바람이 잔잔해지고 파도도 잔잔해 우리에게 필요한 것은 다만 얘기할 수 있는 방뿐이었다. 선실은 호프 열매로 가득 차 있어 들어갈 수 없었고 기어서 간신히 올라갈 수밖에 없었다. 오후엔 홀리헤드 근처를 항해하고 있었는데 갑자기 날씨가 돌변하더니 바람이 사납게 불기 시작하고 7시 경부터 폭풍이 불었다. 파도는 쉴 새 없이 우리 위로 쏟아지고 때로는 배 전체를 삼키고는 하였다. 그 바람에 종잡을 수 없이 이리저리 쏠리게 되었다. 그러나 이런 사실을 전혀 모르고 있었다. 몸이 편치 않아 저녁 6시에 잠이 들어 아침 6시까지 한 번도 깨지 않고 잤기 때문이었다. 깨어보니 더블린(Dublin) 만 근처에 있었다. 거기서 작은 배에 옮겨 타 던리어리(Dunleary)에 상륙하여 마침 대기하고 있던 마차를 타고 더블린까지 갔다.

말하는 신기한 동상

4월 26일 월 저녁엔 루건(Lurgan) 시장터에서 많은 사람들에게 설교하였다. 그리고 전에 루건(Lurgan)에서 한 번 본적이 있는 신기하게 말하는 동상을 제작한 사람과 만나고 싶던 차에 만나볼 수 있었다. 그 동상은 할아버지 모습이었는데 상자 속에 서 있었고 앞엔 커튼으로 가리어져 있고 맞은편 벽에는 시계가 달려 있었다. 시계가 종을 치면 동상이 한 손으로 창문을 열고 한 손으로 커튼을 걷으며 모여 있는 사람들을 둘러보듯 고개를 돌리며 맑고 우렁찬 목소리로 "1시가 지났습니다. 2시가 지났습니다. 3시가 지났습니다"라고 똑똑히 얘기하였다. 이런 것은 유럽에서도 볼 수 없었기 때문에 많은 사람들이 몰려와 밀러(Miller) 씨(제작자)는 자기 일에 종사할 수 없었다. 그렇다고 동상을 사가는 사람도 없었고 그의 고충을 알아주는 사람도 없었다. 결국 그는 동상을 산산조각으로 부수고 다시는 그런 인형은 만들려 하지 않았다.

4월 28일 수 아침에 모나건(Monaghan)으로 갔다. 먼스터(Munster)에서 일어난 반란 사건으로 전 아일랜드에 비상이 걸려 있었다. 어느 슬기로운 자가 우리를 보고 헌병대장에게 달려가 낯선 사람 셋이 왕국 군대에 접근하고 있다고 고해 바칠 정도였다. 헌병대장은 급박한 위험으로부터 국토를 구하려고 장교 몇 명과 지체 없이 달려 왔다. 나는 나오다 붙잡혀 다시 집안으로 끌려 들어갔다. 헌병대장은 여러 가지 질문을 하였다. 최근에 받은 편지 두 통이 없었더라면 곤경에 처할 뻔하였다. 그것은 런던더리(Lundonderry)의 주교와 모이라(Moira)의 백작에게서 온 편지들이었다. 편지를 읽고 나서 그는 폐를 끼쳐 미안하다고 사과하고 편안히 여행을 하라고 인사하였다.

6시부터 7시까지 쿠트 힐(Coot Hill)에서 설교하고 아침나절에 엔니스킬린(Enniskillin)으로 갔다.

여기저기 돌아다니다 저녁엔 어느 쓸쓸한 가옥에 도착하였다. 첩첩 산중에 세워진 집이라 그다지 부드러운 분위기는 아니었으나 말이 먹을 옥수수와 우리가 먹을 감자까지 준비되어 있었다. 한 가족처럼 기도드리고 단란하게 식사를 마친 후 문도 창문도 열어 놓은 채 평화로운 수면을 취할 수 있었다.

웨슬리와 오트밀 장수

5월 3일 월 (슬라이고우)에서 저녁에 상점 위층에서 연극배우들이 공연하는 동안 우리는 아래층에서 찬송을 시작하였다. 참으로 재미있는 장면이었다. 장로교 사람들이 여기서 예배를 보아왔지만 광대들이 마을로 들어온 후 그들은 이곳을 떠나고 공중 예배가 전혀 없었다. 이튿날 (화요일) 아래층이 오트밀을 사고파는 사람들로 붐볐으나 내가 설교를 시작하자 그들은 자루를 버려두고 더 중요한 사업에 관심을 기울이고 모여들었다.

5월 16일 주일 지난 주엔 애스론(Athlone)에서 집회를 가졌는데 아일랜드에서 그렇게 성가시게 하는 자들은 본적이 없었다. 예배를 드리는 동안 처음부터 끝까지 웅성대고 웃고 떠들었다. 그래서 그곳 지도자들에게 "이것은 당신들의 책임입니다. 당신들이라도 진정한 마음으로 교회로 나왔더라면, 당신들이 모범이 되었더라면 모든 청중들이 이렇게까지 하지는 않을 것입니다"라고 질책하였다. 결과가 나타났다. 이제는 웃거나 떠들거나 웅성거리는 자는 한 명도 없었으며 진지한 모습을 각 교회에서 찾아 볼 수 있었다.

5월 24일 월 두 친구와 함께 아일랜드에서 가장 아름다운 자연적인 절경을 보기 위해 이글(Eagle) 산(사람들은 보통 크로우 패트릭(Crow Patrick)이라 부른다)으로 갔다. 성곽에서 14마일 가량 떨어진 곳으로부터 산이 시작되었다. 거기서 말을 내려 안내자를 고용하였다. 12시 경 산을 오르기 시작하였다. 태양은 뜨겁게 내려쬐고 바람 한 점 없었다. 아주 가파른 산을 올라갔다. 오후 3시 쯤 정상에 도착하였는데 정상은 타원형의 풀밭을 이루고 있었는데 길이는 150야드 폭 7,80야드 쯤 되었다. 마치 테너리프(Teneriffe) 산정과 흡사하였다. 해발 1마일은 될 것으로 보였다. 한쪽으로 바다를, 다른 한쪽으로는 육지를 동시에 볼 수 있는 전망대 구실을 하고 있었다. 그러나 아직 대부분 황폐한 채 개간 되지 않아 썩 좋은 경치는 아니었다.

6월 14일 월 코크(Cork)로 갔다. 이곳에서 최근 일어난 소동에 대해 자세한 진상을 알게 되었다. 지난해 12월 초 리머릭(Limerick)의 니낙(Nenagh) 근처에서 몇 명이 작당하여 세워진지 얼마 되지 않은 담들을 허물어 버렸다. 즈음해서 티퍼러리(Tipperary), 워터퍼드(Waterford), 코크에서도 작당하였다. 그들을 방해하거나 말릴 만한 사람이 없어 그들의 수요는 점점 늘어나고 그들은 스스로 화이트 보이(White Boy)라 부르며 흰 빼지와 흰 저고리를 입고 다녔다. 1월엔 2, 3백 명씩 떼지어 다니는 무리가 대여섯으로 늘어났고 그들은 주로 밤에 몰려 다녔으나 뚜렷한 목표는 없는 듯하였다. 기껏해야 담장 몇 개를 무너뜨리고 땅 몇 평 파헤치거나 전부 합해봐야 5,60마리 정도의 가축을 때려 주었을 뿐이다.

그중 한 무리가 클로힌(Cloheen)으로 갔는데 말 탄 자가 2백 명, 말 타지 않은 자가 5백 명 가량 되었다. 그들은 질서 정연하게 움직였다. 그들은 몇몇 귀족들에게 집을 허물어 버리겠다고 협박 편지를 보냈다. 그들을 길에서 만나는 사람에게 사이브(Sive) 여왕(무슨 뜻인지 전혀 알 수 없다)과 화이트 보이에게 충성할 것과 그들의 비밀을 폭로하지 말 것, 그리고 그들이 부르면 언제라도 응할 것을 약속하도록 강요하였다. 그 즈음엔 약 8백~천명이 그 반란에 실제로 참가하고 있는 듯하였다. 그들은 무장을 하고 있었으며 그 밖에 많은 사람들이 때가 되면 봉기할 준비를 갖추고 있었다. 그들에게 반항하면 산 채로 묻어버리겠다고 겁을 주었다. 실제로 두세 명을 목까지 묻고 가버렸는데 마침 지나가는 사람이 발견하고 구해 준적도 있었다. 부활절을 얼마 남겨 놓지 않고 주로 경기병들로 구성된 군대가 파견되었다. 대부분 항복하여 감옥으로 끌려갔고 나머지는 도망쳐 버렸다. 이것이 지금까지 그렇게도 구구한 소문을 낳았던 사건의 진상이다.

7월 10일 토 영국에서 가장 오래되고 아름다운 도시 중의 하나이며 또한 죄악과 그로 인해 저주받았던 점에서도 어느 도시에 뒤지지 않는 킬켄니로 갔다. 그래서 시청에서 설교 허가를 받고 참으로 기뻤다. 작은 강당이었지만 저녁에 많이 모여들었다. 11일(일요일)에 아일랜드 어느 성당보다 뒤지지 않는 아름다운 성당을 둘러보았다. 기둥은 모두 검은 대리석으로 되어 있었는데 전에 있던 주교가 흰색으로 칠하게 했으니 어처구니없었다. 사실 이 도시 근처엔 대리석이 흔하여 도로 대부분이 대리석으로 포장되어 있을 정도였다.

7월 12일 월 킬켄니에서 3,4마일 떨어진 던모어(Dunmore)동굴을 보러 갔다. 푸울(Pool) 동굴 못지않은 웅장한 모습을 지니고 있었다. 입구는 지면을 따라 직경 7,80야드 정도 되는 둥근 원 모양을 하고 그 가운데로 2, 30피트 정도 높은 아치 모양의 바위가 있었다. 그곳을 지나 첫 번째 굴로 들어가게 되는데 굴의 직경은 약 4, 50피트 되었다. 푸울 동굴처럼 섬광석으로 장식되어 있었다. 동굴 한 쪽으로 바위 밑을 통해 2,3백 야드 정도 되는 좁은 굴이 나 있고 다른 쪽으로 아직 아무도 들어가 끝까지 가본 적이 없는 굴이 있었다. 내가 생각하기엔 이 굴도 다른 굴과 같이 대 홍수 대 물이 빠지면서 형성된 것 같았다.

7월 26일 월 런던에서보다 더블린에서 하나님이 하시는 일이 더욱 성과가 큼을 여러 면에서 알 수 있었다. 1) 우리가 기울인 시간과 인력을 비교해 봐도 알 수 있다. 더블린에선 감리회원 수는 2,700명 이상 되었으나 런던에선 그 5분의 1도 되지 않았다. 런던에서 불길이 붙은 지 6개월 동안 약 30회 가량 구원의 역사가 일어났으나 더블린에선 4개월도 안 되는 기간에 약 40회 이상 일어남을 볼 수 있었다. 2) 그 역사하심이 보다 순수하였다. 지금까지 그들은 겸손하고 진지하게 생활해왔고 완고하게 고집부리거나 충고를 받아들이지 않는 무뢰한은 한 명도 없었다.

지도자들의 말에 순종하였고 죽지 않으려 하거나 어떤 유혹도 물리칠 수 있는 듯 완전해졌다고 자만하지도 않았다. 즉 정신 이상이거나 열광적인 사람들이 없었다. 모두 조용하고 평온한 마음을 지니고 있었다.

콘월(Cornwall)에서

8월 27일 금 서부로 떠났다. 도중에 셉턴(Septon)과 미들세이(Middlesey)에 들러 설교하고 토요일에 엑서터(Exeter)에 도착하였다. 그곳에서 집회를 시작할 때는 우리를 제외하고 여자 둘에 남자 하나가 전부였다. 집회를 끝마칠 때쯤엔 그 장소의 반 정도가 찼다. 야외설교는 생략하고 말았다.

8월 29일 주일 8시에 사우스네이(Southernay) 초원에서 설교하였는데 청중들은 조용히 듣고 있었다. 교회에서 예배에 참석하였는데 좋은 말씀에 시종 진지한 가운데 진행되었다. 그처럼 크고 아름다우며, 소리가 맑은 오르간을 본적이 없었다. 가장 높으신 하나님께 영광이란 합창은 메시야에 못지않은 곡이라 느껴졌다. 나의 오랜 반대자 래빙턴(Lavington) 주교와 성찬식에 같이 참여하게 되어 감회가 깊었다. 오, 우리가 아버지의 나라에 함께 앉을 수 있다면!

5시엔 다시 사우스네이 초원으로 돌아와 보니 많은 사람들이 모여 있었다. 그런데 그 중에 상스럽고 천박한 부랑아가 동류들을 선동해 소란을 피우고 수라장으로 만들었다. 설교를 하는데 닥치는 대로 던지고 강대상을 뒤엎고 야단법석 떨었다. 설교를 마치니 그들이 달려들어 나를 집어 던지려 했으나 그들 가운데로 지나 그들을 떠났다.

9월 4일 토 그램파운드(Grampound)에서 설교하고 트루로(Truro)에 갔다. 장날이라 방해꾼이 있으리라 예상하고 시장에서 조금 떨어진 곳에 서서 설교했으나 모두들 조용하였다. 훼방도 그 흔하던 나팔소리도 콘월에서는 모두 사라진듯했다.

9월 5일 일 같은 장소에서 "그러나 내게는 우리 주 예수 그리스도의 십자가 외에 결코 자랑할 것이 없으니"(갈 6:14)라는 말씀으로 설교하였다. 그런데 누추하게 생긴 남자 하나가 약간 소동을 피웠으나 사람들은 "보안관, 저자를 쫓아내시오!" 하였다. 보완관이 그를 데리고 나가자 다시 평온을 되찾았다. 1시엔 레드루스길거리에서 설교하였는데 부자도 가난한 자도 함께 모여 진지하게 들었다. 5시경 바람이 심하게 불어 더 이상 그웬납에서 설교할 수 없었으나 마침 수천 명은 수용할 수 있을만한 분지가 있었다. 천연적으로 이루어진 원형 극장 한 가운데 서서 모인 사람들을 향해 설교하였다. 누가복음 10장 3절~24절의 마지막 날에 대한 말씀을 전해 주었다. "너희가 보는 것을 보는 눈은 복이 있도다."

9월 15일 수 콘월에서 교인들과 얘기해 보면 그들이 확고부동한 기독교의 교리를 듣고 싶어함을 알 수 있다. 그 욕구를 채워주지 못하면 그들은 열이 식고 시들게 된다. 이것은 어쩔 수 없다. 오히려 그들은 이런 교리를 염두에 둠으로 일시적으로 사랑 안에 거하고 있다고 믿게 된다. 일시적이라고 말하는 것은 죽음에 임박하면 일상생활에서 그런 것을 전혀 기대하지 않는 사람들이나 마찬가지이기 때문이다. 밀수는 더 이상 행해지고 있지 않았다. 그 저주받을 죄악이 사라지고 나니 이번에는 하나님의 놀라우신 일이 여기저기에서 일어났다.

10월 25일 월 1시에 셉톤 맬릿(Septon Mallet)의 새로 지은 집에서 설교하였다. 그 집을 지으려고 기초 공사를 하다가 큰 바위를 발견했는데 그것이 그 집의 건축을 위해선 더 없이 요긴했다.

10월 28일 목 살아 있을 때와 죽으면서까지 복음을 찬양하던 여인이 죽으며 장례식에 설교를 부탁했기 때문에 몇몇 친구와 함께 갔다. 그리고 시체 앞에서 찬송을 부르며 무덤까지 인도하였다. 내가 이렇게 하는 것은 나도 사람들이 시체를 따라가는 좋은 풍습을 긍정하고 있다는 사실을 보여주기 위함이었다. 우리가 걸어가는 동안 따르는 사람들이 점점 늘어났고 무덤에 도착하였을 때에는 상당히 많은 사람들이 모여들었다.

이 무덤에서 영원토록 하나님께 영광 돌리게 될 줄 누가 알았으랴!

웨슬리의 오순절

몇 년 전 동생은 "형님의 오순절이 완전히 이루어지지 않았으나 언젠가는 이루어지리라 믿어 의심치 않습니다. 지금 의롭다함을 얻은 사람을 보는 것처럼 그때에는 거룩하다함을 입은 사람들을 볼 수 있을 것입니다"라는 의견을 수시로 알렸다. 그러나 선입관을 가지지 않고 본다면 지금은 그날이 완전히 이루어져 있음을 볼 수 있을 것이다. 의롭다함을 얻은 사람들 뿐 아니라 거룩하다함을 입은 사람들에 대한 얘기를 런던을 비롯한 잉글랜드의 여러 지방과 더블린을 비롯한 아일랜드 지방에서도 들을 수 있다. 물론 의롭다함을 입은 사람들에 대해서는 20년 전보다 더 자주 들을 수 있다. 그들이 하나님의 선물을 간직하고 있지 않다 해서 그들에게 선물을 주지 않았다고 말할 수는 없다. 그 선물을 잃지 않고 오늘까지 간직하고 있다면 찬양과 감사를 드릴 일이다. 그런 사람들은 대부분 마지막 순간에 하나님을 찬양하며 그들이 기다리던 하나님의 품으로 돌아갔다. 브리스틀에서 첫 증인이 된 앤 스티드(Ann Steed)의 영혼이 그러했다. 그녀는 병에 지치고 고통으로 시달리다 주위에 있는 모든 것을 하나님께 바치고 눈을 크게 뜨고 큰 소리로 "영광 할렐루야!" 하면서 숨을 거두었다.

제13장

1763년~1764년

스코틀랜드로 다시 간 웨슬리 - 감리교회와 재산 - "감리교인을 위한 법은 없다" - 장로교 총회를 방청한 웨슬리

웨슬리, 애버딘에 다시 돌아오다

1763년 5월 16일 월 평시보다 늦게 이번 달 계획을 시작했기에 서둘러야 할 필요성을 느끼고 우편마차를 탔으며 덕분에 18일(수요일)까진 뉴캐슬(Newcastle)에 도착할 수 있었다.

그곳을 떠나 여유 있게 토요일까지 에든버러(Edinburgh)에 도착하였다. 이튿날 휫필드(Whitefield) 씨를 만나 얘기를 나눌 기회가 있어 다행이었다. 인간적으로 말하자면 그는 늙고 지쳐 있었으나 우리는 하늘과 땅의 모든 권세를 소유한 하나님과 함께 일하고 있다.

5월 23일 월 포어파(Forfar)에 들리고 24일엔 애버딘으로 갔다.

5월 25일 수 이곳에서 벌어진 일의 사태를 유심히 분석하여 보았다. 전에는 이렇게까지 우리를 환영한 적이 없었다. 애버딘의 네 관리와 근접 도시의 관리, 그리고 구 애버딘의 관리 세 명이 우리를 싫어하는 눈치가 전혀 없었으며 오히려 "주님의 이름으로 행운"을 빌어 주었다.

주민들 대부분은 우리를 환영하였고 눈에 띄는 배척은 없었다. 이 모든 축복을 한 몸에 받는 전도자의 심정은 얼마나 기쁠까?

점심 때 교외에 있는 극빈 아이들을 위한 고든(Gordon) 병원을 찾아보았다. 대단히 아름다운 건물이었고 (놀랍게도) 아주 청결하게 유지되고 있었다. 정원도 깨끗하고 여유있게 정리되어 있었다. 그런데 그 병원의 설립자인 노총각은 어떤 여자든 그 곳에 들어올 수 없다고 공개적인 규약을 세워 놓고 있었다.

저녁 7시, 날씨는 포근했으며 클로즈(Close) 대학에서 많은 사람들이 모인 중에 "길에 서서 보며 옛적 길 곧 선한 길이 어디인지 알아보고 그리로 가라"(렘 6:16)는 말씀을 전하였다.

이튿날엔 날씨가 사나와지고 기온이 내려가는 바람에 대학 강당에서 설교하였다. 이 나라 방방곡곡에서 들으려고 모여드는 자가 이렇게 늘어가니 얼마나 놀라운 일인가! 이들을 위해 필요한 것은 단지 하나님 밖에는 소망을 두지 않으며 능동적으로 꾸준히 일하는 몇몇 일꾼들뿐이다. 그리고 그들은 곧이어 복음을 듣고 이 나라 곳곳으로 나가 오크니(Orkney) 꼭대기까지 전할 것이다.

5월 27일 금 다시 에든버러로 떠났다. 1시 경 브레친(Brechin)에서 설교하였다. 모두 진지하게 듣고 있었다.

그들 중 몇몇은 잊을 수 없을 것이다. 다시 던디(Dundee)에서 2,3마일 떨어진 브라우티 캐슬(Broughty Castle) 로 갔다. 마을까지 못가더라도 강을 건너려 했으나 밤 11, 12시가 되기까지는 우리 말들이 건널 수 없음을 알았다. 그래서 우리가 먼저 건너고 말들은 남겨 두는 것이 좋다는 결론을 내렸다. 얼마 후 배 한 척을 구하였는데 런던에서 볼 수 있는 거룻배(짐 싣는 밑이 평평한 배)의 반 정도 길이에 폭은 3, 4피트 정도 되었다. 배를 타고 보니 여러 군데가 부서져 있고 물을 퍼낼 그릇조차 없었다. 3마일 가량 배를 저어가 강 한복판에 도달하니 바람이 일면서 파도가 심해지자 뱃사공들은 좀 당황하는 눈치였다. 그러나 우리는 그들을 독려해 가며 30분도 못되어 강을 무사히 건널 수 있었다. 뒤를 따라 말들도 실려 왔고 다시 다음 날 킹호온(Kinghorn) 나루터에 도착하여 레이스(Leith)까지 무난하게 갈 수 있었다.

5월 29일 주일 7시에 에든버러 고등학교 교정에서 설교하였다. 마침 각료 회의가 있던 기간이라 장관들 뿐 아니라 귀족과 신사들도 많이 모여 좋은 기회였다. 오후 5시엔 더 많은 사람들이 모였다. 지금까지 항상 그렇듯 될 수 있는대로 노골적으로 말하였다. 그러나 스코틀랜드인들은 이러한 노골적인 행동에 대해선 거부반응을 일으킨다는 사실을 미처 모르고 있었다. 이런 북부 브리턴(Briton) 족이야말로 모든 인류에게 모범이다.

6월 7일 화 이 지역에서 하나님께선 자신을 어떻게 이루시는가 살펴보면 몇 가지 놀라운 사실을 발견하게 된다. 몇 달 전만해도 이곳 사람들은 대부분 삶의 기력을 상실하고 있었다. 이 사실을 안 사무엘 메곳(Samuel Meggot)은 바너드 캐슬(Barnard Castle)의 감리회에 매주 성 금요일에 하나님께서 그들에게 놀라운 역사를 나타내셨다.

그 후로 그 역사는 점점 크게 일어나 주위에 있던 감리회에서도 그 소식을 듣고 그들도 같은 식으로 금식하며 기도하였고 그들에게도 같은 은혜가 내렸다. 이러한 평범한 의무를(내가 말하려는 것은 헌금과 기도와 함께 주님께서 세워 놓으신 의무로서의 금식을 의미한다) 소홀히 하는데 모든 기독교인들의 과오가 있는 게 아닐까? 이런 것들을 의식적으로 잊어버리면서 죄가 없다고 할 수는 없을 것이다.

주정뱅이의 마리아 찬미

6월 16일 목 저녁 5시에 듀즈베리(Dewsbury)에서 설교하고 17일 맨체스터에 도착하였다. 그곳에서 놀라운 사건에 대한 얘기를 들었다. 콩글턴(Congleton)에 지독한 술주정뱅이 한 명이 있었는데 설교하는 사람만 있으면 그 반대편에 서서 고함을 지르고 욕설을 퍼부으며 기분풀이를 하였다. 하루저녁 자기가 끼어들면 사람들이 어떻게 생각할까 호기심이 생겼다. 그래서 그는 설교 듣는 무리 속에 끼어들어 보았으나 그 뒤로 불안해지면서 밤새껏 잠 한숨 자지 못했다. 아침이 되어도 불안은 사라지지 않고 더해 갈 뿐이었다. 들판을 거닐어 보아도 소용없었다. 결국은 감리교를 중상하던 술친구를 찾아가기로 하였다. 그에게 사정을 말하고 어떻게 했으면 좋으냐고 말하였다.

사무엘은 "좋다, 가자 감리교인이 되어 보자. 나도 가겠다. 사실 나도 요즈음처럼 불안한 적도 없었다네" 하였다.

그들은 지체않고 찾아갔다. 그러나 데이비드(David)는 "난 차마 가입할 수 없겠어. 또 술을 마시게 될텐데 그러면 그들이 나를 쫓아낼거야" 하며 주저하였다. 그러나 그는 나흘을 술 한 모금 먹지 않고 버텼다. 닷새째 되는 날 "꼭 한 잔만 하자"고 옛 친구가 조르는 바람에 끌려갔다. 한잔 두잔 마시다 보니 옆에 있던 사람이 "이것 보게, 술 마시는 감리교인도 있네" 하는 소리가 들려왔다.

데이비드는 벌떡 일어나 그 말을 한 자에게 한방 먹이고 의자 등을 닥치는 대로 던졌다. 그리고 술집에 있던 사람들을 모두 쫓아내고 하녀를 끌고 나와 하수도 도랑 속에 던져버렸다.

집으로 돌아와 문짝을 떼어 길바닥에 동댕이치곤 들판으로 뛰쳐나가 머리를 쥐어뜯으며 뒹굴었다. 한 이틀 후에 애찬식이 있었다. 그는 살며시 들어가 아무 눈에도 안 띄도록 뒤에 숨어 앉았다. 퍼즈(Furze) 씨가 기도를 하고 있었는데 그의 몸과 마음은 심한 고뇌 속에 잠겨 있었다. 이 때문에 모든 교인들이 그를 위해 간절히 기도하기 시작했다. 얼마 후 그는 벌떡 일어서더니 두 손을 번쩍 쳐들고 "내 모든 죄가 사해졌다" 하고 외쳤다. 바로 그 순간 다른 한쪽 구석에서 "예수는 내 주님! 그가 내 모든 죄를 지셨다!" 하는 소리가 들렸다. 사무엘 H씨였다. 데이비드는 사람들을 헤치고 나가 그를 껴안고 "갑시다. 마리아의 찬미를 부릅시다. 전에는 부를 수 없었지요. 내 영혼이 주를 높이며 내 마음이 내 구주 하나님 안에 기뻐하도다." 그 후 그들은 어느 교인 못지않게 경건한 생활을 하였다.

6월 20일 월 점심 때 맥스필드(Maxfield)에서 설교하였다. 몸이 좋지 않은데다 아직 완전히 회복되지 않았기 때문에 형제들은 마차에 태워 버스렘(Burslem)으로 보내려 하였다. 5시가 못되어 마차 대신 말을 타고 떠났다. 한참 가다 뒤에서 시끄러운 소리가 들려 돌아다보니 마차가 자갈길이었기 때문에 바퀴가 덜컹거리며 금방이라도 부서질듯 요란스럽게 달려오고 있었다. 버스렘에서 7시 경 많은 사람들에게 설교하였다.

이곳에 사는 가난한 도자기공들은 4년 전에 킹즈우드(Kingswood)의 광부만큼이나 난폭하고 무식했었다. 주여! 진흙덩이인 우리는 당신 권능 아래 있나이다.

웨슬리가 웨일스를 칭찬하다.

8월 20일 토 브렉녹(Brecknock)에서 4시에 말을 타고 떠나 세상에서 보기 힘든 아름다운 마을을 지나 여행하였다.

트리캐슬(Trecastle)에 도착하니 그동안 몬마웃셔(Monmouthshire)와 브렉녹셔(Brecknockshire)를 지나 50마일을 말 타고 여행한 셈이 된다. 영국인 중에 50마일이나 되는 길을 그것도 광야와 초원, 숲, 시냇물, 꼭대기까지 푸른 숲으로 싸여있는 부드럽게 흐르는 산맥들을 지나 여행할 기회는 좀처럼 얻기 힘들다는 사실을 자부하고 싶다. 다시 카마던셔(Carmarthenshire)로 갔는데 토지는 비옥하였다. 시냇물과 강물은 풍부했으나 산이 없어 그다지 절경을 이루지는 못했다. 5시에 카마던에서 설교하였는데 상당히 진지한 태도로 듣고 있었다.

그곳에서 펨브록(Pembroke)에서 온 두 신사를 만났는데 그들과 함께 세인트 클레어(St. Clare)로 가서 묵을 작정이었다. 그런데 여관은 만원이었고 란(Larn)으로 가려 했으나 길도 모르는데다 날도 어두워졌다. 그러나 같은 방면으로 가려는 사람을 만나 그와 함께 무사히 갈 수 있었다.

8월 25일 목 사도들처럼 설교만 하고 깨달은 자들을 모아 하나님의 뜻에 맞게 훈련시키지 않으면 살인자에게 아이를 맡기는 것과 같다는 생각이 절실하게 느껴진다. 지금까지 20여 년 동안에 펨브록셔(Pembrokeshire)에서 얼마나 많은 설교가 행해졌던가! 조직적인 집회도, 훈련도, 질서도, 모임도 없더니 회심한 자들 열 중 아홉이 어느 때보다 빨리 예전 생활로 돌아가버린다.

8월 26일 금 하버퍼드웨스트(Haverfordwest)에서 4시에 떠날 예정이었으나 밖이 안보일 정도로 비가 쏟아졌다. 그럼에도 6시엔 세인트 클레어를 향해 폭우를 뚫고 출발하였다. 사막을 건널 가능성이 전혀 없었기 때문에 카마던으로 돌아가기로 하였다. 그런데 여관 마부가 란스테판(Llansteffan) 나루터로 건너가면 3, 4마일은 단축시킬 수 있을 것이라고 일러 주었다. 정오 쯤 되어 나루터에 도착하였다. 배는 육지에 매여 있으나 저녁이 되기까진 강을 건널 수 없을 것이라고 한 여인이 친절히 일러주어 다시 카마던으로 돌아가기로 하였다. 3,4마일 정도 가다가 문득 전에 수 마일 정도 단축시켜 건넜던 여울목이 있다는 사실이 기억났다. 나이 많은 노인을 만나 물어보니 선뜻 말을 타고 앞장서 강을 건너며 우리를 인도하였다.

얼마 못가서 내 말의 편자가 떨어져 또다시 상당한 시간을 허비하였다. 그 바람에 사막을 건널 수 없게 되어 엉망진창인 길로 란넬로스(Llanellos)로 방향을 바꿀 수밖에 없었다. 설상가상으로 란넬로스에 도착하기 전과 그곳을 떠난 직후 안내자가 길을 잃어 헤매는 바람에 해가 진 뒤에야 보쳐(Bocher) 나루터에 도착할 수 있었다. 예정대로 펜리즈(Penreese)에 도착하기란 불가능했으므로 스완시(Swansea)로 곧장 올라갔다.

감리교회와 재산

9월 17일 토 브리스틀의 베드민스터(Bedminster)에서 잔디밭 설교를 하였다.

나는 내 설교를 듣는 사람들 대부분이 감리교인의 설교, 혹은 다른 어떤 설교자의 설교도 들어본 적이 없었을 것이라고 생각하곤 한다. 이 가련한 죄인들의 가슴을 열만한 설교가 이러한 야외 설교 말고 또 있을까? 그리고 그들의 영혼도 하나님이 보시기엔 더없이 귀중한 것이 아닌가?

9월 18일 주일 아침에 프린세스(Princess) 가(街)에서 많은 사람들에게 설교하였다. 소위 신사라 불리는 자 두세 명이 처음엔 웃더니 얼마 후 다른 사람들처럼 심각하게 듣고 있었다.

월요일 저녁에 형제들에게 "세상이나 세상의 재물을 사랑하지" 말도록 엄한 주의를 주었다. 재산이야말로 그들에겐 큰 위험이 될 것이다. 그들이 근면 검소하기 때문에 재산이 느는 것은 틀림없는 사실이다. 이런 현상이 벌써부터 일어나기 시작했다.

런던, 브리스틀 등 무역도시에서 사업하는 자들은 자본이 이미 7배, 어떤 자는 20~100배까지 늘어났다. 그러니 그들이 재물에 파묻혀 파멸하지 않도록 엄한 경계를 해 주어야 한다.

9월 23일 금 바스(Bath)에서 설교하였다. 집으로 돌아오는 길에 관을 따라 세인트 조지(St. George) 교회로 가는 어린이들의 장례 행렬을 만났다. 가까이 가보니 그 아이들은 바로 우리의 아이들이었다. 같은 반 아이가 천연두로 죽었기 때문에 그들이 모두 따라가고 있는 것이었다. 하나님께서 그들에게 그전에 느끼지 못했던 마음을 넣어 주신 것이다.

9월 26일 월 뉴게이트(Newgate) 감옥에서 죄수들에게 설교하고 오후에 킹즈우드로 갔다. 그곳에서 밤을 새면서 아이들과 가깝게 이야기할 수 있는 기회가 있었다. 한 아이가 죽고 둘이 회복되었으나 일곱은 아직도 앓고 있었다. 그리고 그들의 마음은 하나같이 녹은 밀랍 같았다.

10월 1일 토 런던으로 돌아와 보니 집이 많이 부서져 수리 중이었으나 사방 6피트 설교 터는 남아 있어 밤이든 낮이든 부족함을 느끼지 않았다.

11월 22일 목 M 씨를 방문하여 그와 얼마동안 시간을 보냈다. 20년 전만 해도 야심만만하고 유능한 행정가였는데 지금은 인간의 불행한 모습을 그대로 보여주고 있다. 몸도 마음도 쇠약해졌고 말소리도 듣기 힘들 정도였다. 주여, 쓸모없는 자로 살아가지 않게 하소서!

1764년 1월 16일 월 하이 위콤(High Wycombe) 으로 가서 전보다 많은 사람들에게 설교하였는데 그들은 진지하게 경청하였다. 이런 무관심한 사람들을 다른 곳에서도 심방할 날이 또 올까?

새벽 5시에 많은 사람들이 모였으나 얼굴과 잇몸이 부어올라 말할 수 없을 정도로 고통이 심했다. 설교를 시작했으나 고통이 점점 더해 가고 게다가 비까지 내리기 시작하였다. 누군가(바람도 심하게 불어) 기름칠한 고깔을 씌워주며 끈을 꼭 매어주니 쑤시는 고통이 사라졌다.

1시가 채 못 되어 엔샴(Ensham) 나루에서 건너게 되었다. 어디를 보나 바다처럼 파도가 심했다. 사공에게 "둑으로 건널 수 있겠소" 하니 그는 "예, 둑 가운데로만 가신 다면요" 하였다. 그러나 그것이 어려웠다. 둑 전체가 깊은 물속에 잠겨 있었다. 게다가 곳곳에 소용돌이치는 물결이 흐르고 있었다.

내가 탄 말도 두 번이나 잘못 디뎌 빠졌다가 다시 둑 위로 뛰어오르기도 하였다. 하마터면 10~12피트 되는 물속에 빠져 헤엄쳐 나갈 뻔하였다.

한두 번 위험을 겪으며 휘트니(Whitnery)까지 무사히 도착하였다.

2월 6일 월 와핑(Wapping)에서 새 예배당을 헌당하였다.

2월 16일 화 나는 한번 더 웨스트민스터 수도원 묘지를 진지하게 산책하면서 통과했다. 곳곳에 서 있는 부질없는 돌과 대리석 석물들! 그러나 그곳엔 사랑하는 아내를 죽음으로부터 가려두려는 헌신적인 남편 나이팅게일(Nightingale) 씨의 정성이 엿보이는 아름다운 무덤이 있었다. 여기에선 대리석이 무언가 얘기하려는 듯싶었고 동상만이 생명이 없는 것으로 보였다.

2월 24일 금 런던으로 돌아왔다.

29일 수요일에는 록(Rock)에서 공연된 오라토리오 「유디스」(Judith)를 감상하였다. 참으로 아름다운 곡들도 있었지만 내 상식으로는 이해하지 못할 현대적인 음악 요소가 두 가지 포함되어 있었다. 하나는 같은 내용의 말을 열 번 반복하는 것이고 다른 하나는 같은 시간에 다른 사람들이 각기 다른 노래를 부르는 것이었다. 이것도 간구하는 방식으로든 감사드리는 방식으로든 하나님께 바치는 거룩한 작품이었으나 그렇게 부르는 타당성이 확실하게 밝혀지기 전까지 유럽의 어떤 음악가들도 그런 형식을 채택하지는 않을 것이다.

3월 21일 수 버밍엄에서 그전에 극장으로 쓰이던 장소에서 많은 사람들에게 설교하였다. 영국에 있는 극장이 모두 이렇게 유익한 곳으로 쓰이게 된다면 얼마나 좋을까? 예배가 끝나고 나가는 사람들에게 돌과 쓰레기를 던지는 못된 무리들이 있었다. 그러나 그들 중 몇이 감옥으로 끌려갔으니 그들도 조용해지리라. 다음 날 저녁 설교하는 중에 몇몇이 훼방 놓으려 했으나 소용없었다. 아무도 거들떠보지 않고 설교에 귀를 기울이고 있었다.

3월 23일 금 전에는 사자우리처럼 시끄러웠지만 지금은 브리스틀 못지않게 조용한 마을이 된 더들리(Dudley)로 갔다.

설교를 위해 방금 세워진 집에 가득 모여들었고 방해하려는 자는 하나도 없었으며 오히려 눈물 흘리는 자들이 여기저기 보였다.

3월 26일 월 월솔(Walsal)에서 설교를 부탁받고 있었다. 제임스 존스(James Jones)는 상당한 훼방이 있으리라는 것을 알고 행동을 조심했으나 나는 한 번 모험해 보기로 작정하였다. 집안으로 들어가자마자 좋은 징조가 보였다.

한 여인이 이웃에게 자기가 온 이유를 말하고 있었다.

"이 사람 얘기를 듣고 싶었으나 그에 대해 나쁘게 말하는 것을 너무나 많이 들어오려고 마음도 못 먹고 있었습니다. 그런데 오늘 아침 꿈을 꾸었는데 나는 열심히 기도하고 있었고 그때 한 음성이 들렸습니다.

'요한복음 1장 8절을 읽어라' 일어나 성경을 펴 보았습니다. '그는 이 빛이 아니요 이 빛에 대하여 증언하러 온 자라' 나는 자리에서 일어나 정말 기쁜 마음으로 달려왔습니다.

사람들이 점점 모여들기 시작하더니 7시 경엔 방이 가득 차 밖으로 나가 설교 할 수밖에 없게 되었다. 그런데도 방해하거나 장난치는 자도 없이 조용하고 진지하게 듣고 있었다. 월솔이 이처럼 변하다니! 하나님께서 사나운 야생동물을 길들이셨거나 묶어 놓으신 것이다!

3월 27일 화 우리는 더비(Derby)로 갔다. 도빈슨(Dobinson) 씨가 장터에서 설교하는 게 제일 좋을 것이라고 말해 주었다. 이유는 상류사람들까지 내 설교를 들으려고 기다리고 있기 때문이라고 하였다. 그는 시장에게 통보하였다. 시장은 사소한 방해가 있더라도 책임을 지지 못하지만 그러한 일이 생기면 최대한으로 막아 주겠다고 약속하였다. 5시가 되자 사람들이 모여들기 시작하였다. 조용히 기다리다 설교 제목을 말하고 설교를 시작하려 하자 "짐승 같은 인간들"이 고함을 지르며 여기저기서 소란을 피우고 시끄럽게 굴었다. 내 말이 들리지 않음을 알고 가볍게 걸어 나갔다. 많은 사람들이 조용히 내 뒤를 따라왔다. 돌 몇 개가 날아왔으나 다친 사람은 아무도 없었다. 그곳에서 소란을 피우던 자들 중 몇은 D 씨 집까지 따라왔으나 고의적으로 해칠 것 같지는 않았다. 그들은 한 시간 가량 묵묵히 서 있더니 흩어져 돌아갔다.

3월 31일 토 로더럼(Rotherham)에서 아침 설교를 하는데 재미있는 일이 일어났다. 엄숙한 사람들만 모여 있어 더욱 제격에 맞았다. 당나귀 한 마리가 대문을 점잖게 들어서더니 방문 앞에 우뚝 서 머리를 들고는 깊은 생각에 잠긴 듯 묵묵히 서 있었다. 저보다 고상하지도 못하며 더 잘 깨닫지도 못하는 사람들을 이 "둔한 짐승이 꾸짖고 있는" 것이 아닌가?

감리교인을 위한 법은 없다.

점심때 방이 비좁아 돈캐스터(DonCaster) 다리 근처에 있는 들에서 설교하였다. 설교하는 동안 바람이 심하고 강하게 정면으로 불어 왔다. 오후에 엡워스(Epworth)에 도착하니 목이 심하게 부어올랐으나 고통을 견디며 설교를 하였다.

그러나 그 후로는 말 한마디 할 수 없었다. 이튿날(4월 1일) 좀 나았기에 1시경 웨스트우드(Westwood) 강변에서 설교하고 이어 4시엔 엡워스 장터에서 많은 사람들이 모인 중에 설교하였다. 처음엔 말소리가 작아 몇 명만 알아들을 정도였으나 시간이 지남에 따라 목소리에 힘이 생기면서 끝날 즈음엔 고통도 사라져 버리고 모든 사람이 똑똑하게 들을 수 있게 되었다.

4월 2일 월 하루 종일 쉬었다. 3일엔 엡워스에서 6, 7마일 떨어진 스콧터(Scotter)에서 5시경 설교하였는데 갑자기 성령의 불길이 일어나면서 많은 사람들이 죄를 고백하고 많은 사람들이 의롭다함을 얻었다. 그런데 그들 중에 못된 자에게 사주 받은 자들이 있어 "감리교인을 위한 법은 없대"하며 떠들어 댔다. 여기저기서 소란이 일어나고 결국 충직한 치안판사가 사태의 원인을 파악하고 소란피우는 자와 배후에서 조종하던 자들을 체포해감으로 그들은 양처럼 조용해졌다.

4월 5일 목 11시경 엘샴에서 설교하였다. 이곳에서 가장 열렬하고 헌신적인 신자 둘이 있었는데 그들은 한 귀족의 정원사와 하인들이었다. 그런데 그곳 목사가 주인에게 그들이 "이 길"을 버리지 않으면 쫓아버리라고 사주하였다. 주인은 그들에게 1주일 동안 생각할 여유를 주었다. 1주일 후 그들은 조용히 "나리, 이곳을 떠나 '물 한 방울' 구하느니 이곳에 있으면서 빵을 벌기로 했습니다"고 대답하였다. 주인은 "너희들 생각대로 하라. 그전처럼 내 일을 해주기 바란다"고 하였다.

4월 6일 금 아침 9시와 저녁에 나루터에서 설교하고 점심때 게인스버러(Gainsborough)에 있는 N. H. 경 댁에서 설교하였다. 설교를 시작하려는데 수탉 한 마리가 머리 위에서 울어 쫓아버리니 모인 사람들은 조용한 가운데 진지하게 듣고 있었다.

말에서 떨어진 웨슬리

4월 8일 일 길이 물에 잠겨 갈 수 없음에도 미스터턴(Misterton)으로 떠났다. 다행히 돌아갈 수 있는 길이 있었다. 8시에 설교하였지만 귀를 기울이는 자는 하나도 없었다. 돌아오는 길에 내가 탄 말이 사납게 문으로 들어 닥치는 바람에 문지방에 무릎을 찌어 순식간에 말에서 떨어지고 말았다. 다시 일어나 탈 때까지 말이 조용히 기다렸다. 말도 다친 곳은 없었다.

4월 10일 화 바람이 잔잔해지므로 바턴(Barton)에서 배를 탔는데 생전 처음 보는 못된 망나니 둘과 같이 타게 되었다. 그들은 들어보지도 못한 음탕한 말과 행동으로 추태를 부렸다. 처음엔 그들에게 조용히 타일렀으나 소용이 없었다. 참다못해 큰소리로 꾸짖었더니 그제야 투덜거리며 헐(Hull)에 도착하기까지 조용히 있었다. 예정보다 2시간 빠른 5시에 설교하였다. 덕분에 그때까지 온 사람들은 모두 방 안에서 설교를 들을 수 있었다. 모두가 확신을 얻었으리라 믿는다.

4월 16일 월 6시에 더스크(Thirsk) 거리에서 설교를 시작하였다. 많은 사람들이 모였다. "만일 사람이 온 천하를 얻고도 자기 영혼을 잃으면 무슨 유익이 있으리오?" 하고 설교 제목을 말하자 마침 말 타고 지나가던 한 사람이 무슨 일인가 보려고 멈춰 서서 들어보더니 얼굴빛이 변하며 떨기 시작하였다. 아마도 자기 영혼을 구하기로 작정하였는지 술 취한 친구를 혼자 가게 버려두고 계속 듣고 있었다.

5월 21일 월 뉴캐슬을 떠나 점심때 모르페스(Morpeth) 장터에서 설교하였다. 몇몇이 처음에 깔깔거리고 웃다가 얼마 안 있어 꿀 먹은 벙어리가 되었다. 저녁엔 엘른위크(Alnwick) 법원에서 설교하고 다음 날도 그곳에서 쉬었다. 23일엔 사막을 건너 홀리 아일랜드(Holy Island)로 갔다. 그곳은 한때 주교의 저택이 있던 유명한 곳이었으나 지금은 고기를 잡아 생계를 이어가는 가난한 집들이 몇 채 있을 뿐이었다. 마을 한 쪽엔 수도원과 붙어있던 대성당의 폐허를 볼 수 있었다. 아름답고 웅장한 건물이었던 것을 알 수 있었다. 중앙으로 긴 복도만이 남아 있을 뿐이었다. 장터로 쓰였던 곳에서 그 섬 주민들이 거의 모인 중에 설교하였다. 그들에게 책 몇 권을 주었더니 상당히 고맙게 여겼다.

버윅 어폰 트위드(Berwick upon Tweed)에서 저녁에 설교하고 다음 날 저녁엔 던바(Dunbar)에서 설교한 다음 25일엔 10시 경 하딩턴(Haddington)에서 사제장(司祭長) D 씨의 마당에서 설교하였다. 그러나 여기에서 별로 큰 기대를 하지 못하겠다. 왜냐하면 처음 시작부터가 잘못되었기 때문이다. 종교는 결코 가장 큰 일에서 시작해서 가장 작은 것으로 끝이 나서는 안된다. 그렇게 되면 결국 인간의 능력만이 판을 치는 꼴이 된다.

저녁엔 머쎌버러(Musselborough)에서 설교하고 이튿날엔 에든버러에 있는 칼턴 힐(Calton Hill)에서 설교하였다. 마침 장로교 총회가 있었기 때문에 장로교 목사들이 대부분 그곳에 있었다. 바람이 사납게 불어 몇몇 마음 약한 사람들은 돌아갔지만 대부분은 끝까지 동요하지 않고 조용히 듣고 있었다.

5월 27일 주일 7시에 이 마을 다른 쪽에 있는 고등학교 운동장에서 설교하였다. 아침이라 대단히 쌀쌀했다. 저녁엔 폭풍이 불었다. 그럼에도 칼턴 힐에서 많은 사람들이 모인 가운데 예정대로 설교하였다. 바람 때문에 처음엔 곤란을 겪었지만 곧 잊고 말았다. 청중들도 한 시간 반이나 움직이지 않고 있어 나도 내 영혼을 쏟아 설교할 수 있었다.

장로교 총회를 방청한 웨슬리

5월 28일 월 장로교 총회를 방청하며 몇 시간 보냈다. 모두 150명 가량 대표들이 모여 있었다. 몇 가지 놀라운 사실을 발견하였는데 1) 아무나 회의에 참석하고 있었다. 12~14살 난 소년들도 참석하고 있었다. 2) 대표 발언자들은 한편에 6~7명의 변호사들로 구성되어 있었다. 3) 별로 중요하지 않은 문제로 많은 시간을 낭비하고 있었다.

즉, "린제이(Lindsay) 씨를 킬마녹(Kilmarnock) 교구로 보낼 것인가?" 같은 문제였다. 찬성하는 측은 "그는 가족이 많기 때문에 그곳에 가면 지금 사는 것보다 배는 나아질 수 있다"고 말하고 반대 측은 "교인들이 그의 설교를 듣지 않기로 결의했으며 만약 그가 오면 그들은 교회를 떠날 것이다" 하고 주장하였다.

그러나 그들이 다루고 있는 문제가 그들의 법이 규정하고 있는 대로 "교회의 보다 큰 덕을 위한 것"이라면 5시간이나 끌지 않았을 것이다. 오히려 5분이면 결정지을 수 있는 문제를.

월, 화요일에 감리회 회원들에게 몇 차례 권면하였다. 31일엔 던디로 가서 6시 반 경 마을 근처에 있는 풀밭에서 설교하였다. 부자도 가난뱅이도 함께 모였다. 사실 스코틀랜드에선 집회를 못 가져 걱정이 된 적은 거의 없었다. 오히려 그들은 모든 것을 알고 있기 때문에 아무것도 배우려 하지 않는 것이 불행이었다.

6월 7일 목 애버딘에서 12마일 떨어진 곳에 있는 아치볼드 그랜트(Archibald Grant) 경의 집으로 가면서 최근 3년간 상당히 변한 것을 보고 놀랐다.

길 양쪽으로 황량하던 광야에 옥수수가 자라고 있었고 특히 아키발드 경의 저택 주위는 잉글랜드 어디에도 뒤지지 않을 정도로 개발되어 있었다. 7시경 설교하였다. 별로 광고도 하지 않았는데 교회에 거의 가득 찼다. 확실히 이곳은 "듣기는 빨리하고 말하기는 느리게" 그러나 "화는 느리게"내지 않는 고장이다.

6월 10일 주일 8시경 인버네스에 도착하였다. 비가 오기 때문에 밖에서 설교할 수 없었다. 그렇다고 마땅한 장소도 나서지 않아 여기에 온 것이 헛수고가 되지나 않을까 걱정되었다. 10시에 교회로 갔다. 예배를 마치고 프레이저(Fraser) 목사가 우리를 식사에 초대하고 같이 차를 마셨다. 차를 들면서 그는 몇 시에 설교를 했으면 좋겠느냐고 내게 물었다. "5시 반 경에 하지요" 하였다. 그 큰 교회가 순식간에 가득 찼다. 전에 이처럼 영혼의 자유를 느껴 본 적이 없었다. 후에 다른 목사들도 우리를 여관으로 찾아와 진심으로부터 감사의 말을 하였다. 1백 마일을 멀다 않고 찾아온 것이 바로 이런 날 때문이 아닌가!

6월 11일 월 마을에서 3마일 떨어진 곳에 사는 한 신사가 우리를 집으로 초대하여 자기 교구 목사가 자기 교회에서 설교해 주기를 바란다는 말을 전해 들었으나 시간이 허락하지 않았다.

수요일까지 애버딘으로 갈 약속이 있었기 때문이었다. 다만 할 수 있는 일은 인버네스에서 설교를 한번이라도 더 하는 것이었다. 전에 어느 때보다 교회에 가득 찼다. 예배가 끝나고 모인 사람들의 행동에서 놀라운 사실을 보았다. 남녀노소 할 것 없이 거리로 내려가는 동안 말 한마디 하지 않았다. 사람들이 이처럼 진지하게 행동하는 것보다 더 놀라운 것은 적어도 백 년을 넘는 기간 동안 알려지지 않았지만 충실하게 일하는 목사들이 계속 이어져 내려오고 있다는 사실이다.

인버네스는 에든버러, 글래스고와 애버딘 다음으로 스코틀랜드에서 큰 도시인 것 같았다. 넓고 곧은 도로와 그다지 형편없거나 그렇다고 대단히 훌륭하지도 않은 오래된 집들로 이루어져 있었다. 아름답고 풍요한 땅 위에 세워진 마을이어서 생활을 해가는 데나 하나님을 섬기는 데에는 부족함이 없었다. 주민들도 대부분 교양 있는 언어를 쓰고 있었으며 친절하고 예의바른 사람들이었다.

11시경 말을 타고 떠났다. 네언(Nairn)에서 저녁식사를 하고 있는데 여관 주인이 찾아와 "손님, 당신이 토요일 제게 주신 책을 이곳 귀족들이 읽어보더니 대뜸 설교를 듣고 싶다고 하더군요" 하였다.

승낙하자 종소리가 울리고 순식간에 교회 안에 사람들이 가득 모였다. 남부와 북부의 차이가 이처럼 심하다니!

이곳에 모인 사람들은 하나같이 하나님의 말씀을 사모하고 있었고 무례한 언동을 하는 자는 하나도 없었으며 오로지 자신의 영혼을 구하기에 여념이 없었다.

나는 계속 여행하는 동안 커쇼오(Kershaw) 씨는 그랜트 씨가 집에 돌아왔는가 보려고 포리스(Forres) 근처에 있는 그렌지 그린(Grange Green)에 들렀다. 얼마 안 있어 그랜트 씨가 나를 다시 불렀다. 그렇게 기분 좋게 꾸며진 곳을 본 적이 별로 없었다. 저택은 사방으로 시원하게 트인 작은 언덕 위에 세워진 오래된 성이었는데 집주인은 정성을 들여 집을 가꾸어 놓았다. 주인의 규모 있는 생활이 그대로 나타나 보였다. 애버딘이나 뉴캐슬의 어느 정원보다 훌륭하게 가꾸어 놓았다. 다른 사람들은 생각하지도 못하던 일을 이 고지의 귀족은 하고 있었다. 물푸레나무처럼 빨리 자라면서 마호가니나 레버넘(laburnum)처럼 밝고 붉은 색을 띤 나무를 영국에서 발견해 키우고 있으니 놀라왔다. 이후에 그가 이 나무로 만든 의자와 마호가니로 만든 의자를 비교해도 손색이 없으리라는 것을 장담해도 좋다.

6월 12일 화 머리(Murray)라는 아름답고 풍요한 시골을 지나 엘긴(Elgin)으로 갔다. 에든버러에서 150마일 떨어진 곳에 이런 곳이 있는 줄 전혀 몰랐다.

마치 그 곳은 다른 곳보다 1년에 6일 가량 더 햇빛을 받는 듯싶었다.

엘긴에는 허물어진 대성당이 있는데 그처럼 큰 성당이 허물어진 것을 영국에서 본 적이 없었다. 라인(Rhine) 강 다음으로 빠르게 흐르는 스페이(Spey) 강으로 갔다. 깊이는 말 가슴밖에 안 되었으나 말들이 제대로 걸어갈 수 없었다.

케이스(Keith)로 갈 것을 포기하고 직물 공업으로 발전된 스트라스보기(Strathbogie)로 갔다. 포오차버즈(Forchabers)에서 스트라스보기로 가는 길엔 여기저기 흩어져 있던 집들은 없어지고 계곡뿐 아니라 산들도 세심하게 개발되어 있었다. 단지 나무만 좀 더 있었더라면 영국의 어느 산보다 아름다웠을 것이다.

우리가 든 여관에 같이 묵고 있던 18~20명의 손님들도 밤 기도회에 함께 참석하였다. 우리가 묵는 여관마다 이처럼 같이 참여하였다. 그들은 잉글랜드에서 모든 죄악을 받아들였지만 아직도 종교적인 행위에 대해 조소하는 것만은 받아들이지 않았기 때문이었다.

6월 13일 수 1시 경에 애버딘에 도착하였다. 연 이틀 동안 7시가 못되어 설교를 하였는데 그들에게 필요한 것은 큰 위로의 말씀이라는 것을 알았다.

15일(금요일)에 일찍 서둘러 배가 떠나기 전에 던디에 도착하였다. 건너편에 있는 집에서 묵을 작정이었으나 먹을 것도 마실 것도 주지 않는데다 불손하게 대해

주는 바람에 다시 쿠파(Cupar)로 가기로 하였다. 90마일 가량 여행하였는데도 지치지도 않고 말들도 다친 데가 없었다. 오, 주여! 당신께서는 인간도 짐승도 모두 구하시나이다!

웨슬리와 스코틀랜드 성만찬

6월 16일 토 킹호온(Kinghorn)을 무사히 지나 저녁에 칼턴 힐에 도착하여 많은 사람들에게 설교하였다. 주일 7시에 고등학교 운동장에서 가진 집회엔 더 많은 사람들이 모였다. 설교 후 서쪽에 있는 교회에서 성만찬을 행한다는 소식을 듣고 어떻게 할까 망설였다.

결국 그러한 예식의 형식은 마음에 들지 않지만 그런 기회를 포기하지 않는 것이 낫다는 결론을 내렸다. 평범하게 예배를 마친 후 목사는 몇 가지 죄목을 불러주고 그런 죄를 지은 죄인은 성만찬에 참여할 수 없다고 못 박았다. 보를 덮은 긴 탁자가 가운데 통로에 두 개 마련되어 있었다. 그리고 의자를 놓아 한 탁자에 4, 5명이 앉을 수 있도록 하였다. 강단 뒤에 목사 셋이 있었고 그 중 목사가 장황한 권면을 하고 주님의 이름으로 끝맺었다. 그리고 빵을 쪼개 양 옆에 있는 목사에게 건네주고 그들은 각기 각 탁자의 제일 첫 번째 앉은 사람에게 건네주었다.

그들은 조금씩 떼어 먹고 다시 옆에 있는 사람들에게 건넸다. 계속하는 동안 빵이 모자라면 목사가 다시 잘라 주었다. 잔도 마찬가지 형식으로 각기 옆에 있는 사람들에게 건넸다. 목사는 성만찬이 계속되는 동안 권면의 말씀을 계속하였고 탁자에 새로운 사람들이 앉을 때마다 시편 21편 4절을 노래하였다.

다음으로 두 번째 목사가 기도와 감사와 권면을 하였다. 처음부터 저녁 5시까지 계속된 지루한 예식을 참고 기다렸다. 잉글랜드 교회에서는 이보다 간단하면서도 은혜스럽게 진행되고 있는데! 저녁에 언덕 위에서 집회를 가졌는데 영국에서 집회를 가진 이래 가장 많은 사람들이 모여 많은 사람들이 깊은 은혜를 체험한듯하였다. 많은 사람들이 울며 자기 가슴을 치고 통곡하였다.

이 시간은 영원히 잊혀지지 않으리라 하늘의 달력에도 기록되리라.

7월 2일 월 우리 형제단 중 파산한 것으로 알려진 두 사람의 이야기를 들어 보았다. 파산의 이유가 순전히 그들의 과오가 아니라는 것이 밝혀지지 않는 한 우리는 그들을 감리교회에서 제외시킨다. 이들도 처음엔 잘 해내가다 서툰 솜씨로 어음 중개업에 손을 대기 시작했다. 누구든 그 일에 손을 대면 오래가지 않아 파산당하고 만다. 이런 식으로 그들은 자세한 지식도 얻지 못한 채 자신들도 모르는 사이에 무너지고 말았다. 그러나 적어도 I. R. 만은 정직한 사람임에 틀림없었다. 다른 한 사람도 그러길 바라는 마음은 간절하지만.

7월 3일 화 리즈에서, 나도 설명할 수 없지만 오래된 습관에 대해 생각해 보았다. 처음 어떤 노래를 들었을 때 처음부터 그 노래가 좋아진 적은 없다.

그 노래를 부르는 법을 배우면서 좋아하게 되고 결국 완전하게 알게 되면 이번엔 점점 그 노래에 흥미를 잃어가게 된다. 시도 마찬가지이다. 상상의 대상에 대해선 모두 그렇게 첫 번 들어서 맘에 꼭 드는 시구는 찾아보지 못했다. 그러나 계속 듣는 중에 기쁨을 얻다가 아주 외울 정도로 익숙하게 된 뒤에 다시 듣게 되면 아무런 흥미도 느끼지 못하게 된다.

얼굴이나 그림도 마찬가지다. 처음 만나거나 보았을 때엔 아무 감동도 주지 못하나 낯이 익어가면서 점점 좋아진다. 그러나 그것도 어느 순간까지이다. 아주 익숙해지게 되면 더 이상 흥미를 못 느낀다. 오, 우리는 우리가 가지고 다니는 기계마저도 완전히 이해하지도 못하고 있지 않은가!

7월 5일 목 평화와 사랑으로 뭉쳐진 리즈의 형제들과 기쁜 마음으로 헤어졌다. 1시 경 웨이크필드(Wakefield) 풀밭에서 설교하였다. 시작할 때 햇볕이 내려 쬐어 힘들더니 얼마 후 구름이 끼어 한결 시원해졌다. 전에 이곳에서 집회할 때 볼 수 없었던 많은 사람들이 모여 진지하게 들었다. 설교하고 있는데 귀족인 듯싶은 한 사람이 무관심하게 걸어 나갔다. "갈리오(Gallio; 직무 외에는 책임을 회피하려는 사람을 뜻함, 행 18:12~17)도 이런 일엔 무관심하지 않을 것입니다. 그런데 당신은 어디로 가시려합니까? 머리에 하나님의 진노를, 등에는 하나님의 저주를 지고 말입니다" 하자 그는 우뚝 멈추더니 조용히 설교가 끝날 때까지 서서 들었다.

7월 14일 토 저녁에 리버풀에서 설교하였다. 이튿날 방안 가득 사람들이 모였다. 대부분 화려하게 차려입은 부유한 사람들이었는데 예절바른 사람이었다. 리버풀이 잉글랜드의 다른 항구보다 예의바른 신사의 도시라는 것은 늘 느낀다.

7월 16일 월 저녁에 전날 밤보다 더 많은 사람들이 모였다. "꼭 필요한 한 가지"

란 제목으로 설교하였는데 그곳에 모인 부자들은 가난한 사람들처럼 진지하게 듣고 있었다. 유난히 젊은 귀족부인이 있었는데 자주 웃었다. 안됐다! 그녀는 "내가 웃는 것은 귀여울거야"라고 생각하고 있을테지.

7월 20일 금 점심때 콩글턴(Congleton)에서 그전에 하던 그대로 설교하였다. 나는 창문에 서 있고 여인들은 방 안으로 들어갈 수 있을 만큼 들여보내고 나머지는 남자들과 함께 창문 아래 있는 정원에 서서 설교를 듣게 하였다. 마을사람 몇이 행패를 부렸다. 뉴캐슬을 떠난 후 그렇게 뻔뻔스런 자들은 처음 만났다. 그들은 버티다 결국 5, 6명을 제외하고는 굴복하고 말았다. 진정 인간은 머지않아 무너지고 말리라. 최후엔 하나님께서 승리하시리!

버슬림(Buslem)에서 저녁 7시에 설교하기 전까지 하루 종일 비가 왔다. 이곳에서 비천하게 도자기를 굽는 사람이 콩글턴에 있는 소위 높다는 사람들보다 훨씬 예의바르게 살고 있었다.

몇몇이 모자를 쓴 채 서 있을 뿐 말을 하거나 사소한 훼방을 놓는 자도 없었다.

7월 21일 토 울버햄프턴(Wolverhampton)에서 가까운 빌부룩(Bilbrook)으로 가서 3시가 못되어 설교하였고 다시 메들리(Madeley)로 갔다. 숲과 언덕으로 둘러싸인 아름다운 마을이었다. 교활한 성격을 가지고 있던 감리교인을 다시 만났는데 그는 이제 자신을 버리고 자기 십자가를 지며 "전적으로 기독교인"이 되기를 약속하여 더없이 기뻤다.

7월 22일 주일 10시에 플레처(Fletcher) 씨가 기도문을 읽고 내가 "나는 선한 목자라 선한 목자는 양들을 위하여 목숨을 버리거니와"(요 10:11) 라는 말씀으로 설교하였다. 교회 안이 가득 차 들어올 수 없게 되어 창문을 뜯으니 밖에 있던 자들도 모두 들을 수 있었다. 전에는 아침에 많이 모였으나 저녁에는 형편없이 적게 모였다고 한다. 그러나 지금은 아침이나 저녁이나 그 모인 숫자나 진지한 태도에서 아무 차이도 발견할 수 없었다.

7월 25일 수 4시 조금 넘어서 말 타고 떠나 2시 경에 슈루즈버리(Shrewsbury)에서 42, 3마일 떨어진 란니드로우스(Llanidloes)의 장터에서 설교하고 다시 그곳에서 3시에 떠나 산을 넘어 화운틴헤드(Fountainhead) 로 갔다. 거기서 묵으려 했으나 B 씨가 못마땅하게 여기는 바람에 7시가 넘었는데도 다시 떠날 수밖에 없었다. 처음 출발할 때 방향을 잘못 잡아 전혀 엉뚱한 길로 가고 있다는 것을 한 시간 후에야 알아차렸다. 넓은 지역을 몇 개 넘어야 한다고 들었으나 조그만 습지를 지나니 더 이상 길이 있지 않았다. 다행히 가던 길에 조그만 집이 있어 물어보니 집주인은 친절하게 자기 말을 타고 우리들의 앞장을 서서 언덕을 넘어 큰 길까지 안내해 주면서 그 길만 따라 가면 곧장 로즈페어(Rose Fair)로 갈 수 있다고 일러주고 돌아갔다.

그 길을 따라 가다가 다른 사람을 만났는데 그는 "아니예요. 이 길은 애버리스튀스(Aberystwith)로 가는 길입니다. 로즈페어로 가시려면 되돌아가서 저쪽에 있는 다리를 건너야 합니다" 하고 일러주었다.

다리 근처에 이르러 조그만 집이 있어 주인이 다음 마을로 가는 길을 가르쳐 주었으나 또다시 방향을 잘못 잡는 바람에 또 한 차례 헛수고하였다.(그때는 9시가 넘었다).

1 시간 가량 산 속에서 바위와 늪과 절벽 가운데서 헤매다가 간신히 다리 근처에 있는 오두막집으로 돌아오고야 말았다. 그곳에서 쉬려고 했으나 술 취한 광부들이 소란을 피우는 통에 쉴 수 없었고 거기다가 침대라고는 하나밖에 없었고 말이 먹을 수 있는 풀도, 건초도, 옥수수도 없었다. 광부들 중에서 한 명을 안내자로 고용해 로즈페어로 떠났으나, 그는 대단히 취해 있었다. 시냇물을 건너다 물에 빠지면서 서서히 제정신이 들기 시작하였다. 12시가 다 돼서야 여관에 도착하였는데 여기에서도 건초를 구할 수 없었다.

우리가 자고 있는 동안 선량한 마부와 광부는 우리 짐승들을 타보기 원했던 것 같다. 우리가 일어나기 조금 전에 짐승들을 우리 안으로 집어넣었음에 틀림없었다. 노새는 여러 군데 찢겨져 있었고 내 말도 엉덩이가 예리한 갈쿠리에 찔린 듯하고 등에 난 상처에서는 피가 나고 있었다. 우린 무엇을 해야 할지 모른 채 기다리고 있을 수밖에 없었다. 다행히 나다니엘 윌리엄스(Nathaniel Williams) 씨께 가는 소개장을 가지고 있다는 것을 기억하곤 수소문해 본 결과 그가 이곳에서 1마일도 채 못 되는 곳에 살고 있다는 사실을 알게 되었다. 우리는 일어나 그곳으로 걸어갔다. 그제야 사람과 짐승을 기꺼이 맞아주는 "참 이스라엘 사람"을 만나게 되었다.

약간의 휴식을 취하고 나니 W씨가 자기 이웃들에게 권고의 말을 해주길 부탁하러 찾아왔다. 전에는 그렇게도 무관심했다는 그의 친척 중의 한 사람이 큰 감명을 받은듯하였다. 그는 자기 하인을 우리에게 보내 식사 후 트리가론(Tregarron)까지 바래다주게 하였다. 거기서부터 람피터(Lampeter)까지 무난하게 갔다.

7월 27일 금 아름다운 계곡과 풍요한 언덕을 넘어 카마던(Carmarthen)으로 갔다. 거기서 간단히 식사를 하고 떠나 예정보다 빨리 펨브록(Pembroke)에 도착하였다. 아직도 슈루즈버리에서 로즈페어에 이르는 여행에서 얻은 피로가 남아있어 그날 저녁은 쉬기로 하였다.

7월 29일 주일 성 마리아 교회 목사가 자기 교회에서 설교해 주길 바란다는 전갈을 보내왔다. 그러나 예배를 시작하기 전 시장이 내 설교를 금한다는 통보를 해 목사가 대신 은혜스런 설교를 하였다. 시장의 행위가 그곳 귀족들의 비위를 거슬러 놓았기 때문에 그들은 그들이 바라는 곳에서 내 설교를 듣기로 하였다. 저녁에 마을 곳곳에서 사람들이 모여 들었다. 차라리 교회에서 설교하는 것보다 이런 고생을 하며 하는 설교가 그들에게 더욱 유익할 것이다.

7월 30일 월 하버퍼드웨스트(Haverfordwest)로 갔다. 그러나 맞아 주는 사람은 아무도 없었고 그 마을에서는 내가 오는 것조차 모르고 있는 것 같았다. 나는 찬송을 부르며 성을 향해 걸어갔다. 그제야 여기저기서 뛰어 나왔다. 적어도 호기심을 가지고 모여 들었다. 그러나 몇몇은 고귀한 삶을 얻고 돌아갔음이 틀림없다. 이곳에 적극적이고 지칠 줄 모르게 일하는 일꾼만 있다면 이렇게 구석진 곳에서도 풍성한 수확을 얻을 수 있을텐데! 심하게 퍼붓는 비 속에 펨브록까지 돌아왔다.

7월 31일 화 글라모겐셔(Glarmorgenshire)를 향해 떠났다. 5시간 동안 깎아지른 듯한 암벽과 산을 오르내려 란스테판(Lansteffan) 나루터에 도착하였다.

그런데 물로 들어가기 전에 진흙구덩이에 빠져 고생하였다. 2시가 돼서야 키드웰리(Kidwelly)에 도착하였다. 말 등에만 7시간 있었던 셈이다. 그 정도 시간이면 카마던으로 돌아서 왔더라면 짐승도 사람도 좀 더 편히 올 수 있었을 것이다.

그 후로는 다시 이 나루터들을 이용하지 않았다. 그곳으로 건넌다 해도(설혹 무사히 건넌다 해도) 별로 시간이 절약되는 것도 아니고 게다가 갖은 위험과 고생이 따른다는 사실을 알았기 때문이다.

상식을 갖춘 사람들은 누구나 그곳을 건너려 했다면 다시는 펨브록에서 스완시(Swansea) 로 곧장 가려고 하지 않고 카마던으로 돌아갈 것이다.

키드웰리(Kidwelly)에서 친절한 사람을 만났는데 그는 모래톱을 건너는데 별 어려움은 없다고 일러주어 우리는 계속 나아갔다. 10분도 채 못가 한 사람이 우리를 따라와 앞장서서 갔다. 그는 모래톱을 안내해 주는 사람이었다. 그가 있었기에 다행이었다. 그렇지 않았다면 우린 틀림없이 모래 속에 파묻혀 버리고 말았을 것이다. 적어도 10마일은 될 모래톱에 간간히 모래바람까지 휘몰아치고 있었다. 그런데도 모래톱에 익숙한 안내자는 위험을 피하여 안전하게 우리를 인도하였다. 덕분에 지친 몸으로나마 고우어(Gower)의 옥스윅(Oxwych)까지 6시가 못되어 도착할 수 있었다.

주일에 두 사람을 미리 보내 그들이 월요일에는 이곳에 도착해 내가 온다는 사실을 미리 알리도록 조처했었으나 그들은 나보다 15분 정도 앞서 옥스윅에 도착해 있었다. 그래서 옥스윅의 가련한 사람들은 우리가 왔다는 사실을 전혀 모르고 있었고 게다가 나를 맞아주려는 사람도 전혀 없었다.

전도자들이 유숙하던 방은 마을에서 3마일 떨어진 곳에 있다고 들었다.

나는 거리에 잠시 서 있었다(그곳엔 공공건물조차 없었다). 가난한 여인이 내게 방을 빌려 주었다. 아침부터 먹은 것이 전혀 없어 아무 것이나 먹을 수 있을 것 같았으나 그녀의 집 안에서 먹을 거라곤 술 한통 밖에 없었다.

다행히 다른 집에서 차를 곁들인 간단한 식사를 하고 상당히 피곤이 풀렸다. 7시 경에 얼마 되지 않는 사람들이 모인 가운데에 설교하였다. 그들이 상당히 진지하게 들었기 때문에 비록 얼마 안 되는 사람들이었지만 여기까지 온 수고가 헛되지는 않았다고 스스로 위로하였다.

11월 4일 주일 교회 지도자들에게 '생활 습관 개선을 위한 감리교 사업회' (the Society for the Reformation of Manners)가 지고 있는 막대한 빚을 같이 갚아주자고 제의하였다. 그들 중 하나가 "우리가 지고 있는 빚부터 갚아야 되지 않습니까?" 하고 물었다. 얼마동안 논의한 뒤 내 부탁대로 시행해 보기로 결정하였다.

런던 감리회가 지고 있는 빚은 대부분 활자주조 공장과 예배당을 수리하고 와핑(Wapping)과 스노우스필드(Snowsfield)에 교회를 세울 때 빌린 것으로 합해서 약

9백 파운드 되었다. 저녁에 감리회에 이 사실을 말해주며 즉석에서 헌금하거나 그들이 낼 수 있는 헌금을 약속하고 1, 2월 초나 3월 초까지 갚도록 하여 이 일에 같이 참여하도록 권고하였다.

11월 5일 월 (런던) 지난 한 주간 동안 지낸 시간을 돌이켜 살펴보니 참으로 단조로운 생활이었다는 생각이 든다. 지금까지 30년간 이러한 생활을 해왔으며 성서를 놓지 않는 한 앞으로도 이런 생활일 수밖에 없으리라.

12월 31일 월 재미있는 실험을 해보고 싶은 생각이 떠올랐다. 에든버러에서 사자가 음악을 듣고 아주 좋아했던 사실이 기억나 다른 사자들도 그런가 실험해 보고 싶었다. 그래서 독일 피리를 부는 친구와 함께 동물원으로 갔다. 4, 5마리 사자가 갇힌 우리 앞에서 피리를 부니 그 중에 한 마리(다른 놈들은 관심도 없는 듯하였다)가 일어나더니 우리 앞으로 나오더니 관심 있는 듯하였다. 그러자 같은 우리 안에 있던 호랑이 한 마리가 뛰어 일어나더니 사자 등에 올라타기도 하고 배 밑으로 기어 들어가기도 하고 다시 사자 위로 타 넘기도 하면서 이리저리 부산하게 쏘다녔다. 이런 행위를 설명할 수 있는 작위(作爲) 원리가 있을까? 도대체 이런 것을 무엇이라 설명할 수 있을까?

제14장

1765년~1768년

휫필드 - 감리교인의 특성 - 부모들에게 행한 교훈 - 스코틀랜드 메리 여왕에 대한 웨슬리의 평

1765년 1월 1일 화 이번 주 「런던 잡지」(*London Magazine*)에 실린 격렬한 글에 대해 내 입장을 써 보냈다. 그 기사의 필자는 내가 현대 천문학을 불신하려는데 대하여 대단히 기분이 상해 있었다. 나도 어쩔 수 없다. 사실 생각하면 할수록 의심만 늘어가 이제는 이 지구 위에 있는 존재로서(고정되어 있는 별들을 얘기하는 것이 아니라) 금성이나 목성, 심지어 태양이나 달의 크기와 거리를 알 수 있다는 것을 전혀 수긍할 수 없게 되었다.

1월 20일 주일 이번 주에 시간 여유가 있어 묵은 편지와 문서들을 정리하여 상당히 많은 양을 태웠다. 남겨 둔 것 중 어떤 것들은 내가 죽은 뒤에나 빛을 볼 수 있으리라.

10월 21일 월 브리스틀에서 마차를 타고 솔즈베리(Salisbury)로 갔다. 24일 런던으로 돌아왔다.

휫필드 목사와 식사를 하다.

10월 28일 월 휫필드 목사와 같이 식사했다. 50세도 안된 것 같은데 그는 주님에게 봉사하느라 지쳤는지 아주 피곤해 보였다. 그런데 나는 63살이나 되었으면서도 몸에 이상이 없고 기운도 왕성하고 이가 좀 빠지고 머리가 희다는 것 외에는 25살 청년이나 마찬가지로 보이니 얼마나 기쁜 일인가.

11월 24일 주일 공과 시간에 "여호와 우리의 공의"(렘 23:6)란 말씀으로 설교하였다. 최근 20개월 동안 설교하는 것은 적어도 50번 이상 반복한 말씀인데도 사람

들은 전혀 새로운 말씀을 듣는 것 같이 들었고 그들은 내 설교집을 출판해 반대자들의 입을 막아 버리자고 졸랐다. 참으로 단순한 사람들! 책을 내고, 설교하고, 온갖 일을 하여도 구실을 찾으려는 자들이 포기할 것으로 알았나?

12월 3일 화 도버(Dover)로 갔다. 그곳 사람들은 몇해 전보다 훨씬 강하게 결속되어 있었다. 몇몇이 밀수를 할 때는 모래 바닥을 파헤치는 것 같더니 그들이 손을 끊고 나니 하나님의 말씀이 그들 마음 속 깊숙이 들어가 박혔다.

12월 5일 목 페버샴(Feversham) 으로 돌아왔다. 군중과 치안판사가 소위 감리교를 자기 마을에서 뿌리 뽑기로 손을 잡고 약속했다는 말을 도착하자마자 들었다. 설교한 뒤 그들에게 롤벤딘(Rolvenden)에서 치안판사가 우리를 어떻게 대했나 이야기해 주었다. 그가 만약 감리교인들에게 쓸데없이 간섭하지 않았더라면 수백 파운드쯤 더 치부를 하였을 것이다. "우리는 하나님과 우리 나름대로의 법을 가지고 있기 때문에 정당하게 평화가 보장된다면 그 이상 바라지 않습니다. 그렇게 보장되지 않더라도 평화를 지키려는 우리의 태도에는 변함이 없을 것입니다"라고 말을 맺었다.

12월 18일 수 런던 자치구를 지나다 내가 탄 말이 다리를 번쩍 쳐드는 바람에 나는 말 밑에 깔려 다리를 못 쓰게 되었다. 마침 한 신사가 보고 뛰어와 나를 부축해 자기 가게까지 데리고 왔다. 고통이 대단히 심했으나 탄산 암모니아수와 물을 조금 바르니 서서히 통증이 사라졌다. 몇 분 쉬고 나서 마차를 탔다. 그러나 섬뜩해 살펴보니 상처가 심했다. 오른 손에 심한 타박상을 입었고 가슴, 무릎, 다리와 발목이 상당히 부어올랐다. 그런데도 쇼럼(Shoreham)까지 억지로 갔다. 거기서 하루에 두 차례 당밀로 찜질하니 어느 정도 통증이 가시고 원기를 회복하게 되어 평지에서 약간이나마 걸을 수 있게 되었다. 하나님의 말씀은 이곳에서도 열매를 맺고 있었다. P 씨는 자신이 겪는 모든 고난을 기꺼이 견디어 내고 있었다. 21일 아직 말을 탈 수 없어 마차를 타고 런던으로 돌아왔다.

12월 22일 주일 웨스트가(街)에서 집회를 인도해야 할 텐데 다리가 아직 완쾌되지 않아 걱정하던 중에 하나님께서 이 걱정도 해결해 주셨다. 그리브즈(Greaves)

씨가 목사 안수를 받자마자 예배당으로 찾아와 나를 도와주었다.

1766년 1월 31일 금 휫필드 씨가 방문하였다. 평화와 사랑만이 그에게서 풍겨났다. 고집은 더 이상 나타나지 않았다. 어떤 고집이든 그가 가는 곳에서는 머리를 숙였다.

2월 5일 수 (런던) 옛날엔 막대한 재산이 있어 편히 살다가 이젠 빵을 구걸할 정도로 가엾게 된 가련한 자가 찾아 왔다. 그에게 옷을 주고 고향으로 돌려보내려 했으나 돈이 모자랐다. 그래서 한 시간 후에 다시 오라고 하며 돌려보냈다. 그런데 다행히도 그가 다시 오기 전에 전혀 기대하지 않았던 사람이 20기니를 내게 내놓았다. 그래서 그에게 머리부터 발끝까지 새로 옷을 사 입히고 곧장 더블린으로 보냈다.

4월 7일 월 점심 때 워링턴(Warrington)에서 설교하였다. 가난한 자도 부자도, 학식 있는 자도 무식한 자도 모두 열심히 들었다. 그처럼 수월하게 설교해 본적이 없었다. 모인 사람들도 지금까지 보아 온 어느 회중들보다 진지하게 듣고 있었다. 거기서 리버풀로 가 큰 어려움을 겪고 있는 감리교회를 총 정비하였다. 수요일(9일)에 한 여인이 여러 차례 경망스럽게 구는 바람에 곤욕을 치렀다. 설득해도, 말려도 소용없었다. 이처럼 지독한 열광주의자를 제어할 수 있는 힘이야말로 가장 큰 힘이리라.

4월 10일 목 최근 이곳에서 내가 지켜보는 가운데 조인된 화려한 증서를 살펴보았다. 1) 큰 양피지 3장으로 되어 있어 적어도 6기니는 넘게 들었을 것이다. 반면 우리가 가지고 있는 증서는 6실링도 넘지 않았다. 2) 상식을 무시한 말들을 남발하고 게다가 애매모호한 말들을 써 조항 하나만 가지고라도 10년~12년은 법정소송을 벌여야 할 것들이었다. 3) 주택을 집회장소로 표시하고 있는데 그런 단어는 내가 특히 반대하는 이름이다. 4) 조수나 내게 일꾼을 두거나 해고할 만한 권한도 주지 않고 있다. 5) 나도 위원회에서도 같은 설교자를 한 곳에 계속 2년 동안 보낼 수 없게 되어 있다. 거기다가 6) 만약 위원회에서 설교자가 결정되지 않는 경우엔 평의원들과 교인들의 투표로 한 사람을 선택하게 되어 있다. 감리교 종규(宗規)를 뿌리로부터 무너뜨리는 이런 증서를 내가 싫어한다는 것을 사람들은 알고나 있을까? 적어도 나나 종교를 염두에 두고 있는 사람이라면 누구든 이처럼 조잡한 증서를 갱신하려고 하지 않다니 이상한 노릇이 아닌가?

6월 24일 화 8시 전에 덤프리스에 도착하여 간단하게 휴식을 취하고 밀물 전에 솔웨이(Solway) 하구(河口)까지 가야겠기에 곧바로 떠났다. 하구 옆에 있는 여관에서 짐을 풀기로 하고 큰 길을 벗어나 우리 앞에 보이는 집을 향해 곧장 나아갔다. 10분도 못가서 던칸 라이트(Duncan Wright)가 진흙 구덩이에 빠졌다가 말이 헤어 나와 무사했다. 되돌아가고 싶었으나 던칸이 자기 왼쪽으로 조금 거리를 두고 따라오면 괜찮다고 하는 바람에 계속 나아가다 조금도 못가고 말 어깨까지 빠지고 말았다. 두 번이나 뛰어 오르려 발버둥 쳤으나 그때마다 더 깊이 빠졌다. 세 번째 시도에서 말에서 떨어지고 말았다. 우린 모두 진흙구렁을 벗어나려고 발버둥 쳤다. 머리끝부터 발끝까지 온통 진흙으로 뒤집어썼다. 그래도 다친 곳이 한 군데도 없었으니 하나님께 감사할 뿐이었다.

그러나 8시가 지나도록 수렁에서 헤어나지 못하고 있었다. 한 친절한 사내가 우리와 함께 건너 자기 갈 길이 있는데도 모래톱을 지나 스킬버니스(Skilburness)로 가는 길목까지 2마일이나 안내하였다. 스킬버니스에 마침 작고 깨끗한 집이 있어 편안히 밤을 보낼 수 있었다.

7월 19일 토 베벌리(Beverley) 수도원 교회를 구경하였다. 잉글랜드에서 이와 비교될 만한 교회를 본 적이 거의 없다. 교회 안이나 밖이나 아름답고 웅장하였고 어느 교회에 비교될 수 없을 만큼 청결하게 보존되어 있었다.

그러나 지구와 지구 위의 모든 것이 맹렬한 불길 속에 녹아 없어지게 될 때 이교회는 어디에 있을까? 기진맥진한 몸으로 1시경 포크링턴(Pocklington)에서 설교하고 저녁엔 요크(York)에서 설교하였다.

7월 27일 주일 베일든(Baildon) 교회에서 집회를 가졌는데, 교회가 모여드는 사람들을 미처 수용할 수 없어 기도가 끝난 후 마당으로 나와 설교해야 했다.

저녁에도 아침처럼 밖에서 설교하였다. 바람이 얼굴 정면으로 불어오고 있었으나 내 말을 듣는 데에 별로 어렵지 않았으리라 생각하였다. 브래드퍼드(Bradford)

에서 설교하였는데 굉장히 많은 사람들이 모였다. 그러나 비가 내려 가장 자리에 있던 사람들은 내 목소리를 똑똑히 듣지 못한 것 같았다. 그들은 최근 설교 장소를 지어 놓았다. 사방 54피트 되는 6각형 방으로 잉글랜드에서 가장 큰 건물이었다. 이것은 또한 지붕 폭의 1/3정도 되는 높이로 지붕을 올리는 건축 양식을 최초로 도입했으나 잉글랜드의 어느 건물 못지않게 견고했고 벽에도 아무런 영향을 주지 않았다. 그런데 다른 지붕이 그처럼 높은 이유는 무엇일까? 기술부족 때문인가? 아니면 건축가의 양심이 부족한 탓일까?

7월 29일 화 저녁에 패디엄(Paddiham) 근처에서 설교하였다. 진정으로 우리에게 필요한 종교는 하나님과 교제하는 종교라고 간곡하게 증거 하였다. 설교를 마치니 H 씨가 찾아왔다. 그는 길고 흰 수염을 기르고 있었는데 오랫동안 앓고 있었다는 것이 나타나 보였다. 그는 "당신도 수염을 기르지 않으면 천국에서 자리를 얻지 못할게요. 그러니 당신도 수염을 기르시길 부탁합니다" 하였다. 그 밖에는 정상적인 노인이었다.

8월 30일 토 스톨브릿지(Stallbidge)로 갔다. 그곳은 오랫동안 싸움이 끊이지 않던 곳이었다. 몇몇 선동자가 선동 하는 대로 지각없고 무례한 군중들이 조용히 살고 있는 이웃을 추방하자고 외치며 다녔다. 왜? 무엇 때문에? 그들은 감리교인들이 미쳤기 때문이라고 하였다. 그래서 미친 감리교인들을 제 정신이 들게 하려면 머리를 부수어 놓아야 한다고 떠들어대었다. 그들은 창문을 부수고 가구를 부수고 유리창이라고는 하나도 남겨놓지 않았으며 감리교인들이 지나가기만 하면 사람들을 선동해 쓰레기, 썩은 달걀, 돌멩이를 던졌다. 몇 번씩 치안판사에게 진정했으나 감리교인들에게 정의와 자비를 베풀어 주지 않았다. 마침내 그들은 내게 편지를 보냈다. 나도 변호사에게, 난동을 부리는 자들을 경고하도록 했으나 소용없었다. 우리는 고등법원에 제소하였다. 그곳에선 여러 가지 핑계를 대며 18개월이나 재판을 끌었다. 마침내 그들의 죄가 인정되고 중형이 언도되자 그때부터 감리교도 법의 보호를 받고 있다는 사실을 알고 배가 아프지만 더 이상 어쩌지 못하고 조용히 내버려 두었다.

한길 가에서 설교하였는데 방해가 전혀 없었으며 많은 사람들이 모여 주의 깊게 듣고 있었다. 악스민스터(Axminster)로 떠났다. 비에 흠뻑 젖어 악스민스터에 도착하였다. 비가 오므로 6시에 실내에서 설교하였다. 주일 아침 7시에 장터에서 "하나님 나라가 가까이 왔으니 회개하고 복음을 믿으라"(막 1:15)라는 말씀을 외쳤다. 저녁엔 아쉬버턴(Ashburton) 가(街)에서 설교하였는데 대부분 조용하게 듣고 있었는데 그중에 잉글랜드 어디에서도 볼 수 없던 무례하고 몰상식한 자들도 끼어 있었다.

9월 1일 월 플리머스(Plymouth) 항구에 도착하니 폭풍 후의 고요함 속에 잠겨 있었다. 방금 지은 회당인데도 가득하게 모였다. 타락한 사람은 하나님께 돌아오라고 간곡하게 전하였다. 많은 사람이 "권고의 말씀"을 받아들였다고 믿는다.

9월 2일 화 플리머스에 있는 유대교 회당에서 설교를 부탁받고 오후 2시경 설교를 시작하였다. 저녁엔 항구에 있는 휫필드 씨가 자기 방에서 설교하여도 좋다고 했으나 그 넓은 방도 모여드는 사람들은 모두 수용할 수 없었다. 설교가 끝날 즈음 내 뒤쪽에 있는 창문 중 한 군데서 큼직한 돌이 날아와 내 발치에 떨어졌다.

다른 데 떨어졌더라면 누구나 잘 보았을텐데 덕분에 다치거나 놀란 사람은 아무도 없었고 무슨 일이 일어났는지 모르는 사람들도 많았다.

9월 7일 주일 8시에 뉴린(Newlyn) 남서쪽에 있는 큰 도시, 마우스홀(Mousehole)에서 설교하였다. 그리고 베리얀(Buryan)교회로 가 예배가 끝나고 바로 교회 마당에서 많은 사람들에게 설교하였다. 설교를 시작하자마자 한 신사가 내 앞에서 채찍을 흔들면서 무언가 말하려고 안절부절 하였다. 그러나 무례하게 말하려다 부끄러운지 얼굴을 붉히며 잠시 이리저리 쏘다니다 현명하게 말을 타고 가버렸다.

9월 12일 금 세인트 힐러리(St. Hilary)로 가 저녁에 새로 지은 집에서 "잠자는 자여, 깨라!"(엡 5:14)라는 설교를 하였다. 밤이 깊고 어두운데 숙소로 돌아오다가 말이 길을 잘못 들어 수렁에 빠졌다. 마침 어떤 친절한 사람이 고삐를 잡고 끌어내 주었다.

9월 14일 주일 8시에 세인트 아그네스(St. Agnes)에서 설교하고 1시에 레드루스

(Redruth)에서 설교하였는데 그곳에 그처럼 많은 사람들이 모인 것은 처음 보았다. 그러나 5시에 그웬납(Gwennap)에 있는 천연 원형극장에 모인 인파와 비교하면 아무것도 아니었다. 그곳은 영국에서 가장 아름다운 곳이었다. 둥글고 푸른 공간으로 서서히 가운데로 가면서 낮아져 가운데 깊이는 15피트 정도 되었다. 그곳을 건너자면 한쪽으로 200피트, 다른 쪽으로는 300피트 정도는 될 것 같았다. 그곳에 약 2천명은 충분히 모인 것 같았고 조용한 저녁이어서 누구든 잘 들을 수 있었다.

9월 15일 월 커버트(Cubert)에서 설교하고 다음 날 아침 세인트 콜럼(St. Columb)으로 떠났다. 그곳에서 설교를 해야겠다고 생각하고 지체 없이 길가에 있는 어느 신사의 정원에서 설교를 시작하였다. 그곳을 택한 이유는 그곳이 공유지도 개인 재산도 아니었기 때문이었다. 그들이 이해할 수 있을까 걱정했으나 다행히 그들은 진지하고 정숙하게 듣고 있었다.

다시 아이작(Isaac) 항으로 갔다. 이제 와서 이곳은 콘월(Cornwall)에서 가장 살기 좋은 곳이 되었다. 날씨가 어떻게 변할지 몰라 주택가에서 설교하였다. 다행히 설교 도중 비는 오지 않았다. 다만 하나님께서 그의 자손들에게 내려주시는 은혜의 비만이 내렸다.

버킹엄(Buckingham) 씨를 만났는데 그는 주교에게 폐를 끼칠까봐 감리교인들과의 모든 교류를 끊었다. 그러나 그렇게 하자마자 주교는 부신부직에서 쫓아내버렸다. 그가 단지 평범한 기독교인으로 행동했더라면 아직도 그 자리에 그냥 있었을 것이다.

9월17일 수 찔레 가시에 찔려 두 번이나 피를 흘렸다. 론서스턴(Launceston)에서는 방 안에 더 들어올 수 없을 정도로 사람들이 가득 찼다. 그들에게 베데스다 못가에 있던 중요한 사람의 얘기를 들어 설교하였다. 많은 사람들이 감동을 받았으나 완전해지길 바라는 자들은 얼마 안 되니 어찌된 일인가!

11월 3일 월 런던을 떠나 브렌트퍼드(Brentford)로 갔는데 모인 사람들도 감리회도 모두 조용히 있었다.

4일엔 브렌트퍼드, 바터시(Battersea) 뎁트퍼드(Deptford)와 웰링(Welling)에서 설교하고 몇 감리회를 돌아보았다. 5일엔 쇼럼(Shoreham)을 지나 세븐오크스(Sevenoaks)로 갔다. 요사이 여행하면서 농촌 생활을 하는 사람들에게 내려진 축복에 대해 곰곰이 생각해 보았다. 모든 지식인들이 얼마나 이렇게 외쳐왔는가!

O fortunai nimium, sua si bona norint,
Agricolae!

그러나 결국 이 말이 일반적인 체험과도 얼마나 모순적인가!

강가를 따라 숲 아래 지어진 조그만 집을 보았는가! 그곳에서 그들의 시골 생활이 모두 이루어진다. 그런데 그곳에 사는 농부들은 얼마나 행복한가? 그의 행복을 자세히 살펴보자. 해가 뜨자마자 (혹은 뜨기도 전에) 일어나 하인에게 지시하고 돼지와 소등 가축을 돌아보고 외양간과 광을 둘러본다.

겨울과 봄에 자기 밭을 갈고 씨 뿌리는 일을 지켜보고 여름과 가을에 추수하는 사람들 틈에 끼어 부산하게 지낸다. 어느 때에 그들의 행복을 찾을 수 있을까? 이런 생활 중 우리가 부러운 것은 무엇인가? 아니라면 시인들이 그렇게도 동경하였던 일이 끝난 후의 조촐한 식사인가?

O quando faba, pythagorae cognata, simulque
Uncta satis pingui ponentur oluscula lardo!

"두툼한 베이컨에 콩을 싸 먹는 그 행복이란! 아니 또한 배추의 맛이란!" 이런 말을 호레이스(Horace)가 했을 때 그는 제정신으로 말한 것인가 아니면 농촌생활을 제대로 알기나 하고 있었나? 듣고 보는 대로 판단하건대 잉글랜드 전체에서 농부보다 더 형편없는 생활을 하는 사람들은 없다. 일반적으로 그들의 생활은 우울하고 또한 불행하기까지 하다. 영국 국민 중 가장 심한 불만 속에 살고 있으며, 하나님이나 인간에게도 만족한 적이 거의 없이 살고 있다.

웨슬리와 감리교의 성품

1767년 3월 5일 목 마침내 D. 박사와 논쟁을 벌일 수밖에 없게 되었다. 내가 보낸 편지(2, 3주 늦게야 신문에 실렸지만)는 아래와 같다:

"로이드 이브닝 포스트(Lloyd's Evening Post) 편집장 귀하.

안녕하십니까? 수차례에 걸쳐 「그리스도인 잡지(*Christian Magazine*)」발행인이 무작정 제게 공격하였습니다. 그리고 지금에 와서 그는 양심 있는 독자들에게 적어도 한 가지 사실, 즉 (대중이 말하듯) 나를 건드리고 싶어 한다는 사실을 밝히 드러내고 있습니다. 그는 나와 겨누고 싶어 자신을 주체 못하고 있는듯 합니다. 그러나 나는 내게 맡겨진 일을 해야 하며 내 생활 중 시간이 남는다면 좀 더 나은 목적을 위해 살 것입니다.

최근 공격의 대상은 이런 것이었습니다. 35, 6년 전 클레멘스 알렉산드리누스(Clemens Alexandrinus)가 말하는 '완전한 기독교인의 성품' 에 대해 찬양한 적이 있었습니다. 25, 6년 전엔 나도 그런 성품을 이루어야겠다고 생각하면서 좀 더 성경적인 태도를 가지고 성경의 말씀대로 행할 때 그러한 성품은 이룰 수 있음을 알게 되어 그런 성품을 "감리교의 성품"이라 불렀고 그 후로 호기심 있는 사람들은 내 글을 읽게 되었으며 덕분에 보통 사람들이 가지고 있던 편견이 많이 벗겨졌으리라 믿고 있습니다. 그러나 우리가 스스로 높이고 있는 것이 아님을 밝히기 위해 첫 머리에 나와 형제들의 이름을 적고 "내가 이미 얻었다는 것도 아니오 이미 완전해졌다는 것도 아닙니다"라고 적었습니다. "이것이 우리 감리교의 변하지 않는 원리이며 실천입니다. 이것이 진정한 감리교인의 표식입니다"라는 말로 끝맺었습니다. 즉 완전한 그리스도인이라는 말을 얼마 후 다시 설명하였습니다. "단지 하나의 이유 때문에 즉 다른 사람들과 구별되기 바라는 욕망 때문에 조롱의 대상이 되는 자들"입니다. 이 목적을 위해 우리 자신은 몸과 마음을 그리스도의 복음에 따라 살지 않는 사람들과 구별하려 노력합니다.

이에 대해 러스티큘러스(Rusticulus) 혹은 도드(Dodd) 박사는 '웨슬리 씨 주장에 따르면, 감리교인은 완전하며 생각이나 말이나 행동에서 죄를 짓지 않는다는 말이 된다' 고 주장합니다.

편집장님, 용서하시길 바랍니다. '웨슬리 씨 주장에 따르면' 이라니! 말도 안됩니다. 나는 불완전하다고 온 세상에 말해 왔습니다. 그런데도 당신은 나를 감리교인이라 불러 주셨습니다. 솔직히 말씀드리자면 내가 바라는 그런 성품을 아직 얻지 못하고 있습니다. 내가 반대하더라도 그것을 확인시켜 주시겠습니까?

'그러나 웨슬리 씨는 다른 사람들은 가지고 있다고 한다.' 그런 말을 한 적이 없습니다. 내가 말한 것은 단지 완전한 기독교인에 대해 성서적인 언급을 하고 나서 '이런 목적으로 감리교인은 다른 사람들과 구별되기를 애쓴다. 이 일을 위해 우리는 자신을 구별시키려고 힘쓰고 있다' 는 말이었습니다. 당신도 이러한 것을 원하시고 힘쓰시지 않으시렵니까?

그런데 당신께서 '웨슬리 씨는 감리교인(즉 모든 감리교인들)은 완전히 의롭고 거룩하다고 말한다.' 고 하셨는데 어디에 그런 단언이 있습니까? 내 앞에 있는 책 중 어디에도 그런 구절은 없습니다. 오히려 정반대임을 단언합니다.

그리고 어디에 가서도 그런 말을 했다고 하셨는데 그것도 제가 전혀 모르고 있는 사실입니다. 죄송스런 부탁입니다만 그러한 말을 한 장소를 알려주시기 바랍니다. 제 요구를 들어주시지 못하시면 지금까지 당신께서 말씀하신 모든 것이 근거 없는 말이라는 것이 밝혀지게 되는 것입니다. 그리고 (소위) 감리교인들은 계속해서(그들의 진지함에 대한 어떠한 탄핵도 받지 않으며) 그들은 '자신들의 의로움을 믿으며 하나님의 넓고 큰 자비 속에서' 거룩한 곳에까지 이르지는 못했다고 밝힐 것입니다. 저도 마찬가지입니다.

당신의 존 웨슬리로부터"

8월 1일 토 글래스고(Glasgow)로 떠나기 전에 이상한 이야기를 들었는데 그 당사자에게 얘기를 듣고 싶었다. 그는 무덤 파는 사람이었는데 수년 동안 신앙적인 문제로 그다지 어려움을 겪지 않고 지내왔다. 나는 그의 얘기를 들은 그대로 적어 두고 그에 대한 판단은 읽는 사람들 각자에게 맡긴다.

"16주 전, 해가 지기 바로 전에 높다란 교회 앞을 지나가는데 한쪽 구석에서 누가 나타나더니 내게 다가와 내 얼굴을 뚫어지게 바라본 후 '어떻게 지내느냐' 고 묻더군요. '아주 잘 지내고 있습니다' 고 대답했습니다. 그러자 그는 '당신에게 여러 가지 문제가 있었는데 어떻게 그걸 다 해결하였오?' 하고 묻더군요. 그리곤 내가 지금까지 해 온 일을 일일이 말했습니다. 맘속에 있던 생각까지 얘기하더군요.

그리곤 '다시 올테니 기다리시오' 라고 말하고는 순식간에 사라져 버렸습니다. 온몸이 떨리고 맥이 빠졌습니다. 땅 위에 엎어지고 말았습니다. 그때부터 죄의 짐에 눌려 계속 신음하고 있었습니다. 성만찬에 참여하면서 비로소 모든 것이 벗겨졌습니다."

9월 25일 금 프레시퍼드(Freshford)에서 설교할 예정이었으나 "참으로 이스라엘 사람"이었던 조셉 알렌(Joseph Allen)이 천연두로 죽는 바람에 아무도 오려고 하지 않았다. 그래서 교회 마당 근처에 탁자를 설치해 놓았다. 그리고 설교가 시작되자마자 근처에 사는 한 신사가 선동해 야단을 치기 시작하였다.

그러나 그들의 시도는 실패로 돌아갔다. 내 목소리가 더 컸고 사람들은 내 목소리를 똑똑히 들을 수 있었다. 오히려 수년 동안 들을 수 없었던 귀가 어두운 사람도 이번에 처음부터 끝까지 모두 듣고 깨달았노라고 기뻐하면서 친구에게 이야기하였다.

11월 23일 월 캔터베리로 갔다. 거기서 부랑빌리에(Boulanvilliers) 공작이 쓴 듯한 「마호메트의 생애」(*Life of Mahomet*)를 읽었다. 작가가 누구였든 그는 대단히 건방지고, 고집이 세고, 자만심으로 가득하고 엄청난 오판과 기독교를 고의적으로 업신여기려는 태도 밖에는 아무것도 없었다. 부감독 프리도(Prideaux)(그와 비교하면 열 배는 나은 작가이지만)도 무엇을 쓸 땐 꼭 근거를 대고 있는데도 그 책은 아무런 근거도 없이 조잡하고 유치하게 꾸며진 소설이었다.

오후에는 도버로 갔다. 오랜 여행을 한 신사와 같은 숙소에 들게 되었다. 같이 잠자리에 잘 들었다. 그런데 아침에 보니 죽어 있었다. 인생의 덧없음이여! 6시에 설교하였는데 방이 좁아 모두 들어오지 못했다. 수비대 장교들도 대부분 그곳에 있었다.

12월 13일 주일 혀끝이 조금 쓰라리더니 이튿날엔 잇몸으로 퍼지며 입술이 터지고 열이 나며 땀이 흐르고 살갗마저 타면서 부어올랐다. 조금 후엔 입천장이 상당히 쓰려 아무것도 씹을 수 없었다. 게다가 주기적인 구토증까지 겹쳤다. 조금 쉬면 나을 것 같았으나 쉴 처지가 못 되었다. 수요일에 시어니스에 약속이 있었다. 그래서 6시가 다 되어 말을 타고 떠나 저녁 6시경 도착하였다.

6시 반경(그곳 성주가 예배당 사용을 허락하여) 기도문을 읽고 고통을 참으며 진지하게 앉아 있는 사람들에게 설교를 시작하였다. 다음 날 저녁에는 더 많은 사람들이 모여 예배당은 마치 찜통 같았다. 밖으로 나와 설교했으나 맞바람이 불어 목소리가 거의 들리지 않았다. 다음 날 그 많은 사람들에게 어떻게 기도문을 읽어 주고 설교하나 걱정이 되었으나 오후에 성주가 예배당에서 다시는 설교하지 말라는 바람에 매듭이 풀렸다. 다른 방을 구했는데 가득 모인 사람들에게 수월하게 설교할 수 있었다. 우린 모두 즐겁게 시간을 보냈다. 많은 사람이 "하나님을 만날 때까지 찾을 것"을 결심한듯 하였다.

그들 대부분이 살고 있는 마을은 잉글랜드 다른 곳에선 찾아 볼 수 없는 특이한 생활을 하고 있었다. 성과 붙어 있는 항구엔 6척의 옛날 군함들이 있었다. 이 군함들은 4, 50명 혹은 60명씩 살 수 있도록 셋방으로 나뉘어져 있었는데 각 배에는 작은 굴뚝과 창문이 많이 있었으며 창문과 굴뚝 하나마다 한 가족이 사는 집이 되었다. 한 가족은 보통 부부와 6명의 아이들로 구성되어 있었다. 그런데도 모든 배는 분위기가 좋았으며 상당히 청결했고 내가 타 본 어떤 배들보다도 그 분위기가 아주 좋았다. 19일(토요일)에 런던으로 돌아왔다.

마샬시(Marshalsea) 감옥에서

1768년 1월 2일 토 마샬시에 갇혀 있는 불쌍한 사내를 찾아 만나 보았다. 그의 경우는 좀 특이했다. 네덜란드 출신으로 화학이 전공이었다. 고향에서 마땅한 일자리가 없어 런던으로 나가보라는 충고를 듣고 떠났다. 런던에선 일할 자리가 충분할 것이라 생각하고 있었다. 그는 같은 고향사람 집에 묵고 있었다. 그런데 고향 사람은 그가 빚진 것보다 더 많은 것을 벌 욕심으로 그를 체포해 감옥으로 끌어가버리도록 하였다. 그는 만삭이 된 아내를 둔 채, 돈도 친구도 없이, 영어도 제대로 못하면서 감옥에 갇혔다. T 씨에게 이 얘기를 적어 보냈다. T 씨가 곧 15파운드를 보내주어 내 돈을 조금 보태 그는 자유의 몸이 되어 생계를 꾸려나가게 되었다. 그러나 그 후로 그는 한 번도 만나지 못했다. 물론 그럴만한 이유가 있었다. 이제 그는 나 없이도 살 수 있게 된 것이다.

1월 4일 월 이번 주엔 시간 여유가 있어 프리스틀리(Priestley) 박사가 전기요법에 대해 쓴 소박한 글을 읽었다. 그는 이 묘한 것에 대해 밝혀진 모든 것을 정확하게 수집하고 충분히 정리해 놓은 것 같았다. 그러나 이것이 전부라면 너무나 빈약하다. 우리도 그것이 어떻게 쓰이는지 (적어도 어느 정도는) 알고 있다. 그것이 한꺼번에 천여 가지 효과를 낸다는 사실도 알고 있다. 특히 지금까지 밝혀진 신경성 질환에 가장 효과 있는 치료 비법이라는 것도 알고 있다. 그러나 이론만을 추구해 나간다면 우린 아무것도 모른다. 머잖아 우린 열매 없는 탐구 속에서 헤매고 당황하리라.

1월 11일 월 이번 주엔 우드로우(Wodrow) 씨의「스코틀랜드 교회 고난사」(*History of the Suffering of the Church of Scotland*)를 읽으며 시간을 보냈다. 확고부동한 증거만 있으면 다른 어떤 반증도 용납될 수 없다는 일반적인 견해를 무시하려는듯 하였다. 오! 찰스(Charles) 2세가 좋은 성품을 지닌 축복받은 왕이라니! 그에 비하면 잔인한 메리(Mary) 여왕은 한 마리의 어린 양, 보잘것없는 비둘기에 지나지 않았다.

2월 8일 월「코헬렛, 위대한 설교자」(Choheleth;or, the Preacher)란 제목의 놀라운 시를 읽었다. 전도서를 쉽게 풀어 쓴 시였다. 작가(터키의 상인)는 고대와 현대를 통틀어 내가 보아온 어느 학자보다 (전도서의) 어려운 표현법과 전체적인 흐름을 잘 파악하고 있음이 분명히 나타났다. 대지진 때 그는 잠옷과 슬리퍼를 신고 리스본에 있었다. 옷을 채 입기도 전에 무너져 그 밑에 깔리는 바람에 목숨을 구했다. 밖으로 뛰어나간 사람들은 모두 무너지는 건물에 파묻혀 죽었다.

3월 14일 월 북부로 여행을 떠났다. 저녁에 스트라우드(Stroud)에서 설교하였다. 15일 점심때 페인즈윅(Painswick)에서 저녁에는 글로스터(Gloucester)에서 설교하였다. 군중들이 상당히 오랫동안 시끄럽게 소란을 떨었다. 그러나 충실한 치안판사가 사태를 파악하고 군중 속에 있는 야수 같은 사람들을 꼼짝 못하게 만들었다 하려고만 한다면 모든 치안판사들도 이처럼 할 수 있을 것이다. 소란을 피우는 무리가 생기면 그들은 폭도의 편에 서는 것이 아니라 정의의 편에 서야 할 것이다.

3월 16일 수 9 시경 첼튼엄(Cheltenham)에서 설교하였다. 조용하고 기분이 좋은 곳이었다. 국교회 목사나 재세례파 목사들이 목적대로 방해했더라면 그렇게 조용한 곳이 못될 뻔하였다.

그들은 있는 힘을 다해 나팔을 불어 댔다. 그러나 청중은 들은 척도 하지 않았다. 오후에 업튼(Upton)에서 설교하고 우스터(Worcester)로 갔다. 그러나 설교 장소가 마땅치 않았다. 모여 드는 사람들을 모두 수용할 만한 방도 없었고 야외설교를 하기엔 너무 추웠다. 할 수 없이 마을에서 가까운 동료의 집으로 갔다.

그의 창고는 어느 교회 못지않게 넓었다. 그곳에 많은 사람들이 모였다.

5시와 다음 날 10시에 설교하였다. 여기에 필요한 것은 널찍한 설교 장소뿐인데 하나님께서 이것 또한 해결해 주시지 않으랴?

3월 18일 금 펩워스(Pebworth)의 국교회 교구목사가 주일날 교회에서 만나 금요일 그곳에서 설교해도 좋다고 허락하였는데 그 교구의 향사(鄕士: 시골 지주계급의 신사)가 "그것은 교리에 어긋나는 일이므로 (현명한 향사로다!) 그럴 수 없다"고 거절하였다.

그래서 그곳에서 1마일 가량 떨어진 이든(Eden) 씨 댁 옆에 있는 브로드마스턴(Broadmarston)에서 설교하였다. 상당히 많은 사람들이 진지하게 들었다. 이튿날 아침 5시 아주 오래된 예배당에 사람들이 가득 모였다. 이처럼 단순하고 성실한 사람들에게 풍성한 축복이 마련되어 있다.

3월 19일 토 우리는 버밍엄으로 갔다. 수년 동안 이곳에서 판치던 훼방꾼들은 엄격한 치안판사에 의해 완전히 사라져 버렸다. 설교 후 106세 된 조지 브리진스(George Bridgins)를 만나 기뻤다. 설교를 듣기 위해 걸어서 올 수 있었고 말짱한 정신으로 설교를 아주 잘 이해하고 있었다. 그러나 100년의 긴 시간도 영원을 깨닫는 순간에 얼마나 짧은 한 순간의 꿈으로 변하였는가!

3월 20일 주일 1시경 웨스트 브롬위(West Bromwich) 언덕에서, 저녁엔 웬즈베리(Wednesbury)에 있는 강당 근처에서 설교하였다. 북풍이 면도날처럼 날카롭게 불고 있었으나 청중들도 나와 함께 개의치 않고 좀 더 중요한 다른 데에 관심을 집중시키고 있었다.

3월 22일 화 농부의 딸인 화틀리(Whately) 양의 조그만 시집을 읽었다.

별로 교육받은 적도 없으나 놀라운 재능을 지니고 있었다. 내가 보기에 그녀의 시 몇 편은 그레이(Gray) 씨의 시와 견주어 보아도 손색이 없었다. 몇 해 동안 지도를 받게 된다면 잉글랜드에 지금까지 나타난 여류시인 중에 가장 뛰어난 인물이 되리라는 것은 의심할 여지가 없다.

3월 30일 수 더비셔(Derbyshire) 고원에 있는 뉴 밀스(New Mills)란 작은 마을로 갔다. 점심 때 새로 지은 널찍한 예배당에서 설교하였는데 (설교하는 곳에 맑은 공기가 필요하다고 생각해서인지) 창문마다 3인치 크기로 여닫이문을 만들어 붙여 놓았다. 이곳의 습관이었다.

부모들에게 교훈을 준 웨슬리

저녁과 다음 날 아침에 맨체스터(Mancester) 사람들에게 가정을 다스리고 자녀를 가르치는 일에 대하여 말해 주었는데 어떤 사람은 어처구니없게도 "오, 그는 자기 자식도 없으면서!" 하고 대꾸하였다.

성 바울을 비롯한 (우리가 아는) 어떤 사도들도 자식이 없었다. 그런데 그들은 어떻게 했는가? 그 이유 때문에 부모들에게 교훈을 줄 수 없었던가?

그렇지 않았다. 구원받아야 할 영혼을 소유한 자에게는 누구든 교훈을 줄 수 있었다.

4월 6일 수 11시 경 위겐(Wigen) 마을 중앙에 전에 극장으로 쓰여진 듯한 건물에서 설교하였다. 방안 가득히 사람들이 모였고 상당히 무더웠다.

매우 거친 사람들이었으나 훼방 놓는 자는 없었다. 설교가 끝나고 거리로 내려가는데 그들도 따라 왔으나 욕지거리를 퍼붓는 자는 없었다.

저녁에 많은 사람들이 리버풀에 모였으나 몇 차례 사소하고 경거망동한 일들이 벌어져 위겐보다 나을 것이 없었다.

아침과 저녁에도 많은 사람들이 모였는데 일반적으로 예의바른 행동을 취하였다. 감리회도 전보다 숫자적으로 늘었고 활발하게 활동하고 있었다.

4월 11일 월 볼턴(Bolton)으로 갔다. 수요일에는 켄달(Kendal)로 갔다. 감리회에서 탈퇴한 자들과 사이비 감리교인들이 사람들을 기만해 놓아 개선될 기미가 전혀 보이지 않았으나 다시 한 번 "빵을 바다 위에 던지듯이"(전 11:1) 결과가 어찌되든 말씀을 전하고 나서 모든 일을 하나님께 맡기고 그곳을 떠났다.

4월 14일 목 계속 비가 오는데도 앰블사이드(Ambleside)로 떠났다. 케스윅(Keswick)에 도착하기 바로 전에 비가 개어 맑은 날씨 속에 케스윅을 떠났다.

그러나 산을 넘을 때 다시 구름이 끼더니 폭우가 쏟아져 말들이 머리조차 쳐들 수 없었다. 그럼에도 서둘러 코커머스(Cokermouth)에 도착하였는데 설교할 곳이 없었다. 대의원 선거로 마을 전체가 들떠 있었다. 그래서 옷이나 말리고 화이트헤븐(White Heaven)으로 가는 것이 좋을 것이라고 결론을 내렸다.

4월 26일 주일 애버딘에 도착하였다. 정말로 살아 움직이며 평화와 사랑으로 하나가 된 감리회를 여기서 발견하였다. 아침 저녁으로 사람들이 가득 모였으며 변함없이 깊은 관심을 보였다.

그런데 건달패가 여기까지 파고들어 설교를 듣고 있던 청년들을 꾀어 데리고 나갔다. 가련한 스코틀랜드! 불쌍한 애버딘! 건달패는 잉글랜드처럼 그들을 비신앙적으로 만들려고 하고 있다.

4월 29일 금 상당히 타당하면서도 놀라운 충격을 준 책을 한 권 읽었다.

「스코틀랜드의 메리 여왕에 대해 일반적으로 주장하는 죄의 근거에 대한 고찰」(*An Inquiry into the Proofs of the Charges Commonly Advanced against Mary Queen of Scots*)란 책이었다. 저자는 원래 문서들을 자료로 이용하여 이렇게 멀리서 상상하는 이상으로 자세히 서술하고 있다. 1) 여왕은 단리(Darnley) 경의 살인 사건에 대하여 직간접적으로 결백하였다. 2) 여왕이 보스웰(Bothwell) 경(당시 여왕의 나이가 24세인 반면 그는 이미 70세에 가까웠다)과 결혼한 것은 귀족의 순결성을 보존하라는 강한 요구에 의한 것이었으며 그 자신도 여왕에게 자기는 왕의 죽음과는 무관하다고 단언하였다. 3) 머리(Murray), 모턴(Morton)과 레싱턴(Lethington) 등이 여왕에게 살인 누명을 씌우기 위해서 그와 같은 악랄한 편지와 시를 써 살인자들이 여왕의 측근과 결탁하고 있는 것처럼 꾸몄다.

"그러면 지금까지 일반적으로 알려진 얘기와 전혀 다른데 그 이유는 무엇인가?" 이유는 간단하다. (우리가 알고 있는 이야기는) 머리 경의 비서로 엘리자베스 여왕의 녹을 받는 엘리자베스 여왕 계열인 조지 뷰캐넌(George Buchanan)에 의해 불어, 영어, 라틴어도 인쇄되었다. 그러니 그가 사실을 왜곡하였다는 것은 자명한 이치다. 메리 여왕에게 자신을 변명할 기회조차 없었다. "그러면 엘리자베스 여왕은 누구인가?" 네로처럼 의롭고 자비로우며 마호메트처럼 선량한 기독교인이다.

5월 1일 월 7시 새로 지은 방에서 설교하고 오후엔 구 애버딘에 있는 대학교회에서 설교하였다. 6시에 방 안으로 더 이상 들어올 수 없어 성문 앞의 포장된 도로에서 설교하였다.

대부분 진지하게 듣고 있었으나 무례하기 짝이 없는 자들이 몇 명 있어 그들은 신앙에 대해선 전혀 아는 바 없는 사람들 사이를 헤집고 돌아다녔다.

그처럼 무례한 자들은 스코틀랜드에서 본 적이 없었다. 그 중 하나가 감자를 던져 내 팔에 맞았다. 돌아서서 그들을 노려보았다. 그들 중 몇은 부끄러워했다.

5월 2일 월 일찍 애버딘을 떠나 점심때 브레친(Brechin)에서 설교하였다.

설교가 끝나고 나오니 시장이 만나고 싶다고 하며 말하였다. "목사님, 제 아들은 어릴 때부터 간질병 증세가 있었습니다. 오길비(Ogylvie) 박사께서 수차례 아이를 돌봐 주었지만 마침내 자기로선 어쩔 수 없다고 포기하였습니다.

지난 월요일 목사님께 드릴 말씀이 있다고 블레어(Blair) 씨께 전해달라고 부탁하였습니다. 화요일 아침 아들 녀석이 꿈에 발작 증세가 사라졌다고 제 어미에게 말하더군요. 그는 정말 괜찮았습니다. 아이에게 목사님이 하신 말씀을 들려주었습니다. 지금 그 애는 완쾌되었고 그 후로 그 증세가 나타나지 않았습니다."

5월 5일 목 테이(Tay) 강과 산을 끼고 15, 6마일이나 뻗은 아름답고 풍요한 고우리(Gowry) 평원을 따라 퍼스(Perth)로 갔다.

오후에는 스쿤(Scoon)에 있는 궁전을 보러 갔다. 아름다운 곳에 자리 잡고 있는 거대하고 오래된 건물이 허물어져 가고 있었다. 그러나 여왕과 왕이 거처하던 방은 아직도 아름다운 미술품과 융단이 남아 있었다. 그리고 불운의 여왕 메리가 로흐레빈(Lochlevin)에 유배되어 있는 동안 갇혀 있던 방에 걸려있던 장식들과 침대가 신기하게도 그대로 남아 있었다. 또 여왕의 뛰어난 재능과 부지런한 성품을 나타내주는 뜨게 작품들이 걸려 있었다.

5월 15일 주일 8시경 고등학교 운동장에서 설교하였는데 적잖은 사람들이 회개한 것 같았다. 12시 반 쯤 더 많은 사람들이 캐슬 힐(Castle Hill)에 모였다. 내 목소리가 그들을 완전히 제압하고 있는 것 같았고 "내가 보니 죽은 자들이 무론 대소하고 그 보좌 앞에 섰는데"(계 20:12)라는 두려운 말씀을 전하였다. 저녁엔 방 안으로 사람들이 가득 모였다. 부자와 귀족들도 참석하였다. 그들에게 "누가 임박한 진노를 피하라고 일러 주었을까?"(마 3:7) 오, 그들도 이제는 깨어 "죽은 자 가운데서 일어서게" 되기를!

6월 1일 수 저녁에 의용병 대부분이 바너드(Barnard) 성 집회에 참석하였다. 그들은 정숙하게 들었다. 마을에서 1마일 가량 떨어진 곳에 사는 동창을 오랜만에 만나 그의 집에서 같이 자게 되어 참으로 기뻤다. 우리가 신학생활을 같이 한 후 5, 60년이 꿈같이 지나버렸구나!

6월 2일 목 점심 때 웨스트모어랜드(Westmoreland)의 브러흐(Brough) 근처에 있는 농부의 집에서 설교하였다. 햇볕이 내려쬐고 있었으나 큰 나무가 있어 모인 사람들 대부분을 그늘로 가려 주고 있었다. 예배 처음부터 끝까지 작은 새 한 마리가 모인 사람들 중 한 사람 머리 위에서 내 설교를 방해하지는 않으면서 그에게 설교 하는 듯 지저귀었다. 많은 사람들이 꽤나 먼 곳에서 찾아왔는데 그들의 수고가 헛되지 않았으리라 믿는다.

6월 3일 금 어제 산에서 달려 내려오다 허리를 다쳤다. 오늘 더 악화되었으나 바나드 성으로 떠났다. 햇볕이 뜨겁게 내려 쬐어 마을에 도착하기 전에 깨끗이 나았다. 저녁에 수석장교가 더럼(Durham)의 의용군은 아무도 집회에 참석할 수 없다는 명령을 내렸다(이런 모순이 어디 있는가).

그래서 장교와 사병들이 약간 모여 진지하게 들었다. 그들 대부분이 이튿날 5시에도 참석하였다.

6월 7일 화 배를 타고 남부 쉬일즈(Shields)로 갔다. 점심때 누구나 들을 수 있는 큰 목소리로 설교하였다.

식사를 마치고 장엄한 폐허의 현장을 보러 타인머스(Tynemouth) 성으로 갔다.

성 안에 굉장히 컸던 교회의 잔재가 흩어져 있었는데 그것들을 봐도 건축 기술의 섬세함을 알 수 있을 것 같았다.

벽돌은 강한 접착제로 쌓여 있었는데 크롬웰(Cromwell)의 대포만 아니었다면 천 년 정도는 그대로 버티고 있었을 것이다.

웨슬리의 아내가 병이 나다

8월 14일 주일 아내가 심하게 아프다는 전갈을 듣고 즉각 마차를 타고 새벽 1시가 못되어 집에 도착하였다. 열이 내리고 고비를 넘긴 것을 보고 2시경 다시 떠났다. 오후에 (전혀 피곤을 느끼지 않고) 브리스틀에 도착하였다.

9월 7일 수 (펜잰스) 설교를 일찍 마치고 감리회 대표자들을 만났는데 그들처럼 살아 있는 신앙 속에서 신앙과 사랑으로 하나 된 형제들을 전에 이곳에서 본적이 없었다. 계속해서 나흘동안 될 수 있는 대로 여러 곳에서 설교하였다. 처음에는 하루에 서너 차례 그것도 야외에서 8일 간 설교를 하면서 버틸 수 있을까 걱정 하였는데 탈 없이 버티었다. 마지막 날에도 첫 날과 다름없는 기분이었다.

9월 11일 주일 세인트 아그네스에서 9시 경과 2시가 조금 못되어 설교하였다. 처음에는 전처럼 그웬납의 천연 원형극장에서 집회를 열었다. 이곳이 평지라면 내 목소리로 모인 모든 사람들에게 들릴 수는 없을 것이라 느꼈다. 가장자리가 둥글게 솟아올라 모두 똑똑하게 들을 수 있었다.

9월 12일 월 점심때 콜리스틱(Callistick)에서, 저녁엔 컬리(Kerley)에서 설교하였다. 줄곧 비가 쏟아졌으나 모인 사람들은 주의를 흩뜨리지 않고 들었다. 화요일 점심때 트루로(Truro)에서. 저녁에 메바기세이(Mevagissey)에서 설교하였다.

신성한 기쁨의 계절이었다. 이처럼 놀라운 은혜를 본 적이 별로 없었다.

확실히 하나님의 생각은 우리의 생각과 다르다! 메바기세이에 이보다 더 좋은 일이 있을 수 있을까?

9월 16일 금 심하게 비가 내리는데도 폴페로(Polperro)로 갔다. 우리가 투숙한 방의 윗방엔 청어와 장어같은 고기로 가득 차 있어 냄새가 지독해 견딜 수 없었다.

우리와 친밀한 여인이 자기 집에 묵기를 청했을 때 나는 지체 없이 따라 나섰다. 설교를 시작하자 비가 쏟아지기 시작했으나 예배가 끝나기까지 아무도 자리를 뜨지 않았다.

9월 17일 토 크림블(Crimble) 나루에 도착하니 사공이 못 가게 막았다. 폭풍이 심해 배를 못 탄다는 것이었다. 그러나 억지로 모험해 보자고 졸랐다.

그런데 물 한 방울 맞지 않고 무사히 건넜다.

9월 18일 주일 부두 근처에 있는 집에서 아침 집회를 가졌는데 대체로 괜찮은 사람들이었다. 1시와 2시 사이 플리머스에 있는 선창에서 설교하였다. 비가 오는데도 많은 사람들이 모여 듣고 있었다. 그런데 우둔한 친구가 하나 있어 시종 쉬지 않고 떠들어 대었다. 사람들에게 좌우로 비켜 어떤 자인지 좀 보게 해달라고 했다. 사람들이 비켜서니 그는 멋쩍어 모자를 벗어들고 조용히 사라져버렸다.

11월 30일 수 심한 폭풍이 일어나기 바로 전에 도버에 도착하였다. 폭풍도 우리의 도착을 막을 순 없었다.

우리가 가는 곳, 특히 항구 도시엔 어느 곳이나 말씀을 들으려는 사람들의 뜨거운 열기가 가득 했다. 분명히 하나님께서 이 나라를 사방으로 포위하고 모든 입구에서부터 공격하고 계신다.

12월 14일 수 웨스트민스터 학생들이 테렌스(Terence)의 「아델피」를 공연하는 것을 구경하였다. 기독교인들이 보아도 가치 있는 오락물이었다. 이방인들은 우리를 부끄럽게 하고 있다.

대부분 그들의 희극에서 기독교인의 글에서는 찾아보기 힘든 뛰어난 감각과 인간과 그 생활의 가장 생동하는 면, 그리고 참된 도덕에 대한 날카로운 비판을 발견할 수 있다.

제15장

1769년~1770년

웨슬리가 새로운 교회를 시작하다 - 루소, 지리학, 스베덴보리, 승마에 대한 웨슬리의 언급 - 그웬납과 2만 명 - 휫필드의 죽음

1769년 1월 9일 월 휫필드(Whitefield) 목사와 만나 즐겁고도 유익한 시간을 가졌다. 옛날 일을 상기하며 당시에는 알아채지 못했지만 하나님께서 어떻게 우리에게 일을 마련해 놓으셨던가 생각하며 얘기를 나누었다.

2월 17일 금 [야머스(Yarmouth)에서] 와트(Watt) 박사의「수난에 관한 논고」(*Treaties on Passions*)를 요약해 보았다. 177페이지 분량을 24페이지로 요약시킬 수 있었다. 나와 똑같은 문제를 다루는 사람들이 이처럼 많은 분량으로 서술하는 것일까? 여러 이유가 있겠지만 우리가 똑같은 관점에서 보고 있지 않다는 것이 가장 중요한 이유가 아닐까? 그들이 글을 쓰는 목적은 돈을 버는 것이지만 나는 오로지 선을 행하려고 쓴다.

2월 27일 월 (런던)에서 나의 오랜 친구이며 동역자인 조지 휫필드(George Whitefield)와 진지한 대화를 나누었다. 그의 영혼은 아직도 불타는 듯 했으나 몸은 이미 쇠약해 있었다. 하나님이 붙들어 주지 않는 한 일에서 손을 뗄 수밖에 없을 것 같았다.

3월 30일 목 (더블린)에서 한 한심한 작자가 내게 배를 타고 있는 동안 서너 차례 내 말에게 먹이를 먹였다고 그 노고의 대가로 10실링을 요구하며 채권 재판소에 고소하는 바람에 법정에 소환되었다. 그에게 반 크라운을 주고 이 사실을 법정에 통고하였더니 그는 심하게 야단을 맞았다. 해안에 있는 이런 부두 협잡꾼들을 조심해야 한다. 이번 주 시간이 있어 바이런(Byron) 선장에 대한 이야기를 읽었

다. 어려움을 극복하고 승객들을 구한 이처럼 아름다운 이야기를 들은 적이 없었다. 이 이야기보다 아름답고 충격적인 소설은 다시없을 것이다.

4월 19일 수 [아르마(Armagh)] 10~12마일 떨어진 킨나드(Kinnard)를 방문해 달라는 요청을 받고 10시경 말을 타고 떠났다. 킨나드에 최근 감리회가 형성되어 형제들은 하나님 안에서 활발하게 움직이고 있었다. 마을 어귀에서 부감독 C 씨가 보낸 사람을 만났는데 부감독이 자기 집으로 초대한다는 말을 전해 주었다. 그리고 조금 후에 다른 사람이 나와 지금 부감독이 대문 앞에서 기다리고 있다고 전해 주었다. 그의 집으로 가 34, 5년 동안 만나보지 못했던 오랜 친구를 만나게 되었다.

웨슬리가 새로운 교회를 시작하다.

그는 최고의 정성으로 나를 맞았고 얼마 시간이 지난 후, "최근 교회를 하나 지었습니다. 주위에 있는 사람들은 내가 그 교회를 시작하기를 바라고 있으니 목사님이 그 교회를 시작해 주셨으면 감사히 받아들이겠습니다" 하였다. 종이 울리고 마을 사방에서 사람들이 모여 들었다. 그들은 "마음을 정돈하고 말씀을 받아들였다." 여기서 하나님의 손길이 사랑하는 사람들을 강하게 붙들고 계심을 보았다.

그곳을 떠나 아름다운 시골을 지나 찰마운트(Charlemount)로 갔다. 거기서 진지한 회중에게 설교하였다. 우리는 성채 근처에 모였다. 성채 주위에 도랑이 들어가며 파져 있었고 곳곳에 성벽이 쌓여 있었다. (습관적으로) 정부는 3화딩(1화딩은 1/4 페니히) 정도 가치밖에 없는 것을 위해 매년 1천 화딩씩 투자하고 있는 것이다.

4월 20일 목 카울필드(Caulfield) 성으로 가 성 옆에 있는 초원에서 설교하였다. 평범하지만 진지한 사람들이 많이 모였는데 그들에게서 아직도 단순함과 열성을 찾아 볼 수 없었다. 설교 후 쿡스타운(Cookstown)으로 갔다. 그곳은 늪지대를 지나면서 곧장 1마일 가량 뻗은 도로 주변에 있는 마을이었다. 그 마을의 거의 전 주민에게 설교하고 이튿날 아침과 저녁에도 설교하였다. 많은 사람들이 "기쁨으로 말씀을 받아들였다."

아마도 그들 모두는 다시 돌같이 굳게 닫힌 마음을 지니지는 않으리라.

우리는 새로 난 길을 따라 던기븐(Dungiven)으로 갔다. 그러나 그 길로 가는 것이 오히려 힘들었다.

> 채 굳지 않은 길로 가는 것.
> 방금 만든 길로 가는 것은 우리를 힘들게 하도다.

14마일을 가는데 거의 5시간이나 걸렸다. 말을 타다가 걷기도 하면서 갔다. 늘 하던 대로 런던데리(Londonderry)에서 저녁과 아침 8시에 방안 가득 모인 사람들에게 설교하였다. 오후엔 휘황찬란하게 차려입은 사람들이 몰려 왔다.

그러나 그 모습은 내게 그다지 기쁨을 주지 못했다. 그들에게 선한 일을 해주고 싶은 생각이 나지 않았다. "오직 하나님과 함께 모든 것이 가능하다."

그날 저녁과 이튿날엔 감리회 회원들을 모아놓고 일상적인 대화를 나누었다.

아일랜드에서만큼 우리 설교자들이 고통 받는 곳도 다시없다. 열의도 없다.

밴드도 없고 회원은 합해봐야 44명뿐이다. 게다가 대부분 무관심하거나 냉랭하다. 청중들도 대체로 돌처럼 굳어 있다. 그럼에도 우린 말씀을 전할 수밖에 없다. 주님이 보시기에 좋은 대로 맡겨 두는 수밖에.

5월 25일 목 반던(Bandon)으로 갔다. 저녁에는 집안에 머물러 있어야 했으나 이튿날(26일) 거리로 나가 모여드는 사람들에게 "하나님을 경외하고 그의 명령들을 지킬지어다 이것이 모든 사람의 본분이니라"(전 12:13)라고 외쳤다. 설교 후 한 여인이 찾아왔다. 1, 2년 전만 해도 생의 최고 절정기에 있던 여인으로 참으로 아름다운 매력을 지니고 있었으며 남편으로부터 아낌없는 사랑을 받았고 이 나라에 상류층 남성들로부터 존경을 받아왔으나 이제는 남편도, 친구도, 재산도 잃고 오직 침대에 매여 언제 회복될지 모르는 질병 속에서 암흑 같은 절망을 안고 자기는 하나님으로부터 버림받았으며 악마의 괴수에게 사로잡혀 있다고 자포자기하고 있었다. 그러나 내가 그녀를 위해 기도할 때 그녀는 놀라운 자유를 발견하였고 평화 속에 죽으리라는 강한 희망을 얻게 되었다.

6월 27일 화 ("경건하고 지각 있는 여인에게" 보내는 편지 중에서) "그리스도인의 완전에 대하여 제가 생각하는 바는 1) 우리의 온 마음을 다해 하나님을 사랑하는 것입니다. 여기에 반대하시겠습니까? 2) 마음과 삶을 하나님께 바치는 것입니다. 이보다 못한 것을 바라십니까? 3) 하나님의 완전한 형상을 다시 얻는 것입니다. 무엇이라고 반대하시겠습니까? 4) 그리스도 안에 있는 모든 마음을 지니는 것입니다. 너무 엄청난 것입니까? 5) 그리스도가 가신 그 길을 따라 가는 것입니다. 어떤 기독교인도 여기에 반대하지 않을 것입니다. 누가 이 완성에 대해 다른 주장을 하더라도 그것에 관심 쓰지 않습니다.

그러나 내 생각이 그릇된 것이라도 이렇게까지 나와 같은 신앙고백을 하는 형제들에게 흥분하여 폭력을 쓰면서까지 반대할 이유가 있을까요?"

7월 3일 월 쿨리러프(Coolylough)로 가 (그곳에서 1년에 네 차례 모임이 있었다) 8시와 저녁에 설교하였다. 찬송을 부르고 있는 동안 마당에 있던 말들이 주위로 모여 들어 놀랐다. 도대체 말도 호랑이처럼 음악을 들을 수 있는 귀가 있는 것일까?

7월 30일 주일 5시엔 리즈(Leeds)에서 설교하였다. 31일엔 협의회를 준비하느라 바빴다. 8월 1일에 회의가 시작되었다. 그처럼 은혜로운 모임을 가진 적이 없었다. 목요일(3일)엔 뉴욕에 있는 형제의 이야기를 들려주었다.

그 형제는 최근 미국에 첫 감리교회를 세우고 자금과 설교자가 부족해 애쓰고 있다는 소식을 전해 주었다. 리처드 보드맨(Richard Boardman)과 조셉 필모어(Joseph Pillmor) 형제가 기꺼이 봉사하겠다고 나서 우리는 우리의 형제 사랑을 보증하는 뜻에서 50파운드를 모금해 그들 편에 같이 보내기로 하였다.

8월 23일 수 트레벡카(Trevecka)로 갔다. 도착해 보니 헌팅던 백작 부인의 생일과 백작부인이 세운(작년 8월 24일 설립) 학교의 1주년 기념을 축하하러 곳곳에서 모인 사람들로 마을 전체가 붐비고 있었다. 저녁에 그녀의 예배당에 가득 모인 사람들에게 설교하였다. 아담하고 아름다운 곳이었다. 식당, 학교, 저택도 모두 아름다웠다.

9시엔 하우얼 해리스(Howell Harris) 씨의 부탁을 받고 그의 가족에게 짤막한 설교를 하고 다시 백작부인 댁으로 돌아와 평화 속에서 휴식을 취하였다.

8월 24일 목 백작의 가족에게 주의 만찬을 베풀었다. 10시엔 공중예배가 시작되었다. 예배당이 좁아 마당에서 플레처(Fletcher) 씨가 힘 있는 설교를 하였다.

그의 뒤를 이어 윌리엄 윌리엄스(William Williams) 씨가 2시경까지 웰쉬(Welsh)에서 설교하였다. 2시경 식사를 하는데 많은 사람들이 빵과 고기를 광주리에 담아 그들에게 가져다 주었다. 3시에 내 차례였고 다음에 다시 플레처 씨가 설교하여 5시 경에야 집회를 마쳤다.

8시경 애찬식을 가졌는데 많은 사람들이 위안을 받은 것 같았다. 저녁엔 몇몇이 함께 근처 숲으로 산책을 나갔는데 숲 속으로 난 길은 걷기에 편했다. 그중 한 길을 따라가니까 조그만 산으로 이어지더니 초원 한 가운데로 이르러서는 아름다운 풍경이 눈에 들어왔다. 하우얼 해리스의 작품이었다. 그는 자기 집도 이런 식으로 가꾸어 놓았다. 정원, 과수원, 담장과 집을 둘러싸고 있는 연못 등은 하나의 조그만 낙원이었다.

8월 25일 금 아름다운 시골을 지나 쳅스토우(Chepstow)로 갔다. 곧바로 올라갈 예정이었으나 한 친구가 그곳에 머물러 설교하고자 조르는 바람에 머물기로 하였다. 그동안 나는 모리스(Morris) 씨의 숲을 거닐었다. 영국에서 이처럼 아름다운 숲을 본 적이 별로 없었다. 강 위로 반달모양 매달린 가파른 산의 꼭대기와 그 기슭에 이루어진 숲을 지나면 이리저리 뱀처럼 휘어지던 길이 끝나고 곳곳에 정자나 앉을 자리가 마련되어 있어 그곳에서 보면 강 저편으로 바위와 평야가 이루는 풍경은 감상할 수 있었다. 이 모든 것이 타 없어진다면? 그리고 이런 것에 이처럼 마음을 쏟았던 우리는?

9월 8일 금 톤턴(Taunton)에서 9시경 설교하고 브리지워터(Bridge-water)로 갔다.

그날 오후 브렌트(Brent) 언덕 꼭대기에 올라가 보았다. 이처럼 훌륭한 장관은 본 적이 없는 것 같았다. 눈을 서쪽으로 돌리면 브리스틀(Bristol) 해협의 입구를 볼 수 있고 다른 쪽으로 돌리면 훤히 트인 풍경을 볼 수 있었다. 어디를 보아도 잘 개발된 땅과 무수한 숲과 충분한 물을 볼 수 있었다. 이와 같은 조건을 갖춘 풍경은 이 지구 위에서 다시 찾아보기 힘들 것이다.

9월 19일 화 1시가 못되어 프레시퍼드(Freshford)에서 설교하고 저녁에 브래드퍼드 근처에 있는 화이트 힐(White Hill)에서 설교하였다. 방 안에 들어 올 수 없던 많은 사람들도 들을 수 있었다. 다음 날 저녁에도 그곳에서 설교할 예정이었는데 마을에 있는 한 신사가 자기 집 앞에서 설교해주길 부탁하였다.

난폭한 자들도 내 설교가 끝날 때까지 무던히 참고 있었다. 설교가 끝나자마자 그들은 드디어 소리를 지르기 시작했다. 그 중에도 유독 혼자 크게 소리 지르는 한 신사가 있었는데 그는 썩은 달걀을 주머니 가득 넣고 있었다. 그런데 한 청년이 그것도 모르고 다가와 양 손으로 주머니를 친 바람에 달걀이 모두 깨졌다. 그는 순식간에 썩은 달걀을 뒤집어썼다. 발삼(balsam) 향기보다는 덜 향기로웠지만.

10월 24일 화 알스턴(Alston)의 엿기름 만드는 방에서 설교하였는데 모여든 사람들 때문에 한 쪽은 불같이 뜨거웠고 귀 옆에 있는 창문을 열어놓아 다른 한 쪽은 추웠다. 6시에서 7시 사이에 노샘프턴(Northampton)에서 설교하였는데 놀라운 은혜가 내렸다.

저녁에 북극의 오로라를 처음으로 보았다. 희기도 하고 불꽃같은 색깔에다 주홍색 등 갖가지 빛깔이 어울려 아름다운 광경을 연출하였다. 그러나 역시 두렵기도 하였다. 덕분에 많은 사람들은 놀라 자기 행실을 고치기로 작정하였다.

지리학과 루소에 대한 웨슬리의 견해

12월 26일 화 미국에 있는 형제로부터 편지를 받았는데 하나님께서 그곳에서도 영광을 나타내고 계신다는 소식을 전해 왔다. 뉴욕과 필라델피아에서 말씀을 듣고 성실하게 따르려는 자들이 늘어나고 있으며 각 곳 감리회 회원 수는 이미 백 명을 넘었다고 전했다.

29일(금요일)은 공동으로 사업을 벌이는 일에 혼란이 생겼기 때문에, 또한 새로 이루려는 사업의 준비를 겸해서 금식과 기도의 날로 정하였다.

1770년 1월 1일 월 약 1,800명의 회원들이 모였다. 참으로 놀라운 은혜의 시간이었다. 우리가 주를 우리의 하나님으로 고백하듯 하나님께서는 우리를 그의 백성으로 보증하셨다(신 26:17,18).

1월 17일 수 베드퍼드셔(Bedfordshire)로 가는 중에 버넷트(Burnet) 박사의「지구론(*Theory of the Earth*)」을 통독하였다. 그는 기지나 문장력으로 보아 일류 저술가임은 의심할 여지가 없었다. 그의 언어는 놀랄 정도로 깨끗하고, 꾸밈이 없었으며 진지하고 우아했다. 게다가 그의 주장에도 독창적이면서도 모순성이 없다는 평을 내릴 수밖에 없다. 특히 높이 평가받을 만한 가치는 1) 지구는 혼돈에서 그가 묘사하는 순서를 따라 생겨났고 2) 태초의 지구에 높거나 가파른 산이나 바다도 없었고 다만 거대한 심연에 쌓여 있는 단조로운 껍데기에 지나지 않았으며 3) 이 지각이 깨지면서 대홍수가 일어나면서 지구는 물에 잠기게 되었고 4) 현재 상태의 지구는 외부적으로나 내부적으로 이미 있던 지구의 잔재라는 사실을 지적하고 있다는 점 등이다. 이것이 그의 저서의 골자인데 나도 그에게 전적으로 동의한다.

사람들이 일반적으로 생각하고 있는 대화재에 대해서 언급한 그의 세 번째 저서에도 반대하지 않을 뿐 아니라 그 책이야말로 우리 언어 가운데 남아 있는 가장 귀한 논문 중의 하나가 아닌가 생각한다. 새 하늘과 새 땅에 대해 언급한 네 번째 저서에도 반대하지 않는데 상당한 타당성을 지닌 근거를 제시하고 있다.

2월 3일 토 며칠에 걸쳐 시간적 여유가 있을 때마다 루소(Rousseau)의 교육에 대한 글을 읽었다. 그러나 크게 실망하고 말았다. 그처럼 엄청난 사기꾼이 또 있으랴! 자만에 빠져있는 모습이란! 그는 무슨 말을 하든 마치 신탁을 내리듯 하나, 그가 내리는 신탁이란 대부분 "어린 아이들은 노인들을 결코 사랑하지 않는다"는 말과 같이 누가 봐도 거짓된 말 뿐이다. 그럴 수 있을까? 할머니나 할아버지를 사랑해 본 적도 없는가? 아이들은 부모보다 더 사랑한다. 사실 그들(어린아이들)은 자기들을 사랑해 주는 모든 사람들을 사랑하며 그들이 성장했을 때보다 (어릴 때) 더욱 진지하게 열의를 가지고 사랑한다.

그러나 내가 그에 대해 반대하는 것을 그의 이론보다 그의 성품이다. 그는 인간을 불신하고 있다. 모든 것에 냉소를 보내고 있다. 사실 그는 볼테르(Voltaire)를 많이 닮아 대강 그처럼 멋을 부렸다. 그(볼테르)는 자기의 완고와 무오성을 교묘히 감추고 있으나 그(루소)의 책에 적나라하게 나타나 있다.

이 책은 이성이나 경험에 근거한 것이 아닌 별난 책으로 밖에 평가할 수 없다. 그런 예로 문장을 뽑는다면 한이 없을 것이다. 그러니 누구나 알고 있는 뻔하고 진부한 얘기를 단지 새 표현으로 교묘히 위장해 놓았다는 것은 누가 봐도 알 수 있을 것이다. 그리고 순수하게 그의 것이라고 할 수 있는 것에는 새로운 표현이 가지는 가치보다 그 무모성이 더욱 크게 나타난다. 너무 똑똑해 성서를 믿지 못하는 사람들에게서 언제나 이런 사실을 밝힐 수 있다.

웃기는 정신병자 스베덴보리

2월 28일 수 바런 스베덴보리(Baron Swedenborg)의 글 중 몇 편을 관심을 가지고 읽었다. 그가 경건하고 사물을 충분히 파악하고 있으며 박식할 뿐 아니라 자신만만한 사람이라고 알고 있어 큰 선입견을 가진 채 읽기 시작하였다. 그러나 얼마 안가 생각을 고쳐먹을 수밖에 없었다. 그는 종이 위에 글을 쓴 정신병자 중 가장 재치 있고 활발하고 재미있는 정신병자였다. 그러나 그에게 되살아 난 환상의 꿈이 너무나 성서나 상식에 벗어나며 엄청난 것들이라 오히려 「톰 텀」(*Tom Thumb*: 난쟁이)이나 「거인을 죽인 잭」(*Jack the Giant-Killer*) 같은 동화들이 쉽게 사람들에게 받아들여질 수 있을 것이다.

3월 5일 월 뉴버리(Newbury)에서 설교해 달라고 간곡한 부탁이 있어 뉴버리로 갔다. 그런데 어디서 설교하라는 것인지? 국교회 교인들도 자기네 설교 장소를 내주려하지 않았다. 몇이서 낡은 극장을 빌리려 했다. 고맙게도 시장이 그 곳을 그렇게 세속적인 것으로 버려두려 하지 않았다. 그래서 작업을 시작해 넓고 큼직한 장소를 꾸몄다. 그러나 모여드는 사람들은 모두 수용할 수가 없었다. 내 말이 들리는 사람들은 정숙하게 듣고 있었다. 이곳에서도 하나님의 부르심을 받은 사람들이 나오기를 바라는 마음이 간절하였다. 이튿날 저녁에 브리스틀에서 설교하고 그 주간은 내내 그곳에서 지냈다.

3월 21일 수 오늘부터 며칠에 걸쳐 스태퍼드셔(Staffordshire), 체셔(Cheshire)를 지나 맨체스터(Manchester)로 천천히 여행하였다. 여행할 때마다 느끼는 것이지만 이번 여행을 통해서 일반적으로 소홀하게 생각하여 저지르는 과오를 발견하게 되었다. 모든 여행자들은 이것을 충분히 주의해 어려움과 위험을 최소한으로 줄일 수 있게 되길 바란다. 거의 30여년 동안 나는 "내가 읽고 있는 동안 말이 흔들리지 않게 하는 수가 없을까?" 하고 생각해 왔다(다른 때 읽자면 일부러 시간을 내어 읽어야 하는 역사, 시, 철학 등을 말 잔등에서 읽었다).

여기에 대해 나는 고삐를 말목에 걸어놓고 간다고 밖에 진술할 수 없다. 독서에 열중하며 10마일을 가더라도 고삐를 놓고 가는 이상 넘어지거나 비틀거리는 일은 없었다. 그런데 넘어지지 않으려고 고삐를 꽉 잡아야 한다고 하는데 이것이야말로 가장 큰 착오다. 나만큼 이 일에 대해 실습해 본 사람도 드물 것이다. 다른 조건만 갖추어진다면 고삐를 놓고 가는 것이야말로 넘어지는 것을 막아주는 일이 된다. 그러나 어떤 말은 도저히 그렇게 할 수 없다.

4월 25일 수 5시에 말을 타고 떠나 고지대 중 가장 먼저 보이는 마을 던켈드(Dunkeld)로 갔다. 이렇게 아름다운 곳이 있었던가 놀람을 금치 못했다. 계속 테이(Tay) 강을 따라 부드럽고 경쾌한 길을 몇 마일 올라가 굽이굽이 산을 넘어 블레어(Blair) 성에 도착하였다. 거기서 20마일은 더욱 높은 산들이 눈에 덮여 아름다운 풍경을 이루고 있었다. 저녁 무렵에 달피니(Dalwhinny)에 도착하여 가장 아름다운 북부지방의 여관에 들었다. 아침에 눈을 뜨니 지난 밤에 눈이 많이 내려 더 이상 갈 수 없을 것이라는 말을 들었다. 실제로 세 여인이 산을 넘어 블레어로 가려다 눈 속에 묻히고 말았다 한다. 그러나 우리는 하나님의 도우심을 믿고 갈 수 있는 데까지 가기로 결정하였다. 그러나 정오경에는 더 나아갈 수 없었다. 산에서 굴러 내린 눈으로 길이 막혔기 때문이다. 우리는 말에서 내려 눈을 치우며 있는 힘을 다해 나아갔다. 수차례 넘어졌지만 다친 자는 아무도 없이 달마가리(Dalmagarry)를 지나 인버네스(Inverness)에 해지기 전에 도착할 수 있었다.

4월 27일 금 경건하고 친절한 맥켄지(Mckenzie) 목사와 아침 식사를 같이 했다. 저녁 6시에 교회에서 설교를 시작하자마자 놀라운 영혼의 자유를 체험하였다. 이튿날 아침 7시에 널찍한 도서실에서 설교하였다. 그러나 모여드는 사람들을 모두 수용할 수 없어 많은 사람들이 돌아가야 했다. 설교를 마치고 조지(George) 항구로 나갔다. 4천 명 정도 수용할 수 있는 건물이 있었다. 말을 타고 막 떠나려는데 경비대 수석 장교가 찾아와 설교해 주기를 부탁했으나 너무 늦었다. 인버네스로 돌아갈 시간이었다.

네언(Nairn), 엘진(Elgin)과 애버딘에서

4월 30일 월 상쾌한 아침에 출발하였다. 네언에 도착하기 조금 전에 던바

(Dunbar) 목사가 보낸 사람을 만났다.

목사는 자기와 함께 식사하고 자기 교회에서 설교해 줄 것을 부탁하였다. 설교를 마치고 엘진으로 서둘러 떠났다. 도중에 아름답고 잘 개발된 시골을 지났다. 엘진에서 떠날 때 비가 내리기 시작하더니 스페이(Spey) 에 도착할 때까지 계속 비가 내렸다. 그렇게 사납게 퍼붓는 비는 별로 본 적이 없었다. 큰 배는 떠날 생각조차 안하고 있어 막 떠나려는 작은 배에 올라탔다. 눈 깜짝할 사이에 배는 급류에 휩싸여 흔들렸다. 어둡고 더럽기 짝이 없는 폭하버(Fochaber) 여관에서 다른 형제들이 말을 타고 쫓아오길 기다렸다. 케이스(Keith)에 있는 여관도 겉으로 봐서 같은 모양으로 별로 좋지 않게 느껴졌다. 그러나 사실은 반대였다. 모든 것이 풍족했고 편안하게 쉴 수 있었다.

5월 6일 주일 올드 애버딘(Old Aberdeen)에 있는 대학 교회에서 설교하였다. 저녁에 우리 방에서 설교하고 이튿날 일찍 그들과 작별하여 점심때 몬트로즈(Montrose)에 도착하였다. 설교하기로 되어 있었는데 아무런 광고도 없었던 것 같았다. 그래서 초원으로 내려가며 찬송을 불렀다. 사람들이 곳곳에서 모여들었고 하나님께선 표현의 자유를 크게 허락해 주셨다. 우리가 모인 것이 헛된 수고가 아니기를 바랐다.

저녁 7시에 정확히 말하면 에버브로스윅(Aberbrothwick) 이라고 해야 되는 아브로스(Arbroath)에서 설교하였다. 온 마을 사람들이 모두 모인 듯 했다. 인버네스를 떠난 후 가장 많은 사람들이 모였다. 그리고 이곳 감리회는 생긴지 9개월 밖에 안되었는데 애버딘 감리회 다음으로 컸다.

5월 8일 화 수도원 건물의 잔재를 돌아보았다. 북 영국에서 그만한 수도원을 본 적이 없었다. 걸어가면서 거리를 재어보니 100야드는 되었다. 넓이도 충분했다. 서쪽 끝에 있는 건물은 웨스트민스터(Westminster) 수도원 못지않게 높았다. 마찬가지 높이의 건물이 네거리를 지나 남쪽 끝에도 서 있었으며 꼭대기에 둥글고 큰 창문이 붙어 있었다. 과격한 개혁주의자들이 이 수도원을 태웠다고 한다. 하나님, 개혁한다고 난동을 부리는 무리들로부터 우리를 구하소서!

스코틀랜드에서 이 마을처럼 급성장한 마을은 본 적이 없었다. 건물들이 규모있게 지어져 있었고 최근 2년 동안에 새로 도로를 2개 건설하였고, 세 번째 도로도 거의 완공 단계에 있었다. 이 세 도로는 서로 평행을 이루게 되어 있고 길 사이에는 정원이 꾸며져 있었다. 그렇게 되니 각 가정마다 정원을 지닌 셈이 되어 건강관리에 더 없이 좋은 환경이었다.

고원지대는 어디로 갔는가?

5월 14일 월 10년 동안 세심히 관찰한 결과 스코틀랜드 고원지대에 대해 알게 되었다. 어떤 사람은 "테이 강을 지나면서 고원지대는 시작된다" 또 다른 사람은 "북 에스크(Esk)를 건너면서 시작된다" 혹은 "스페이 강을 건너면 그곳부터이다" 등등 구구하다. 그러나 모든 얘기는 사실에서 어긋난다.

사실은 이렇다. 고원지대가 어떤 강에 의해 구분되는 것이 아니라 이정표로 세워진 돌기둥들, 일정한 간격을 두고 쌓아 놓은 돌무더기들에 의해 해안을 따라 남서쪽에서 북동쪽으로 이루어져 있다. 전에는 이 고원지대로 픽트(Pict) 족과 칼레도니안(Caledonian) 족이 구분되었었다. 지금도 이 고장을 지시해 주는 이정표들이 남아있다. 아질셔(Argyleshire), 퍼스셔(Perthshire)와 머리셔(Murrayshire) 등 북서 지방에 있는 대부분의 도시를 고원지대라 부르는데 그것은 그 도시들이 산악지방에 있기 때문이다 그러나 북부 웨일스나 잉글랜드와 아일랜드에 비교해 그렇게 험한 산악지방은 아니다. 스노우던(Snowdon) 언덕이나 컴벌랜드(Cumberland)의 스킷도우(Skiddaw)에 비교해도 그다지 높지도 않다. 사실 어즈(Erse) 지방을 올라가 보아도 저지대를 걸어가는 것과 별로 차이를 못 느낀다. 강들도 마찬가지다. 테이 강이나 에스크 강, 스페이 강도 고원지대를 남쪽으로 비껴 흐르는 것이 아니라 고원지대를 관통해 흐르고 있다.

5월 18일 금 해딩턴(Haddington) 백작의 저택으로 갔다. 양쪽에 둘러싸고 있는 숲은 절경을 이루고 있다. 널찍하고 상쾌한 저택에서 사방 어디든 볼 수 있었고 백작은 숲으로 길을 내고 땅을 고르며 정원을 만들고 있었다. 그러나 그도 죽어야 할 운명이다! 저녁에는 던바(Dunbar)에서 집회를 가졌는데 하나님께서 돌 같은 그들의 마음을 깨셨을 줄 믿는다. 이곳에서도 감리회 회원들이 늘어났으며 모두 책망받는 일 없이 성실하게 살고 있었다.

6월 15일 금 티르스크(Thirsk)로부터 스톡슬리(Stockesley)에 이르는 도로가 전에도 형편없었는데 이제는 어느 도로에 비교해도 손색이 없을 만큼 훌륭하게 포장되어 있는 것을 보고 놀랐다. 이곳 유지들이 스스로 돈을 거두어 길을 보수하였다. 그들은 스코틀랜드의 도로 수백 마일을 포장하고 아일랜드에서도 콘노트(Connaught)의 모든 도로를 포장하였다. 그리고 그들은 앞으로도 가난한 사람들로부터 과다한 세금을 거둬들이지 않고도 잉글랜드 전 도로를 포장하리라 의심치 않는다.

오후에 휘트비(Whitby)에 도착하였다. 나흘 동안 하루에 세 번씩 설교하였으므로 방안에서 설교하려고 했으나 시장터에서 설교한다고 광고된 관계로 6시에(시장터에서) 설교를 시작하였다. 모인 사람들은 깊이 깨닫는 바가 있었던 것 같았다.

6월 17일 주일 교회에서 시시한 설교를 들었다. 그러나 "설교자가 비록 자기의 책임을 잊고 있으나 내게 그 책임을 깨닫게 해주신 하나님께 감사하노라"는 필립 헨리(Philip Henry) 씨의 말을 생각하며 오후에 다시 교회로 갔다.

6월 28일 금 오늘로 68세가 되었다하나 좀체 믿어지지 않았다. 하나님의 길은 얼마나 놀라운가! 어릴 때부터 지금까지 지켜주신 하나님이시니! 10살 되던 때부터 13, 4살 될 때까지 먹는 것밖에 몰랐다. 먹을 것이 그렇게 충분하지는 못했다. 그러나 돌이켜 보건대 어릴 때 이렇게 먹은 것이 해로운 것은 아니었다. 그때 그렇게 먹었기 때문에 지금까지 건강을 유지해 오고 있는 것이다. 성인이 되었을 때 체인(Cheyne) 박사의 글을 읽고 나서 음식을 줄이고 물을 마시는 쪽을 택하였다. 이렇게 해서 27살이 될 때까지 다른 식으로 내 건강을 유지할 수 있었다. 27살 되던 해 피를 토하기 시작하더니 수년간 계속 앓았다. 그 후로 열병에 걸려 죽을 뻔 하였고 그것을 계기로 전보다 더욱 건강하게 되었다. 다시 11년이 지난 후 다시 한 번 세 번째 큰 고통에 시달렸고 석 달이 지나자 이것도 하나님께서 고쳐 주셨다. 그 후로 어디 아프거나 좋지 않은 곳을 찾아 볼 수 없게 되었으며 현재로선 40년 전보다 더욱 건강하다. 하나님의 은혜로다!

성 앨번스(Albans) 사원에서

7월 30일 월 노팅엄(Nothinggam)에서 10마일 떨어진 빙엄(Bingham)에서 설교하였다. 그곳 사람들의 우둔한 모습에 놀람을 금치 못했다. 내가 죽음과 심판에 대해 얘기하고 있는 중 그들은 그런 말은 생전 처음 들어보는 듯 입을 벌리고 멍하니 쳐다보고 있었다. 그들에게 목사가 두 명 있었으나 태도가 불손하고 그들보다 나을 게 없어 별 도움이 되지 못하고 있었다. 저녁에 호우턴(Houghton)에서 설교하였는데 모인 사람들이 한층 점잖았고 최고의 예의를 지키고 있었다.

7월 31일 화 9시에 러프버러(Loughborough) 시장터에서 설교하였는데 노팅검에 모인 사람 수만큼 모였다. 설교를 마치고 마크필드(Markfield)로 갔다. 추수 때인데도 예배당에 가득 모였다. 그러나 우리의 가장 큰 기쁨은 우리의 위대한 제사장(예수)이다. 우리는 그를 통해 "담대하게 은혜의 보좌 앞에 갈 수 있는" 것이다. 리체스터(Leicester) 성채 마당에서 많은 사람들에게 설교하였는데 깨달은 자도 있었고 못 깨닫는 자도 있었다. 설교를 방해할 양으로 멀지 않은 곳에서 싱싱한 연어를 사라고 외쳐대었으나 헛수고였다. 아무도 그를 거들떠보지 않았다.

8월 1일 수 노샘프턴(Northampton)으로 갔다. 굉장히 더운 날씨여서 실내 설교를 포기하고 공유지 한 쪽에 서서 설교하였다. 가난한 자도 부자도 많이 모였다. "너는 하나님과 화목하고 평안하라"(욥 22:21)는 말씀으로 설교하였다.

8월 2일 목 런던에서 온 친구를 만났다. 세인트 앨번스(St. Albans) 사원에서 식사 전에 영국에서 가장 오래된 건물의 하나인 대사원으로 산책 나갔다. 약 천년 가량 된 건물이었는데 길이가 560피트 정도였고 (웨스트민스터 사원보다 길었다) 그 길이에 맞는 넓이와 높이를 지니고 있었다. 동쪽 끝에 험프리(Humphrey) 공작의 묘인 지하 시체보관소가 있었다. 그의 시체가 썩지 않고 보관되어 있는 것을 본 사람이 아직도 몇 명 살아 있다. 그러나 관 뚜껑을 열고 난 후 사람들이 그의 시체를 그대로 보존하려고 나체로 해서 화학약품 속에 담가두었지만 얼마 못가 곰팡이가 피고 썩어 버렸다. 이제 남은 것이라고는 뼈다귀 몇 개 뿐이다! 이런 일에 관심을 두는 영혼은 얼마나 하찮은가!

8월 21일 화 티버턴(Tiverton)에서 론세스턴(Launceston), 카멜퍼드(Camelford), 아이작(Isaac) 항, 커버트(Cubert), 세인트 애그니스(St. Agnes)와 레

드루스(Redruth)를 지나 세인트 아이브스(St. Ives)로 갔다. 여기에서 하나님께서는 우리의 적들과 우리를 화해하게 하셔서 어디서든 설교할 수 있었다. 들판에서 설교하기로 하였다. 앉고 싶은 사람은 잔디밭에든 담벼락이든 앉아 (콘월 사람들은 돌담 위에도 잔디를 입혀 놓았다) 들었다. "하나님을 두려워하며 그의 계명을 지키라. 이것이 인간의 할 바 전부이니라"는 말씀으로 설교하였다.

9월 1일 토 유명한 칸 브래(Carn Brae) 언덕으로 산책하였다. 유럽 다른 곳에서도 찾아보기 힘든 유적들이 많이 남아 있었다. 어마어마한 크기의 드루이드 (켈트족이 기독교로 개종하기 전에 가지고 있던 원시종교) 제단이었는데 거대한 바위들만으로 서로 물리게 쌓아놓았고 표면에 둥글게 홈을 파놓은 흔적이 있어 성수(聖水)를 담아 놓았던 곳으로 여겨졌다. 이 유적들은 이집트의 피라밋과 동시대의 것이거나 아니면 적어도 폼페이 극장과 동시대의 유물일 것이다. 이집트와 폼페이의 유적에 견주어 손색이 없다. 3백년 혹은 3천년의 시간을 보내며 남아있는 이런 유적들이 살아있는 자나 죽은 자에게 끼치는 영향은 무엇일까?

2만 명의 회중

9월 2일 주일 저녁 5시에 그웬납에 있는 천연 원형극장에서 설교하였다. 직경 80야드 정도 되는 원형극장 안에 적어도 2만 명은 모였을 것이다. 조용한 저녁이었기에 모든 사람들이 똑똑히 들을 수 있다는 것을 보아 알았다. 메드로스(Medros), 플리머스(Plymouth), 콜럼턴(Collumpton)에 들려 7일에 토턴(Tauton)에 도착하였다. 거기서 설교하고 다시 말을 타고 떠났다. 비가 오기 때문에 서둘러야 했다. 그러나 급히 모는 바람에 말 안장이 순식간에 말목에까지 끌려 올라가더니 아래로 돌아 고삐를 놓치고 땅에 굴러 떨어지고 말았다.

타박상을 약간 입었으나 곧바로 말을 타고 림프샴(Limphsham)으로 가서 다음날 브리스틀에 도착하였다.

9월 9일 주일 아침에 프린세스(Princes) 가(街)에서 설교할 때에 목소리가 거의 안 나왔다. 오후 2시 킹즈우드(Kingswood)에서 설교할 때는 조금 나아지더니 저녁 5시 브리스틀 궁전 근처에서 설교할 때 가장 큰 목소리로 설교할 수 있었다.

10월 11일 목 11시경 윈체스터(Winchester)에서 진지하고 예의바른 청중들에게 설교하였다. 포츠머스(Portsmouth)에 도착하니 약간 피곤했으나 그곳에 모인 사람들을 보니 피로가 싹 가셨다. 실로 이곳 사람들은 남부 잉글랜드의 어느 도시 사람들보다 예의바른 사람들이었다. 그들은 "마음 문을 열어놓고" 하나님의 말씀을 받아들였으며 적어도 설교자에게는 언제나 높은 경의를 표시하였다.

10월 12일 금 잉글랜드의 큰 항구에 속하는 이곳 항구를 돌아보았다. 최근 화재사건이 일어났는데 아무도 살지 않는 곳에서 모두가 잠든 시각에 발생하였다. 계획된 화재라고는 생각할 수 없었다. 불은 맹렬한 기세로 밧줄과 마른나무에 옮겨붙어 상당한 위험을 각오하지 않고는 접근할 수 없었다. 항구 전체가 불탈 것은 말하지 않더라도 마을에까지 퍼지지 않게 되기만 바라고 있었다. 그러나 하나님께서 그대로 버려두시지 않았다. 한쪽에서 행정관의 집에 옮겨 붙으려는 순간에 불길이 잡혔고 다른 쪽으로 마을에 번지려 할 때 마침 바람이 세차게 반대 방향으로 불어 닥쳐 불길을 쫓아버렸다. 그 틈에 물과 모래를 뿌리고 불타는 건물을 허물어 불길을 잡을 수 있었다. 그러나 불꽃이 완전히 잡히기까지 5주가 걸렸다.

휫필드 목사의 장례식에서 설교한 웨슬리

11월 10일 토 런던으로 돌아와 휫필드가 죽었다는 슬픈 소식을 들었다. 장례위원이 찾아와 18일에 있을 장례식의 설교를 부탁하였다. 설교문을 쓰기 위해 월요일에 루이스엄(Lewisham)으로 내려갔다. 주일(18일) 톳튼엄(Tottenham) 광장에 있는 교회로 갔다. 곳곳에서 상당히 많은 사람들이 모여 들었다. 처음에는 이렇게 많은 사람들에게 설교할 수 있을까 걱정되었다. 그러나 하나님께서 목소리에 힘을 주셔서 창가에 있는 사람들도 똑똑히 들을 수 있었다. 음산한 날씨에 한밤중같이 조용했다. 많은 사람들이 깊은 감명을 받은 듯 했다. 쉽게 잊고 싶지 않은 감명을 받은 듯 했다.

장로교회에서 설교하기로 한 시간은 5시 반이었다. 그러나 3시가 되자 이미 가득 찼기 때문에 4시에 시작하였다. 처음에는 상당히 소란했으나 설교가 시작되자 조용해졌다. 내 목소리는 다시 우렁차게 울려 퍼졌고 몇 차례 우연한 소란으로 방해받는 외에는 모두 잘 들을 수 있었다. 삶과 죽음의 주인 되시는 하나님의 음성을 들으며 이처럼 예기치 못하던 순간에 강한 목소리로 자기의 백성들을 불러 모아

서로 사랑하라는 말씀을 듣는 사람은 복 있도다!

11월 23일 금 그리니치(Greenwich)에 있는 장로교회 교인들이 자기 교회에서 휫필드 장례식 설교를 다시 해 줄 것을 부탁해 승낙했으나 예배당이 좁아 모여드는 사람들을 다 수용할 수 없었다. 들어오지 못한 사람들이 처음에 소란을 피웠으나 얼마 안 있어 조용해졌다. 하나님께서는 여기에서도 수년간 이들을 지배해왔던 고집을 물리치셨음을 믿게 되었다.

12월 3일 월 켄트까지 짧은 여행을 하였다. 저녁엔 채텀(Chatham)의 새로 지은 집에서 설교하였는데 방안 가득히 모인 사람들은 진지하게 듣고 있었다.

12월 4일 화 켄터베리에서 설교하였다.

12월 5일 수 도버(Dover)로 가 셰익스피어가 말하였던 절벽으로 힘들게 올라갔다. 굉장히 높은 데서 내려다보니 바다도 육지도 한 눈에 들어 왔다. 그러나 셰익스피어가 말하던 대로 그렇게 두려운 광경은 아니었다. 저녁에도 아침과 같이 대단히 진지하게 듣는 사람들이 모였다. 켄터베리에서도 마찬가지였다. 그래서 여기서도 역시 은혜의 시간이 오기를 믿고 기대하였다.

12월 7일 금 9시에 페버샴(Feversham)에서, 저녁에는 채텀(Chatham)에서 설교하였다. 우리는 물불을 가리지 않고 돌아다녔다! 그런데도 모든 일이 순조롭게 이루어지니 우리는 다만 우리 주님의 뜻에 따라 일하며 수고할 뿐이다.

12월 19일 수 점심때 도르킹(Dorking)에서 설교하였다. 많은 사람들이 모여 진지하게 듣고 있었다. 저녁에 라이게이트(Ryegate)에 약 백 명 가량 모였고 이튿날 아침에 2,30명이 모였으나 참으로 돌처럼 무디었다.

제16장

1771년~1773년

윈저 공원 - 예술 평론가로서의 웨슬리 - 글래스고와
배스 - 70고령으로 3만 명에게 설교하다

1771년 1월 2일 수 저녁때 뎁퍼드(Deptford)에서 휫필드 목사 장례식 설교를 하였다. 어느 곳에 가든 그와 같은 위대하고 훌륭한 사람을 기억하는데 최대의 경의를 표시하고자 하였다.

1월 23일 수 무슨 이유로 그 사람(웨슬리의 아내)이 "다시 돌아오지 않겠다"며 뉴캐슬로 갔는지 알 수 없다.

Non eam reliqui: non dimisi: non revocabo —
(나는 그녀를 못살게 굴지 않았다: 그녀를 쫓아버리지도 않았다: 그녀를 다시 부르지도 않겠다)

1월 25일 금 "뒤에 남기고 가는 재물을 어떻게 쓰기를 바라는가"라는 문제만으로 가능한 쉽게, 간단하게 그리고 단순하게 내 유언을 돌이켜 보고 기록하였다.

2월 14일 목 런던에 있는 노동자 합숙소를 둘러보았다. 약 백 명의 아이들이 합숙하고 있었는데 어느 가정집 못지않은 환경에서 살고 있었다. 런던, 아니 전 영국에 있는 모든 합숙소가 이와 같은 환경을 갖추지 못한 이유는 무엇일까? 오로지 감독들의 인식부족과, 정직함과 활동이 없기 때문이다.

2월 28일 월 시골에서 온 친구에게 웨스트민스터 사원의 무덤들을 보여주었다. 지금까지 생각해 보아도 다른 것들과는 비교될 수 없는 고귀한 가치를 지닌 무덤들이 있었는데 그것은 나이팅게일(Nightingale) 여사의 무덤과 제독의 무덤으로 부활의 날에 그는 무덤 밖으로 나올 것이다. 이 둘 외에 어느 것을 보아도 비석에 쓰여진 찬란한 아첨들을 읽으면 다음과 같은 생각밖에 안든다.

대리석에 새겨진 대로라면
그처럼 안타까운 죽음이 없으나
실지 행적을 살피고 나면
그처럼 망나니가 살았었다는 것이 안타깝도다.

5월 22일 수 (아일랜드에서) 볼리거레인(Balligarane)에서 설교하고 아쉬케이튼(Ashkayton)으로 갔다. 아일랜드 왕국 안에 이와 견줄만한 폐허는 없는 것 같았다. 데스몬드 백작이 거주하던 성은 대단히 크고 견고했다. 멀지않은 곳에 전에는 복도로 서로 통하였던 연회용 넓은 방도 있었다. 벽들도 아직 견고하게 남아 있었고 창문틀(모두 윤이 나는 대리석으로 만들어져 있었다)도 원형의 모습을 지니고 있어 옛날의 모습을 보여주는 듯했다. 이곳 최후의 주인은 수년 동안 군주처럼 살면서 수차례에 걸쳐 엘리자베스 여왕에게 반기를 들었었다. 최후의 반란이 실패로 끝나고 그의 군대가 전멸하자 그는 2, 3백의 부하를 데리고 숲속으로 도망쳤다.

그러나 맹렬한 추격에 쫓겨 부하들은 그를 버리고 산산이 흩어지고 결국 그는 혼자 남아 조그만 오두막으로 기어들어갔다. 여왕의 군대가 그를 체포하기까지 그는 그곳에 앉아 있었다. 그는 벌떡 일어서더니 "나는 데스몬드 백작이다"라고 외쳤다. 그러나 그 군사는 엄청난 보물을 발견하듯 재빨리 그의 목을 쳤다. 엘리자베스 여왕과 제임스왕은 그의 미망인에게 수년간 연금을 지급하였다. 그녀가 14세가 되던 해에 그렸다는 상복 입은 그녀의 초상화가 걸려 있었다.

가까운 곳에 영국에서 가장 멋있는 고대 사원의 폐허가 있었다. 교회의 벽뿐 아니라 방들도 대부분 옛 모습 그대로 남아 있었다. 우아한 빛을 내는 대리석들도 만들어져 있었고 천정도 같은 대리석으로 만들어져 있었다. 7, 8백년이 지난 지금에도 처음 지었을 때와 별 차이가 없었으며 (아일랜드의 오래된 건물이 모두 그러하듯) 고의적으로 부수지만 않는다면 적어도 천년은 갈 것이다. 그러나 지금까지 버텨온 시간에 천년을 더해도 영원과 견주어 보면 찰나에 지나지 않는다.

6월 24일 월 오늘로 69세가 되었다. 자신을 돌이켜 보면 놀랍기만 하다. 목소리나 기력에 있어 29세 청년에 뒤떨어지지 않으니 이것 역시 하나님의 은혜다.

10월 1일 화 솔즈베리(Salisbury)로 갔다. 2일에 휘트쳐치(Whitchurch)에서 설교하고 3일에는 윈체스터(Winchester)에서 설교하였다. 성당을 구경할 기회가 비로소 있었다. 고약했던 추기경의 무덤에 기도하는 모습의 동상이 서 있었다. 그것을 보니 셰익스피어가 헨리 6세의 입을 통해 한 말이 기억났다.

> "추기경 각하
> 하늘의 은혜에 대한 일말의 희망이라도 있다면,
> 우리에게 표적을 보이소서.
> 그는 죽었다. 아무 표적도 남기지 않은 채"

목, 금요일 저녁때 포츠머스(Portsmouth) 공유지에서 설교하였다. 5일(토요일) 2시에 출발하였다. 10시경 코범(Cobham)에서 런던 친구 몇을 만났다. 그들과 함께 근처에 작은 언덕과 골짜기들을 잘 이용해 만들어 놓은 정원으로 산책 나갔다. 그런데 이 정원을 만드느라고 머리가 희끗희끗해지도록 온 생애를 바친 주인은 정원을 팔려고 내놓았다 한다. 하나님을 향해 나가는 영혼에게 이 세상에서 만족할 만한 것이 무엇이겠는가?

10월 16일 수 사우스 라이(South Lye)에서 설교하였다. 46년 전 내가 첫 설교를 한 곳이 바로 이 곳이었다. 그때 내 설교를 들었던 사람 중에 한명이 듣고 있었다. 나머지는 대부분 돌아올 수 없는 집으로 가버렸다.

10월 30일 수 라이(Rye)를 떠나 윈체스터로 건너갔다. 전에는 무역도 성행했고 인구도 많았던 도시라고 들었다. 바다로 둘러싸인 가파른 언덕 위에 위치하고 있었다. 언덕은 어디로 보나 가파르고 높았다. 그러나 마을은 점점 비어 가고 8개나 있던 교회가 이제는 하나밖에 남지 않았다. 11시에 새로 마련된 광장에 상당한 사람들이 모였다. 그들은 진지하게 설교를 들었다. 저녁엔 라이(Rye)에서 설교하였는데 "하나님의 나라에서 멀지 않은 자"들을 많이 볼 수 있었다.

11월 5일 화 베리(Bury)로 가던 중에 펠샴(Felsham)에 들렀다. 그곳에서 멀지 않은 곳에 레이놀드(Reynold) 씨의 저택이 있었다. 지금까지 내가 본 중에 가장 아름다운 저택이다. 네 곳으로 입구가 나 있고 그다지 사치스럽지는 않으면서 우아하게 꾸민 방이 5개 있었다. 그리고 가까운 곳에 아름다운 구릉이 하나 있었다. 무덤 밖에는 희망이 없었던 가련한 부자는 이 구릉 곳곳에 자리를 만들어 놓고 즐길 수 있는 만큼 인생을 즐겼다. 그러나 자기 식구들을 "땅 속에 묻을 수 없다"고 생각해서인지 구릉 한 가운데다 방을 만들어 위와 아래를 고정시켜 수 세대를 버틸 수 있도록 관을 넣을 칸을 만들어 놓았다. 얼마 후 유일한 자식의 유해를 그 안에 집어넣어야 했고, 2년 후에 부인의 유해를, 다시 2년 후인 1759년에는 84년 동안 하나님을 잊고 살면서 먹고 마시다가 그도 결국 이 세상에서 한 일을 고하려고 길을 떠났다.

윈저 공원에서

11월 29일 금 우리는 능동적이고 유능했던 고(故) 컴벌랜드(Cumberland) 공작이 이루어 놓은 업적을 볼 기회가 있었다.

가장 놀라운 것은 윈저 공원 가장자리에 세워놓은 삼각형의 탑이었다. 탑은 관목과 숲으로 둘러싸여 있었고 안으로 들어가면 때로는 곧바로, 때로는 돌아서 위로 올라가게 되어 있었고 꼭대기에서 살펴보면 아름다운 풍경이 눈 아래 들어올 뿐 아니라 남서쪽으로 끝없는 눈길을 던질 수 있었다. 다락마루 아래는 여름 저녁 때 더 없이 시원한 곳이리라. 각 방향으로 자그마한 둥근 방들이 있었으며 그 중 한 방에 기하학적인 층계로 가득 차 있었고 다른 두 방은 또 다시 작은 부분으로 나누어져 있었고, 그 중 하나는 서재였다. 대부분 종교서적일 뿐 아니라 대단히 신중하게 선택된 것들이라 내심 놀랐다. 아마도 그 주인은 은밀한 속에 찾아지는 그분과 많은 시간을 보냈을 것이다. 그리고 그의 후반기 생애에서 밝혀지는 대로 얼마나 깊은 변화를 가져왔나 정확히 아는 자는 없다.

구경을 마친 뒤에 베이트먼(Bateman) 씨 댁으로 갔다. 내 눈으로 본 것 중 가장 이상한 집이었다. 모두가 낡았고 침대 틀만 해도 150년은 묵은 것 같았다. 모든 것이 상식에 벗어나 있었다. 그는 자기 이웃 같은 사람들과 함께 사는 것을 우습게 여기고 있었다. 아마도 이런 골동품들은 그처럼 호기심 있는 자에게 시간 정도는 만족을 주겠지만 6달만 지나면 조상의 유물이라는 점 외에 별다른 감동을 주지 못할 것이다.

12월 16일 금 도르킹(Dorking)으로 갔다. 사람들은 많이 모였으나 깨닫는 사람은 전혀 없었다. 17일에 라이게이트 플레이스(Ryegate Place)로 갔다. 이곳은 헨리 4세 시대에 번창했던 장원(莊園)이다. 장원이 무너지면서 이곳은 못된 독재자 헨리 8세의 손으로 넘어갔다. 엘리자베스 여왕이 와서 보고는 이 경치 좋은 곳을 자기 일족에게 준 것이다. 이곳을 차지한 귀족은 예부터 내려오던 건물들을 허물고 남아 있는 것들도 대부분 개조해 거의 다른 모습으로 바꾸어 버렸다. 그럼에도 어느 개인의 저택이라기보다는 궁전의 모습이 그래도 남아 있었다. 계단은 햄튼(Hampton) 법정에 있는 것과 같은 모양인데 어느 것이 먼저 지어졌느냐는 것은 알 수 없다. 벽난로, 선반, 장식은 아마도 현재까지 남아있는 영국의 어느 작품에도 뒤지지 않을 최고의 걸작이리라! 그러나 이런 모든 것이 얼마나 오래 갈까?

그렇게도 북적대던 사람들도 이미 땅 속으로 들어가지 않았는가! 그러니 이 저택도 지구도 다 없어지기까지 시간이 얼마나 남았을까!

12월 21일 토 오랜 친구 제임스 허튼(James Hutton)을 25년 만에 만났다. 그러나 그 동안의 세월도 우리를 어떻게 하지는 못했다. 나의 마음은 활짝 열려 있었고 그도 마찬가지인 것 같았으며 우리는 1738년 페터 레인(Fetter Lane)에서 만났을 때처럼 이야기할 수 있었다.

월요일 (23일)부터 며칠 동안 옥스퍼드에서 학생들과 지낼 때처럼 내가 특별히 참견하지 않은 채 설교자들과 아침마다 1시간 가량 같이 보냈다. 수요일 새벽 들판에서 설교하고 아침과 오후에 예배당에서 설교하였다. 설교를 마치고 9시경 돌아오는데 대형 마차가 전속력으로 우리를 향해 달려오더니 우리 마차의 축과 바퀴를 부수어 놓았다. 이것으로 끝난 것을 감사하였다. 사람도 짐승도 다치지 않은 게 다행이었다.

12월 30일 월 동생의 부탁으로 초상화를 그리도록 다시 앉았다. 이처럼 청승스럽게 앉아 있노라면, 자연적으로 생각나는 것이 있다.

보라, 인간에게 나타나는 덧없음을!
차라리 그의 그림자가 그보다는 변치 않도다.

1772년 1월 14일 화 S박사와 함께 즐거운 시간을 보냈다. 현재로선 그가 제일 오래 사귄 친구이다. 사소한 일에 관한 한 그는 내가 알고 있는 사람 중 가장 위대한 천재이다.

그의 주위에 있는 것들은 거의 전부가 (부분으로나마) 그의 발명품이다. 방화 칸막이, 여러 종류의 등잔, 잉크병, 양초 받침대까지 그가 발명한 것이다. 그가 진지하게 계획을 세우고 일한다면 세계에서 가장 우수한 쥐덫을 만들리라는 것을 의심할 여지가 없다.

예술 평론가로서의 웨슬리

1월 16일 목 루턴(Luton)으로 떠났다. 목적지에 도착하기까진 길에 상당히 쌓인 눈 때문에 어려움과 위험을 겪어야 했다. 바깥 날씨가 매우 차고 창문에 유리라고는 한 장도 없었다. 그런데도 사람들을 생각해 그들의 제의를 받아들여 밖에서 설교하였는데 나로선 전혀 개의치 않았다. 방 안에서 모였더라면 그 수의 1/4밖에 못 들어 왔을 것이다. 아침에도 백 명 정도 모였다. 그래서 눈 속을 헤치고 온 보람을 느꼈다.

2월 7일 금 햄턴 법원에 있는 친구를 만나 그의 집으로 같이 갔다. 잉글랜드에 있는 어느 집보다도, 블렌하임 하우스(Blenheim House)보다도 놀라웠다. 후자의 집에서는 웅장하고 화려한 모습 속에 어떤 계획적인 요소를 볼 수 있었으나 이곳에서는 다른 모습은 상상할 수 없었으며 있는 그대로의 모습에서 자연적인 요소를 발견할 수 있다는 것이 큰 차이점이었다. 그곳에서 무언가 빡빡한 것이 느껴졌다면 이곳에선 수월한 흐름을 느낄 수 있었다. 그림에 대해선 별로 아는 게 없지만 폴 루벤스(Paul Rubens)가 그린 그림이 특히 나를 감동시켰는데 그 구조나 화법이 놀라왔다. 그 그림은 스가랴와 엘리사벳리이 두세 살 난 세례 요한을 데리고 우리 주님을 무릎에 안은 마리아를 방문하러 오는 장면을 그린 것이었다. 어린 아이들의 얼굴에까지 섬세하게 표정이 나타나 있었다. 그러나 나로선 그들을 발가벗겨 그려놓은 데서 어떤 예절이나 상식도 찾아 볼 수 없었다. 이것을 변명하거나 옹호할 어떤 구실도 있을 수 없을 것이다. 즉 인디언에게 이 그림을 보고 판단해보라고 해도 마찬가지로 말할 것이다.

이런 그림을 그린 화가가 좋은 손을 가지고 있다는 사실은 수긍하더라도 그는 분명 생각이 모자라다고 할 수 밖에 없다.

2월 11일 화 우연히「감상적인 프랑스와 이탈리아 여행(*A Sentimental Journey through France and Italy*)」이란 책을 읽었다. 감상적(Sentimental)이라니! 무슨 말인가? 그것은 영어가 아니다. 오히려 대륙적(Continental)이란 말을 썼어야 했다. 그것(Sentimental)은 알맞은 단어가 아니다. 어떤 뚜렷한 의미를 주지 못할 뿐 아니라 오히려 멍청이들로 하여금 여러 생각을 하게 만들 뿐이다. 이처럼 부적당한 말(누가 그것을 믿을까마는) 이 유행하는 말이라니! 그러나 책 내용만은 제목에 그럴듯하게 맞아 들어갔다.

제목처럼 모호하기 짝이 없었으며 내가 생각하기엔 그 진부하고 모호하고 상식에 어긋나는 점에 있어서는 그와 견줄만한 상대가 없을 듯 싶었다.

2월 12일 수 돌아오는 길에 일반적으로 노예무역이라 불리는 저주받을 죄악에 대해 성실한 퀘이커 교도가 쓴 글을 읽었다. 옛날이나 현재에도 이방 세계에서 그런 글이 있었다는 것은 처음 알았다. 그리고 아무리 기독교인들이 회교 국가 안에서 노예 생활을 하고는 있지만 이에 비하면 덜 잔인한 셈이다.

2월 14일 금 책장사가 하는 대로 내 글을 정확하게 편집 출판하기 위해 오래 전부터 생각해왔던 계획을 실천에 옮기기 시작했다. 책장사는 돈을 위해 그 일을 하지만 나는 오로지 하나님을 위해서 한다.

2월 17일 월 아주 색다른 이야기를 들었다. 얼마 전 상냥하고 젊은 여인이 런던에 왔다. 호기심이 생겨 설교를 듣다 마음 속 깊이 깨닫게 되었다. 옆에서 그녀를 처음부터 지켜보던 다른 여인이 그녀에게 말할 기회가 있었다. 그녀는 다음 날 고향으로 돌아가야 하는데 그렇게 되면 설교를 다시 들을 수 없을 것이라며 슬퍼하였다. 그녀는 방금 사귄 친구에게 시골로 편지해 줄 것을 부탁하였고 약속을 받았다. 시골로 돌아가서도 그녀의 신앙은 점점 자라 지금까지의 생활을 정리하기로 작정하였다. 이런 결심을 하는 중에 그녀의 아버지가 이층에서 불렀다. 아버지는 런던에서 온 편지를 주었다. 새로 사귄 친구에게서 온 것이었다. "그리스도는 당신을 받아들이려 하고 있습니다. 지금이야말로 구원의 때입니다"라는 내용이었다. 그녀는 "그렇다, 그렇다. 그리스도는 나의 주님이시다" 하고 외치며 말할 수 없는 기쁨에 싸였다. 그녀는 아버지로부터 펜과 잉크를 받아들여 즉시 답장을 썼다. 친구에게 하나님께서 그녀의 마음을 어떻게 움직이셨나 적은 다음 "더 지체할 수가 없어요. 주님은 가까이 계십니다. 지금 나는 영원 속으로 들어가고 있습니다!" 고 덧붙이고 겉봉을 쓰고 그것을 떨어뜨리며 숨을 거두었다.

2월 21일 금 동료들 몇을 만났는데 그들은 내가 몇 달 전 다친 후로 말 타고 여행하기가 쉽지 않다는 것을 알고 마차를 사려고 기부금을 걷기 시작했다.

그들의 뜻이 이루어져도 좋지만 그렇지 못하더라도 나는 내 필요에 따라 힘을 회복할 것이다.

4월 6일 월 (맨체스터에서) 오후에 미국인 O 씨 댁에서 차를 함께 들었다. 놀랍게도 내 곁에 붙어 서서 한마디도 빼놓지 않고 우리 이야기에 참견하던 아이들이 모두 기숙사가 있는 학교에 다니던 아이들이었다. 그들은 그곳에서 종교나 예절에 대해서 배우지 않고 그저 자만, 허풍, 거짓만을 배워 어떤 식으로든 하나님의 사랑과 지식에 어긋나는 짓만 하고 있었다. 자기 딸들을 책임지고 지옥으로 데려다 주고 싶은 부모들은 자녀들을 이 멋진 기숙사가 있는 학교로 보내면 된다.

4월 14일 화 칼라일(Carlisle)로 떠났다. 가는 길이 대부분 형편없었음에도 우린 목적지에 도착하여 단순하고 착한 사람들을 만나 보았다. 그들이 설교 장소로 마련해 준 곳은 문밖이었으나 많은 사람들이 모여 진지하게 들었다. 설교를 마치고 에든버러로(Edinburgh)로 돌아가도 별로 빠르지 않을 것 같아 글래스고(Glasgow)로 가는 길을 택하기로 하고 그날 저녁으로 5마일 정도 가서 우리 동료의 집에 도착하였다. 반가운 환영을 받고 낮은 지붕 아래서 편안하고 조용한 휴식을 취하였다.

4월 15일 수 외딴 집이었는데도 아침 5시에 많은 사람들이 모였다. 설교를 마치고 나서 양쪽으로 풍요한 산이 뻗어 있고 밑에는 맑은 시내가 흐르는 아름다운 시골을 지나 20마일 가량 여행하였다. 오후에 사나운 눈보라와 폭풍을 만났으나 셀커크(Selkirk)까지 무사히 도착하였다. 이곳에서 내게는 생소하지만 위엄 있는 하인의 행동을 보았다. 하인은 들어오더니 "나리, 마구간의 주인께서 나리의 말들을 먹일 수 있나 없나를 알려고 기다리고 계십니다" 하였다. 잉글랜드에선 그를 마부라 부른다. 저녁 식사 후 모든 식구가 우리와 기도회에 같이 참여하여 기쁜 듯하였다.

4월 16일 목 눈이 덮인 산을 넘어 에든버러로 갔다.

4월 18일 토 글래스고로 갔다. 4월 중순이라기보다 1월 중순으로 착각할 정도였다. 사방이 눈으로 덮여 있고 서릿발이 매서웠다. 그래서 저녁과 일요일 아침에 실내에서 설교하였다.

그러나 저녁에는 너무 많은 사람들이 모여들어 길 밖으로 나가 설교해야 했다. "하나님께서 깨끗하게 하신 것을 네가 속되다 하지 말라"(행 10:15)는 말씀으로 설교하였다. 그러고 나서 그들이 예배 형식에 대해서 못된 고집을 부리는 데 대해 신랄하게 공격하였다. 많은 사람들이 적잖은 충격을 받은 듯 하였다. 그러나 얼마나 그 마음이 지속될까?

그리녹(Greenock)과 글래스고에서

4월 20일 월 글래스고에서 서쪽으로 20마일 가량 떨어진 항구도시 그리녹으로 갔다. 플리머스(Plymouth) 항구처럼 생겼으며 넓고 완만한 만(灣)도 있었다. 무역과 주민이 늘면서 주택도 늘어났고 동시에 모함, 중상모략, 음주, 안식일을 범하는 등의 죄악도 늘어났다.

글래스고에서 설교하였던 방보다 세 배는 더 컸으나 모여드는 사람들을 모두 수용할 수 없었다. 될 수 있는 대로 쉽게 풀어 이야기하였다. 이처럼 마음이 강퍅한 세대로부터 어떤 열매가 맺힐까 보고 싶은 희망 속에서 설교하였다.

4월 21일 화 아침에도 방안 가득 모였는데 그들도 단결된 정신을 보여 주었다. 설교 첫마디를 꺼내자마자 그들은 모두 일어나 노래를 불렀다. 오후에 그리녹에서 동쪽으로 22마일 떨어진 글래스고 항구도시로 가 설교하였다. 몇몇이 무관심하듯 떠들어대었으나 대부분은 듣고 깨달았다. 저녁때 그리녹에서 설교하였다. 하나님께서는 그들이 듣건 말건 큰 소리로 그들을 부르셨다.

4월 22일 수 8시에 글래스고 항구에 있는 메이슨(Mason) 집회소에서 다시 한 번 설교하였다. 대단히 많은 사람들이 모였고 그곳 귀족들도 대부분 모인 듯했다. 전날 그들이 내 설교를 이해하지 못한 것을 보았기 때문에 이번에는 죽음과 심판, 천당과 지옥에 대해 힘 있게 증거 하였다. 이번에 그들이 알아듣는 듯하였다. 이야기하거나 웃는 자도 없이 모두 진지하게 조용히 듣고 있었다.

저녁에 글래스고에서 설교를 시작하였는데 아직 사람들이 많지 않아 경험 많은 기독교인들에게 맞는 설교를 하기로 하였다. 그런데 조금 후 시끄러워지더니 사람들이 한 떼 몰려 왔으나 이미 시작한 설교를 도중에 중단할 수 없었다. 그들은 어리벙벙한 채 쳐다보고 있었다.

설교를 마치고 그들이 알아들을 수 있는 말로 권면하는 것으로 그칠 수밖에 없었다.

4월 28일 화 (던켈드) 아틀(Athol) 공작의 정원을 거닐었다. 그곳에서 아직 본적이 없던 것을 보았다. 온실 가운데 방 하나를 만들어 놓아 한겨울에도 5월의 날씨 속에서 사방으로 푸른 나무와 꽃을 감상할 수 있게 만들었다. 저녁때 퍼스에서 다시 한 번 설교하였는데 진지하게 듣는 사람들이 가득 모였다. 설교 후 그들은 나에게 전혀 예기치 못했던 명예를 주었다. 그들은 나에게 명예 시민권을 주었다.

퍼스로 돌아오면서 로버트슨(Robertson) 박사의 「찰스 5세의 생애」(*History of Charles the Fifth*) 제1권을 읽었다. 이처럼 실망을 준 책은 읽은 적이 없었다.

알렉산더 대왕의 역사라 부르는 것이 좋을 뻔했다. 4절지 크기로 8~10실링씩이나 받는 책이면서도 단지 봉건 정부에 대해 진부한 얘기만 늘어놓고 있는데 그 내용을 추리면 종이 반장에 넣을 수 있을 것이다. 그런데 "찰스 5세"라고 이름 붙였다. 찰스 5세는 어디 있는가?

4월 29일 수 브레친(Brechin)으로 가보니 스코틀랜드 장로파(Seceders; 1773년에 영국 국교에서 분리됨), 충성선서 거부자(Non Jurors; 윌리엄 3세와 메리에 대해 신하로서의 서약을 거부한 국교회의 목사들), 글래사이트(Glassite; 1730년에 생긴 기독교 종파의 하나) 등 여기저기서 각종의 사람들이 모였다. 이 모든 사람들이 고통을 참고 견딜 뿐 아니라 사랑까지 하고 있는데 전체적인 하나님의 섭리를 선포하지 못하는 스코틀랜드 목사들은 얼마나 변명할 것인가.

금요일, 토요일 애버딘에서 쉬었다.

5월 3일 주일 아침에 잉글랜드 교회로 갔다. 여기서도 마찬가지로 모범이 될 만한 교인들의 태도를 칭찬하지 않을 수 없다. 전에는 듣지 못했던 아리송한 낭독자를 보고 더욱 놀랐다.

1과를 읽는 동안 발락(Balak)이란 단어밖엔 알아들을 수 없었고 2과에선 낳았다(begat)는 말만 들을 수 있었다. 이 회중들 가운데에는 영적인 사람이 도대체 없는가? 그런 광시(狂詩)가 왜 대중 예배에까지 튀어나와 애를 먹이는 것일까? 그런 신사에게 이처럼 종교를 소문내게 만들고 실수를 저지르게 하느니 보다 그저 아무 일도 하지 않게 버려두는 것이 훨씬 낫지 않을까? 3시경 구 도시에 있는 대학교회에서 부자와 가난한 자들이 가득 모인 가운데 설교하였다. 6시에 좁은 길목에 있는 우리의 숙소에서 설교하였다. 그날 저녁과 이튿날 아침에 걸쳐 아주 쉽게 풀어 설교하였다. 그러나 아무것도 반감을 가지지 않았다. 이 나라에서 설교하는 자들은 "진리를 밝혀 줌으로" 자신은 "하나님 앞에서 모든 인간의 양심에 들도록" 용기를 가져야 한다.

5월 5일 화 저녁때 아브로아스(Arbroath)의 새로 지은 집에서 설교하였다. 이 마을도 많이 변하였다. 소문날 정도로 사악한 곳이었다. 특히 안식일을 어기는 일, 음모와 욕설, 음주와 종교모독 등 갖가지 죄를 범하고 있었다.

그러나 지금은 달랐다. 내놓고 죄를 짓는 일은 없어졌고 저주의 말도 들리지 않게 되었으며 술 취해 거리를 방황하는 자도 보이지 않았다. 많은 사람들이 악에서 손을 뗐을 뿐 아니라 선한 일을 하는 법을 배웠고 내적(內的)인 하나님의 나라, "성령 안에 있는 의와 희락과 평안"의 증인이 되었다.

5월 6일 수 이곳에서도 치안 판사가 자기 마을의 명예 시민권을 주었다. 비록 그것이 계속 이용할 것은 아니었지만 그들의 존경의 표로 받았다.

배스(Bass) 바위 섬을 방문한 웨슬리

5월 20일 수 저녁때 던바(Dunbar)에서 설교하였다. 21일에 그곳에서 7마일 떨어진 배스로 갔다. 찰스 2세의 독재 시절, 그곳은 올바른 양심 때문에 모든 것을 상실한 채 고통 받고 있던 유능한 자들이 갇혀 있던 곳이었다. 해안에서 2마일 가량 떨어진 바다 한가운데 둘레가 2, 3마일 정도 되는 높다란 돌섬이었다. 강한 동풍까지 불어 닥쳐 배가 온전할 것 같지 않았다. 배를 댈 수 있는 유일한 곳(다른 곳은 깎아지른 듯한 절벽이었다)에 상륙하여 네 발로 기면서 위험을 무릅쓰고 올라갔다.

남아 있는 흔적을 살펴보아도 이 성은 대단히 함락시키기 어려운 곳이었음에 틀림없었다. 교회의 벽과 총독의 저택은 거의 완전하게 남아 있었다. 바위 꼭대기에 샘이 하나 있고 부근에 담장이 남아 있었다. 담 근처에는 양 18~20마리 정도는 키울 수 있는 풀밭 흔적이 있었다.

그러나 이 섬의 진짜 주인은 솔런드(Solund) 거위들이었다. 머스코비(Muscovy) 오리 정도의 크기로 수천 마리씩 대를 이어가며 떼를 지어 바위틈에 살고 있었다. 알을 한 개씩 낳는데 품고 있는 것이 아니라 한 발로 밟고(우리 눈으로 똑똑히 보았다) 깰 때까지 그대로 있는 것이 특이했다.

그 악몽 같은 시대에 얼마나 많은 사람들이 여기에서 기도하며 지냈던가!

그러니 우리가 누리고 있는 시민적, 종교적 자유에 대해 얼마나 감사해야 할 지 모르겠다.

돌아오는 길에 한 때는 더글러스(Douglas)의 위대한 백작들의 저택이었던 탄털론(Tantallon) 성의 폐허를 둘러보았다. 4각형으로 된 성벽은 아직도 남아 있었는데 그 엄청난 높이와 견고한 두께를 보니 옛날의 모습을 어렴풋이나마 짐작할 수 있었다. 인간의 위대함이란 이런데 있었다.

5월 22일 금 마을에서 2, 3마일 떨어진 곳에 유명한 로마군 주둔지의 흔적이 남아있는 산으로 갔다. 넓고 깊은 참호가 두 개 엇갈려 파져 있어 어느 쪽에서도 접근하기 어려웠을 것 같았다. 크롬웰(Cromwell)이 아래에서 허기에 차 있을 때 레슬리(Leseley) 장군은 부하와 함께 이곳에 버티고 있었다. 도망갈 구멍이라고는 전혀 없었으나 스코틀랜드의 급한 성질이 그를 구했다. 그들이 그를 생포하려고 계곡으로 한꺼번에 몰려들자 그는 풀 베듯 그들을 베어 버렸다.

5월 23일 토 앨른윅(Alnwick)으로 가 공회당에서 설교하였다. 잉글랜드와 스코틀랜드의 설교 듣는 태도가 이처럼 판이하다니, 설교자들보다 그들이 이 차이를 더 잘 안다. 그들은 목적을 아는데서 그치는 것이 아니라 사랑하고 복종하는 데까지 나아간다.

6월 1일 월 산골짜기들을 지나는 작은 여행을 시작하였다. 9시경 킵힐(Kiphill)에서, 1시에 올싱엄(Wolsingham)에서 설교하였다. 이곳에서도 하나님의 역사가 일어나는 부흥의 불길이 일기 시작했다. 또다시 가파른 산을 오르기 시작하였다. 6시 전에 바너드(Barnard) 성에 도착하였다. 기독교인들이 모여들어 강단 끝에 서서 설교하였다 (아침 5시에도 복음의 높이와 깊이를 깨달으려는 사람들로 가득 찼다).

6월 2일 화 우리는 티스데일(Teesdale)에 있는 뉴 오리겐(New Orygan)으로 갔다. 사람들이 깊은 관심 속에 듣고 있었으나 깊이 받아들인 자는 없는 것 같았다. 또다시 높은 산을 넘으며 산정에서 웨어데일(Weardale)의 대단히 아름다운 풍경을 내려다보았다. 푸른 들판과 밭이 옹기종기 모여 있는 집들과 어울려 맑고 깨끗한 작은 강을 따라 이루어져 있었다. 그곳에 있는 집들 중 3/4은 (9/10까지는 안되더라도) 감리교가 들어오면서 생긴 집들이다. 그 후 짐승은 인간으로, 황야는 푸른 들로 변하였다.

6월 4일 목 아침 5시 이곳의 복 받은 사람들과 작별하였다. 그들을 유심히 보고 있는 동안 전에는 보지 못했던 아름다운 얼굴들을 보고 약간 놀랐다.

특히 열둘 혹은 열셋 정도 된 아이들(대부분 소년들이었다)이 내 눈에 띄었다. 그러나 밖으로 나타나는 아름다움을 속에서 묶어주는 그 참다운 미(美)는 그들 얼굴의 자연적인 모습이라기보다 은혜에 기인하는 것이리라

8월 21일 금 8시경 다시 설교하고 하퍼드(Harford)로 돌아왔다. 식사를 마치자마자 나루터로 나갔으나 사공이 우리가 바라는 대로 속히 건네주고 싶은 마음이 없어 보였다. 그래서 바위 위에 편히 앉아 손에 들고 있던 작은 논문집을 읽기 시작하였다. 그런데도 제시간에 펨브록(Pembroke)에 도착하여 공회당에서 설교하였는데 은혜스런 시간이었다.

9월 6일 주일 킹스(King's) 광장 근처에 있는 킹즈우드(Kingwood) 부둣가에서 설교하였다. 오늘에 와서 야외설교가 내 십자가가 되었다. 그러나 나는 내 임무를 알고 있으며 "모든 피조물에게 복음을 전하는" 다른 방법은 발견하지 못하였다.

10월 14일 수 「톰슨 작품집」(*The Works of Mr. Thomson*)을 받고 평을 부탁 받았다. 그의 시적인 재능에 대해서 별로 알지 못하고 있다가 「에드워드와 엘레오노라」(*Edward and Eleonora*)란 시를 읽고 상당히 놀랐다. 타당성 있고 고상한 정서를 지니고 있으며 강하기도 하고 부드럽기도 한 우아한 운율에 따라 최상의 예술성을 보이는 구상에 놀랄 정도의 기교로 쓰여 있었다. 그의 걸작이었다. 내가 보기에는 현대의 어느 작품과 비교해 보아도 손색이 없었다.

선한 영과 악한 영

10월 31일 토 젊고 양식을 갖추었으며 비난받는 일이 없는 성품을 지닌 청년이 다른 세 사람과 함께 한방에 있을 때 경험한 이상한 사실을 이야기해 주었다. 그들이 모두 하나님을 경외하고 있다는 사실을 안다면 이 사건을 좀 깊이 관찰할 필요가 있다고 느꼈다.

그래서 오후에 그들 모두와 함께 여러 이야기를 나누었다. 그들의 이야기를 간추리면 다음과 같다.

약 2년 전, 마틴 S.(Martin S.) 와 윌리엄 J.(William J.) 는 꿈을 꾸었는데 두세 번 반복되었다. 꿈속에 한 사람이 나타나더니 노리치(Norwich)에서 2, 3마일 떨어진 곳에 가서 6~8피트 정도 파면 상자가 나올 것인데 그곳에는 돈과 금괴 등 어마어마한 양의 보물이 묻혀 있다고 알려 주었다. 그들은 이 말에 별로 관심을 두지 않았는데 잠에서 깨어보니 침대 곁에 나이 많이 든 남자와 여자가 서서 다시 똑같은 말을 일러 주었다. 그때가 밤 8~12시 사이였다. 얼마 후 그들은 그 장소로 갔다. 그런데 두렵고 떨려 다른 사람 하나를 더 데리고 셋이 갔다. 8시경 파기 시작해 얼마 후 6피트 정도 파내려 갔을 때 상자 같기도 하고 궤짝 같기도 한 물체가 보였다. 그러나 이내 땅 속으로 사라졌다. 그러면서 근처에 환하게 불꽃이 피더니 점점 높아지면서 커지다가, 이내 시야에서 사라져 버렸다. 잠시 후 예의 두 남녀 노인이 나타나더니 "저 남자를 데려와 모든 게 다 틀려버렸어" 하였다. 그 후로 그들뿐 아니라 그들과 같은 집에 살고 있던 사라(Sarah)와 메리 J. (Mary J.) 도 1주일에

서너 차례씩 약 15분 동안 경쾌한 음악 소리를 들을 수 있었다. 어떤 때는 노인 둘이 나타나기도 하고 나타나지 않은 채 들리기도 하였다.

그들은 그것이 선한 영인지 악한 영인지 알려달라고 물어왔으나 나로서는 무엇이라고 대답할 수 없었다.

이상한 꿈

11월 17일 화 한 사람이 들을 만한 가치가 있다고 생각되는 얘기를 꺼냈다. 2년 전 켄트(Kent)의 부자 귀족이 꿈속에 교회 마당을 거닐고 있었는데 다음과 같은 글이 새겨진 비석을 보았다.

HERE LIETH THE BODY
OF SAMUEL SAVAGE, ESQ,
WHO DEPARTED THIS LIFE ON SEPTEMBER_, 1772, AGED_
(사무엘 새비지가 이곳에 잠들다.
그는 1772년 9월 _일, _세를 일기로 세상을 떠났다)

그는 아침에 그 이야기를 친구에게 하고 깊은 생각에 빠졌다. 그러나 곧 그 시름에서 벗어났다. 바로 그날 그는 세상을 떠났고 꿈에 본 바로 그 비석이 그대로 세워졌다.

함께 있던 귀부인이 또 그런 이상한 얘기를 들려주었다. 그녀는 그 얘기를 당사자의 입으로 직접 들었다 한다.

B부인이 14세 되었을 때 그녀는 아버지 집에서 1, 2마일 떨어진 기숙사가 있는 학교에 다니고 있었다. 하루는 꿈을 꾸었는데 그녀는 교회 뾰족탑 위에 서 있었다. 그때 한 남자가 올라오더니 그녀를 지붕으로 끌어내렸다. 그녀는 지붕 위로 굴러 떨어졌으나 심하게 다치지 않았고 그때 다시 그 남자가 따라와 그녀를 지붕 아래로 밀쳤다. 그녀는 그를 노려보며 마음속으로 "방금 당신이 나를 심하게 다룬 이상으로 당신을 못살게 굴 테예요" 하였다. 그리고는 깨었다. 1주일 후 그녀는 아버지 집으로 돌아가려 했다. 아침 일찍 떠나 조그만 숲에 당도하여 그 숲을 지나갈까 아니면 돌아갈까 망설였다.

그러나 그녀는 자신도 모르는 새 곧장 나아갔고 거의 통과하여 숲을 벗어나고 있었다. 그녀가 막 목책(木柵)을 넘어가려는데 뒤에서 한 남자가 머리를 잡아당겼다. 돌아보고 꿈에서 본 그 남자라는 것을 직감하였다. 그녀는 무릎을 꿇고 그에게 빌었다. "제발 더 이상 저를 괴롭히지 마세요." 그러나 그는 그녀의 목을 조르기 시작했고 마침내 그녀는 의식을 잃었다. 그런 다음 그녀를 발가벗겨 얼마를 끌고 가 웅덩이 속에 던져 버렸다.

그 동안에 아버지의 집에서 보낸 하인이 학교에 와보고 그녀가 혼자 떠난 것을 알고 서둘러 돌아왔다. 목책에 가까워지자 간간이 신음소리가 들려 주위를 살펴보니 여기저기 핏자국이 있었다. 그 핏자국을 따라 웅덩이까지 가보니 신음소리가 그곳에서 새어나왔다. 그녀를 건져냈으나 얼굴이 피로 범벅이 되어 누군지 알 수 없었다.

그는 그녀를 가까운 민가로 데리고 갔다. 마을로 뛰어가 의사를 데려왔다. 그녀는 아직 살아 있었다. 그러나 목이 심하게 상해 말 한마디 하지 못했다.

바로 그때 그 마을에서 청년 하나가 사라졌다. 수사한 결과 그는 그곳에서 2마일 떨어진 선술집에 묵고 있었다. 그의 가방 속에서 그녀의 옷이 발견되었으나 그는 다만 주운 것이라 변명하였다. 3달이 지나서야 그녀는 바깥출입을 할 수 있었다. 그는 순회 재판소에 기소되었다. 그녀는 그를 완전하게 알아보았고 틀림없이 그가 범인이라고 진술하였다. 그는 유죄 판결을 받았고 얼마 후 처형되었다.

12월 2일 수 브롬리(Bromley) 교구의 새로 지은 강단에서 설교하였다.

감리회 회원들과 수차례 대화를 나누고 그곳 사람들의 개방성과 꾸밈없음에 놀랐다. 런던에서 10마일 이내에 그런 사람들이 있으리라고는 생각도 못했다.

웨슬리의 편지와 친구들

1773년 1월 1일 금 우리는 (평상시처럼) 하나님과의 계약을 갱신하였다.

1월 4일 월 편지와 서류들을 정리하기 시작했다. 그 중에는 적어도 150년 전(1619년)에 쓰여진 것도 있었는데 내가 보기엔 할아버지께서 며칠 안 있어 자기의 신부가 될 할머니에게 보낸 것 같았다. 학창 시절에 형제들과 내가 나누었던 편지들도 많았는데 우리가 자라나면서 지녔었던 포부들을(알 가치가 있다면) 알 수 있는 내용들이었다.

1월 7일 목 어느 곳에 들려 보니 천연두를 앓는 아이가 있어 죽음과 의사로부터 아이를 구해 주었다. 천연두를 치료한답시고 그들은 사프란 꽃이나 주고 있었다. 이처럼 무지한 의사들이 아직도 남아 있다니!

무역이 줄어들고 식량이 모자라는 현상이 일어나 8일(금요일)을 금식과 기도의 날로 정하였다. 한 주일이 지나서야 편지들을 정리하는 일을 마칠 수 있었다. 내가 쓴 편지와 받은 편지들을 훑어보고 나니 한 가지 사실을 알 수 있었다. 지금까지 40여 년간 한 때는 나와 절친했던 친구들이 헤어지게 된 경우 그들이 나를 떠나갔다는 사실이다. 사실 그들이 나를 떠난 것이지 내가 그들을 떠난 것은 아니다. 내가 보낸 편지나 받은 편지를 살펴보면 그들이 떠나는 모습을 똑똑하고 분명하게 볼 수 있다.

2월 24일 수 에든버러 신문에 주목할 만한 기사가 실렸다:

"우리는 아일랜드, 도니골(Donegal) 주(洲)에 있는 로스(Ross) 제도(諸島)에서 다음과 같은 사실을 알 수 있다. 즉 「노스 크라운」(North Crown)이라 불리던 덴마크의 한 군함이 울펠드(Ulfeld) 남작의 지휘 하에 북극으로 탐험여행을 하다가 이 섬들에 도착하였다는 사실이다. 그들은 1769년 6월 1일 18개월분의 식량을 싣고 유능한 천문학자와 지도 제작자 그리고 계획에 따른 몇몇 전문가들을 태우고 노르웨이 보른홀름(Bornholm)을 떠났다. 처음에 동북동으로 키를 잡고 37일간 항해하며 잔잔하고 평온한 파도 위를 달리다 바위섬을 만나 그 섬을 돌아서 북서로 방향을 돌려 전진하였다. 9월 17일엔 서로 10리그(1리그=3마일) 떨어진 두 높다란 고지 사이로 급하게 흐르는 조류에 휘말려 3일 동안 걷잡을 수 없이 빠른 속도로 끌려가다가 허드슨(Hudson) 강 서부 첨단과 캘리포니아 사이에 닿아 아메리카 대륙을 밟는 기쁨을 누리게 되었다. 그들은 아담한 만(灣)에 상륙하여 풍부한 야생 들소와 사슴으로 식량을 보충하였다. 그곳을 떠나 남쪽으로 방향을 돌리니 석 달 만에 태평양에 당도하였고 르메인(LeMaine) 해협을 지나 서인도제도를 돌아 귀향하였는데 그들은 신기한 물건들을 많이 지닌 채 귀향하였다. 특히 콘돌(Condor)이라 불리는 커다란 새를 가져왔는데 크기 6피트 정도 되었고 독수리 종류였으며 날개를 펴면 22피트 4인치 정도 되었다. 그곳 사람들과 모피 약간을 고기를 비롯한 다른 생활필수품으로 교환한 뒤 브레멘(Bremen)으로 떠나 해빙기를 기다려 코펜하겐(Copenhagen)에 도착하였다(1773년 2월 24일자).

이 기사가 사실이라면 덴마크 왕이 혼자서 그처럼 중요한 발견에 공헌하였다고 할 수 없을 것이다."

3월 20일 토 리버풀로 왔다.

3월 22일 월 선장이 내 마차를 배에 싣느라 서두르고 있었다. 우린 11시경에 배에 올랐고 1시도 못 되어 모래톱에 도달하였다. 배가 빨리 달려 우리는 다시 상륙하였다.

3월 23일 화 우린 다시 프리메이슨(Freemason)이란 배를 탔다. 그 배엔 1등 선객이 여섯, 신사가 넷, 귀족 부인이 둘 같이 타고 있었는데 그 중 한 부인은 노동하며 살게 될까봐 걱정 속에 살고 있었다. 이 때문에 그녀들과 가까이 지낼 수 있는 기회가 생겼다.

목요일 아침부터는 홀리헤드(Holyhead)로 나란히 항해하였다. 그때부터 강한 질풍과 요동치는 풍랑에 시달리게 되었다. 선객들은 지칠 대로 지쳤으나 나로선 조금도 피로함을 느끼지 못했다. 저녁이 되자 한 귀족이 찾아와 그들과 함께 기도해 주길 부탁해 우린 엄숙하고 편안한 가운데 그날을 마감하였다.

3월 26일 금 던레리(Dunleary)에 내려 더블린까지는 대형마차를 세내었다. 월요일과 화요일에 감리회를 점검하였다. 약간 부족한 듯했으나 서로 잘 뭉쳐 있었다. 소형 화물선 선장은 화물을 옮길 권리가 없다는 이유로 세관이 내 마차를 실어 내리지 못하게 한 것을 보고 놀랐다. 뻔한 핑계다! 그러나 당시로서는 그에게 감사하지 않을 수 없었다. 마차를 해변에 내려놓았더라면 못쓸 정도로 망가졌을 것이 분명하였기 때문이다.

4월 12일 월 볼리나스로우(Ballinasloe)와 아그림(Aghrim)에서 설교하였다.

4월 13일 화 우리가 시장을 지나올 때 환성을 보내던 사람들이 내가 순회 재판소에 들어갈 때까지 따라와 길거리를 가득 메웠다. 야외 설교를 하였는데 상당히 많은 사람들이 모여 진지하고 정숙하게 들었다. 최근 이곳에도 큰 각성이 일어나 그렇게 유명하던 난봉꾼 노릇하던 죄인도 완전히 변화해 복음의 구원을 받고 기쁨의 증인이 되었다.

아일랜드에서 일어난 사건

4월 21일 수 몇이 엔니스코티(Enniscorthy)에 있는 퀘이커 교인들에게 집회 장소를 부탁하였다. 그들은 거절하였고 우리는 집 안팎에 있는 사람들이 모두 들을 수 있도록 휴 맥라프린(Hugh McLaughlin)의 집 문에서 설교하였다. 마차를 끄는 말 한 마리가 심하게 약해져 어떻게 가야할 지 망설이고 있는데 마침 웩스퍼드(Wexford) 근처 볼리레인(Ballyrane)에서 온 신사가 이튿날 저녁 자기 집에서 설교해 주겠다고 약속만 한다면 싱싱한 말을 끌고 마중 나오겠다고 제의해 수락하였다. 약속대로 목요일 엔니스코티에서 6, 7마일 가량 가서 그를 만났다. 그러나 그가 가져온 말이 마차를 끌려하지 않는 것을 보았다. 억지로 끌 수 있는 데까지 끌도록 하였다. 저녁엔 볼리레인에서 진지하게 듣는 사람들에게 설교하였다. 아침 일찍 떠나 오후 2시 볼리박(Ballibac) 나루터에 도착하였다.

마차를 배에 싣는 것을 보고 선원 한 무리가 달려 내려왔다. 나는 근처에서 거닐고 있었는데 "잠깐 기다려, 마차가 빠지겠어" 하는 소리가 들려왔다.

나는 '내 짐을 강가에 두었기 다행이군. 서류가 망치게 되지 않았으니.' 하며 생각하였다. 1시간 가량 걸려 그들은 마차를 무사히 배에 실었다. 우리가 한꺼번에 갈 수 없어 나 혼자 타고 말들은 뒷배로 오도록 하였다. 3시 반경 건너편에 도착하였다. 우편 마차를 구할 수도 없고 시간도 없어 할 수 없이 워터퍼드(Waterford)까지 6, 7마일을 도보로 가서 지체하지 않고 설교하였다.

"내 멍에는 쉽고 내 짐은 가벼움이라"는 말씀으로 설교하였다.

4월 25일 주일 시장이 놀이터로 사용하는 풀밭에서 설교해 주기를 바란다는 말을 듣고 저녁에 그리로 갔다. 순식간에 상당히 많은 사람들이 모였다. "나는 죽은 자가 큰 자나 작은 자나 하나님 앞에 서 있는 것을 보았노라"는 말씀으로 설교하였다. 방해하려는 자가 몇 있었으나 소용없었다. 모인 사람들은 주의 깊게 듣고 있었다.

그러나 설교가 끝날 즈음 열렬한 교황 신봉자 몇이 본격적으로 일을 착수하였다. 그들은 그들을 조용히 시키려던 존 크리스천(John Christian) 등 몇을 때려뉘었다. 그리고는 바다의 파도처럼 고함을 치르며 몰려 왔으나 어느 만큼 오더니 더 이상 다가오지 못하고 있었다.

더 옆에 서 있던 신사들 중 몇이 그들 가운데로 뛰어 들어 강한 주먹을 몇 차례 휘두르더니 그 중 우두머리를 잡아 보안관에게 끌고 갔다. 보안관 한 명이 집까지 나를 바래다주었다. 다음 시간에는 좀 더 조용할 것이라는 것을 믿었다.

5월 13일 목 상당히 쓸쓸한 시골을 지나 글로웨이(Gloway)로 갔다. 최근 조사에 의하면 그곳엔 2만 명의 교황신자와 백 명의 개신교도가 있다고 한다. 그러나 그 중 몇이나 그리스도의 마음을 가지고 그리스도가 가신 길을 그대로 걷는 참 기독교인일까? 이런 정신없이는 교황 신봉자든 개신교든 아무 유익이 없으리라! 6시에 법원에서 정중한 사람들을 모아 놓고 설교하였다.

5월 14일 금 저녁때 볼린로브(Ballinrobe)에서 설교하고 토요일에 캐슬바(Castlebar)로 갔다. 마을 어귀에 있는 차터(Charter) 학교의 모습을 보고 놀랐다. 문도 없는 운동장에다 벽에는 큼직한 틈이 나 있고 교실 문 앞마다 쓰레기가 쌓여 있으며, 창문틀이 대부분 부서져 있어 어디를 보아도 게으르고 더럽고 황량한 풍경이었다. 도대체 이곳이 사람 사는 곳인가 할 정도였는데 다음 날 교회에서 걸어 나오는 40여명의 아이들을 보고야 사람 사는 동네인 줄 알았다. 그들을 뒤에서 살펴보았는데도 1) 아이들은 건강해 보였지만 교장은 없었으며, 2) 사내아이든 계집아이든 너무 더러웠고, 3) 양말 대님조차 없어 양말은 모두 발뒤꿈치에 걸려 있었고, 4) 그나마 계집아이들이 신은 양말은 동전만한 구멍이 나 있었다.

이런 이야기를 더블린(Dublin)에 있는 학교 운영 담당자들에게 알려 주었으나 그들은 고칠 염두도 두지 않고 있었다.

5월 24일 월 점심때 토니럼몬(Tonnylommon)에서 설교하였다.

말 한 마리의 편자가 빠져 왓슨(Watson) 씨의 말을 빌려 타고 그와 말은 남겨두고 떠났다. 엔니스킬른(Enniskillen)에 가까워지면서 두 사람만 나와 함께 가고 나머지는 뒤에 오도록 하였다. 첫 번째 다리에서 일하고 있던 석공들이 우리에게 조잡한 욕설을 퍼부었다. 마을로 들어가면서 더 많은 사람들을 만났으나 거리에 있던 군인들이 나를 알아보고 정중하게 대해 주는 바람에 그들은 움츠러들었다. 한 시간 후에 왓슨 씨가 마차를 타고 그 곳에 당도하였다. 다리에 이르기 전에 그들을 만났는데 그들은 손에 닥치는 대로 그에게 던졌다. 다리 한 가운데 큰 바위로 막아 놓아 건너갈 수 없게 해 놓았다. 그때 나이 많이 든 사람이 나오더니 "낯선 손님을 이처럼 대해서야 되겠소?" 하며 바위를 굴려 치웠다. 무리는 그에게 달려들어 머리부터 발끝까지 몰타르로 발라 버렸다. 그런 다음 마차로 달려들어 마차를 돌로 찍고 부러뜨리고 오물과 몰타르를 씌워버렸다.

마을을 통과하는 동안 마부의 머리 위로 돌들이 사정없이 날아들었다. 어떤 것은 2, 3파운드는 될 만한 것으로, 던지는 데도 힘이 들었을 것도 있었다. 그중 하나만 정통으로 맞았으면 치명상을 입어 더 이상 마차를 몰고 갈 수 없었을 것이다. 그렇게 되었더라면 그들은 의기양양해서 말과 마차 이야기를 떠들며 다녔을 것이다. 저녁과 아침에 시도르(Sydore)에서 설교하고 루스키(Roosky)로 떠났다. 엔니스킬른 근처에 와서 멈출 수밖에 없었다. 마을 가까이 가자 남녀 할 것 없이 모여와 우리를 맞아주는데 처음에 상스런 말로만 환영하더니 나중에는 쓰레기와 돌멩이까지 던졌다. 말은 순식간에 그들에게서 도망쳤다. 그러나 그들이 던진 돌에 마차 유리창이 깨져 내 머리 위로 쏟아졌으나 더 이상 다치지는 않았다.

1시간 쯤 지나서 존 스미스(John Smith)가 엔니스킬른에 당도하였다. 다리에 있던 석공들이 전투태세를 갖추고 있어 말이 놀라 강에 뛰어내릴까 염려해 말에서 내렸다. 그러자 그들은 그에게 돌과 쓰레기 세례를 퍼부었다. 그런데도 그는 그 길을 뚫고 오물을 가득 뒤집어쓰고 온몸이 부은 채 마을로 들어왔다.

5월 26일 수 2시 반경 출발하여 11시 조금 전에 오마(Omagh)에 도착하였다. 마차를 타도 2시까지 딩(Ding) 다리에 도착하기는 힘들다는 것을 알고 최고의 속력으로 달렸다. 그러나 도중에 말편자가 떨어져 나가 천천히 갈 수 밖에 없어 4시가 거의 다 되어 목적지에 도착하였다. 목사와 교인들이 기다리고 있다가 맞아 주었다. 그러나 교회가 너무 좁아 교회 근처에서 설교하였다. 가난한 자도, 부자도, 감리교인, 교황 신봉자, 장로교인 등 각층의 사람들이 모였다. 도착했을 때 피곤한데다 태양이 불같이 내려쬐고 있어 지칠 대로 지쳤지만 모여 있는 청중의 숫자와 그들의 태도를 보고 새 힘이 생겼다. 날쌘 말 한 마리를 구해 약속된 숙소(2마일가량 떨어져 있었다)로 1시간가량 달렸다. 차를 마시고 다른 집회가 내 설교를 기다리고 있다는 말을 듣고 지체 없이 가서 설교를 시작하였다. 그들 가운데 유행하는 정신병, 즉 교회를 떠나는 병을 조심하라고 경고하였다. 대부분 받아들였으리라 믿는다. 그들이 모두 우리 감리회 교인들이었으면 싶었다.

데리(Derry)와 아마(Armagh)에서

5월 27일 목 런던데리(Londonderry)로 갔다. 금요일에 주교의 웅장하고 우아한 저택과 최근 만들어 놓은 아름다운 정원을 볼 기회가 있었다. 그곳에서 희랍어 단어를 영어로 말하는 바람에 본의 아니게 정원사에게 결례를 범했다. 그는 그 꽃의 이름이 크레인즈빌(Crane's Bill)이 아니라 제라늄(Geranium)이라고 친절하게 시정해 주었다.

5월 29일 토 영국에서 내가 본 것 중 가장 아름다운 곳의 하나를 보았다. 가파른 언덕 위에 꾸며진 정원이었는데 특히 그늘진 산길을 걸어가면서 모든 계곡과 멀리 있는 언덕들을 한 눈에 볼 수 있도록 꾸며 있었다. 주인은 이곳을 한 바퀴 빙 돌아보고 죽었다.

6월 5일 토 (아마에서) 나는 대주교가 자기 저택 주위를 아름답게 꾸며 놓은 업적을 보러 갔다. 둘레가 2마일 밖에 안 되는 땅을 최대로 효용성 있게 꾸며 놓았다. 정원과 초원도 있었고 관목이나 각종 나무가 자라는 숲도 있었다. 흰 돌로 지어진 저택은 고귀한 신분의 사람에게 어울렸다. 그는 집 뒤에 있는 습지의 흙을 모두 파버리고 그 곳에 물을 넣어 큰 연못으로 꾸밀 계획을 하고 있었으며 또한 마을도 대대적으로 개량하는 등 거창한 계획들을 세우고 있었다. 아무리 아일랜드의 대주교라 하지만 70세가 넘었는데 그 일을 다 해낼 수 있을까 의심할 수밖에 없다.

6월 14일 월 루간(Lugan)에서 설교한 뒤 밀러(Miller) 씨를 방문하여 오랫동안 방치해 두었던 말하는 동상을 다시 완성시킬 의사가 없는가 물어 보았다. 그는 자기 계획을 변경시켜 시간과 건강만 허락된다면 말할 뿐 아니라 자유자재로 찬송까지 부를 수 있는 동상을 만들고 싶다고 털어 놓았다. 시험 단계를 마쳤는데 아주 좋은 성과였다고 말하였다. 그러나 언제 그 일이 완성될지 알 수 없었다. 그 외에 할 일도 많았기 때문에 틈나는 대로 그 일에 몰두할 수밖에 없었다. 돈 많은 사람 중에 그에게 온 시간과 정력을 쏟을 수 있도록 환경을 마련해 주는 자가 하나도 없다니 놀라운 일이다.

저녁때 리즈번(Lisburn)에서 설교하였다. 남은 시간은 이곳 가난한 환자들에게 모두 빼앗겼다. "어떤 치료를 받아왔습니까?" 하고 평범하게 물었다. 그들의 대답을 듣고 적잖이 놀랐다. 유행이 치료와 무슨 상관이 있을까? 그야 물론(적어도 아일랜드에서만은) 머리를 동여매는 정도는 다 있는 것 아닌가. 지난번 아일랜드에 왔을 때 무슨 일이 있어도 그저 고약만 쓰고 있더니 이제는 20여종의 질병(어찌 그뿐이랴?) 에도 승화 수은만 쓰고 있다. 목매달아 죽이거나 총을 쏴 죽이는 치료법은 왜 안 쓰는 걸까 좀 더 빨리 고칠 수 있을텐데.

6월 15일 화 벨파스트(Belfast)에서 지난번 이웃 주민들이 일으켰던 난동의 진상을 알게 되었다. 시골의 거의 모든 땅을 소유하고 있는 지주인 도니골(Donegal) 경이 소작인들과 새로운 소작 계약을 맺으러 이곳으로 왔다. 그러나 그들이 도착해 보니 도시에서 온 두 상인이 밭에 머리를 거꾸로 박힌 채 있었고 농부들은 대부분 식구를 데리고 광야로 도망가 있었다. 그들의 생활이 더욱 비참해지기 전에 이처럼 도망쳐 간 것은 하등 이상한 일이 아니었다. 오히려 더욱 먼 곳으로 도망치지 않은 것이 이상하였다. 그들이 그렇게까지 되었다면 이것은 누구의 잘못일까? 집도, 돈도, 가족을 먹여 살릴 음식조차 없게 된 그들인가? 아니면 그들을 이 지경까지 몰아넣은 다른 사람들일까?

7월 5일 월 11시경 더블린 모래톱을 지나 이튿날 오후에 홀리(Holy) 호수에 도착하였다. 생전 처음으로 잠 한숨 자지 않고 밤을 꼬박 새웠는데도 정신적으로나 육체적으로 불편하지 않았다. 70여 년 동안 하루도 꼬박 새지 않고 잤다면 믿기 어려울 것이다.

편안한 마차를 타고 리버풀을 떠나 9일 메들리에 도착하였다. 이튿날 지난번 일어났던 지진의 피해를 보러 나갔다. 피해 상황이 눈에 띄었다.

지난 월요일(27일) 아침 4시경부터 땅이 울리는 소리가 들리더니 갑자기 바람이 일면서 땅이 흔들렸다. 드디어 지진이 시작되는데 한 농부의 집을 1야드 정도 옮겨놓고 곡간은 15야드나 날아가 크게 갈라진 틈으로 무너져 들어갔다. 여기 저기 크고 작게 땅이 갈라지면서 큰 것은 주변 땅을 15~20피트 정도 위로 밀어 올릴 정도였다. 떡갈(Oak) 나무 두 그루와 담을 무너뜨려 창조 전의 자연 모습 그대로 만들어 놓았다. 그러고 나서 지진은 강바닥으로 내려가 조금 멈칫거리더니 이내 강바닥을 산산조각 내었고 물길이 30피트 정도까지 치솟았다. 이처럼 바닥을 뒤덮고 떡갈나무들을 쓰러뜨려 강줄기를 막아 세번(Severn) 강물이 거꾸로 흐르더니 다른 곳으로 틈을 만들어 맹렬하게 쏟아져 내리기 시작했다. 그처럼 처절한 광경은 본 적이 없었다. 하나님께서 이 지구를 그처럼 뒤흔들어 놓을 때 떨지 않을 이가 하나라도 있으랴?

8월 16일 월 저녁때 세인트 오슬(St. Austle)에서 설교하고 화요일에 트루로(Truro) 조폐소에서 설교하였다.

6시 헬스톤(Helstone) 가(街)에서 설교하였다. 감리교 설교자로서 목숨을 걸지 않고 지날 수 없던 거리와 도시가 이처럼 변하다니!

70고령으로 3만 명에게 설교하다

8월 21일 토 일로간(Illogan)과 레드루스(Redruth)에서 설교하였다. 주일 8시에 세인트 아그네스(St. Agnes) 교회에서, 1시에는 다시 레드루스에서, 5시에 그웬납의 원형극장에서 설교하였다. 입추의 여지없이 가득 모였고 상당히 먼 곳에까지 사람들로 붐비고 있었다. 사방 80야드 정도 되는 장소였으니 1평방 야드에 5명씩 설 수 있다고 계산하면 2만~3만 명이 모인 셈인데 내가 설교한 집회 중 가장 많이 모인 숫자이다. 그런데도 가장자리에 있는 사람도 똑똑히 들을 수 있었다. 70세 된 노인의 설교를 3만 명이 동시에 들을 수 있었다는 것도 처음 있는 일일 것이다.

9월 13일 월 감기가 낫지 않아 말하기가 불편했다. 저녁이 되니 더욱 악화되어 입천장과 목구멍까지 타 들어갔다. 그러나 있는 힘을 다해 설교하였다. 더 이상 계속할 수 없었다. 고체든 액체든 목구멍으로 넘길 수 없을 정도였고 숨통이 거의 막힌 것 같았다.

평상시와 같이 자리에 누웠으나 가래가 끓어올라 새벽 3시까지 잠을 잘 수 없었다. 9일 동안 계속 앓았다.

9월 19일 주일 이제는 설교할 수 있다고 생각되어 설교를 시작했으나 30분도 못되어 움직일 때마다 왼쪽 옆구리와 어깨에 심한 통증이 생겼다. 20년 전 캔터베리에서도 똑같은 증세가 나타났었다. 아침에는 머리에 손을 얹을 수조차 없었으나 전기치료를 받고 상당히 호전되어 저녁때는 아픔을 견디며 설교할 수 있게 되었다. 다음 날 저녁때는 작은 소리로나마 설교문을 읽을 수 있었다. 그때부터 서서히 목소리와 기력이 회복되어 일요일에 설교할 때는 아무런 고통을 느끼지 않았다.

10월 4일 월 셉턴 맬릿(Septon Mallet)을 거쳐 샤프츠베리(Shaftesbury) 로 가 화요일에는 솔즈베리(Salisbury)로 갔다. 수요일(6일) 새벽 2시에 마차를 타고 떠나 저녁까지 무사히 런던에 도착하였다. 남은 주간에는 나에 대한 기사들을 살펴보며 지냈다. 갑자기 장부를 정리하는 집사가 죽어 약간 혼동을 빚었으나 예상하였던 것보다 덜 했다.

월요일(11일)부터 며칠 동안 베드퍼드셔(Bedfordshire)와 노샘프턴셔(Northamptonshire)등으로 간단한 여행을 하였다. 노샘프턴에서 토우체스터(Towcester)로 가는 중에 생전 처음 큰 느릅나무를 보았는데 그것에서 자연의 위대한 신비를 볼 수 있었다. 몇 년 전 옥스퍼드의 막달렌(Magdalen) 대학에서 본 느릅나무보다 6피트 정도 더 굵고, 둘레가 28피트는 되었다.

제17장

1774년~1776년

체포된 웨슬리 - 무서운 마차 여행 - 감리회원인 아이작 뉴턴- 웨슬리와 미국독립전쟁

1774년 1월 24일 월 뉴욕에서 온 라이트(Wright) 여사가 납으로 내 얼굴을 뜨고자 하였다. 그녀는 휫필드 씨와 그 외 몇 사람의 동상을 제작한 바 있다고 하였다. 그러나 내가 보기에는 그 중 어느 것도 정성스럽게 그려진 초상화에 비교하면 뒤떨어질 수밖에 없었다.

5월 20일 금 모네디(Monedie)에서 프레이저(Fraser) 씨 댁에 들렀는데 마침 그의 장인 장례식 날이었다. 잉글랜드와 스코틀랜드 장례식이 이처럼 다르다니! 잉글랜드에서는 아무리 가난했던 자라도 시체를 성령이 한때 거했던 곳으로 여겨 귀하게 다룬다. 그런데 스코틀랜드에선 관을 땅 속에 묻으면서도 한마디 말도 하지 않아 여호야김(Jehoiakim)에 대해 말한 구절이 생각나게 했다.
"그를 묻을 때 당나귀 시체와 함께 묻을지라."

에든버러에서 체포된 웨슬리

6월 1일 수 에든버러로 간 다음 날 감리회를 하나하나 점검하였다. 놀랄 만 하였다. 전에 다녀간 후로 그들은 놀라울 정도로 성장하였다. 이곳 감리회에서 그처럼 많은 사람들이 은혜스런 기독교인의 체험을 하였다는 것은 전에는 없던 일이었다. 저녁 집회에서 설교할 때 모두들 마음을 활짝 열고 들었다.

6월 4일 토 에든버러에서는 에스겔의 마른 뼈에 관한 환상을 적용하는 데 있어 흔치 않은 자유가 있음을 보았다. 집으로 돌아오는데 둘이 따라오더니 그중 하나가 "목사님, 당신을 체포해야겠습니다. 당신을 톨붓(Tolbooth)으로 압송하라는 보안관(Sheriff)의 명령을 받았습니다" 하였다.

처음에는 농담하는 줄 알았다. 그러나 사태가 심각함을 알고 한두 명 형제들과 함께 가기를 청하였다. 톨붓과 붙어있는 집에 무사히 들어가 그 명령서를 보여 달라고 하였다. 고소인은 한때 감리회 회원이었던 휴 선덜랜드(Hugh Sunderland)였다. 그는 주장하길 "존 웨슬리의 설교자 중 하나인 휴 선더슨(Hugh Sunderson)이 그의 아내로부터 현금 1백 파운드와 재물 30파운드 이상을 갈취하였으며 게다가 그녀에게 정신적인 피해를 입혀 그녀를 미치게 하였으며 그녀를 치료하는 외에 직장까지 잃게 되어 본인에게 5백 파운드 이상의 손해를 입혔음" 하였다.

보안관 아키발드 콕번(Archibald Cockburn) 앞에서 그는 "앞에서 말한 존 웨슬리와 휴 선더슨은 아내의 고소를 피하려고 국외로 도망치려 하고 있으므로 그들을 체포하여 톨붓에 감금하여 그들의 신분이 확인될 때까지 억류할 것"을 요구하였으며 보안관은 그의 요구를 받아들여 체포명령서를 발급하였던 것이다.

그런데 왜 존 웨슬리까지 감금하는 것일까? 추호도 그에게 해를 입힌 것이 없는데. 휴 선더슨이 그(선덜랜드)와 관계된 설교를 하였다. 그런데 그것이 문제인가? 보안관이 무엇을 착각하고 있는 게 아닌가?

선덜랜드 씨는 관리에게 우리를 톨붓으로 지체 없이 압송할 것을 강요하였다. 그러나 이 달 24일에 우리의 동료 두 셋이 찾아와 우리 신분을 확인해 줄 때까지 그는 기다려야 했다. S 씨가 나타나서야 진상이 규명되고 고소인은 1천 파운드의 벌금을 물었다.

웨슬리의 무서운 여행

6월 5일 주일 8시경 에든버러에서 1마일 가량 떨어진 오미스턴(Ormiston)에서 설교하였다. 방이 좁아 거리로 나가 "우리 주 예수 그리스도의 은혜"를 선포하였다. 모인 사람들은 최상의 예절을 지켰다. 점심 때 에든버러에 있는 성채(Castle) 언덕에서 설교하였다. 하나님께서 "이제는 어디든지 사람에게 다 명하사 회개하라 하셨으니"(행 17:30)로 설교하였다. 저녁에도 집안 가득히 사람들이 모여 깊은 감명을 받은 듯하였다.

사탄이 아무리 큰 능력을 가지고 있다고 하더라도 내가 이 날을 이처럼 쓰는데 간섭하지 못할 것이다.

7월 20일 월 9시에 선덜랜드(Sunderland)를 떠나 호슬리(Horsley)를 향해 호퍼

(Hopper) 씨와 스미스(Smith) 씨와 함께 출발하였다. 나와 스미스 부인 그리고 그녀의 어린 두 딸은 마차 안에 탔다. 마을을 떠나 2마일 가량 달려 언덕 위에 도달했을 때 우리 눈에 아무것도 보이지 않았는데 말들이 무엇에 놀랐는지 아래로 쏜살같이 내려 달렸다. 존(John)은 순식간에 마부석에서 굴러 떨어졌다. 말들은 전속력으로 길을 왼편, 오른편 가장자리로만 돌며 달렸다. 그때 달구지 한 대가 반대방향에서 마주 오고 있었다. 말들은 마치 남자 어른이 상자 위로 올라서듯 달구지를 박살내고 계속 달렸다. 언덕 아래 좁은 다리가 있었다. 말들은 다리 가운데로 한꺼번에 건너뛰었다. 속력을 늦추지 않고 고개를 또 하나 넘었다. 많은 사람들을 만났으나 그때마다 놀라 길 밖으로 도망쳤다. 고개 마루 근처에 농부의 마당으로 통하는 문이 있었다. 마침 열려 있어 말들은 순식간에 그 속으로 들이닥쳤다. 문지방 하나 부수지 않고 빠져 나갔다. "다행이다. 맞은편 문이 닫혀 있으니 그곳에서 정지하겠지" 하고 생각했으나 거미줄 뚫고 가듯 문을 박차고 옥수수 밭으로 돌진하였다. 어린아이가 "할머니! 살려줘!" 하며 울었다. "걱정하지 말아요. 다치지 않을 테니" 하고 안심시켰다. 사실 나는 서재에 앉아있을 때와 다름없는 평안(하나님의 은혜다!)을 느끼고 있었다. 말들은 계속 달려 천애의 낭떠러지 끝까지 달렸다. 바로 그때 지금까지 우리 뒤를 쫓아오던 스미스 씨가 사이에 끼어들었다. 말들이 순간 멈췄다. 조금만 더 나갔더라면 우리는 모두 함께 갔을 것이다.

이런 일을 겪고 나서 이번 일에는 선한 천사와 악한 천사가 모두 함께 참여했다는 사실을 알게 되었다. 사실 우리가 아는 범위란 얼마나 좁은가? 그러나 우리는 앞으로 계속 배워 갈 것이다.

7월 28일 화 오늘이 내 생일이니 72년째 생애의 첫날을 맞은 셈이다. 돌이켜 보건데 30년 전이나 지금이나 기력이 변함없음은 어떤 이유 때문일까?

오히려 30년 전보다 시력이 나아졌고 근육도 한결 튼튼해졌다. 노쇠 현상도 나타나지 않을 뿐 아니라 오히려 옛날 앓았던 병들도 사라졌으니 어찌된 일인가? 가장 큰 이유는 하나님께서 그를 기쁘게 하는 자들에게 주시는 기쁨에 있다. 건강의 비결은 1) 50여 년간 항상 아침 4시에 일어났으며, 2) 새벽 5시에 설교한 것이 또 다른 건강요법이 되었으며, 3) 1년에 4,500마일 이상을 바다든 육지든 여행하였다는 것이다.

구사일생의 광부 구출

7월 30일 토 메들리(Madeley)로 가서 저녁에 메들리 숲속 무화과나무 아래서 설교하였는데 대부분 광부들이었으며 한마디도 빼놓지 않고 받아들였다.

메들리 숲과 게이츠헤드(Gateshead) 고원지대, 킹즈우드(Kingswood)는 아주 비슷한 경치를 이루고 있다.

7월 31일 주일 아침저녁으로 모여드는 사람들을 수용하기에는 교회가 비좁았다. 그러나 저녁때 브로슬리(Broseley)에 더욱 많은 사람들이 모여 진지하게 내 설교를 들었다. 전에 어렴풋이 들은 적이 있던 기적적인 사건에 대해 듣게 되었다. 얼마 전 이곳에 사는 광부 한 사람이 밤중에 집으로 돌아오다가 24야드 정도 깊은 석탄 구덩이에 빠지고 말았다. 살려달라고 소리쳤으나 아무도 듣지 못한 채 하룻밤이 지났다. 그 이튿날 밤, 허기지고 약해진 몸으로 잠이 들었는데 꿈속에 죽은지 얼마 안 되는 그의 부인이 나타나 위로해 주었다. 또 하룻밤이 지나 아침이 되었는데 마침 한 신사가 사냥을 하다가 놓친 토끼 한 마리를 찾고 있었다. 토끼가 그 구멍 속으로 들어갔으므로 어디로 사라졌는지 찾아 헤매고 있었다. 사냥꾼들은 구덩이 주위를 돌아가며 살피다가 구덩이 밑바닥에서 새어나오는 신음소리를 들었다. 그들은 곧 구조작업을 벌였고 그는 아무데도 다친 곳 없이 구출되었다.

8월4일 목 투크스베리(Tewkesbury)로 건너가 점심때 마을 근처 풀밭에 있는 떡갈나무 아래서 설교하였다. 설교를 마치고 첼튼엄(Cheltenham)으로 갔다. 마침 광천(鑛泉)을 마시는 계절이라 마을 전체가 관광객들로 붐비고 있었다. 저녁에 시장터에서 설교하였는데 그 곳에서 집회를 열었던 중 가장 많은 사람들이 모였다. 처음에 마부 몇 명이 방해하려고 하여 내가 돌아서서 그들을 지켜보자 그들은 꼼짝 못하고 서 있었다.

8월 6일 토 뉴포트(Newport)에서 버클리(Berkeley)성까지 걸어갔다. 대단히 아름다운 건축물이었으며 거실과 예배실을 제외하고는 거의 안전하게 보존되어 있었다.

예배실은 수년간 사용하지도 않은 듯 더러워질 대로 더러워져 있었다. 그러나 지붕 위에서 보면 정원과 주위의 아름다운 풍경을 한눈에 볼 수 있게 꾸며져 있었다. 한쪽 구석에 리처드 2세가 살해된 방도 남아 있었다. 그가 죽기 전에 제작되었다는 그의 동상도 아직 남아 있었다. 동상의 모습대로 그가 생겼다면 그는 약간 우울한 면도 있지만 대체로 개방적이며 남성적인 성격의 소유자였을 것이다. 오후에 브리스틀(Bristol)로 갔다.

코르프(Corfe) 성에서

10월 10일 월 솔즈베리에서 설교하고 화요일에는 파벡(Parbeck) 섬으로 떠났다. 코르프 성에 도착하니 마침 맑고 훈훈한 저녁이라 마을 근처 풀밭에서, 섬의 곳곳에서 모여든 사람들에게 설교하였는데 그들은 대단히 주의를 집중해서 듣고 있었다.

10월 12일 수 5시에 상당히 말씀에 굶주린듯한 사람들이 많이 모인 가운데 설교하였다. 설교를 마치고 폐허가 된 성으로 산책 나갔다. 이곳이 지난 세기에 의회의 어떠한 권력에도 대법원장 뱅크스(Banks) 경의 미망인이 그처럼 꿋꿋하게 버텼던 곳이었다. 참으로 아름다운 폐허의 광경이었다. 상당히 두꺼운 성벽으로 둘러싸여 있어 세월의 공격에도 끄떡 없었으며 전에는 성벽 둘레로 도랑까지 파여 있었다고 한다. 바위 중앙에 세워진 저택은 참으로 훌륭한 건물이었다. 주인은 얼마 전 남서쪽에 있는 방들을 개조해 자그마한 정원까지 만들어 표현할 수 없이 아름다운 경치를 볼 수 있도록 꾸며 놓았다. 당분간 주인은 만족하였다. 그러나 보면 볼수록 만족감을 주지 못하였다. 낯이 익은 경치에 별 흥미를 못 느끼게 되고 이젠 다시 폐허로 돌아가 버렸다. 당연한 일이다. 하나님의 사랑과 그를 아는 지식 외에 항상 기쁨을 줄 수 있는 일이 또 있으랴?

감리회원인 아이작 뉴턴

월요일(31일)부터 며칠간 런던 근교에 있는 감리회들을 방문하였다. 금요일(11월 4일) 저녁 존 다운스(John Downes) 씨(그는 수년간 우리와 함께 설교해 왔다)가 "서부가(街)에 있는 사람들에게 깊은 사랑을 느끼고 있습니다. 내 건강이 비록 좋지 않지만 오늘 저녁에는 그들과 함께 있고 싶습니다"하였다.

그는 그들을 찾아가 "수고하고 무거운 짐 진 자들아, 다 내게로 오라"는 말씀으로 설교를 시작하였다. 10~12분 정도 설교하다 그는 쓰러져 더 이상 말하지 않았다. 곧 그의 영혼은 하나님께로 돌아갔다.

그는 아이작 뉴턴 경과 같은 타고난 재주꾼이었다. 그런 예를 두세 가지만 들어 보겠다. 재학시절 그가 대수학(代數學)을 배우던 중 하루는 교장을 찾아가서 말하기를 "선생님, 저는 이 명제를 책에 있는 방법보다 더 쉽게 증명할 수 있습니다"라고 하였다.

교장은 믿지 않았으나 풀어내는 그의 재능을 보고 비로소 그를 인정해 주었다. 얼마 후 그의 아버지는 시계를 고쳐 오도록 그를 뉴캐슬로 보냈다. 그는 수리공이 어떤 도구로 어떻게 수리하나 유심히 살펴보았다. 그리고 집으로 돌아와 스스로 도구를 만들어 그것으로 시계를 하나 만들었는데 마을의 그 어떤 시계못지 않게 정확했다. 이런 재능을 가진 자는 유럽에서도 찾아보기 힘들 것이다.

또 다른 증거가 있다. 30년 전 내가 면도하고 있던 중 그는 지팡이 끝 부분을 칼로 깎고 있었다. "무얼 하는 게냐?"고 묻자 "동판에 새길 목사님 얼굴을 깎고 있습니다" 하였다. 정말로 그는 혼자의 힘으로 도구를 만들어 동판에 내 얼굴을 새겼다. 그가 새긴 두 번째 그림은 「신약성서 주석」(*Notes upon the New Testament*)의 표지 그림으로 사용하였다. 내가 알기로는 그와 같은 예가 영국에서도, 유럽에서도 이루어진 적이 없었다.

몇 달 전부터 일찍이 경험해보지 못했던 하나님과의 깊은 교제를 체험하였다. 그리고 최근 며칠 동안 그는 "이제야 어떻게 살아야 하는지 알게 되어 참으로 기쁘다. 옛날에는 이 지상의 천국에선 경험할 수 없다고 생각했던 하나님과의 사귐을 지금 즐기고 있다"고 말하고는 했다. 고통과 가난, 질병과 긴 투쟁을 하며 52년의 생애를 끝마치고 이제 수고에서 벗어나 영광스럽게 안식함으로 주님이 주시는 기쁨 속으로 들어갔다.

10월 13일 주일 피곤한 몸으로 평상시와 같이 9시 30분에 자리에 들었다. 하인에게 "노리치(Norwich)역마차가 4시에 떠난다니 3시에 깨우라"고 당부하고 잠이 들었다. 생각보다 이르게 문 두드리는 소리를 듣고 일어나 옷을 입고 시간을 보니 이제 겨우 10시 반이었다.

어떻게 할까 망설이고 있는데 아래층에서 시끄러운 말소리가 들려 내려다보니 대낮처럼 환하였다. 순식간에 불길은 집 주위로 넘실거렸다. 더욱이 이층은 마른 판자들로 지어져 있어 부싯깃처럼 말라 있었다. 얼마 떨어지지 않은 곳에 있던 판자더미도 집어 삼켜 버렸다. 불길은 마침 불어오는 북서풍을 타고 곧장 주물 공장으로 옮겨졌다.

물을 구할 수 없어 손을 쓸 수도 없었다. 나는 아무 도움도 되지 못함을 알고 일기와 서류를 챙겨 친구의 집으로 피신하였다. 만사는 하나님의 손에 의해 하나님이 보시기에 최선의 것으로 이루어질 것을 믿었기 때문에 두려운 생각은 없었다. 갑자기 북서풍이 남동풍으로 바뀌면서 마침 엔진 달린 펌프가 물을 품어내기 시작하여 2시간 이내에 모든 위험이 사라졌다.

늪지대에서

10월 22일 화 노리치에서 감리회 교인들과 아쉬운 작별을 고하고 12시경 마차를 탔다. 수요일 8시경 댄서(Dancer) 씨가 마차를 가지고 찾아와 엘리(Ely)까지 데려다 주었다. 오, 상식도 없는 사람들! 1마일 반가량이나 길이 물속에 잠겨 있었다. "걸어가야 할 사람은 어떻게 마을까지 가란 말인가?" 하니 "누가 걸어가라고 했습니까?" 하고 반문하였다.

2시경 순박하고 인심좋은 사람들이 가득 모인 방안에서 설교하였다. 설교를 마치고 대성당을 보러 갔다. 참으로 아름다운 건물이었다. 서쪽에 있는 탑은 대단히 높을 뿐 아니라 본당 회중석도 마찬가지로 높은 천정을 지니고 있었다. 그곳을 떠나 곳곳에 늪이 널려 있었지만 아름답고 풍요한 시골을 지나 서턴(Sutton)으로 갔다. 서턴에선 최근에 지은 큰 창고를 집회 장소로 마련해 놓고 기다리고 있었다. 6시에 그곳에 사람들이 가득 모였고 하나님께서 직접 각 영혼에게 말씀해 주시는 듯하였다.

10월 25일 금 찬바람이 사납게 부는 중에 9시 조금 못되어 소형 마차를 타고 떠났다. 눈이 많이 쌓여 있었고 늪지대를 기다시피 가고 있을 때 폭설이 내리기 시작하였다.

친절한 텁스(Tubbs) 씨는 말들을 앞에서 끌며 걸어가느라 갖은 애를 썼다. 늪에 허벅지까지 빠지면서도 웃으며 "우리 늪지대 사람들은 이런 것을 조금이라도 더럽게 여기지 않습지요"하였다. 이런 식으로 4마일 가량 뚫고 나가다 더 이상 마차로는 갈 수 없게 되었다. 그래서 거기서 말을 빌려 타고 달렸다. 그러나 이번엔 물로 덮여 있는 곳에 당도하여 여물통 두 배 정도 크기의 배를 빌려 내가 한 쪽 끝에 앉고 한 소년이 다른 쪽 끝에 앉아 노를 저어 에리스(Erith)까지 무사히 건너갔다. 그곳에서 L 양이 기다리고 있다가 다른 마차로 세인트 아이브스(St. Ives)까지 데려다 주었다.

아직 이 마을에서는 감리교인이 설교한 적이 없다고 들었다. 그러나 이제야말로 시작될 시간으로 여겼다. 1시경 화려하게 차려 입었으나 겸손한 사람들에게 설교하였다. 그곳에서 새로 사귄 친구(언제까지 그녀가 내 친구가 될 수 있을까?) 가 헌팅턴(Huntington)근처에 있는 갓맨체스터(Godmanchester)로 데려다 주었다. 베리지(Berridge) 씨와 벤(Venn) 씨가 설교한 적이 있는 넓은 창고에서 설교하였다. 날씨가 고르지 못하였는데도 많은 사람들이 모여 주의 깊게 들었다.

1775년 2월 22일 수 마일 엔드(Mile End)에 있는 고든(Gordon) 씨의 신비스런 정원을 구경할 기회가 있었다. 내가 보기엔 그와 같이 아름다운 정원은 영국, 아니 유럽에서도 다시 찾아보기 어려울 것 같았다. 특히 이곳에서 배운 것은 차(茶)나무에 대한 지식이다. 1) 녹차(綠茶)와 무이차(武彝茶)는 전혀 별개의 종류며, 2) 무이차가 녹차보다 한결 부드럽고, 3) 녹차는 사철 푸를 뿐 아니라 야외에서든 서리가 내리든 인성(忍性)이 강하며, 4) 마테(혹은 파라과이)차도 또한 서리에 강하며 그것도 차의 일종이다. 5) 그리고 이것들은 월계수 잎과 같았고 무이차 잎은 다소 작고, 부드러우며 짙은 색깔이었다. 마테차는 좀 지저분한 녹색에 우리가 아는 붉은 세이지 잎보다는 좀 컸다.

웨슬리가 탄 마차가 뒤집어지다

8월 6일 주일 1시경 브리스틀에 모인 사람들에게 영광의 복음을 선포하고 저녁엔 리이즈(Leeds)에서 설교하였다. 설교를 마치고 런던에 있는 형제들을 잠깐이라도 만나 볼 필요성을 느껴 동료 몇 명과 함께 8시경 역마차를 탔다. 1시간도 채 못가서 반대편에서 말 한 마리가 끄는 신사가 탄 마차가 달려오다 서로 바퀴가 부딪혀 버렸다.

위층에 타고 있던 사람들의 무게 때문에 마차가 순식간에 뒤집어졌다. 위가 가벼웠다면 10배가 넘는 충격을 받았어도 끄떡없었을 것이다. 그러나 마부나 위층에 있던 사람들이나 안에 있던 사람 모두 다친 사람이 한 명도 없어 다행이었다. 화요일 오후 핫필드(Hatfield)에서 많은 동료들을 만나 런던까지 무사히 돌아왔다.

월요일(10월 30일)부터 며칠간 런던 근교에 있는 감리회들을 방문하였다.

11월 11일 토 「우리의 미국 식민지 에 보내는 냉철한 서한」(*The Calm Address to our American Colonies*)에 몇 가지를 첨가시켰다. 그 누구라도 이 서한이 어떤 동기로 작성되었는지 묻지 않겠는가? 그렇다면 사방을 둘러보라. 영국은 바야흐로 불타오르고 있다. 왕이나 왕이 가지고 있는 어떤 권위에도 반대하는 원한에 불타는 자들이 일으키는 불길이다. 나는 이 불길을 잡으려 하였다. 애국자라면 이 일을 해야 할 것이다. 양쪽에서 고용한 문장가들이 나를 어떻게든 비판해도 나로선 어쩔 수 없다.

11월 12일 일 베드날 그린(Bethnal Green)교회에서, 미국 전쟁에서 전사한 병사의 미망인과 고아들을 위한 자선 설교를 부탁받았다. 많은 사람들이 트집 잡을 줄 알아 미리 설교문을 작성해 두었다.

존 호킨스(John Hawkins) 경과 평화를 위해 애쓰고 있는 다른 세 사람과 함께 식사를 하며 그들 사이에 대단히 심각한 얘기가 오가는 것을 듣고 적잖이 놀랐다.

웨슬리와 미국독립전쟁

11월 27일 월 노리치로 떠났다. 그날 저녁 콜체스터(Colchester)에서 설교하고 화요일에 노리치에서 설교하였다.

수요일에는 야머스(Yarmouth)에서 설교하였다.

바로 이즈음에 로이즈 이브닝 포스트(Lloyd's Evening Post)에 다음과 같은 글을 실었다:

> "편집자 귀하, 저는 "어떤 동기에서 「미국 식민지에 보내는 냉철한 서한」을 쓰셨는지 묻고 싶습니다"란 심각한 질문을 받고 있습니다.
>
> 나도 심각하게 대답하건대 돈을 벌기 위한 것은 아니었습니다. 그것이 내 목적이었다면 1실링씩 받도록 책자를 만들어 런던 출판업소로 보냈을 것입니다.
>
> 나 자신이나 형제들의 자손들에게 높은 지위를 마련해 주려는 것도 목적이 아니었습니다. 내 자신이 이제 높은 지위를 탐하기에는 너무 늙었으며 내 형제들이 그것을 바랐다면, 또 내가 그들에게 그런 기회를 마련해주려

했다면 우린 현재 세상에 보이는 것만으로는 충분합니다.

높은 데 있는 사람이나 낮은 데 있는 사람이나 어떤 특정인을 염두에 두고 쓴 것도 아닙니다. 나도 인간에 대해서는 잘 알고 있습니다. 귀하에게 정치적으로 봉사하는 사람들은 자기 식사보다 당신을 더 사랑할 수 없으며 당신을 정치적으로 미워하는 자는 악마보다 더 당신을 미워할 것입니다. 누구의 화를 돋우려고 이 편지를 쓴 것도 아닙니다. 오히려 그 반대입니다.

온 나라 안에 퍼진 불길을 끄기 위해 남은 힘을 모두 바쳤을 뿐입니다. 이번 기회로 잉글랜드에 있는 어느 누구보다 사태를 잘 파악할 수 있게 되었습니다. 나라 안 방방곡곡에 일어나고 있는 불길이 점점 높이 타올라 손댈 수조차 없게 되어 뼈아프게 느끼고 있습니다.

사람들은 왕이 단지 자유와 법적인 지위를 바라는 가련한 미국인들을 그처럼 잔인하고 불법적으로 다루고 있다고 외쳐 마치 불속에 기름을 붓는 격이 되고 말았습니다.

점점 높이 타오르는 불길을 숨기고는 이 불길을 끌 수 없습니다. 미국인들이 잔인하거나 불법적인 처우를 받지 않고 있다는 사실을 밝히는 길밖에 없습니다. 그들이 전혀 피해를 받지 않고 있다는 사실을 밝혀야만 합니다. 돌이켜 보건대 그들의 투쟁은 어떠한 자유(그들에게는 이미 종교적인, 법적인 자유가 보장되어 있습니다)를 위한 것도 아니며 어떠한 법적인 보호를 위한 것도 아닙니다. 그들은 그들의 헌장이 규정하는 범위 안에서 모든 것을 즐기고 있습니다. 그럼에도 그들이 투쟁하는 것은 의회의 세금 징수로부터 탈피하려는 불법적인 특권 때문입니다. 아직까지 어떤 미국 식민지에도 그런 특권을 부여하는 법조항은 없었습니다. 그리고 국왕과 상원과 하원에서 모두 동의하지 않는 한 그런 법조항은 성립될 수 없습니다. 그런데 사실상 우리의 식민지 중 그러한 법적 조항의 특권을 받는 곳은 한 군데도 없습니다. 그리고 그런 특권을 요구해 온 곳은 한군데도 없었습니다. 잉글랜드로부터 그러한 일을 선동하는 편지를 받더라도 그들은 일어서지 않을 것입니다. 그런 편지 중 하나가 필자의 요청에 의해 대륙 의회뿐 아니라 지방 각지에서 있었던 공청회에서 읽혀졌습니다. 내용인즉, 모든 국왕의 관리들에게 대항하면서 "영웅적으로 일어나라, 여섯 달만 버티자, 때가 되면 잉글랜드에서도 동요가 일어나고 여러분은 여러분 나름대로의 권리를 얻게 될 것이다"라는 등 선동적인 말들이었습니다.

이 문제의 현실이 이러한데, 편견이나 악화시키는 일이 없이 왕을 비난하거나, 미국인을 칭찬할 공평한 사람이 있겠습니까?

이런 생각에서, 비난받을 것에는 비난함으로 불을 끄려는 마음에서 "냉철한 서한"은 쓰여진 것입니다.

당신의 보잘것없는 종
존 웨슬리"

나뭇더미 속에서 설교함

1776년 1월 1일 월 약 800명의 우리 회원들이 하나님과의 계약을 갱신하기 위하여 런던에 모였는데 평상시와 같이 아주 엄숙한 기회가 되었다.

1월 14일 주일 웨스트 스트리트(West Street) 교회로 가는 도중 마차를 끌던 말 한 마리가 갑자기 놀라 뛰어 달아났다. 그러나 즉시 말을 정지시키고 밖으로 나왔을 때 다친 곳은 한 군데도 없었다.

두 주간에 걸쳐 여가를 이용해 「잉글랜드 소사(小史)」(*The Concise History of England*)를 탈고하려 애썼다. 많은 부분, 특히 정죄 받은 인물 리처드 3세(Richard III)와 스코틀랜드의 메리 여왕에 대한 기록에 내 개인적인 관념이 많이 작용했음으로 불쾌하게 여기는 사람이 많으리라는 것을 충분히 예견하고 있다.

그러나 현재로서는 좀 더 완벽한 자료를 기다리며, 또한 있다면 기꺼이 받아들이겠지만 생각하는 바대로 말할 수밖에 없다.

4월 30일 화 저녁엔 콜른(Colne)에서 설교하였는데 정방형으로 생긴 방에 가득 모인 사람들은 한마디도 빼놓지 않고 받아들였다. 이처럼 남녀노소 모두 서서 듣는 집회는 처음이었다.

더구나 이곳은 30년이 지나도록 감리교인은 얼굴을 내밀고 설교할 수조차 없던 곳이었는데! 이곳에서 처음으로 선교한 존 제인(John Jane)은 아무것도 모르고 마을을 지나가다 난폭한 무리들에게 끌려가 나뭇단 속에 처박혀 버렸다. 그러나 그는 기회를 잃지 않고 그 지경에서도 정성을 다해 권고하였다. "다가올 진노를 피하라"고.

5월 1일 수 아침 일찍 출발하여 이튿날 오후 화이트헤븐(Whiteheaven)에 도착하였다. 말들이 이틀 동안에 110마일 가량 마차를 끌었는데도 지친 기색이 없었다.

버크셔(Berkshire), 옥스퍼드셔(Oxfordshire), 브리스틀(Bristol), 글로스터셔(Gloucestershire), 우스터셔(Worcestershire), 워릭셔(Warwickshire), 스태퍼드셔(Staffordshire), 체셔(Cheshire), 랭커셔(Lancashire), 요크셔(Yorkshire), 웨스트모어랜드(Westmoreland)와 컴벌랜드(Cumberland)를 거쳐 여행하면서 두 가지 점을 유심히 살펴보았다.

하나는 인구의 증감이고 두 번째는 무역의 증감이다. 후자의 경우 최근 2년 동안 상당한 증가를 확인할 수 있었다. 특히 몇몇 업종에선 일찍이 볼 수 없던 성장을 이루고 있었다. 이런 것이 잉글랜드가 완전하게 누리고 있는 법적, 종교적인 자유의 열매가 아닐까. 전자의 경우 모든 도시 및 마을 뿐 아니라 조그만 시골 촌락에서도 감소된 곳은 없고 오히려 단시간에 급증하였음을 알 수 있다. 어디를 가나 볼 수 있는 어린아이들을 보아도 알 수 있다.

그런데도 잉글랜드에 인구가 줄었다고 하니 무식한 탓인가 아니면 기만으로 보아야 할까? 북미에 있는 어느 주에 못지않은 속도로 이곳 인구도 증가했다고 볼 수밖에 없다.

색다른 천재

5월 6일 월 콕커머스(Cockermouth)와 윅턴(Wigton)에서 설교하고 칼라일(Carlisle)로 가 설교하였는데 청중은 대단히 진지하게 들었다. 이곳에서 색다른 천재를 만났다. 그는 4살 때 눈이 멀었는데 털실을 짤 수 있을 뿐 아니라 플러시 천 위에 수를 놓아 자기가 만든 베틀이나 기계를 씌우기도 하였다. 플러시 천에다 이름도 새기며 옷이나 일상생활에 필요한 도구들은 손수 만들어 썼다. 몇 년 전에는 오르간을 넣은 방에 들어 박혀 오르간 구석구석을 만져 본 뒤 혼자 힘으로 오르간 하나를 제작하였는데 전문가가 보고 대단히 훌륭한 것이라고 평해주기까지 하였다. 그러고 나서 그는 연주법을 익혀 찬송, 성가, 독주곡 등 듣는 대로 암기해 연주하였다. 나도 그가 대단히 복잡한 독주곡과 성가를 정확하게 연주해 내는 것을 들은 적이 있다. 이처럼 색다른 천재는 유럽에서도 찾아보기 힘들 것이다. 그는 조셉 스트롱(Joseph Strong)이라 불린다. 그러나 아직 그가 "세상에서 하나님과 함께 있지 않다면" 이런 일을 해낸다 해서 더 나을게 있겠는가?

5월 17일 금 때에 맞추어 애버딘에 도착하였다. 토요일에 존슨(Johnson) 박사가 쓴 「서부 제도 여행기」(*Tour to the Western Isles*)를 읽었다. 경탄할 만한 감각과 충실한 내용을 담은 묘한 책이었다. 비록 어느 면에서는 그가 국가에 대하여 좋지 않은 감정을 가지고 있기는 하지만 그것을 노골적으로 나타내려고 하지 않아서 다행이었다.

5월 20일 월 11시경 올드 멜드럼(Old Meldrum)에서 설교하고 곧 떠났으나 거의 저녁 7시가 되어서야 밴프(Banff)에 도착하였다. 곧장 광장으로 나가 모여 있는 청중들에게 "우리 주 예수 그리스도의 은혜"를 선포하였다. 모두 정숙하게 듣고 있었으나 몇몇 신사들이 방해하였다. 공개적으로 그들을 비난하자 그들도 똑바로 서서 들었다.

아름답고 우아한 밴프(Banff)

밴프는 스코틀랜드에서 가장 아담하면서도 우아한 도시 중의 하나였다. 완만한 경사를 이루는 언덕 측면에 이루어져 있었으며 언덕 끝은 가파른 낭떠러지로 바다와 접해 있어 바다 바람을 막아주고 있었다. 거리는 곧고 넓었다. 내가 알기로는 영국에서 네 번째 아니면 다섯 번째 가는 도시였다. 밴프에서 케이스(Keith)사이에 위치한 시골의 주민들은 내가 만난 스코틀랜드 사람들 중 가장 나은 사람들이었다. 이렇게까지 된 것은 (전적으로 그렇다고는 할 수 없지만) 죽은 파인드레이터(Findlater) 백작의 공헌이다. 그는 선한 일을 하는 데에는 굽히지 않았으며 각처에서 열심히 일하는 사람들을 모아 편하게 살 수 있게 아름다운 터전을 만들어 주는데 노고를 아끼지 않았다.

점심때 밴프에서 9마일 떨어진 뉴 밀스(New Mills)에서 설교하였는데 단순하고 평범한 사람들이 많이 모였다. 오후에 여행으로 지칠 대로 지쳐서 케이스에 도착하였다. 그러나 시장터에 섰을 때 피로가 사라졌다. 밴프에 못지않게 많은 사람들이 모여 주의 깊게 듣고 있었다. 교구 목사인 고든(Gordon) 씨가 식사에 초대하며 자기 교회에서 설교해 주길 부탁하였다. 이곳에 작지만 감리회가 조직되어 있어 성장해 가고 있는 중이었다. 그런데 그들이 빌려 쓰고 있는 집 주인이 집을 팔려고 내어 놓아 그들은 예배 장소를 잃게 되어 있었다.

그들에게 예배 장소를 마련해 주는 길이란 그 집을 사는 길밖에 없었다. 그래서 내가 (누가 이런 것을 상상이나 했으랴?) 집이 두 채, 마당, 정원과 3에이커 정도의 토지까지 곁들여 그 집을 샀다. 주인은 "목사님, 16파운드 10실링은 주셔야겠습니다. 일부는 지금 지불해 주시고 일부는 미카일마스(Michaelmas)에서, 그리고 잔금은 다음 5월에 지불해 주십시요" 하고 단도직입적으로 말하였다.

고든 씨는 이곳에서 색다른 곳을 보여 주었다. 도시 반대편에 언덕이 있는데 그 언덕마루에 약 1백 세대 정도가 새로 마을을 이루고 있었다.

그곳이 거지 마을이었다. 그의 설명에 의하면 그 마을은 정기적으로 마을을 이룬다고 한다. 이른 봄에 그들은 이곳을 떠나 전국 방방곡곡에 흩어져 나갔다가 가을이면 이곳으로 되돌아와 마누라와 자식들에게 해야 할 일을 한다는 것이다.

5월 27일 월 한때는 영국에서 가장 큰 도시였던 세인트 앤드류스(St.Andrews)를 찾아 갔다. 그 당시에는 지금보다 8배는 더 컸으며 무역도 성행하던 곳이었다. 그러나 북동쪽에서 몰아치는 파도에 항만이 무너지기 시작하면서 무역이 뜸해지기 시작하였다. 그 결과(당시의) 거리는 모두 풀밭이나 동산이 되고 말았다. 단지 성당으로 통하는 세 개의 곧고 넓은 거리는 아직 남아 있었다. 비록 폐허가 된 성당이었지만 길이가 300피트는 되었고 그에 맞춰 넓이와 높이를 계산한다면 당시의 웅장함을 상상할 수 있었다. 요크 수도원보다 큰 것 같았고 잉글랜드의 어느 성당에 견주어도 손색이 없었다. 후에 성당 대신 사용되었던 교회도 1124년에 건립되었다는 글이 붙어 있었다. 성당 옆에 있는 높다란 탑도 1300년은 되었으리라 생각되었다.

웨슬리, 스코틀랜드의 대학들을 비판하다

세인트 레오나드(St. Leonard) 대학도 이제는 폐허가 되어 있었다. 대학이 둘 남아 있었는데 그 중 하나는 아직도 쓸 만한 강의실을 가지고 있었으나 창문은 모조리 부서져 있어 마치 유곽 같았다. 학생들이 학교를 나가기 전 이런 짓을 했다고 한다. 그럴 때 알량한 선생들은 무얼 하고 있었는가? 자고들 있었나? 또 하나의 대학은 그다지 훌륭한 건물은 아니었으나 새로 건립한 아담한 도서실까지 있었다. 두 대학에서 공부하는 학생 수는 총 70명이라고 들었다. 그 정도라면 올드 애버딘(Old Aberdeen)의 학생 수와 맞먹는 수이다. 뉴 애버딘(New Aberdeen)에도 더 많지는 않다. 글래스고(Glasgow)도 마찬가지이다.

내가 알기론 에든버러에는 약 1백 명의 학생이 공부하고 있다. 그러니 네 대학의 학생 수를 합쳐 봐야 겨우 310명에 지나지 않는다. 게다가 그들은 모두 11월에 학교로 와서 다시 5월에는 집으로 돌아간다. 1년 중 5개월밖에 공부 안하고 나머지는 집에서 빈둥거리며 지내고 있다. 오, 대학을 세울 때 이런 모습을 누군들 예상했으랴! 잉글랜드에서는 대학생들이 거의 1년 내내 학교에 머물러 있다. 우리 학생들도 마찬가지다. 1년에 한번이라도 일요일이 아닌 평일에 휴강을 하면 마치 노상 강도짓이라도 한 느낌이 든다.

6월 28일 금 73세가 되었으나 23세 때보다 훨씬 수월하게 설교할 수 있다. 이처럼 놀라운 결과를 얻기까지 하나님께서 선물로 주신 건강의 비결은 무엇인가? 1) 1년에 4천마일 이상을 여행하면서 계속하여 공기를 바꾸어 가며 운동할 수 있었다는 것과 2) 매일 새벽 4시에 일어나는 것 3) 원하는 때에 언제나 잠을 잘 수 있었다는 것 4) 지금까지 하루도 밤잠을 거르지 않았다는 것. 그리고 5) 심한 열병과 폐병을 각각 두 번씩 앓은 것 등이다. 이런 것들이 사실 약치고는 거친 약이었지만 그 반면에 내 몸을 어린아이의 몸과 같이 변화시키는데 더 없는 공헌을 한 것들이다. 여기에 하나를 덧붙인다면 마음을 편하게 가지는 것이다. 감정적으로 슬플 때도 있었지만 하나님의 은혜로 조바심을 가진 적은 없었다. 그러나 그래도 "땅 위에서 이루신 그 도움도 하나님께서 스스로 하심이다." 하나님께서는 구하는 자에게 이런 은혜를 내려 주신다.

콘월(Cornwall)의 밀수 행위

8월 17일 토 커버트(Cubert)(콘월)에서 호스킨스(Hoskins) 씨를 만났는데 아직 살아 있었지만 무덤으로 비틀거리며 가고 있는 중이었다. 저녁에 고린도 후서 5:1-4의 말씀으로 설교하였는데 그가 내 설교를 들을 수 있는 마지막 기회가 되었을 것이다. 설교를 마치고 파선당한 배를 습격하는 콘월의 수치가 아직도 남아있느냐고 물어 보았다. 그는 "늘 그렇습니다. 감리교인들만 그 일에서 손을 떼고 있습니다. 3개월 전에도 배 한 척이 남부 해안에서 파선되었는데 그때에도 주석 파내는 광부들이 잽싸게 올라가 화물을 남김없이 훔쳐내고 갑판에 있던 마차까지 부수어 조각 하나 남기지 않고 싣고 도망쳤습니다" 하였다.

종교적으로 보든 인간적으로 보든 이런 창피한 불법행위를 막을 길은 없을까? 사실 막을 수는 있다. 콘월의 귀족들이 마음만 먹는다면 이런 행위쯤은 충분히 막을 수 있다. 다음에 또 이런 짓을 하는 자들에게 법이 얼마나 엄한가 보여 주기만 하면 된다. 이런 식으로 열 번만 하면 어떤 파선당한 배도 피해를 입지 않을 것이다. 아니, 좀 더 부드러운 방법도 있다. 귀족들이 협정을 맺어 파선당한 배를 습격하는 일에 가담한 광부나 노동자들을 해고하고 그들의 명단을 공표하여 콘월의 신사들로 하여금 그들을 고용하지 않도록 하여 광부든 노동자든 다시는 그런 수치스런 일에 관심도 두지 않도록 하는 방법이다.

8월 18일 주일 모래톱이라 마차로는 가기 어려워 말을 타고 세인트 애그니스로 갔는데 마침 비가 와 집안에서 설교할 수밖에 없었다. 레드루스로 돌아오는 길에도 심하게 비가 내려 옷이 흠뻑 젖었다. 지칠 대로 지쳐 도착했으나 약 15분간 수면을 취하니 피로가 말끔히 풀렸다.

제18장

1777년~1780년

맨 섬에서 - 시가지 예배당의 봉헌식 - 고든 경을 방문한 웨슬리

베드날 그리인 촌락에서

1777년 1월 1일 수 늘 하던 대로 하나님과의 서원을 새롭게 하기 위해 모였다. 많은 사람들이 신유의 권능을 발견하였으며 또한 새로운 힘을 얻어 가던 길을 계속 해 나갈 수 있었던 은혜스런 시간이었다.

1월 2일 목 전도서 주석을 시작하였다. 새삼스럽게 그 뜻과 가치를 발견하게 되었다. 예상하던 것과 달리 각 부분들이 제대로 연결되었다. 각 부분은 하나의 커다란 진리 — 하나님을 떠나서는 어떤 행복도 없다 — 를 밝히려 하였다.

1월 15일 수 베드날 그린(Bethnal Green) 마을에 있는 감리회 교인들을 방문하기 시작하였다. 대부분 믿기조차 어려운 가난 속에 쪼들리고 있었다.

하나님을 두려워하는 부자들이 이 가난한 자들을 찾아보지 않다니! 부자들은 여가를 좀 더 나은데 쓸 수도 있을텐데! 그러나 분명히 그들은 그렇게 못하고 있다. 그러니 그들은 그날에야 "모든 사람은 각자의 수고에 따라 보상을 받으리라"는 말씀을 알게 될 것이다.

이튿날 다른 감리회를 방문했을 때 마찬가지 현상을 발견하였다. 뉴게이트(Newgate) 감옥에서도 그처럼 비참한 꼴은 보지 못했다. 한 가련한 사내는 병들어 침대에서 기어 나와 누더기 옷을 걸친 마누라와 거의 벌거숭이가 되어 배고픔을 참지 못해 괴로워하는 세 자식들에게 다가갔다. 누군가 빵 한 조각을 가져오자 그들은 한꺼번에 그리로 달려들어 순식간에 박살을 내버렸다. 다른 세상이 있다고 하면 좋아하지 않을 사람이 누구인가?

시가지 교회를 시작하다

4월 21일 월 새로운 교회를 기공하는 날이었다. 마침 비가 와서 그곳에 몰려오려는 사람들이 다 못 오게 되어 덜 복잡하였다. 그런데도 상당히 많은 사람이 모여 그들을 뚫고 나가 머릿돌을 놓는데 큰 어려움을 겪었다. 초석 위엔 "1774년 4월 1일, 존 웨슬리에 의해 세워지다"라는 글이 새겨진 동판이 다른 돌에 싸여 있었다. 이 글은 더 이상 인간의 눈에는 보이지 않을 것이나 이 지구와 지구 위의 모든 업적이 불에 타 없어지는 날까지 남아 있을 것이다.

4월 27일 주일 해가 뜰 때 무어필즈(Moorfields)에서 많은 무리에게 설교할 기회가 있었다. 어떻게 "하나님의 아들이 나타나서 악마의 일을 멸하시는지"(요일 3:8) 일러주는 동안 그들은 깊은 밤처럼 조용히 듣고 있었다.

5월 14일 수 친절하던 크로스(Cross) 부인의 죽음을 목격하고 11시에 폭크링턴(Pocklington)에서 설교하였다. 젊고 명랑하게 생긴 신사 한 사람이 젊은 부인을 데리고 들어와 약 5분간 머무르더니 마치 유행가 가수의 노래라도 듣는 듯 관심을 두지 않은 채 돌아 나갔다. 나는 그곳에 모인 사람들에게 그런 행위 속에 나타나는 우둔함에 대해 경고해 주었다. 이 우둔한 멋쟁이들은 그들에게 천사와 사람들 앞에서 착한 일을 할 절호의 기회가 주어졌다는 것을 모르고 있었다.

저녁엔 요크(York)에서 설교하였다.

이튿날 가슴이 비정상인 것 같아 쉬려고 하였다. 그러나 탯카스터(Tadcaster)에서 설교하기로 되어 있다는 말을 듣고 아침 9시에 출발하였다. 10시경 마차가 망가져서 말 한필을 빌렸으나 그다지 좋은 말이 못되었다. 3마일 가량 달리고 난 뒤 전기치료를 받고서야 가슴의 통증이 가셨다. 저녁때 요크에서 설교하고 금요일에 합승 마차를 타고 토요일 오후에 런던에 도착하였다.

맨 섬(Isle of Man)에서

5월 30일 금 화이트 헤븐(White Heaven)에 가니 마침 작은 배 한 척이 나를 기다리고 있었다. 저녁에 설교하고 8시경에 배에 올라 아침 9시 전에 맨섬에 있는 더글러스(Douglas)에 도착하였다.

더글러스는 환경, 모습 및 건물에 있어 콘월(Cornwall)의 뉴우린(Newlyn)과 비슷했다. 크기만 약간 컸으며 펜잰스(Penzance)에서 볼 수 있던 집들과 같은 집들이 약간 있었다. 도착하자마자 부스(Booth) 씨가 맞아 주었다. 그와는 이미 아일랜드에서 만난 적이 있었으며 그의 동생은 수년 전부터 쿨리러프(Coolylough) 감리회 회원이다. 캐슬타운(Castletown)까지 데려다 줄 마차가 준비되어 있었다.

시골 풍경을 보고 상당히 놀랐다. 더글러스에서 캐슬타운에 이르는 길은 잉글랜드의 도로에 못지않게 포장되고 잘 꾸며져 있었으며 귀족들의 저택도 상당히 많았다. 캐슬타운은 골웨이(Galway)보다 약간 작다 뿐이지 아주 흡사하였다. 6시에 성 근처에서 설교하였는데 그곳 주민들은 모두 모인 것 같았다.

두세 명의 주책없는 여인들이 마치 '우리는 종교에 대해서는 하나도 모릅니다' 하는 듯 굴었으나 다른 사람들은 모두 깊은 관심을 보였다.

6월 1일 주일 6시에 우리 방에서 설교하였는데 놀랍게도 그곳 신사들이 모두 참석하였다. 젊은이도 늙은이도 깊은 감명을 받고 한 두 시간만이라도 그들과 더 머물러 있기를 바랐으나 예배가 시작되기 전에 필타운(Peeltown)에 도착해야 했기에 서두를 수밖에 없었다.

코르벳(Corbett) 씨가 나를 만나 말하길 자기는 내게 설교를 부탁하고 싶은 심정이나 주교가 거절할 뿐 아니라 자기의 부하 교직자들에게 어떤 감리교인이든 그들과 함께 주의 만찬에 참석할 수 없다고 못까지 박았다고 전해 주었다. 그러나 그러한 명령을 법적으로나 양심상 지켜야 될 교직자가 누가 있으랴?

전혀 없다. 국왕도 법률 조항으로 규정되지 않는 한 영국인의 주권을 마음대로 할 수 없다. 하물며 일개 주교의 고집으로 어떻게 하자는 것인가? "그러나 그대는 주교에게 복종을 맹세하지 않았는가?" 천만에, 영국 어디에 있는 교직자도 그런 일이 없다. 이런 일은 단지 조급하게 저지르는 실수에 지나지 않는다. 이런 일이 곳곳으로 퍼져나가니 부끄러울 뿐이다.

비가 와 예배를 마치고 큰 엿기름 공장으로 들어갔다. 예배를 드린 사람들이 대부분 따라와 말씀을 열심히 받아들였다. 오후에 날씨가 맑아져 모두 교회 마당으로 나갔다. 하나님의 말씀이 능력을 지니고 나타났다. 참으로 은혜스러운 시간이었다.

6월 2일 월 그들 대부분이 아침 5시에도 모였다. 이들보다 친절하고 착한 사람들도 본 적이 없었다. 섬 전체에 가톨릭 신도 여섯 명을 빼고는 비국교도가 한 명도 없으니 당연한 일이었다. 약 3만 명 정도 되는 주민들은 친절하고 예의바르게 살고 있었다.

밀수를 근절한 뒤 그들은 열심히 자기들의 땅을 갈았으며 거대한 청어 장을 발굴해 섬은 나날이 발전하였다. 필(Peel)에 있는 옛 성은 (성 안에 있는 성당 건물과 함께) 이제 무너져 폐허더미로 남아 있다. 전에는 청동 대포로 무장한 대단히 거대하고 견고한 성이었다. 이제 그 대포는 모두 잉글랜드로 옮겨가 버렸다.

말 한 필이 끄는 마차에 스미스(Smith) 씨와 함께 타고 더글러스로 떠났다. 한 시간 가량 달렸을까 말이 미친 듯 달리더니 바위에 바퀴를 부딪쳐 내 수고도 보람 없이 순식간에 마차가 넘어졌다. 그러나 잔디밭에 넘어지는 바람에 아무도 다치지는 않았다.

저녁때 더글러스에서 설교하였는데 필(Peel)에 모였던 수만큼 사람들이 모였으나 그곳 사람들보다 진지하지는 못했다.

10시가 못되어 배를 타고 떠나 화요일 12시경 화이트헤븐에 도착하였다. 오후 5시에 설교를 마치고 서둘러 콕커머스(Cockermouth)로 가니 성안 뜰에 많은 사람들이 기다리고 있었다. 9시에서 10시 사이에 마차를 타고 떠나 수요일 10시경 세틀(Settle)에 도착하였다. 저녁때 시장 근처에서 설교하였는데 두 셋의 지위가 높은 신사들 무리만이 진지하게 듣고 있었다. 목요일 점심때 오틀리(Otley)에 도착하였다.

7월 21일 월 펨브록(Pembroke)에서 6, 7마일 떨어진 광산촌 제터슨(Jatterson)에서 설교를 해달라고 몹시 조르는 바람에 그곳으로 가 7시가 넘어서 설교를 시작하였다. 방안은 가득 찼고 문과 창문까지 들어선 가난한 사람들은 한마디도 흘리지 않고 받아들였다. 설교를 끝마칠 즈음 한 신사가 비비고 들어오더니 거기에 모인 사람들에게 집으로 돌아가 일하라고 외쳐 대었다. 그가 좋지 못한 말로 지껄여 대자 내 마차를 끌던 아이가 충고하였다. 그는 열을 내어 "너는 내가 마차 끄는 아이에게 배워야 한다고 생각하느냐?" 며 대들었다. 아이는 "그럼요, 그렇게 생각 하고말고요 나리" 하고 대꾸하였고 그것으로 대화는 끝났다.

8월 5일 화 연회(年會)가 시작되었다. 이번에는 특별히 모든 참석자들에게 "여러분들이 직접 보아서 감리교인은 타락한 자들이라고 믿을 만한 근거가 있습니까? 당신들이 일하는 곳에서 하나님의 사업이 진척되었습니까? 아니면 후퇴하였습니까? 일반적으로 볼 때 감리회가 수년 전보다 하나님께 더욱 가까워졌습니까? 아니면 죽어가고 있습니까?"란 질문을 던졌다(이 문제에 대한 부정적인 보고가 여기저기서 들려왔기 때문이었다). 그들 대부분이 대답했다. "우리가 그 열매를 보아 알 수 있다고 한다면 우리가 보는 한에는 전반적으로 교인들 가운데서 하나님의 사업은 진척되고 있으며 시들어가고 있지는 않습니다. 감리회가 하나님 앞에서 죽어있지 않으며 수년 전에 비교하여도 뒤지지 않습니다. 이러한 부정적인 보고들은 우리의 손을 뒤로 묶어놓으려는 사탄의 간교한 농간에 지나지 않습니다."

"그러면 이런 문제는 어떻게 해결할 것인가?" 누구든 자기의 시야 밖의 것에 대해선 판단할 수 없다. 이것을 기준으로 저것을 판단해서는 안된다.

예를 들어 브리스틀의 교인을 보고 런던의 교인들을 판단할 수는 없다. 그리고 영국 전체를 돌아다니며 곳곳의 교인들을 살펴 볼 수 있는 기회를 나보다 많이 가진 자는 없다.

그러나 간단히 결론적으로 말하자면, 보편적으로 감리교인들은 아직도 가난하고 멸시를 받으며 천대와 불공평한 환경 속에서 일하는 불우한 자들이다. 그들에게 하나님의 권능이 없다면 무너지고 말자들이다. 이러한 근거로 올바른 판단을 할 수 있을 것이다. 숫자적으로 감리교인이 줄고 있는가? 그렇다면 그들은 은혜도 줄어들고 따라서 타락했거나 적어도 타락해가고 있는 자들일 것이다. 그러나 숫자적으로 줄은 일은 없다. 오히려 점차 늘어나고 있다.

따라서 그들은 타락한 자들이 아니다. 연회는 금요일에 끝났는데 시작할 때와 같이 깊은 사랑 속에 끝났다.

웨슬리가 잡지를 발행하기 시작하다

11월 14일 월 지금까지 거의 14년 동안 수차례에 걸쳐 잡지를 발간하자는 제의를 받고 마침내 착수하기로 하였다. 그래서 이제 자료를 수집하기 시작했다. 한번 시작했으니 죽는 날까지 계속 발행할 결심이다.

12월 17일 수 요즈음 바스(Bath) 도로를 왕래하는 우편마차, 특히 밤에 운행하는 마차의 마부들 사이에는 긴밀한 협조체제가 이루어져 있어 자기의 손님들을 다른 마차꾼에게 넘기는 일이 빈번하게 일어나고 있었다. 마부가 미리 약속된 장소에 마차를 세우면 그곳에 미리 기다리고 있던 다른 마부가 그들을 습격하였다. 그 결과 많은 사람들이 털렸으나 나에게는 아직 선한 보호자(하나님)가 있었다. 그 길을 밤이건 낮이건 수없이 다녔지만 40여 년이 지나도록 한 차례도 당하지 않았다.

1778년 1월 27일 금 국가적으로 금식하는 날로 정하였다. 당연히 있어야 할 의식이었다. 가게는 모두 문을 닫고 거리는 조용했으며 공중예배 장소만이 붐볐고 왕궁에도 저녁 5시까지는 어떤 음식도 상에 차려 내지 않았다.

이렇게 함으로 우리는 적어도 하나님께서 우리의 길을 인도해 주신다는 사실을 인정하는 것이다.

6월 28일 주일 오늘로서 내 나이가 일흔 다섯이 되었다. 그런데도 하나님의 축복으로 스물다섯 살 때보다 조금도 더 약해지지 않았다. 하나님의 도우심이 이런 데서도 나타난다.

옛 설교에 대한 웨슬리의 검토

9월 1일 화 티버턴(Tiverton)으로 갔다. 상당히 오래 전 한 친구로부터 들은 재미있는 얘기가 생각난다. "나는 7년마다 내 설교를 태운다; 7년 전보다 더 나은 설교를 쓰지 못한다는 것은 수치가 아닌가"라는 말이 기억나 곰곰이 생각하여 보았다. 다른 사람은 그렇게 할 수 있더라도 나는 할 수 없다. 선한 청지기에 대해선 7년 전보다 나은 설교를 쓸 수 없다; 최후의 심판에 대해서 20년 전보다 나은 설교를 쓸 수 없다; 재물의 사용에 대해서 거의 30년이 지난 당시보다 나은 설교를 쓸 수 없다; 정말로 45년 전보다 지금 마음의 할례에 대해 더 나은 설교를 쓸 수 있다고 생각할 수 없다. 아마도 전보다 5, 6백 권 책은 더 읽었을지 모른다. 또한 옛날보다 역사나 자연 철학에 대해 좀 더 알고 있다고 할 수 있으나 이런 것으로 신성을 아는 지식에 보탬이 되었다고는 할 수 없다. 40년 전에도 나는 지금 설교하고 있는 기독교의 교리를 알았고 설교하였다.

9월 3일 목 점심때 톤턴(Taunton)에서 8마일 가량 떨어진 카생거(Cathanger)에서 설교하였다. 대단히 거대한 저택으로 대문에 새겨진 명문(銘文)에 의하면 1555년 써전트 월시(Sergeant Walsh)가 세운 저택이었다. 당시 그는 1년에 8천 파운드를 벌었는데 현재 가치로 치면 2만 파운드 정도 번 셈이다.

그러나 그처럼 이름 날리던 가문도 이제는 잊혀져 재산은 바닥나 버렸고 웅장하던 건물은 거의 먼지가 되어 버렸다. 링컨 대학 강당 비슷한 방에서 설교하였는데 진지하게 듣는 사람들로 가득 찼다.

저녁엔 사우스 페서턴(South Petherton)에서 설교하였는데 한때는 색슨 왕국의 유명한 수도였으며 아직도 이나(Ina) 왕의 궁전과 크고 오래된 교회가 남아 있어 옛날을 증명해 주고 있었다. 내가 알기로는 이곳에 최후의 강타를 먹인 사람은 제프리스(Jefferies) 판사이었는데 그는 몬머스(Monmouth)의 반란 이후 너무나 많은 사람의 목을 매달고 추방해 다시는 고개를 들 수 없게 만들어 놓았다.

시가지 예배당 봉헌식

11월 1일 주일 시가지 교회를 봉헌하는 날이었다. 그렇게 마음에 들지는 않았지만 아담했으며 주물 공장보다 훨씬 많은 사람들을 수용할 수 있었다. 아침 예배까지 합친다면 웬만한 예배당보다 적지 않은 사람들이 모였다고 본다. 사방에서 사람들이 모여들기 때문에 심한 방해가 있지 않을까 걱정하는 사람들이 많았다. 그러나 다행히 안심해도 되었다. 전혀 그런 일이라고는 일어나지 않았으며 오히려 조용하고 정숙하게 질서를 지켜 주었다.

솔로몬이 선전을 봉헌할 때 드린 기도 중에 한 부분을 설교하였다. 그리고 아침 저녁으로 (내가 시온 산 위에서 어린 양과 함께 서 있는 십사만 사천 명에 관한 설교를 하는 동안) 하나님께서는 회중들 가운데 강하게 임재 하셨다.

11월 2일 월 채텀(Chatham)으로 가서 저녁때 생기있고 온순한 청중들에게 설교하였다. 수요일에 바다를 건너 시어니스(Sheerness)로 갔다. 방이 너무 좁아 모여드는 사람을 모두 수용할 수 없어 총독에게 교회에서 설교할 수 있도록 집회 허가를 신청하였다 (전에 한번 그는 허락한 적이 있었다). 그는 내가 정식 목사인지 아닌지 알 수 없다면서 거부하였다. 할 수 없이 방에 들어 온 사람들만 내 설교를 들었다.

11월 4일 수 한때는 웅장하고 우아한 건물이었던 민스터(Minster)에 있는 옛 교회 건물을 둘러보았다. 언덕 위에 있어 마을을 내려다보고 있었다. 그곳을 떠나 퀸즈버러(Queensborough)로 갔는데 그곳은 50채 이상의 저택이 있었고 의회에도 2명의 의원을 선출해 보낸 마을이었다. 실로 세피(Sheppey) 섬 전체를 합해봐야 옛날 모습에 비교하면 그 그림자에 지나지 않는다.

11월 5일 목 채텀으로 돌아와 이튿날 아침에 역마차를 타고 런던으로 떠났다. 스트라우드(Stroud) 끝에 와서 마차에서 내려 뒤에 따라 오도록 하고 혼자 걸어 언덕으로 올라갔다. 마차도 서둘지 않았다. 내가 5마일 이상이나 걷고 있는 동안 내 뒤에 얌전히 따라왔다.

10시가 되었어도 상관하지 않았다. 걸으면 걸을수록 편하게 잠잘 수 있기 때문이었다.

11월 15일 주일 세인트 앤소린(St. Antholine) 교회에서 저녁에 설교 약속이 되어 있었기 때문에 새로 지은 예배당에서 예배가 끝나는 시간에 맞추어 마차를 대기시켜 놓으라고 한 사람에게 부탁하였는데 그가 그만 잊고 말았다.

그래서 설교를 마치고 감리회를 돌아본 후 부랴부랴 걸어서 교회로 가야 했다. 교회에는 이미 사람들로 가득 차 있어 틈을 내고 들어가기가 힘들었다. 실내는 대단히 더웠다. 그러나 하나님께서 자신의 자녀들에게 은혜의 비를 내려 주시어 더위조차 잊게 되었다.

11월 29일 주일 올드 스트리트(Old Street)에 있는 세인트 루크(St. Luke) 교회에서 자선 설교를 해달라는 요청을 받았다. 전에 그처럼 많은 사람들이 모인 것을 본 일이 없었다. 하나님을 두려워하는 모습이 모인 사람들 표정 속에 나타나 있었다. 오후에 새로 시작한 교회에서 설교하고 7시에 루드 레인(Rood Lane)에 있는 세인트 마가렛(St. Margaret) 교회에서 설교하였는데 세인트 루크 교회에 모인 사람만큼 많이 모였다. 십자가의 스캔들이 이젠 없어졌는가.

북으로 간 웨슬리

1779년 3월 15일 월 잉글랜드로부터 스코틀랜드에 이르는 여행을 시작하였다.

1월, 2월, 3월 중반에 접어들기까지 그처럼 여행하기에 좋은 날씨가 계속되는 것은 이때까지 살아오면서 겪지 못했던 일이었다. 저녁 때 스타우드에서 설교하고 다음 날 아침에 글로스터(Gloucester)에서, 2시에 스탠리(Stanley)에서, 저녁때는 투크스베리(Tewkesbury)에서 설교하기로 되어 있었다.

그런데 (스탠리 근처에 있는) 그라톤(Gratton) 교회 목사가 자기 교회에서 설교해주면 고맙겠다는 말을 전해와 그곳에서 6시에 예배를 시작하겠다는 약속을 전하도록 하였다. 스탠리 교회는 이미 2시에 가득 찼다. 18년 만에 다시 방문한 교회였다. 그 당시 살아있던 사람들은 이제 머리가 희게 변했거나 아니면 아브라함의 품안으로 들어가 버리고 없었다. 그들이 그리스도를 따른 것처럼 우리도 그들을 따르리라!

3월 25일 목 플레처(Fletcher) 씨가 메들리(Madeley) 숲 속에 새로 지어 놓은 집에서 설교하였다. 이곳 사람들은 킹즈우드 주민들과 비슷하였는데 그들보다 좀 더 단순하고 가르침을 잘 따른다. 그러나 훈련이 되어있지 않은 사람들이라 그(플레처)가 예상하는 대로 사람들이 따라주지를 않아 곤란을 겪고 있었다.

저녁에는 슈루즈버리(Shrewsbury)에서 설교하고 금요일 점심 때 브로슬리(Broseley)에 있는 회의실에서 설교하였다.

한 여름의 햇볕이 내려쬐는데도 우리는 그늘 안에 있게 되어 다행이었다. 그곳을 떠나 코울브룩(Coalbrook) 골짜기로 가서 세번(Severn) 강 위로 놓여 진 다리를 구경하였다. 둥근 아치 하나에 길이가 1백 피트는 되었으며 높이는 52피트, 넓이가 18피트 정도 되는 다리로 모두 철근으로 만들어져 수백 톤은 될 것으로 보였다. 로오드(Rhodes)에 있는 콜로써스(Colossus) 다리보다 더 무겁지 않을까 생각되었다.

4월 15일 목 할리팍스(Halifax)로 갔는데 그곳에선 최근 사소한 일로 큰 소동이 일어난 적이 있었다. 강단 위쪽에 있는 반향판(反響板) 위에 나팔 불고 있는 천 사상을 세워 놓았었다. 사람들이 맹렬하게 찬반 논쟁을 시작하였다. 그러나 얼마 안 있어 천사를 없애버리고야 다툼이 끝나게 되었다. 아침이나 저녁이나 많은 사람들이 모였고 하나님의 일은 깊이로도 넓이로도 확장되고 있음을 보았다.

5월 2일 주일 리이즈의 국교회 교구 목사인 커쇼오(Kerhaw) 씨가 나에게 성찬식 보좌를 부탁하였다. 참으로 엄숙한 시간이었다. 교직자가 10명에 성도는 7, 8백 명 정도였다. 앗킨슨(Atkinson) 씨는 저녁 설교를 부탁하였다. 그처럼 많은 사람이 모인 것은 본 일이 없었다. 그러나 5시에 우리 교회에서 설교할 때는 더 많은 사람들이 모였다. 나로선 피곤을 조금도 느끼지 않았다.

6월 28일 월 로빈 훗(Robin Hood) 만에 새로 세워진 예배당에서 설교하고 스카버러(Scarborough) 로 갔다. 화요일에 옛 친구들과 즐겁고 유익한 시간을 보낸 뒤 수요일에 브리드링턴(Bridlington)으로 돌아오는 길에 플램버러 헤드(Flamborough Head)를 구경하였다. 바다 한가운데 우뚝 솟아오른 큰 바위 섬으로 각종 바다 새들의 안식처가 되어 있었다. 저녁때 브리드링턴에서 설교하고 그곳에서 색다른 아버지의 사랑에 대한 얘기를 들었다. 그 마을에 신사 한 사람이 있었는데 대단히 아름다운 딸이 있어 그녀에게 부인 모자를 파는 상점을 차려 주었다. 얼마 후 그녀는 자신의 영혼을 돌이켜 보고 감리회에 가입하는 것이 그녀의 마땅한 도리라고 느끼게 되었다.

이 말을 듣고 아버지는 자기 집에 그녀를 들여놓을 수 없을 뿐 아니라 그녀에게 투자한 돈을 다시 모두 갚으라고 하며 그녀가 가지고 있는 모든 것을 팔아서라도 갚으라고 독촉하였다.

7월 21일 수 코벤트리(Coventry)에 도착해 보니 공원에서 설교하기로 되어 있었으나 심하게 비가 내려 할 수 없었다. 시장에게 사람을 보내 공회당을 사용해도 좋으냐고 물어보았으나 그는 거절하였다. 그런데 그날 무용 선생에게는 사용을 허락하였다. 할 수 없이 부인들의 시장으로 갔다. 많은 사람들이 모여 진지하게 들었다. 이튿날 아침과 저녁에도 그곳에서 설교하였다. 설교를 마치고 런던으로 떠났다. 그런데 우연하게도 마차 뒤에 중범이 열 명이 타서 제멋대로 지껄여대며 쇠사슬을 흔들어대었고 내 옆자리와 마차 꼭대기에는 무거운 나팔 총을 멘 사람이 감시하고 있었다.

7월 25일 주일 어디를 가나 교회는 가득 찼다. 월요일에 루이셤(Lewisham)으로 가 집필에 몰두하였다.

8월 3일 화 연회가 시작되었다. 평화와 사랑 속에 무난히 끝났다.

일요일(8일) 아침에는 웨스트 스트리트(West street)에서, 오후에는 새로 시작한 교회에서 설교하고 그곳에 모인 사람들과 아쉬운 작별을 하였다. 그것이 내가 주물공장에서 보낸 마지막 밤이었다. 41년간 그곳에서 이루신 하나님의 사업의 위대함이란!

8월 13일 금 (몬머스에서) 가파른 계단을 내려가다 실족하여 서너 계단을 굴렀다. 계단 모서리에 부딪히는 바람에 호주머니 안에 있던 달력 통이 산산조각 나버렸고 또 다른 모서리에 부딪히면서 혁대에 달린 쇠붙이 장식이 두 동강 났으나 다친 곳은 하나도 없었다. 우리의 선한 주인께서 천사를 보내 보호하셨음이라! 저녁엔 브렉녹(Brecknock)에서 설교하였다.

9월 23일 목 저녁 브리스틀에서 설교할 때 내 뒤에 한 사람이 앉아 있었는데 그는 킹즈우드 학교의 초대 교사 중 한 사람이었다. 얼마 후에 그는 학교도 감리회도 떠나갔다. 그 후로 막대한 재산이 그에게 굴러들어와 아무 친척도 없던 스펜스(Spencer) 씨는 차후에 좋은 일을 하기로 마음먹고 있었다. 그러나 하나님께서 그에게 말씀하시길 "이 어리석은 사람아!" 하셨다. 두 시간 후에 그는 아무 유언도 없이 죽었고 그가 남긴 유산을 서로 차지하려고 야단이었다.

독자들이여, 아직도 유언을 해두지 않았다면 잠들기 전에 만들어 두시오!

10월 6일 수 11시에 윈체스터(Winchester)에서 설교하였는데 그곳에 프랑스 죄수들이 4천 5백 명 가량 있었다. 그들이 충분한 음식을 섭취하고 있으며 여러모로 인간적인 대우를 받고 있는 것을 보고 기뻤다.

저녁엔 포츠머스(Porsmouth) 공회당에서 설교하였다. 목요일에 마을과 붙어 있는 야영 부대를 돌아보았는데 어느 귀족의 정원에 못지않게 청결하고 아담하게 정리되어 있는 것을 보고 놀랐다. 그런데 이곳에는 군종 목사가 없었다. 이 시대의 영국 병사들은 하나님과는 아무 상관도 없이 살고 있구나!

10월 8일 금 평상시와 같이 2시에 마차를 타고 떠나 11시경 코범(Cobham)에 도착하였다. 약간의 시간 여유가 있어 정원을 산책하는 것이 제일 좋을 것 같아 정원을 돌아보았다. 4백 에이커의 땅을 개간하여 꾸며 놓았다고 한다. 스토우(Stow)에 있던 정원보다 훨씬 뛰어났다. 그날 밤은 런던의 새로 지은 집에서 묵었다. 몇 날이나 그곳에서 더 쉬랴?

1780년 1월 23일 주일 저녁때 루스햄으로 가 월간 잡지 자료를 준비하는 데 열중하였다(믿기 어려운 일일 것이다). 2월 4일(금요일)은 국가적으로 금식하는 날이어서 새로 지은 교회와 콘힐(Cornhill)의 성 베드로 교회에서 설교하였다. 모인 사람들이 어쩌면 그렇게 다른지! 그러나 이 돌멩이들 가운데서도 하나님께서는 아브라함의 자손을 만드시리라.

독일인 지역에서

4월 17일 월 내가 겪은 최악의 날씨 속에 아침에 리즈(Leeds)를 떠났다. 비와 우박, 눈, 바람까지 몰아 쳤다. 9시경 브램리(Bramley)에서 설교하고 1시에서 2시 사이엔 푸시(Pudsey)에서 설교하였다. 설교를 마치고 독일인 지역인 풀넥(Fulneck)으로 갔다. 무어(Moore) 씨가 그들의 저택, 교회, 공화당, 하숙집과 미망인들을 위한 아파트와 독신 남녀를 위한 아파트를 보여 주었다. 또한 각종 공장과 식료품, 포목, 철물 등을 파는 가게들 뿐 아니라 빵을 구워 파는 가게도 있어 인근 마을에까지 공급하고 있었다. 그들이 1) 충분한 돈을 가지고 물건을 사들이며, 2) 백 명이 넘는 남자와 50명이 넘는 젊은 여자들 외에도 수많은 과부들과 백 명이 넘는 기혼자들까지 모두 아침부터 밤늦게 까지 쉬지 않고 각종 공장에서 일하면서 기능공의 임금을 바라거나 하지 않고 오히려 최소한의 음식과 의복을 제외하고는 어떤 임금도 바라지 않고 일을 하며, 또한 3) 돈이 필요할 때면 언제나 물건을 팔아 필요한 것을 사는데 하나님 외에 누가 그들을 방해하랴? 그렇지만 그들이 땅 위에서 재물을 쌓듯이 하늘 위에도 재물을 쌓을 수 있을까?

5월 20일 토 고대 왕들의 궁전이었던 홀리루드 하우스(Holyrood House)로 다시 한 번 산책 나갔다. 그러나 지금 남아 있는 처량한 모습이란! 웅장했던 방들은 마구간처럼 지저분했고 양탄자 색깔들도 빛이 바랬으며 걸려 있는 그림들도 찢어지거나 흉하게 망가져 버렸다.

왕궁 예배당 지붕은 무너져 내렸고 제임스 5세(James the Fifth)와 한때는 아름다웠던 단리(Darnley) 경의 유골들이 마치 양이나 소의 뼈다귀 마냥 굴러 다녔다. 인간의 위대함이란 이런 것인가! "죽은 사자"보다 "살아 있는 강아지"가 낫지 않은가?

5월 21일 주일 정오에 성 언덕에서 설교할 예정이었는데 비가 오는 바람에 포기하고 말았다. 저녁에 방안 가득 사람들이 모였고 나는 말씀을 확신있게 전할 수 있었다. 그러나 나는 에든버러 사람들을 위한 설교자는 아니다.

5월 23일 목 한 신사를 따라 에든버러에서 8마일 떨어진 곳에 있는 로즈린(Roslyn) 성을 보러 갔다. 지금은 모두 폐허가 되었으며 한 구석에 약간의 주택들이 세워져 있을 뿐이었다. 강을 따라 깎아지른 듯한 절벽 위에서 내려다보는 경치는 대단히 아름다웠으며 강 맞은편에는 마찬가지로 가파른 산들이 푸른 숲으로 옷을 입고 솟아있었다.

약간 떨어진 곳에 교회가 있었는데 교회 내부와 외부가 거의 완전하게 보존되어 있었다. 그곳의 주인이 막강한 제왕이었다는 것은 좀처럼 생각하기 어려웠다. 그 내부에는 갖가지 성서의 역사들을 담은 돌조각들이 꾸며져 있었는데 스코틀랜드에서, 아마도 잉글랜드 안에서도 그런 작품들은 찾아보기 힘들 것이다.

5월 31일 수 더럼(Durham) 근처 신클리프(Shincliff)에 있는 파커(Parker) 씨 댁으로 갔다. 모여드는 군중을 미처 방으로 모두 받아들일 수 없어 방문에 서서 설교하였다. 마을 전체가 사랑으로 진리를 받아들일 준비가 되어 있는 듯하였다. 그들의 극성은 더럼 사람들을 질투하게 만들만큼 열렬했다. 오후에 더럼에 있는 성을 둘러보았는데 그것은 주교의 저택이었다. 강으로 둘러싸여 온 마을이 내려다보이는 곳에 아름답게 지어져 있었다. 건물들은 크고 웅장했으나 가구들은 상상 이하로 초라했다. 그러한 것은 더블린에 있는 류터난트(Lieutenant) 경의 집에서나 찾아 볼 수 있을까, 어떤 신사나 1년 수입이 5백 파운드 정도 되는 사람의 집에서 조차도 본 기억이 없다. 제일 큰 방에 있는 양탄자는 아주 낡았을 뿐 아니라 볼품도 없고 어색하였다. 한 예를 들어보면 야곱의 환상을 그린 그림을 보면 한쪽에 작고 보잘것없는 사다리가 있고 그 사다리를 오르는 천사는 마치 굴뚝 청소부의 모습을 하고 있었으며. 또 한쪽에는 야곱이 은테를 두른 큰 모자를 쓰고 천사를 쳐다보고 있었다.

6월 5일 월 (요크)에서 심술궂은 신문기자가 오늘 신문에 유명한 웨슬리가 국왕을 수호한다는 명목으로 막대한 연금을 받게 되었다는 사실을 재치있는 기사로 밝혔다. 그 바람에 저녁 집회에 사람들이 모여들어 많은 사람들은 그냥 돌아가야만 했다. 그리고 하나님께선 많은 심령들에게 "열 명으로 말미암아 멸하지 아니하리라"(창 18:32)는 말씀을 들려주셨다.

6월 12일 월 11시에 뉴톤 어폰 트랜트(Newton Upon Trent)에서 설교하였는데 상당히 많은 사람들이 모여 정숙하게 들었다. 설교를 마치고 뉴우아크(Newark)에 가서 설교할 장소를 찾으러 동료들을 흩어 보냈다. 마침 적당한 장소를 찾았는데 길 쪽으로 트인 외에는 막혀 있었다. 2,3천 명이 모여 생명의 말씀에 귀를 기울이고 있었다. 다만 대단히 술에 취한 한 사내가 온갖 소란을 피우며 방해를 하다가 마침내 부인에게 덜미를 잡혀 두세 차례 뺨따귀를 얻어맞고 마치 송아지처럼 끌려 나갔다. 그러나 마침내 그녀의 손아귀에서 벗어나 사람들 가운데 끼어들더니 어린 양처럼 조용히 서 있었다.

보스턴 탑 위에서

6월 16일 금 주(州) 안에서 링컨(Lincoln) 다음 가는 큰 도시 보스턴으로 갔다. 뾰족탑 꼭대기(영국 내에서 가장 높은 탑이 아닌가 한다)에서 내려다보니 온 도시가 보일 뿐 아니라 인근에 있는 마을까지 볼 수 있었다. 전에 이 도시는 늪지대로 싸여 있었으나 점점 늪이 없어지고 대부분 초원이 되었으며 얼마는 개간할 수 있게 되었다. 6시에 방안 가득 사람들이 모였는데 그들은 모두 정중한 태도를 보여주었다.

6월 28일 수 셰필드(Sheffield)로 갔으나 설교 장소가 마련되어 있지 않아 광장에서 설교하였다.

오늘로서 내 나이 78세가 되었다는 것을 좀체 실감하기 어려웠다. 하나님의 은혜로 내가 28세 되었을 때와 조금도 다름이 없다. 끊임없이 운동하고 아침 일찍 일어나며 아침과 저녁으로 설교한 덕분에 하나님께서 내려주신 축복이다.

9월 11일 월 바스(Bath)에 가까이 갈 때 많은 사람들이 모여 있어 무슨 일인가 궁금했는데 알고 보니 회원 중의 하나가 마을에 황소 한 마리를 기증하여 통째로 구우려 하고 있었다.

그러나 억수같은 비가 쏟아져 놀이는 중단되고 모였던 사람들은 오던 발걸음보다 빠르게 돌아가 버렸고 그중 많은 사람이 우리 교회로 들어왔는데 그들은 그곳에 처음 온 듯하였다.

10월 16일 월 턴브리지 웰스(Tunbridge Wells)로 가서 진지하게 듣는 사람들에게 계시록 22장 12절의 말씀을 들려주었다. 화요일에 세븐 오크스로 돌아왔고 오후에는 도보로 도어 (Dorset)공작의 저택까지 갔다. 정원은 내가 본 것 중 가장 아름다운 곳이었고 나무들도 아름답게 가꾸어져 있었다. 적어도 2백 년은 되었을 이 저택은 상당히 컸다. 광장이 두 개나 있었는데 링컨 대학에 있는 광장보다 아주 컸다. 강당, 예배당과 세 개의 화랑 외에도 30개가 넘는 방을 둘러 본 것 같았다. 그림도 수없이 많았다. 내 생각으로 블렌하임(Blenheim)성에 있는 그림의 4배 이상은 될 것 같았다. 그 중 한 화랑을 통해 왕의 침실로 들어갈 수 있는데 가장 화려한 장식으로 꾸며진 방이었다. 침대 커튼은 금이 달린 천으로 수놓아 그것을 달아 놓는 데에도 상당한 노력이 필요하였을 것이다. 책상, 의자, 거울 테까지 은으로 장식되어 있었다.

느부갓네살(Nebuchadnezzar)의 생애를 그려 놓은 양탄자는 방금 짠 것처럼 깨끗했다. 그러나 침대 커튼은 더러워 금이 구리처럼 보였다. 또한 책상, 의자, 거울은 테를 두른 납처럼 흐려졌다.

그리고 모든 것을 매듭짓듯이 느부갓네살 왕은 맹수들 가운데서 날카로운 발톱을 가진 그의 독수리와 함께 머리에 큰 왕관을 쓰고 주홍빛과 금빛나는 옷을 입고 있었다.

런던탑에 있는 고든 경을 방문한 웨슬리

11월 16일 토 (런던)에서 조지 고든(George Gordon) 경이 나를 만나고 싶다는 전갈을 두 번이나 받고 스토먼트(Stormont) 경에게 편지를 보내자 그는 월요일(18일)에야 그를 만나도 좋다는 허락을 내렸다. 화요일(19일) 런던탑에 있는 그의 숙소에서 1시간 가량 같이 지냈다. 우리의 대화는 가톨릭교와 그 신도들에 대한 것들이었다. 그는 성서를 아주 잘 알고 있는 것 같았으며 서재를 꽉 채울만큼 다른 서적들도 소유하고 있었다. 그가 누구한테도 아무것도 불평하고 있지 않음을 알고 대단히 놀랐으며 나로선 그가 감금 상태에서 풀리어 그에게 영원한 은혜가 내리길 바랄 뿐이었다.

11월 22일 금 몇몇 동료들의 요구에 따라 그들과 함께 대영 박물관에 갔다.

이리저리 구경하며 다니고 싶은 욕망 때문에 얼마나 넓은 지역을 다녔던가! 큰 방 하나는 꼭대기부터 밑바닥까지 오타하이트(Otaheite)에서 가져온 유물로 가득 찼고, 헤르쿨라늄(Herculaneum)의 폐허에서 찾아낸 유물은 더 많아 방 두세 개에 가득 찼다. 알 수 없는 책들로 7개의 방이 가득 찼고 고대 사본으로 5개의 방이, 각종 화석으로 2개의 방이 찼으며 나머지는 각종 동물 표본으로 가득 차 있었다. 그러나 이런 것들을 수집하며 한평생을 보내고 죽어서, 산 자와 죽은 자를 심판하시는 재판관(예수) 앞에 섰을 때 무어라고 설명을 할 것인가?

11월 24일 주일 이 복된 날을 의미있게 보내기 위하여 아침 일찍 새로 시작한 교회에서 설교하고 10시와 4시에 웨스트 스트리트에서 설교하고 저녁에는 도시 끝까지 감리회를 방문하였다.

11월 29일 금 조지 고든(George Gordon) 경을 기소한 배심원의 기소장을 보았다. 너무나 놀랐다. 진리와 상식을 모욕함이란! 그러나 그것은 평범한 형식이었다. 더욱더 창피할 뿐이다. 도대체 의회에서는 이런 수치를 이 나라에서 몰아내지 않고 무얼 하고 있는가?

11월 30일 토 새벽 1시에서 2시 사이에 깨어보니 교회 위로 밝은 빛이 비치고 있었다. 가까운 곳에 아마도 재목을 쌓아놓은 마당 근처에 불이 났음을 알 수 있었다. 그렇다면 우리가 있는 곳도 곧 재가 될 것이 분명하였다. 우선 식구들을 깨워 기도를 드린 다음 나가 보니 약 백 야드 정도 떨어진 곳에 불이 타고 있었으며 남풍이 불고 있었다. 그때 한 선원이 "멈춰, 멈춰, 바람은 곧 방향을 바꾼다!"고 외쳤다. 정말 그대로 되어 우리가 기도하고 있는 동안 서풍으로 바뀌더니 불길을 멀리 쫓아버렸다. 우리는 감사한 마음으로 돌아와 남은 밤을 편안하게 쉬었다.

제19장

1781년~1784년

이상적인 교구 순회 - 80세 된 웨슬리 - 네덜란드를 방문하다 - 스코틀랜드에서 있었던 일

1781년 1월 22일 목 조카들의 음악회에 가서 즐거운 시간을 보냈다. 그러나 귀족들과 귀부인들 틈에 끼어 약간 어색하였다. 나는 평범한 음악과 평범한 친구를 가장 사랑한다.

험난한 여행

4월 9일 월 될 수 있는 대로 빨리 아일랜드로 가고 싶어 서둘러서 리버풀(Liverpool)로 가니 마침 떠나려는 배가 있었으나 바람이 심하게 불어 묶여 있다가 목요일까지 기다려서야 선장이 급하게 뛰어와 바람이 잔잔해졌다고 일러 주었다.

그래서 플로이드(Floyd) 씨, 스노우든(Snowden) 씨, 조셉 브래드퍼드(Joseph Bradford) 씨, 그리고 나와 두 누이와 함께 배에 올랐다. 그러나 바다로 나가자마자 바람이 돌변하더니 점점 거세게 불어 닥쳤다. 한 시간 가량 겪은 고생은 40년 동안 겪어보지 못했던 것이었다. 이틀 동안 단단한 음식은 콩알 하나도 삼키지 못했고 물 같은 것도 거의 삼킬 수 없었다. 머리끝부터 발끝까지 성한 데가 없을 정도로 멍들고 저려 침대 속에 누워 있어야 했다.

금요일엔 하루 종일 폭풍이 일고 파도도 점점 사나와져 갔다. 토요일 이른 아침부터는 꼭 잠가둔 갑판 문이 심하게 움직여서 같이 타고 있던 말이 놀라 요동치며 배가 상하지 않을까 걱정되었다.

S부인이 내게 기어오더니 두 팔로 나를 껴안고 "목사님, 우린 모두 죽겠어요!"라고 말하였다. 아주 가벼운 배였는데도 이미 밑바닥엔 3피트 정도 물이 고였다. 그러는 동안 배는 바람 부는 쪽 해안으로 맹렬하게 달리고 있었으며 선장이 "바람 부는 쪽으로 키를 돌려!" 했으나 키로서는 배를 멈출 수 없었다. 나는 형제들에게 기도하도록 하였으며 은혜의 보좌에 값없이 나아갈 수 있음을 알았다. 기도를 끝

내고 나와 보니 어느새 이틀 낮과 밤을 바람과 파도에 시달릴 대로 시달린 배는 홀리헤드(Holyhead) 항구에 도착해 있었다.

생각하면 할수록 이번에 아일랜드로 가는 것은 하나님의 뜻이 아닌 것같아 지체하지 않고 역마차를 타고 떠나 다음 날 저녁엔 체스터(Chester)에 도착하였다.

요사이 며칠만이라도 가장 유익하게 보낼 수 있는 곳이 어디 없을까 생각해 보았다. 평상시 여행에선 볼 수 없었던 「맨」섬 (Isle of Man)과 웨일스 지방이 생각났다. 웨일스 지방부터 둘러보는 것이 나으리라 생각하여 한 이틀 쉰 다음 수요일(18일), 가는 길에 (수년 동안 찾아보지 못했던) 휫처치(Whitchurch)와 슈루즈버리(Shrewsbury)에 들릴 생각으로 브레콘(Brecon)으로 떠났다. 점심때 휫처치에서 진지하게 듣는 많은 사람들에게 설교하고 저녁엔 슈루즈버리에서 설교하였는데 그곳 사람들은 대단한 열의가 있어 또 하루 그곳에서 묵기로 하였다.

그곳에서 브레콘으로 가는 지름길을 알 수 없어 우스터(Worcester)로 돌아가기로 하였다. 도중에 브로슬리(Broseley)에 들려 세번(Severn) 강 위로 놓여진 철교를 보았는데 유럽에서 최초로 세워졌으며 유일한 철교인 것 같았다. 그것을 모방하기도 쉽지 않을 것이다.

5월 1일 화 하버포드(Haverford)에서 17마일 가량 떨어진 성 다윗 교회로 갔다. 가는 도중 적어도 9~10마일 되는 시골 땅이 그처럼 풍요하고 잘 개간되어 있는 것을 보고 놀랐다.

잉글랜드 서부와 웨일스 서부가 이처럼 다르다니, 전자(콘월의 서부)는 황무지의 광야인데 후자는 풍요하고 잘 개발되어 있다. 그러나 마을 자체는 쓸쓸한 풍경이었다. 마을 전체에서 사람이 살 만한 집이라고는 한 채 밖에 찾아보지 못했다. 나머지는 형편없는 헛간이었다. 아일랜드에서도 그처럼 초라한 도시를 볼 수 없었다. 성당은 웨일스의 어느 성당보다 크고 웅장한 건물이었다. 그러나 이미 상당한 부분이 무너져 폐허가 되고 있었다. 주교 관구(管區)에서 조금 떨어진 곳에 옛날 유명했던 사람들의 무덤과 조상(彫像)들이 있는데 그중엔 오웬 튜더(Owen Tudor)의 것도 있었다. 이것이야말로 축복의 열매 중 하나이다.

그런데 열성적인 크롬웰의 부하들이 코, 손, 다리 할 것 없이 할 수 있는 데까지 자르고 뭉개 놓았다. 그러나 튜더 왕가가 그들에게 무엇을 했단 말인가? 그렇다 그들이야말로 국왕을 세운 자들이었다.

맨 섬 (Isle of Man)에서

5월 30일 수 「맨」섬으로 가는 정기선에 올랐다. 몇 시간 동안은 쥐죽은 듯 잔잔했으나 금요일 아침에야 더글러스(Douglas)에 도착하였다. 그곳에 있는 설교자들이 모두 마중 나와 하나님의 사업이 확장되고 있다는 기쁜 소식을 들려주었다.

저녁 식사 전에 그곳 주민들이면 누구나 거닐었을 도시 근처 정원으로 산책 나갔다. 대단히 아름다웠으나 그다지 멀지 않은 곳에 있는 넌너리(Nunnery) (지금도 그렇게 부르고 있다) 정원보다는 못했다. 경쾌하게 꾸며져 있었으나 잉글랜드에 있는 몇몇 정원보다는 그 크기에 있어 뒤졌다.

6시에 시장터에서 설교할 때 많은 사람들이 모였는데 몇몇 아이들과 경솔한 두세 명의 젊은 여인을 제외하곤 모두 주의 깊게 들었다.

6월 2일 토 상쾌하고 (현재로선) 잘 가꾸어져 있는 시골을 지나 캐슬턴(Castleton)으로 갔다. 6시엔 마을 사람들이 거의 모인 가운데 시장터에서 "오직 필요한 한 가지"(눅 10:42)란 말씀으로 설교하였다. 말씀을 듣는 사람들은 누구나 그 말씀으로 확신을 얻었으리라 믿는다. 설교를 마치고 도시에서 2마일 떨어진 잉글랜드 친구의 집으로 걸어갔다. 가는 도중 어디를 보나 놀라운 사실을 발견하였다. 잉글랜드에선 대체로 새들이 아침저녁으로 지저귀는데 이곳에선 개똥지빠귀와 각종 새들이 하루 종일 지저귄다. 한낮의 뜨거운 햇볕아래, 나무 그늘이 별로 없는데도 쉬는 일이 없었다.

필(Peel)에서의 설교

6월 3일 주일 (성령강림의 축일이었다) 다시 9시에 시장터에서 설교하였는데 전에 볼 수 없었던 많은 사람들이 모여 "내가 복음을 부끄러워하지 아니하노니"(롬 1:16)라는 말씀을 전했다.

이 점잖은 사람들 중에 그러한 고백을 할 수 있는 자는 얼마나 될까?

오후 4시경 산 위의 마을 바렐(Barewle)에서 설교하였는데 아침보다 더 많은 사람들이 모였다. 설교를 시작하려는데 비가 오기 시작하더니 몇 분 후엔 그쳤다. 그들에게 "그들이 다 성령의 충만함을 받고"(행 2:4)라는 말씀을 전하면서 이 말씀이 우리와 우리 자손들에게 어떤 의미를 주는가 증거하였다. 6시에서 7시 사이에 필(Peel)해안에서 설교하였는데 섬에서 가진 집회 중 가장 많은 사람들이 모인 집회였으며 감리회 교인들만으로도 방안이 가득 찼다. 그들의 영혼의 상태를 곧 알 수 있었다. 잉글랜드에선(볼턴[Bolton]을 제외하곤) 그처럼 평범하고, 진지하고, 착한 사람들을 찾아보기 힘들다.

6월 4일 월 5시에 집회를 가졌는데 주일 저녁 집회로 착각할 정도로 사람들이 모였다. 설교를 마치고 산을 넘고 돌아 비어가로우(Beergarrow)로 갔는데 그곳에서 꾸밈없고 친절한 사람들에게 말씀을 전하였다. "누구든지 목마르거든 내게로 와서 마시라"(요 7:37). 그곳에서 다시 얼마를 가서 주교의 저택에 도착하게 되었는데 선량한 윌슨(Wilson) 주교는 그곳에서 60년 가까이 지내고 있었다. 고대 궁전을 돌아보니 웅장하지는 않았지만 숭엄한 맛은 있었으며 섬 안에서 가장 아름다운 곳에 위치하고 있었음에 틀림없었다.

6월 5일 화 오후에 아름답고 풍요한 시골을 지나 램지(Ramsay)로 갔다. 필(Peel)만한 크기의 도시였으나 건물은 한층 정돈되어 있었다. 거의 온 마을 주민들에게 설교하는 도중에 다시 비가 내리기 시작했지만 주의를 흐트리는 사람은 찾아 볼 수 없었다.

이상적인 순회

6월 6일 수 오늘 아침 램지를 떠나 설비(Sulby)를 지나 커크마이클(Kirkmichael)에 이르는 여행을 하면서 산기슭을 따라 이어진 그 섬에선 가장 아름다운 숲길을 갔다. 커크마이클에 머물면서 윌슨(Wilson) 주교와 힐드슬리(Hildesley) 주교의 평범한 비석을 구경하였다. 그들의 유적이 교회 동편으로 여기저기 널려 있었다. 비가 심하게 내리기 전에 가까스로 필에 도착하였다. 그러나 설교 장소가 넓어 온 사람은 모두 수용할 수 있었다. 설교를 마친 뒤 크룩(Crook) 씨의 요청으로 합창단을 만나 보았다. 대단한 솜씨였다. 브리스틀(Bristol)에서도 런던에서도 그처럼 아름다운 노래는 들어보지 못했다. 남녀 혼성으로 구성된 합창단은 놀랄만한 목소리를 지니고 있었으며 정확한 기법으로 노래하였다.「맨」섬에서 이런 사람들을 만나리라곤 꿈에도 생각하지 못했다.

6월 7일 목 일단의 설교자들을 만났다. 그들은 모두 22명이었다. 잉글랜드에선 그처럼 많은 설교자들이 건장하고 멋있게 단결해 일하는 것을 본적이 없다. 그들의 영혼도 그들의 용모에 뒤지지 않는다면 그들에게 대적할 아무것도 없을 것으로 여겨졌다. 오후엔 도비(Dawby)로 건너가 설교하였는데 상당히 많은 사람들이 모여 진지하게 경청하였다.

6월 8일 금 지금까지 섬 전체를 동 — 남 — 북 — 서로 한 바퀴 돌아 순회하고 나니 잉글랜드, 스코틀랜드, 아일랜드에서도 그와 같은 순회를 해 본 적이 없었다는 것을 깨달았다. 이곳은 세상으로부터 격리되어 무역도 뜸하고 외래인들의 방문도 드물었다. 이곳엔 교황 숭배자도 어떤 종류의 교파 분리주의자도, 칼빈주의자도, 논쟁주의자도 없었다. 행정관리(그는 온순하고 인격적인 성격의 소유자였다)도, 주교(그는 선량한 사람이었다)도, 교직자도 금지명령을 내리는 일이 없다. 한때는 서로 반대한 적이 있었지만 이제는 서로 잘 이해하고 있는 것 같았다. 그래서 서로 헐뜯고 모략하는 일이 거의 없어져 서로 고소하는 수치스러운 일이 오늘에 와서 사라져 버렸다. 섬사람들은 착하고 꾸밈이 없고 단순하였으며, 닳지 않았으며, 즉 오염되지 않았으며, 부자나 귀족은 별로 없었고, 많은 사람들은 가난했으며, 그들 가운데 정착한 이방인들도 대부분 불행을 겪은 사람들이었다. 지방 목사들은 신앙과 사랑을 지닌 사람들로 한 마음 한 뜻으로 뭉쳐 있었다. 그들은 그 섬의 방언이나 영어를 사용하였고 조수들이 매달 제출하는 일정한 계획에 따라 일했다.

섬 전체엔 약 3만 명 가량 주민이 살고 있는 것 같았다. 그중 반이 어른이라고 친다면 2천 1~2백 명의 회원을 가지고 있는 감리회가 차지하는 비중은 큰 것이다. 영국 본토나 아일랜드에서도 이와 같은 곳은 찾아 볼 수 없다.

6월 9일 토 배를 타고 떠나려 했으나 강한 북동풍이 불어 포기하였다. 11일(월요일)에는 좀 수그러져 바다로 나가니 얼마 안 있어 죽은 듯 조용하게 되었다. 그래서 존슨(Johnson) 박사의「스코틀랜드 여행기」(*Tour through Scotland*)를 통독하고 정리해 보았다. 그가 나라 전체에 대해 맹렬한 비판자라고 들었지만 그런 점은 전혀 나타나지 않았다. 그는 단지 시인할 것은 시인하고 부인할 것은 부인하는 정도였다(지독한 면은 조금도 엿보이지 않았다). 그가 본 것들은 대단히 정당한 것이고 어떤 점에는 대단히 동감이 갔다.

6월 12일 화 같이 배에 탄 여행자들에게 설교를 제의했더니 기꺼이 받아들였다. "그의 계명들은 무거운 것이 아니로다"(요일 5:3)는 말씀을 전할 때 그들은 모두 정숙한 행동을 취했다. 설교를 마치니 산들바람이 불어와 아침 일찍 화이트헤븐(Whiteheaven)에 도착하였다.

6월 28일 목 11시에 셀비(Selby) 거리에서 설교하였는데 많은 사람들이 모여 조용히 듣고 있었다. 저녁엔 소오온(Thorne)에서 설교하였다. 오늘로 79세가 되었으나 하나님의 은혜로 29세 때와 같은 정력을 지닐 수 있었다. 금요일엔 크로울(Crowle)과 엡워스(Epworth)에서 설교하였다. 7일간을 계속 하루에 세 차례 설교하였는데도 하루에 한 번씩 했을 때와 별로 다른 것을 느끼지 못했다

낮고 부드럽고 장엄한 소리

1782년 3월 29일(성 금요일) 메이클즈필드(Macclesfield)에 도착하여 마침 일하고 있는 심프슨(Simpson) 씨를 도와주었다. 그를 위해 아침과 오후에 설교하고 우리는 약 1,300명의 교인들에게 성찬식을 베풀었다. 성찬식을 집행하는 동안에 에올리언(AEolian) 하프같이 낮고, 부드럽고 장엄한 소리가 들려왔다. 그 소리는 5, 6분간 계속되었는데 듣는 자는 모두 눈물을 금치 못했다. 그리고 서서히 사라졌다. (내가 알고 있는) 모든 오르간 주자들이 이런 생각을 하지 못하고 있다니 이상한 일이다. 저녁때 우리 방에서 설교하였는데 예술로도 모방할 수 없는 조화가 있었다.

5월 14일 화 몇 년 전 엡워스에 방직 공장이 네 개 세워졌다. 이 공장에 수많은 젊은 여인들과 소년 소녀들이 고용되었다. 그들의 대화는 저속하기 짝이 없었고 가장 밑바닥의 창피한 말들만 주고받았다. 그러던 중 몇몇이 우연히 기도회에 참석하였다. 큰 변화를 받았다. 그들은 친구를 얻기까지 안절부절 못하였다. 모든 것이 변하였다. 세 공장에서는 더 이상 저속한 말이 들리지 않았으며 하나님께선 그들의 입에 새 노래를 넣어 주셔서 하나님을 모욕하던 입이 찬양을 드리게 되었다. 오늘 그 세 공장을 방문해 보니 그들의 깊은 곳에 종교가 뿌리박혀 있음을 알 수 있었다. 서로 야유하는 소리도 들리지 않았고 그들은 사랑 속에 서로 쳐다보고 있었다. 그곳에 머물러 있는 것이 큰 기쁨을 주었으며 우리를 구하신 하나님 안에

서 같이 기뻐하였다.

5월 31일 금 소튼 홀(Saughton Hall)에 있는 맥스웰(Maxwell) 부인 댁(에든버러에서 3마일 가량 떨어진 곳에 있는 오래 된 저택이었다)에 머물고 있는 동안 그녀가 이웃에 사는 가난한 자들에게 짤막한 말씀이라도 전해주길 바랐다. 그녀의 요청을 들어 오후 4시에 나사로와 거지의 이야기를 들려주었다. 7시경 에든버러에 있는 우리 집회소에서 설교하였는데 내 영혼은 충분한 안식을 취하였다.

6월 1일 토 맥스웰 부인이 학교에서 가르치는 40명의 가난한 아이들과 잠시 동안 함께 지냈다. 그들은 읽고 쓰는 실력이 눈에 띄게 늘어났으며 신앙의 진리에 대해서도 배우고 있었다. 그런데 그들은 한결같이 장신구를 좋아하고 있음을 알았다. 그들은 항상 가난했는데도 얼마간의 장신구를 지니고 있음이 틀림없었다. 신발을 제대로 신은 아이가 없는데도 비록 누더기를 걸쳤지만 주름장식을 달지 않은 계집아이는 없었다.

6월 2일 주일 콜린스(Collins) 씨가 12시에 캐슬힐(Castle Hill)에서 설교하기로 되어 있었는데 곰 같은 목사가 1시가 지나도록 우리를 교회에 묶어 놓았다. 6시에 방안이 가득 찼다. 나는 하나님의 온전한 성화를 선포하기를 꺼려하지 않았다. 스스로 놀람을 금치 못했다. 스코틀랜드 외의 다른 곳에서 이처럼 거칠게 말한 적은 별로 없었다. 그러나 사람들은 듣고 또 들어도 전과 변하지 않는 그대로의 모습이었다.

웨슬리, 80세가 되다

6월 15일 토 (켈소) 계단을 내려오다 발아래 카펫이 미끄러지면서 굴러 넘어져 머리를 부딪치며 열일곱 계단을 굴러 떨어졌다. 계단 끝에 내려갈 때까지 제정신이 아니었다. 돌 계단 모서리에 머리를 두세 번 더 부딪혔다. 그러나 마치 베개나 가벼운 방석에 부딪치는 듯한 느낌이 들었다. 더글러스(Douglas) 박사가 깜짝 놀라 뛰어 나왔다. 그러나 그의 도움은 필요 없었다. 아무 일도 없었다는 듯 일어났는데 다친 데라고는 손가락 한 두 개의 살갗이 약간 떨어져 나갔을 뿐이었다. 하나님께서 우리가 가는 모든 길에 우리를 보호하시려 천사들을 내려 보내신 것이 아닌가?

6월 26일 수 서스크(Thirsk)에서 설교하였다. 목요일엔 요크(York)에서 설교하였다. 금요일(28일)로, 80대에 접어들게 되었다. 25세 때보다 별다른 고통이나 육체적인 결함을 느끼지 못하고 있다. 이 축복은 1) 하나님께서 나를 부르시는 뜻에 맞게 허락하시는 하나님의 권능과, 2) 1년에 계속 4~5천 마일의 여행을 하는 것, 3) 밤이든 낮이든 원하는 때에 잘 수 있는 것, 4) 규칙적으로 일어나는 것, 그리고 5) 설교, 특히 아침 설교를 계속하는 것에 기인한다.

7월 6일 금 버밍엄(Birmingham)에 도착하여 다시 한 번 낡고 쓸쓸한 예배당에서 설교하였다.

7월 7일 주일 8시에 새 집을 열었는데 사람들이 제법 가득 찼다. 그러나 저녁엔 그렇지 못했다. 많은 사람들이 강제로 집회에 참석할 수 없게 되었다. 설교 중에 갑자기 소동이 일어나 살펴보니 많은 사람들이 올라선 나무 의자가 부러져 생긴 소동이었다. 아무도 다치진 않았고 그 일로 처음에는 약간 당황하는 빛이 보였으나 얼마 되지 않아 다시 조용해졌다.

7월 14일 주일 버밍엄에 있는 오래된 교회에서 설교를 들었는데 설교자는 맹렬한 기세로 이 "소견머리 없고, 열광적인 감리교 순회 설교자들"을 욕하고 있었다. 그러나 그는 자기가 헐뜯으려는 사람들에 대해 조금도 알고 있는 것이 없어 목적에 들어맞지 못하였다.

웨슬리를 위한 휴식은 없다

7월 17일 수 레스터(Leicester)로 갔다. 목요일엔 노샘프턴(Northhampton)으로 금요일엔 허트퍼드셔(Hertfordshire)에 있는 힝크스워스(Hinxworth)로 갔다. 하비(Harvey) 양의 저택에 아름다운 정원이 접해 있었는데 그녀는 근처에 있는 목초지까지 돌아가며 그늘 길을 만들어 놓았다. 여기서 잠시라도 쉴 수 있다면 얼마나 좋을까! 그러나 이 세상에선 나를 위한 휴식은 마련되어 있지 않다. 저녁엔 마을 사람들이 무리지어 모여들어 그녀의 넓은 방을 가득 채웠다. 그들 가운데 몇 사람이 옥토에 떨어진 씨앗처럼 인내로 열매를 맺을 수 있을까? 그러나 기대할만 하였다.

7월 20일 토 런던에 도착하였다. 그 다음 주 계속해서 사람들이 예상외로 많이 모였다. 수요일(24일)엔 동생과 함께 마지막으로 루이셤(Lewisham)을 방문하여 우리의 진실한 친구, 블랙웰(Blackwell) 씨의 미망인과 옛날을 생각하며 몇 시간을 지냈다. 그가 그처럼 공들여 꾸며 놓은 정원과 초원을 다시 한 번 거닐어 보았다. 40년 이상 이곳은 내가 런던에서 2, 3일 쉴 때면 찾아오는 안식처였다.

8월 13일 화 예정보다 일찍 런던을 떠나야겠기에 연회를 마치고 형제들에게 오늘을 감사의 기도를 드리는 날로 삼을 것을 권하였다. 오후 3시에 마차를 탔다. 수요일 새벽 1시경 3명의 노상강도가 우리가 가는 길에 있으며, 그들은 그곳을 지나는 마차는 모조리 털고 있으며 1~2시간 전에 떠난 마차도 당했다는 소식을 듣게 되었다. 그러나 그런 얘기를 듣고도 불안하지 않았다. 하나님께서 우리를 돌보실 것을 알기 때문이었다. 그리고 실지로 하나님은 그렇게 하셨다. 우리가 그 지점에 도착하기 전 노상강도는 모두 체포되었다. 덕분에 우리는 아무 일 없이 지나갈 수 있었고 오후 좀 이르게 브리스틀에 무사히 도착하였다.

8월 15일 목 서부로 떠났다. 저녁엔 톤턴(Taunton)에서 설교하고, 금요일 점심 때엔 콜럼턴(Collumpton)에서, 저녁엔 엑서터(Exeter)에서 설교하였다.

8월 18일 주일 성당에 모인 사람들의 정숙한 행동에 대단히 기뻤고 성례식 후에 연주한 음악 역시 아름다웠는데 전에 들어본 적이 없는 깨끗한 음악이었다. 주교의 초청을 받고 같이 식사하면서 살펴보니 1) 저택은 나무로 둘러싸인 부드러운 분위기 속에 있었으며 시골에 온듯 전원적이고 쉴 만한 곳이었으며, 2) 그다지 비싸거나 화려하지도 않은 가구들은 주교에게 알맞은 정도로 평범했으며, 3) 식사는 남아돌지는 않을 정도지만 풍족했으며, 그다지 향기롭지는 않았으나 평범하고 맛있었고, 4) 5명의 교직자와 4명의 시의회 의원 등 일꾼들이 풍부했고, 5) 진실하고 때 묻지 않은 예절을 갖춘 주교는 바라건대 그의 전 교구에 축복이 될 것이다.

월요일(19일) 아침 일찍 떠나 오후에 플리머스(Plymouth)에 도착하였다. 저녁과 화요일 5시, 12시에 설교하고 저녁에는 항구에 있는 광장에서 설교할 예정이었는데 비가 와서 포기하였다. 그러나 수요일 저녁엔 그곳에서 설교하였다. 설교를 끝마칠 즈음 수석장교가 부하를 데리고 광장으로 왔다. 그러나 그는 즉시 북을 멈추고 부하들을 광장 높은 구석에 정렬시켜 놓았다. 그들은 밤처럼 조용했다. 내가 축복을 빌기까지 그들 중 어느 누구도 소란을 떨지 않았다.

이제 풍조가 변하고 있다

1783년 1월 1일 수 오늘부터 새로운 삶이 시작되기를! 주일(5일) 우리는 모여 하나님과의 계약을 갱신하였다. 이런 모임마다 우린 놀라운 은혜를 체험한다. 그런데 이처럼 많은 회원들이 모인 기억은 없다.

1월 19일 주일 오후에는 세인트 토머스(St. Thomas) 교회에서, 저녁엔 세인트 스위딘(St. Swithin) 교회에서 설교하였다. 풍조가 이제 변하고 있다.

그래서 그런지 내가 받아들일 수 없을 정도로 곳곳에서 설교 요청이 들어오고 있다.

2월 21일 금 연례 모임을 가져 우리는 연중 계획을 살펴보고 (그에 소요되는) 기금이 일 년에 3천 파운드 이상이 됨을 알게 되었다. 그러나 내겐 중요하지 않은 일이었다. 그 중에 내가 1년에 받는 액수는 30파운드 이상도 이하도 아니다.

6월 1일 주일 런던에 새 교회에 모인 사람들을 보고 기운을 회복하였다. 월요일(2일)부터 며칠 동안은 개인적인 사무와 간단한 여행을 하면서 보냈다. 수요일(11일)엔 브랙큰베리(Brackenbury) 씨, 브로드벤트(Broadbent), 그리고 휫필드(Whitfield)와 함께 마차를 타고 저녁에 하리치(Harwich)에 도착하였다. 곧장 존스(Jones) 박사 댁으로 달려갔는데 그는 최고의 정성으로 나를 맞아 주었다. 아침 9시경 배를 타고 떠나 금요일(13일) 9시경 헬뵈츠리스(Helvoetsluys) [헬레베츠루이스(hellevoetsluis)]에 도착하였다.

네덜란드를 방문한 웨슬리

그곳에서 브릴(Briel)로 가는 마차를 빌렸는데 우리는 짐을 혼자 어깨에 메고 갈 수 없어 짐 마차도 하나 세를 내었다. 브릴에서 로테르담(Rotterdam)으로 가는 배를 탔다. 그곳에 얼마 머무르지 않아 나를 자기 집으로 초대한 서적 판매원 베넷(Bennet) 씨가 나를 찾아 왔다. 그러나 스코틀랜드인 교회 목사 로얄(Royal) 씨가 나를 초대했기 때문에 그는 양보하고 우리와 함께 로얄 씨 댁으로 갔다. 나는 친절하고 양식 있고, 공손하며 신앙심도 깊다고 할 수 있는 사람을 발견하였다. 우리는 모두 함께 어느 귀족의 저택처럼 깨끗한 마을 주위를 거닐었다. 주택들은 에든버러 중심가에 있는 집들과 맞먹는 높이였으며 간선 도로를 뚫고 흐르는 운하는 아름다울 뿐 아니라 상인들의 상품을 그들의 상점 문 앞에까지 옮겨다 주어 그들의 생활을 윤택하게 만들어 주고 있었다. 운하 둑에는 웅장한 나무들이 자라고 있었다. 마을 둘레에는 두 줄로 느릅나무가 심겨져 있어 나무 그늘 사이로 마을을 돌아볼 수 있었다.

6월 14일 토 교양있고, 품행이 바르며 진지한 두 잉글랜드 목사와 많은 대화를 나누었다. 그들도 로얄 씨처럼 자기들 교회에서 설교해 주길 바라고 있었으나 그들은 (영국) 감독교회에서 설교하는 것이 내게 제일 좋다고 생각하였다. 진지한 대화를 통해 서로의 선입견이 없어지고 우리 마음은 서로 하나가 된 것 같았다.

저녁에 마을을 다시 한 번 돌아 살펴보니 1) 집들은 대부분 에든버러의 집들보다 높았다. 고층건물을 짓지 않는다는 것은 사실이었으나 단층이라도 훨씬 높게 지었다. 2) 거리와 집 밖, 그리고 집안 구석구석, 대문, 창문, 정교한 층계, 가구, 마루까지 깨끗하게 정돈되어 있어 어느 한 곳 더럽다고 할 수 있는 곳이 전혀 없었다. 3) 다른 곳에선 볼 수 없던 화려하고 웅장한 장식이 거대한 주택들 앞에 세워져 있었다. 집안에 그처럼 많은 대리석 조각들, 특히 마루와 층계까지 대리석으로 되어 있는데 다른 나라에선 감히 엄두도 못 낼 것들이다. 4) 여인들과 아이들은 내 생각에 지나지 않지만, 일반적으로 내가 본 중에 가장 아름다운 사람들이었다. 그들은 놀라울 정도로 얌전하였으며 그들의 품위에선 표현할 수 없는 순수함이 엿보였다. 5) 이런 것은 그들의 의복에서도 나타났는데 그들은 최대한도로 평범하고 청결한 옷을 입고 있었다. 6) 자라는 나무가 썩는 것을 막아준다는 사실이 밝혀졌다. 처음에는 모르고 시작했지만 그들은 수많은 나무를 심어 이런 작업도 하고 있었다. 운하를 따라 심은 느릅나무 때문에 사태가 나는 것을 상당히 많이 미연에 방지하고 있었다.

경건한 네덜란드인

네덜란드에만 있는 듯한 진기한 사실을 발견하였다. 대부분 방의 창문에 거울을 달아놓아 그리로 거리 전체와 지나가는 사람들까지도 한눈에 볼 수 있도록 되어 있었다. 이 움직이는 그림들을 보고 있노라면 대단히 재미있는 일이 생길 것이다. 다른 나라에서도 그런 것을 본 일이 있는가?

6월 15일 주일 감독교회는 웨스트 스트리트(West Street)에 있는 교회만큼 크지는 못했다. 그러나 교회 안팎은 대단히 화려하였다. 예배는 9시 반에 시작되었다. 전에는 이와 같은 회중이 모인 적이 별로 없었다. 나는 "하나님이 자기 형상 곧 하나님의 형상대로 사람을 창조하시되"(창 1:27)라는 말씀으로 설교하였다. 사람들은 "모두 깨어 있으나 죽은 것" 같았다. 오후에는 (그들의 얘기를 빌자면) 50년 만에 처음으로 많은 사람들이 교회 가득 모였다. 나는 "하나님이 우리에게 영생을 주신 것과 이 생명이 그의 아들 안에 있는 그것이니라"(요일 5:11)라는 말씀으로 설교하였다. 하나님께서 여러 사람의 마음속에 말씀을 넣어 주셨으리라 믿는다. 오직 이 시간 때문에 나는 네덜란드에 온 것을 기쁘게 여긴다. 네덜란드의 각 교회를 돌아보면서 특이하게 느낀 점이 있다. 그들은 교회로 들어오면서 이쪽저쪽 돌아보거나 서로 허리를 굽혀 정중하게 인사하는 사람이 없다. 마치 그 장소엔 아무도 없는 듯 곧장 자기 자리로 걸어 나가 앉는다. 예배를 드리는 동안 자기 책이나 목사를 쳐다보는 외에 머리를 이리저리 돌리며 주위를 살펴보는 자도 없다. 그리고 나가면서도 서로 아는 체 하지도 않으며 한길까지 곧장 걸어 나간다.

예배를 마치고 한 영국 신사가 도시에서 반마일 가량 떨어진 자기 시골집으로 나를 초대하였다. 참으로 아름다운 곳이었다. 집 앞으론 각기 모양이 다른 세 개의 정원이 있었고 또 다른 정원이 집 뒤에 있었는데, 이 정원들 사이에 세워진 집에서 내다보면 양들이 가득 찬 풀밭으로 흐르는 작은 시내와 아담한 정자가 보였다. 앞뒤 정원 사이로 울창하게 자라는 나무 그늘 아래 앉아 있었다. 집에는 네 아이(7살, 6살, 5살, 그리고 3살 정도로 보였다)가 있었는데 한 집안에 그처럼 연년생으로 자라는 경우는 본 적이 별로 없다. 그런데도 꾸밈없는 아름다움과 순박함이 보이는데에야!

저녁에는 네덜란드 대성당에서 예배에 참석하였는데 잉글랜드 성당에 모인 수만큼 모였다. 오르간은 (다른 네덜란드 교회 오르간과 마찬가지로) 화려하게 색칠을 하고 도금해 놓았고 연주하는 소리는 대단히 생기 있으면서도 장엄했다.

6월 16일 월 우리는 강을 운행하는 나룻배를 타고 헤이그(Hague)로 떠났다. 가는 도중 색다른 광경을 보았다. 운하 옆에 교수대가 있었는데 아름다운 나무 마디로 장식되어 있어 죽는 사람이 이곳에서 아름다운 풍경을 보게 되어 조금 후에 자기에게 어떤 일이 닥칠지 모르도록 꾸며져 있었다. 11시에 크고 깨끗한 마을, 델프트(Delft)에 도착하였다. 그곳에 어느 상인의 집에서 1시간 가량 지냈는데 그도 그의 부인도 하나님을 두려워하기도 하며 또한 사랑할 줄도 아는 선량한 사람들이었다. 후에 큰 교회를 보러 갔는데 정확하지는 않더라도 요크 수도원만 하였다. 교회 내부는 대단히 밝고 화려했으며 곳곳이 청결하였다. 윌리엄 1세(William Ⅰ)의 무덤이 특히 눈에 띄었는데 그의 동상에는 사람들이 청동으로 표현할 수 있는 이상의 생동감이 깃들어 있었다.

아름다운 헤이그

헤이그에 대해 수없이 많이 들어왔는데 막상 도착해 보니 얘기하던 대로였다. 실로 표현할 수 없는 아름다운 곳이었다. 큼직큼직한 집들이 간간이 시내와 숲과 함께 공기 유통이 잘 되도록 공간을 지니고 세워져 있었다.

헤이그의 일류 인사인 드 바쎄나(Vassenaar)부인으로부터 다과회에 초대받고 오후에 그녀와 함께 갔다. 그녀는 기독교인과 고귀한 신분의 사람에게서 찾아볼 수 있는 친절과 꾸밈없는 후의로 우리를 맞아주었다. 얼마 후 그녀와 같은 신분으로 보이는(그러나 의복은 한층 소박하였다) 10~12명의 숙녀가 들어오고 쾌활한 두 신사가 왔는데 후에 알고 보니 그 중 한 신사는 국왕 친위대 대장이었다. 차를 마신 뒤 내가 고린도 전서 13장 1절에서 3절까지 읽고 자세히 설명한 다음 M선장이 한 문장 한 문장 통역하고 다시 내가 기도하고 이어서 V대령이 기도하였다. 참으로 의미 있는 시간을 가졌다고 믿는다.

6월 17일 화 광장을 건너면서 스위스 근위대가 훈련하는 광경을 보았다. 건장한 육체를 지닌 남자들로 내가 보기엔 잉글랜드 병사보다 더 큰 것 같았다. 그들은 모두 턱수염을 수북하게 기르고 있어 가죽 구두처럼 온통 검게 보였다. 다시 옛 궁전 뜰을 산책하였는데 중앙에 넓은 연못이 있고 양쪽 끝에는 운하가 파져 있는 아름다운 곳이었다. 그곳을 활보하는 것도 좋았지만 그늘진 오솔길을 걷는 것이 훨씬 좋았다.

L여사 댁에서 식사를 하였는데, 그와 같은 가정은 찾아보기 힘들었다. 70이 넘은 그녀의 어머니는 그녀의 구세주 하나님 안에서 끊임없는 기쁨을 누리고 있었다. 딸도 또한 영적으로 같은 호흡을 하며 살고 있었고 세 손녀와 손자도 모두 사랑 속에 있었다. 네 아이가 그처럼 서로 사랑하는 모습은 잉글랜드에서는 보기 어려운 정경이었다. 식사를 마친 뒤 한 신사가 찾아왔는데 특별히 그를 위해 기도해 주고 싶은 생각이 들었다. 잠시 후 그는 눈물을 쏟았고 모였던 사람들도 대부분 울었다.

수요일(18일) 오후에 드 바쎄나 부인이 이웃 귀부인의 집에서 가지는 모임에 우리를 초대하였다. 내가 갈라디아서 6장 14절을 설명하고 전에처럼 M 씨가 통역하였다.

라이덴(Leyden)과 암스테르담(Amsterdam)

6월 19일 목 7시에 배를 탔다. L여사와 그녀의 친척 한 사람이 우리와 헤어지기 아쉬워하여 라이덴까지 동행하였다. 크고 인구가 많은 도시였으나 로테르담(Rotterdam) 보다는 아름답지 못했다. 오후에는 할렘(Haarlem)으로 갔는데 그곳에서 착하고 평범한 부부가 정성을 다해 우리를 맞아주었다. 6시에 다시 배를 탔다. 배 안에 사람들이 가득 차 있어 즐거운 여행이 되지 못할까 걱정하였다. 퍼거슨(Ferguson) 씨가 승객들에게 우리가 누구인지 알려 준 뒤 우린 양해를 구하고 찬송을 불렀다. 그들은 모두 호기심을 가지고 지켜보았다. 통역관의 힘을 빌려 약간의 말을 한 뒤 누구든지 원하면 우리와 함께 찬송을 불러도 좋다고 하였다. 4명이 같이 잘 불렀다. 잠시 후 우린 다시 찬송가를 부르기 시작하였다. 하나 둘 따라 부르더니 이내 우리 가슴은 하나로 이어져 암스테르담에서 헤어지면서 축복의 말을 아끼지 않았다.

6월 20일 금 시내 중심가에 있는 퍼거슨 씨 댁에서 조반 식사를 하고 11시에는 (네덜란드인들의 습관에 따라) 상인 J 씨의 댁에서 커피를 들었는데 그의 식당은 벽이든 천장이든 아름다운 그림들로 가득 차 있었다. 오후에는 J 씨 부부와 함께 시의 회당으로 산책하였는데 유럽에서 가장 웅장한 건물 인듯 싶었다. 대강당은 참으로 웅장했으며 옥스퍼드에 있는 그리스도 교회와 거의 같은 크기였다. 그러나 이 놀라운 건물을 특별히 묘사할 만한 마음도 시간도 없다.

다정한 네덜란드인

6월 22일 주일 새 교회로 갔다. 이미 4, 5백년은 된 교회인데도 아직도 그렇게 부르고 있었다. 우리나라에 있는 성당들보다 넓고, 높고, 조명이 잘 되어 있었다. 합창단석을 구분하고 있는 칸은 광택이 나는 청동 조각들로 되어 있어 마치 금빛이 나는 것 같았다.

시편이나 성경구절도 잘 알아들을 수 있었으며 드 H.(De H.) 씨가 열의를 가지고 설교하는 내용도 약간은 알아들을 수 있었다. 2시엔 영국인 교회에서 설교하였는데 웨스트 스트리트 교회만한 크기의 아담한 교회였다. 다만 회랑이 없었는데 네덜란드 교회는 회랑이 있었다. 이사야 55장 6절의 말씀으로 설교하면서 진리를 사랑하는 마음으로 진리를 받아들일 것을 요구하였다.

식사를 마치고 J부인의 안내로 마차를 타고 호수를 둘러본 다음 시골을 지나 지부르크(Zeeburg)로 갔다. 이와 같은 고장은 처음 보았다. 유럽에 그와 같은 여름 도시가 있었나 생각할 정도였다.

암스테르담에서 호수까지 이르는 길엔 정원들이 계속 이어져 있었다. 왼쪽으로 눈을 돌리면 바다까지 뻗쳐있는 광활한 텍셀(Texel)을 볼 수 있다. 지부르크 자체는 바다와 육지를 한 눈에 볼 수 있도록 해변가에 세워진 작은 집이다. 하나님을 알고 사랑하는 것 외에 그곳 주민들을 행복하게 해 줄 것이 또 무엇이 있으랴!

6월 25일 수 배를 타고 할렘으로 갔다. 이곳 교회는 길이, 넓이, 크기에 있어 잉글랜드에 몇 안 되는 성당과 맞먹는 웅장한 건물이었다. 오르간도 내가 본 것 중 가장 큰 것이었고 듣기로는 유럽에서 제일가는 것이라 한다. 그곳에서 다시 밴카—(Vanka-) 씨 댁으로 갔는데 그의 부인은 휫필드 씨의 설교를 읽고 죄를 회개하고 의롭다함을 입었다.

이곳은 마치 집에 있는 것 같았다. 식사 전에 할렘 숲으로 산책 나갔다. 도시와 붙어 있었는데 그늘진 숲길을 가면서 사방으로 아름다운 풍경을 볼 수 있게 꾸며져 있었다. 헤이그로부터 셰벨링(Scheveling)에 이르는 산책길도 아름다웠다. 암스테르담 근처에 있는 길도 좋았다. 그러나 이곳과는 비교도 안되었다. 오후에 암스테르담으로 돌아와 저녁에는 만날 수 있는 대로 만나 친구들과 작별인사를 하였다. 네덜란드 사람은 차고 무기력하고 불친절하다고 생각해왔으니 얼마나 큰 실수를 했는가! 유럽 어디에서도 그들보다 더 따뜻하고 친절한 사람들을 찾아보지 못했다. 아일랜드에서도 찾아볼 수 없다.

위트레흐트(Utrecht)에서의 웨슬리

6월 26일 목 친구들은 우리에게 여행 중 먹으라고 포도주와 과일을 아낌없이 주었으며 우린 상쾌한 아침에 위트레흐트로 배를 타고 떠났다.

위트레흐트는 여러모로 잉글랜드의 도시와 닮은 점이 많았다. 거리는 넓고 웅장한 집들도 많았다. 조용하고 평화스러운 것도 상당히 옥스퍼드와 비슷했다. 마을 주위는 정원 같았다. 주민들과 얘기를 나누어 보니 예의바르고 정중할 뿐 아니라 암스테르담에서 만났던 사람들처럼 친절하고 다정하였다.

6월 30일 월 1인당 반 크라운씩 내고 로테르담으로 가는 마차를 빌렸다. 가우다(Gouda)에 들려 그곳 목사인 밴 플루텐(Van Flooten) 씨 댁에서 식사를 하였는데 그는 우리를 정성껏 대접하였다. 식사 전에 채색된 유리창으로 유명한 교회에 들어가 보았는데 시간이 없어 10분의 1도 돌아보지 못하였다. 단지 대충 훑어보니 색깔이 대단히 밝았고 그림이나 조각들도 알맞게 배치되어 있었다. 저녁에 로테르담에 있는 로얄(Loyal) 씨 댁에 다시 도착하였다.

7월 1일 화 찾아볼 수 있는 친구들은 모두 만나 아쉬운 작별을 고하였다. 그리고 쾌속정을 세내어 타고 다음 날 11시경엔 헬뵈츠리스(Helvoetsluys)에 도착하였다. 다시 두 시에 배를 탔다. 그러나 바람이 우리를 향해 불어오는 바람에 금요일 아침 9시나 되서야 하위치(Harwich)에 도착하였다. 약간 쉰 다음 마차를 조달해 타고 밤 11시경 런던에 도착하였다.

존슨 박사와 지낸 두 시간

이번에 짧은 여행을 하며 쓴 비용과 겪은 고생에 대해 조금도 후회하지 않는다. 이번 여행으로 (여행이란 늘 그렇지만) 전혀 알지 못했던 땅, 건물, 사람, 풍속과 접하게 되었다. 더구나 나와 얘기를 나누었던 사람들은 잉글랜드에 있는 내 친구들과 같은 생각을 하고 있는 사람들이었기 때문에 위트레흐트나 암스테르담에 있으면서도 브리스틀이나 런던에 있는 것처럼 느낄 수 있었다.

7월 6일 주일 새 교회에서 잉글랜드의 친구들과 다시 만나 하나님께서 네덜란드에서도 이루시는 은혜의 역사에 대해 얘기하며 기뻐했다.

12월 18일 목 위대한 인물 존슨(Johnson) 박사와 두 시간을 같이 보냈는데 그는 점잖게 쇠잔해가며 서서히 무덤을 향해 가고 있는 중이었다.

1784년 4월 5일 주일 체스터(Chester)에 도착해 이곳에서도 "교인들이 오지 않기 때문에, 혹은 겨울이라서" 아침(새벽) 기도회를 전폐한 것을 보고 놀랐다. 정말 그렇다면 감리교인들은 타락한 것이다. 이것이 증거가 된다. 그들은 "처음 사랑을 잃었으며" 그들이 다시 "처음 일을 하기" 전에는 처음 사랑을 회복할 수도, 하려고도 안할 것이다.

웨슬리와 아침 일찍 일어나는 일

조지아(Georgia)에 첫발을 들여놓자마자, 아침 5시에 설교하기 시작하였다. 교인들 즉 마을에 사는 진지한 사람들은 1년 내내 빠짐없이 참석하였다. 매일 아침이란 말은 아픈 경우를 제외하곤 겨울이든 여름이든 하루도 빼놓지 않았다는 뜻이다. 내가 그곳을 떠난 뒤에도 그들은 중단하지 않았다. 1738년 잉글랜드에서 하나님이 크신 일을 시작하신 후 나는 겨울이든 여름이든 매일 같은 시각에 설교했으며 사람들이 모이기를 바란 적은 없었다. 만약 지금에 와서 그들이 아침 기도회에 참여하지 않는다면 그들은 열정을 잃게 되고 따라서 그들이 타락했다는 것을 부인할 수 없게 된다.

그리고 그동안 우리는 다음 세대를 위해 예배당을 지키려 애쓰지 않았는가! 하나님의 이름으로 말하노니 가능하다면 지금 세대를 파멸로부터 구해내야 한다. 아직 하나님 안에서 살아있는 모든 설교자들은 하나로 뭉쳐 금식하고 기도하며 나팔을 불듯 목소리를 높여 때를 얻든지 못 얻든지 순간마다 그들이 타락해가고 있다고 경고해 주며, 순간순간 그들에게 회개하고 "처음 일을 할 것"을 권면하여야 한다. 특히 이것을 주의시킬 것이니 아침에 일찍 일어나는 일이다. 그 일을 못한다면 영혼이든 육체든 건강을 지속시킬 수 없다.

4월 19일 월 앰블사이드(Ambleside)로 올라갔다. 그곳에서 막 식사를 하려고 앉아있는데 내가 설교한다는 소식을 듣고 많은 사람들이 모여 기다리고 있다고 들었다. 그들을 실망시키고 싶지 않아 즉시 믿음으로 얻는 구원에 대하여 설교하였다. 그들 가운데 귀족 부부도 있었는데 그들을 통해 색다른 얘기를 들었다.

감옥으로부터 놀라운 탈출

부인은 그녀의 어머니로부터 수차례 들은 이야기를 들려주었다. 그녀(어머니)의 가까운 친척이 찾아와 그녀의 남편이 1745년 반란사건과 관련되어 있다는 얘기를 들려주었다. 그는 칼라일(Carlisle)에서 재판을 받았는데 유죄 판결을 받았다. 그의 사형 전날 저녁 그녀는 의자에 앉아 허탈감에 빠져 있다가 잠이 들었다. 꿈속에 한 사람이 그녀에게 다가와 "성벽 어느 부분에 가면 느슨한 돌 틈에 열쇠가 있을텐데 그것으로 남편을 구하라"고 하였다. 그녀는 잠에서 깨었으나 보통 꿈이겠지 하고 관심을 두지 않았다. 이내 다시 잠이 들었는데 또 다시 똑같은 꿈을 꾸었다. 그녀는 벌떡 일어나 외투를 입고 모자를 쓰고 일러 준 성벽으로 가보니 느슨한 돌 틈에 열쇠가 있었다. 약간 힘들여 감옥으로 들어가 남편에게 건네주었다. 그 열쇠는 그의 감방과 감옥 문도 열 수 있는 것이었다. 그래서 한밤중에 그는 생명을 찾아 탈출한 것이다.

스페이 강둑

5월 8일 토 스페이(Spey) 강둑에 도달하였다. 유럽에서 이와 같은 강은 드물 것이다. 강물 속도는 라인(Rhine) 강보다 빨랐고 더구나 지금은 눈 녹은 물로 대단히 불었다. 그럼에도 10시 전에 그 강을 건너 12시경 엘긴(Elgin)에 도착하였다. 이곳에든버러에서 최근까지 살았던 플렌더리스(Plenderleith) 씨의 딸로부터 환영을 받고 그녀와 함께 1시간 가량 즐거운 시간을 보낸 뒤 포리스(Forres)로 서둘러 떠났다. 그러나 꼼짝없이 중지하고 말았는데 핀드호른(Findhorn) 강이 상당히 물이 불어 여울로도 건널 수 없이 걱정되었다. 그러나 좋은 안내자가 있어 별로 어려움을 겪지 않고 건널 수 있었다. 러더윅 그랜트(Lodowick Grant) 경이 녹초가 되어 있는 것을 보았다. 이처럼 반가운 방문이 없었다. 자유롭고 다정한 대화를 나누자 그의 영혼이 소생하였으며 나로서는 그의 생명도 연장되기를 바랄 뿐이었다.

5월 9일 주일 점심 때, 얼마 모이지 않은 가운데 "그의 짐은 무거운 것이 아니다"라는 말씀으로 설교하였다. 거의 끝나갈 무렵 그랜드(Grant) 대령이 부인과 함께 들어왔다. 그들을 위해 다시 시작하였고 그들이 요청하는 대로 누가복음 15장 전반부를 설명해 주었다. 오후에는 많은 사람들이 모였는데 그들에게 "다가올 심판"에 대해 설교하였다. 이 설교 제목이 그들 마음에 깊숙이 파고 들어간 것 같았다.

폭우 속에 12마일 반을 걷다

5월 10일 월 인버네스(Inverness)로 떠났다. 맥칼럼(McAllum) 씨를 조지 휫필드(George Whitfield)의 말에 태워 미리 가서 나의 방문을 알리도록 하였다. 조지와 맥칼럼 부인은 나와 함께 마차에 탔다. 말을 편하게 하기 위해 네언(Nairn)에서부터 우리는 걸어가기로 하고 리처드(Richard)에게 부탁하여 말들을 먹인 후 뒤따라오도록 하였다. 그런데 길이 두 갈래도 나뉘어 있었다. 그와 헤어져 다른 길로 폭우 속에 12마일 반을 걸어갔다. 작은 주막집에서 리처드가 우릴 기다리고 있었다. 거기서부터 마차를 타고 인버네스로 갔다. 그런데도 네언을 출발했을 때보다 더 피로를 느끼지 않으니 하나님의 은혜였다. 7시에는 그곳에서 설교를 시작한 이래 가장 많은 사람들이 모여 설교를 들었다. 그리고 하나님께서 각 사람의 마음속에 말씀을 주시니 우리의 수고가 헛되지는 않았다.

5월 11일 화 그동안 오랜 기간 아침 기도회를 가지지 못했는데도 5시에 많은 사람들이 모였다. 나를 최초로 인버네스에 초대하였던 집에서 식사하였는데 그 당시엔 선량한 맥켄지(Mckenzie) 씨가 살고 있었다. 그의 딸 셋이 아직도 그 집에 살고 있었는데 그 중 한 딸은 아버지의 정신을 그대로 물려받아 간직하고 있었다. 오후엔 다리를 건너 내가 본 중에서 가장 아름다운 시골길을 거닐었다. 맑은 강을 따라 잘 개간되어 있었고 숲도 울창하였다. 이곳에서 비로소 다시 돌아온 봄을 반기는 새들의 합창을 들었다. 전날보다 많은 사람들이 저녁에 모였으며 대부분이 아침에도 모였다. 이 세상에서 다시 만날 수 있을까 생각하니 헤어지기가 섭섭하여 아쉬운 작별을 고하였다.

스코틀랜드에서 있었던 일

5월 18일 화 던디(Dundee)에서 설교하였다. 수요일(19일)엔 파이프(Fife)의 아름답고 풍요한 마을을 지나 레븐(Leven) 경의 웅장하고 아름다운 저택인 멜볼 하우스(Melval House)로 갔다. 그는 왕의 특사로 에든버러로 가고 있었고 백작부인만이 두 딸과 사위들과 함께 있었다. 그들의 요청으로 저녁에 "한번 죽는 것은 사람에게 정해진 것이요"(히 9:27)라는 말씀으로 설교하였다. 하나님께서 시키신 것으로 믿는다.

5월 20일 목 폭풍이 불었다. 그럼에도 상당한 곤란을 겪으며 퀸즈 나루를 건넜다.

5월 22일 토 (에든버러에서) 방금 런던으로부터 온 유명한 여배우가(스코틀랜드인들에겐 고맙게도 마침 의회가 열리는 기간이었다) 오늘 밤 우리 회중으로부터 많은 사람들을 훔쳐갔다. 선조들에 비하면 이 스코틀랜드인들은 얼마나 약삭빠른가.

5월 23일 주일 아침엔 톨부스(Tolbooth) 교회로 가고 오후에는 오래된 감독교회로 갔다. 그러나 그들은 자기들의 자랑거리를 잃고 있었다. 그들은 예배가 끝나자마자 런던에서처럼 떠들어대었다. 저녁엔 8각형 방에 가득 모였다. 그들에게 될 수 있는 대로 쉽게 "하나님은 영이시니 예배하는 자가 영과 진리로 예배할지니라"(요 4:24)라는 말씀으로 설교하였다.

81세의 웨슬리

6월 28일 월 (엡워스) 오늘로 81세가 되었으나 40년 전이나 지금이나 어떤 운동이든 할 수 있고 견뎌낼 만큼 몸과 마음이 건강하다는 사실을 알았다. 이 모든 것은 오로지 전능하신 주님의 은혜이지 다른 이유가 없다. 주님께서 원하시는 한 생명의 태양을 비춰주시는 분은 바로 그분(하나님)이시다.

81세인 지금 21세 때와 다름없는 힘이 생기며 오히려 젊었을 때 앓았던 두통, 치통 등 육체적인 질병이 전혀 나타나지 않는다. 우리로선 오로지 "주께서 다스리신다!"고 말할 수밖에 없다. "살아있는 순간까지 그분을 위해 살게 하소서!"

오후에는 게인즈버러(Gainsborough)로 가서 딘(Dean) 목사 교회의 요구를 기꺼이 받아들였다. 많은 사람이 모였고 또 깊은 은혜를 받은 것 같았다. 게인즈버러에서도 좋은 일이 일어나게 되기를! 화요일(29일)에는 스콧터(Scotter)거리에서 설교하였는데 많은 사람들이 깊은 관심 속에 듣고 있었다. 진지하고 평온한 시간이었다. 저녁에는 오스토운(Owstone) 교회에서 기도문을 읽고 설교하였다. 이튿날 아침에도 계속하였다. 수요일(30일) 저녁에 엡워스에서 설교하였다. 남은 주간에는 근처에 있는 몇몇 마을들을 찾아다니며 아침저녁으로 설교하였다.

8월 18일 수 영국에서 가장 아름다운 저택의 하나인 트래쿤(Tracoon)에 있는 보간(Vaughan) 제독의 집으로 갔다. 집은 울창한 숲으로 싸여있어 방에선 전혀 볼 수 없었다. 제독은 함대에서 사병을 다루듯 엄하게 가족들을 다루고 있었다. 벨이 울리면 식사를 하건 아침저녁 기도를 하건 지체 없이 집합하게 되어 있었다. 7시에 빌립보서 3장 8절의 말씀으로 설교하고 진지한 대화를 주고받으며 그날 저녁을 지냈다.

8월 31일 화 코크(Coke) 박사, 홧코오트(Whatcoat) 씨, 베이시(Vasey) 씨가 미국으로 건너가기 위해 런던에서 내려왔다.

9월 1일 수 정신이 깨끗하여 오랫동안 생각해 오던 일을 실행에 옮겨 미국에 있는 버려진 양들을 돌볼 직분을 홧코오트 씨와 베이시 씨에게 맡겼다. 목요일(2일)엔 세 사람을 더 보충하였는데 그들은 더욱 하나님께 영광 돌릴 것을 믿어 의심치 않는다.

9월 12일 주일 코크 박사가 기도문을 읽고 내가 새로 지은 방에서 설교하였다. 설교를 마치고 서둘러 킹즈우드(Kingswood)로 가서 40여 여 년 전 내가 심었던 두 줄로 된 나무 그늘 아래서 설교하였다. 당시 나의 의도에 대해 알아차린 사람은 거의 없었다. 해는 조지아에서처럼 내려쬐고 있었으나 우리를 덮고 있는 나무 그늘만은 뚫지 못했다. 대신 우리 주님께선 지치고 지친 많은 영혼들을 비추어 새롭게 만드셨다.

웨슬리의 집에 도둑이 들다

11월 20일 토 (런던) 아침 3시경 두 세 남자가 부엌 창문을 통해 집에 침입하였다. 그들은 사무실로 들어와 무어(Moore) 씨의 방문을 부수고 들어갔으나 2, 3파운드 밖에 찾지 못했다. 전날 밤 그에게 방금 받은 70파운드를 그대로 두지 않도록 주의를 주었다. 그들은 다시 찬장을 부수어 열고 은수저 몇 벌을 꺼냈다. 바로 그 때 자명종이 요란한 소리를 내었는데 무어 씨가 4시로 해야 될 것을 3시 반으로 잘못 고정시켜 놓았던 것이다. 그 바람에 그들은 작업의 반도 진행하지 못한 채 줄행랑치고 말았다. 우리가 입은 피해를 모두 합해 보니 6파운드 가량 되었다.

12월 26일 주일 뉴게이트(Newgate)에서 흉악범들에게 설교하였다. 47명이 사형 선고를 받고 있었다. 그들이 들어올 때 쇠사슬이 부딪쳐 나는 소리에 상당한 공포 분위기가 감돌았다. 그러나 성경을 읽은 뒤 그들이나 모여든 사람들이나 소란 떠는 자는 전혀 없었다. "죄인 한 사람이 회개하면 하늘에서는 회개할 것 없는 의인 아흔 아홉으로 말미암아 기뻐하는 것보다 더하리라"(눅 15:7). 하나님의 능력이 임재 하셨고 많은 죄수들이 눈물을 흘렸다. 며칠 후 그 중 20명이 처형되었는데 5명은 평화 속에 죽어갔다. 나로선 판사 빌레트(Villette) 씨 정성과 노고를 대단히 치하할 수밖에 없었다. 그리고 나머지 죄수들도 같은 모습으로 죽어갔다는 말을 듣고 기뻤다.

12월 31일 금 우리는 밤을 꼬박 새우면서 찬양과 감사의 노래를 부르며 새해를 맞이하였다.

제20장

1785년~1790년

웨슬리가 가난한 자들을 위해 모금하다 - 영국 상원을 방문하다 - 웨슬리의 장수 비결 - "얼마나 세월이 변했나!" - 웨슬리의 마지막 순간들

1785년 1월 1일 토 올해가 내 생애의 마지막 해가 될지 아니면 최고의 해가 될지 모르겠다. 주일(2일) 저녁 전례 없이 많은 교인들이 모여 하나님과의 계약을 갱신하였다.

81세의 웨슬리가 200파운드를 모금하다

1월 4일 화 이맘때 쯤 되면 우린 감리회의 가난한 교인들에게 석탄과 빵을 지급해왔다. 그러나 지금 살펴보니 음식뿐 아니라 옷가지도 부족하였다. 그래서 이날로부터 나흘 동안 가장 시급하게 필요로 하는 사람들부터 입히기 위해 각 마을로 돌아다니며 2백 파운드를 모금하였다. 그러나 길마다 눈이 녹아 걷기가 힘들었고 발목까지 빠질 정도로 질었다. 아침부터 저녁까지 발은 눈 녹은 물에 젖어 있었다. 토요일 저녁까진 그런대로 참고 견뎠으나 마침내 갑작스런 설사로 눕게 되었으며 시간이 흐를수록 점점 심해져 아침 6시에 화이트헤드(Whitehead) 박사를 모셔왔다. 그의 맏딸이 아주 편안하게 만들어 주었고 서너 시간 더 치료받고 나자 완전히 멎었다. 그가 훌륭한 의사가 되리라 생각하였다.

이번 겨울 여행은 이것으로 끝났다 싶었는데 거절하지 못할 여행이 또 하나 남아 있었다. 월요일(17일) 가련한 어린양들을 격려하기 위해 콜체스터(Colchester)로 떠났다. 그들은 이 세상의 재물은 거의 없지만 훨씬 나은 재산을 가지고 있었다. 화요일(18일) 매닝트리(Manningtree) 근처 마을, 미스트레이손(Mistleythorn)으로 올라갔다. 얼마 전 뎁퍼드 야드(Deptford Yard)의 조선공 중 한 사람이 전함 몇 척을 만드는 감독으로 이곳에 파견되어 일하다 자기 집에서 주일 저녁 설교문을 읽게 되었다.

그 후 그는 다른 조선공들을 권고해 조그만 감리회를 조직하였다. 얼마 지난 후 설교자 한 명을 보내주어 그들을 돕도록 우리에게 요청하였다. 지금 와서 보니 활기찬 감리회였으며 수년 동안 보지 못했던 훌륭한 감리회가 되어 있었다. 그러나 그들은 킹즈우드에 있었을 때와 같이 교육받기를 바라고 있는 것 같았다. 수요일(19일) 콜체스터로 돌아왔다. 그리고 목요일(20일)엔 퍼플릿(Purfleet)에서 설교하고 이튿날 런던으로 돌아왔다.

1월 23일 주일 아침과 오후에 웨스트스트리트(West Street)에서 설교하고 저녁엔 나잇츠브릿지(Knightsbridge)에 있는 교회에서 설교하였다. 이것이 마지막이 될 것으로 생각하였다. 그처럼 못된 행동을 하는 무리는 본 적이 없었기 때문이었다.

1월 25일 화 상원에서 2, 3시간을 보냈다. 이곳이 잉글랜드에선 가장 존엄한 모임이라고 누차 들어왔다. 그러나 내가 받은 실망이란! 무엇이 상원의원인가, 죽기 위해 태어난 죄인이지!

감리교의 성장 50년

3월 24일 목 (우스터에서) 50여 년 전에 뿌린 겨자 씨앗으로 얻은 열매가 얼마나 놀라운가 생각해 보았다. 그것은 온 영국과 아일랜드까지 와이트(Wight) 섬과 「맨」섬(Isle of Man)까지, 그리고 리워드 제도(Leeward Islands)로부터 전 대륙을 거쳐 캐나다와 뉴파운드랜드(Newfoundland)까지, 미국에까지 퍼졌다. 그리고 이 모든 곳에서 감리회는 신앙이란 거룩한 성품이라는 것을 알면서 오직 하나의 계명에 따라 걸어가고 있다. 형식으로만이 아니라 "신령과 진정으로" 하나님께 예배드리려 애쓰면서.

6월 28일 월 하나님의 선하신 은총으로 내 나이 82세를 마감하였다. 하나님께 어려운 게 무엇이 있으랴? 약해졌다고 할 만한 것을 느끼게 된지 11년가량 되었다. 몇 차례 설교를 하다가 목소리가 약해져 더 이상 말하지 못하게 되고, 걷다가 힘이 빠져 더 이상 걷지 못하게 되는 때가 종종 있었는데 그 때에도 기력이 약해졌다고 해서 두려운 감정은 없었으며 오히려 머리부터 발끝까지 지극히 편안함을 느꼈다. 이런 것이 자연적으로 얻어진 것이라고 감히 둘러대지 못하겠다. 그것은 하나님의 뜻이다.

8월 9일 화 와이트 섬으로 건너갔다. 여기서도 하나님의 일은 번창해 가고 있었다. 뉴포트(Newport)에서 유쾌한 시간을 보냈는데 그곳 사람들은 놀랄 정도로 근엄했으나 가르침을 받아야 할 사람들이었다. 수요일(10일) 캐리스룩(Carisrook) 성채의 처량한 폐허를 보고 산책 나갔다. 가파른 경사 위에 세워져 있어 한때는 막강하였던 모습을 상상할 수 있었다. 그러나 그나마 남은 부분도 빠른 속도로 폐허가 되어가고 있었다. 찰스(Charles) 국왕이 탈출을 시도하려 하였던 바로 그 창문도 아직 남아 있었다. 그것을 보고 있노라니 주마등같이 지나간 일들 속에 하나님의 손길이 임재 해 있음을 마음으로 느낄 수 있었다.

8월 25일 목 9시경 마우스호울(Mousehole)에서 설교하였는데 그곳에는 콘월(Cornwall)에서 가장 활동성 있는 감리회가 있었다. 설교를 마치고 랜즈엔드(Land's End)까지 가서 바위로 기어 내려가 바닷가에까지 갔다. 40년 전 이곳에 왔을 때보다 수백 야드는 바다에 침식된 것이 분명하였다.

웨슬리 상원을 방문하다

1786년 1월 9일 월 이번 주 여가를 이용하여 현명하고 선량한 「윌리엄 펜 경의 생애」(*The Life of Sir William Penn*)를 읽었다. 그러나 그가 첫 번째 아내에 대해 언급한 것을 읽고 적잖이 놀랐다. 그녀는 50년을 산 다음 죽기 얼마 전에 "내 생애에 있어 아무 죄도 짓지 않았으니 하나님께 감사합니다" 하였다. 그렇다면 죄를 회개한 적이 있었는가? 그런 적이 없었다면 그녀는 이방인이 아닌 어떤 다른 신분으로 구원을 받았다는 말인가?

1월 24일 화 상원에서 행하는 국왕의 연설을 듣고 싶었다. 참으로 감격적인 연설이었다. 한마디 한마디를 흠잡을 데 없이 해나갔다. 유럽 안에 어느 다른 왕이 이처럼 정확하고 자연스러운 연설을 할 수 있을까 생각해 보았다.

6월 28일 수 83세의 생애를 맞이하였다. 나 자신을 돌이켜 보아도 놀라울 뿐이다. 12년 전부터 약해 질까봐 걱정해 왔다. 글을 쓰거나, 설교하거나, 여행을 하면서도 전혀 피로를 느끼지 않았다(하나님의 은혜로다!). 하나 숨길 수 없는 이유는 주기적으로 공기를 바꿔가며 사는 것이었다. 어떤 식으로 여행이 내 건강에 도움을 주는지 알 수는 없으나 그 사실은 분명하다.

이 일기의 나머지 부분은 웨슬리 생전에 출판되지 않았던 것이기 때문에 그의 손으로 수정될 수가 없었다. 필적은 "읽을 수조차 없을 정도로 난필"이었다.

9월 26일 화 런던에 도착하였다. 이제부터 모을 수 있는 자료는 모두 모아 플레처(Fletcher) 씨의 전기를 쓰기로 하였다. 이 일을 위하여 11월까지는 아침 5시부터 저녁 8시까지 전 시간을 기울였다. 내가 공부하는 시간이었다. 눈이 피로하여 하루 종일 계속해서 쓸 수 없었다.

핫필드 하우스(Hatfield House)를 방문한 웨슬리

10월 2일 월 채텀(Chatham)으로 갔다. 저녁엔 친절하고 진지한 사람들에게 설교하였다. 이튿날 5시에도 같은 사람들이 모였다. 화요일(3일) 잔잔하고 상쾌한 바람을 맞으며 시어니스(Sheerness)로 갔다. 이곳 예배당은 이미 준공되어 있었는데 어떻게 이처럼 완공되었는지 전혀 듣지 못하였다. 몇 달 전 단지 몇 명이 건축을 시작할 때엔 어느 모로 보나 완성될 것 같지 않았다.

그러나 하나님께서는 부두 노동자들 가운데 종교에 대해선 관심도 없는 사람들, 목수들, 조선공들, 노무자들의 마음을 움직여 쉬는 시간이 있으면 아무런 보수도 받지 않고 일을 하도록 하셨다. 덕분에 넓고 큼직한 건물이 웅장하게 들어섰는데 내부도 외부도 훌륭하였다. 남부 잉글랜드에 있는 교회 중에 런던에 새로 지은 교회 다음으로 아름다운 건물이었다.

10월 19일 목 런던으로 돌아왔다. 이번 여행 중에 핫필드에 있는 솔즈베리(Salisbury) 경의 저택을 샅샅이 구경하였다. 정원은 멋이 있었다. 저택의 앞부분은 오래 되긴 하였지만 참으로 멋있었다. 회의실인 강당과 회당은 웅장하고 아름다웠다. 교회는 참으로 아담했으나 가구들은 (거의가 원화인 그림들을 제외하곤) 일반적으로 오래된 것들이어서 일 년의 수입이 5백 파운드 정도 되는 사람의 집에서나 볼 수 있을 것 같은 것들이었다.

12월 23일 토 나에게 사형선고를 받고 뉴게이트(Newgate)에 수감되어 있는 (선한 일이라곤 할 희망조차 없는) 2명의 흉악범을 방문해 달라는 극성스런 요청을 받았다. 그들은 초조하게 보였으나 나는 이런 표정에 별 관심을 두지 않았다. 그러나 그들을 위해 높은 분에게 편지를 썼다. 그리고 그 결과 그들의 형 집행이 유예된 것 같았다.

12월 24일 주일 올드 주리(Old Jewry)에서 설교 부탁을 받았다. 그러나 교회는 추웠으며, 모인 사람들도 마찬가지로 냉랭하였다. 이튿날 크리스마스엔 다른 청중들이 모였다. 아침 4시와 저녁 5시엔 새 교회에서, 점심때에는 웨스트 스트리트(West Street) 교회에서 집회를 가졌다.

뎁퍼드에 대한 웨슬리의 경고

1787년 1월 1일 월 아침 4시, 평소와 같이 많은 사람들이 모인 가운데 예배를 시작하였다. 평소와 같은 시간에 새로 지은 교회에서 두 번째 집회를 가지고, 저녁엔 웨스트 스트리트에서 세 번째 집회를 가졌다. 화요일(2일) 뎁퍼드로 건너갔는데 마치 사자우리 가운데 있는 것 같았다. 감리회 지도자들 대부분이 영국 교회로부터 분리하기를 열망하고 있었다. 그들을 만나 설득하려고 애썼으나 헛수고였다. 그들은 양식도 없었고, 무례하기까지 하였다. 할 수 없이 전 감리회를 만나보고 그들에게 "정 그렇다면 단독으로 예배를 드려도 좋다. 그러나 이제부터 다시 나를 만날 생각은 하지 말라"고 경고하였다. 이 말이 적중하였는지 이후론 영국 교회로부터 분리하겠다는 소리는 다시 나오지 않았다.

월요일(8일)부터 며칠 동안 가난한 사람들을 위한 모금운동에 나섰다. 감리교인들 가운데 극심한 가난으로 어려운 가운데 있으면서도 주급(週給)을 받지 못하는 사람들에게 풍족한 음식과 의복을 제공할 수 있기를 바랐다. 그러나 크게 실망하고 말았다. 우리 형제들 중 6, 7명만이 각기 10파운드씩 내었을 뿐이었다. 40명 정도 이런 식으로 참여했다면 계획한 액수는 무난히 채울 수 있었을 것이다. 그러나 200파운드로 많은 일을 할 수 있었고 수많은 가난한 영혼들이 기쁨을 얻었다.

웨슬리 아일랜드 의사당을 방문하다.

7월 4일 수 더블린(Dublin)에서 4, 5백마일 떨어진 곳에 있는 한 귀족의 저택 뉴다글(New Dargle)에서 한 시간 가량 지냈다. 영국에서 그처럼 아름다운 곳은 본 적이 없었다. 워윅셔(Warwickshire)에 있는 리조우스(Leasowes)와 비슷했으며 그 풍경은 훨씬 나았다. 산기슭을 끼고 도는 산책길을 가노라면 더블린 만(灣) 전체 풍경과 또한 광활하고 아름답게 개간된 들 풍경을 볼 수 있었다. 그 가운데로 작은 강이 흐르고 그 강에서 가까운 거리에 두 개의 폭포가 있었다.

얼마 후 의사당을 구경하였다. 상원은 웨스트민스터의 상원보다 훨씬 훌륭했으며 의장석도 잉글랜드 상원에 있는 (소위) 국왕의 가련한(흔히 그렇게들 말하는) 자리보다 훨씬 나았다. 하원도 참으로 훌륭한 방이었다. 마호가니를 무색하게 할 잉글랜드의 떡갈나무로 판자를 입히고 부인들의 편의를 위해 둥글게 회랑을 만들어 놓았다. 셰익스피어의 자리는 의장석보다 훨씬 웅장하였다. 그러나 무엇보다, 보고 놀란 것은 취사장과 최고의 식사에 맞게 꾸며진 널찍한 주방기구였다. 넓은 방 이쪽에서 저쪽 끝까지 탁자들이 놓여 있고 의회가 열리는 동안 매일 4, 5시에 음식을 차려놓아 의원들끼리 친목을 도모할 수 있도록 꾸며진 것 같았다.

7월 11일 수 이곳 정다운 (아일랜드) 사람들과 5시에 아쉬운 작별을 하였다. 그리고 이곳에서 맡은 바 일을 모두 마치고 오후에는 친구들과 함께 파크게이트(Parkgate) 정기선의 하나인 프린스 오브 웨일스(Prince of Wales)호를 전세 내어 타고 떠났다. 7시경 바람은 잔잔하고 부드러웠다. 10시가 못되어 평소와 같이 잠자리에 들었으나 4시경 갑자기 소란이 일어나 잠을 깨었다. 살펴보니 홀리헤드(Holyhead)에서 3마일 정도 떨어진 위치에서 큰 암초에 부딪쳐 좌초된 상태였다. 별로 자지도 못한 선장은 벌떡 일어나 배 밑창으로 내려가 배의 상태가 어떠한가 살펴보더니 "나는 죽더라도 당신들은 목숨을 구하길 빕니다!" 고 외쳤다. 그러나 투덜거리는 선원도 울부짖는 여인도 없었다. 우리는 즉시 기도하기 시작하였다. 그런데 어떻게 되었는지 알 수 없지만 배는 바위에서 떠나 외부 널빤지 몇 장 부서진 외에 별다른 피해를 입지 않은 채 가던 길을 계속 항해하였다. 오후 3시경 파크게이트에 무사히 도착하였고 오후에는 체스터(Chester)로 갔다.

채널 제도(The Channel Islands)를 방문하다

8월 13일 월 야머스(Yarmouth)를 떠날 때 바람은 잔잔하였다. 그러나 얼마 못 가 바람이 우리에게로 방향을 바꾸면서 강하게 불어 오후에는 스와니지(Swanage)에서 묵기로 하였다.

8월 14일 화 순풍이어서 오후까지 건지(Geennsey)에 도착하리라 예상했는데 바람이 거꾸로 방향을 바꾸면서 강하게 불어와 예상은 완전히 불가능함을 알았다. 그래서 올더니(Alderney) 섬에 머무는 것이 제일 안전하다고 결정을 내렸다. 그러나 만으로 들어가다가 하마터면 파산당할 뻔하였다. 주위 파도가 찰랑거리며 바위 사이를 피해 가는 동안 바람은 완전히 죽어버렸다. 이런 식으로 계속되었더라면 한두 개 암초에 부딪히고 말았을 것이다. 우리는 기도하기 시작했고 순식간에 바람이 불어 왔다. 해질녘에 상륙하였다. 한방에 침대 다섯 개를 한꺼번에 넣어 놓았으나 편안히 잘 수 있었다.

8시경 해변가에 있는 적당한 장소에 내려 찬송을 부르기 시작하였다. 한 여인과 두 아이가 즉각 우리에게 합류하였다. 찬송이 끝나기 전 이미 사람들이 웬만큼 모였고 모두들 정중하게 행동하였다. 단지 40~50야드 떨어진 곳에 있던 사람들이 소란을 떨었으나 그들도 이내 조용히 주의를 기울였다.

조그만 예절

아내와 누이를 데리고 우리와 같은 배로 잉글랜드를 떠난 신사가(통속적인 말로 하자면) 공교롭게도 총독의 가까운 친척이었다. 그는 오늘 아침 우리에게 왔으며 내가 방으로 들어가자 그는 아주 정중한 태도로 맞이하였다. 이렇게 조그만 예절로 선입견이 무너지면서 복음을 받아들일 수 있는 길이 활짝 열렸다.

잠시 후 배가 출발하여 작은 섬들 사이로 경쾌하게 달려 건지(Guernsey)에서 4분의 1마일 가량 떨어진 암벽 위에 세워진 고색창연한 성에 도착하였다. 섬 자체가 좌우로 초생달 모양으로 굽어져 아름답게 보였으며 길이가 약 7마일, 넓이가 5마일 정도 되었으며 높은 고지대도 있고 낮은 지역도 있었다. 마을은 파도가 미치지 못하는 높다란 곳에 당당하게 버티고 있었다. 마을을 돌아보고 제일 먼저 눈에 띄는 것은 대단히 좁은 도로와 아주 높은 집들이었다. 그런데 우리는 마을에서 1마일 조금 못되는 거리에 있는 드 저지(De Jersey) 박사 댁으로 갔다. 여기에서 집주인과 가족으로부터 가장 친절한 환영을 받았다. 넓은 방에서 7시에 설교하였는데 그처럼 진지하게 듣는 사람들은 처음이었다.

8월 16일 목 5시에 드 저지 박사 댁에 있는 넓은 방에서 진지한 청중들이 모였다. 그의 정원과 과수원은 굉장히 넓고 아름답게 꾸며져 있었다. 영국 안에 이처럼 귀한 과일나무들을 기르는 신사가 더는 없으리라 생각되었다. 그는 매년 프랑스나 대륙 다른 나라에서 이런 과일 나무들을 들여와 심는다. 한 가지만 봐도 그가 수확하는 양이 얼마만큼이나 되나 상상할 수 있다. 이번 여름에 그는 매일 50파운드 상당의 딸기를 6주 내내 거둬들였다. 저녁엔 마을 다른 쪽 끝에 있는 우리의 집회 장소에서 설교하였다. (온 사람들이 모두 들어오지 못했는데도) 너무나 많은 사람들로 붐벼 실내는 마치 난로처럼 뜨거웠다. 그러나 아무도 이것에 관심을 두지 않는 것 같았다. 하나님의 말씀이 양쪽에 날 선 칼보다 더 날카로웠기 때문이다.

총독 관저에서

8월 17일 금 총독과 함께 한 시간가량 즐겁게 보냈다. 오후에는 내가 본 것 중 가장 크고 아름다운 방파제로 나갔다. 도시는 급속도로 성장하고 있었으며 사방에 새로운 집들이 들어서고 있었다.

저녁에는 방안으로 들어가지 않고 크고 무성한 나무들로 둘러싸인 마당에 서서 그곳에 모인 많은 무리에게 "하나님은 영이십니다. 그러니 그에게 예배하는 자는 신령과 진리로 예배해야합니다"라고 선포하였다. 이 시간에 많은 사람들이 마음에 찔림을 받았고 또 적잖은 위로도 받았음을 의심하지 않았다.

8월 18일 토 코크(Coke) 박사와 함께 총독관저에서 식사를 나누었다. 다른 친구를 만나게 되어 기뻤다. 우리는 지각 있고 건장하며 유쾌한 친구와 함께 한 시간 이상 대화를 나누었다. 저녁엔 이곳에서 모인 집회 중 가장 많은 사람들이 모인 가운데 설교하였다.

8월 19일 주일 조셉 브래드퍼드(Joseph Bradford)가 아침 6시에 몽쁠레지르 레 떼르(Montplaisir les Terres)에서 상당히 많은 무리에게 설교하였다. 8시 반에 내가 설교하였는데 방안 가득 모여들었다. 10시에 프랑스인 교회로 가니 예의바른 무리들이 상당히 많이 모여 있었다. 5시엔 가장 많은 사람들이 모였다.

기나긴 세월을 살아왔기에

8월 20일 월 새벽 4시가 못되어 우리는 대단히 작고 불편하면서 그다지 빠르지도 못한 돛단배에 몸을 실었다. 그 바람에 7리그(약 21마일) 정도 항해하는데 7시간이나 걸렸다. 11시경 세인트 헬리어(St. Helier)에 상륙하여 곧장 브랙큰베리(Brackenbury) 씨 댁으로 갔다. 거의 마을 끝에 가서 대단히 아름답게 서 있었다. 집에서 얼마 떨어지지 않은 곳에 갖가지 과일이 풍성한 넓고 안락한 정원도 있었다. 저녁에는 대단히 진지하게 듣는 청중에게 마태복음 3장(마지막 부분)으로 설교하였다. 아침 5시에 참석했던 만큼 모였는데 그들에게 완전에까지 이를 것을 권면하였다.

8월 21일 화 시골에 있는 친구의 집으로 산책 나갔다. 그의 집 근처에 대학으로 불리는 학교가 있었다. 대학교에 못 다니는 학생들을 무료로 가르쳐 주는 학교인데 울창한 숲으로 둘러싸인 후미진 곳에 자리 잡고 있었다. 그곳에서 멀지않은 로마 산(Roman mount)으로 여겨지는 높은 언덕 위에는 이 섬에 최초의 기독교 교회로 세워졌다고 보이는 오래된 교회가 있었다. 그곳에서 섬 전체의 풍경을 볼 수 있는데 참으로 아름다웠으며 「와이트」섬(The Isle of Wight)이나 「맨」섬(The Isle of Man)을 능가하였다. 대부분 울창한 숲으로 싸여있는 작은 언덕들도 표현할 수 없는 아름다움을 지녔으며 「건지」섬(Isle of Guernsey)에 손색이 없었다. 저녁에는 "지금은 구원의 날이로다"(고후 6:2)라는 말씀으로 배 위에서 설교해야 했다. 그러한 제목으로 설교하면 은혜가 늘 일어남을 알았다.

8월22일 수 저녁에는 방안으로 모두 들어올 수 없어 마당에 서서 설교할 수밖에 없었다. 로마서 3장 22~23절의 말씀으로 설교하였는데 아주 쉽게 얘기하였고 상류계급들도 깊은 관심 속에 듣고 있었다. 진실로, 하나님께서는 보잘것없는 자를 쓰셔서 당신의 영광을 나타내신다! 주께서 나를 많이 살도록 하셨기 때문에 많은 무리들이 몰려든다. 그리고 이로써 그들은 영원히 살게 될 수도 있으리라.

역풍 때문에 발이 묶이다

8월27일 월 건지 범선의 선장인 캐봇(Cobot) 씨가 아침 일찍 우리를 찾아와 우리가 배를 타고 가려고 한다면 5시에서 6시 사이에 배를 띄우겠노라고 일러 주었다. 그러나 역풍이 강하게 부는 바람에 얼마 정도 기다리는 것이 좋겠다고 결론을 내렸다. 7시에 설교하기로 약속되어 있었기 때문에 저녁에 실내에서 설교하게 되었다. 대단히 많은 사람들로 가득 찼으나 내가 "우리는 십자가에 못 박힌 그리스도를 전하니"(고전 1:23; 2:2)라는 말씀을 전하는 동안 하나님의 능력이 나타나 우리는 열기도 잊고 오히려 우리가 계획했던 대로 일찍 떠나지 못하고 발이 묶인 것을 기쁘게 여겼다.

사우스햄턴(Southampton)을 떠날 때엔 그날로 다시 돌아올 수 있으리라 생각했으나 하나님의 생각은 내 생각과 달랐다. 이곳 저지(Jersey)에 우리는 꼼짝없이 갇혀 있다. 얼마나 오래갈는지 알 수 없다. 그러나 상관없는 일이다. 왜냐하면 주님 당신께서 하신 일이니까.

8월 28일 화 아직도 역풍이 부는 바람에 계속 발이 묶여 있으면서 저녁 6시에 회의장에서 전보다 많은 사람들이 모인 가운데 설교하였다. 5~6백 명은 족히 수용하였다. 그곳 상류층 사람들도 거의 참석하여 그곳에 하나님께서 놀라울 정도로 역사하시고 계심을 느끼는 것 같았다. 계속 머무르면서 다음 날 저녁에도 설교하였는데 전보다 더 많은 사람들이 모였다. 이제부턴 마음을 편히 가지기로 작정하였다. 아침에 바람의 방향을 보니 사우스햄턴으로 가기엔 불리하고 건지로 가기엔 알맞았다. 그래서 어쩔 수 없이 그리로 되돌아갔다. 순전히 내 의사에 따른 것이 아니라 하나님의 섭리임이 분명하였다.

오후에 시장터에 있는 널찍한 방에서 설교를 요청 받았는데 전에 쓰던 방보다 3배는 더 많은 사람들을 수용할 수 있는 방이었다. 기꺼이 요청을 받아들여 6시에 설교하였는데 그곳에서 그처럼 많은 사람들이 모인 것은 처음 보았다. 그리고 말씀도 그들의 가슴 속 깊이 박혔다. 말씀이 공허하게 되돌아가지는 않을 것을 확신한다.

9월 4일 화 폭풍이 계속되는 바람에 출발하지 못했다. 오늘은 저녁에 상류층 사람들이 산책하는 뉴 그라운드(New Ground)라 불리는 곳으로 산책하였다. 공을 굴리는 놀이를 하는 잔디밭처럼 고른 윗부분이나 질서 있게 나무를 심어놓은 아랫부분도 참으로 아름다웠다. 저녁에는 반석 위에 무엇을 세울 것인가를 보여줌으로써 내 자신의 영혼을 완전히 구하였다. 그러나 아직 배는 떠나지 못하고 있었다. 바람이 정반대편에서 불어올 뿐 아니라 대단히 사나왔다.

펜잰스로의 항해

같은 수요일 오후에 친구의 집에서 차를 마시며 그를 통해 프랑스에서 온 선장이 이튿날 아침, 펜잰스로 떠난다는 말을 전해 들었다. 바람이 사우샘프턴으로 가는 데에는 방해가 되고 있지만 펜잰스로 가는 데엔 유리하게 불고 있었기 때문이었다.

이번에도 우리는 하나님의 손길을 뚜렷하게 볼 수 있었고 우리는 지체 없이 그와 함께 가기로 하였다. 목요일(6일) 아침 배에 오를 때 바람은 잔잔해지더니 배 안으로 들어가자 바람이 이내 잠잠해졌다. 우리는 하나님께 도움을 구하는 기도를 하였고 즉시 바람이 일더니 우리가 펜잰스 만에 도착하기까지 순풍은 그치지 않았다.

12월 22일 토 화가가 조르는 바람에 초상화를 그리는 동안 1시간 반 가량 앉아 있었다. 내가 보기에는 지금까지 그린 그림 중 제일 나은 것 같았다. 그러나 80이 넘은 늙은이의 그림이 뭐 중요하랴!

고령의 웨슬리

1788년 3월 1일 토 (윤년이었다) 나이가 들면 들수록 달라지는 것들을 살펴보았다. 1) 기력의 감퇴; 더욱 천천히 걷게 된다. 특히 언덕에 오를 때, 2) 기억력이 감퇴 된다. 3) 등잔불 아래서는 책을 빨리 읽을 수 없게 된다. 그러나 다른 육체적 정신적인 능력은 전이나 다름없이 변하지 않았음을 하나님께 감사드린다.

4월 19일 토 볼턴(Bolton)으로 가서 저녁에 영국에서 가장 멋있는 집에서 가장 생기 있는 사람들에게 설교하였다. 그리고 전 영국에 있는 감리교회들을 둘러봐도 이들과 같은 합창단은 다시 찾아볼 수 없다는 점도 인정할 수밖에 없다. 다른 데에선 생각조차 할 수 없다. 세상 어느 교회, 어느 성당, 어느 음악당에서도 볼 수 없는 소프라노 가수들. 소년 소녀들을 주일학교에서 선출해 훈련시켜 꾸민 합창단이었다. 게다가 노래하는 그들의 용모가 너무도 아름다운 곡조에 잘 어울려 어디에 내놓아도 자신 있다고 말할 수 있다. 우리 아버지의 집에 있는 천사의 합창에

비한다면 어쩔 수 없겠지만.

4월 20일 주일 8시와 1시에 집에 사람이 가득 찼다. 3시경 우리 주일 학교에 소속되어 있는 1,900명의 아이들을 만났다. 그와 같은 광경은 처음이었다. 의복이 검소했을 뿐 아니라 용모도 청결하였다. 모두 조용하고 진지하게 듣고 있었다. 소년 소녀들의 아름다운 얼굴은 잉글랜드나 유럽 어디에 내놓아도 손색이 없으리라 믿는다. 그들이 모두 합창하니 누구도 틀린 음정을 소리내지 않았고 어느 극장 합창단도 따를 수 없는 멜로디를 내었다. 그리고 가장 고마운 일은 그들이 하나님을 진정으로 두려워할 뿐 아니라 그의 구원을 기뻐하는 아이들도 있었던 것이다. 마을 전체가 같은 태도이었다. 그들은 주기적으로 앓고 있는 가난한 사람들(때로 합해서 여섯 혹은 여덟, 열 명이 되었다)을 찾아가 격려하고, 위로하고 그들과 함께 기도 하였다. 그러면 종종 10명 혹은 그 이상이 함께 찬송을 부르며 스스로 기도하게 된다. 때로 3~40명까지 될 때도 있다. 그리고 그들은 찬송과 기도와 울음에 너무도 몰입하게 되어 끝나고 난 후 떨어질 줄 모르게 된다. 이 말을 듣는 자녀들아, 그대는 어찌 이렇게 하지 못하는가? 볼턴에 계시는 하나님께서 이곳에는 안 계시는가? 하나님께서 일어나셔서 "어린 아이와 젖먹이의 입을 통해서"라도 그분의 뜻을 이루시도록 하라!

웨슬리의 장수(長壽) 비결

6월 28일 토 오늘로 85세가 되었다. 수없는 영적인 축복과 육체적인 축복에 대하여 하나님께 감사드림이 마땅하다! "수많은 해를 달려오며" 받은 고통은 별것 아니다. 과거보다 몸이 말을 안 듣는 것은 사실이다. 전처럼 빨리 뛰거나 걸을 수 없었고 시력도 상당히 감퇴되었으며 왼쪽 눈은 아주 어두워져 책을 읽기도 힘들었다. 오른쪽 관자놀이(얼마 전 부딪쳤다) 뿐 아니라 오른쪽 눈알에 통증을 매일 느끼고 있으며 삔 데다 류머티즘이 겹쳐 오른쪽 어깨와 팔을 쓰기 힘들었다.

기억력도 상당히 감퇴되어 방금까지 알고 있던 사람 이름이나 물건도 기억하기 힘들었다. 그러나 20~30년 혹 60년 전이라도 읽거나 들은 것은 똑똑히 기억할 수 있다. 청각, 후각, 미각과 기호(비록 음식량이 전보다 3분의 1로 줄어들었지만)에선 전혀 감퇴되지 않았다. 또한 여행이나 설교에 있어서도 힘든 것을 전혀 느끼지 않았다. 설교문을 쓰는데도 전과 같이 수월하게 또한 정확하게 쓸 수 있어 별다른 곤란을 느끼지 않는다.

이처럼 건재한 오늘의 내 모습이 이루어지게 된 원인은 무엇일까? 의심할 것 없이 첫째는 내게 맡겨주신 그 일에 합당하도록 이끌고 그 안에서 나를 보호하시는 하나님의 능력이다. 그리고 다음으로 하나님의 능력에 의해 그의 자녀들이 드리는 기도를 들 수 있다.

그보다 약한 원인을 들자면,

1. 꾸준한 운동과 공기를 바꾸는 것.

2. 앓든 건강하든, 육지든 배 위에서든 하루도 밤잠을 거르지 않는 것.

3. 마음대로 수면을 취할 수 있어 언제든 지쳤다고 느껴질 때는 지체 없이 밤이든 낮이든 잘 수 있었다는 것.

4. 60여 년 동안 매일 아침 4시에 일어난 것.

5. 50여 년 동안 매일 아침 5시에 설교한 것.

6. 생애 중 별다른 고통이 없었다는 것. 따라서 슬픔이나 불안한 걱정이 없었다는 것 등을 들 수 있을까?

지금도 눈, 관자놀이, 팔에 매일 통증을 느끼고 있지만 그렇게 심하지는 않았고 한번 시작된 통증은 수분 지나면 사라졌다.

이런 것들이 이제 머지않아 이 몸을 떠나야 한다는 경고를 주는 것이 아니냐 하지만 나로선 알 수 없고 다만 어쨌든 나로서는

내 남은 날들
그를 찬양하며 보내리.
그는 온 세상을 구원하려 죽으셨으니
많든지 적든지
나의 날은 그의 몫,
그러니 그날들은 그에게 바치리!

할 뿐이다.

아침엔 시편 90편 12절로, 저녁엔 사도행전 13장 40~41절로 설교하였다. 그 사이 남은 시간은 최대한도로 이용하려고 하였다.

6월 29일 주일 평소와 같이 8시에 미스터턴(Misterton)에서 설교하고 1시경엔 학세이(Haxey)근처에 있는 뉴비(Newby)에서 상당히 많은 무리들에게 설교하였

다. 그리고 4시경엔 엡워스(Epworth) 시장터의 옛날에 섰던 곳에서 큰 무리에게 설교하였다.

7월 6일 주일 예배가 시작되기 전에 엡워스에 도착하여 깁슨(Gibson) 씨가 기도문을 읽고 설교했는데 그의 유익한 설교를 듣게 되어 기뻤다. 그러나 신도가 20명도 채 못 되었고 그 중 반은 나 때문에 나온 것을 보고 기분이 상했다. 주일 예배에 참석하는 사람은 50명도 채 안 된다는 말을 들었다. 무엇으로 이 분통터지는 죄악을 없앨 것인가?

무엇을 해야 하나?

어떠한 일이 있어도 이곳 회원들이 영국교회로부터 분리되는 것을 막으려고 했으나 어쩔 수 없었다. G 씨는 경건한 사람이 못되며 오히려 진리와, 진리를 간직하고 진리를 사랑하는 사람들에 반대하는 설교를 하곤 하는 신앙의 적이었기 때문에 나로선 어떤 일이 있더라도 그들이 그의 설교를 듣거나 그가 집행하는 성례전에 참여하도록 권장할 수 없었다. 내가 살아있는 동안 이점을 확실히 해놓지 않는다면 내가 죽은 뒤 누가 이 일을 하랴? 그리고 엡워스의 경우는 목사들이 복음을 사랑하지도 않고 복음을 증거 하지도 않는 어느 교회의 경우와도 꼭 같았다. 감리교인이 자기 직무에 충실하지 않으려 하니, 그런 다음에야 무슨 일이 되어질까?

4시 시장터에서 로마서 6장 23절의 말씀으로 설교하였는데 듣는 사람들에게 좀 더 나은 것을 선택할 수 있도록 적극적인 권면을 하였다.

7월 7일 월 아마도 마지막이 될지도 모르는 이곳 친절한 사람들과 작별을 고하고 피닝리(Finningley)로 건너갔다. 11시엔 누가복음 19장 42절의 말씀으로 설교하였다. 식사를 마친 후 H 씨의 소유지로 산책 나갔는데 그렇게 좁은 공간에 꾸며진 모습은 생소한 것이었다. 고기가 자라고 있는 연못과 화려하게 꾸며진 정원 외에도 토끼, 사슴, 백조, 꿩들이 수없이 자라고 있었다. 참으로 다양하였다! 그런데 이처럼 많은 동물을 기르다 보면 "꼭 필요한 한 가지"를 잃게 되는 위험이 없을까?

중요한 연회(年會)

7월 29일부터 8월 6일까지 9일간 계속된 연회 중 매일 저녁(런던의) 새 교회에서 설교하였다. 우리는 충분한 토의를 해야 할 수많은 문제들을 짧은 시간에 간단 간단히 처리해야만 되었다.

8월 3일 주일 새 교회에서 설교하였는데 아침저녁으로 전에 없이 많은 사람들이 모였다.

8월 4일 월 5시에 저녁 집회를 가졌다. 내가 믿기로는 많은 사람들이 말씀의 능력을 체험했거나 그들 안에 말씀하시는 하나님의 능력을 체험하였다.

이번 연회에서 가장 중요하게 다룬 점 중의 하나는 영국 교회로부터의 분리 문제였다. 오랫동안 토론한 결과를 요약하면 1) 우리는 50여년을 지나오는 동안 계획적으로나 의도적으로 교리나 훈련문제에 있어 영국 교회와 다르게 전개하려 하지 않았으며, 2) 지금도 어떤 교리적인 문제에 있어서 상이점을 찾아볼 수 없으며, 3) 수년 전부터 선택이 아닌 필요에 의해 여러 면에서 훈련의 방법이 달라지게 되었는데 예를 들자면 야외에서 설교하는 것, 즉석에서 하는 기도, 평신도에게 기도시키는 것, 감리회를 형성하고 조직하는 것, 연례적으로 회의를 소집하는 것 등이다. 그러나 우리가 이런 일을 하는 것은 우리의 영혼을 내어걸고라도 이런 것 중 하나도 빼버릴 수 없다고 확신하기 때문이다.

8월 6일 수 시작할 때와 마찬가지로 큰 평화 속에서 연회가 끝났다. 이 날을 금식의 날로 정하고 5시, 9시, 1시에 기도회로 모였다. 그리고 철야기도로 이날을 끝맺었다. 이후 사흘 동안 집에 머무르면서 내 논문들을 정리하며 런던에서 해야 할 작업을 끝냈다.

8월 10일 주일 아주 달갑지 않은 일에 손을 대야만 했다. 오랫동안 수고하던 하녀를 해고시켰다. 그녀는 웨스트 스트리트에 있는 동안 수년간 우리 집을 지키던 하녀였으며 그곳에 있을 때 가장 충실했던 하녀 중 하나였다. 그런데 그녀의 남편이 너무나 고주망태 주정뱅이어서 더 이상 그들을 우리와 한 집에 살게 둘 수 없었다. 그녀는 기꺼이 해고를 받아들이고 하나님께서 우리 모두를 축복하시도록 기도까지 하였다.

아침에 웨스트 스트리트에서 설교하였는데 많은 사람들이 모였고 저녁에 새 교회에서 설교할 때에는 더욱 많은 사람들이 모였다. 대체로 사람들은 내가 그들과 함께 있을 날이 얼마 남지 않은 것을 알고 있는 듯하였다. 그래서 그런지 그들은 들을 수 있는 동안 열심히 들으려 하였다. 저녁엔 우리 마차에 몸을 싣고 이튿날 아침 일찍 포츠머스(Portsmouth)에 도착하였다.

9월 6일 토 한냄(Hannam)에 있는 헨더슨(Henderson) 씨 댁에 들려 브리스틀(Bristol)까지 걸어서 갔다. 그런데 현명하기보다 착하기만 한 내 친구들은 그 고통을 견뎌내지 못하였다. 5~6마일을 걸었다는 것은 너무 가혹한 일처럼 보였다. 웬만한 건강을 지닌 감리교 설교자가 이런 일로 해서 곤란을 느낀다면 창피한 일이다.

완만한 노쇠 현상

12월 15일 월 저녁에 하이게이트(Highgate)에 있는 튈론(Teulon) 양의 학교에서 설교하였다. 내가 기억할 수 있는 가장 추운 밤이었다. 학교가 언덕 기슭에 서 있었으므로 창문으로 돌풍이 강하게 몰아치고 있었다. 11시, 12시, 1시까지 버텼으나 경련이 점점 심해져 옷을 입어야만 하였다. 그러나 아침이 되자 경련도, 경련 뒤에 따르는 허기도 사라졌다.

요즈음 나이가 들면서 우리에게 나타나는 완만한 노쇠현상에 대해 생각해 보았다. 하나 예를 들어보자. 4년 전만해도 내 시력은 25세 때에 비교해 뒤떨어지지 않았다. 그러나 그때부터 오른쪽 눈에 비해 왼쪽 눈이 조금씩 시력이 나빠지고 있음을 느끼게 되었다. 왼쪽 눈으로 보면 모든 것이 약간 갈색으로 보였다. 다음으로 등잔불 아래에선 작은 활자로 된 인쇄물을 읽기 어려워짐을 알게 되었다. 1년이 더 지나자 햇빛 아래서도 읽기 어렵게 되었다. 1786년 겨울에 우리가 쓰는 4실링짜리 찬송가도 커다란 불빛 아래서야 볼 수 있게 되었고, 다음 해에는 작가나 휘갈겨 쓴 글은 전혀 읽을 수 없게 되었다. 지난 겨울에는 왼쪽 눈에 작은 혹이 생기더니 시력이 현저하게 떨어졌다. 오른쪽 눈은 별 이상이 없는 듯하였다. 오직 왼쪽 눈만이 어느 때보다 심한 근시가 되었다. 이렇게 해서 저물어가는 창문에서 밖을 내다보는 격이 되었다. 그것은 나이 먹었다는 표시이다. 그러나 하나님께 감사한 것을 "메뚜기"가 "짐"이 아니라는 것이다. 나는 아직도 여행할 수 있으며 기억력은 전과 다름이 없고 또한 내가 생각하기에는 이해력도 변함이 없다.

웨슬리가 롬니(Romney) 앞에서 포즈를 취하다

1789년 1월 1일 목 만약 어떠한 예언에 의해서 올해가 내 생애 마지막 해라면 최상의 해가 되길 빈다. 걱정되는 일은 전혀 없으며 단지 밀턴(Milton)의 입을 통해 말하는 천사의 충고를 들을 뿐이니,

얼마나 잘 되든 당신의 것
얼마나 오랠까 하늘에 맡기리

1월 5일 월 T부인의 간곡한 요청으로 다시 한 번 초상화를 그리도록 하였다. 롬니(Romney) 씨야말로 진실한 화가였다. 단번에 정확하게 그려냈다. 그리고 조슈아(Joshua)경이 10시간에 해낸 것보다 더 많은 양을 1시간 내에 그렸다.

1월 9일 금 돈이 한 푼도 없으니 누구에게 돈을 남겨 줄래야 줄 수도 없다. 그러나 내가 죽은 다음 책들이 팔리면서 돈이 생길 것으로 생각되어 그 돈을 어떻게 썼으면 좋겠다는 의견을 유언서에 덧붙였다. 그러나 살아 있는 동안 조금이라도 선한 일을 하고 싶다. 일단 죽은 다음 어떻게 돌아갈지 누가 알 수 있으랴.

1월 13일 화 뉴잉턴(Newington)에서 옛 친구들과 함께 한 이틀 지냈다. 목요일(15일) 캠버웰(Camberwell)로 쉬러가면서 일기도 가지고 갔다. 아마도 내가 쓸 수 있을 때까지 살아있는 동안은 늘 가지고 다닐 것이다.

1월 20일 화 집에 머물러 있으면서 1년 계획을 마무리 지었다. 가능하다면 좀 더 경제적인 사람이 되고 싶다. 왜냐하면 모든 게 이미 준비되어 있는 것이 아니고 오히려 지금 상당한 부채를 안고 있기 때문이었다. 이런 것은 싫다. 내가 죽기 전에 내 일만이라도 끝내야 할텐데 … .

웨슬리, 감리교를 설명하다

3월 1일 주일 참으로 중요한 날이었다. 아침 저녁으로 새 교회에 사람들이 가득 찼으며 헤어지며 축복 인사를 하는 사람들의 마음속에는 희망이 가득 차 있었다. 저녁 7시에 우편마차를 탔다. 그리고 3명의 형제들과 함께 달콤한 잠을 자고 때로는 하나님께 찬송을 부르며 즐거운 밤을 지냈다. 내가 이 달을 넘기기 어려울 것이

라고 예언하는 사람들이 있는데 그들이 하나님이 보낸 이들인가 아닌가 곧 나타날 것이다. 어떻게 되든 항상 준비하고 있는 것이 내 일이다.

4월 12일 주일 (더블린에서) 참으로 성스런 모임이었다. 아침에 수백 명의 신자들이 모였으며 오후에는 그 방으로 다 들어올 수 없을 정도로 많이 모여 설교를 들었다. 설교 후 감리회 회원들을 만나 그들에게 대충 감리교의 근본 원칙을 일러 주었다. 즉 별도로 하나의 파를 만들지 말 것이며 모든 종파(기독교인이든 이방인이든)들로 신령과 진정으로 하나님을 섬기도록 이끌어야 하며, 특히 영국 교회에 대해서, 감리회는 처음부터 그 속에 속해 있다는 사실을 강조하였다. 이런 관점에서 나는 50년 동안 시종일관하였으며 전혀 영국 교회의 교리와 다른 것을 말하지 않았으며, 일부러 그 훈련 방법을 달리한 것이 아니라 필요에 의해 달리하였을 뿐이었다. 따라서 수년 동안 내게 필요하다고 느낀 것은 어느 곳에서든 증거하였는데 1) 야외에서 설교하는 것, 2) 즉석에서의 기도, 3) 감리교회의 조직, 4) 평신도 설교자의 보조를 받는 것, 그리고 몇 몇 예외적인 경우, 우리가 느끼고 듣는 죄악을 제거하고 막기 위해 그때마다 일어나는 방법들을 쓰는 일 등이다.

86세의 웨슬리가 자신을 묘사하다

6월 28일 주일 아침 예배를 마치면서 놀라운 은혜를 받았다. 저녁에도 마찬가지였는데 모든 사람들은 한 마음으로 움직였다.

오늘로 86세로 접어들었다. 이제 아주 늙었다고 느낀다. 1) 시력이 아주 약해져 강한 빛이 아니면 작은 활자는 읽을 수 없다. 2) 기력도 감퇴되어 수년 전 같이 빠르게 걸을 수 없다. 3) 사람이든 장소든 이름이 기억나지 않아 기억해내기 위해서 오랫동안 서 있어야 했다. 내가 가장 두려워하는 것은 내일을 생각할 때, 몸이 정신을 무겁게 내리눌러 이해능력이 감퇴되어 우둔해지거나 육체적으로 말을 안 듣게 되므로 성질을 부리게 되지나 않을까 하는 것이다. 그러나 오, 나의 주 하나님, 당신께서 나를 위하여 대답하소서.

8월 8일 토 내 모든 주기적인 사업을 정리하였다. 특히 잡지 「아르미니안(Arminian Magazine)」을 준비할 때 새 일꾼을 선정하였다. 그러고 싶지는 않았지만 O 씨를 해고할 수밖에 없었는데 이유는 두 가지였다. 1) 과오는 용서할 수 없을 정도의 것이었다. 지금까지 12년 동안이나 골머리를 앓으면서 참아왔으나 허용할 수 없었다. 2) 산문과 시에서 내가 전혀 알지 못하는 몇 작품이 삽입되어 있었다. 얼마 남지 않은 내 생애 중에 이런 과오들이 수정될 수 있도록 노력해야 하겠다.

"얼마나 세월이 변했나!"

8월 17일 월 오후에 항상 가는 길로 통과해 갈 수 없어서 마차를 타고 들판을 돌아서 가기로 하였다. 다행히 제 시간에 팔머스(Falmouth)에 도착하였다. 40여 년 전 내가 이곳에 있을 그때엔 으르렁대며 몰려드는 무리들에게 죄수처럼 잡혀 있었다. 그러나 이제 세월이 얼마나 변했는가! 높은 사람이든 낮은 사람이든 마을 이쪽 끝에서 저쪽 끝까지 길가에 서서 왕이라도 지나가는 듯 사랑과 친절한 태도로 모여 바라보고 있었다. 저녁엔 바다에서 약간 떨어진 언덕 위에서 설교하였는데 레드루스(Redruth)나 그 근처를 제외하곤 콘월(Cornwall)에서 모인 무리 중 가장 많은 사람들이 모였다. 아일랜드에서 돌아온 이래 그러한 시간은 가져보지 못했다. 하나님께서는 사람들의 마음을 놀랍게 바꾸어 놓으셨으며 그들은 모두 그들의 재난의 날(the day of their visitation)을 알고 있는 듯하였다.

8월 19일 수 점심 때 헬스토운(Helstone) 고속도로에서 설교하였는데 그곳에서의 내 기억으로는 제일 많고 또 진지했던 청중들이 모였다. 목요일(20일) 세인트 저스트(St. Just)로 가서 저녁에 설교하였는데 그곳에 모였던 친절한 사람들은 거의 첫 사랑을 잃지 않고 있었다. 금요일(21일) 11시에는 뉴린(Newlyn)에서, 저녁에는 펜잰스에서 설교하였는데, 두 곳 모두 배 위에서 설교해야만 하였다. 토요일(22일) 레드루스로 건너가 6시에 설교하였는데 늘 그렇듯이 상점 계단에까지 차도록 어마어마한 군중이 모여들었다. 말씀은 각 사람 마음속으로 깊이 들어가는 것 같았다. 전에 콘월에서 1주일을 이처럼 보낸 적은 없었다.

8월 23일 주일 그 곳에서 아침에 다시 한 번 설교하고 저녁엔 원형극장에서 설교하였는데 마지막 기회인 것으로 여겨졌다. 이젠 내 목소리로는 자꾸만 늘어나는 청중들 모두에게 들릴 수 있도록 할 수 없었다. 이번에는 2만 5천명 이상은 될 것으로 보였다. 그들 모두 듣는다는 것은 거의 불가능하다고 생각하였다.

10월 8일 목 하나님의 은총으로 아직 건재하다. 살아있는 날까지 내내 그럴 것이다. 시력이 상당히 나빠져 등잔불로선 전혀 읽을 수 없게 되었다. 그러나 글은 여전히 쓸 수 있다. 기력도 아주 약해져 하루에 두 번 이상 설교를 할 수 없었다. 그러나 기억력은 그다지 감퇴되지 않았고 50년 전이나 지금이나 이해력도 변하지 않았음을 하나님께 감사드린다.

웨슬리의 86번째 크리스마스

12월 25일 금(성탄절) 평소와 같이 5시에 새 교회에서 예배를 시작하였다. 정한 시간에 웨스트 스트리트에서 일을 본 다음 저녁에는 다시 새 교회에서 설교하였다. 일요일(27일) 우리 교구인 세인트 루크(St. Luke) 교회에서 설교하고 오후에는 상당히 많은 청중에게 "성령과 신부가 말씀하시기를 오라"(계 22:17)라는 말씀으로 설교하였다. 형세가 역전되어 이제는 내가 감당할 수 없을 정도로 설교 부탁을 받고 있다.

12월 28일 월 펙엄(Peckham)에 머무르면서 여가를 이용하여 「벨라미 부인의 생애」(*Life of Mrs. Bellamy*)라는 별로 신통치 않은 이야기를 들었다. 실로 존 드라이든(John Dryden) 이래 이 생기발랄하고 화려한 작가만큼 악을 유쾌한 것으로 만들고, 저주를 빛나게 하려고 연구한 자도 없으리라. 그녀는 상당히 많은 일화를 들고 있는데 사실인지 거짓인지는 모르겠다. 그 중 개릭(Garrick) 씨에 대한 일화는 대단히 묘한 것이었다. 그녀는 말하기를 "그가 배를 타고 잉글랜드로 떠나려 할 때 한 부인이 그에게 선물꾸러미를 주며 바다 가운데 나갈 때까진 펴보지 않기를 바랐다. 그가 말대로 바다 가운데서 펴보니 그것은「웨슬리 찬송집」이었다. 그는 즉시 그것을 배 밖으로 던져버렸다"고 하였다. 나로선 그 말을 믿을 수 없다. G 씨는 좀 더 양식을 갖춘 사람으로 알고 있다. 그는 내 동생을 잘 알고 있으며 그 자신이 톰슨(Thomson) 씨나 그의 극단 작가들을 통틀어 뭉쳐 놓아도 그 누구보다 학식으로나 시(詩)에 있어서 훨씬 뛰어나다는 사실을 알고 있다. 강하고 예민한 감각이나 언어의 순수성과 우아함에 있어서 어느 누구도 그를 능가할 수 없었다. 그의 아들들이 작곡한 음악도 그들의 아버지의 시에 견주면 볼품없었다.

12월 31일 목 새 교회에서 설교하였다. 그러나 경련이 일어날 것 같아 10시에 자리에 들었다. 아주 잘 쉬었다. 전에 이처럼 하룻밤 동안 평안을 얻어 본 적이 없었다.

일기의 마지막 해

1790년 1월 일 금 이젠 머리부터 발까지 쇠약해진 늙은이가 되었다. 눈은 희미해지고 오른손은 심히 떨리고 입은 매일 아침 뜨겁게 마르고 거의 매일 열이 없어지지 않았고 이젠 행동도 느리고 약해졌다. 그럼에도 하나님의 은혜로 내 사업은 늦추지 않았다. 아직 설교와 글을 쓸 수 있다.

1월 17일 주일 오후에 그레이트 세인트 헬렌(Great St. Helen) 교회에서 많은 사람들이 모인 가운데 설교하였다. 내 생각으로는 50년 만에 다시 그 곳에서 설교하였다. 그 동안 하나님께서 이루어 놓으신 일이란 정말 얼마나 대단한가!

2월 23일 화 요청을 받아들여 다시 한 번 그림을 그리도록 앉아 있었다. 자신을 믿을 수가 없었다. 86세 난 노인의 초상화라니!

6월 28일 월 오늘로 87세로 접어들었다. 86세가 되던 해엔 별로 노쇠 현상이 나타나지 않았었다. 눈도 아직 캄캄해진 것도 아니고 자연적인 기력도 줄어들지 않았었다. 그런데 지난해 8월 갑자기 변하였다. 눈이 갑자기 나빠져 어떤 안경을 써도 보이지 않았다. 기력도 마찬가지로 아주 사라져 이 세상에선 다시 돌아오지 못할 것 같았다. 그러나 머리부터 발끝까지 아픈 곳은 없었다. 단지 자연이란 소멸되어 인간적으로 말하자면, 점점 가라앉아 드디어, 마지막 순간, 지치고 지친 삶의 샘은 잔잔해지리라.

7월 1일 목 링컨(Lincoln)으로 갔다. 식사 후 수도원 안팎을 둘러보았다. 내 생각으로는 요크(York)에 있는 수도원보다 다양한 건물 구조나 주위의 아름다운 풍경보다 훨씬 낫다. 저녁에는 새로 지은 집에 사람들이 가득 모여 대단히 진지하게 설교를 들었다. 링컨 사람들과 요크 사람들 사이엔 눈에 띄는 차이가 있는 것 같았다. 그들은 그다지 영혼의 열정과 고뇌를 가지고 있지는 않았으나 훨씬 온유하고 점잖아 오히려 그것으로, 밖으로부터 똑같은 도움만 받는다면 그들 이웃을 훨씬 능가할 수 있을 것이다.

타락한 여관 주인

링컨에서 얼마 떨어진 곳에서 우체부가 말에게 물을 먹이려고 여관에 정거하였다. 우리가 안으로 들어가자마자 여관 주인은 눈물을 쏟으며 아내도 따라 울자 그녀의 손을 꼭 쥐고 비통하게 울면서 "내 집에 당신들께서 들어오시다니! 나는 엡워스(Epworth)의 존 레스터(John Lester)의 아들입니다" 하였다. 그와 아내는 모두 우리 감리회 교인이었다가 지금은 떠나와 있었다. 우리는 함께 기도하였고 그것이 결코 헛되지 않았으리라 믿는다.

9월 4일 토 바스(Bath)로 가서 저녁에 설교하였는데 광고가 안된 탓으로 적은 사람이 모였지만 진지하게 들었다.

9월 5일 주일 10시에 상당한 무리가 모였고 전보다 많은 신자들이 참석하였다. 오늘로서 언제부터 시작되었는지 알 수 없지만 똑같은 설교자가 똑같은 청중에게 하루 세 번씩 설교하는 못된 습관을 깨버렸다. 그런 식으로 하면 듣는 사람뿐만 아니라 설교자도 몸과 마음이 지치고 만다. 진정 하나님께서는 이 감리회로 돌아오시고 계시다! 그들은 지금 그들의 소명과 선택받음을 확인하려 애쓰고 있다.

나는 유명한 사람이 되었다

10월 11일 월 (런던에서) 콜체스터(Colchester)로 갔는데 아직도 수치스런 일이 남아 있었다. 감리회는 수가 줄고 아주 냉랭해져 있었다. 설교는 다시 끊어졌고, 감리교의 정신은 설교자나 신자들 마음에서 찾아 볼 수 없었다. 그러나 저녁에는 부자와 가난한 자, 교직자와 평신도 등 많은 사람들이 모였다. 화요일 저녁에도 마찬가지였다. 그래서 하나님께서 이 황폐한 곳에도 마침내 다시 부흥시키시리라는 것을 믿었다.

10월 13일 수 아침 일찍 서둘렀으나 콥독(Cobdock)에서 말을 구할 수 없었다. 할 수 없이 입스윅(Ipswich)으로 돌아가 그곳에서 30분가량 기다려야 했다. 그럼에도 3시가 못되어 노리치(Norwich)에 도착하였다. 저녁에는 노리치에서 설교하였는데 무슨 수로도 모여드는 사람들을 모두 수용할 수가 없었다. 세월이 얼마나 놀랍게 변했는가! 노리치에서 나는 유명한 사람이 되었다. 하나님께서는 마침내 우리의 적들을 우리와 화해시키셨으며 도덕률 폐기론자(Antinomian)가 아닌 이상 우리를 욕하는 자는 없게 되었다.

10월 14일 목 야머스(Yarmouth)로 가서 이제는 감리회가 평화 속에 굳게 뭉쳐 있는 것을 보았다. 저녁에 집회 장소에는 수용 능력 이상의 많은 사람들이 모여 들었으나 평소와 다른 소란은 들리지 않았다. 만찬 후에 몇몇 동료들이 기도하기 시작하자 하나님의 능력이 우리에게 임하셨다. 특히 한 젊은 여인이 기도를 시작했을 때 우리는 놀라기도 하고 모두 위안을 받았다.

10월 15일 금 로우스토프트(Lowestoft)로 가서 꾸준하게 사랑하며 잘 결속된 감리회를 보았다. 그들이 숫자적으로 늘지도 줄지도 않은 것이 더욱 이상했다.

10월 16일 토 1시경 런던에서 설교하고 6시에는 노리치에서 설교하였다.

10월 17일 주일 7시에 성만찬을 주례하였는데 작년보다 거의 두 배가 되는 150명가량이 참석하였다.

웨슬리의 마지막 일기

10월 18일 월 오늘 린(Lynn)으로 가려했으나 떠나는 마차가 없어 우편마차를 탈 수밖에 없었다. 그런데 데럼(Dereham)에서 새 말을 구할 수 없어 계속 그 말로 스와프엄(Swaffham)까지 가야만 하였다. 이곳에서도 방안 가득 사람들이 모여 기다리고 있었는데 어떤 교훈이든 받아들일 만반의 준비가 되어 있는 듯하였다.

그러나 여기서도 우편마차를 끌 마차를 빌릴 수 없어 할 수 없이 말 한 마리가 끄는 수레를 타고 가야만 했다. 이슬비가 내리면서 바람이 세차게 불어와 꼼짝 없이 비를 맞았다. 린(Lynn)에 도착했을 때는 머리부터 발끝까지 덜덜 떨렸다. 그러나 이런 사소한 불편은 곧 잊었다. 청중들의 진지한 태도가 내 마음을 훈훈하게 해주었기 때문이다.

10월 19일 화 저녁에는 발을 저는 사람 한 명을 빼고는 마을에 있는 전 교역자들이 설교시간에 참석하였다. 그 마을 사람들처럼 그들도 모두 감리교에 역성을 들고 있었다. 그들은 그 증거로 우리 주일학교에 많은 기부를 해 20파운드나 되는 돈이 손 안에 들어왔다.

10월 20일 수 스콜턴(Scoleton)에서 가까운 디스(Diss)라는 도시에서 설교하기로 약속되어 있었다. 그러나 설교할 장소가 문제였다. 목사는 교회에서 설교해 주기를 바라고 있었으나 주교를 화나게 할까 걱정하였는데 주교는 그 곳에서 몇 마일 밖에 떨어지지 않은 런던에 올라가 있었다. 그런데 한 신사가 주교를 찾아가 의견을 물으니 "아주 괜찮다"고 대답하였다. 이곳에선 가장 큰 교회인 것 같았다. 지금까지 백년이 지나오는 동안 이처럼 많은 사람들이 모인 적은 없었으리라 생각되었다. 저녁과 다음 날 저녁에 베리(Bury)에서 설교하였는데 대단히 주의 깊게 들었고 또 많은 사람들이 그들이 믿는 그분에 대해 알게 되었다. 이처럼 우리는 이곳에서도 우리의 수고가 헛되지 않음을 알았다.

10월 24일 주일 스피톨필즈(Spitolfields) 교회에서 "하나님의 전신갑주"에 관하여 많은 사람들에게 설명하였다. 샤드웰(Shadwell)의 성 베드로 교회에서 오후에 집회를 가졌는데 더 많은 사람들이 모여 "한 가지 필요한 것"으로 중요한 진리를 말하는 동안 진지하게 들었다. 많은 사람들이 이제라도 더 나은 것을 선택하기를 바랐다.

웨슬리의 마지막 순간들

마지막을 지켜 본 사람의 기록:

다음 (압축된) 내용은 초기 감리교 신자의 한 사람이었던 벳시 리치(Betsy Ritchie)에 의해 기록된 것이다. 당시 그녀의 나이는 39세. 웨슬리의 최후 두 달 동안 그녀는 항상 그의 곁에 있었다.

목요일(1791년 2월 24일) 웨슬리 목사님은 마지막으로 발라암(Balaam)에 있는 아름다운 곳으로 볼프(Wolff) 씨 가정을 방문하였다. 전에 목사님이 볼프 씨의 집과 가족에 대해 기쁜 마음으로 애정을 가지고 말씀하시는 것을 들은 적이 있었다.

이곳 로저스(Rogers) 씨가 말하기를 목사님은 유쾌하였으며 평소와 다른 점이 별로 없다가 금요일 아침 식사를 하려는데 갑자기 몸이 무거워진 것 같다고 전해주었다.

11시경 볼프 부인이 그 분을 모시고 왔다. 그 분이 마차 밖으로 나와 집 안으로 들어가시는 모습을 보고 놀랐다. 그런데 층계를 올라가 의자에 앉으시는 것을 보고 더욱 놀랐다. 내가 간단한 음료수를 가지고 뛰어갔으나 그분을 위해 어떤 일도 하기 전에 그분은 R 씨를 방 밖으로 내보내시면서 30분 동안은 누구도 들어오지 못하도록, 조셉 브래드퍼드(Joseph Bradford) 가 오더라도 들어오지 못하도록 당부해 놓으셨다.

얼마 후 브래드퍼드 씨가 와서 약속한 시간이 지나자마자 방안으로 들어갔다 곧 다시 나오더니 내게 포도주에 향료를 조금 타서 웨슬리 목사님에게 가져다 드리라고 하였다. 그분은 약간 마시자 잠이 오는 것 같았다. 몇 분 동안 고통스럽게 참다가 이내 토해내곤 "누워야겠다"고 하셨다. 우리는 즉시 화이트헤드(Whitehead) 박사에게 사람을 보냈다. 그가 오자 웨슬리 목사님은 웃으시며 "박사님, 사람들은 아픈 것 보다는 두려움이 더하군요" 하였다. 맥박이 빠르고 몹시 열이 나고 대단히 졸려 거의 하루 종일 누워 계셨다.

토요일(26일)도 마찬가지 상태가 계속되었다. 얘기도 거의 할 수 없었고 어떤 질문에 답하거나 음료수를 마시려고(한 번에 한 순갈 이상 마시지 못했다) 일어났다가도 이내 돌아눕곤 하였다.

일요일 아침엔 브래드퍼드 씨의 도움으로 일어나 앉아 차 한 잔을 마시고 좀 나아진 것 같았다. 우리는 모두 희망을 가졌으나 화이트헤드 박사는 현재 상태로는 위험을 벗어났다고 할 수 없다고 말하였다.

월요일(28일) 급격히 약해져 친구들은 모두 대단히 놀랐고 화이트헤드 박사는 다른 의사를 불러오도록 촉구하였다. 브래드퍼드 씨가 우리의 존경하는 아버지에게 가서 그 생각을 여쭈자 그는 절대 안 된다고 하면서 "화이트헤드 박사님이 누구보다 내 상태를 잘 알고 계셔! 지금 나는 대단히 만족스러워 다른 사람은 필요하지 않아"라고 말씀하셨다. 말씀을 거의 하지 않고 거의 하루 종일 주무셨다. 그러나 그분의 침묵이야말로 교회, 하나님의 영광, 그리고 그분이 서둘러 가고 있는 왕국에 들어 갈 수 있는 일들에 대해 그가 얼마나 마음을 집중시키고 계신가를 보여주고 있었다. 한번은 낮으나 똑똑한 소리로 "예수의 피를 통해서만 가장 거룩한 곳에 이를 수 있다"고 하셨다. 그때 기운만 있었다면 좀 더 얘기하고 싶은 듯 하였다.

화요일(3월 1일) 하룻밤을 세우고 (그러나 우리가 어디 아프냐고 물으면 그는 "아니"라고 대답하셨으며 꼭 한번 그가 숨을 내쉴 때 왼쪽 가슴이 결린다고 한 외에는 그 아픈 중에서도 불평하지 않으셨다) 그는 찬송을 부르기 시작하였다.

모든 영광은 하늘에 계신 하나님께,
그리고 땅 위에는 평화가 깃들고,

두 마디를 부르고 기력이 쇠진해 누워있어야 했다. 그동안 브래드퍼드에게 펜과 잉크를 가져오도록 하셨다. 펜과 잉크를 가져왔으나 오른손은 그 솜씨를 거의 상실하였고 수많은 영혼의 영적인 위로와 훈련을 맡았던 축복받은 손가락들은 더 이상 뜻대로 움직여지지 않았다. 또 얼마가 지나고 그는 내게 "쓰고 싶다"고 하여 그에게 펜과 잉크를 가져다 펜을 손가락에 쥐어 주고 그의 앞에 종이를 쥐고 있었지만 "쓸 수 없는데" 하고 말았다. 나는 "제가 쓰도록 하죠, 목사님, 말씀하시려는 바를 제게 말씀해 주세요" 하였다. 그는 돌아누우면서 "아무것도", "하나님께서 우리와 함께 계시다는 것 외엔" 하였다. 오전에 그는"일어나겠다"고 하였다. 그의 일이 차차 준비되어 가고 있는 동안 그는 그처럼 약한 가운데서도 우리들을 깜짝 놀라게 만드는 축복의 말씀을 하였다.

숨 쉬는 동안 나를 지으신 이를 찬양하리,
또한 내 목소리가 죽음 속으로 사라지는 때에도,
나의 숭고한 힘을 다하여 찬양하리,
생명과 생각과 존재가 계속되는 한,
영원히 죽지 않는 시간 속에서도,
내 찬양의 날은 끝나지 않으리니.

이것은 우리의 존경하는 자애스런 아버지께서 씨티 로우드채플에서 우리에게 들려준 마지막 말씀이었다. 즉 화요일 저녁 "우리는 오로지 성령을 기다린다"는 말씀 등으로 설교하기 전에 하신 말씀이었다.

그분이 의자에 앉으실 때 우리는 그분이 임종하실 것같이 느껴졌다. 그러나 임종에 가까운 몸인데도 약한 소리로나마 "주여, 당신께선 말할 수 있는 자에게 힘을 주시며 말할 수 없는 자에게도 주시나이다. 주여 우리 모두의 마음속에 말씀 하소서, 그리하여 모두가 당신께서 우리의 혀를 푸셨다는 것을 알게 하소서" 그런 다음 그분은 찬송을 불렀다;

모든 것을 아름답게 이루시는 성부, 성자, 성신께.

여기에서 그분의 목소리가 약해지면서 숨을 한번 몰아 쉰 다음 "이제 다 되었군. 우리 모두 가자"고 하셨다. 우리는 그분을 침대에 눕혔으며 그 분은 더 이상 일어나지 못하셨다. 그러나 조용히 누워 얼마 동안 자고나서 나를 가까이 불러 "벳시, 그리고 브래드퍼드, 다른 사람들도 기도하고 찬송 드려 주어요." 우리는 무릎을 꿇었고 진정 우리의 가슴은 하나님의 임재로 가득 찼다. 방안이 하나님으로 가득 차 있는 것 같았다.

얼마 후 그분은 브래드퍼드 씨를 불러 그의 사무실 열쇠와 내부에 대해 말해 주셨다. 그가 받은 지시를 수행하는 동안 웨슬리 목사님은 나를 불러 "나머지 일을 처리할 사람들로 볼프(Wolff) 씨, 호튼(Horton) 씨, 그리고 매리엇(Marriott) 씨를 택하렵니다." — 여기서 다시 말소리가 끊겼다. 그러나 한번 숨을 몰아 쉰 다음 "헝겊 외에 다른 것으로 나를 싸지 마시오. 그리고 관에 내 시체를 넣은 채 교회로 들어가 주시요" 하고 덧붙였다. 그리곤 이 세상의 일은 모두 끝낸 듯 그분은 다시 우리에게 기도와 찬송을 부탁하셨다.

(아직 방 안에 있던) B 씨에게 그분이 하나님의 사랑에 대해 쓴 설교가 널리 퍼져 누구든 들을 수 있게 되기를 얼마나 간곡하게 바랐는가를 알아듣도록 하시기 위해 놀랄 정도로 왕성한 기력을 보여주어 또 한 번 놀랐다. 뭔가 또 말하고 싶은 듯 했으나 애처롭게도 그분의 목소리는 힘을 잃었다. 수많은 사람들을 먹이던 입술도 이제는 더 이상 (가끔 새로운 힘이 생길 때를 제외하곤) 옛 음성을 싣지 못하였다.

얼마 후 호튼(Horton) 씨가 들어왔다. 그분이 무언가 마음속에 우리에게 말하고 싶은 것이 있는 듯 보였는데 그것이 무엇인지 알고 싶었고 호튼 씨나 다른 사람 중 누가 꺼져가는 우리의 아버님의 목소리를 듣고 그 뜻을 전해주길 바랐으나 아무리 그분이 말하려고 애쓰셔도 아직도 우리는 결국 알아들을 수 없었다. 우리가 그분의 말을 전혀 알아들을 수 없음을 알자 그분은 잠시 기다리더니 남은 힘을 모두 모아 외쳤다. "**무엇보다 가장 좋은 것은 하나님이 우리와 함께 계시는 것이다**." 그리고 마치 '약속을 지키시는 우리의 여호와를 믿으라' 라고 하며 울고 있는 친구들을 위로하는 듯, 그분은 떨리는 두 팔을 들어 승리를 표시하였고 떨리는 목소리로 소리 나지 않지만 퍼지는 나팔소리를 내어 우리는 마음으로 그 음성을 들을 수는 있었다. "모든 것 중 가장 나은 것은 하나님이 우리와 함께 하심이다!"

다시 얼마 후 타들어가는 입술을 축이고 나서 그분은 "안돼, 우린 열매를 거둬야 한다. 썩은 송장엔 관심도 두지 말라" 하셨다. 잠시 숨을 몰아쉬더니 "구름이 가득 내려온다!" 하고 곧이어 "주님은 우리와 함께 계신다. 야곱의 하나님은 우리의 피난처시다!" 하셨다. 그리고 우리에게 기도하도록 부탁하셨다. 브로드벤트(Broadbent) 씨가 또 한 번 우리의 마음을 대변하는 입이 되었다. 그리고 웨슬리 목사님도 위의 말을 하곤 대단히 기진맥진했으나 아직도 영혼은 불타오르는 듯하였다. 거의 밤새도록 앞에서 인용한 시편을 다시 반복하려는 듯했으나 단지, 내 찬양하리 … 내 찬양하리 … 하는 소리만 들렸다.

수요일 아침 임종의 때가 가까워짐을 알았다. 그분의 믿을 만한 동지이며 가장 사랑하는 아들인 브래드퍼드 씨는 그와 함께 기도하면서 알아들을 수 있었던 마지막 말은 "안녕히!" 였다. 10시 몇 분 전이었다. 웨슬리 양, 호튼 씨, 브랙큰베리(Brackenbury) 씨, 로저스(Rogers) 씨 부부, 화이트헤드(Whitehead) 박사, 브로드벤트 씨, 휫필드(Whitefield) 씨, 브래드퍼드 씨, 그리고 E. R. 등이 그분의 침대를 중심으로 둥글게 무릎을 꿇고 있었으며, 때로 그분이 밝힌 소원대로 신음소리를 조금도 내지 않으시며 형제들이 지켜보는 가운데 이 하나님의 사람은 조용히 숨을 거두셨다.

독자 여러분들께 알립니다!

'CH북스'는 기존 **'크리스천다이제스트'**의 영문명 앞 2글자와
도서를 의미하는 **'북스'**를 결합한 출판사의 새로운 이름입니다.

세계기독교고전 3

존 웨슬리의 일기

3판 1쇄 발행 2019년 2월 20일
3판 3쇄 발행 2025년 2월 7일

지은이 존 웨슬리
옮긴이 김영운
발행인 박명곤 **CEO** 박지성 **CFO** 김영은
기획편집1팀 채대광, 이승미, 김윤아, 백환희, 이상지
기획편집2팀 박일귀, 이은빈, 강민형, 이지은, 박고은
디자인팀 구경표, 유채민, 윤신혜, 임지선
마케팅팀 임우열, 김은지, 전상미, 이호, 최고은

펴낸곳 CH북스
출판등록 제406-1999-000038호
전화 070-4917-2074 **팩스** 0303-3444-2136
주소 서울시 강서구 마곡중앙6로 40, 장흥빌딩 10층
홈페이지 www.hdjisung.com **이메일** support@hdjisung.com
제작처 영신사

"크리스천의 영적 성장을 돕는 고전"
세계기독교고전 목록

1 **데이비드 브레이너드 생애와 일기**
조나단 에드워즈 편집
2 **그리스도를 본받아** | 토마스 아 켐피스
3 **존 웨슬리의 일기** | 존 웨슬리
4 **존 뉴턴 서한집 - 영적 도움을 위하여** | 존 뉴턴
5 **성 프란체스코의 작은 꽃들**
6 **경건한 삶을 위한 부르심** | 윌리엄 로
7 **기도의 삶** | 성 테레사
8 **고백록** | 성 아우구스티누스
9 **하나님의 사랑** | 성 버나드
10 **회개하지 않은 자에게 보내는 경고**
조셉 얼라인
11 **하이델베르크 요리문답 해설** | 우르시누스
12 **죄인의 괴수에게 넘치는 은혜** | 존 번연
13 **하나님께 가까이** | 아브라함 카이퍼
14 **기독교 강요(초판)** | 존 칼빈
15 **천로역정** | 존 번연
16 **거룩한 전쟁** | 존 번연
17 **하나님의 임재 연습** | 로렌스 형제
18 **악인 씨의 삶과 죽음** | 존 번연
19 **참된 목자(참 목자상)** | 리처드 백스터
20 **예수님이라면 어떻게 하실까** | 찰스 쉘던
21 **거룩한 죽음** | 제레미 테일러
22 **웨스트민스터 소교리문답 강해**
알렉산더 화이트
23 **그리스도인의 완전** | 프랑소아 페넬롱
24 **경건한 열망** | 필립 슈페너
25 **그리스도인의 행복한 삶의 비결** | 한나 스미스
26 **하나님의 도성(신국론)** | 성 아우구스티누스
27 **겸손** | 앤드류 머레이
28 **예수님처럼** | 앤드류 머레이
29 **예수의 보혈의 능력** | 앤드류 머레이
30 **그리스도의 영** | 앤드류 머레이
31 **신학의 정수** | 윌리엄 에임스
32 **실낙원** | 존 밀턴
33 **기독교 교양** | 성 아우구스티누스
34 **삼위일체론** | 성 아우구스티누스
35 **루터 선집** | 마르틴 루터
36 **성령, 위로부터 오는 능력** | 앨버트 심프슨
37 **성도의 영원한 안식** | 리처드 백스터
38 **웨스트민스터 소요리문답 해설** | 토머스 왓슨
39 **신학총론(최종판)** | 필립 멜란히톤
40 **믿음의 확신** | 헤르만 바빙크
41 **루터의 로마서 주석** | 마르틴 루터
42 **놀라운 회심의 이야기** | 조나단 에드워즈
43 **새뮤얼 러더퍼드의 편지** | 새뮤얼 러더퍼드
44-46 **기독교 강요(최종판) 상·중·하** | 존 칼빈
47 **인간의 영혼 안에 있는 하나님의 생명**
헨리 스쿠걸
48 **완전의 계단** | 월터 힐턴
49 **루터의 탁상담화** | 마르틴 루터
50-51 **그리스도인의 전신갑주 I, II** | 윌리엄 거널
52 **섭리의 신비** | 존 플라벨
53 **회심으로의 초대** | 리처드 백스터
54 **무릎으로 사는 그리스도인** | 무명의 그리스도인
55 **할레스비의 기도** | 오 할레스비
56 **스펄전의 전도** | 찰스 H. 스펄전
57 **개혁교의학 개요(하나님의 큰 일)**
헤르만 바빙크
58 **순종의 학교** | 앤드류 머레이
59 **완전한 순종** | 앤드류 머레이
60 **그리스도의 기도학교** | 앤드류 머레이
61 **기도의 능력** | E. M. 바운즈
62 **스펄전 구약설교노트** | 찰스 스펄전
63 **스펄전 신약설교노트** | 찰스 스펄전
64 **죄 죽이기** | 존 오웬